द पर्सनल एमबीए की प्रशस्ति

"बुनियादी बातें बुनियादी होती हैं। चाहे आप व्यवसाय करते हों या *फ़ॉर्चून* 500 कंपनी के एक्ज़ीक्यूटिव हों, यह पुस्तक सफल होने में आपकी मदद करेगी।"

—जॉन मैंग, जापान फ़ैब्रिक ऐंड होम केयर, प्रॉक्टर ऐंड गैम्बल के वाइस-प्रेसिडेंट

"यह पुस्तक सिर्फ व्यवसाय के बारे में नहीं है, बल्कि यह इससे काफ़ी आगे तक जाती है। इस पुस्तक में बताए मार्केटिंग, बिक्री और संप्रेषण संबंधी सिद्धांतों के सहारे मैंने अपनी पीएचडी ही पूरी नहीं की, बल्कि एक विश्व-स्तरीय रिसर्च यूनिवर्सिटी में प्रोफ़ेसर का पद भी हासिल किया, जहाँ बहुत प्रतिस्पर्धा थी। आप आजीविका कमाने के लिए कोई भी काम कर रहे हों, यह पुस्तक उसमें तरक्की करने में आपकी मदद करेगी।"

—डॉ. जकारी गैगनॉन, असिस्टेंट प्रोफ़ेसर, केमिकल इंजीनियरिंग, जॉन्स हॉपकिन्स यूनिवर्सिटी

"अगर आप कोई व्यवसाय शुरू करने की सोच रहे हैं, तो यह पुस्तक आपके आत्मविश्वास को शिखर पर पहुँचा देगी। अगर आप पहले से ही कोई व्यवसाय चला रहे हैं, तो इस पुस्तक की मदद से आप अपने तंत्रों की कमज़ोरियों को पहचान सकते हैं और ज़्यादा अच्छे परिणाम पा सकते हैं। अगर आप एमबीए करने के लिए क़र्ज़ के महासागर में डूबने की सोच रहे हैं, तो यह पुस्तक आपको अंदर तक हिला देगी और गहरी चुनौती देगी। आपकी ज़्यादा रुचि किस चीज़ में है, बेहतर व्यवसायी बनने में या फिर लोगों को प्रभावित करने के लिए अपनी दीवार पर डिग्री टाँगने में?"

—डेनियल जोशुआ रुबिन, नाटककार और पोर्ट्रेट आर्टिस्ट

"मैंने 2005 में एमबीए पूरा किया। तब तक *द पर्सनल एमबीए* मेरी ज़िंदगी में नहीं आई थी। एमबीए पूरा करने के बाद भी मुझे ऐसा महसूस हुआ, जैसे मैं कारोबार या व्यवसाय के बारे में कुछ नहीं जानता हूँ। अब जब मैं अतीत पर निगाह डालता हूँ, तो मेरे मन में यह हसरत रहती है कि काश! मुझे यह पुस्तक एमबीए करने से पहले मिल गई होती, तो मैं अपनी डिग्री पूरी करते समय ज़्यादा सतर्क रहता। कौन जाने... हो सकता है कि मैं एमबीए करता ही नहीं। बड़ी आसानी से इसे सर्वश्रेष्ठ बुनियादी व्यावसायिक पुस्तक कहा जा सकता है।"

—रॉजर हुई, टेक्निकल अकाउंट मैनेजर, रेडहैट, इंक.

“मैंने इस पुस्तक में बताए गए मानसिक मॉडलों का इस्तेमाल करके चार सप्ताह से भी कम समय में एक लाभकारी व्यवसाय खड़ा कर लिया। जॉश उद्यमिता संबंधी बहुत सी ग़लतफ़हमियाँ फटाफट दूर कर देते हैं। उनके मार्गदर्शन की बदौलत मैं बहुत ज़्यादा उत्पादक व सफल बना। यही नहीं, मेरी ज़िंदगी भी ज़्यादा ख़ुशहाल हो गई है।”

—इवान डिऊबल, प्रेसिडेंट और सीईओ, टिक टैक कोड, एलएलसी

“ये अवधारणाएँ सचमुच काम करती हैं। मेरे ग्राहकों की संख्या आदर्श है, मैं आठ गुना ज़्यादा पैसे कमा रहा हूँ, मैं अब बहुत कम तनाव में रहता हूँ और बहुत मज़े कर रहा हूँ। यदि आप अपनी पूरी क्षमता के अनुरूप जीना चाहते हैं, तो इस पुस्तक को पढ़े बिना काम नहीं चलेगा।”

—टिम ग्राहल, संस्थापक और सीईओ, आउट : थिंक ग्रुप

“जॉश के साथ एक घंटा बिताने के बाद मैंने उनकी सलाह तुरंत मानी और इस साल 1,20,000 डॉलर ज़्यादा कमा लिए। ये आसान सिद्धांत आश्चर्यजनक रूप से प्रभावी हैं।”

—डैन पोर्टनॉय, संस्थापक और सीईओ, पोर्टनॉय मीडिया ग्रुप

एमबीए

किए बिना सीखें बिज़नेस के हुनर

जॉश कॉफ़मैन

अनुवाद : डॉ. सुधीर दीक्षित

MANJUL

मंजुल पब्लिशिंग हाउस

MANJUL
मंजुल पब्लिशिंग हाउस
कॉरपोरेट एवं संपादकीय कार्यालय
•द्वितीय तल, उषा प्रीत कॉम्प्लेक्स, 42 मालवीय नगर, भोपाल-462 003
विक्रय एवं विपणन कार्यालय
•7/32, अंसारी रोड, दरियागंज, नई दिल्ली-110 002
वेबसाइट : www.manjulindia.com
वितरण केन्द्र
अहमदाबाद, बेंगलुरू, भोपाल, कोलकाता, चेन्नई,
हैदराबाद, मुम्बई, नई दिल्ली, पुणे

जॉश कॉफ़मैन द्वारा लिखित मूल अंग्रेजी पुस्तक
द पर्सनल एमबीए – मास्टर द आर्ट ऑफ़ बिज़नेस का हिन्दी अनुवाद

The Personal MBA – Master the Art of Business
by *Josh Kaufman* – Hindi Edition

यह संस्करण पोर्टफ़ोलियो (पेंगुइन पब्लिशिंग ग्रुप का प्रकाशन - पेंगुइन रैण्डम हाउस एल एल सी का प्रभाग) के सहयोग से प्रकाशित

यह हिन्दी संस्करण 2018 में पहली बार प्रकाशित
तृतीय आवृत्ति 2020

ISBN 978-93-88241-11-3

हिन्दी अनुवाद : डॉ. सुधीर दीक्षित

मुद्रण व जिल्दसाज़ी : रेप्लिका प्रेस प्राइवेट लिमिटेड

पूरे संसार के लाखों व्यावसायिक पेशेवरों को समर्पित,
जो छोटे-बड़े तरीक़ों से लोगों का जीवन बेहतर बना रहे हैं

अनुक्रम

1. यह पुस्तक क्यों पढ़ें? *1*

2. मूल्य उत्पन्न करना *34*

5. मूल्य पहुँचाना *132*

6. वित्त *149*

7. मानव मन *191*

8. ख़ुद के साथ काम करना *232*

9. दूसरों के साथ काम करना *284*

10. तंत्रों को समझना *319*

11. तंत्रों का विश्लेषण करना *338*

12. तंत्रों को बेहतर बनाना *359*

1

यह पुस्तक क्यों पढ़ें?

संसार को बस यही तो चाहिए... व्यवसाय संबंधी एक और पुस्तक!

—जेएफ़के अंतरराष्ट्रीय विमानतल पर अमेरिकी कस्टम एजेंट,
मेरा पेशा पूछने के बाद

ज़िंदगी मुश्किल होती है। अगर आप मूर्ख हैं, तो यह ज़्यादा मुश्किल होती है।

—जॉन वेन, पाश्चात्य फ़िल्म अभिनेता

आप यह पुस्तक पढ़ रहे हैं, इसका संभवतः यह मतलब है कि आप कोई महत्त्वपूर्ण चीज़ करना चाहते हैं : अपना कारोबार शुरू करना चाहते हैं, प्रमोशन हासिल करना चाहते हैं या संसार में कोई नई चीज़ करना चाहते हैं। यह भी संभव है कि कुछ चीज़ें आपको रोक रही हैं, जिनकी वजह से आपका सपना साकार नहीं हो पा रहा है :

- *कारोबारी चिंता* - यह भावना कि आप "व्यवसाय के बारे में ज़्यादा नहीं जानते," इसलिए आप अपनी ख़ुद की कंपनी कभी शुरू नहीं कर सकते या अपने वर्तमान पद पर ज़्यादा ज़िम्मेदारी नहीं ले सकते। शायद आपको ऐसा लगता है कि अज्ञात डर का सामना करने के बजाय यथास्थिति को बनाए रखना ही बेहतर है।
- *प्रमाणीकरण की उलझन* - यह विचार कि "व्यवसाय वाक़ई जटिल होता है" और इस विषय को केवल उच्च प्रशिक्षित "विशेषज्ञ" ही समझ सकते हैं। अगर आपके पास एमबीए या इसी तरह की महँगी डिग्रियाँ नहीं हैं, तो आप यह कहने वाले कौन होते हैं कि आप जानते हैं कि आपको क्या करना है?
- *पाखंडी का लक्षण* - यह डर कि "पानी आपके सिर के ऊपर से गुज़र रहा है" और समय के साथ यह पर्दाफ़ाश हो जाएगा कि आप धोखेबाज़ हैं। कोई भी पाखंडी व्यक्ति को पसंद नहीं करता, ठीक है?

यहाँ मैं आपको एक अच्छी ख़बर देना चाहूँगा : हर व्यक्ति के मन में ये निराधार डर होते हैं और इन्हें तेज़ी से बाहर निकाला जा सकता है। इसके लिए आपको तो सिर्फ़ कुछ सरल

अवधारणाएँ सीखनी होती हैं, जो आपका दृष्टिकोण बदल देंगी और आपको सिखा देंगी कि व्यवसाय सचमुच कैसे काम करता है। एक बार जब आप अपने डरों को जीत लेते हैं, तो आप संसार में कुछ भी हासिल कर सकते हैं।

यदि आप उद्यमी, डिज़ाइनर, विद्यार्थी, प्रोग्रामर या पेशेवर हैं और सुदृढ़ कारोबारी कार्यप्रणाली की बुनियादी बातों में माहिर बनना चाहते हैं, तो यह पुस्तक आप ही के लिए है। आप चाहे जो हों या चाहे जो करने की कोशिश कर रहे हों, इस पुस्तक में आपको व्यवसाय को देखने का एक उपयोगी नया तरीक़ा मिलेगा, जिसकी मदद से आप अपने डरों से जूझने में कम समय लगाएँगे और सचमुच महत्त्वपूर्ण चीज़ें करने में ज़्यादा समय लगाएँगे।

आपको सब कुछ जानने की ज़रूरत नहीं है

तरीक़े दस लाख हो सकते हैं, लेकिन सिद्धांत मुट्ठी भर होते हैं। जो व्यक्ति सिद्धांतों को पकड़ लेता है, वह अपने ख़ुद के तरीक़े सफलतापूर्वक चुन सकता है। जो व्यक्ति सिद्धांतों को नज़रअंदाज़ करके तरीक़ों को आज़माता रहता है, उसका मुश्किल में पड़ना तय है।

—रैल्फ़ वाल्डो इमर्सन, निबंधकार और कवि

किसी भी विषय को सीखने के बारे में एक सुंदर बात यह है कि आपको *हर चीज़ जानने की ज़रूरत नहीं है* - आपको सिर्फ़ कुछ अति महत्त्वपूर्ण अवधारणाओं को ही समझना होता है, जो सबसे ज़्यादा मूल्यवान होती हैं। जब आपके पास काम करने के लिए बुनियादी सिद्धांतों का ढाँचा आ जाता है, तो अपने ज्ञान को बढ़ाना और प्रगति करना ज़्यादा आसान हो जाता है।

द पर्सनल एमबीए बुनियादी व्यावसायिक अवधारणाओं का ऐसा समूह है, जिसका इस्तेमाल करके आप बहुत कुछ कर सकते हैं। यह पुस्तक पढ़ने से आपको व्यवसाय-संबंधी ज्ञान की दृढ़ नींव मिल जाएगी, जिसका इस्तेमाल करके आप सफल हो सकते हैं। जब आप बुनियादी बातों में माहिर हो जाते हैं, तो इसके बाद आप सबसे चुनौतीपूर्ण लक्ष्य भी आश्चर्यजनक आसानी से हासिल कर सकते हैं। पिछले पाँच वर्षों में मैंने हज़ारों व्यावसायिक पुस्तकें पढ़ी हैं, सैकड़ों व्यावसायिक पेशेवरों का इंटरव्यू लिया है, *फ़ॉर्चून* 500 कॉरपोरेशन में काम किया है, ख़ुद के व्यवसाय शुरू किए हैं और अकेले संचालन वाली कंपनियों से लेकर लाखों कर्मचारी व अरबों डॉलर की आमदनी वाले मल्टीनेशनल कॉरपोरेशनों को परामर्श दिया है। रास्ते में मैंने अपनी खोजों को संग्रहीत, सारगर्भित और संशोधित किया है तथा उन्हें इस पुस्तक में बताई अवधारणाओं में बदला है। इन बुनियादी सिद्धांतों को समझने से आपको वे औज़ार मिल जाएँगे, जिनके सहारे आप अच्छे व्यावसायिक निर्णय ले सकते हैं। यदि इन अवधारणाओं को सीखने के लिए आप आवश्यक समय और ऊर्जा का निवेश करेंगे, तो ज्ञान के मामले में आप आसानी से मानव

जनसंख्या के शीर्ष एक प्रतिशत वाले समूह में पहुँच जाएँगे :

- व्यवसाय *सचमुच* कैसे काम करते हैं?
- नया व्यवसाय कैसे शुरू किया जाता है?
- किसी विद्यमान व्यवसाय को बेहतर कैसे बनाएँ?
- अपने व्यक्तिगत लक्ष्य हासिल करने के लिए व्यवसाय संबंधी योग्यताओं का इस्तेमाल कैसे करें?

इस पुस्तक को एक फ़िल्टर मानें। संसार में जितनी सारी व्यवसाय-संबंधी जानकारी है - और इसमें बेशुमार जानकारी भरी पड़ी है - उस सबको ग्रहण करने की कोशिश करना बेमानी है। इससे बेहतर तो यह है कि आप इस पुस्तक से यह सीखें कि कौन सी चीज़ें सबसे ज़्यादा मायने रखती हैं, ताकि आप सचमुच महत्त्वपूर्ण काम पर ध्यान केंद्रित कर सकें : चीज़ें घटित कराना।

किसी अनुभव की ज़रूरत नहीं है

लोग हमेशा इस बात का अति आकलन करते हैं कि व्यवसाय कितना जटिल होता है। यह रॉकेट विज्ञान नहीं है – हमने संसार के सबसे सरल पेशों में से एक को चुना है।

—जैक वेल्च, जनरल इलेक्ट्रिक के पूर्व सीईओ

यदि आप बिलकुल नौसिखिये हैं, तो चिंता न करें। व्यवसाय-संबंधी कई अन्य पुस्तकों के विपरीत इस पुस्तक को समझने के लिए किसी व्यावसायिक ज्ञान या अनुभव की ज़रूरत नहीं है। मैं यह मानकर नहीं चल रहा हूँ कि आप किसी बड़ी कंपनी के सीईओ हैं, जो हर दिन मल्टीमिलियन डॉलर के निर्णय लेता है। (लेकिन अगर आप हैं, तब भी यह पुस्तक बहुत उपयोगी होगी!)

यदि आपके पास व्यावसायिक अनुभव है, तो उस बात पर ग़ौर करें, जो संसार भर के मेरे कई ग्राहकों ने कही है, जिन्होंने शीर्ष संस्थाओं से एमबीए की डिग्री हासिल की है - आपने अपनी डिग्री हासिल करने के लिए जो कुछ भी सीखा है, इस पुस्तक में आपको उससे ज़्यादा मूल्यवान और व्यावहारिक जानकारी मिलेगी।

मिलकर हम 248 सरल अवधारणाओं की पड़ताल करेंगे, जिनकी मदद से आप व्यवसाय के बारे में एक बिलकुल नए तरीक़े से सोचना शुरू कर सकते हैं। इस पुस्तक को पढ़ने से आपको इस बात की ज़्यादा वृहद और सटीक समझ मिलेगी कि व्यवसाय *सचमुच* क्या होते हैं और सफल व्यवसाय *सचमुच* क्या करते हैं।

जवाब नहीं, सवाल

शिक्षा सवाल का जवाब नहीं है। शिक्षा तो सभी सवालों का जवाब देने का साधन है।

— बिल एलिन, समाजशास्त्री और शिक्षा क्षेत्र के सक्रिय कार्यकर्ता

व्यवसाय-संबंधी ज़्यादातर पुस्तकें आपको ज़्यादा जवाब बताने की कोशिश करती हैं : एक तकनीक इसके लिए, एक तरीक़ा उसके लिए। यह पुस्तक अलग है। यह आपको जवाब नहीं बताएगी। यह तो बेहतर *सवाल* पूछने में आपकी मदद करेगी। हर व्यवसाय में अत्यंत महत्त्वपूर्ण क्या है, यह जानना अच्छे व्यावसायिक निर्णय लेने की दिशा में पहला क़दम है। वर्तमान स्थिति में कौन से अनिवार्य प्रश्न पूछने चाहिए, यह आप जितना ज़्यादा जानते हैं, उतनी ही जल्दी आप वे जवाब खोज सकेंगे, जिनकी मदद से आप तरक्की कर सकते हैं और आगे बढ़ सकते हैं।

तरीक़े नहीं, मानसिक मॉडल

मेरी भाषा की सीमाएँ मेरे संसार की सीमाएँ हैं।

— लुडविग विटजेनस्टाइन, दार्शनिक और तर्कशास्त्री

अपनी व्यावसायिक योग्यताओं को बेहतर बनाने के लिए आपको हर उपलब्ध जानकारी ग्रहण करने की ज़रूरत नहीं है - बुनियादी बातों में माहिर बनकर ही आप आश्चर्यजनक दूरी तक पहुँच सकते हैं। मैं इन बुनियादी व्यावसायिक अवधारणाओं को *मानसिक मॉडल* कहता हूँ। मिलकर वे एक ठोस ढाँचा बनाती हैं, जिनके सहारे आप अच्छे निर्णय ले सकते हैं।

मानसिक मॉडल वे अवधारणाएँ हैं, जो आपकी इस समझ का द्योतक हैं कि "चीज़ें कैसे काम करती हैं।" कार चलाने के बारे में सोचें : जब आप दाईं तरफ़ वाला पेडल दबाते हैं, तो आप क्या उम्मीद करते हैं? अगर इसके बाद कार धीमी हो जाए, तो आपको हैरानी होगी - दाईं तरफ़ वाले पेडल को तो एक्सीलरेटर होना चाहिए। यह एक मानसिक मॉडल है - इस बारे में विचार कि कोई चीज़ असली दुनिया में कैसे काम करती है।

आप हर दिन जो अनुभव करते हैं, उसके पैटर्नों या स्वरूपों को देखकर आपका मस्तिष्क ख़ुदबख़ुद मानसिक मॉडल बना लेता है। बहरहाल, आप ख़ुद जो मानसिक मॉडल बनाते हैं, वे अक्सर पूरी तरह से सटीक नहीं होते - आप सिर्फ एक इंसान हैं, इसलिए आपका ज्ञान और अनुभव सीमित है। शिक्षा आपके मानसिक मॉडलों को ज़्यादा सटीक बनाती है, क्योंकि इसमें आप दूसरे लोगों के ज़िंदगी भर हासिल ज्ञान और अनुभवों को आत्मसात करते हैं। सर्वश्रेष्ठ शिक्षा आपको संसार को एक नए, ज़्यादा उत्पादक तरीक़े से देखने का तरीक़ा सिखाती है।

मिसाल के तौर पर, कई लोग इस तरह की बातों में विश्वास करते हैं, "अपना कारोबार शुरू करना जोखिम भरा होता है," "शुरुआत करने के लिए आपको लंबी-चौड़ी व्यावसायिक योजना बनानी होगी और ढेर सारा क़र्ज़ लेना होगा," और "व्यवसाय में सफलता इस बात से

नहीं मिलती है कि आप क्या जानते हैं, बल्कि इससे मिलती है कि आप किसे जानते हैं।" इनमें से हर वाक्य एक मानसिक मॉडल है, जो बताता है कि आपकी नज़र में संसार कैसे काम करता है – लेकिन ये मानसिक मॉडल पूरी तरह सही नहीं हैं। अपने मानसिक मॉडल सही करने से आप अपने काम के बारे में ज़्यादा स्पष्टता से सोच सकेंगे, जिससे आपको बेहतर निर्णय लेने में मदद मिलेगी :

ग़लत मानसिक मॉडल	सही मानसिक मॉडल
अपना कारोबार शुरू करना जोखिम भरा होता है।	अनिश्चितता तो हमेशा मौजूद रहती है, लेकिन यह कारोबार का वह हिस्सा है, जिसका प्रबंधन किया जा सकता है और जोखिमों को न्यूनतम किया जा सकता है।
किसी कारोबार को सफलतापूर्वक खड़ा करने के लिए आपको दोषरहित कारोबारी योजना बनानी होती है, इसके बाद ही आप कारोबार शुरू कर सकते हैं।	लिखित योजना कारोबार के अति महत्त्वपूर्ण कार्यों को समझने से कम महत्त्वपूर्ण होती है और आप चाहे कितनी भी ज़्यादा तैयारी कर लें, आपको रास्ते में ढेर सारे आश्चर्य हमेशा मिलेंगे।
अपना कारोबार बनाने से पहले आपको ढेर सारी पूँजी इकट्ठी करनी होती है।	पूँजी इकट्ठी करना सिर्फ़ तभी जरूरी है, जब आप किसी ऐसी चीज़ को हासिल करना चाहें, जो इसके बिना संभव नहीं है (जैसे फ़ैक्ट्री बनाना)।
महत्त्वपूर्ण यह नहीं है कि आप क्या जानते हैं, महत्त्वपूर्ण तो यह है कि आप किसे जानते हैं।	व्यक्तिगत संबंध महत्त्वपूर्ण होते हैं, लेकिन अगर आप उन संबंधों का उपयोग अपने सर्वश्रेष्ठ लाभ के लिए करना चाहते हैं, तो ज्ञान ही कुंजी है।

इस पुस्तक में बताए मानसिक मॉडल सीखने के बाद मेरे कई ग्राहकों की आँखें खुल गईं कि अब तक वे दरअसल पूरी तरह यह समझ ही नहीं पाए थे कि व्यवसाय क्या हैं और वे कैसे काम करते हैं – इसके बाद वे समझ गए कि उनके कारोबार को ज़मीन से ऊपर उठाना उनकी मूल कल्पना से बहुत ज़्यादा आसान था। इन अवधारणाओं को सीखने के बाद उन्होंने अपना मूल्यवान समय और ऊर्जा चिंता व घबराहट महसूस करने में बरबाद करना छोड़ दिया। इसके बजाय वे चिंता छोड़कर प्रगति करने के लिए स्वतंत्र महसूस करने लगे।

यह पुस्तक आपको कम समय में ही व्यवसाय के बुनियादी सिद्धांत सिखा देगी, ताकि आप अपना समय और ऊर्जा सचमुच उपयोगी चीज़ें करने में केंद्रित कर सकें, जैसे किसी मूल्यवान चीज़ को उत्पन्न करना, ध्यान आकर्षित करना, ज़्यादा बिक्री करना, ज़्यादा ग्राहकों की सेवा करना, ज़्यादा तरक्की पाना, ज़्यादा पैसे कमाना और संसार को बदलना।

न सिर्फ़ आप दूसरों के लिए ज़्यादा मूल्य उत्पन्न करेंगे और अपनी आर्थिक स्थिति को बेहतर बनाएँगे, बल्कि आपको रास्ते में ज़्यादा मज़ा भी आएगा।

मेरा "पर्सनल" एमबीए

मेरा दृढ़ विश्वास है कि स्व-शिक्षा ही एकमात्र शिक्षा होती है।
— इसाक आसिमोव, बोस्टन यूनिवर्सिटी में बायोकेमिस्ट्री के पूर्व प्रोफ़ेसर और पाँच सौ से अधिक पुस्तकों के लेखक

लोग अक्सर मुझसे पूछते हैं कि क्या मेरे पास एमबीए की डिग्री है। मैं जवाब देता हूँ, "नहीं, लेकिन मैं बिज़नेस स्कूल गया था।"

सिनसिनाटी यूनिवर्सिटी में पढ़ने की वजह से मैं इतना ख़ुशक़िस्मत था कि मुझे कार्ल एच. लिंडनर ऑनर्स-प्लस प्रोग्राम में जाने का मौक़ा मिला, जो मूलतः स्नातक स्तरीय एमबीए है। स्कॉलरशिप की बदौलत जो उदार धनराशि मिली, उसकी वजह से मुझे कमरतोड़ क़र्ज़ लिए बिना ही बिज़नेस स्कूल में सिखाई जाने वाली ज़्यादातर चीज़ें सीखने का उल्लेखनीय अवसर मिला।

मैं "कॉरपोरेट सफलता के तेज़ मार्ग" पर भी चला हूँ। सिनसिनाटी यूनिवर्सिटी के सहकारी शिक्षा प्रोग्राम की बदौलत मुझे *फ़ॉर्च्यून* 500 कंपनी प्रॉक्टर ऐंड गैम्बल में प्रबंधक का पद मिल गया - कॉलेज के दूसरे ही वर्ष में। 2005 में जब मेरी पढ़ाई पूरी हुई, तो मुझे पीऐंडजी के होम केयर विभाग में असिस्टेंट ब्रांड मैनेजर पद का प्रस्ताव मिला; यह पद आम तौर पर शीर्ष एमबीए स्कूलों के विद्यार्थियों के लिए सुरक्षित रखा जाता है।

जब मैंने कॉलेज का आख़िरी समेस्टर शुरू किया, तो मैं पढ़ाई पर कम और भविष्य पर ज़्यादा ध्यान देने लगा। नई नौकरी के लिए मुझे व्यवसाय की ठोस समझ की ज़रूरत थी। मैं जानता था कि मेरे लगभग सभी सहकर्मियों और मैनेजरों ने शीर्ष स्कूलों से एमबीए किया होगा। पहले तो मेरे मन में यह विचार आया कि मैं एमबीए डिग्री ले लूँ, लेकिन बाद में मैंने उस विचार को ख़ारिज कर दिया। जो नौकरी मुझे पहले ही मिल चुकी थी, उसके लिए महँगी डिग्री लेने का कोई तुक नहीं था। वैसे भी, मेरी ज़िम्मेदारियाँ इतनी ज़्यादा होने वाली थीं कि पार्ट-टाइम एमबीए करके पढ़ाई का बोझ बढ़ाने की कोई ज़रूरत नहीं थी।

अपने विकल्पों पर ग़ौर करते समय मुझे वह करियर सलाह याद आई, जो पीऐंडजी में मेरे पहले असोसिएट डायरेक्टर एंडी वॉल्टर ने मुझे दी थी : "आप एमबीए पूरा करने में जितना समय और ऊर्जा लगाते हैं, अगर आप उतना ही समय और ऊर्जा अच्छा काम करने और अपनी योग्यताओं को बेहतर बनाने में लगाएँ, तो आपका प्रदर्शन अच्छा रहेगा।" (एंडी के पास एमबीए डिग्री नहीं है - उन्होंने कॉलेज में इलेक्ट्रिक इंजीनियरिंग की पढ़ाई की थी। अब वे कंपनी के शीर्ष ग्लोबल आईटी मैनेजर हैं और पीऐंडजी के कई बहुत बड़े प्रोजेक्टों का नेतृत्व कर रहे हैं।)

अंत में मैंने यह फ़ैसला किया कि मैं बिज़नेस स्कूल नहीं जाऊँगा, लेकिन अपनी व्यावसायिक शिक्षा जारी रखूँगा। एमबीए में दाख़िल होने के बजाय मैंने पुस्तकों की शरण ली और अपना ख़ुद का "पर्सनल" एमबीए किया।

व्यवसाय में स्व-निर्देशित तीव्र शिक्षा

कई स्वशिक्षित लोग सबसे विख्यात विश्वविद्यालयों के पीएचडी, स्नातकोत्तर और स्नातकों से कहीं ज़्यादा उत्कृष्ट होते हैं।

— लुडविग वॉन माइज़ेस, ऑस्ट्रिया के अर्थशास्त्री और ह्यूमन एक्शन के लेखक

मैं हमेशा उत्साही पाठक रहा हूँ, हालाँकि व्यवसाय संबंधी ज्ञान हासिल करने का निर्णय लेने से पहले मैंने प्रायः कथा-साहित्य पढ़ा था। मैं न्यू लंदन में पला-बढ़ा था। यह उत्तर ओहियो में एक छोटा खेतिहर कस्बा था, जहाँ के मुख्य उद्योग कृषि और छोटे उत्पादक उद्योग हैं। मेरी माँ बच्चों की लाइब्रेरियन थीं और डैडी छठे ग्रेड के साइंस टीचर और बाद में प्रारंभिक स्कूल के प्रिंसिपल थे। पुस्तकें मेरे जीवन का अहम हिस्सा थीं, लेकिन व्यवसाय नहीं था।

मेरी पहली सच्ची नौकरी में पहुँचने से पहले इस बारे में मेरा ज्ञान शून्य था कि व्यवसाय क्या होते हैं या वे कैसे काम करते हैं। मैं तो बस यह जानता था कि लोग वेतन पाने के लिए हर दिन वहाँ जाते थे। मुझे ज़रा भी अंदाज़ा नहीं था कि प्रॉक्टर ऐंड गैम्बल जैसी कंपनियाँ मौजूद थीं, जब तक कि मैंने नौकरी के लिए आवेदन नहीं दिया, जिसने मुझे कंपनियों के संसार में पहुँचा दिया।

पीऐंडजी में काम करना अपने आप में किसी शिक्षा से कम नहीं था। इसके कारोबार के आकार और विस्तार को देखकर मैं दंग रह गया। स्वाभाविक रूप से इतने बड़े कारोबार का प्रबंधन करना सहज नहीं था और इससे मेरा दिमाग़ चकरा गया। कंपनी में अपने शुरुआती तीन सालों में मैंने व्यावसायिक प्रक्रिया के हर हिस्से में लिए जाने वाले निर्णयों में हिस्सेदारी की: नए प्रॉडक्ट बनाना, उत्पादन बढ़ाना, विज्ञापन में लाखों डॉलर आवंटित करना और वाल्मार्ट, टारगेट, क्रोगर तथा कोस्टको जैसे मुख्य रिटेलर्स से वितरण हासिल करना।

सहायक ब्रांड मैनेजर के पद पर मैं पीऐंडजी के कर्मचारियों, कॉन्ट्रैक्टर्स और एजेंसी स्टाफ़ के तीस-चालीस लोगों की टीम का नेतृत्व कर रहा था - जिन सभी के प्रतिस्पर्धी प्रोजेक्ट, योजनाएँ और प्राथमिकताएँ थीं। दाँव भारी थे और दबाव बहुत ज़्यादा था। आज तक मैं इस बात पर हैरान होता हूँ कि डिश सोप की एक छोटी सी शीशी को स्थानीय सुपरमार्केट के शेल्फ़ तक पहुँचाने के लिए हज़ारों घंटों की मेहनत, करोड़ों डॉलर और बेहद जटिल प्रक्रियाओं की ज़रूरत होती है। शीशी के आकार से लेकर प्रॉडक्ट की गंध तक हर चीज़ को एकदम सटीक बनाना होता है - इसमें स्टोर तक सामान पहुँचाने के लिए इस्तेमाल किए जाने वाले कार्डबोर्ड बॉक्स की इबारत भी शामिल है।

पीऐंडजी में मेरा काम ही मेरे दिमाग़ में दौड़ने वाली एकमात्र चीज़ नहीं थी। बिज़नेस स्कूल छोड़कर ख़ुद को शिक्षित करने का मेरा निर्णय एक साइड प्रोजेक्ट की तरह चलता रहा और छोटे-मोटे जुनून में बदल गया था। हर दिन मैं ज्ञान के नायाब टुकड़े की तलाश में घंटों तक पढ़ता रहता था, ताकि मुझे ज़्यादा अच्छी तरह समझ आ सके कि कारोबार की दुनिया कैसे काम करती है।

स्नातक होने के बाद की गर्मियों में मैंने तनावरहित होने के लिए छुट्टियाँ नहीं मनाईं। इसके बजाय मैंने स्थानीय बुकस्टोर में जाकर कारोबारी पुस्तकों के खंड छान मारे और ज़्यादा

से ज़्यादा ज्ञान ग्रहण करता रहा। मैंने आख़िरकार सितंबर 2005 में जब पीऐंडजी में पूर्णकालिक काम शुरू किया, तब तक मैं बिज़नेस स्कूलों में पढ़ाए जाने वाले हर विषय की सैकड़ों पुस्तकें पढ़ चुका था। इसके अलावा, मैंने उन विषयों पर भी सैकड़ों पुस्तकें पढ़ ली थीं, जो ज़्यादातर बिज़नेस स्कूलों में नहीं पढ़ाए जाते, जैसे मनोविज्ञान, फ़िज़िकल साइंस और सिस्टम्स थ्योरी। जब मैं पीऐंडजी में पहले दिन गया, तो मैं ख़ुद को वहाँ के सर्वश्रेष्ठ लोगों की टक्कर का मान रहा था और उनके साथ मिलकर रणनीति बनाने के लिए तैयार था।

जैसा बाद में पता चला, मेरी स्व-शिक्षा से मुझे काफ़ी फ़ायदा हुआ - मैं मूल्यवान काम कर रहा था, बढ़िया काम करा रहा था और वरिष्ठ अधिकारी मेरे काम की अच्छी समीक्षाएँ लिख रहे थे। बहरहाल, समय गुज़रने के साथ मुझे तीन बहुत महत्त्वपूर्ण चीज़ों का अहसास हुआ :

1. *बड़ी कंपनियाँ धीमे चलती हैं* - बहुत से अच्छे विचार अक्सर आधे रास्ते में ही मर जाते हैं, क्योंकि बहुत सारे लोगों के अनुमोदन की ज़रूरत होती है।
2. *कंपनी की सीढ़ी पर चढ़ना बेहतरीन काम करने में बाधक होता है* - मैं प्रमोशन के लिए ख़ुद को लगातार सही स्थिति में रखने के बजाय चीज़ें कराने और चीज़ों को बेहतर करने पर ध्यान केंद्रित करना चाहता था। राजनीति और रुतबे की लड़ाई हर बड़ी कंपनी में दैनिक कामकाजी अनुभव का अभिन्न हिस्सा होते हैं, जिनसे बचना संभव नहीं है।
3. *कुंठा अति थकान की ओर ले जाती है* - मैं कामकाज के दैनिक अनुभव का आनंद लेना चाहता था, लेकिन मुझे महसूस होता था, जैसे मैं हर दिन आक्रमण और आलोचना का शिकार हो रहा हूँ। इसका असर मेरे स्वास्थ्य, ख़ुशी और संबंधों पर पड़ने लगा। मैं कॉरपोरेट जगत में जितनी ज़्यादा देर तक रुका, मुझे उतना ही ज़्यादा अहसास हुआ कि मैं बाहर निकलना चाहता हूँ। मैं अपनी ख़ुद की शर्तों पर, उद्यमी के रूप में काम करने के लिए छटपटा रहा था।

गेहूँ और छिलका

यह महत्त्वपूर्ण है कि विद्यार्थी अपने अध्ययन के प्रति एक निश्चित असम्मान लेकर आएँ; वे यहाँ ज्ञात चीज़ों की पूजा करने नहीं आए हैं, बल्कि उन पर प्रश्न करने आए हैं।

— जैकब ब्रोनोस्की, लेखक और *द असेंट ऑफ़ मैन* के प्रस्तुतकर्ता

अगर मुझमें कोई ख़ूबी है, तो वह यह है कि मैं बहुत सारी जानकारी को सार रूप में रख सकता हूँ। मैं स्वभाव से संश्लेषक हूँ और कारोबारी साहित्य के संसार में यात्रा करते वक़्त मैं जल्दी ही हीरों और कंकड़ों को अलग-अलग करने लगा।

हर दिन इतनी ज़्यादा व्यावसायिक जानकारी प्रकाशित हो रही है कि हैरानी होती है। आज की तारीख़ में लाइब्रेरी ऑफ़ कॉंग्रेस के सामान्य संग्रह में लगभग 12 लाख व्यवसाय संबंधी पुस्तकें हैं। अगर आप 250 शब्द प्रति मिनट की औसत गति से पढ़ते हैं और एक औसत

पुस्तक में 60,000 शब्द होते हैं, तो लगातार चौबीसों घंटे पढ़ने पर आपको पूरा संग्रह पढ़ने में 528 साल लग जाएँगे। अगर ख़ुद को भोजन और नींद की विलासिता की अनुमति देते हैं, तो इस काम में 822 साल लग जाएँगे।

कंपनी प्रकाशन उद्योग को आईएसबीएन नंबर देने के लिए ज़िम्मेदार बाउकर के अनुसार पूरे संसार में हर साल 11,000 से अधिक नई व्यावसायिक पुस्तकें प्रकाशित होती हैं, जो बीसवीं सदी की शुरुआत से प्रकाशित लाखों व्यावसायिक पुस्तकों के समूह में शामिल हो रही हैं। एमेज़ॉन डॉट कॉम 6,30,000 से अधिक व्यावसायिक पुस्तकें बेचती है, जिसमें बग़ैर आईएसबीएन वाली प्रकाशित सामग्री, ऑडियो बुक, ई-बुक आदि शामिल नहीं हैं।

ज़ाहिर है, पुस्तकें ही व्यावसायिक जानकारी का एकमात्र स्रोत नहीं हैं। पत्रिकाएँ और समाचार पत्र भी एक महत्त्वपूर्ण स्रोत होते हैं। विल्सन बिज़नेस पीरियोडिकल्स इंडेक्स (डब्ल्यूबीपीआई) वर्तमान में 527 बड़े व्यवसायों से संबंधित नियतकालिक पत्रिकाओं की निगरानी करती है। डब्ल्यूबीपीआई के डाटाबेस में 16 लाख प्रविष्टियाँ हैं और हर साल लगभग 96,000 रिकॉर्ड जुड़ रहे हैं। इस संख्या में ब्लॉगों की संख्या शामिल नहीं है। गूगल ब्लॉग सर्च के अनुसार वर्तमान में इंटरनेट पर व्यवसाय संबंधी ब्लॉगों की संख्या 11 करोड़ से ज़्यादा है - एक ऐसा आँकड़ा, जो हर दिन बढ़ता जा रहा है। निश्चित रूप से ब्लॉग जगत में व्यावसायिक लेखकों की कोई कमी नहीं है। ब्लॉग सर्च इंजन टेक्नोरेटी ने व्यवसाय संबंधी विषयों पर लिखने वाले 40 लाख से ज़्यादा ब्लॉग-लेखकों की सूची बनाई है।

ज़ाहिर है, उपलब्ध व्यावसायिक जानकारी इतनी ज़्यादा है कि इसे छानना बहुत चुनौती वाला काम होता। यह कहने में मुझे कोई संकोच नहीं है कि मेरा शुरुआती व्यावसायिक शोध अव्यवस्थित था - मैं किसी बुकस्टोर में जाता था और रोचक नज़र आने वाली कोई भी पुस्तक उठा लेता था। एक बेहतरीन पुस्तक पाने के लिए मुझे दस जल्दबाज़ी में लिखी गई पुस्तकों से जूझना होता था, जिन्हें लिखने वाले परामर्शदाताओं की रुचि सचमुच उपयोगी जानकारी देने के बजाय तीन सौ पेज का बिज़नेस कार्ड छापने में ज़्यादा थी।

मैं सोचने लगा - व्यवसाय संबंधी कितनी सारी सामग्री भरी पड़ी है - और वाक़ई बहुत सारी सामग्री थी - जो मुझे सचमुच जानने की ज़रूरत थी। सवाल यह था कि मैं मूल्यवान जानकारी को कूड़े से अलग कैसे करूँ? मेरे पास सीमित समय और ऊर्जा थी, इसलिए मैं किसी फ़िल्टर को खोजने लगा, कोई ऐसी चीज़ जो मुझे उपयोगी ज्ञान की दिशा बताए और छिलके से दूर रखे। मैंने जितना ज़्यादा खोजा, मुझे उतना ही ज़्यादा अहसास हुआ कि ऐसी कोई चीज़ मौजूद नहीं थी - इसलिए मैंने इसे ख़ुद बनाने का निर्णय लिया।

मैं इस बात पर ख़ास ध्यान देने लगा कि कौन से संसाधन मूल्यवान थे और कौन से नहीं, फिर मैं अपनी खोज को वेबसाइट पर प्रकाशित करने लगा। ऐतिहासिक अभिलेख के रूप में भी और दिलचस्पी लेने वाले दूसरे लोगों के लाभ के लिए भी। यह एक व्यक्तिगत प्रोजेक्ट से ज़्यादा कुछ नहीं था। मैं हाल ही में कॉलेज से निकला हुआ स्नातक था, जो कोई उपयोगी चीज़ सीखने की जीतोड़ कोशिश कर रहा था और अपने शोध को दूसरों की सहायता के लिए प्रकाशित करना समय व ऊर्जा का अच्छा उपयोग लग रहा था।

बहरहाल, वह सौभाग्यशाली सुबह भी आई, जब पर्सनल एमबीए अप्रत्याशित रूप से सार्वजनिक हो गई और मेरी ज़िंदगी हमेशा-हमेशा के लिए बदल गई।

पर्सनल एमबीए *सार्वजनिक* हुई

जो भी किसी समस्या का सबसे अच्छा वर्णन करता है, उसी के माध्यम से इसके सुलझने की सबसे ज़्यादा संभावना होती है।

— डैन रोम, *द बैक ऑफ़ द नैपकिन* के लेखक

पुस्तकें पढ़ने के अलावा मैं सैकड़ों कारोबारी ब्लॉगों पर भी नज़र रख रहा था। व्यवसाय संबंधी कुछ सर्वश्रेष्ठ चिंतन पुस्तक के रूप में आने से कई महीनों (या वर्षों) पहले ही इंटरनेट पर प्रकाशित हो रहा था। मैं इसे उपलब्ध होते ही जल्दी से जल्दी पढ़ना चाहता था।

मैं सेठ गोडिन का ब्लॉग बड़े चाव से पढ़ता था। सेठ गोडिन बेस्टसेलिंग लेखक (जिन्होंने *परमिशन मार्केटिंग, पर्पल काउ और लिंचपिन* जैसी पुस्तकें लिखी हैं) और शुरुआती सफल ऑनलाइन मार्केटर थे। वे बड़े विचारों के साहसिक कथनों के विशेषज्ञ थे, जिनसे आपको ज़्यादा करने, बेहतर करने, यथास्थिति पर प्रश्न करने और फ़र्क़ डालने की चुनौती मिलती थी।

एक ख़ास सुबह सेठ गोडिन एक ताज़ा ख़बर पर टिप्पणी कर रहे थे। हार्वर्ड एमबीए के 119 विद्यार्थियों का प्रवेश निरस्त कर रहा था। इन संभावित विद्यार्थियों ने हार्वर्ड की प्रवेश वेबसाइट में हैकिंग करने का एक संदिग्ध तरीक़ा खोजा था, जिसकी मदद से उन्होंने आधिकारिक स्वीकृति पत्र भेजे जाने से पहले अपने आवेदन की स्थिति देख ली थी। जल्दी ही यह ख़बर मीडिया में आग की तरह फैल गई। लगभग तुरंत ही इस बारे में बहस छिड़ गई कि क्या एमबीए विद्यार्थी स्वभाव से ही झूठ बोलने, धोखा देने और चोरी करने की प्रवृत्ति रखते थे या फिर बिज़नेस स्कूल ने उन्हें ऐसा बना दिया।

सेठ ने आवेदकों के बुरे व्यवहार की निंदा नहीं की, उनका दृष्टिकोण बिलकुल ही अलग था (जिसमें आश्चर्य की कोई बात नहीं थी)। दरअसल, हार्वर्ड इन विद्यार्थियों को एक तोहफ़ा दे रहा था। उनके आवेदन निरस्त करके हार्वर्ड इन विद्यार्थियों को एक महत्त्वपूर्ण अवसर दे रहा था। विश्वविद्यालय उन्हें 1,50,000 डॉलर और उनके जीवन के दो साल लौटा रहा था, जो एक बेकार काग़ज़ का पीछा करने में बरबाद हो जाते। उन्होंने लिखा, "मैं यह नहीं समझ पाता हूँ कि एमबीए की उपाधि लेना समय और धन का बेहतर उपयोग क्यों है, जबकि 30-40 पुस्तकों के एकाग्रचित्त अध्ययन के साथ वास्तविक अनुभव इससे ज़्यादा महत्त्वपूर्ण है।"

मैंने सोचा, "वाह! यही तो मैं कर रहा हूँ!" अगले दो दिनों तक मैंने उन पुस्तकों और संसाधनों की सूची बनाई, जिन्हें मैंने अपने अध्ययन में सबसे ज़्यादा मूल्यवान पाया था, फिर मैंने यह सूची अपने ब्लॉग पर सेठ की पोस्ट की लिंक के साथ प्रकाशित कर दी, ताकि अगर कोई यह जानना चाहे कि सेठ के विचार पर अमल कैसे करना है, तो उसी मदद हो सके, फिर मैंने सेठ को एक ईमेल टाइप किया और उन्हें अपनी पोस्ट की लिंक भेज दी।

दो मिनट बाद ही सेठ ने अपने ब्लॉग पर एक पोस्ट की, जिसमें उन्होंने मेरी पठन सूची की अनुशंसा कर दी। इसके बाद तो मेरी वेबसाइट पर पूरे संसार के पाठकों का सैलाब आ गया। लाइफ़हैकर डॉट कॉम नामक लोकप्रिय व्यक्तिगत विकास और उत्पादकता ब्लॉग ने इस ख़बर को जारी कर दिया, जिसके बाद यह रेडिट, डिग और डिलिशस जैसी सोशल मीडिया वेबसाइटों पर फैल गई। पर्सनल एमबीए के अस्तित्व के पहले ही सप्ताह में तीस हज़ार लोगों ने

मेरी वेबसाइट पर आकर देखा कि मैं क्या कर रहा हूँ। इससे भी ज़्यादा अच्छी बात यह रही कि वे इस बारे में बातचीत करने लगे।

कुछ पाठकों ने मुझसे सवाल पूछे - उन्हें कहाँ शुरुआत करनी चाहिए? दूसरों ने अपनी पढ़ी बेहतरीन पुस्तकों का सुझाव दिया, जिससे मुझे शोध में मदद मिले। कुछ ने मुझे बताया कि मेरा पूरा प्रोजेक्ट बकवास है और मैं ख़ामख़्वाह अपना समय बरबाद कर रहा हूँ। इस दौरान मैं पढ़ता रहा, शोध करता रहा और अपने ख़ाली समय में पर्सनल एमबीए का विकास करता रहा। व्यावसायिक स्व-शिक्षा मुहिम धीरे-धीरे आगे बढ़ती गई।

बहुत ही कम समय में पर्सनल एमबीए एक अकेले इंसान का साइड प्रोजेक्ट ही नहीं रह गया था। यह फैलकर एक बड़ी विश्वव्यापी मुहिम बन गई थी। 2005 की शुरुआत में सार्वजनिक होने के बाद http://book.personalmba.com वेबसाइट पर 16 लाख लोग आ चुके हैं। इस प्रोजेक्ट के बारे में *द न्यू यॉर्क टाइम्स, द वॉल स्ट्रीट जरनल, ब्लूमबर्ग बिज़नेसवीक, टाइम, फ़ॉर्चून, फ़ास्ट कंपनी* और सैकड़ों अन्य बड़े समाचार संगठन व स्वतंत्र वेबसाइटें लेख प्रकाशित कर चुकी हैं। 2008 के अंत में मैंने पीऐंडजी की अच्छी-ख़ासी नौकरी छोड़ दी, ताकि मैं पूरी तरह से पर्सनल एमबीए पर ध्यान केंद्रित कर सकूँ और इसका विकास कर सकूँ।

हालाँकि पठन सूची प्रोजेक्ट में मेरी गहरी रुचि थी और मुझे इसमें आनंद आता था, लेकिन जल्दी ही मुझे इस बात का अहसास हो गया कि केवल पठन सूची देना ही काफ़ी नहीं था। लोग व्यवसाय-संबंधी पुस्तकें इसलिए पढ़ते हैं, ताकि वे अपनी विशिष्ट चुनौतियों को सुलझा सकें या ख़ुद को किसी ख़ास क्षेत्र में बेहतर बना सकें। वे समाधानों की तलाश कर रहे हैं और हालाँकि पुस्तकों की सूची मूल्यवान है, लेकिन उनके लिए इसकी उपयोगिता सीमित है।

पुस्तकें अपने आप में उतनी महत्त्वपूर्ण नहीं हैं, जितने कि उनके भीतर के विचार और ज्ञान। लेकिन मेरे कई पाठक उन तक नहीं पहुँच पाते थे, क्योंकि अच्छी सामग्री तक पहुँचने के लिए उन्हें घंटों तक पन्ने पलटाने पड़ते थे। कई पर्सनल एमबीए पाठक शुरू में तो बहुत उत्साहित थे, लेकिन कुछ पुस्तकें पढ़ने के बाद उन्होंने यह काम छोड़ दिया - पुरस्कार मिलने में बहुत लंबा समय लग जाता था और कामकाज व पारिवारिक जीवन की माँगें हमेशा रोड़े अटकाती थीं।

उनकी मदद के लिए मुझे और ज़्यादा काम करना था।

मंगर के मानसिक मॉडल

मेरे ख़याल से यह निर्विवाद रूप से सच है कि मानव मस्तिष्क मॉडलों में काम करता है। तरकीब यह हो कि सबसे बुनियादी मॉडलों की समझ हासिल करके अपने मस्तिष्क से दूसरे व्यक्ति के मस्तिष्क से बेहतर काम कराया जाए – वे मॉडल जो सबसे ज़्यादा काम करते हैं।

—चार्ल्स टी. मंगर, वॉरेन बफ़े के अरपबति कारोबारी साझेदार, वेस्को फ़ाइनैंशियल के सीईओ और बर्कशायर हैथअवे के वाइस चेयरमैन

पर्सनल एमबीए के भविष्य की पहली झलक मुझे तब दिखी, जब मुझे चार्ल्स टी. मंगर के काम का पता चला।

चार्ली का जन्म महामंदी के कुछ समय पहले ही ओमाहा, नेब्रास्का में हुआ था। बचपन में उनके मन में यह जानने की बहुत जिज्ञासा थी कि संसार कैसे काम करता है। इस गहरी जिज्ञासा को संतुष्ट करने के लिए उन्होंने हाई स्कूल में खेलकूद छोड़कर पढ़ाई में गहरी रुचि ली। उनके शुरुआती कारोबारी अनुभव में एक अनुभव यह भी था कि उन्होंने पारिवारिक स्वामित्व के एक किराना स्टोर में हर दिन दो डॉलर के वेतन पर काम किया।

1941 में चार्ली ने हाई स्कूल की पढ़ाई पूरी कर ली। दो साल तक मिशिगन यूनिवर्सिटी में स्नातक स्तर पर गणित और भौतिकी का अध्ययन करने के बाद वे आर्मी एयर कोर में चले गए, जहाँ उन्हें मौसमविज्ञानी बनने का प्रशिक्षण दिया गया। 1946 में सेना से लौटने के बाद उन्हें हार्वर्ड लॉ स्कूल में दाखिला मिल गया, हालाँकि उन्होंने स्नातक उपाधि नहीं ली थी। उस समय यह पूरी तरह अनिवार्य भी नहीं थी।

चार्ली ने 1948 में हार्वर्ड लॉ स्कूल से स्नातक किया। इसके बाद सत्रह साल तक उन्होंने एक वकील के तौर पर प्रैक्टिस की। 1965 में उन्होंने लॉ फर्म को छोड़ दिया। इस फर्म की स्थापना उन्होंने निवेश साझेदारी शुरू करने के लिए की थी। यह फर्म चौदह फीसदी की वार्षिक दर से चौदह साल तक बढ़ती रही, जो एक आश्चर्यजनक कीर्तिमान था, क्योंकि उनके पास औपचारिक कारोबारी शिक्षा बिलकुल भी नहीं थी। चार्ली मंगर का नाम ज़्यादा लोकप्रिय नहीं है, लेकिन चार्ली के बिज़नेस साझेदार वॉरेन बफ़े का नाम कौन नहीं जानता? 1975 में बफ़े और मंगर ने मिलकर बर्कशायर हैथअवे को ख़रीदा। उन्होंने इस जर्जर टेक्सटाइल निर्माता कंपनी को भारी-भरकम निवेश होल्डिंग कंपनी में बदल लिया। बफ़े और मंगर दोनों ही अरबपति बन गए।

बफ़े कहते हैं कि बर्कशायर हैथअवे की सफलता में कारोबार के प्रति चार्ली की मानसिक मॉडल केंद्रित नीति ने अहम योगदान दिया है और इसी की बदौलत बफ़े संसार के सबसे दौलतमंद बिज़नेस मालिकों में से एक बने हैं : "चार्ली जितनी तेज़ी और सटीकता से किसी भी तरह के सौदे का विश्लेषण और मूल्यांकन कर सकते हैं, उतना संसार का कोई दूसरा इंसान नहीं कर सकता। वे किसी भी तरह की वैध कमज़ोरी साठ सेकंड में पकड़ लेते हैं। वे आदर्श साझेदार हैं।"

चार्ली की सफलता का रहस्य यह है कि उन्होंने सुनियोजित तरीक़े से यह समझा कि व्यवसाय दरअसल कैसे काम करते हैं, हालाँकि उन्होंने औपचारिक दृष्टि से व्यवसाय संबंधी पढ़ाई नहीं की, लेकिन व्यापक विषयों पर उनकी अथक स्व-शिक्षा से उन्होंने "मानसिक मॉडलों की जाली" बना ली, जिसकी मदद से उन्होंने कारोबारी निर्णय लिए :

लंबे समय से मुझे यह विश्वास रहा है कि एक निश्चित तंत्र - जो लगभग हर बुद्धिमान व्यक्ति सीख सकता है - उन तंत्रों से ज़्यादा अच्छी तरह कारगर होता है, जिनका इस्तेमाल ज़्यादातर लोग (संसार को समझने के लिए) करते हैं। आपके दिमाग़ में मानसिक मॉडलों की जाली होनी चाहिए। और उस तंत्र में चीज़ें धीरे-धीरे एक साथ फ़िट आ जाती हैं, जो संज्ञान को बढ़ा देती हैं।

जिस तरह बहुल घटक हर तंत्र को आकार देते हैं, उसी तरह उस तंत्र को समझने के लिए बहुत से विषयों के बहुल मानसिक मॉडलों की ज़रूरत होती है... आपको जीवविज्ञानी जूलियन हक्सले के विचार की सच्चाई का अहसास करना होता है कि "जीवन एक के बाद एक जुड़ी हुई कमबख़्त चीज़ है।" इसलिए आपके

पास सारे मॉडल होने चाहिए और आपको उनके आपसी जुड़ाव देखने चाहिए और उन जुड़ावों के प्रभाव देखने चाहिए...

एक तरह से यह मज़ेदार है कि आप बैठकर अपने से बहुत चतुर लोगों से ज़्यादा अच्छी तरह सोच सकते हैं, सिर्फ़ इसलिए क्योंकि आपने ख़ुद को ज़्यादा निष्पक्ष और ज़्यादा बहुविषयक बनने का प्रशिक्षण दिया है। यही नहीं, इसमें बहुत सारा पैसा भी है, जैसा मैं अपने ख़ुद के अनुभव से प्रमाणित कर सकता हूँ।

व्यवसाय कैसे काम करते हैं, लोग कैसे काम करते हैं और तंत्र कैसे काम करते हैं, इसके वृहद ज्ञान के आधार पर निवेश निर्णय लेकर बफ़े और मंगर ने 195 अरब डॉलर से ज़्यादा मूल्य की कंपनी बना डाली - जो बिना किसी औपचारिक व्यावसायिक शिक्षा वाले ओमाहा के मौसमविज्ञानी बनाम वकील के लिए एक आश्चर्यजनक उपलब्धि थी।

व्यावसायिक शिक्षा के प्रति मंगर की नीति ने मेरे विचारों की पुष्टि कर दी। उन्होंने दशकों पहले वह काम करने का निर्णय लिया था, जो मैं कर रहा था - और यह असाधारण अच्छी तरह कारगर रहा था! मंगर ने बुनियादी सिद्धांतों को पहचाना था और संसार पर लागू किया था। उनका तरीक़ा मुझे उस समय तक पढ़ी ज़्यादातर व्यावसायिक पुस्तकों से ज़्यादा समझदारी भरा लगा। मैंने संकल्प लिया कि चार्ली जिन "मानसिक मॉडलों" के आधार पर निर्णय लेते थे, मैं उनके बारे में ज़्यादा से ज़्यादा सीखूँगा।

दुर्भाग्य से चार्ली ने अपने मानसिक मॉडलों का वृहद संग्रह कभी प्रकाशित नहीं किया। उन्होंने बस अपने भाषणों और निबंधों में इनके संकेत दिए हैं। हाल की जीवनी *पुअर चार्लीज़ अल्मैनेक* में भी बस उन मनोवैज्ञानिक सिद्धांतों की सूची दी गई है, जो उन्हें सबसे ज़्यादा उपयोगी लगे हैं - लेकिन इस तरह के शीर्षक से कुछ भी प्रकाशित नहीं हुआ है - "हर वह चीज़, जिसकी ज़रूरत आपको व्यवसाय में सफल होने के लिए होती है।"

अगर मैं इस बात के बुनियादी सिद्धांतों को समझना चाहता था कि हर सफल व्यवसायी कैसे काम करता है, तो मुझे उन्हें ख़ुद खोजना था। यह करने के लिए मुझे व्यवसाय की अपनी समझ को शुरुआत से दोबारा बनाना था।

बिंदुओं को जोड़ना

सारे मामलों में कभी-कभार उन चीज़ों पर एक प्रश्नचिह्न लटका देना अच्छा होता है, जिन्हें आप लंबे समय से स्वीकार करते आ रहे हैं।

— बरट्रैंड रसेल, मशहूर दार्शनिक और *प्रॉब्लम्स ऑफ़ फ़िलॉसफ़ी* और *द प्रिंसिपल्स ऑफ़ मैथेमेटिक्स* के लेखक

ज़्यादातर व्यावसायिक पुस्तकें (और बिज़नेस स्कूल) यह मानकर चलते हैं कि विद्यार्थी पहले से जानता है कि व्यवसाय क्या होते हैं, वे क्या करते हैं और वे कैसे काम करते हैं - मानो यह संसार की सबसे स्पष्ट चीज़ हो। ऐसा बिलकुल नहीं है। व्यवसाय मानव अनुभव के सबसे जटिल और बहुविषयक क्षेत्रों में से एक है, हालाँकि व्यवसाय हर दिन हमारे

आस-पास काम करते हैं, लेकिन वे कैसे काम करते हैं, यह समझने की कोशिश उल्लेखनीय रूप से डरावनी हो सकती है।

व्यवसाय हमारे रोज़मर्रा के जीवन का इतना बड़ा हिस्सा है कि कारोबारी जगत को सामान्य मान लेना और इसे ज़्यादा ग़ौर से न देखना आसान होता है। दिन प्रति दिन व्यवसाय हमारी मनचाही चीज़ हम तक तेज़ी से, कुशलता से और उल्लेखनीय रूप से बहुत कम झंझटों के साथ पहुँचाते हैं। अपने चारों ओर नज़र डालकर देखें : आप जिन भौतिक वस्तुओं से घिरे हैं, उनमें से लगभग हर चीज़ किसी न किसी तरह के व्यवसाय ने आपके लिए बनाई थी और आप तक पहुँचाई थी।

व्यवसाय इतने सारे अलग-अलग तरीक़ों से इतनी सारी अलग-अलग चीज़ें बनाते और पहुँचाते हैं कि सामान्यीकरण करना मुश्किल हो जाता है : एपल साइडर और एयरलाइंस में क्या समानता है? दरअसल इनमें काफ़ी समानता है - बशर्ते आप जानते हों कि कहाँ देखना है। मेरे हिसाब से व्यवसाय की परिभाषा यह है :

> *हर सफल व्यवसाय (1) कोई मूल्यवान चीज़ बनाता या प्रदान करता है, जिसे (2) दूसरे लोग चाहते हैं या उन्हें उसकी ज़रूरत होती है (3) एक ऐसी क़ीमत पर जिसे चुकाने के लिए वे तैयार होते हैं, एक ऐसे तरीक़े से जिससे (4) ख़रीदार की आवश्यकताएँ और अपेक्षाएँ संतुष्ट हो जाएँ और (5) व्यवसाय को पर्याप्त आमदनी मिलती रहे, ताकि मालिकों के लिए वह काम जारी रखना लाभप्रद हो।*

मूल्य उत्पन्न करना, ग्राहक की माँग, सौदे, मूल्य प्रदान करना या मुनाफ़े की पर्याप्तता - अगर आप इनमें से आप एक भी चीज़ हटा लेते हैं, तो आपके पास व्यवसाय नहीं, कोई दूसरी चीज़ होगी। हर घटक अनिवार्य भी है और सर्वव्यापी भी।

जब मैंने इनमें से प्रत्येक घटक को विखंडित किया, तो मुझे अतिरिक्त सर्वव्यापी आवश्यकताएँ दिखीं। लोग क्या चाहते हैं (बाज़ार शोध), यह समझे बिना मूल्य उत्पन्न नहीं किया जा सकता। ग्राहकों को रिझाने के लिए उनका ध्यान आकर्षित करना होता है, फिर उनकी रुचि जगानी होती है (मार्केटिंग)। सामान बेचने के लिए ग्राहकों को यह विश्वास होना चाहिए कि आप जिस चीज़ का वादा कर रहे हैं, आपमें उसे देने की क़ाबिलियत है (मूल्य प्रदान करना और कार्यसंचालन)। ग्राहक संतुष्टि ग्राहक की अपेक्षाओं से विश्वसनीय रूप से आगे जाने पर निर्भर करती है (ग्राहक सेवा)। पर्याप्त मुनाफ़े के लिए यह ज़रूरी है कि आय व्यय से ज़्यादा हो (वित्त)।

इनमें से कोई भी काम रॉकेट विज्ञान नहीं है, लेकिन वे हमेशा ज़रूरी होते हैं, चाहे आप कुछ भी करते हों या किसी भी व्यवसाय में हों। यदि इन्हें अच्छी तरह करेंगे, तो आपका व्यवसाय फलेगा-फूलेगा। इन्हें ख़राब तरीक़े से करेंगे, तो आपका व्यवसाय लंबे समय तक नहीं टिक पाएगा।

हर व्यवसाय बुनियादी तौर पर दो अतिरिक्त घटकों पर निर्भर रहता है : लोग और तंत्र। हर व्यवसाय लोगों द्वारा बनाया जाता है और यह किसी तरीक़े से दूसरे लोगों को लाभ पहुँचाकर क़ायम रहता है। अगर आप यह समझना चाहते हैं कि व्यवसाय कैसे काम करते हैं, तो आपको इस बात की दृढ़ समझ होनी चाहिए कि लोगों में किस तरह सोचने और व्यवहार

करने की प्रवृत्ति होती है - इंसान कैसे निर्णय लेते हैं, उन निर्णयों पर कैसे काम करते हैं और दूसरों के साथ कैसे संवाद करते हैं। मनोविज्ञान और न्यूरोसाइंस में हाल में हुई तरक्की ने उजागर किया है कि लोग जो करते हैं, वह क्यों करते हैं। इसके अलावा, इसने यह भी बताया है कि हम अपने ख़ुद के व्यवहार को कैसे बेहतर बना सकते हैं और दूसरों के साथ ज़्यादा कार्यकुशलता से काम कर सकते हैं।

दूसरी ओर, तंत्र अदृश्य होते हैं, हालाँकि वे हर व्यवसाय को इकट्ठे जोड़े रखते हैं। मूलतः हर व्यवसाय उन प्रक्रियाओं का संग्रह है, जिन्हें विश्वसनीय ढंग से दोहराकर निश्चित परिणाम हासिल किया जा सकता है। अगर आप इसकी अनिवार्य बातों को समझ लेते हैं कि जटिल तंत्र कैसे काम करते हैं, तो विद्यमान तंत्रों को बेहतर बनाने के तरीक़े खोजे जा सकते हैं, चाहे यह मार्केटिंग अभियान हो या मोटर वाहनों की असेंबली लाइन।

मैंने अपने ग्राहकों और पाठकों के साथ कई साल इस पुस्तक में बताए सिद्धांतों की जाँच की है, जिनकी पुष्टि के बाद ही मैंने यह पुस्तक लिखी है। इन "व्यावसायिक मानसिक मॉडलों" को समझने और लागू करने के बाद उन्होंने नया करियर शुरू किया, कॉरपोरेट और शैक्षणिक जगत के प्रतिष्ठिता सोंगठनों में नौकरी हासिल की, तरक्की हासिल की, नए व्यवसाय शुरू किए और कई मामलों में तो उन्होंने संपूर्ण उत्पाद विकास प्रक्रिया (विचार से लेकर पहली बिक्री तक) चार सप्ताह से भी कम समय में पूरी कर दी।

ये अवधारणाएँ महत्त्वपूर्ण हैं, क्योंकि वे कारगर हैं। न सिर्फ़ आप दूसरों के लिए ज़्यादा मूल्य उत्पन्न कर सकेंगे और अपनी आर्थिक स्थिति बेहतर बना सकेंगे, बल्कि आप जो करने निकले हैं, उसे हासिल करना आपको काफ़ी आसान भी लगेगा - और रास्ते में आपको ज़्यादा मज़ा भी आएगा।

संदेहवादियों के लिए

आपने ऐसी शिक्षा पर 1,50,000 डॉलर बरबाद कर दिए, जिसे आप सार्वजनिक पुस्तकालय में विलंब शुल्क देकर पचास डॉलर में पा सकते थे।

— मैट डैमन एज़ विल हंटिंग, *गुड विल हंटिंग*

यह पुस्तक बिज़नेस स्कूलों के बारे में नहीं, बल्कि व्यावसायिक अवधारणाओं के बारे में है। बहरहाल, कई लोगों को यह यक़ीन ही नहीं होता कि जब तक वे किसी नामी गिरामी कॉलेज के नामी गिरामी डिप्लोमा के लिए ढेर सारे पैसे न दें, तब तक वे वृहद व्यावसायिक शिक्षा के लाभों की फ़सल काट सकते हैं। यह खंड संदेहवादियों के लिए है और इसमें एमबीए के पारंपरिक पाठ्यक्रमों के लाभ-हानि बताए गए हैं।

क्या आपको बिज़नेस स्कूल जाना चाहिए?

अ. एमबीए दूसरों के सामने आपकी योग्यताओं को साबित करने के लिए जो करता है और ब. एमबीए आपकी योग्यताओं को बेहतर बनाने के लिए जो करता है, इन दोनों में फ़र्क़ होता है। ये दोनों अलग-अलग चीज़ें हैं।

— स्कॉट बर्कुन, *मेकिंग थिंग्स हैपन* और *द मिथ्स ऑफ़ इनोवेशन* के लेखक

हर साल लाखों व्यक्ति नाम कमाने के लिए संकल्पित होते हैं और उनके मन में एक ही विचार होता है : "मैं एक सफल व्यवसायी बनना चाहता हूँ। मुझे कहाँ से एमबीए करना चाहिए?" चूँकि आप इस पुस्तक के पन्ने पलट रहे हैं, इसलिए शायद आपने भी अपने जीवन के किसी बिंदु पर यही बात सोची होगी।

जवाब यह है : ये सरल शब्द आपकी बरसों की मेहनत और लाखों डॉलर बचा लेंगे :

बिज़नेस स्कूल छोड़ो, ख़ुद को शिक्षित करो।

यह पुस्तक आपको व्यवसाय में सफल होने का तरीक़ा बताएगी - अपनी ज़िंदगी को गिरवी रखे बिना।

बिज़नेस स्कूल संबंधी तीन बड़ी समस्याएँ

कॉलेज : दो सौ लोग एक ही पुस्तक पढ़ रहे हैं। यह स्पष्ट रूप से ग़लत है। दो सौ लोग दो सौ पुस्तकें पढ़ सकते हैं।

— जॉन केज, स्व-शिक्षित लेखक और संगीतकार

मैं बिज़नेस स्कूलों में काम करने वाले लोगों के ख़िलाफ़ नहीं हूँ। बिज़नेस स्कूल के प्रोफ़ेसर और प्रशासक प्रायः भले लोग होते हैं, जो अपनी तरफ़ से सर्वश्रेष्ठ कोशिश करते हैं और अपने विद्यार्थियों को सफल होते देखना चाहते हैं। दुर्भाग्य से, पूरे संसार के एमबीए पाठ्यक्रमों में तंत्र संबंधी तीन मुख्य समस्याएँ होती हैं :

1. *एमबीए कोर्स इतने महँगे होते हैं कि दाख़िले की फ़ीस चुकाने के लिए आप अपने जीवन को एक तरह से गिरवी रख देते हैं* - "रिटर्न ऑन इनवेस्टमेंट" का संबंध हमेशा इस बात से होता है कि आप कितना ख़र्च करते हैं। शिक्षक शुल्क दशकों से बढ़ता चला आ रहा है और इस वजह से एमबीए कोर्स विद्यार्थियों के लिए अब लाभ के बजाय घाटे का सौदा होते जा रहे हैं। बुनियादी प्रश्न यह नहीं है कि किसी यूनिवर्सिटी में जाना सकारात्मक अनुभव है या नहीं : बुनियादी प्रश्न तो यह है : क्या यह अनुभव इस लायक़ है कि इस पर इतना ज़्यादा ख़र्च किया जाए।

2. *एमबीए कोर्सों में कई महत्त्वहीन, पुरातनपंथी, यहाँ तक कि हानिकारक अवधारणाएँ और आदतें सिखाई जाती हैं* - यह मानते हुए कि आपका लक्ष्य किसी सफल व्यवसाय को सचमुच बनाना और अपनी नेट वर्थ को बढ़ाना है। एमबीए की डिग्री हासिल कर चुके मेरे कई पाठक और ग्राहक मेरे पास आकर बताते हैं कि उन्होंने जटिल वित्तीय फ़ॉर्मूले और सांख्यिकीय मॉडलों की बारीकियाँ सीखने में लाखों डॉलर ख़र्च कर दिए, लेकिन इसके बाद जाकर उन्हें यह अहसास हुआ कि एमबीए कोर्स ने उन्हें यह नहीं सिखाया कि एक असली, सक्रिय व्यवसाय को कैसे शुरू किया जा सकता है या बेहतर बनाया जा सकता है। यही समस्या है - बिज़नेस स्कूल की पढ़ाई पूरी करने से इस बात की गारंटी नहीं मिल जाती है कि इसके बाद आपके पास व्यवसाय संबंधी उपयोगी कामकाजी ज्ञान होगा, जिसकी ज़रूरत आपको दरअसल सफल होने के लिए होती है।

3. *एमबीए कोर्स आपको ऊँचे वेतन वाले पद की गारंटी नहीं देता है; एक्ज़ीक्यूटिव चैंबर में बैठने वाले सुयोग्य मैनेजर या लीडर बनाने की बात तो छोड़ ही दें* - निर्णय लेने या प्रबंधन और नेतृत्व जैसी योग्यताएँ विकसित करने के लिए असली अभ्यास और अनुभव की ज़रूरत होती है, जो बिज़नेस स्कूल की कक्षाओं में नहीं मिल सकता, चाहे उनका पाठ्यक्रम कितना ही प्रतिष्ठित क्यों न हो।

बहुत कम उपयोगी जानकारी सीखने में भारी पैसे ख़र्च क्यों करें? इसके बजाय उन चीज़ों को सीखने में अपना समय और संसाधन क्यों न लगाएँ, जो सचमुच मायने रखती हैं? यदि आप अपनी योग्यताएँ बेहतर बनाने में निवेश करने के लिए तैयार और सक्षम हैं, तो आप अपने दम पर व्यवसाय संबंधी हर वह चीज़ सीख सकते हैं, जो आपको जानना चाहिए और इसके लिए आपको अपना भविष्य भी गिरवी नहीं रखना होगा।

श्रेष्ठता की ग़लतफ़हमियाँ

महत्त्वाकांक्षी व्यक्ति का मूल तत्व सिर्फ़ एक सपने की छाया है।

— विलियम शेक्सपियर, *हैमलेट*

बिज़नेस स्कूल क्यों आकर्षक होते हैं, यह समझना आसान है : इसे चिर समृद्धि और आरामदेह जीवन के एकतरफ़ा टिकट के रूप में बेचा जाता है। सुखद दिवास्वप्न कुछ इस तरह का होता है : जब आप दो साल तक केस स्टडीज़ और शराबख़ाने की “नेटवर्किंग” कर लेंगे, तो इसके बाद शीर्षस्थ कंपनियाँ आपको अपने यहाँ नौकरी देने के लिए आपस में लड़ेंगी और हर कंपनी आपके सामने प्रतिष्ठित और ऊँचे वेतन वाले पद का प्रस्ताव रखेगी।

कंपनी की सीढ़ी पर आप निश्चित रूप से और तेज़ी से चढ़ेंगे। आप उद्योग के कप्तान बन जाएँगे। आपको भारी बोनस मिलेगा। आपको काँच की गगनचुंबी अट्टालिका की सबसे

ऊपर की मंज़िल पर कोने का ऑफ़िस दिया जाएगा, जहाँ महोगनी की रौबदार डेस्क के पीछे बैठकर आप अपने स्टॉक ऑप्शन्स के मूल्य का हिसाब लगाएँगे। आप बड़े बॉस बन जाएँगे और दूसरे लोगों को यह बताएँगे कि उन्हें कौन से काम करना है, फिर आप गोल्फ़ खेलने या अपनी याट पर आराम करने चल देंगे। पूरे संसार में आपके सम्मान में शराब और बेहतरीन भोजन की दावतें दी जाएँगी और छोटे स्तर के लोग आपकी तथा आपकी आश्चर्यजनक उपलब्धियों की जय-जयकार करेंगे। हर इंसान सोचेगा कि आप कितने अमीर, बुद्धिमान और शक्तिशाली हैं - और वे बिलकुल सही होंगे।

आपको दौलत, शक्ति और भव्यता के इस वादे की क्या क़ीमत चुकानी है है? बस आवेदन शुल्क में कुछ हज़ार डॉलर देना है और एक लोन दस्तावेज़ पर दस्तख़त करना है। इसके बाद आप शिखर पर पहुँचने की राह पर चलने लगेंगे! इतना ही नहीं, आपको सचमुच काम शुरू करने से पहले दो साल का अवकाश भी मिलेगा। कितना शानदार सौदा है!

दुर्भाग्य से, दिवास्वप्न और सच्चाई में प्रायः बहुत अलग होते हैं।

आपका पैसा और आपकी ज़िंदगी

मुफ़्त लंच जैसी कोई चीज़ नहीं होती।

— रॉबर्ट हाइनलाइन, *स्ट्रेंजर इन अ स्ट्रेंज लैंड* और *द मून इज़ अ हार्श मिस्ट्रेस* के लेखक

आइए पल भर के लिए मान लेते हैं कि आप यह सोचते हैं कि बिज़नेस स्कूल आपकी स्थायी सफलता का टिकट है। आप ख़ुशक़िस्मत हैं - बिज़नेस स्कूल में दाख़िला तुलनात्मक रूप से आसानी से मिल सकता है। यदि आप आवेदन शुल्क में हज़ारों डॉलर चुकाते हैं, आत्मविश्वास और विनम्रता के बीच सही संतुलन वाले पर्याप्त पर्सनल स्टेटमेंट लिखते हैं और साक्षात्कार में स्कूल के गुणवत्तापूर्ण कोर्स की प्रशंसा करते हैं, तो देर-सबेर कोई न कोई कॉलेज या यूनिवर्सिटी उदारतापूर्वक आपको अगला बिल गेट्स बनने का अवसर दे देगी।

असली समस्या यहाँ शुरू होती है : बिज़नेस स्कूल बहुत ही महँगा होता है। जब तक कि आप ख़ुद दौलतमंद न हों या भारी स्कॉलरशिप हासिल न कर लें, तब तक आपका एकमात्र विकल्प यह होता है कि आप अपनी ज़िंदगी को एक तरह से गिरवी रख दें यानी फ़ीस चुकाने के लिए भारी-भरकम शिक्षा ऋण ले लें, जिसे आप बाद में होने वाली कमाई से चुकाएँगे।

एमबीए में दाख़िला चाहने वाले ज़्यादातर विद्यार्थियों के पास पहले से ही किसी न किसी कॉलेज की स्नातक डिग्री होती है, इसलिए उनके पास थोड़ा-बहुत विद्यार्थी क़र्ज़ पहले से ही होता है। महाविद्यालयीन वित्तीय सहायता की वेबसाइट फ़िनएडडॉट ओआरजी के अनुसार अमेरिका के जिन विद्यार्थियों ने 2009 में स्नातक उपाधि ली थी, उन पर औसतन 22,500 डॉलर का क़र्ज़ था। जो विद्यार्थी स्नातक उपाधि लेने के बाद एमबीए कोर्स करते हैं, उनका औसत क़र्ज़ 41,687 डॉलर होता है। इसमें मकान किराये, किराने और कार भुगतान जैसी भौतिक ज़रूरतों का ख़र्च नहीं जोड़ा गया है, जिन्हें पूरा करने के लिए प्रायः अतिरिक्त विद्यार्थी लोन लेना होता है।

किसी औसत स्कूल में जाने के लिहाज़ से चालीस हज़ार डॉलर काफ़ी महत्त्वपूर्ण रक़म है यह - लेकिन औसत स्कूल में कौन पढ़ने जाना चाहता है? अगर आप गोल्डमैन सैक्स जैसी शीर्ष वित्तीय सेवा कंपनियों या मैकिन्सी ऐंड बेन जैसी अहम परामर्शदात्री कंपनियों (जो ऐतिहासिक दृष्टि से एमबीए करके निकले विद्यार्थियों के लिए सर्वोच्च वेतन वाले विकल्प हैं) से प्रस्ताव पाने को आतुर हैं, तो आपको शीर्ष-दस एमबीए कोर्सों में से किसी एक में जाना होगा और इसके लिए चालीस हज़ार डॉलर से काम नहीं चलेगा। इसमें चालीस हज़ार से भी ज़्यादा रक़म लग जाएगी।

क़र्ज़ का चक्रव्यूह

जो क़र्ज़ लेता है, वह दुःख उठाता है... मूर्ख और उसका पैसा जल्दी ही अलग हो जाते हैं।

— थॉमस टसर, सोलहवीं सदी के अँग्रेज़ किसान और कवि

2011 की *यू.एस. न्यूज़ ऐंड वर्ल्ड* रिपोर्ट की बिज़नेस स्कूल रैंकिंग्स के मुताबिक़ शीर्ष पंद्रह एमबीए कोर्स वार्षिक शिक्षण शुल्क में 40,983 डॉलर से 53,208 डॉलर लेते हैं। इस राशि में दीगर फ़ीस, विद्यार्थी कर्ज़ का ब्याज या जीवनयापन के ख़र्च शामिल नहीं हैं। हाल के वर्षों में ट्यूशन फ़ीस हर साल 5 से 10 प्रतिशत की दर से बढ़ रही है।

2011 के उत्तरार्ध में *फ़ॉर्चून* के योगदानकर्ता जॉन ए. बर्न द्वारा संकलित आँकड़ों के अनुसार जब आप ट्यूशन फ़ी, दीगर फ़ीस, जीवनयापन के ख़र्च और खोए वेतन की अवसर लागत को जोड़ते हैं, तो इन आठ बिज़नेस स्कूलों का ख़र्च 3,00,000 डॉलर से ऊपर बैठता है : हार्वर्ड, स्टैनफ़ोर्ड, व्हार्टन, कोलंबिया, डार्टमाउथ, शिकागो, एमआईटी और नॉर्थवेस्टर्न। इस सूची में हार्वर्ड और स्टैनफ़ोर्ड सबसे ऊपर आते हैं, जिनकी लागत क्रमशः 3,48,800 डॉलर और 3,51,662 डॉलर है। ध्यान रहे, इसमें विद्यार्थी क़र्ज़ संबंधी शुल्क को नहीं जोड़ा गया है : इसमें शुरुआती 2-3 प्रतिशत प्रोसेसिंग फ़ीस जोड़ लें और क़र्ज़ पर 6 से 10 प्रतिशत का चक्रवृद्धि वार्षिक ब्याज भी जोड़ लें। अब आप शीर्ष बिज़नेस स्कूल में दाख़िले की सच्ची लागत जान चुके हैं।

ब्लूमबर्ग बिज़नेसवीक और पे-स्केल द्वारा किया गया शोध बताता है कि शीर्ष एमबीए कोर्स के औसत स्नातक को उसके कोर्स के हिसाब से पूरे करियर में 2.4 से 3.8 मिलियन डॉलर का वेतन मिलता है। इन आँकड़ों से यह पता चलता है कि आप ज़िंदगी भर में होने वाली संभावित आमदनी का 8 से 10 प्रतिशत हिस्सा शीर्ष स्तरीय बिज़नेस स्कूल को दे रहे हैं और वह भी सिर्फ़ दो साल की केस स्टडीज़ और नेटवर्किंग के बदले में।

ज़ाहिर है, हम यह मानकर चल रहे हैं कि आपको दाख़िला मिल जाता है। शीर्ष बिज़नेस स्कूलों में प्रवेश पाना मुश्किल होता है। वे इस मामले में बदनाम भी हैं। उनकी प्रतिष्ठा इतनी ज़्यादा होती है कि वे अपने विद्यार्थियों को देख-परखकर चुन सकते हैं। यह एक चक्र है। किसी बिज़नेस स्कूल की प्रतिष्ठा इसके स्नातकों की सफलता पर टिकी होती है, इसलिए शीर्ष स्कूल सिर्फ़ उन्हीं विद्यार्थियों को दाख़िला देते हैं, जो कठोर चयन प्रक्रिया में उत्तीर्ण होने लायक़ बुद्धिमान और महत्त्वाकांक्षी

हों - जिनके सफल होने की उम्मीद हो, चाहे वे एमबीए हों या न हों। बिज़नेस स्कूल लोगों को सफल नहीं बनाते हैं। वे तो बस सफल लोगों को दाख़िला देते हैं और फिर उनकी सफलता का श्रेय ले लेते हैं।

यदि आप किसी बिज़नेस स्कूल में दाख़िला पाने में कामयाब हो जाते हैं, तो स्कूल आपको अच्छी नौकरी दिलाने की पूरी कोशिश करेगा, लेकिन इसे संभव बनाना हमेशा आपकी ज़िम्मेदारी होगी। यदि आप स्नातक होने के बाद ज़िंदगी में सफल हो जाते हैं, तो स्कूल को यह प्रचार करने का मौक़ा मिल जाता है कि आप उनके कोर्स की गुणवत्ता के शानदार उदाहरण हैं। यह ज़्यादा विद्यार्थियों को दाख़िल करने के लिए आपके नाम के "आभामंडल प्रभाव" का इस्तेमाल करेगा। दूसरी ओर, यदि आपकी नौकरी चली जाती है और आप दिवालिया हो जाते हैं, तो आपको न तो प्रचार मिलेगा, न ही सहायता। बस लोन के बिल आते रहेंगे। आपकी बदक़िस्मती पर अफ़सोस है।

व्हार्टन स्कूल ऑफ़ बिज़नेस से 2002 में स्नातक हुए क्रिश्चियन स्करेगा अपने एमबीए अनुभव के बारे में अपनी वेबसाइट पर यह कहते हैं :

> *मेरे वहाँ-रहा-हूँ-वह-किया-है, इस अनुभव ने मुझे सिखाया कि शीर्ष एमबीए कोर्स के कुछ लाभ तो हैं, लेकिन क़ीमत तगड़ी होती है। यदि आप पूर्णकालिक कोर्स करने के बारे में सोच रहे हैं, तो मेहरबानी करके ठहर जाएँ और ख़ुद से पूछें कि क्या आप यह जोखिम लेना चाहते हैं या नहीं।*
>
> *बिज़नेस स्कूल एक बड़ा जोखिम है। अगर आप इसमें दाख़िला लेने का चुनाव करते हैं, तो बस एक ही बात की पक्की गारंटी दी जा सकती है कि आपको लगभग 1,25,000 डॉलर का चूना लगेगा। इसका मतलब है दस साल की अवधि में 1,500 डॉलर प्रति माह की क़िस्त पर क़र्ज़ चुकाना, जिसमें आप एक धेला भी नहीं बचा पाएँगे।*
>
> *अगर आपको लगता है कि नाम, यार-दोस्त, दो साल की छुट्टी और भारी वेतन का अवसर हासिल करने के लिए इतने पैसे देने में कोई बुराई नहीं है, तो एमबीए आपके लिए सही है, लेकिन अगर ऐसा नहीं है, तो कृपया कुछ और करें।*

समझदारी भरे शब्द। अगर आपको काग़ज़ की डिग्री की अनिवार्य ज़रूरत नहीं है, तो दाख़िला न लें।

एमबीए से आपको सचमुच क्या मिलेगा

पाखंड अपने वादों में भव्य हो सकता है क्योंकि जब वादे पूरे करने का इरादा ही न हो, तो इसमें कुछ भी ख़र्च नहीं होता है।

—एडमंड बर्क, राजनेता और राजनैतिक विचारक

अकेडमी ऑफ़ मैनेजमेंट लर्निंग ऐंड एज्युकेशन में एक अध्ययन प्रकाशित हुआ, जिसका शीर्षक था "बिज़नेस स्कूलों का अंत? दिखावे से कम सफलता।" इस अध्ययन में

स्टैनफ़ोर्ड यूनिवर्सिटी के जेफ़्री फ़ेफ़र और वॉशिंगटन यूनिवर्सिटी की क्रिस्टीना फ़ॉन्ग ने चालीस साल के आँकड़ों का विश्लेषण करके यह प्रमाण खोजने की कोशिश की कि क्या बिज़नेस स्कूल अपने स्नातकों को ज़्यादा सफल बनाते हैं। उनकी अवधारणा उल्लेखनीय रूप से खरी थी :

यदि एमबीए की शिक्षा व्यवसाय के लिए उपयोगी प्रशिक्षण है, तो तर्क की दृष्टि से नीचे दी गई बातें भी सच होनी चाहिए : 1. बाक़ी चीज़ें समान रहने पर एमबीए की डिग्री का संबंध करियर में वेतन जैसे सफलता और उपलब्धि के पैमानों से होना चाहिए; और 2. अगर बिज़नेस स्कूल में पढ़ने से इंसान व्यावसायिक जगत के लिए ज़्यादा अच्छी तरह तैयार होता है और उस क्षेत्र में ज़्यादा सक्षम होता है, - दूसरे शब्दों में, अगर बिज़नेस स्कूल पेशेवर दृष्टि से उपयोगी ज्ञान प्रदान करते हैं- तो फिर कोर्स वर्क के ग्रेड के पैमाने को (जो बताता है कि किसने कितना सीखा है या सामग्री में कितनी महारत हासिल की है) व्यवसाय में मिलने वाली सफलता के स्तर का भविष्यसूचक संकेत करना चाहिए।

फ़ेफ़र और फ़ॉन्ग ने जो पाया, वह आश्चर्यजनक और विचलित करने वाला था : बिज़नेस स्कूल ज़्यादा कुछ नहीं करते हैं; वे तो बस विद्यार्थियों की जेब से पैसा निकालते हैं :

बिज़नेस स्कूल बहुत कारगर नहीं हैं - एमबीए डिग्री या कोर्स में हासिल ग्रेड का करियर में मिलने वाली सफलता से कोई संबंध नहीं होता। ये परिणाम इस बात पर प्रश्न उठाते हैं कि बिज़नेस स्कूल अपने विद्यार्थियों को तैयार करने में प्रभावी हो रहे हैं। और इस बारे में भी बहुत कम प्रमाण हैं कि बिज़नेस स्कूल में जो शोध किया जाता है, उसका असल दुनिया की प्रबंधन कार्यप्रणाली पर प्रभाव पड़ता है। इससे प्रबंधन प्रबुद्धता की पेशेवर प्रासंगिकता पर प्रश्नचिह्न लग जाता है।

फ़ेफ़र और फ़ॉन्ग के अध्ययन का निष्कर्ष था, इससे कोई फ़र्क़ नहीं पड़ता कि आपने अपनी क्लास के शिखर पर आदर्श 4.0 लेकर परीक्षा पास की थी या बमुश्किल उत्तीर्ण होकर तलहटी में रहे थे - एमबीए का दीर्घकालीन करियर में सफलता से शून्य संबंध था। ज़रा सा भी नहीं।

बहुत कम प्रमाण हैं कि एमबीए की डिग्री (ख़ास तौर पर ग़ैर-उच्चवर्गीय स्कूलों से) या बिज़नेस कोर्स के ग्रेड - जो शिक्षा में महारत हासिल करने का पैमाना होते हैं - का संबंध वेतन या संगठनों में ज़्यादा ऊँचे पद हासिल करने से होता है। इन आँकड़ों से यह सर्वश्रेष्ठ निष्कर्ष निकाला जा सकता है कि व्यावसायिक शिक्षा के प्रशिक्षण या शिक्षण का संबंध संगठनों के प्रबंधन के संसार से सिर्फ़ शिथिलता से ही जुड़ा है।

यह सुनना मुश्किल है, अगर आपने एक डिग्री ख़रीदने के लिए कुछ लाख डॉलर से ज़्यादा रक़म ख़र्च की है, जिसका एकमात्र उद्देश्य आपको ज़्यादा सफल व्यवसायी बनाना है।

हालत बदतर हो जाती है : एमबीए की डिग्री लेने से आपके पूरे जीवन की आमदनी पर कोई असर नहीं पड़ता है। आपने डिग्री हासिल करने के लिए जो क़र्ज़ लिया था, उसे चुकाने में आपकी दशकों की मेहनत लग जाती है। व्हार्टन से एमबीए करने वाले क्रिश्चियन स्करेगा का अनुमान है कि किसी शीर्ष एमबीए पाठ्यक्रम का दस साल का "शुद्ध वर्तमान मूल्य" (एक

वित्तीय विश्लेषण तकनीक, जिसके आधार पर यह तय किया जाता है कि कोई निवेश करने लायक़ है या नहीं) लगभग ऋणात्मक 53,000 डॉलर है (यह बुरा है)। इसमें यह माना गया है कि एमबीए करने से पहले आपको 85,000 डॉलर वेतन मिलता है और एमबीए करने के बाद 1,15,000 डॉलर वेतन मिलता है (35 प्रतिशत की वृद्धि), टैक्स की दर थोड़ी बढ़ जाती है (जो किसी बड़े शहर में नौकरी करने पर आपको चुकाना ही होगा), और अवसर लागत की 7 प्रतिशत की दर भी जोड़ी गई है (अवसर लागत का मतलब है कि बिज़नेस स्कूल में पढ़ने पर आपने जो पैसा ख़र्च किया है, आप उसका निवेश किसी दूसरी जगह पर करने के अवसर छोड़ देते हैं)। सीधी-सादी भाषा में स्करेगा ने बिज़नेस स्कूलों में सिखाई जाने वाली एक तकनीक का इस्तेमाल करके यह साबित कर दिया कि किसी शीर्ष स्तरीय स्कूल से एमबीए की डिग्री लेना एक ख़राब आर्थिक निर्णय है।

अगर स्करेगा की मान्यताएँ सटीक हैं, तो बराबरी पर आने के लिए ही बारह साल के कठोर श्रम की ज़रूरत होती है - और यह तब की बात है, जब हर चीज़ योजना के अनुसार हो। अगर आपके स्नातक होते समय नौकरी के बाज़ार में मंदी हुई, तो समझ लें कि आपकी नैया डूब गई है।

ये बिज़नेस स्कूल आए कहाँ से

वास्तव में यह किसी चमत्कार से कम नहीं है कि शिक्षा की आधुनिक प्रणालियों ने अनुसंधान की उत्सुकता का गला पूरी तरह नहीं दबाया है।

— अल्बर्ट आइंस्टाइन, नोबेल पुरस्कार विजेता भौतिकशास्त्री

एमबीए कोर्स विद्यार्थियों को ज़्यादा सफल नहीं बनाते हैं, क्योंकि वे ऐसी बहुत कम चीज़ें सिखाते हैं, जो कामकाजी संसार में सचमुच उपयोगी होती हैं। जैसा फ़ेफर और फ़ॉन्ग अपने शोधपत्र में बताते हैं :

बहुत सारे प्रमाण यह सुझाव देते हैं कि बिज़नेस स्कूलों में सिखाए जाने वाले कोर्स का उन चीज़ों से बहुत कम संबंध होता है, जो व्यवसाय में सफल होने के लिए महत्त्वपूर्ण होती हैं... अगर व्यवसाय में आवश्यक योग्यताओं और व्यवसाय संबंधी स्नातक पाठ्यक्रमों में सिखाई जाने वाली चीज़ों के बारे में सचमुच सिर्फ़ थोड़ा सा ही संबंध है, तो फिर यह समझ में आता है कि एमबीए या विषय सामग्री में महारत का स्नातकों के करियर पर असर क्यों नहीं पड़ता है।

यदि आप ग़ौर से किसी बिज़नेस स्कूल का कोर्स देखें, तो आपको कुछ मान्यताएँ साफ़ दिख जाएँगी कि आप स्नातक होने के बाद क्या करेंगे : आप या तो किसी बड़ी उत्पादन या रिटेल कंपनी में उच्च-स्तरीय एक्ज़ीक्यूटिव बनेंगे, परामर्शदाता बनेंगे, कॉरपोरेट अकाउंटेंट बनेंगे या किसी निवेश बैंक में फ़ाइनैंसर बन जाएँगे। इसीलिए कोर्स में यह सिखाया जाता है कि वृहद स्तर पर कार्यसंचालन कैसे किया जाए और/या जटिल संख्यात्मक विश्लेषण कैसे किया

जाए - ये उन अति महत्त्वपूर्ण चीज़ों में शामिल नहीं हैं, जिन्हें कामकाजी व्यवसायी हर दिन 99 प्रतिशत समय करते हैं।

क्लासरूम और कामकाजी संसार के बीच का अलगाव तब समझ आता है, जब आपको यह अहसास हो जाता है कि ज़्यादातर बिज़नेस स्कूल जो अवधारणाएँ, सिद्धांत और तकनीकें सिखाते हैं, वे एक बिलकुल ही अलग संसार के लिए बनाई गई हैं। ग्रेजुएट बिज़नेस स्कूल औद्योगिक क्रांति के दौरान उन्नीसवीं सदी के अंत में उभरे थे। शुरुआती एमबीए कोर्सों का इरादा यह था कि बड़े कार्यसंचालन को ज़्यादा कार्यकुशल और ज़्यादा वैज्ञानिक बनाने के लिए मैनेजरों को प्रशिक्षित किया जाए।

फ्रेडरिक विन्सलो टेलर उन "वैज्ञानिक प्रबंधन" तकनीकों के प्रवर्तक थे, जो वर्तमान आधुनिक प्रबंधन प्रशिक्षण की बुनियाद हैं। एक बार जब मज़दूर मालगाड़ी के डिब्बे में लोहे की चादरें लाद रहे थे, तो उन्होंने इस काम में लगने वाले औसत समय को कुछ सेकंड घटाने के लिए एक स्टॉपवाच का इस्तेमाल किया। इससे आपको ज़्यादातर बिज़नेस स्कूल के प्रबंधन कोर्सों के पीछे की मंशा का अच्छा अंदाज़ा हो जाना चाहिए।

प्रायः यह माना जाता था कि प्रबंधन का मतलब है कि कर्मचारियों से ज़्यादा तेज़ी से काम कराया जाए और वे वैसा ही करें, जैसा उन्हें बताया जाए। प्रबंधन मनोविज्ञान के पीछे के दार्शनिक राजा थे इवान पाव्लोव और बाद में बी.एफ़. स्किनर, जो यह मानते थे कि अगर आप बस सही उद्दीपन खोज लें और उसे सक्रिय कर दें, तो कर्मचारी आपके मनचाहे तरीक़े से व्यवहार करने लगेंगे। इस मानसिकता की बदौलत कर्मचारियों के व्यवहार को प्रभावित करने के लिए आर्थिक प्रोत्साहनों का व्यापक इस्तेमाल होने लगा : वेतन, बोनस, स्टॉक ऑप्शन आदि, ताकि व्यावसायिक पेशेवरों और मैनेजरों को कंपनी के शेयरहोल्डरों के सर्वश्रेष्ठ हित में काम करने के लिए प्रोत्साहित किया जा सके।

भारी प्रमाण हैं (जो बढ़ते जा रहे हैं), जो यह बताते हैं कि सीधे प्रोत्साहन से प्रायः असल संसार में प्रदर्शन, प्रोत्साहन और नौकरी में संतुष्टि में कमी आती है। मानव व्यवहार के ज़्यादा उपयोगी दूसरे सिद्धांत आ चुके हैं, लेकिन उनके बावजूद बिज़नेस स्कूल के क्लासरूम आज तक जादुई उद्दीपन की खोज में जुटे हुए हैं।

वितरण की तलाश में

चाहे वह कितनी ही उपयुक्त और वांछनीय हो, कोई भी तकनीक रोग बन जाती है, जब मन उसके प्रति आसक्त हो जाता है।

—ब्रूस ली, विश्वविख्यात मार्शल आर्टिस्ट

दूसरी ओर, मार्केटिंग का मूल मक़सद यह था कि भौतिक सामानों के लिए ज़्यादा स्टोरों तक वितरण का इंतज़ाम किया जाए और फ़ैक्ट्री में उत्पादन की महँगी असेंबली लाइनों को व्यस्त रखा जाए। बीसवीं सदी की शुरुआत में रेडियो और टेलीविज़न का व्यापक इस्तेमाल होने लगा। इसके बाद राष्ट्रीय दर्शक/श्रोता समूह के लिए बड़े पैमाने पर विज्ञापन करना संभव हुआ। इससे राष्ट्रीय ब्रांड और राष्ट्रीय रिटेलर्स का मार्ग प्रशस्त हुआ। ज़्यादा विज्ञापन का

परिणाम था ज़्यादा वितरण, जिसका परिणाम था ज़्यादा बिक्री और इसका परिणाम था विज्ञापन पर ज़्यादा ख़र्च, जिससे यह चक्र चलता रहता था। कई दशकों बाद इस खुद मजबूत होने वाले फ़ीडबैक लूप के फलस्वरूप हर उद्योग में कुछ भीमकाय कॉरपोरेशन बन गए। बिज़नेस स्कूलों में यह सिखाने का जुनून सवार हो गया कि बाज़ार में हिस्सेदारी कैसे बढ़ाई जाए और बड़े अधिग्रहण/विलय के ज़रिये दैत्याकार कंपनियाँ तेज़ी से कैसे बनाई जाएँ। इससे हर अधिग्रहण के साथ वित्तीय जोखिम बढ़ते गए।

उद्यमियों के लिए वेंचर कैपिटल कारोबारी प्रक्रिया का एक अनिवार्य पहलू बन चुकी है - वरना आप फ़ैक्ट्री बनाने या कुछ ही साल में राष्ट्रीय ब्रांड बनने का ख़र्च कैसे उठाएँगे? उत्पादन में "बड़े पैमाने की किफ़ायत" का मतलब यह था कि बड़ी कंपनियाँ वही सामान कम भाव पर देकर छोटे प्रतिस्पर्धियों को पछाड़कर प्रतिस्पर्धा से बाहर कर सकती हैं। निवेशक अपने पैसों पर जल्दी से जल्दी भारी मुनाफ़ा पाना चाहते थे, समझदारी गई भाड़ में! इसलिए उन काल्पनिक सटोरियों को पुरस्कार मिलता था, जो बहुत कम समय में भारी मुनाफ़े के वादे वाले बिज़नेस प्लान लिखते थे। समूहीकरण और "सिनर्जी" के नाम पर विकासक्षम कंपनियों का अधिग्रहण किया गया और उन्हें तबाह किया गया! और यह सब व्यावसायिक शिक्षाविदों के आशीर्वाद से हुआ। इन दैत्याकार, जटिल कारोबारी तंत्रों को एकीकृत करने की विराटता को नज़रअंदाज़ किया गया, जिस वजह से विशाल विलय की कोशिश करने वाली ज़्यादातर कंपनियाँ बरबाद हो गईं।

आग से खेलना

फ़ॉर्मूले लेकर आने वाले कंप्यूटर विशेषज्ञों से सतर्क रहें।

—वॉरेन बफ़े, बर्कशायर हैथअवे के चेयरमैन और सीईओ तथा संसार के सबसे दौलतमंद व्यक्तियों में से एक

इस दौरान वित्त संबंधी जटिलता लगातार बढ़ती जा रही थी। बीसवीं सदी से पहले अकाउंटिंग और वित्त सहज बोध के मामले थे और इनमें बस सरल गणित की ज़रूरत होती थी। डबल एंट्री बुककीपिंग (तेरहवीं सदी का नवाचार) के व्यापक इस्तेमाल से कई लाभ हुए, जैसे सटीकता बढ़ी और चोरी जैसी गड़बड़ियों का पता लगाने में आसानी हुई, लेकिन इसकी वजह से सरलता की बलि चढ़ गई।

वित्तीय कार्यप्रणाली में सांख्यिकी के आगमन से विश्लेषणात्मक क्षमता तो बढ़ गई, लेकिन संक्षेपण की क़ीमत चुकानी पड़ी, जिससे संख्याओं में गड़बड़ी करने के अवसर भी बढ़ गए, जिस पर कोई ग़ौर नहीं कर सकता था। समय के साथ मैनेजर और एक्ज़ीक्यूटिव भविष्य का अनुमान लगाने के लिए सांख्यिकी और विश्लेषण का इस्तेमाल करने लगे। ये लोग डाटाबेस व स्प्रेडशीट पर काफ़ी कुछ उतना ही भरोसा करने लगे, जितना प्राचीन भविष्यवक्ता चाय की पत्तियों और बकरे की आँतों पर करते थे। देखिए, संसार काफ़ी अप्रत्याशित और अनिश्चित है : पुराने दिनों की तरह ही आधुनिक संकेत भी भविष्यवक्ता के पूर्वाग्रहों और इच्छाओं को ही "साबित" करते हैं।

जिन वित्तीय सौदों और सांख्यिकीय मॉडलों के आधार पर सौदे किए जाते थे, उनकी जटिलता बढ़ती चली गई। एक वक़्त ऐसा भी आया, जब इनका इस्तेमाल करने वाले बहुत कम लोग पूरी तरह से यह समझते थे कि वे कैसे काम करते हैं या उनकी सीमाओं का सम्मान करते थे। जैसा वायर्ड ने फ़रवरी 2009 के एक लेख "रेसिपी फ़ॉर डिसआस्टर : द फ़ॉर्मूला दैट किल्ड वॉल स्ट्रीट" में उजागर किया है, ब्लैक-स्कोल्स ऑप्शन प्राइसिंग मॉडल, गौसियन कोप्युला फ़ंक्शन और कैपिटल एसेट प्राइसिंग मॉडल (सीएपीएम) जैसे दैवीय माने जाने वाले वित्तीय फॉर्मूलों की अंतर्निहित सीमाओं ने 2000 के हाई-टेक बुलबुले और 2008 की मंदी के पीछे के आवास बाज़ार तथा डेरिवेटिव्ज़ बाज़ार के छल-कपट में मुख्य भूमिका निभाई।

जटिल वित्तीय फ़ॉर्मूलों का इस्तेमाल कैसे करें, यह सीखना वैसा ही नहीं है, जैसे किसी व्यवसाय को चलाने का तरीक़ा सीखना होता है। व्यवसाय मूल्य उत्पन्न करने और पहुँचाने के लिए सचमुच क्या करते हैं, यह अनिवार्य ज्ञान की श्रेणी में आता है। बहरहाल, *बिज़नेस स्कूल के कई प्रोग्राम मूल्य* उत्पन्न करने तथा संचालन पर कम ज़ोर देते हैं और वित्तीय व सांख्यिकीय विश्लेषण पर ज़्यादा ज़ोर देते हैं। "अपर मिसमैनेजमेंट" में पत्रकार नोअम स्काइबर अमेरिकी उद्योग के पतन के कारणों की पड़ताल करती हैं :

> *1965 से परामर्श और वित्तीय सेवाओं में जाने वाले उच्च दर्जे के बिज़नेस स्कूलों के स्नातकों का प्रतिशत दोगुना हो गया है; यह एक तिहाई से लगभग दो तिहाई हो गया है। इनमें से कुछ परामर्शदाता और फ़ाइनैंसर्स अंततः उत्पादन विभाग में पहुँच जाते हैं और कई मायनों में यही असली समस्या है... हाल के दशकों में जीएम के ज़्यादातर शीर्ष एक्ज़ीक्यूटिव्ज़ संचालन के बजाय वित्तीय पृष्ठभूमि के रहे हैं। (सेवामुक्त होने वाले जीएम सीईओ फ़्रिट्ज़ हेंडरसन और उनके असफल पूर्व अधिकारी रिक वैगनर दोनों ने ही कंपनी के प्रशंसित कोषपाल कार्यालय से ऊपर की यात्रा की थी।) लेकिन ये एक्ज़ीक्यूटिव अक्सर उस तरह के नवाचारों के प्रति कुंद थे, जिनसे कम लागत में उच्च गुणवत्ता का उत्पादन संभव होता था।*

अगर आप चाहते हैं कि कंपनी के अल्पकालीन मुनाफ़े के आँकड़े अच्छे दिखें, तो प्रक्रिया के सुधारों को छोड़ना आसान होता है, हालाँकि वे दीर्घकालीन व्यावहारिकता के लिए अनिवार्य होते हैं। जिन चीज़ों से कंपनी ज़्यादा प्रभावी ढंग से चल सकती है, उन्हें नज़रअंदाज़ करके एमबीए प्रशिक्षित एक्ज़ीक्यूटिव्ज़ ने तिमाही के ईपीएस के नाम पर अनजाने में ही अच्छी-भली कंपनियों का भट्ठा बैठा दिया है।

इस दौरान कंपनियों को लीवरेज के रूप में क़र्ज़ की भारी मात्रा का इस्तेमाल करने की आदत पड़ गई। इसके फलस्वरूप विशालकाय कंपनियाँ खड़ी हो गईं, जिन पर भारी क़र्ज़ था,हालाँकि इस वजह से अच्छे वर्षों में मुनाफ़ा बहुत बढ़ जाता था, लेकिन ज़रा सी भी मंदी में कंपनियाँ तबाही की कगार पर पहुँच जाती थीं। कई बिज़नेस स्कूलों में "लीवरेज पर कंपनी ख़रीदने" की रणनीति सिखाई जाती है - कंपनी को ख़रीदो, क़र्ज़ लेकर वृहद विस्तार करो, फिर वह कारोबार किसी दूसरी कंपनी को मुनाफ़े पर बेच दो। जो कंपनियाँ पहले स्वावलंबी थीं, इस रणनीति के कारण वे क़र्ज़ से फूले दैत्य में बदल गईं। कंपनियों की बागडोर एक अल्पकालीन मालिक से दूसरे अल्पकालीन मालिक के हाथ में जाने की वजह से वित्तीय बाज़ार कुर्सीदौड़ जैसा खेल बन गया।

जब वित्तीय जादूगरी और अल्पकालीन मुनाफ़े विवेक व दीर्घकालीन मूल्य उत्पन्न करने को पछाड़ दें, तो ग्राहक तथा कर्मचारी कष्ट उठाते हैं। इससे सिर्फ़ एमबीए प्रशिक्षित एक्ज़ीक्यूटिव स्तर के फ़ाइनेंसरों और फ़ंड मैनेजरों को लाभ होता है, जो सौदे की फ़ीस तथा वेतन में करोड़ों डॉलर झटक लेते हैं, हालाँकि इस चक्कर में वे अच्छी-ख़ासी कंपनियों, लाखों नौकरियों और अरबों डॉलर के मूल्य को नष्ट कर देते हैं।

व्यवसाय क़ानूनी धोखाधड़ी करने के बारे में नहीं है। यह तो भुगतान करने वाले ग्राहकों के लिए मूल्य उत्पन्न करने और उसे पहुँचाने के बारे में है। हम सभी के लिए यह दुर्भाग्यपूर्ण है कि बिज़नेस स्कूलों ने पहली चीज़ सिखाने का विकल्प चुना है, जबकि दूसरी चीज़ पर कम ज़ोर दिया है।

बदलने का कोई कारण नहीं

स्कूल पढ़ाए जाने की आवश्यकता पढ़ाते हैं।

– इवान इलिच, पादरी, धर्मशास्त्री और शिक्षा आलोचक

संसार लगातार बदल रहा है, लेकिन बिज़नेस स्कूल इसके साथ-साथ नहीं बदल रहे हैं। इंटरनेट के आगमन और नई प्रौद्योगिकियों की व्यापक उपलब्धता की बदौलत सफल आधुनिक व्यवसाय ज़्यादा छोटे बन रहे हैं, इन्हें बनाने के लिए कम पूँजी की ज़रूरत पड़ती है, ओवरहेड या बँधा ख़र्च कम होता है और कम कर्मचारियों की आवश्यकता होती है। यू.एस. स्मॉल बिज़नेस एडमिनिस्ट्रेशन के अनुसार अमेरिका की सभी नियोक्ता कंपनियों में छोटे व्यवसायों की संख्या 99.7 प्रतिशत हैं। ये छोटे व्यवसाय निजी क्षेत्र के आधे कर्मचारियों को रोज़गार देते हैं। इन्होंने पिछले पंद्रह वर्षों में 64 प्रतिशत नई नौकरियाँ दी हैं और अमेरिका के 50 प्रतिशत से ज़्यादा गैर कृषि जीडीपी को उत्पन्न किया है। बिज़नेस स्कूल के कोर्स को देखकर आपको इस बात का कभी अंदाज़ा नहीं हो सकता था। वर्तमान मापदंडों के आधार पर ऐसा लगता है कि ज़्यादातर एमबीए प्रोग्राम यही मानकर चल रहे हैं कि भीमकाय कंपनियाँ ही प्रबंधन करने लायक़ कंपनियाँ होती हैं।

बड़े पैमाने पर विज्ञापनों की बात करें, तो ये अब एक डॉलर को सौ डॉलर में विश्वसनीय रूप से नहीं बदल सकते। स्टॉक या इनवेंट्री (यदि वे अब भी विद्यमान हों) में कमी होती जा रही है। कंपनियाँ अत्यंत महत्त्वपूर्ण कार्यों के लिए दूसरों पर निर्भर रहती हैं और बाज़ार बहुत तेज़ी से बदलते हैं और अनुकूलन करते हैं। आज की सफल कंपनी गति, लचीलेपन और उपायकुशलता जैसे गुणों पर निर्भर हैं - ये वही गुण हैं, जिन्हें पिछले कुछ दशकों की दिग्गज कंपनियाँ हासिल करने तथा क़ायम रखने के लिए जूझती हैं और बिज़नेस स्कूल के क्लासरूम पढ़ाने के लिए जूझते हैं।

सार्वजनिक बाज़ार की माँगों की वजह से एक्ज़ीक्यूटिव्ज़ दीर्घकालीन स्थायित्व की क़ीमत पर अल्पकालीन आमदनी का पीछा करने लगते हैं। जब परिस्थितियाँ विपरीत होती हैं या अप्रत्याशित घटनाएँ होती हैं, तब इसी वजह से छँटनी के सैलाब आते हैं और बजट में गंभीर कटौतियाँ की जाती हैं। इस वक़्त ज़्यादातर कर्मचारी अपनी नौकरी में स्वायत्तता, लचीलेपन और सुरक्षा

के ज़्यादा अहसास की तलाश कर रहे हैं - और उन्हें ये चीज़ें पारंपरिक कंपनी की नौकरी की सीमाओं के बाहर मिल रही हैं। आप किसी ऐसे कर्मचारी का प्रबंधन कैसे करेंगे, जो दरअसल आपकी ख़ातिर काम ही न करना चाहता हो?

एमबीए प्रोग्राम मुक़ाबला करने की कोशिश कर रहे हैं, लेकिन वे अब भी ऐसे सिद्धांत सिखाने में लगे हैं, जो पुरातनपंथी, ग़लत दिशा में और यहाँ तक कि सरासर ग़लत हैं, फिर भी यह उम्मीद न करें कि वे चीज़ों को अलग तरीक़े से करने लगेंगे। इतनी जहमत क्यों उठाना, जब एमबीए प्रोग्राम इन कॉलेजों के लिए प्रतिष्ठा के लाभदायक प्रतीक हैं और उनकी इतनी ऊँची माँग है? जब तक विद्यार्थी धड़ल्ले से आवेदन कर रहे हैं, तब तक यह उम्मीद न करें कि प्रतिष्ठित बिज़नेस स्कूलों के हुलिए में किसी तरह का कोई बदलाव होगा।

बिज़नेस स्कूलों का एकमात्र लाभ

संस्थाएँ उस समस्या को बनाए रखने की कोशिश करेंगी, जिसका वे ख़ुद समाधान हैं।

— क्ले शर्की, एनवायू में प्रोफ़ेसर और *हियर कम्स एवरीबडी* और *कॉग्निटिव सरप्लस* के लेखक

बिज़नेस स्कूलों का एकमात्र महत्त्वपूर्ण लाभ यह है कि वे कैम्पस प्लेसमेंट और पूर्व छात्र नेटवर्क के ज़रिये *फ़ॉर्चून* 50 नियोक्ताओं, परामर्शदात्री कंपनियों, बड़ी अकाउंटिंग कंपनियों और निवेश बैंकों में इंटरव्यू के अवसर उपलब्ध कराते हैं। अगर आपने किसी शीर्ष स्तरीय बिज़नेस स्कूल से स्नातक उपाधि ली है, तो आपको उस कॉरपोरेट नियुक्तिकर्ता से इंटरव्यू का अवसर ज़्यादा आसानी से मिल जाएगा, जो *फ़ॉर्चून* 50, निवेश बैंक या परामर्शदात्री कंपनी के लिए काम करता है। यह प्रभाव स्नातक होने के तुरंत बाद सबसे ज़्यादा शक्तिशाली होता है और तीन से पाँच साल में ख़त्म होने लगता है। उसके बाद आप अपने दम पर होते हैं, फिर नियुक्तिकर्ता मैनेजरों को इस बात की परवाह नहीं होती कि आपने किस बिज़नेस स्कूल से डिग्री ली है - उन्हें तो इस बात की ज़्यादा परवाह होती है कि इसके बाद आपने क्या हासिल किया है।

नियुक्तिकर्ता मैनेजर जब यह निर्णय लेते हैं कि इंटरव्यू के लिए किसे बुलाना है, तब वे आम तौर पर एमबीए प्रोग्राम का इस्तेमाल फ़िल्टर के रूप में करते हैं। एचआर मैनेजर व्यस्त होते हैं और चूँकि प्रोग्राम में हर विद्यार्थी की पहले से स्क्रीनिंग हो चुकी है, इसलिए मैनेजर के मूल्यवान समय का बरबादी की कम आशंका रहती है। एमबीए प्रोग्राम करने वाले स्नातकों को सीधे नियुक्त करने के बाद अगर वह स्नातक कामयाब न हो, तो नियुक्ति देने वाले के पास यह तार्किक बहाना रहता है : "क्या पता क्या समस्या थी - वह तो हार्वर्ड बिज़नेस स्कूल का ग्रेजुएट था!"

एमबीए प्रोग्रामों का फ़िल्टरिंग पहलू बहुत वास्तविक होता है और अकेले अपने दम पर इससे उबरना मुश्किल होता है। अगर आप अपने दिल में यह ठान चुके हैं कि आपको प्रबंधन परामर्शदाता, अंतरराष्ट्रीय फ़ाइनैंसर या *फ़ॉर्चून* 50 के प्रबंधक पद का उम्मीदवार बनना है, तो

आप 1,50,000 डॉलर में अपने लिए इंटरव्यू ख़रीद सकते हैं। अगर आप इस मार्ग पर चलने का फ़ैसला करते हैं, तो आवेदन करने से पहले यह जान लें कि आप किस दिशा में जा रहे हैं - एक बार जब आप दस्तख़त करके अपनी ज़िंदगी गिरवी रख देते हैं, तो क़र्ज़ की वजह से मानसिकता बदलना बहुत मुश्किल होगा।

यदि आपकी ज़्यादा रुचि अपना स्वतंत्र व्यवसाय खड़ा करने में है या आप आनंददायक काम करने के साथ-साथ ज़िंदगी में दूसरी चीज़ें करने का समय भी चाहते हों, तो एमबीए करना समय और पैसे दोनों की बरबादी है। जैसा डॉ. फ़ेफ़र कहते हैं, "यदि आप एमबीए कोर्स में जाने लायक़ अच्छे हैं, तो इससे यह ज़ाहिर होता है कि आपमें अच्छा प्रदर्शन करने की पर्याप्त योग्यता है, चाहे आप एमबीए कोर्स के अंदर जाएँ या न जाएँ।"

मैं क़र्ज़दार हूँ, मैं क़र्ज़दार हूँ - मैं नौकरी करने चला

यदि यह कारगर नहीं होता, तो क्या आप वहाँ हैं, जहाँ आप होना चाहते हैं ?

— लुइस ले'एमूर, लेखक और इतिहासकार

आइए मान लेते हैं कि आप आगे बढ़ते हैं और एमबीए की पढ़ाई पूरी कर लेते हैं। यदि आप "ख़ुशनसीब" हैं, तो आपको कोई बड़ी वित्तीय सेवा या परामर्शदात्री कंपनी नियुक्ति दे सकती है। यहाँ नौकरी मिलने के बाद आपको लगभग एक लाख डॉलर के सालाना वेतन में हर दिन बारह घंटे काम करने का विशेषाधिकार मिल जाएगा। वेतन निश्चित रूप से अच्छा है, लेकिन आपको कंपनी के बाहर किसी तरह की ज़िंदगी जीने में मुश्किल आएगी। इसके अलावा, दबाव गहन और निर्मम होगा। भले ही आप अपनी नौकरी को पसंद न करते हों, लेकिन जुटे रहने के अलावा दूसरा विकल्प नहीं है, क्योंकि आपको अपने ट्यूशन के बिल चुकाने हैं और अपने निवेश को "इस लायक़" बनाना है।

बधाई : आप अपनी बुद्धिमत्ता और प्रबल प्रेरणा का इस्तेमाल करके अनुबंधपत्र वाले दास का जीवन जी रहे हैं।

यदि आप अच्छा काम करते हैं, तो आप एक्ज़ीक्यूटिव बन जाएँगे, आपको वेतनवृद्धि मिल जाएगी और आपको सप्ताह में सौ घंटों से ज़्यादा काम करने का विशेषाधिकार मिल जाएगा। आपको यह मानसिकता बना लेनी चाहिए कि आपके श्रम के फलों का आनंद आपको अकेले ही लेना होगा : शीर्ष एक्ज़ीक्यूटिवों में तलाक़ और पारिवारिक समस्याओं की सबसे ऊँची दर होती है। जैसी कहावत है : आप अपनी मनचाही कोई भी चीज़ पा सकते हैं, बशर्ते आप उसकी क़ीमत चुकाने के लिए तैयार हों।

यदि आप इतने "ख़ुशनसीब" नहीं हैं, तो आपको एक ऐसी नौकरी मिलेगी, जिसमें आपको उस नौकरी से सिर्फ़ थोड़ा सा ही ज़्यादा वेतन मिलेगा, जो आपको एमबीए के बिना मिलती। इससे भी बुरी बात, अगर आप तब स्नातक होते हैं, जब नौकरी का बाज़ार डावाँडोल है, तो

इसका मतलब यह होगा कि आपको क़र्ज़ की एक हज़ार डॉलर की मासिक क़िस्त चुकानी होगी और आपके पास इसे चुकाने के लिए नौकरी भी नहीं होगी।

नौकरी का निर्मम बाज़ार विद्यार्थी लोन की क़िस्तों को माफ़ नहीं करता है - अमेरिका में विद्यार्थी लोन का क़र्ज़ क्षमा नहीं किया जा सकता, भले ही आप ख़ुद को दिवालिया घोषित कर दें। चाहे आपकी ज़िंदगी कैसी भी हो, विद्यार्थी लोन हमेशा आपके सिर पर बोझ बने रहेंगे और क़र्ज़ वसूलने वाले फ़ोन की घंटियाँ बजा-बजाकर आपको परेशान करते रहेंगे, जब तक कि आप पूरा क़र्ज़ न चुका दें।

मैं इस बात पर जितना भी ज़ोर दूँ, कम है - *बहुत ज़्यादा क़र्ज़ लेना अपने जीवन को तबाह करने का सबसे तेज़ और आसान तरीक़ा है।* लोग जिन नौकरियों से नफ़रत करते हैं, उनमें वे कई दशक गुज़ार देते हैं। इसका बुनियादी कारण यह है कि उन्हें अपने क़र्ज़दारों का कर्ज़ चुकाना होता है। वित्तीय तनाव और दबाव से संबंध नष्ट हो सकते हैं, आपके स्वास्थ्य पर आँच आ सकती है और आपका मानसिक संतुलन ख़तरे में पड़ सकता है। क्या कोने के ऑफ़िस की डेस्क पर निशाना लगाना सचमुच ये जोखिम लेने लायक़ है?

क़र्ज़ के भारी बोझ और संदिग्ध मुनाफ़े को देखते हुए एमबीए प्रोग्राम अच्छे निवेश नहीं हैं - वे तो असावधान इंसानों के लिए बिछाए गए जाल हैं।

एक बेहतर तरीक़ा

शिक्षाविदों को शिक्षित करना! लेकिन शुरुआती लोगों को ख़ुद को शिक्षित करना होगा! और मैं इन्हीं के लिए लिखता हूँ।

—फ़्रेडरिक नीत्शे, दार्शनिक और *द विल टू पॉवर* तथा *दस स्पोक ज़रथुष्ट्र* के लेखक

सौभाग्य से आपके पास इस मामले में एक विकल्प है कि आप ख़ुद को कैसे शिक्षित करें - एक ऐसा विकल्प, जो आपको शीर्ष एमबीए स्नातकों से ज़्यादा सफल बना सकता है और आपके लाखों डॉलर भी बचा सकता है। दमदार व्यावसायिक कार्यप्रणाली की बुनियादी बातों का अध्ययन करने और अपने दम पर नेटवर्क बनाने से आपको व्यावसायिक शिक्षा के ज़्यादातर लाभ मिल सकते हैं और इसमें उससे बहुत कम ख़र्च होता है। अपना समय और मेहनत से कमाए पैसे बरबाद करके दक़ियानूसी सिद्धांत सीखने के बजाय, जिनका आप शायद कभी इस्तेमाल नहीं करेंगे, यह बेहतर है कि आप अपना समय और ऊर्जा ख़ुद को वह सिखाने में लगाएँ, जिसे जानना सफल होने के लिए सचमुच ज़रूरी है।

यदि आप इस तरह के व्यक्ति हैं, जो शीर्ष एमबीए प्रोग्राम में दाख़िला पा सकते हैं और वहाँ से निकलने के बाद सफल होने के लिए आवश्यक हर चीज़ कर सकते हैं, तो बिज़नेस स्कूल का विकल्प न चुनना और इस पुस्तक को पढ़कर व्यवसाय की बुनियादी बातें सीखना शायद वह सर्वश्रेष्ठ निर्णय होगा, जो आप कभी ले सकते हैं।

आप इस पुस्तक में क्या सीखेंगे

जब आप पहलेपहल किसी विषय का अध्ययन शुरू करते हैं,तो ऐसा लगता है मानो आपको बहुत बड़ी संख्या में चीज़ें याद करनी होंगी। आपको नहीं करनी होंगीं। आपको तो बस कुछ बुनियादी सिद्धांतों को– आम तौर पर तीन से लेकर बारह तक – पहचानने की ज़रूरत है, जो उस क्षेत्र को नियंत्रित करते हैं। आपने जिन लाखों चीज़ों के बारे में सोचा था, वे बस उन बुनियादी सिद्धांतों के भिन्न–भिन्न संयोजन मात्र हैं।

—जॉन टी. रीड, रियल एस्टेट निवेश विशेषज्ञ और *सक्सीडिंग* के लेखक

यह पुस्तक इस तरह से तैयार की गई है, ताकि आप ठोस बिज़नेस कार्यप्रणाली की बुनियादी बातें जल्दी से जल्दी और ज़्यादा से ज़्यादा कुशलता से सीख जाएँ। आप जो सीखेंगे, उसका सार यह है :

व्यवसाय कैसे काम करते हैं : सरल भाषा में एक सफल व्यवसाय (1) कोई मूल्यवान चीज़ प्रदान करता है, जिसे (2) दूसरे लोग चाहते हैं या उन्हें उसकी ज़रूरत होती है (3) एक ऐसी क़ीमत पर जिसे चुकाने के लिए वे तैयार होते हैं, एक ऐसे तरीक़े से (4) जिससे ग्राहकों की आवश्यकताएँ और अपेक्षाएँ संतुष्ट हो जाएँ, ताकि (5) व्यवसाय पर्याप्त मुनाफ़ा कमाए, जिससे मालिकों के लिए वह काम करते रहना लाभप्रद हो। अध्याय 1 से 5 की अवधारणाएँ मिलकर यह वर्णन करती हैं कि हर व्यवसाय कैसे काम करता है और आप अपने परिणामों को बेहतर बनाने के लिए क्या कर सकते हैं।

लोग कैसे काम करते हैं : हर व्यवसाय लोगों द्वारा बनाया जाता है और यह दूसरे लोगों को लाभ पहुँचाकर अपना अस्तित्व क़ायम रखता है। व्यवसाय कैसे काम करते हैं, यह समझने के लिए हमें इस बात की दृढ़ समझ होनी चाहिए कि लोग कैसे निर्णय लेते हैं, उन निर्णयों पर कैसे काम करते हैं और दूसरों के साथ कैसे संवाद करते हैं। अध्याय 6 से 8 में आपको मनोविज्ञान की कुछ मुख्य अवधारणाएँ बताई जाएँगी, जो यह बताती हैं कि मानव मन संसार को कैसे संसाधित करता है, आप ज़्यादा प्रभावी ढंग से कैसे काम कर सकते हैं और आप पेशेवर संबंधों को कैसे बना सकते हैं तथा मज़बूत कर सकते हैं।

तंत्र कैसे काम करते हैं? व्यवसाय जटिल तंत्र हैं, जिनमें कई चलायमान हिस्से होते हैं, जो उद्योग, समाज, संस्कृति और सरकार जैसे ज़्यादा जटिल तंत्रों के भीतर विद्यमान होते हैं। अध्याय 9 से 11 यह समझने में आपकी मदद करेंगे कि जटिल तंत्र किस तरह काम करते हैं, साथ ही ये विद्यमान तंत्रों के विश्लेषण में आपकी सहायता करेंगे और अनचाहे परिणाम पाए बिना उन्हें बेहतर बनाने के तरीक़े सिखाएँगे।

यहाँ कुछ चीज़ें हैं, जिनकी आपको उम्मीद नहीं करनी चाहिए :

प्रबंधन और नेतृत्व अति भार - कई व्यावसायिक संसाधन (और सभी बिज़नेस स्कूल) प्रबंधन और नेतृत्व योग्यताओं को व्यावसायिक योग्यताओं से मिला देते हैं, लेकिन वे एक ही चीज़ नहीं हैं। प्रबंधन और नेतृत्व व्यवसाय के संचालन में महत्त्वपूर्ण होते हैं, लेकिन वे व्यावसायिक शिक्षा का अंतिम सार या लक्ष्य नहीं हैं। ठोस व्यावसायिक ज्ञान के बिना ग़लत लक्ष्यों तक पहुँचने के लिए लोगों के समूह को संगठित किया जा सकता है और उसका नेतृत्व किया जा सकता है। व्यवसाय मूल्यवान चीज़ों की लाभकारी उत्पत्ति और उन्हें भुगतान करने वाले ग्राहकों तक पहुँचाने के बारे में है - प्रबंधन और नेतृत्व इसी साध्य के साधन हैं। हम अध्याय 8 में प्रभावी प्रबंधन और नेतृत्व की बुनियादी बातों पर बात करेंगे, लेकिन उनके उचित परिप्रेक्ष्य में।

सीएफ़ए/सीपीए-स्तर का फ़ाइनैंस और अकाउंटिंग - फ़ाइनैंस और अकाउंटिंग बहुत महत्त्वपूर्ण विषय हैं और हम अध्याय 5 में बुनियादी अवधारणाओं और कार्यप्रणालियों के बारे में बातचीत करेंगे, जिनमें आम ग़लतियाँ और जोखिम शामिल हैं। हम बहुत से विषयों की पड़ताल करने जा रहे हैं और वित्त इस पुस्तक का एकमात्र विषय नहीं है। वित्तीय विश्लेषण और अकाउंटिंग मापदंडों की गहरी जाँच से हज़ारों पुस्तकें भर गई हैं, जो इससे ज़्यादा लंबी हैं। जब तक आप चार्टर्ड फ़ाइनैंशियल एनालिस्ट (सीएफ़ए) या सर्टिफ़ाइड पब्लिक अकाउंटेंट (सीपीए) बनने की योजना न बना रहे हों, तब तक आपको इन विषयों की सिर्फ़ बुनियादी बातें सीखनी चाहिए और विवरण का काम विशेषज्ञों के भरोसे छोड़ देना चाहिए।

सौभाग्य से, पहिये का आविष्कार दोबारा करने की ज़रूरत नहीं है। वित्त और अकाउंटिंग पर बेहतरीन पुस्तकें पहले से ही मौजूद हैं। यदि अध्याय 5 पूरा करने के बाद इन विषयों पर अधिक विस्तृत जानकारी पाने में आपकी रुचि हो, तो मैं नीचे दी गई पुस्तकों की सलाह देता हूँ :

फ़ाइनैंशियल इंटेलिजेंस फ़ॉर एंटरप्रेन्योर्स - करेन बर्मन और जो नाइट, *सिम्पल नम्बर्स, स्ट्रेट टॉक, बिग प्रॉफ़िट्स!* - ग्रेग क्रैबट्री, *अकाउंटिंग मेड सिम्पल* - माइक पाइपर, *हाउ टू रीड अ फ़ाइनैंशियल रिपोर्ट* - जॉन ए. ट्रेसी

अगर आप इन विषयों पर और भी ज़्यादा गहराई में जाना चाहते हों, तो एमबीए मैथ (http://book.mbamath.com) और बायोनिक टर्टल (http://book.bionicturtle.com) जैसे ऑनलाइन कोर्स उपलब्ध हैं। (कई बिज़नेस स्कूलों और कॉरपोरेट फ़ाइनैंस ट्रेनिंग प्रोग्रामों में दाख़िले से पहले इन कोर्सों को करने की सलाह दी जाती है या इन्हें ज़रूरी माना जाता है।)

संख्यात्मक विश्लेषण और मॉडलिंग: अध्याय 10 में हम मापन और विश्लेषण की बुनियादी बातों पर बातचीत करेंगे, लेकिन यह पुस्तक आपको वॉल स्ट्रीट "क्वांट" या महत्त्वाकांक्षी स्प्रेडशीट निर्माता नहीं बनाएगी। उचित इस्तेमाल करने

पर सांख्यिकी और संख्यात्मक विश्लेषण बहुत उपयोगी योग्यताएँ होती हैं, लेकिन वास्तविक तकनीकें काफ़ी हद तक स्थिति पर निर्भर होती हैं और इस पुस्तक के दायरे के बाहर हैं। यदि अध्याय 10 पढ़ने के बाद सांख्यिकीय विश्लेषण के बारे में ज़्यादा सीखने में आपकी रुचि हो, तो मैं इन पुस्तकों को पढ़ने की सलाह देता हूँ :

थिंकिंग स्टैटिस्टिकली - यूरी ब्रैम, *हाउ टू लाई विद स्टैटिस्टिक्स* - डैरेल हफ़, *टर्निंग नम्बर्स इनटू नॉलेज* - जोनाथन जी. कूमी, पीएचडी, विश्लेषण की अधिक उन्नत प्रणालियों की जाँच के लिए एम.जी. बल्मर की पुस्तक *प्रिंसिपल्स ऑफ़ स्टैटिस्टिक्स* उपयोगी संदर्भ है।

इस पुस्तक का इस्तेमाल कैसे करें

सभी सचमुच समझदारी भरे विचार हज़ारों बार पहले भी सोचे जा चुके हैं, लेकिन उन्हें सचमुच हमारा बनाने के लिए हमें उन्हें दोबारा ईमानदारी से सोचना चाहिए, जब तक कि वे हमारे व्यक्तिगत अनुभव में जड़ें न जमा लें।

— योहानन वॉल्फ़गैंग वॉन गेटे,
कवि, नाटककार और विद्वान

यहाँ कुछ सलाहें दी जा रही हैं, जो इस पुस्तक से अधिकतम फ़ायदा पाने में आपकी मदद करेंगी :

पन्ने पलटें, सरसरी नज़र डालें और चारों तरफ़ घूमें - यक़ीन मानें या न मानें, किसी पुस्तक से लाभ लेने के लिए आपको उसे पहली लाइन से आख़िरी लाइन तक पूरी पढ़ने की ज़रूरत नहीं होती। पन्ने पलटने से आपको कम कोशिश में बेहतर परिणाम मिल सकते हैं। समय-समय पर इस पुस्तक पर सरसरी नज़र डालते रहें, जब तक कि आपको कोई ऐसा खंड न मिले, जो आपके ध्यान को जकड़ ले, फिर कुछ दिनों तक अपने काम में उस अवधारणा को लागू करने का संकल्प लें। इसके बाद आपको अपने काम की गुणवत्ता में महत्त्वपूर्ण फ़र्क़ नज़र आएगा, साथ ही "व्यवसायी जैसा सोचने" की अपनी क़ाबिलियत में भी।

नोटबुक और पेन पास रखें - इस पुस्तक का उद्देश्य आपको इस बारे में विचार देना है कि चीज़ों को बेहतर कैसे बनाएँ, इसलिए जैसे ही विचार आएँ, उन्हें पकड़ने के लिए तैयार रहें, इससे बाद में मुख्य अवधारणाओं की समीक्षा करना ज़्यादा आसान हो जाएगा। नोटबुक में नोट्स लेने से विस्तृत कार्ययोजना बनाने का काम भी आसान हो जाएगा, जब यह आपके दिमाग़ में आती है।

इस पुस्तक की नियमित समीक्षा करें : इसे अपने काम करने की जगह के क़रीब रखें, ताकि आप अक्सर इसे देख सकें, ख़ास तौर पर कोई नया प्रोजेक्ट शुरू करने से पहले। दोहराव हमेशा महारत की ओर ले जाता है। आप इन अवधारणाओं को जितना बेहतर आत्मसात करते हैं, आपको उतने ही बेहतर परिणाम मिलेंगे। मैं यह सलाह भी देता हूँ कि आप अपने कैलेंडर में एक रिमाइंडर डाल लें, ताकि आप हर कुछ महीनों में इस पुस्तक या अपने नोट्स की समीक्षा

करें, अपनी समझ को बढ़ाएँ और नए विचारों को चिंगारी दें।

इन विचारों पर अपने सहकर्मियों के साथ विचार-विमर्श करें : महान काम हो सकते हैं, अगर आपके साथ काम करने वाला हर व्यक्ति इन अवधारणाओं को जानता हो और इसी भाषा का इस्तेमाल करके यह बातचीत करता हो कि वे आपके व्यवसाय पर कैसे लागू होते हैं। मैंने हर विचार के बाद उस अवधारणा के संक्षिप्त संदर्भ सार के लिए संबंधित वेबसाइट के लिंक को शामिल किया है। उसका इस्तेमाल आप किसी ईमेल, प्रस्ताव, ब्लॉग पोस्ट या दूसरे संप्रेषण में शामिल करके कर सकते हैं। इससे यह सुनिश्चित हो जाएगा कि हर व्यक्ति के पास एक जैसी जानकारी रहे, ख़ास तौर पर अगर सामने वाला उस अवधारणा से परिचित न हो, जिसका आप संदर्भ दे रहे हैं।

पड़ताल करने के लिए हमेशा बहुत कुछ रहता है: इनमें से हर मानसिक मॉडल के बहुत व्यापक उपयोग हैं और एक पुस्तक में इन अवधारणाओं के हर पहलू की पड़ताल करना नामुमकिन है। यदि आप किसी ख़ास मानसिक मॉडल के बारे में ज़्यादा जानना चाहते हों, तो व्यावसायिक साहित्य के संसार में कई महान संसाधन हैं, जो आपकी समझ को गहरा कर सकते हैं। यदि आप इन विचारों की पड़ताल ज़्यादा विस्तार से करना चाहते हैं और यह सीखना चाहते हैं कि अपनी रोज़मर्रा की नौकरी तथा कामकाज में उन्हें कैसे लागू किया जाए, तो http://book.personalmba.com पर मेरे साथ जुड़ जाएँ।

आइए शुरू करते हैं।

2

मूल्य उत्पन्न करना

कोई ऐसी चीज़ बनाएँ, जिसे लोग चाहते हैं ... किसी अतृप्त आवश्यकता से ज़्यादा मूल्यवान कुछ नहीं है, जो बस पूरी करने योग्य बन रही है। अगर आप कुछ टूटा हुआ पाते हैं, जिसकी आप बहुत से लोगों के लिए मरम्मत कर सकते हैं, तो आपको सोने की खान मिल गई है।

— पॉल ग्राहम, वाय कॉम्बिनेटर के संस्थापक, वेंचर कैपिटेलिस्ट और पॉलग्राहमडॉटकॉम के निबंधकार

हर सफल व्यापार कोई न कोई मूल्यवान चीज़ उत्पन्न करता है। संसार किसी न किसी तरह से दूसरे लोगों के जीवन को बेहतर बनाने के अवसरों से भरा पड़ा है। व्यवसायी के रूप में आपका काम उन चीज़ों को पहचानना है, जो लोगों के पास पर्याप्त नहीं हैं और फिर वे चीज़ें उन्हें देने का तरीक़ा खोजना है।

आप जो मूल्य उत्पन्न करते हैं, उसके कई अलग-अलग रूप हो सकते हैं, लेकिन उद्देश्य हमेशा एक ही रहता है : किसी दूसरे के जीवन को थोड़ा बेहतर बनाना। मूल्य उत्पन्न किए बिना कोई व्यवसाय जीवित नहीं रह सकता - आप दूसरों से तब तक पैसे नहीं ले सकते, जब तक कि आपके पास बदले में देने के लिए कोई मूल्यवान चीज़ न हो।

संसार के सर्वश्रेष्ठ व्यवसाय वे हैं, जो दूसरे लोगों के लिए सबसे ज़्यादा मूल्य उत्पन्न करते हैं। कुछ व्यवसाय बहुत से लोगों को थोड़ा मूल्य प्रदान करके फलते-फूलते हैं और बाक़ी सिर्फ़ कुछ लोगों को बहुत सारा मूल्य देने पर ध्यान केंद्रित करते हैं। चाहे स्थिति जो भी हो, आप दूसरे लोगों के लिए जितना ज़्यादा सच्चा मूल्य उत्पन्न करते हैं, आपका व्यवसाय उतना ही बेहतर होगा और आप उतने ही ज़्यादा समृद्ध बनेंगे।

इस अवधारणा को शेयर करें : **http://book.personalmba.com/value-creation/**

हर व्यवसाय के पाँच हिस्से

व्यवसाय एक दोहराई जा सकने वाली प्रक्रिया है, जो पैसे कमाती है। बाक़ी हर चीज़ शौक़ है।

–पॉल फ़्रीट, सीरियल उद्यमी और वाणिज्यीकरण विशेषज्ञ

सरल भाषा में, व्यवसाय एक दोहराई जा सकने वाली प्रक्रिया है जो :

1. कोई मूल्यवान चीज़ बनाती और पहुँचाती है...
2. जिसे दूसरे लोग चाहते हैं या उसकी उन्हें ज़रूरत होती है...
3. एक ऐसे भाव पर, जो वे चुकाने को इच्छुक रहते हैं...
4. एक ऐसे तरीक़े से जो ग्राहक की आवश्यकताओं और अपेक्षाओं को संतुष्ट करता है...
5. ताकि व्यवसाय इतना मुनाफ़ा कमाए कि मालिकों को लिए काम जारी रखना लाभप्रद हो।

इससे कोई फ़र्क़ नहीं पड़ता कि आप यह व्यवसाय अकेले चला रहे हैं या आपका अरबों डॉलर का ब्रांड हैं। इन पाँच घटकों में से किसी भी एक को हटा दें, तो आपके पास व्यवसाय नहीं रह जाता है - तब आपके पास कुछ और रहता है। जो उद्यम दूसरों के लिए मूल्य उत्पन्न नहीं करता है, वह एक शौक़ है। जो उद्यम ध्यान आकर्षित नहीं करता है, वह असफल है। जो उद्यम अपने द्वारा उत्पन्न मूल्य को नहीं बेचता है, वह ग़ैर-लाभकारी है। जो उद्यम अपने वादे के मुताबिक़ मूल्य नहीं देता है, वह धोखाधड़ी है। जो उद्यम काम जारी रखने के लिए पर्याप्त पैसे नहीं कमाता है, उस पर हमेशा ताला लग जाएगा।

हर व्यवसाय मूलतः पाँच अंतर्निर्भर (जिन पर बाद में बात की गई है) प्रक्रियाओं का समूह है, जिनमें से प्रत्येक अगली में प्रवाहित होती है:

1. *मूल्य उत्पन्न करना* - यह पता लगाना कि लोगों को क्या ज़रूरत है या उनकी इच्छा क्या है, फिर इसे बनाना।
2. *मार्केटिंग* - आपने जो बनाया है, उसके लिए ध्यान आकर्षित करना और माँग बनाना।
3. *बिक्री* - संभावित ग्राहकों को भुगतान करने वाले ग्राहकों में बदलना।
4. *मूल्य पहुँचाना* - आपने जो वादा किया है, वह अपने ग्राहकों को देना और यह सुनिश्चित करना कि वे संतुष्ट हो जाएँ।
5. *वित्त* - काम जारी रखने और आपकी मेहनत को लाभप्रद बनाने के लिए पर्याप्त पैसा आना।

यदि ये पाँच चीज़ें सरल लगती हैं, तो ऐसा इसलिए है क्योंकि ये वाक़ई ऐसी हैं। व्यवसाय रॉकेट विज्ञान नहीं है (और कभी रहा भी नहीं है) - यह किसी समस्या को पहचानने और इसे दोनों

पक्षों के लाभ के लिए सुलझाने का तरीक़ा खोजने की प्रक्रिया है। कोई भी व्यक्ति, जो व्यवसाय को इससे ज़्यादा जटिल जताता है, वह या तो आपको प्रभावित करने की कोशिश कर रहा है या आपको कोई ऐसी चीज़ बेचने की कोशिश कर रहा है, जिसकी आपको ज़रूरत नहीं है।

व्यवसाय के *पाँच हिस्से हर अच्छे व्यावसायिक विचार* और बिज़नेस प्लान का आधार होते हैं। अगर आप किसी व्यवसाय की इन पाँच प्रक्रियाओं में से प्रत्येक को स्पष्टता से परिभाषित कर सकें, तो आप पूरी तरह समझ जाएँगे कि यह कैसे काम करती है। अगर आप कोई नया व्यवसाय शुरू करने की सोच रहे हैं, तो शुरुआत में ही यह परिभाषित करना सबसे अच्छा रहता है कि ये प्रक्रियाएँ कैसी दिख सकती हैं। अगर आप अपने व्यावसायिक विचार का वर्णन या चित्रण इन बुनियादी प्रक्रियाओं के संदर्भ में नहीं कर सकते, तो आप इसे इतनी अच्छी तरह नहीं समझते हैं कि इसे कारगर बना सकें।

इस अवधारणा को शेयर करें : **http://book.personalmba.com/5-parts-of-every-business/**

आर्थिक दृष्टि से मूल्यवान योग्यताएँ

यह कहते न फिरें कि संसार आपको आजीविका देने के लिए ऋणी है। संसार किसी तरह से आपका ऋणी नहीं है – यह आपके पहले से मौजूद था।

— मार्क ट्वेन, महान अमेरिकी उपन्यासकार

यदि आप व्यवसायी के रूप में अपने मूल्य को बेहतर बनाना चाहते हैं, तो *व्यवसाय के पाँच हिस्सों* से सीधे जुड़ी योग्यताओं को बेहतर बनाने पर ध्यान केंद्रित करें।

हर योग्यता या ज्ञान का क्षेत्र *आर्थिक दृष्टि से मूल्यवान* नहीं होता है और इसमें कोई बुराई नहीं है - कई चीज़ें ऐसी होती हैं, जिन्हें सिर्फ़ आराम या आनंद की ख़ातिर करना अच्छी बात है। आप व्हाइटवाटर रैफ़्टिंग का आनंद ले सकते हैं, लेकिन इस बात की बहुत कम संभावना है कि कोई आपको नदी की तेज़ धारा पार करने के लिए भुगतान करेगा, जब तक कि आपकी इस योग्यता से दूसरों को कोई लाभ न हो। बहरहाल, अगर आप व्यक्तिगत आनंद से *प्रॉडक्ट्स तथा सेवाएँ* (बाद में बताया गया है) तक छलाँग लगा लेते हैं, तो आपको भुगतान मिलने लगेगा- बहुत सारे रोमांचप्रेमी लोग रैफ़्टिंग उपकरणों तथा गाइडों के लिए पैसे देने को तैयार रहते हैं।

जैसा *रेडी, फ़ायर, ऐम* में माइकल मास्टरसन कहते हैं, जो योग्यताएँ हर व्यवसाय के पाँच हिस्सों से संबद्ध नहीं हैं, उनका आर्थिक पुरस्कार मिलने की उम्मीद न करें। आर्थिक मूल्य उत्पन्न करने के लिए उनके इस्तेमाल का तरीक़ा खोजें और आपको अंततः भुगतान पाने का एक तरीक़ा मिल जाएगा।

जो भी योग्यता या ज्ञान मूल्य उत्पन्न करने, मार्केटिंग करने, बेचने, पहुँचाने या वित्त के प्रबंधन में आपकी मदद करती है, वह आर्थिक दृष्टि से मूल्यवान है - इसलिए इस पुस्तक में हम इन्हीं विषयों पर बातचीत करेंगे।

इस अवधारणा को शेयर करें : **http://book.personalmba.com/economically-valuable-skills/**

बाज़ार का लौह नियम

बाज़ार सबसे ज़्यादा महत्त्वपूर्ण है। उत्कृष्ट टीम या शानदार प्रॉडक्ट किसी बुरे बाज़ार की भरपाई नहीं कर सकता। जो बाज़ार मौजूद ही नहीं हैं, उन्हें इस बात की कोई परवाह नहीं होती कि आप कितने चतुर हैं।

— मार्क आंद्रेसेन, वेंचर कैपिटेलिस्ट और नेटस्केप तथा निंगडॉटकॉम के संस्थापक

अगर आप कोई पार्टी दें और कोई भी न आए, तो क्या होगा? व्यवसाय में यह सारे समय होता है।

मशहूर और उर्वर आविष्कारक डीन कामेन ने बहुत सी चीज़ों का आविष्कार किया है, जिनमें स्टर्लिंग इंजन, विश्व का पहला इनसुलिन पंप और जल शुद्धिकरण उपकरण शामिल हैं। सेगवे पीटी को बनाने में उन्होंने 100 मिलियन डॉलर लगाए। सेगवे दो पहियों वाला, ख़ुद संतुलित होने वाला 5,000 डॉलर का स्कूटर था। डीन कामेन का दावा था कि सेगवे व्यक्तिगत यातायात में क्रांति कर देगा, "उसी तरह जिस तरह कार ने घोड़ागाड़ी की जगह ली थी।" जब सेगवे को जनता के लिए 2002 में उपलब्ध कराया गया, तो कंपनी को यह उम्मीद थी कि हर साल 50,000 यूनिट बिकेंगे।

रोचक बात यह है कि पाँच साल बाद तक कंपनी कुल 23,000 यूनिट बेच पाई थी - शुरुआती लक्ष्य से 10 प्रतिशत से भी कम। (कंपनी के वित्तीय आँकड़े निजी हैं, लेकिन यह कहना सुरक्षित है कि वे अच्छे नहीं दिखते हैं।)

समस्या यह नहीं थी कि प्रॉडक्ट की डिज़ाइन खराब थी - सेगवे को बनाने में लगी प्रौद्योगिकी बहुत आधुनिक थी और लाभ महत्त्वपूर्ण थे। सेगवे कार का आरामदेह शहरी विकल्प था, जो पर्यावरण के लिए हितकर था। समस्या यह थी कि बहुत कम लोग पैदल चलने या मोटरसाइकल चलाने के इस हास्यास्पद दिखने वाले विकल्प पर 5,000 डॉलर ख़र्च करना चाहते थे - जिस भारी बाज़ार की कामेन को उम्मीद थी, वह मौजूद ही नहीं था।

यही चीज़ नए व्यवसायों के साथ हर दिन होती है। यदि अस्तित्व को क़ायम रखने के लिए पर्याप्त आमदनी नहीं है, तो कोई भी व्यवसाय असफल हो जाता है। और आपकी आमदनी पूरी तरह से इस बात पर निर्भर होती है कि आप जो दे रहे हैं, लोग उसे ख़रीदना चाहते हों।

हर व्यवसाय मूलतः उस बाज़ार के आकार और गुणवत्ता से सीमित होता है, जिसकी यह सेवा करता है। बाज़ार का लौह नियम भावहीन, कठोर और निर्मम होता है। अगर आपके पास लोगों का एक बड़ा समूह नहीं है, जो आपकी पेशकश को सचमुच चाहता हो, तो लाभकारी व्यवसाय बनाने की आपकी संभावनाएँ बहुत क्षीण होती हैं।

सर्वश्रेष्ठ नीति यह है कि ऐसी चीज़ें बनाने पर ध्यान केंद्रित किया जाए, जिन्हें लोग ख़रीदना चाहते हैं। जिस चीज़ को कोई भी न चाहता हो, उसे बनाना एक बरबादी है। बाज़ार शोध का मतलब है, "छलाँग लगाने से पहले देख लो।" जॉन मलिन्स की द *न्यू बिज़नेस रोड टेस्ट* जैसी पुस्तकें शुरुआत में ही लाभदायक बाज़ार को पहचानने में आपकी मदद कर सकती हैं और आपके नए अभियान की सफलता की संभावना को बढ़ा सकती हैं।

अगले कुछ खंडों में हम पड़ताल करेंगे कि किसी नई चीज़ में अपना समय और अपनी मेहनत के पैसों का निवेश करने से पहले यह पता कैसे लगाएँ कि लोग क्या चाहते हैं और उन्हें किसकी ज़रूरत है।

इस अवधारणा को शेयर करें : http://book.personalmba.com/iron-law-of-the-market

बुनियादी मानव प्रेरणाएँ

मानव आवश्यकताओं को समझना उन्हें पूरा करने की दिशा में आधा काम है।

—एडलाई स्टीवेंसन, नेता और इलिनॉय के पूर्व गवर्नर

यदि आप एक सफल व्यवसाय बनाने जा रहे हैं, तो इस बात की बुनियादी समझ उपयोगी होती है कि लोग क्या चाहते हैं। लोग क्या चाहते हैं, इस बारे में "मास्लो की आवश्यकताओं का वर्गीकरण" सबसे मशहूर सिद्धांत है, जिसे 1943 में मनोवैज्ञानिक अब्राहम मास्लो ने बताया था। मास्लो का सिद्धांत यह है कि लोग जो चाहते हैं, उसकी पाँच सामान्य प्रगतिशील अवस्थाएँ होती हैं : शारीरिक, सुरक्षा, संबद्धता/प्रेम, गौरव और आत्म-वास्तविकीकरण। शारीरिक आवश्यकता मानव आवश्यकता के "सबसे निचले" स्तर पर है, जबकि आत्म-वास्तविकीकरण (किसी व्यक्ति की अंतर्निहित क्षमता की पड़ताल) "सर्वोच्च" स्तर पर है।

मास्लो के वर्गीकरण में हर निचले स्तर की आवश्यकता पूरी होने के बाद ही इंसान ज़्यादा ऊँची श्रेणी पर ध्यान केंद्रित कर सकता है। यदि आपके पास पर्याप्त भोजन नहीं है या आपको कोई शारीरिक जोखिम है, तो आप संभवतः इस बात पर बहुत ज़्यादा ध्यान नहीं देंगे कि दूसरे लोग आपको कितना पसंद करते हैं या आप कितने व्यक्तिगत विकास का अनुभव कर रहे हैं।

व्यावहारिक दृष्टि से मैं मास्लो के वर्गीकरण के क्लेटन एल्डरफ़र के संस्करण को ज़्यादा पसंद करता हूँ, जिसे वे "ईआरजी सिद्धांत" कहते हैं : लोग अस्तित्व, जुड़ाव और विकास चाहते हैं - इसी क्रम में। जब लोगों के पास अपने अस्तित्व को क़ायम रखने के लिए ज़रूरी हर चीज़ होती है, तो फिर वे मित्र बनाने और जीवनसाथी खोजने की ओर बढ़ते हैं। जब वे अपने संबंधों में संतुष्ट हो जाते हैं, तो इसके बाद वे अपनी रुचि के क्षेत्रों में काम करने और अपनी योग्यताओं को बेहतर बनाने पर ध्यान केंद्रित करते हैं। पहले अस्तित्व, फिर जुड़ाव, फिर विकास।

ईआरजी सिद्धांत मानव इच्छाओं की आम प्राथमिकताओं को स्पष्ट करता है, लेकिन यह स्पष्ट नहीं करता है कि लोग उन्हें संतुष्ट करने के लिए किन तरीक़ों का इस्तेमाल करते हैं। यह जानने के लिए हमें मानव कार्य के दूसरे सिद्धांतों की शरण में जाना होगा। हार्वर्ड बिज़नेस स्कूल के प्रोफ़ेसर पॉल लॉरेंस और नितिन नोरिया ने *ड्रिवन : हाउ ह्यूमन नेचर शेप्स अवर चॉइसेस* लिखी है। इस पुस्तक में उन्होंने बताया है कि सभी मनुष्यों में चार बुनियादी मानव प्रेरणाएँ होती हैं, जिनका हमारे निर्णयों और कार्यों पर गहरा असर पड़ता है :

1. *हासिल करने की प्रेरणा* – इसमें भौतिक वस्तुओं को हासिल करने की इच्छा के साथ-साथ प्रतिष्ठा, शक्ति और प्रभाव जैसी अमूर्त चीज़ें हासिल करने की इच्छा भी शामिल है। हासिल करने की प्रेरणा पर बने व्यवसायों में रिटेलर्स, निवेश ब्रोकरेज और राजनीतिक परामर्शदात्री कंपनियाँ शामिल हैं। जो कंपनियाँ हमें दौलतमंद, मशहूर, प्रभावी या शक्तिशाली बनाने का वादा करती हैं, वे हमारी इस प्रेरणा से संबंध स्थापित करती हैं।
2. *जुड़ने की प्रेरणा* – मूल्यवान महसूस करने और दूसरों के साथ प्लैटोनिक या रूमानी संबंध बनाकर प्रेम पाने की इच्छा। इस प्रेरणा पर बने व्यवसायों में रेस्तराँ, सम्मेलन और डेटिंग सेवाएँ शामिल हैं। जो कंपनियाँ हमें आकर्षक, लोकप्रिय या सम्मानित बनाने का वादा करती हैं, वे हमारी इस प्रेरणा से संबंध बनाती हैं।
3. *सीखने की प्रेरणा* – हमारी उत्सुकता को शांत करने की इच्छा। इस प्रेरणा पर बने व्यवसायों में शैक्षणिक प्रोग्राम, पुस्तक प्रकाशक और प्रशिक्षण वर्कशॉप्स शामिल हैं। जो कंपनियाँ हमें ज़्यादा ज्ञानी या सक्षम बनाने का वादा करती हैं, वे हमारी इस प्रेरणा से संबंध स्थापित करती हैं।
4. *रक्षा करने की प्रेरणा* – स्वयं की, अपने प्रियजनों की और अपनी जायदाद की सुरक्षा करने की इच्छा। रक्षा करने की इस प्रबल प्रेरणा पर बने व्यवसायों में होम अलार्म उपकरण, बीमा प्रॉडक्ट्स, मार्शल आर्ट प्रशिक्षण और क़ानूनी सेवाएँ शामिल हैं। जो कंपनियाँ हमें सुरक्षित रखने, किसी समस्या को सुलझाने या बुरी चीज़ें होने से रोकने का वादा करती हैं, वे हमारी इस प्रेरणा से संबंध स्थापित करती हैं।

एक पाँचवीं बुनियादी प्रबल प्रेरणा है, जिसे लॉरेन्स और नोरिया चूक गए हैं :

5. *महसूस करने की प्रेरणा* – नए इंद्रियगत उद्दीपनों, गहरे भावनात्मक अनुभवों, आनंद, रोमांच, मनोरंजन और प्रत्याशा की इच्छा। महसूस करने की प्रबल प्रेरणा पर बने व्यवसायों में रेस्तराँ, फ़िल्में, नाटक, संगीत समारोह और खेल समारोह शामिल हैं। जो चीज़ें हमें ख़ुशी देने, रोमांचित करने या उत्सुकता से इंतज़ार कराने का वादा करती हैं, वे हमारी इस प्रेरणा से संबंध स्थापित करती हैं।

जब भी एक या अधिक क्षेत्रों में लोगों के किसी समूह की कोई अतृप्त आवश्यकता होती है, तो उस आवश्यकता को संतुष्ट करने के लिए एक बाज़ार बन जाएगा। इसका मतलब है कि आपकी पेशकश जितनी ज़्यादा प्रबल प्रेरणाओं से जुड़ी होगी, यह आपके संभावित बाज़ार के लिए उतनी ही ज़्यादा आकर्षक होगी।

बुनियादी तौर पर सभी सफल व्यवसाय धन, प्रतिष्ठा, शक्ति, प्रेम, ज्ञान, सुरक्षा, आनंद और रोमांच के किसी न किसी तरह के संयोजन को बेचते हैं। आपका प्रॉडक्ट इनमें से एक या अधिक प्रबल प्रेरणाओं को किस तरह संतुष्ट करता है, यह बात आप जितनी ज़्यादा स्पष्टता से बताएँगे, आपका प्रस्ताव उतना ही ज़्यादा आकर्षक बनेगा।

इस अवधारणा को शेयर करें : http://book.personalmba.com/core-human-drives/

प्रतिष्ठा चाहना

जो समाज नलसाज़ी में उत्कृष्टता को तुच्छ गतिविधि के रूप में तिरस्कार से देखता है और दर्शन के घटियापन को सिर्फ़ इसलिए बर्दाश्त करता है, क्योंकि यह एक उन्नत गतिविधि है, उसके पास न तो अच्छी नलसाज़ी होगी, न ही अच्छा दर्शन होगा : न तो इसके पाइपों में, न ही इसके सिद्धांतों में दम होगा।

—जॉन डब्ल्यू. गार्डनर, द कारनेगी कॉरपोरेशन के पूर्व प्रेसिडेंट

बुनियादी मानवीय प्रबल प्रेरणाओं को समझने के साथ-साथ यह समझना भी महत्त्वपूर्ण है कि मनुष्य सामाजिक प्राणी है। कई अन्य स्तनपायी जीवों की तरह मनुष्य का विकास भी "ओहदे की श्रेणियों" में रहने के लिए हुआ है, जो किसी समूह में शक्ति (जिस पर बाद में बात की गई है) या प्रतिष्ठा संबंधी तुलनात्मक स्थान है। प्रतिष्ठा और शक्ति के लिए दूसरे लोगों से प्रतिस्पर्धा से कई लाभ हुए हैं, जिनमें भोजन, प्रेम, संसाधनों तक पहुँच और समूह के अन्य सदस्यों की रक्षा शामिल है।

प्रतिष्ठा पर सोच-विचार अब जान बचाने के लिए पहले जितना महत्त्वपूर्ण नहीं रह गया है, लेकिन हमारे मस्तिष्क का विकास इस तरह हुआ है कि सामाजिक प्रतिष्ठा को बहुत ऊँची प्राथमिकता दी जाती है। इसके फलस्वरूप प्रतिष्ठा संबंधी सोच-विचार किसी व्यक्ति के ज़्यादातर निर्णयों और कार्यों पर असर डालता है।

प्रतिष्ठा की इच्छा सर्वव्यापी होती है : आम आदमी इस बारे में गहनता से परवाह करता है कि दूसरे लोग उसके बारे में क्या सोचते हैं और वह अपने समूह के दूसरे सदस्यों की तुलना में अपनी प्रतिष्ठा की निगरानी करने में बहुत सारी ऊर्जा ख़र्च करता है। जब अपनी प्रतिष्ठा बढ़ाने के अवसर नज़र आते हैं, तो ज़्यादातर लोग उन्हें जकड़ लेते हैं। जब कई विकल्पों (बाद में चर्चा की जाएगी) के बीच चयन करने को कहा जाता है, तो लोग आम तौर पर सबसे ज़्यादा प्रतिष्ठा बढ़ाने वाले विकल्प को ही चुनते हैं।

आम तौर पर हम ऐसे लोगों और संगठनों के साथ जुड़ना चाहते हैं, जिन्हें हम शक्तिशाली, महत्त्वपूर्ण या अनूठा मानते हैं या फिर जिनके गुणों या व्यवहार की प्रतिष्ठा ज़्यादा होती है। हमें यह सुनिश्चित करना भी पसंद होता है कि दूसरे लोग हमारी प्रतिष्ठा के बारे में जागरूक हों। मिसाल के तौर पर, लोग अपनी फ़ेसबुक प्रोफ़ाइल पर जो पोस्ट डालते हैं, उनकी जाँच करें।

प्रतिष्ठा की आकांक्षा मानव जीवन की सच्चाई है : यह हमेशा बुरी नहीं होती और इससे बचने की ज़रूरत नहीं है। इसके विपरीत प्रतिष्ठा की आकांक्षा से लोगों को आश्चर्यजनक चीज़ें हासिल करने की प्रेरणा मिल सकती है। दार्शनिक और सामाजिक आलोचक एलन डी बॉटन के शब्दों में, "अगर कोई इंसान सफल महसूस करता है, तो उसके पास सफल होने के लिए बहुत कम प्रोत्साहन होगा।"

लेकिन नियंत्रित न होने पर यह आकांक्षा लोगों को ख़राब निर्णयों की ओर ले जा सकती है। किसी ऐसे व्यक्ति के बारे में सोचें, जो अपनी प्रतिष्ठा बढ़ाने के लिए एक बड़ा घर, विलासितापूर्ण कार और डिज़ाइनर पोशाकें ख़रीदता है और इस चक्कर में अंततः दिवालिया हो जाता है या गहरे क़र्ज़ में डूब जाता है। व्यक्ति के रूप में ख़रीदारी के निर्णय लेते समय इस

ओर ध्यान देना उपयोगी है कि आप प्रतिष्ठा को कितना मूल्यवान मानते हैं, ख़ास तौर पर तब उन्हीं आवश्यकताओं या इच्छाओं को कम लागत में पूरा करने वाले दूसरे विकल्प मौजूद हों।

व्यावसायिक पेशेवर के रूप में यह समझना महत्त्वपूर्ण है कि प्रतिष्ठा की परवाह बुनियादी मानवीय प्रबल प्रेरणाओं के हर स्तर पर मौजूद होती है। जब आप किसी नए संभावित ग्राहक के सामने कोई पेशकश करते हैं, तो वह ख़ुदबख़ुद और अचेतन रूप से यह जाँच करेगा कि आपकी पेशकश से उसकी सामाजिक प्रतिष्ठा पर कैसा प्रभाव पड़ेगा। अपनी पेशकश में सामाजिक संकेतों (बाद में बात की गई है) को शामिल करना लगभग हमेशा अपने लक्ष्य बाज़ार के लिए इसके आकर्षण को बढ़ाने का प्रभावी तरीक़ा रहता है।

इस अवधारणा को शेयर करें : http://book.personalmba.com/status-seeking/

किसी बाज़ार का आकलन करने के दस तरीक़े

लोग प्रायः ग़लत चीज़ के लिए कड़ी मेहनत करते हैं। सही चीज़ पर काम करना शायद कड़ी मेहनत करने से ज़्यादा महत्त्वपूर्ण होता है।

— कैटरीना फ़ेक, फ़्लिकरडॉटकॉम और हंचडॉटकॉम की संस्थापक

अगर आप कोई नया व्यवसाय शुरू करने की सोच रहे हैं या किसी विद्यमान व्यवसाय का नए बाज़ार में विस्तार करने की सोच रहे हैं, तो छलाँग लगाने से पहले थोड़ा शोध करने से फ़ायदा होता है।

किसी बाज़ार का आकलन करने के दस तरीक़ों में नैपकिन के पीछे लिखने का तरीक़ा (तेज़ी से सोचने का तरीक़ा) बताया गया है, जिसका इस्तेमाल करके आप किसी संभावित बाज़ार के आकर्षण को पहचान सकते हैं। नीचे दिए दस घटकों पर 0 से लेकर 10 तक के पैमाने पर मूल्यांकन करें, जहाँ 0 बेहद अनाकर्षक है और 10 बेहद आकर्षक है। जब भी शंका हो, अपने आकलन में रूढ़िवादी बनें :

1. *तात्कालिकता* - लोग इस चीज़ को इसी समय कितनी बुरी तरह चाहते हैं या उन्हें इसकी बहुत ज़रूरत है? (किसी पुरानी फ़िल्म को किराये पर लेने की तात्कालिकता आम तौर पर कम होती है; नई फ़िल्म का पहला शो देखना ज़्यादा तात्कालिकता वाला मामला है, क्योंकि यह केवल एक ही बार होता है।)
2. *बाज़ार का आकार* - इस जैसी चीज़ें कितने लोग सक्रियता से ख़रीद रहे हैं? (पानी के नीचे की बास्केट बुनने का प्रशिक्षण देने वाले कोर्सों का बाज़ार बहुत छोटा है; कैंसर के इलाज का बाज़ार बहुत बड़ा है।)
3. *दाम तय करने की क्षमता* - आम ख़रीदार किसी समाधान के बदले में ज़्यादा से ज़्यादा कितने दाम देने का इच्छुक होगा? (लॉलीपॉप 0.05 डॉलर में बिकती है; विमानवाहक अरबों में बिकते हैं।)
4. *ग्राहक हासिल करने की लागत* - किसी नए ग्राहक को हासिल करना कितना आसान है? धन और प्रयास दोनों के संदर्भ में एक बिक्री करने में

औसतन कितनी लागत आएगी? (ज़्यादा यातायात वाले हाईवे पर बने रेस्तराँ नए ग्राहकों को रिझाने के लिए बहुत कम ख़र्च करते हैं। दूसरी तरफ़, बड़े सौदे हासिल करने के लिए सरकारी कॉन्ट्रैक्टर लाखों डॉलर ख़र्च कर सकते हैं।)

5. *मूल्य पहुँचाने की लागत* - दिए जाने वाले मूल्य को उत्पन्न करने और उसे पहुंचाने में धन और प्रयास दोनों के संदर्भ में कितनी लागत आएगी? (इंटरनेट के ज़रिये फ़ाइलें पहुंचाना लगभग मुफ़्त में हो जाता है; किसी प्रॉडक्ट का आविष्कार करने और फ़ैक्ट्री बनाने में लाखों डॉलर की लागत आती है।)
6. *पेशकश का अनूठापन* - आपका प्रस्ताव बाज़ार में मौजूद प्रतिस्पर्धी वस्तुओं की तुलना में किस तरह अनूठा है और संभावित प्रतिस्पर्धियों के लिए आपकी नक़ल करना कितना आसान है? (हेयर सैलून बहुत सारे हैं, लेकिन निजी अंतरिक्ष यात्रा का अवसर प्रदान करने वाली कंपनियाँ बहुत कम हैं।)
7. *बाज़ार तक पहुँचने की गति* - बेचने के लिए आप कोई चीज़ कितनी जल्दी बना सकते हैं? (आप किसी पड़ोसी का लॉन चंद मिनटों में तराशने की पेशकश कर सकते हैं; बैंक खोलने में कई साल लग सकते हैं।)
8. *शुरुआती निवेश* - बेचने से पहले आपको कितना निवेश करना होगा? (घर सँभालने वाली नौकरानी बनने के लिए आपको बस सफ़ाई करने वाले सस्ते प्रॉडक्ट्स चाहिए। सोने की खुदाई करने के लिए ज़मीन और खुदाई की मशीनें ख़रीदने में लाखों डॉलर लग जाएँगे।)
9. *आगामी बिक्री संभावना* - क्या आप ख़रीदने वाले ग्राहकों को कोई संबद्ध सहायक सामान भी बेच सकते हैं? (जो ग्राहक रेज़र ख़रीदते हैं, उन्हें शेविंग क्रीम और अतिरिक्त ब्लेडों की भी ज़रूरत होती है; दूसरी ओर अगर आप फ़्रिज़्बी ख़रीदते हैं, तो इसके खो जाने पर ही आपको दूसरे की ज़रूरत पड़ेगी।)
10. *सदाबहार संभावना* - एक बार जब शुरुआती पेशकश बन जाती है, तो बेचना जारी रखने के लिए आपको कितना अतिरिक्त काम करना होगा? (व्यावसायिक परामर्श में भुगतान पाने के लिए लगातार काम करने की ज़रूरत होती है; किसी पुस्तक को एक बार तैयार करने के बाद इसे बार-बार बेचा जा सकता है।)

आकलन पूरा होने पर स्कोर जोड़ लें। अगर स्कोर 50 या इससे कम है, तो किसी दूसरे विचार को टटोलें - आपकी ऊर्जा और संसाधनों का निवेश करने के लिए बेहतर जगहें हैं। अगर स्कोर 75 या इससे ऊपर है, तो आपके पास बड़ा होनहार विचार है - पूरी तेज़ी से आगे बढ़ जाएँ। 50 से 75 के बीच की किसी भी चीज़ में बिल चुकाने की संभावना तो है, लेकिन ऊर्जा और संसाधनों के भारी निवेश के बिना यह ज़्यादा सफल नहीं होगा, इसलिए इसी अनुसार योजना बनाएँ।

इस अवधारणा को शेयर करें : http://book.personalmba.com/ten-ways-to-evaluate-a-market/

प्रतिस्पर्धा के छिपे लाभ

उस प्रतिस्पर्धी से डरना चाहिए, जो कभी आपकी चिंता ही नहीं करता है, बल्कि हर समय अपने ख़ुद के व्यवसाय को बेहतर बनाता रहता है।

— हेनरी फ़ोर्ड, फ़ोर्ड मोटर कंपनी के संस्थापक और असेंबली लाइन के प्रवर्तक

पहली बार के उद्यमी का एक बहुत आम अनुभव यह पता लगना होता है कि व्यवसाय शुरू करने का आपका ज़बर्दस्त विचार उतना मौलिक नहीं है, जितना आपने सोचा था। बाज़ार में पहले से ही ऐसे दूसरे व्यवसाय हैं, जो इससे मिलते-जुलते प्रॉडक्ट या सेवाएँ दे रहे हैं। यह जानने के बाद किसी भी व्यक्ति का आत्मविश्वास डगमगा जाएगा - फिर ज़हमत क्यों उठाना, जब कोई दूसरा वह कर रहा है, जो आप करना चाहते हैं?

ख़ुश हो जाएँ : प्रतिस्पर्धा के कुछ छिपे लाभ भी होते हैं। जब कोई दो बाज़ार अन्य मायनों में समान रूप से आकर्षक हों, तो बेहतर होगा कि आप प्रतिस्पर्धा वाले बाज़ार में दाख़िल होने का चयन करें। क्यों? इसका मतलब है कि आप शुरू से ही जानते हैं कि उस प्रॉडक्ट के लिए भुगतान करने वाले ग्राहकों का बाज़ार है, जिससे आपका सबसे बड़ा जोखिम ख़त्म हो जाता है।

बाज़ार के अस्तित्व का यह मतलब है कि आप शुरू से ही *बाज़ार के लौह नियम* के सही तरफ़ हैं। अब आपको बाज़ार के मौजूद होने को साबित करने में समय नहीं लगाना है। इसके बजाय आप अपने प्रॉडक्ट को विकसित करने में ज़्यादा समय लगा सकते हैं। यदि कई सफल व्यवसाय किसी बाज़ार की सेवा कर रहे हैं, तो यह चिंता नहीं रहती कि कहीं आप किसी बंद गली वाले व्यवसाय में निवेश तो नहीं कर रहे हैं। आप पहले से ही जानते हैं कि लोग ख़रीद रहे हैं।

आपके संभावित प्रतिस्पर्धी क्या कर रहे हैं, यह देखने का सबसे अच्छा तरीक़ा ग्राहक बनना है। ज़्यादा से ज़्यादा प्रतिस्पर्धियों के प्रॉडक्ट ख़रीद लें। भीतर से अपनी प्रतिस्पर्धा का अवलोकन करके आप बाज़ार के बारे में बहुत ज़्यादा चीज़ें सीख सकते हैं : प्रतिस्पर्धी क्या मूल्य प्रदान करते हैं, वे ध्यान कैसे आकर्षित करते हैं, वे कितना भुगतान लेते हैं, वे किस तरह बिक्री को अंतिम रूप देते हैं, वे किस तरह ग्राहक को ख़ुश करते हैं, वे किस तरह समस्याओं से निबटते हैं और वे किन ज़रूरतों को पूरा नहीं कर रहे हैं।

किसी ख़ास रणनीति के प्रति समर्पित होने से पहले आपको ग्राहक के रूप में यह देखने का मौक़ा मिलता है कि क्या कारगर है और क्या नहीं है। आप अपने प्रतिस्पर्धियों से जो कुछ भी सीख सकते हैं, हर चीज़ सीख लें और फिर उनसे भी ज़्यादा मूल्यवान चीज़ बनाएँ।

इस अवधारणा को शेयर करें : **http://book.personalmba.com/hidden-benefit-of-competition/**

ख़ुदगर्ज़ी का नियम

पैसे को देवता बनाएँगे, तो यह आपको शैतान की तरह सताएगा।

—हेनरी फ़ील्डिंग, अठारहवीं सदी के उपन्यासकार और व्यंगकार

ख़ु*दगर्ज़* बनने से फ़ायदा नहीं होता : कोई व्यवसाय सिर्फ़ पैसे के लिए शुरू न करें। इसका कारण यह है कि किसी व्यवसाय को शुरू करने और चलाने में हमेशा शुरुआती उम्मीद से ज़्यादा मेहनत लगती है।

भले ही आप कोई ऐसा व्यवसाय पहचान लें, जो कमोबेश अपने आप चल सकता हो, लेकिन व्यवसाय चलाने के लिए आवश्यक तंत्र (बाद में चर्चा की गई है) को स्थापित करने में लगन और समर्पण की ज़रूरत होती है। यदि किसी अवसर में आप सिर्फ़ पैसे की वजह से रुचि रखते हैं, तो शायद ज़मीन की तलहटी में सोने का हंडा मिलने से पहले ही आप मैदान छोड़ देंगे।

उन चीज़ों को बहुत ग़ौर से देखें, जिनकी ओर आप बार-बार आकर्षित होते रहते हैं। किसी चीज़ को बनाना या पूरा करना बार-बार शुरू करने का मसला होता है; इसलिए जो आपको आकर्षित करता है, उसे नज़रअंदाज़ न करें। तरकीब यह है कि एक ऐसा आकर्षक बाज़ार खोजा जाए, जिसमें आपकी इतनी रुचि हो कि आप हर दिन अपनी पेशकश को बेहतर बनाते रहें। उस बाज़ार को खोजने के लिए धैर्य और सक्रिय पड़ताल की ज़रूरत होती है।

व्यवसायों की छानबीन करते वक़्त “उबाऊ” व्यवसायों को नज़रअंदाज़ न करें। अगर आपको काम का कोई ऐसा पहलू मिल जाता है, जिसमें आपकी रुचि हो और जो आपको व्यस्त रख सके, तो नीरस बाज़ार काफ़ी आकर्षक हो सकते हैं। नलसाज़ी और कचरा इकट्ठा करने जैसे “गंदे” व्यवसाय निश्चित रूप से आकर्षक नहीं हैं, लेकिन उनमें काफ़ी पैसा कमाया जा सकता है, क्योंकि यह महत्त्वपूर्ण काम है जिसकी नियमित ज़रूरत होती है, लेकिन काफ़ी कम लोग उस ज़रूरत को पूरा करने के इच्छुक होते हैं।

यदि आप ऐसा तरीक़ा खोज लें, जिससे आप किसी आवश्यक लेकिन नीरस बाज़ार को पर्याप्त दिलचस्प बना लें, तो यह मान लें कि आपने सोने का छिपा हुआ भंडार खोज लिया है।

इस अवधारणा को शेयर करें : http://book.personalmba.com/mercenary-rule/

धर्मयोद्धा का नियम

जोशीले लोग अपने विश्वास का बल प्रदर्शित करते हैं,जबकि विवेकपूर्ण लोग इसके आधार दिखाते हैं।

—विलियम शेनस्टोन, अठारहवीं सदी के कवि और लैंडस्केप डिज़ाइनर

ध*र्मयोद्धा* बनने से भी फ़ायदा नहीं होता। कभी-कभार आपको इतना मोहक विचार मिलेगा कि उसके बारे में निष्पक्षता से सोचना मुश्किल हो जाता है। तारे एक क़तार में आ जाते हैं, आकाश में बिगुल बजने लगता है और अचानक आपको यह असंदिग्ध अहसास होता है कि आपको जीवन में अपना आह्वान मिल गया है।

इस सारे रोमांच के चक्कर में यह भूलना आसान होता है कि दिलचस्प विचार और ठोस व्यवसाय में अक्सर भारी फ़र्क़ होता है। अपने आशावाद में बुद्धिमानी को विस्मृत न करें। अगर आप अपने बिल नहीं चुका पाएँगे, तो संसार को बदलना मुश्किल होता है।

कुछ विचारों के पीछे इतना बड़ा बाज़ार नहीं होता कि वे किसी व्यवसाय को सहारा दे सकें और यह पूरी तरह से ठीक है। इसका यह मतलब नहीं है कि आपको उन्हें नज़रअंदाज़ कर देना चाहिए। साइड प्रोजेक्ट आपके ज्ञान का विस्तार करने, आपकी योग्यताओं को बेहतर बनाने और नई प्रणालियों व तकनीकों के साथ प्रयोग करने में आपकी मदद कर सकते हैं। मैं साइड प्रोजेक्ट का पीछा करने का बहुत बड़ा पक्षधर हूँ, बशर्ते आप उन पर विश्वसनीय आमदनी उत्पन्न करने के लिए निर्भर न रहें। एक बार जब आप अपने आर्थिक आधार को मज़बूत कर लेते हैं, तो फिर जितना धर्मयुद्ध करना हो, कर लें।

किसी व्यवसाय को शुरू करने की कोशिश से पहले किसी *बाज़ार का आकलन करने के दस तरीक़ों* का इस्तेमाल करके पूरे आकलन के लिए समय निकालें। यदि आपको निष्पक्ष रहना मुश्किल लगता हो, तो किसी विश्वसनीय सहकर्मी या सलाहकार की मदद लें, फिर पूरी तरह समर्पित होने से पहले फटाफट और किफ़ायती तरीक़े से इसकी जाँच करें। आकलन करने में लगाए गए कुछ घंटे महीनों (या बरसों) की कुंठा और ग़लत प्रयास को रोक सकते हैं।

इस अवधारणा को शेयर करें : **http://book.personalmba.com/crusader-rule/**

मूल्य के बारह सामान्य रूप

मूल्य आंतरिक नहीं होता। यह चीज़ों में नहीं होता। यह हमारे भीतर होता है। यह वह तरीक़ा है, जिससे मनुष्य अपने परिवेश की परिस्थितियों पर प्रतिक्रिया करता है।

— लुडविग वॉन माइज़ेस, ऑस्ट्रिया के अर्थशास्त्री

किसी दूसरे व्यक्ति को सफलतापूर्वक मूल्य प्रदान करने के लिए इसका रूप ऐसा होना चाहिए, जिसके लिए वे पैसे देना चाहते हों। सौभाग्य से, पहिये का नए सिरे से आविष्कार करने की ज़रूरत नहीं है - आर्थिक मूल्य के आम तौर पर बारह मानक रूप होते हैं :

1. *प्रॉडक्ट* - कोई अकेली मूर्त वस्तु या कंपनी बनाएँ, फिर इसे निर्माण लागत से ज़्यादा में बेचें और पहुँचाएँ।
2. *सेवा* - सहायता या मदद प्रदान करें, फिर लाभ पहुँचाने के बदले में फ़ीस लें।
3. *संसाधन साझा करना* - एक स्थायी संपत्ति बनाएँ, जिसका इस्तेमाल कई लोग कर सकते हों, फिर उसके उपयोग के लिए भुगतान लें।
4. *सदस्यता* - निरंतर आधार पर कोई लाभ प्रदान करें और हर महीने या निश्चित अंतराल से बार-बार फ़ीस लें।

5. *दोबारा बिक्री* - किसी थोक दुकान से कोई प्रॉडक्ट लें और उसे किसी फुटकर ख़रीदार को ज़्यादा ऊँचे भाव पर बेच दें।
6. *लीज़* - कोई संपत्ति हासिल करें, फिर किसी दूसरे व्यक्ति से फ़ीस लेकर उसे निश्चित अवधि में उस संपत्ति का उपयोग करने की अनुमति दें।
7. *एजेंसी* - किसी तीसरे पक्ष के प्रॉडक्ट या सेवा की मार्केटिंग करें और बेचें, फिर फ़ीस के रूप में क़ीमत का निश्चित प्रतिशत हिस्सा वसूल करें।
8. *समूह संचय* - निश्चित विशेषताओं वाले लोगों के समूह का ध्यान खींचें, फिर उस समूह तक पहुँचने की इच्छा रखने वाले दूसरे व्यवसाय को विज्ञापन बेचें।
9. *लोन* - पैसा उधार दें, फिर मूल क़र्ज़ और पूर्व-निर्धारित ब्याज दर पर पूर्व-निर्धारित समयावधि में क़िस्तें वसूल करें।
10. *ऑप्शन* - फ़ीस के बदले में निश्चित समयावधि में निश्चित काम करने का विकल्प प्रदान करें।
11. *बीमा* - भुगतानों की पहले से निर्धारित शृंखला लें और पॉलिसी धारक के साथ किसी निश्चित बुरी चीज़ के होने का जोखिम अपने सिर पर ले लें। दावे का भुगतान तभी करें, जब वह बुरी चीज़ सचमुच हो जाए।
12. *पूँजी* - किसी व्यवसाय में हिस्सेदारी ख़रीदें, फिर एकमुश्त भुगतान या डिविडेंड के रूप में मुनाफ़े में हिस्सेदारी प्राप्त करें।

आइए, *मूल्य के इन बारह मानक रूपों* की जाँच विस्तार से करते हैं।

इस अवधारणा को शेयर करें : http://book.personalmba.com/12-standard-forms-of-value/

मूल्य का रूप #1 : प्रॉडक्ट

व्यवसाय वित्तीय विज्ञान नहीं है... यह तो इतना अच्छा प्रॉडक्ट या सेवा उत्पन्न करने के बारे में है कि उसके लिए लोग पैसे दें।

— अनीता रोडिक, उद्यमी और द बॉडी शॉप की संस्थापक

प्रॉडक्ट मूल्य का वास्तविक रूप है। प्रॉडक्ट-केंद्रित व्यवसाय चलाने के लिए :

1. आपको किसी तरह का वास्तविक सामान बनाना होता है, जिसे लोग चाहते हों।
2. आपको उस सामान का उत्पादन कम से कम दाम में करना होता है, साथ ही गुणवत्ता के संतोषजनक स्तर को क़ायम रखना होता है।
3. आपको बाज़ार द्वारा दिए जा सकने वाले ज़्यादा से ज़्यादा भाव पर ज़्यादा से ज़्यादा सामान बेचना चाहिए।

4. ऑर्डर आने पर उन्हें पूरा करने के लिए आपको अपने बनाए गए सामान का पर्याप्त भंडारण करना चाहिए।

आप इस वक़्त जो पुस्तक थामे हैं, वह प्रॉडक्ट का एक अच्छा उदाहरण है। आपके हाथ में पहुँचने से पहले इसे लिखा जाना था, इसका संपादन होना था, इसे छपवाना था, इसकी बाइंडिंग होनी थी और इसे पर्याप्त संख्या में बुकस्टोर तक पहुँचाना था। अगर इनमें से किसी भी क़दम को छोड़ दिया जाता, तो यह इस वक़्त आपके हाथ में नहीं होती। मुनाफ़ा कमाने के लिए यह ज़रूरी है कि इसे उत्पन्न करने, छपवाने और वितरित करने में जितनी लागत आई है, उससे ज़्यादा में इसे बेचा जाए।

प्रॉडक्ट कार, कंप्यूटर और वैक्यूम क्लीनर की तरह टिकाऊ हो सकते हैं। वे उपभोग सामग्री भी हो सकते हैं जैसे सेब, डोनट और दवा जैसी वस्तुएँ भी प्रॉडक्ट्स हैं। प्रॉडक्ट्स भौतिक हों, यह ज़रूरी नहीं है - सॉफ़्टवेयर, ईबुक और एमपी3 जैसी चीज़ों का कोई निश्चित भौतिक रूप नहीं होता, लेकिन फिर भी वे ऐसे सामान हैं, जिन्हें बेचा जा सकता है।

प्रॉडक्ट के रूप में मूल्य प्रदान करना बहुत लाभकारी होता है, क्योंकि प्रॉडक्ट्स का *प्रतिलिपिकरण* या *डुप्लीकेशन* किया जा सकता है। यह पुस्तक सिर्फ़ एक बार लिखी गई थी, लेकिन इसकी लाखों-करोड़ों प्रतियाँ छापकर पूरे संसार के पाठकों तक पहुँचाई जा सकती हैं। प्रॉडक्ट्स मूल्य के दूसरे रूपों से ज़्यादा बड़े *पैमाने* पर दिए जा सकते हैं, क्योंकि उनका डुप्लीकेशन और/या *बहुगुणन* किया जा सकता है (जिन सभी पर बाद में चर्चा की जाएगी)।

इस अवधारणा को शेयर करें : http://book.personalmba.com/product/

मूल्य का रूप #2 : सेवा

हर व्यक्ति महान बन सकता है, क्योंकि हर व्यक्ति सेवा कर सकता है।

— मार्टिन लूथर किंग, जूनियर, मानव अधिकार कार्यकर्ता

सेवा करने का मतलब है फ़ीस के बदले में किसी की सहायता या मदद करना। सेवा के ज़रिये मूल्य उत्पन्न करने के लिए आपको उपयोगकर्ता को किसी तरह का लाभ पहुँचाने में सक्षम होना चाहिए।

सफल सेवा व्यवसाय बनाने के लिए :

1. आपके व्यवसाय में ऐसे कर्मचारी होने चाहिए, जिनमें कोई ऐसी योग्यता हो, जिसकी दूसरे लोगों को ज़रूरत तो है, लेकिन वे उसका इस्तेमाल ख़ुद नहीं कर सकते, नहीं करते हैं या नहीं करना चाहते हैं।
2. आपके व्यवसाय को यह सुनिश्चित करना चाहिए कि सेवा हमेशा ऊँची गुणवत्ता के साथ की जाए।
3. आपके व्यवसाय को ग्राहकों को आकर्षित और क़ायम रखना चाहिए।

नाई की दुकान सेवा व्यवसाय का अच्छा उदाहरण है। बाल तराशना *प्रॉडक्ट* नहीं है : आप इसे किसी शेल्फ़ से उठाकर नहीं ख़रीद सकते। सेवा तो उन कार्यों की शृंखला है, जो हेयर स्टाइलिस्ट आपके बालों की वर्तमान शैली को आपके मनचाहे बालों की शैली में बदलने के लिए करता है। इस मायने में डॉक्टर, फ्रीलांस डिज़ाइनर, मसाज थेरेपिस्ट, लॉन रख-रखाव करने वाले और परामर्शदाता सभी सेवा करने वाले लोग हैं।

सेवाओं से बहुत पैसे कमाए जा सकते हैं, ख़ास तौर पर उस स्थिति में जब उन्हें प्रदान करने के लिए आवश्यक योग्यताएँ दुर्लभ और सीखने में मुश्किल हों, लेकिन इसकी सीमा यह है कि उनका डुप्लीकेशन करना मुश्किल होता है। सेवाएँ आम तौर पर सेवा देने वाले के समय और ऊर्जा के निवेश पर निर्भर होती हैं, जो दोनों ही सीमित होते हैं। हार्ट सर्जन एक दिन में चार घंटे के कितने ऑपरेशन कर सकता है?

यदि आप सेवा व्यवसाय में हैं, तो यह सुनिश्चित करें कि आप अपने ग्राहकों को सेवा देने में हर दिन जितने समय का निवेश कर रहे हैं, उसके बदले में पर्याप्त भुगतान लें। वरना आप पाएँगे कि आप मेहनत तो बहुत कड़ी कर रहे हैं, लेकिन आपको पुरस्कार बहुत कम मिल रहे हैं।

इस अवधारणा को शेयर करें : http://book.personalmba.com/service/

मूल्य का रूप #3 : साझे संसाधन

जिस ख़ुशी को बाँटा नहीं जाता, वह बचपन में ही मर जाती है।

— ऐनी सेक्स्टन, पुलित्ज़र पुरस्कार विजेता कवियित्री

साझा संसाधन वह टिकाऊ संपत्ति है, जिसका इस्तेमाल कई लोग कर सकते हैं। साझे संसाधन आपको यह अनुमति देते हैं कि आप एक बार संपत्ति खड़ी कर लें, फिर इसके उपयोग के लिए ग्राहकों से पैसे वसूलें।

किसी साझे संसाधन को सफल बनाने के लिए आपको यह करना होगा :

1. एक ऐसी संपत्ति बनानी होगी, जिसका लोग इस्तेमाल करना चाहें।
2. ज़्यादा से ज़्यादा उपयोगकर्ताओं की सेवा करनी होगी, जिसमें किसी भी उपयोगकर्ता के अनुभव की गुणवत्ता प्रभावित न हो।
3. समय के साथ साझे संसाधन को क़ायम रखने और बेहतर बनाने के लिए पर्याप्त भुगतान लेना होगा।

जिम और फ़िटनेस क्लब साझे संसाधन के आदर्श उदाहरण हैं। फ़िटनेस क्लब लंबे समय तक चलने वाली चालीस ट्रेडमिल, तीस एक्सरसाइज़ बाइक, वज़न के छह सेट, केटलबेल और अन्य उपयोगी लेकिन महँगे उपकरण ख़रीद सकता है। क्लब के सदस्य इन उपकरणों का इस्तेमाल करके लाभ लेते हैं और ये उन्हें ख़ुद नहीं ख़रीदने पड़ते - इसके बजाय वे इनके इस्तेमाल के लिए फ़ीस चुकाते हैं, जिसे वहन करना किसी अकेले व्यक्ति के लिए ज़्यादा आसान होता है।

(ज़्यादातर जिम अपने साझे संसाधन के इस्तेमाल को *सेवाओं* और *सदस्यताओं* के साथ मिला लेते हैं, जो *समूहीकरण* का आम उदाहरण है - जिस पर बाद में चर्चा की जाएगी।)

म्यूज़ियम और एम्यूज़मेंट पार्क जैसे व्यवसाय भी काफ़ी कुछ इसी तरह काम करते हैं। चाहे इसका मतलब चित्रकार मोनेट की कलाकृतियों का अध्ययन हो या रोलर कोस्टर की सवारी हो, साझे संसाधन कई लोगों को ऐसे अनुभव प्रदान करते हैं, जो इसके बिना बहुत ज़्यादा महँगे होते।

किसी साझे संसाधन की पेशकश के बारे में पेचीदा हिस्सा यह है कि उपयोग के स्तरों की सावधानी से निगरानी की जाए। यदि आपके पास पर्याप्त उपयोगकर्ता नहीं हैं, तो आप संपत्ति की लागत नहीं निकाल पाएँगे, जिसमें शुरुआती निवेश और रख-रखाव का निरंतर ख़र्च शामिल है। यदि आपके ग्राहकों की संख्या बहुत ज़्यादा है, तो भीड़ की वजह से उनका अनुभव इतना कमज़ोर हो जाएगा कि वे कुंठित हो जाएँगे, संसाधन का इस्तेमाल बंद कर देंगे और दूसरों को आपके व्यवसाय से दूर रहने की सलाह देंगे, जिससे आपकी प्रतिष्ठा (जिस पर बाद में बात की गई है) में कमी आएगी। बहुत कम सदस्यों और बहुत ज़्यादा सदस्यों के बीच के आदर्श बिंदु को खोजना ही साझे संसाधन को कारगर बनाने की कुंजी है।

इस अवधारणा को शेयर करें : http://book.personalmba.com/shared-resource/

मूल्य का रूप #4 : सदस्यता

कृपया मेरा इस्तीफ़ा स्वीकार करें। मैं किसी ऐसे क्लब में नहीं रहना चाहता, जो मुझे सदस्य के रूप में स्वीकार कर ले।

— ग्राउचो मार्क्स, कॉमेडियन

सदस्यता प्रोग्राम मासिक या बार-बार ली जाने वाली फ़ीस के बदले में निरंतर आधार पर पूर्व-निर्धारित लाभ देता है। दिए जाने वाले लाभ मूर्त या अमूर्त हो सकते हैं - मुख्य फ़र्क़ ये हैं (अ) भविष्य में प्रदान किए जाने वाले अतिरिक्त मूल्य की अपेक्षा और (ब) फ़ीस तब तक वसूल की जाएगी, जब तक कि सदस्यता रद्द नहीं की जाती।

एक सफल सदस्यता प्रोग्राम बनाने के लिए :

1. आपको नियमित रूप से हर सदस्य को महत्त्वपूर्ण मूल्य प्रदान करना होगा।
2. आपको एक सदस्य आधार बनाना होगा और हटने वाले सदस्यों की भरपाई करने के लिए नए सदस्यों को लगातार आकर्षित करना होगा।
3. आपको निश्चित समयावधि पर ग्राहकों को बार-बार बिल देना होगा।
4. हर सदस्य को ज़्यादा से ज़्यादा समय तक बनाए रखना होगा।

केबल या सैटेलाइट टेलीविज़न सेवा सदस्यता का बेहतरीन उदाहरण है। आपके हस्ताक्षर करने के बाद कंपनी आपको तब तक टेलीविज़न सेवा देती रहेगी, जब तक आप भुगतान करते रहेंगे। आपको हर महीने कंपनी को फ़ोन करने की ज़रूरत नहीं है कि यह तीस दिनों तक आपकी सदस्यता बढ़ा दे। जब तक आप शुल्क भरते रहते हैं, तब तक सेवा जारी रहती है।

सदस्यता मूल्य का एक आकर्षक रूप है, क्योंकि इसमें होने वाली आमदनी का अनुमान लगाना आसान होता है। आपको हर दिन अपने विद्यमान ग्राहकों को दोबारा बेचने की ज़रूरत नहीं होती है। सदस्यता आपको समय के साथ निष्ठावान ग्राहकों का स्थायी आधार बनाने की अनुमति देती है। यह मॉडल हर बिलिंग अवधि में निश्चित आमदनी सुनिश्चित करता है।

सदस्यता की कुंजी यह है कि ग्राहकों के छोड़कर जाने की दर को कम रखने का हर संभव प्रयास किया जाए। जब तक आप अपने ग्राहकों को ख़ुश बनाए रखते हैं, तब तक बहुत कम ग्राहक ही सदस्यता रद्द कराएँगे, जिससे आप ज़्यादा निश्चितता के साथ अपनी वित्तीय योजना बना सकते हैं। जो छुटपुट ग्राहक छोड़ते हैं, उनकी कमी ज़्यादा ग्राहक बनाकर दूर की जा सकती है।

इस अवधारणा को शेयर करें : http://book.personalmba.com/subscription/

मूल्य का रूप #5 : दोबारा बिक्री

कम में ख़रीदें, ज़्यादा में बेचें।

— शेयर ट्रेडरों का सूत्रवाक्य

दो*बारा बिक्री* का मतलब है किसी थोक विक्रेता से कोई सामान ख़रीदना और उसे ज़्यादा भाव पर किसी फुटकर ख़रीदार को बेचना। आपकी जान-पहचान के ज़्यादातर रिटेलर दोबारा बिक्री का ही काम करते हैं। वे दूसरे व्यवसायों से सामान ख़रीदते हैं और फिर लागत से ज़्यादा भाव पर आपको बेचते हैं।

दोबारा बेचने वाले के रूप में मूल्य प्रदान करने के लिए :

1. आपको सबसे सस्ते भाव पर कोई प्रॉडक्ट ख़रीदना चाहिए, आम तौर पर भारी संख्या में।
2. आपको प्रॉडक्ट के बिकने तक उसे अच्छी स्थिति में रखना होगा - ख़राब चीज़ें नहीं बिकती हैं।
3. प्रॉडक्ट के संभावित ख़रीदारों को जल्दी से जल्दी खोजना होगा, ताकि भंडारण की लागत कम रहे।
4. प्रॉडक्ट को ज़्यादा से ज़्यादा दाम पर बेचना चाहिए, ख़रीदे गए भाव से कई गुना सबसे अच्छा रहता है।

दोबारा बिक्री करने वाले मूल्यवान होते हैं, क्योंकि वे प्रॉडक्ट बेचने में थोक विक्रेताओं की मदद करते हैं, जो व्यक्तिगत ख़रीदार खोजने की मेहनत से बच जाते हैं। मान लें, कोई किसान लाखों लोगों को सेब बेचने की सोचता है। इस काम में समय भी बहुत लगेगा और यह बहुत अकार्यकुशल भी होगा। इससे ज़्यादा अच्छा यह है कि वह अपने सभी सेब किसी थोक दुकानदार को बेच दे और ज़्यादा सेब उगाने पर ध्यान केंद्रित करे। थोक दुकानदार उन सेबों को अपने स्टॉक में ले लेता है और व्यक्तिगत उपभोक्ताओं को ज़्यादा ऊँचे भाव पर बेचता है।

वाल्मार्ट और टेस्को जैसे बड़े रिटेलर, बार्न्स ऐंड नोबल जैसे पुस्तक रिटेलर और लैंड्स ऐंड जैसे कैटेलॉग व्यापार बुनियादी तौर पर इसी तरह काम करते हैं : निर्माताओं से कम भाव पर सीधे प्रॉडक्ट ख़रीदना, फिर जल्दी से जल्दी ऊँचे भाव पर उन्हें बेच देना।

दोबारा बेचने की कुंजियाँ हैं : कम भाव पर अच्छे प्रॉडक्ट मँगाना और स्टॉक के स्तर का प्रबंधन करना। अगर मुनाफ़े लायक़ पर्याप्त कम भाव पर बेचने के लिए प्रॉडक्ट की स्थायी आपूर्ति नहीं होगी, तो काम चालू रखने के लिए पर्याप्त आमदनी नहीं होगी। इसी वजह से ज़्यादातर सफल रिसेलर स्टॉक की आपूर्ति करने वाले व्यवसायों से क़रीबी संबंध बना लेते हैं, ताकि कम भाव पर अच्छे सामान की विश्वसनीय आपूर्ति सुनिश्चित हो सके।

इस अवधारणा को शेयर करें : http://book.personalmba.com/resale/

मूल्य का रूप #6 : लीज़

मैं मानव जाति के बारे में सबसे अच्छा सिद्धांत यह बता सकता हूँ कि इसमें दो अलग-अलग जातियाँ होती हैं : वे लोग जो उधार लेते हैं और वे लोग जो उधार देते हैं।

— चार्ल्स लैम्ब, निबंधकार

लीज़ में आप कोई संपत्ति हासिल करते हैं, फिर आप किसी दूसरे व्यक्ति से फ़ीस लेकर उसे एक निश्चित अवधि तक उस संपत्ति का इस्तेमाल करने की अनुमति दे देते हैं। यह संपत्ति कोई भी चीज़ हो सकती है : कार, नाव, मकान, डीवीडी आदि। जब तक कोई संपत्ति इतनी टिकाऊ है कि यह दूसरे व्यक्ति के इस्तेमाल की अवधि के बाद भी क़ायम रहे और इसका दोबारा इस्तेमाल हो सकता है, तो आप उसे लीज़ पर दे सकते हैं।

लीज़ के ज़रिये मूल्य प्रदान करने के लिए :

1. आपको एक ऐसी संपत्ति हासिल करनी चाहिए, जिसका लोग इस्तेमाल करना चाहते हों।
2. आपको भुगतान करने वाले किसी ग्राहक को वह संपत्ति लीज़ पर अच्छी शर्तों पर देनी होगी।
3. आपको अप्रत्याशित या विपरीत घटनाओं से अपनी रक्षा करनी होगी, जिनमें लीज़ पर दी हुई संपत्ति की क्षति या नुक़सान शामिल है।

लीज़िंग से ग्राहक को यह लाभ मिलता है कि उसे ख़रीदारी के भाव से बहुत कम में संपत्ति को इस्तेमाल करने का अधिकार मिल जाता है। शायद आप किसी लग्ज़री कार या स्पीडबोट ख़रीदने के लिए लाखों डॉलर का ख़र्च न उठा सकते हों, लेकिन हर महीने हज़ार डॉलर से कम में आप निश्चित रूप से उसे लीज़ या किराये पर ले सकते हैं। यही सिद्धांत मकान पर लागू होता है। आप जितने ख़र्च में कोई महँगा मकान बनाते या ख़रीदते हैं, लीज़िंग की बदौलत आप उससे काफ़ी कम में वहाँ रह सकते हैं। जब आपकी लीज़ ख़त्म हो जाती है, तो मालिक वह संपत्ति किसी दूसरे को लीज़ पर दे सकता है।

लीज़ के ज़रिये सफलतापूर्वक मूल्य प्रदान करने के लिए आपको यह सुनिश्चित करना होगा कि संपत्ति के ख़राब या नष्ट होने से पहले ही लीज़ से होने वाली आमदनी से संपत्ति ख़रीदने की पूरी लागत निकल आए। ज़्यादातर संपत्तियों का उपयोगी जीवन सीमित होता है, इसलिए आपको इतना भुगतान लेना चाहिए, ताकि संपत्ति का मूल्य ख़त्म होने से पहले आपको ख़रीदी के भाव से ज़्यादा आमदनी हो जाए। इसके अलावा, मरम्मत और बदलने की लागतों की योजना बनाकर यह सुनिश्चित करें कि अगर उपयोग के दौरान आपकी संपत्ति खो जाती है या नष्ट हो जाती है, तो आप उसके लिए भी पर्याप्त राशि ले रहे हों।

इस अवधारणा को शेयर करें : http://book.personalmba.com/lease/

मूल्य का रूप #7 : एजेंसी

मैं दाह संस्कार चाहता हूँ। मेरी राख का दसवाँ हिस्सा मेरे एजेंट को दिया जाएगा, जैसा हमारे अनुबंध में लिखा है।

— ग्राउचो मार्क्स

एजेंसी में किसी ऐसी संपत्ति की मार्केटिंग और बिक्री शामिल है, जिसके आप मालिक नहीं हैं। स्वयं मूल्य उत्पन्न करने के बजाय आप उसके साथ टीम बनाते हैं, जो मूल्य प्रदान करता है, फिर आप ख़रीदार को खोजने के लिए काम करते हैं। आपके स्रोत और ख़रीदार के बीच संबंध स्थापित करने के बदले में आपको कमीशन या फ़ीस मिलती है।

एजेंसी के ज़रिये मूल्य प्रदान करने के लिए :

1. आपको ऐसा विक्रेता खोजना होगा, जिसके पास कोई मूल्यवान संपत्ति है।
2. आपको उस संपत्ति के संभावित ख़रीदारों से संपर्क करना होगा और उनका विश्वास जीतना होगा।
3. बिक्री की शर्तों पर सहमति बनाने के लिए आपको सौदेबाज़ी करनी होगी।
4. आपको विक्रेता से पहले से तय कमीशन या फ़ीस वसूल करनी होगी।

एजेंसी संबंध से विक्रेताओं को यह लाभ होता है कि इससे वह बिक्री हो जाती है, जो इसके बिना नहीं हो सकती थी। साहित्यिक एजेंट इसके आदर्श उदाहरण हैं : किसी संभावित लेखक के पास किसी पुस्तक का विचार है, लेकिन वह प्रकाशन उद्योग में किसी को नहीं जानता है। साहित्यिक एजेंट के प्रकाशन उद्योग में संबंध मौजूद होते हैं, इसलिए उसके साथ काम करने से इस बात की संभावना बढ़ जाती है कि लेखक को प्रकाशन अनुबंध मिल जाएगा। प्रकाशक को खोजने और सौदा कराने के बदले में एजेंट को पुस्तक के एडवांस और रॉयल्टी का कुछ प्रतिशत हिस्सा मिलता है।

एजेंसी संबंध से ख़रीदारों को भी फ़ायदा होता है – अच्छे एजेंट बेहतरीन संपत्तियाँ खोजने में उनकी मदद कर सकते हैं, जिन्हें ख़रीदना लाभकारी हो। एजेंट अक्सर ख़रीदारों के फ़िल्टर के रूप में काम करते हैं। आदर्श स्थिति में एजेंट ख़रीदारों को ख़रीदने लायक़ अच्छी संपत्तियाँ

बताता है और बुरे सौदों से दूर रखता है। रहवासी मकान एक बेहतरीन उदाहरण है। अगर आप इलाक़े से वाकिफ़ किसी अनुभवी एजेंट के साथ काम करते हैं, तो किसी नए कस्बे में घर ख़रीदना ज़्यादा आसान होता है।

एजेंसी की कुंजी यह सुनिश्चित करना है कि आपकी फ़ीस या कमीशन इतनी ऊँची हो कि आपका प्रयास सार्थक रहे। चूँकि ज़्यादातर एजेंसी संबंध किसी बिक्री के होने पर निर्भर होते हैं, इसलिए अपना समय उन गतिविधियों में लगाएँ, जिनके फलस्वरूप सौदा पूरा हो जाए और यह सुनिश्चित करें कि उस सौदे से इतना कमीशन या फ़ीस मिल जाए कि आपने उस सौदे को करने में जो समय और प्रयास लगाया है, उसकी अच्छी तरह भरपाई हो जाए।

इस अवधारणा को शेयर करें : http://book.personalmba.com/agency/

मूल्य का रूप #8 : समूह एकत्रीकरण

जब तक आपके दिमाग़ में कोई विज्ञापन गीत बज रहा है, टेलीविज़न मुफ़्त नहीं है।

—जैसन लव, मार्केटिंग एक्ज़ीक्यूटिव

स*मूह एकत्रीकरण* समान गुणों वाले लोगों के समूह का ध्यान आकर्षित करता है और इसके बाद किसी तीसरे पक्ष को उस समूह तक पहुँचने का अवसर बेच देता है। चूँकि ध्यान सीमित और मूल्यवान होता है, इसलिए किसी निश्चित जनसांख्यिकीय समूह में लोगों को इकट्ठा करना उन व्यवसायों या समूहों के लिए काफ़ी मूल्यवान हो सकता है, जिनकी रुचि उन लोगों का ध्यान पाने में है।

समूह एकत्रीकरण के ज़रिये मूल्य प्रदान करने के लिए :

1. आपको समान गुणों या रुचियों वाले लोगों के समूह को पहचानना होगा।
2. आपको उस समूह का ध्यान निरंतर आकर्षित करने का कोई तरीक़ा खोजना और क़ायम रखना होगा।
3. आपको तीसरे पक्ष खोजने होंगे, जिनकी रुचि उस समूह का ध्यान ख़रीदने में है।
4. श्रोतासमूह को दूर किए बिना उस तक पहुँचने के अवसर को बेचना होगा।

समूह एकत्रीकरण से समूह को लाभ होता है, क्योंकि इससे उन्हें कोई ऐसी चीज़ मिल जाती है, जो उनके ध्यान के लायक़ है। पत्रिकाएँ और विज्ञापन समर्थित वेबसाइटें बेहतरीन उदाहरण हैं। पाठक इन स्रोतों से मिलने वाली जानकारी और मनोरंजन का लाभ लेते हैं, जिसके बदले में उन्हें थोड़े-बहुत विज्ञापन झेलने होते हैं। यदि विज्ञापन अप्रिय हुए, तो वे दूर चले जाएँगे, लेकिन अगर सामग्री अच्छी है, तो ज़्यादातर लोग थोड़े-बहुत विज्ञापन के लिए तैयार हो जाते हैं।

समूह एकत्रीकरण से विज्ञापन देने वाले को लाभ होता है, क्योंकि इससे संभावित ग्राहक उसके विज्ञापन पर ध्यान देते हैं, जो बिक्री की ओर ले जाता है। किसी सम्मेलन या ट्रेड शो

के बारे में सोचें। किसी इमारत के बीचोंबीच बूथ ख़रीदना चतुराई भरा निर्णय हो सकता है, अगर वहाँ ऐसे लोग भरे हैं, जिनकी रुचि आपके सामान में है। अच्छे विज्ञापन से लोगों का ध्यान आकर्षित होता है, ध्यान से संभावित ग्राहक आते हैं और संभावित ग्राहक बिक्री की ओर ले जाते हैं। जब तक बिक्री में इतने पैसे आ रहे हों कि विज्ञापन की लागत और व्यवसाय के ओवरहेड या बँधे ख़र्च (जिस पर बाद में चर्चा की गई है) से ज़्यादा पैसा निकल आए, तब तक विज्ञापन नए ग्राहकों को जुटाने का मूल्यवान साधन हो सकता है, जिसका मतलब है कि विज्ञापनदाता ज़्यादा विज्ञापन ख़रीदकर समूह एकत्रित करने वाले को पैसे देता रहेगा।

इस अवधारणा को शेयर करें : http://book.personalmba.com/audience-aggregation/

मूल्य का रूप #9 : क़र्ज़

पैसे की आवाज़ होती है, लेकिन क़र्ज़ की गूँज होती है।

—बॉब थेव्ज़, कार्टूनिस्ट और "फ़्रैंक ऐंड अर्नेस्ट" के सृजनकार

क़र्ज़ में एक अनुबंध शामिल होता है, जिसमें क़र्ज़ लेने वाले को निश्चित अवधि तक निश्चित संसाधनों का उपयोग करने की अनुमति होती है। बदले में क़र्ज़ लेने वाला उधार देने वाले को निश्चित अवधि तक क़िस्तों में भुगतान करता है, जिसमें मूल रक़म के साथ पूर्व निर्धारित ब्याज शामिल होता है।

क़र्ज़ के ज़रिये मूल्य प्रदान करने के लिए:

1. आपके पास उधार देने के पैसे होने चाहिए।
2. आपको ऐसे लोग खोजने होंगे, जो उस पैसे को उधार लेना चाहते हों।
3. आपको एक ब्याज दर तय करनी होगी, जो उस क़र्ज़ पर आपको पर्याप्त मुनाफ़ा दे।
4. आपको अनुमान लगाना होगा और इस आशंका से अपनी रक्षा करनी होगी कि लोग क़र्ज़ नहीं चुकाएँगे।

ज़िम्मेदारी से इस्तेमाल करने पर क़र्ज़ लोगों के लिए लाभकारी होता है, क्योंकि वे इतने महँगे प्रॉडक्ट्स या सेवाओं का लाभ तुरंत ले सकते हैं, जिन्हें वे सीधे ख़रीदने की स्थिति में नहीं थे। हाउस लोन की वजह से लोग बैंक में लाखों डॉलर जमा किए बिना मकानों में रह रहे हैं। कार लोन की वजह से लोग पूरा भुगतान करने के बजाय मासिक भुगतान के बदले में नए वाहन चला रहे हैं। क्रेडिट कार्ड लोगों को तुरंत वस्तुएँ और सेवाएँ ख़रीदने में सक्षम बनाता है। इसके बाद यह उन्हें कई महीनों तक क़िस्त चुकाने की सुविधा भी देता है।

क़र्ज़ उधार देने वाले के लिए लाभकारी है, क्योंकि यह अतिरिक्त पूँजी से लाभ पाने का तरीक़ा है। मूल क़र्ज़ ("मूलधन") के ऊपर चक्रवृद्धि ब्याज के जुड़ने का मतलब यह होता है कि क़र्ज़ देने वाला मूल क़र्ज़ से बहुत ज़्यादा राशि वसूल करेगा - हाउस लोन जैसे दीर्घकालीन क़र्ज़ के मामले में तो अक्सर दो-तीन गुना ज़्यादा।

एक बार जब क़र्ज़ दे दिया जाता है, तो इसके बाद भुगतान वसूल करने के अलावा ज़्यादा कुछ नहीं करना होता है - जब तक कि क़र्ज़ लेने वाला भुगतान करना बंद न कर दे। कोई ख़ास क़र्ज़ कितना ख़तरनाक है, यह पहचानने की प्रक्रिया - जिसे "जोखिम आंकना" कहा जाता है - क़र्ज़ देने वालों के लिए अत्यंत महत्त्वपूर्ण होती है। अक्सर गारंटी के तौर पर किसी तरह की संपत्ति को गिरवी रखा जाता है, ताकि लोन वापस न होने के जोखिम से बचा जा सके। यदि क़र्ज़ नहीं चुकाया जाता है, तो क़र्ज़ देने वाला गिरवी रखी संपत्ति का स्वामी बन जाता है और उसे बेचकर सौदे में अपना बचा हुआ पैसा वसूल करता है।

इस अवधारणा को शेयर करें : http://book.personalmba.com/loan/

मूल्य का रूप #10 : ऑप्शन

आप अपना पैसा देते हैं और अपना विकल्प चुनते हैं।

— *पंच,* उन्नीसवीं सदी की ब्रिटिश कॉमिक पत्रिका, 1846

ऑप्शन फ़ीस लेकर निश्चित अवधि के लिए पूर्व-निर्धारित काम करने की अनुमति देता है। ज़्यादातर लोग ऑप्शन्स को शेयर बाज़ार से जोड़कर देखते हैं, लेकिन दरअसल वे हमारे चारों तरफ़ हैं : फ़िल्म या संगीत समारोह के टिकट, कूपन, रिटेनर और लाइसेंसिंग अधिकार ये सभी ऑप्शन्स के उदाहरण हैं। फ़ीस की एवज में ख़रीदार के पास निश्चित काम करने का अधिकार होता है - उस शो में जाने, किसी संपत्ति को ख़रीदने या किसी ख़ास भाव पर शेयर ख़रीदने का अधिकार होता है - डेडलाइन से पहले।

ऑप्शन्स के ज़रिये मूल्य प्रदान करने के लिए :

1. आपको किसी ऐसी गतिविधि को पहचानना होगा, जिसे लोग भविष्य में करना चाह सकते हैं।
2. आपको संभावित ख़रीदारों को निश्चित समयसीमा से पहले उस गतिविधि को करने का अधिकार देना होगा।
3. आपको संभावित ख़रीदारों को विश्वास दिलाना होगा कि ऑप्शन की क़ीमत वाजिब है।
4. आपको गतिविधि के लिए एक निश्चित समयसीमा तय करनी होगी।

ऑप्शन्स मूल्यवान होते हैं, क्योंकि वे ख़रीदार को कोई ख़ास काम करने का अधिकार तो देते हैं, लेकिन उसे करने का कोई बंधन नहीं होता। मिसाल के तौर पर, अगर आप किसी फ़िल्म का टिकट ख़रीदते हैं, तो आपको थिएटर में सीट मिलने की गारंटी होती है, लेकिन अगर कोई बेहतर अवसर सामने आ जाए, तो आपके लिए ऐसा करना अनिवार्य नहीं है। जब आप टिकट ख़रीदते हैं, तो आप बस निश्चित समय पर फ़िल्म देखने का अधिकार ख़रीद रहे हैं - इससे ज़्यादा कुछ नहीं।

ऑप्शन का इस्तेमाल निश्चित अवधि के लिए निश्चित कामों का अधिकार देना है, जिसके बाद एक और सौदा हो सकता है। मिसाल के तौर पर, न्यू यॉर्क से कोलोरेडो रहने जाते समय मेरी पत्नी केल्सी और मैंने एक अपार्टमेंट का बयाना दे दिया, जिसे हमने अपनी आँखों से नहीं देखा था। इस बयाने से यह सुनिश्चित हुआ कि मकान मालिक हमारे आने से पहले वह अपार्टमेंट किसी दूसरे को किराये पर नहीं देगा। एक बार जब हमने आधिकारिक किरायेनामे पर हस्ताक्षर कर दिए, तो हमारा बयाना किराये की सुरक्षा निधि बन गया। अगर हम वहाँ न रहने का निर्णय लेते, तो मकान मालिक उस बयाने को ज़ब्त कर लेता, क्योंकि उसने हमारे लिए मकान रोककर रखा था और इसके बाद वह दूसरा किरायेदार खोजने के लिए स्वतंत्र होता। इस तरह ऑप्शन हम दोनों के लिए ही लाभकारी था।

ऑप्शन अक्सर मूल्य का ऐसा रूप होता है, जिसे अक्सर नज़रअंदाज़ कर दिया जाता है - लचीलापन *तीन सर्वव्यापी मुद्राओं* (जिन पर बाद में बात की जाएगी) में से एक है। लोगों को ज़्यादा लचीलापन देने का तरीक़ा खोजें और आप एक स्थायी बिज़नेस मॉडल खोज सकते हैं।

इस अवधारणा को शेयर करें : **http://book.personalmba.com/option/**

मूल्य का रूप #11 : बीमा

अनुमानित जोखिम लें। यह उतावला होने से बहुत अलग है।

— जनरल जॉर्ज एस. पैटन, द्वितीय विश्वयुद्ध में यू.एस. थर्ड आर्मी के कमांडर

बी*मा* बेचने वाला ख़रीदार का जोखिम अपने ऊपर ले लेता है। पॉलिसी धारक को यह डर होता है कि उसके साथ कोई निश्चित बुरी चीज़ न हो जाए। वह इसके जोखिम का बीमा लेता है और बीमाकर्ता को पूर्वनिर्धारित भुगतान करते रहने के लिए सहमत हो जाता है। यदि वह बुरी चीज़ सचमुच हो जाती है, तो बीमाकर्ता मुआवज़ा देने के लिए ज़िम्मेदार होता है। यदि वह बुरी चीज़ नहीं होती है, तो बीमाकर्ता पैसे रख लेता है।

बीमे के ज़रिये मूल्य प्रदान करने के लिए :

1. आपको एक बाध्यकारी क़ानूनी अनुबंध करना होगा, जो किसी निश्चित बुरी चीज़ ("क्षति") के होने का जोखिम पॉलिसीधारक से आप पर हस्तांतरित करे।
2. आपको उपलब्ध आँकड़ों का इस्तेमाल करके उस बुरी चीज़ के सचमुच होने के जोखिम का आकलन करना होता है।
3. आपको समय-समय पर पूर्व-निर्धारित भुगतानों ("प्रीमियम") की शृंखला वसूल करनी होती है।
4. आपको पॉलिसी पर वैध दावों का भुगतान करना होता है।

बीमा ख़रीदार को लाभ पहुँचाता है, क्योंकि यह जोखिम से उसकी रक्षा करता है। मिसाल के तौर पर, मकान में कई तरीक़ों से आग लग सकती है और अगर मकान जलकर खाक हो जाए, तो ज़्यादातर मकान मालिकों के पास दूसरा मकान ख़रीदने के लिए पर्याप्त पैसा नहीं होता। मकान

का बीमा करने से यह जोखिम बीमाकर्ता का जोखिम बन जाता है। यदि घर आग से जलकर नष्ट हो जाता है, तो बीमा मकान मालिक को हुए नुक़सान की भरपाई करेगा और उसे नया घर ख़रीदने में सक्षम बनाएगा। यदि यह बुरी घटना नहीं होती है, तो बीमाकर्ता प्रीमियम के भुगतान रख लेगा। बीमा इसलिए कारगर है, क्योंकि यह जोखिम को बहुत सारे लोगों में बाँट देता है। यदि कोई बीमाकर्ता हज़ारों या लाखों घरों का बीमा करता है, तो यह लगभग असंभव है कि हर मकान एक साथ जलकर खाक होगा - सिर्फ़ थोड़े से दावों का भुगतान करना होगा। दावों में बीमाकर्ता जितने पैसे देता है, उससे ज़्यादा धनराशि प्रीमियम में आती रहती है। ऐसे में बीमाकर्ता मुनाफ़े में रहता है। कार बीमा, स्वास्थ्य बीमा और उपभोक्ता वस्तुओं की वारंटी इसी तरह काम करती है।

कोई बीमाकर्ता जितने ज़्यादा प्रीमियम वसूल करता है और जितने कम दावों का भुगतान करता है, वह उतना ही ज़्यादा मुनाफ़ा कमाता है। "बुरे जोखिमों" से बचने, अधिकतम प्रीमियम रखने और न्यूनतम भुगतान करने में बीमाकर्ताओं का निहित स्वार्थ होता है। इसी के अनुसार बीमाकर्ताओं को किसी तरह की धोखाधड़ी से बचने के लिए लगातार सतर्क रहना चाहिए - इसे झूठे दावों को रोकना चाहिए और प्रीमियम भुगतान वसूलने के बाद भी वैध दावों का भुगतान रोककर ख़रीदारों के साथ धोखाधड़ी नहीं करनी चाहिए। यदि कोई बीमाकर्ता वैध दावों का भुगतान नहीं करता है, तो संभवतः उसे अदालत में घसीटा जाएगा, क्योंकि पॉलिसी धारक अपने बीमा अनुबंध लेकर अदालत में चले जाएँगे।

इस अवधारणा को शेयर करें : http://book.personalmba.com/insurance/

मूल्य का रूप #12 : पूँजी

पूँजी दौलत का वह हिस्सा है, जो आगे दौलत हासिल करने के लिए समर्पित होता है।

— अल्फ़्रेड मार्शल, अर्थशास्त्री और प्रिंसिपल्स ऑफ़ एकोनॉमिक्स के लेखक

पूँजी किसी व्यवसाय में हिस्सेदारी की ख़रीद है। पूँजी वाले लोग नए या विद्यमान व्यवसायों के मालिकों की विस्तार करने या नए बाज़ार में दाख़िल होने में मदद करते हैं। एंजेल इनवेस्टिंग, वेंचर कैपिटल और शेयर बाज़ार में पंजीकृत कंपनियों के शेयर ख़रीदना पूँजी के ज़रिये मूल्य प्रदान करने के उदाहरण हैं, जिन पर बाद में *निधिकरण का श्रेणीकरण* खंड में विस्तार से बात की जाएगी।

पूँजी के ज़रिये मूल्य प्रदान करने के लिए :

1. आपके पास निवेश के लिए पर्याप्त पूँजी होनी चाहिए।
2. आपको एक होनहार व्यवसाय की तलाश करनी चाहिए, जिसमें आप निवेश करना चाहते हों।
3. आपको यह अनुमान लगाना चाहिए कि उस व्यवसाय का वर्तमान मूल्य क्या है और यह भविष्य में कितना मूल्यवान हो सकता है। आपको इस आशंका

पर भी विचार करना चाहिए कि कहीं व्यवसाय डूब तो नहीं जाएगा, क्योंकि अगर ऐसा हुआ, तो इसके साथ ही आपकी पूँजी भी डूब जाएगी।

4. आपको यह सौदेबाज़ी भी करनी होगी कि पूँजी निवेश के बदले में सामने वाला व्यवसायी आपको अपनी कंपनी में कितनी हिस्सेदारी देगा।

पूँजी निवेश से व्यवसायों या कंपनियों को यह फ़ायदा होता है कि इससे उन्हें विस्तार करने या नए उद्योगों में दाख़िल होने के लिए आवश्यक पूँजी मिल जाती है। उत्पादन या वित्तीय सेवा जैसे कुछ उद्योगों को शुरू करने या उनमें विस्तार करने के लिए भारी धनराशि की ज़रूरत होती है। निवेशकों की मदद से कंपनी के मालिक तेज़ी से प्रगति करने के लिए पर्याप्त धनराशि जुटा सकते हैं।

निवेशकों को यह फ़ायदा होता है कि उन्हें उस कंपनी में निश्चित प्रतिशत हिस्सेदारी मिल जाती है, जिसमें उन्हें सक्रिय मेहनत के बिना उस कंपनी के कामकाज से लाभ होता रहता है। अपना पैसा किसी बैंक ख़ाते में रखने के बजाय निवेशक इसे प्रगतिशील कंपनियों में लगा सकते हैं, जहाँ उन्हें ज़्यादा मुनाफ़ा मिल सकता है। यदि व्यवसाय से काफ़ी आमदनी होती है, तो निवेशक को नियमित डिविडेंड का लाभ भी मिलता है। अगर कोई दूसरी कंपनी उस व्यवसाय को ख़रीद लेती है या यह शेयर बाज़ार में पंजीकृत होता है, तो निवेशकों को ख़रीदारी के भाव का निश्चित प्रतिशत या तो एकमुश्त भुगतान में मिल सकता है या फिर वे उस कंपनी के शेयर खुले बाज़ार में बेचकर मुनाफ़ावसूली कर सकते हैं।

इस अवधारणा को शेयर करें : **http://book.personalmba.com/capital/**

झंझट का प्रीमियम

सभी मानवीय स्थितियों की अपनी-अपनी असुविधाएँ होती हैं।

—बेंजामिन फ्रैंकलिन, शुरुआती अमेरिकी नेता, वैज्ञानिक और विद्वान

लोग हमेशा उन चीज़ों के लिए पैसे देने को तैयार रहते हैं, जिन्हें ख़ुद करने में उन्हें काफ़ी कष्ट होता है। इसका मतलब यह है कि जहाँ भी कोई झंझट है, वहाँ कारोबारी अवसर है।

झंझट कई तरह की होती है। झंझट वाले काम में नीचे बताई गई बातें शामिल हो सकती हैं :

- उसे पूरा करने में बहुत ज़्यादा समय लगता है।
- अच्छा परिणाम पाने के लिए बहुत मेहनत लगती है।
- ज़्यादा महत्त्वपूर्ण दूसरी प्राथमिकताओं से ध्यान भटकता है।
- बहुत ज़्यादा दुविधा, अनिश्चितता या जटिलता होती है।
- महँगे या डरावने पूर्व अनुभव की ज़रूरत होती है।
- विशेषज्ञतापूर्ण संसाधनों या मशीनों की ज़रूरत होती है, जिन्हें हासिल करना मुश्किल हो।

किसी प्रोजेक्ट या काम में जितनी ज़्यादा झंझट होती है, लोग उसके आसान समाधान या उसे करने वाले व्यक्ति को पैसे देने को आम तौर पर उतने ही ज़्यादा तैयार होते हैं। एक उदाहरण देखें : किसी बंगले के मालिक को स्विमिंग पूल की सफ़ाई करनी है। लंबे समय तक चलने वाली सफ़ाई किट उसे 50 डॉलर में मिल सकती है, लेकिन इसमें झंझट यह है कि सफ़ाई की मेहनत उसे ख़ुद करनी होगी। दूसरी तरफ़, अगर वह स्विमिंग पूल किसी दूसरे व्यक्ति या सफ़ाई सेवा कंपनी से साफ़ कराएगा, तो उसे 100 डॉलर *प्रति माह* देने होंगे।

दोनों ही मामलों में स्विमिंग पूल साफ़ हो जाएगा, लेकिन सफ़ाई सेवा बंगले के मालिक की झंझट दूर कर देती है। स्विमिंग पूल के मालिक को मनचाहा परिणाम हासिल करने के लिए कोई समय या मेहनत नहीं लगानी होती। इसके फलस्वरूप स्विमिंग पूल सफ़ाई सेवा कंपनी *झंझट के प्रीमियम* से फ़ायदा उठाती है और यह हर साल 1,200 डॉलर वसूल करती है - यह काम खुद करने वाले विकल्प से 1,150 डॉलर ज़्यादा है क्योंकि यह स्विमिंग पूल मालिक के झंझट को दूर करती है।

बहरहाल, एक सीमा है : स्विमिंग पूल की सफ़ाई सेवा के लिए हर महीने 10,000 डॉलर वसूल करना कामयाब नहीं होगा - ज़्यादातर मकान मालिक स्विमिंग पूल साफ़ रखने की इतनी ज़्यादा परवाह नहीं करते हैं। झंझट के प्रीमियम से फ़ायदा उठाने के लिए आपको यह समझाना चाहिए कि उस काम में संभावित ग्राहक के लिए कितनी झंझट है। झंझट जितनी ज़्यादा होती है, संभावित झंझट प्रीमियम उतना ही ज़्यादा होगा।

यदि आप किसी नए कारोबारी विचार की तलाश कर रहे हैं, तो झंझट की तलाश करना शुरू करें। जहाँ भी झंझट है, वहाँ अवसर है। आप अपने ग्राहकों के जितने ज़्यादा झंझट दूर करते हैं, आपको उतनी ही ज़्यादा आमदनी होगी।

इस अवधारणा को शेयर करें : **http://book.personalmba.com/hassle-premium/**

अनुभूत मूल्य

लोग तब चीज़ों के लिए पैसे नहीं देते हैं, जब उन्हें अपना पैसा उन चीज़ों से ज़्यादा मूल्यवान लगता है।

—रॉय एच. विलियम्स, द विज़ार्ड ऑफ़ ऐड्स

मूल्य के सभी रूप समान नहीं होते हैं। "मूल्य" देखने वाले की निगाह में होता है। *अनुभूत मूल्य* यह तय करता है कि आप जो दे रहे हैं, उसके बदले में ग्राहक कितना पैसा देना चाहेंगे। संभावित ग्राहक आपकी पेशकश को जितना ज़्यादा मूल्यवान मानता है, उसके इसे ख़रीदने की उतनी ही ज़्यादा संभावना होगी और वह उतने ही ज़्यादा पैसे देने के लिए तैयार होगा।

सबसे मूल्यवान पेशकशें नीचे दी गई चीज़ों में से एक या ज़्यादा चीज़ें करती हैं :

- संभावित ग्राहक की एक या अधिक बुनियादी मानवीय प्रेरणाओं को संतुष्ट करती हैं।

- आकर्षक और आसान मानसिक चित्र के रूप में *अंतिम परिणाम* (बाद में चर्चा की गई है) पेश करती हैं।
- ग्राहक की मेहनत को न्यूनतम करके सर्वोच्च झंझट प्रीमियम वसूल करती हैं।
- वांछित *सामाजिक संकेत* (बाद में चर्चा की गई है) देकर संभावित ग्राहक की प्रतिष्ठा चाहने की प्रवृत्ति को संतुष्ट करती हैं, ताकि वे दूसरों की निगाह में अच्छे दिखें।

यह ग़ौर करना महत्त्वपूर्ण है कि अनुभूत मूल्य व्यक्तिपरक मामला है। यह आपके संभावित ग्राहक की वर्तमान स्थिति, मूल्यों, विश्वासों और वैश्विक दृष्टिकोण पर निर्भर करता है। यदि आपके संभावित ग्राहक आपकी पेशकश को मूल्यवान नहीं मानते हैं, तो वे ग्रहणशील (बाद में चर्चा की गई है) नहीं होंगे।

सबसे महत्त्वपूर्ण लाभों और सबसे ऊँची प्रतिष्ठा प्रदान करने पर इस तरह ध्यान केंद्रित करें, जिसमें ग्राहक की परेशानी और मेहनत न्यूनतम हो जाए। इससे आपकी पेशकश का अनुभूत मूल्य भी बढ़ जाएगा।

इस अवधारणा को शेयर करें : http://book.personalmba.com/perceived-value/

मॉड्यूलरिटी

महान चीज़ें आवेग में नहीं की जाती हैं, बल्कि छोटी-छोटी चीज़ों को एक साथ लाकर की जाती हैं।

—विन्सेंट वैन गॉग, चित्रकार

ध्यान रखें कि *मूल्य के बारह मानक रूप* एक दूसरे से बिलकुल अलग नहीं हैं। आप अपने संभावित ग्राहकों के सामने इन रूपों के विभिन्न तालमेल पेश कर सकते हैं, ताकि आपको पता चल जाए कि वे इनमें से किसे सबसे ज़्यादा पसंद करते हैं।

सबसे सफल व्यवसाय कई प्रकार से मूल्य प्रदान करते हैं। मिसाल के तौर पर, पत्रिका उद्योग को ही ले लें। पत्रिकाएँ मासिक या सालाना *सदस्यता* शुल्क लेती हैं और इसके बदले निश्चित अवधि में डाक से एक छपी हुई पत्रिका भेजती हैं। साथ ही, वे *समूह एकत्रीकरण* का इस्तेमाल करती हैं और अपने ग्राहकों तक पहुँचने की इच्छा रखने वालों को पत्रिका में विज्ञापन करने का मौक़ा देकर उसकी क़ीमत वसूलती हैं।

ऑरबिट्ज़ जैसी यात्रा वेबसाइटें अपनी वेबसाइट पर आने वालों को *प्रॉडक्ट* (हवाई टिकट) के साथ ही यात्रा-रद्दीकरण *बीमा* और विज्ञापन (समूह एकत्रीकरण) बेचती हैं। सिनेमाघर फ़िल्म दिखाने *(साझे संसाधन)* के साथ टिकट *(विकल्प)* और रियायती बिक्री *(प्रॉडक्ट)* बेचते हैं।

ज़्यादातर कंपनियाँ इनमें से प्रत्येक पेशकश को अलग-अलग रखती हैं और ग्राहक यह चुन सकते हैं कि वे किस पेशकश का लाभ लेना चाहते हैं। पेशकश को *प्रमापीय* बनाकर कोई भी कंपनी हर पेशकश को अलग-अलग बना सकती है और बेहतर कर सकती है, फिर अपने ग्राहकों की सर्वश्रेष्ठ सेवा करने के लिए आवश्यक पेशकशों को आपस में मिला सकती है। यह

लीगोज़ खेलने जैसा है। एक बार जब आपके पास टुकड़ों का समूह आ जाता है, तो आप उन्हें बहुत से दिलचस्प तरीक़ों से जोड़ सकते हैं।

इस अवधारणा को शेयर करें : **http://book.personalmba.com/modularity/**

इकट्ठा करना और अलग-अलग करना

थोड़ा सा यह और थोड़ा सा वह, नयापन इसी तरह संसार में दाख़िल होता है।

— सलमान रुश्दी, उपन्यासकार

अपनी पेशकश को छोटा और *प्रमापीय* रखने का लाभ यह होता है कि इससे आपको *बंडलिंग* नामक रणनीति से फ़ायदा उठाने का मौक़ा मिल जाता है। *बंडलिंग* से आपको पहले से उत्पन्न मूल्य को नए उद्देश्य से देने का अवसर मिलता है, ताकि आप और अधिक मूल्य उत्पन्न कर सकें।

बंडलिंग तब होती है, जब आप बहुत सारी छोटी पेशकशों को एक बड़ी पेशकश में मिला देते हैं। मोबाइल फ़ोन उद्योग में बंडलिंग का उदाहरण देखें : मोबाइल फ़ोन (भौतिक *प्रॉडक्ट*) को मासिक सेवा योजना *(सदस्यता)* के साथ एक ही भाव में जोड़ दिया जाता है। इसी तरह, किसी किराना स्टोर में एक-ख़रीदो-एक-मुफ्त-ले-जाओ की पेशकशें भी बंडलिंग का ही रूप हैं।

आम तौर पर किसी बंडल में जितनी ज़्यादा पेशकशें शामिल होती हैं, उस पेशकश का *अनुभूत मूल्य* उतना ही ज़्यादा होता है और कंपनी उतने ही ज़्यादा दाम ले सकती है। इसीलिए मोबाइल फ़ोन प्रदाता अपनी बुनियादी सेवा योजना में ज़्यादा मिनट, असीमित टेक्स्ट मैसेज और इंटरनेट सेवा जैसी चीज़ें जोड़ देते हैं। लाभ जितने ज़्यादा दिए जाते हैं, आम तौर पर ग्राहक पूरे पैकेज के लिए उतना ही ज़्यादा मासिक भुगतान करने को तैयार हो जाता है।

अनबंडलिंग बंडलिंग का विलोम है : यह किसी बड़ी पेशकश को कई छोटी-छोटी पेशकशों में बाँटना है। अनबंडलिंग का एक अच्छा उदाहरण सीडी के बजाय किसी अकेले एलबम के एमपी3 डाउनलोड को बेचना है। हो सकता है कि ग्राहक पूरे एलबम के लिए 10 डॉलर का भुगतान न करना चाहते हों, लेकिन अपने ख़ास पसंदीदा गीत एक-दो डॉलर में डाउनलोड करना चाहते हों। एलबम को इकाइयों में अलग-अलग करने से एक ऐसी बिक्री हो जाती है, जो इसके बिना नहीं होती।

बंडलिंग और अनबंडलिंग किसी नई चीज़ को उत्पन्न किए बिना ही अलग-अलग प्रकार के ग्राहकों के लिए मूल्य उत्पन्न करने में मदद कर सकती हैं। पेशकशों और रूपों के विभिन्न तालमेल बनाकर आप अपने ग्राहकों के सामने उसकी मनचाही चीज़ पेश कर सकते हैं, जिसे वे ख़रीदना चाहते हों।

इस अवधारणा को शेयर करें : **http://book.personalmba.com/bundling-unbundling/**

नमूना

सरल सी बात है : अगर मैं कभी किसी चीज़ की कोशिश ही नहीं करता हूँ, तो मैं कभी कुछ नहीं सीख पाता हूँ।

— ह्यू प्रैथर, *नोट्स टू माइसेल्फ़* के लेखक

एमबीए वालों का आदर्श प्रॉडक्ट विकास मॉडल गोपनीयता और रहस्य के आवरण में लिपटा होता है। गोपनीयता से प्रॉडक्ट बनाएँ, हर शामिल व्यक्ति से गोपनीयता के अनुबंध पर हस्ताक्षर कराएँ, करोड़ों डॉलर की वेंचर कैपिटल इकट्ठी करें, अपने प्रॉडक्ट को आदर्श बनाने में कई साल लगाएँ और इसके बाद अपना बनाया प्रॉडक्ट सबके सामने उजागर करें, जिसे देखकर पूरा संसार दंग रह जाए और आपका प्रॉडक्ट तूफ़ानी अंदाज़ में हाथोंहाथ बिकने लगे।

दुर्भाग्य से इस मानसिकता की वजह से बहुत से करियर बरबाद हो जाते हैं और बैंक ख़ाते ख़ाली हो जाते हैं। कोरे विचार काफ़ी हद तक मूल्यहीन होते हैं - किसी भी उद्यमी का सबसे अहम काम यह पता लगाना होता है कि आप विचारों को सचमुच कारगर बना सकते हैं या नहीं।

संभावित ग्राहकों को अपने कार्य की प्रगति दिखाने में न झिझकें। जब तक आप किसी ऐसे उद्योग में काम न करते हों, जिसमें असाधारण रूप से आक्रामक, सक्षम और धनवान प्रतिस्पर्धी हों, तब तक दरअसल आपको यह चिंता पालने की ज़रूरत ही नहीं होती कि दूसरे लोग आपके विचार को "चुरा" लेंगे। विचार सस्ते होते हैं - महत्त्वपूर्ण तो किसी विचार को हक़ीक़त में बदलने की योग्यता होती है, जो किसी अच्छे विचार को पहचानने से कहीं ज़्यादा मुश्किल होती है।

"चोरी-चोरी काम करने" से सीखने के आपके शुरुआती अवसर कम हो जाते हैं, जिससे आप बहुत घाटे में रहते हैं। लगभग हमेशा बेहतर यही होता है कि आप असली ग्राहकों से जल्दी से जल्दी फ़ीडबैक हासिल करने पर ध्यान केंद्रित करें।

नमूना इस बात का शुरुआती चित्र है कि आपकी पेशकश कैसी दिखेगी। यह कोई भौतिक मॉडल हो सकता है, कंप्यूटर प्रस्तुतिकरण हो सकती है, रेखाचित्र, फ़्लोचार्ट या एक पन्ने का काग़ज़ हो सकता है, जो बड़े लाभों और विशेषताओं का वर्णन करता हो। ज़रूरी नहीं है कि यह बहुत अनोखा हो। आपके नमूने को तो बस मूर्त रूप से इतना दिखाना है कि आप क्या पेश कर रहे हैं, ताकि आपके संभावित ग्राहक पर्याप्त अच्छी तरह समझ सकें कि आप क्या कर रहे हैं, जिससे वे आपको अच्छा फ़ीडबैक दे सकें।

सर्वश्रेष्ठ परिणामों के लिए अपना नमूना पूर्ण प्रॉडक्ट जैसा ही बनाएँ। अगर आप कोई भौतिक प्रॉडक्ट बना रहे हैं, तो उसका ठोस नमूना बनाएँ। अगर आप कोई वेबसाइट बना रहे हैं, तो बुनियादी हिस्सों वाला वेब पेज बनाएँ। यदि आप कोई सेवा दे रहे हों, तो उस प्रक्रिया में शामिल हर चीज़ का रेखाचित्र या फ़्लोचार्ट बनाएँ और फिर उस पर अमल करें। आपका नमूना जितना ज़्यादा यथार्थवादी होता है, लोग उतनी ही आसानी से यह समझ सकेंगे कि आप क्या करने की कोशिश कर रहे हैं।

नमूना कोई उपयोगी चीज़ उत्पन्न करने की आपकी पहली कोशिश है, लेकिन यह आपकी आख़िरी कोशिश नहीं होगी। आपकी पहली कोशिश शर्मनाक दिखेगी, ख़राब या अधूरी होगी, लेकिन इसमें कोई बुरी बात नहीं है। नमूने मूल्यवान होते हैं, क्योंकि उनकी वजह से आपको

प्रोजेक्ट में भारी समय, पैसे और प्रयास का निवेश करने से पहले ही असली लोगों से अच्छा फ़ीडबैक पाने का मौक़ा मिल जाता है। उद्देश्य आदर्श नमूना बनाना नहीं है। इसका उद्देश्य तो फटाफट आपके प्रयासों का ठोस मॉडल बनाना है - एक ऐसी चीज़, जिसे आप और दूसरे लोग देख सकें, मूल्यांकन कर सकें और बेहतर बना सकें।

जब आप संभावित ग्राहकों को अपना नमूना दिखाते हैं, तो आपको उसके संबंध में बहुत से विचार और *फ़ीडबैक* (बाद में चर्चा की जाएगी) मिलेंगे, जिनकी मदद से आप अपनी पेशकश को और ज़्यादा बेहतर बना सकते हैं।

इस अवधारणा को शेयर करें : http://book.personalmba.com/prototype/

पुनरावृत्ति चक्र

मैं असफल नहीं हुआ हूँ। मैंने तो बस 10,000 तरीक़े अभी-अभी खोजे हैं, जो कामयाब नहीं होंगे।

— थॉमस ए. एडिसन, उर्वर आविष्कारक

कोई भी व्यक्ति - चाहे वह कितना ही चतुर या गुणी क्यों न हो - कोई कार्य पहली बार में सही नहीं कर पाता है।

सबूत के तौर पर चित्रकारी की किसी भी अनुपम कृति को देख लें। *मोनालिसा* की सतह के नीचे आपको ड्राफ़्ट स्केचों, ग़लत शुरुआतों और बड़े परिवर्तनों की परत दर परत मिलेगी। सिस्टाइन चैपल की छत करोड़ों बहुत हल्के-हल्के ब्रशस्ट्रोकों से भरी पड़ी है, जिनमें से प्रत्येक उस अनुपम कलाकृति को पूर्णता के ज़्यादा क़रीब ले गया। संगमरमर के अनगढ़ शिलाखंड को *डेविड* में बदलने के लिए हथौड़े के लाखों प्रहारों की ज़रूरत पड़ी थी।

पुनरावृत्ति चक्र एक प्रक्रिया है, जिसका इस्तेमाल करके आप किसी भी चीज़ को समय के साथ बेहतर बना सकते हैं। इन चित्रकारों ने अपनी कृतियों में जो अवश्यंभावी परिवर्तन और फ़ेरबदल किए, उनमें कुछ भी अनावश्यक नहीं था। हर पुनरावृत्ति काम को पूर्णता के एक क़दम ज़्यादा क़रीब ले गई।

पुनरावृत्ति में छह बड़े क़दम होते हैं, जिसे मैं विगवैम (WIGWAM) प्रणाली कहता हूँ :

1. *देखें (Watch)* - क्या हो रहा है? क्या कामयाब हो रहा है और क्या कामयाब नहीं हो रहा है?
2. *विचार करें (Ideate)* - आप कौन सी चीज़ बेहतर बना सकते हैं? आपके विकल्प क्या हैं?
3. *अनुमान लगाएँ (Guess)* - आपने अब तक जो सीखा है, उसके हिसाब से आपके किन विचारों का सबसे ज़्यादा प्रभाव पड़ेगा?
4. *कौन से (Which?) परिवर्तन करें?* - निर्णय लें कि कौन से परिवर्तन करने हैं।
5. *काम करें (Act)* - सचमुच परिवर्तन करें।

6. *मापें (Measure)* – परिणाम क्या हुआ? परिवर्तन सकारात्मक था या नकारात्मक?

क्या आपको परिवर्तन को बनाए रखना चाहिए या इस पुनरावृत्ति से पहले वाली स्थिति पर लौटना चाहिए?

पुनरावृत्ति एक चक्र है – एक बार जब आप परिवर्तन के परिणामों को माप लेते हैं और यह निर्णय ले लेते हैं कि इसे क़ायम रखना है या नहीं, तो आप शुरुआत की ओर लौटकर दोबारा अवलोकन करते हैं कि क्या हो रहा है। इस तरह चक्र बार-बार चलता रहता है।

सर्वश्रेष्ठ परिणाम पाने के लिए स्पष्टता से तय करें कि आप हर पुनरावृत्ति से क्या हासिल करने की कोशिश कर रहे हैं। क्या आप पेशकश को ज़्यादा आकर्षक या रुचिकर बनाने की कोशिश कर रहे हैं? क्या आप एक नई विशेषता जोड़ने की कोशिश कर रहे हैं, जो लोगों को मूल्यवान लगेगी? क्या आप पेशकश के मूल्य को कम किए बिना उसकी लागत कम करने की कोशिश कर रहे हैं? आप अपने उद्देश्य को जितनी ज़्यादा स्पष्टता से तय करेंगे, मिलने वाले *फ़ीडबैक* (बाद में चर्चा की गई है) को समझना उतना ही ज़्यादा आसान होगा और हर पुनरावृत्ति चक्र से हासिल मूल्य उतना ही ज़्यादा बढ़ जाएगा।

इस अवधारणा को शेयर करें : http://book.personalmba.com/iteration-cycle/

पुनरावृत्ति की रफ़्तार

हमारा लक्ष्य समय और धन की प्रत्येक इकाई में किसी दूसरे से ज़्यादा कोशिश करना है।

— एरिक श्मिट, गूगल के एक्ज़ीक्यूटिव चेयरमैन और पूर्व सीईओ

जब आप किसी नई पेशकश का सृजन कर रहे हों, तो आपका प्राथमिक लक्ष्य यह होना चाहिए कि आप हर *पुनरावृत्ति चक्र* को जल्दी से जल्दी पूरा कर लें। पुनरावृत्ति सीखने का एक संरचित रूप है, जो आपकी पेशकश को बेहतर बनाने में मदद करता है। आप जितनी तेज़ी से सीखते हैं, आप उतनी ही जल्दी बेहतर बेहतर बनेंगे।

आप पुनरावृत्ति चक्र को जितनी तेज़ी से पूरा करते हैं, आपकी पेशकश उतनी ही बेहतर बनेगी। अगर आप सचमुच अच्छे हैं, तो आप इस प्रक्रिया से एक ही दिन में कई बार गुज़र सकते हैं। कुंजी यह है कि हर पुनरावृत्ति को छोटा, स्पष्ट व जल्दी रखा जाए और हर पुनरावृत्ति को पिछली पुनरावृत्तियों से सीखी बातों पर आधारित किया जाए।

पुनरावृत्ति चक्र से अक्सर अतिरिक्त काम जैसा महसूस होता है, क्योंकि यह वास्तव में अतिरिक्त काम ही है। इसीलिए इतने कम लोग इसे करते हैं। "अतिरिक्त" क़दम उठाने से बचना और सीधे अंतिम पेशकश बनाने का विचार बहुत लुभावना होता है।

सीधी नीति के साथ जोखिम की बहुत बड़ी समस्या होती है। आप कोई ऐसी चीज़ बनाने में बहुत सारा समय, ऊर्जा और संसाधन लगा रहे हैं, जो अंततः शायद बिक ही नहीं पाएगी। यदि आपके विचार में दम नहीं है, तो कुछ फटाफट पुनरावृत्ति चक्रों के ज़रिये जल्दी से और

सस्ते में यह पता लगाना कहीं बेहतर है, बजाय इसके कि आप किसी बकवास विचार पर अपनी पूँजी दाँव पर लगा दें या उसकी महँगी मार्केटिंग करें।

पुनरावृत्ति में शुरुआत में थोड़ी अतिरिक्त कोशिश लग सकती है, लेकिन कुछ चक्रों से गुज़रने के बाद आपको बाज़ार की ज़्यादा गहरी समझ हासिल हो जाएगी। आपको इस बात का सीधा ज्ञान हो जाएगा कि लोग सचमुच किस चीज़ को इतना चाहते हैं कि उसके लिए भुगतान करेंगे। आपके पास इस बात की स्पष्ट समझ भी होगी कि आपके पास उन्हें देने के लिए कोई अच्छी पेशकश है या नहीं।

यदि आप पाते हैं कि आपके पास की चीज़ को लोग चाहते हैं, तो बेहतरीन है - पूरी तेज़ी से आगे बढ़ जाएँ। आप जिसे विकसित कर रहे हैं, अगर उसकी कोई माँग ही नहीं है, तो आप जल्दी और सफ़ाई से अगले होनहार विचार की ओर बढ़ सकते हैं।

इस अवधारणा को शेयर करें : http://book.personalmba.com/iteration-velocity/

फ़ीडबैक

ग्राहकों से पहले संपर्क के बाद कोई कारोबारी योजना ज़िंदा नहीं रहती।

—स्टीवन गैरी ब्लैंक, सीरियल उद्यमी और *द फ़ोर स्टेप्स टू द एपिफ़नी* के लेखक

संभावित ग्राहकों से उपयोगी *फ़ीडबैक* पाना *पुनरावृत्ति चक्र* का केंद्रबिंदु है। जब आप पूरा प्रॉडक्ट बनाने से पहले असली संभावित ग्राहकों से उपयोगी फ़ीडबैक हासिल करते हैं, तो इससे आपको यह समझने में मदद मिलती है कि आपकी पेशकश उनकी आवश्यकताओं को कितनी अच्छी तरह पूरा करती है। इससे आप बेचना शुरू करने से पहले उसमें बदलाव कर सकते हैं।

मिलने वाले फ़ीडबैक के मूल्य को अधिकतम करने की कुछ सलाहें ये हैं :

1. *मित्रों और परिवार वालों के बजाय असली संभावित ग्राहकों से फ़ीडबैक लें* - आपका अंदरूनी दायरा आम तौर पर आपको सफल देखना चाहता है और आपके साथ एक अच्छा संबंध क़ायम रखना चाहता है, इसलिए संभवतः वे बिना इरादे के अपने फ़ीडबैक को चाशनी में लपेट देंगे। सर्वश्रेष्ठ परिणामों के लिए उन लोगों से काफ़ी फ़ीडबैक अवश्य लें, जिनका व्यक्तिगत तौर पर आपमें या आपके प्रोजेक्ट से कोई जुड़ाव नहीं है।
2. *खुले सिरे वाले प्रश्न पूछें - फ़ीडबैक लेते वक़्त जितना बोलें, उससे ज़्यादा सुनें।* यहाँ कुछ खुले सिरे वाले प्रश्न दिए जा रहे हैं, ताकि बातचीत व्यवस्थित हो जाए। इसके अलावा सामने वाले को ज़्यादा बोलने के लिए प्रोत्साहित करें। आम तौर पर कौन/क्या/कब/कहाँ/क्यों/कैसे वाले छोटे प्रश्न सबसे अच्छी तरह काम करते हैं। देखें कि वे क्या करते हैं और उनके कामों की तुलना उनकी कही बातों से करें।

3. *ख़ुद को अविचलित और शांत रखें* - सच्चा फ़ीडबैक (जो इकलौता उपयोगी फ़ीडबैक होता है) माँगने के लिए मोटी चमड़ी की ज़रूरत होती है - कोई भी यह नहीं सुनना चाहता कि उसका बच्चा बदसूरत है। अगर कोई आपकी बनाई चीज़ को पसंद नहीं करता है, तो बुरा मानने या रक्षात्मक होने की कोशिश न करें। वे आपकी बहुत बड़ी सेवा कर रहे हैं।
4. *आप जो सुनते हैं, उसे सकारात्मक अंदाज़ में लें* - सबसे हताशाजनक फ़ीडबैक में भी जानकारी के बहुत महत्त्वपूर्ण टुकड़े हो सकते हैं, जिससे आपको अपनी पेशकश बेहतर बनाने में मदद मिल सकती है। फ़ीडबैक में मिलने वाली सबसे बुरी प्रतिक्रिया ज़ोरदार नापसंदगी नहीं है; यह तो पूर्ण उदासीनता है। अगर कोई आपके प्रॉडक्ट की परवाह नहीं कर रहा हो, तो आपके पास कोई कामयाब कारोबारी विचार नहीं है।
5. *संभावित ग्राहकों को प्रि-ऑर्डर का अवसर दें* - पुनरावृत्ति प्रक्रिया के दौरान आपको जो फ़ीडबैक मिल सकता है, उसका एक बहुत अहम हिस्सा यह है कि सामने वाले के मन में आपका प्रॉडक्ट ख़रीदने की सच्ची इच्छा हो। किसी व्यक्ति के लिए यह कहना आसान होता है कि वह कोई चीज़ ख़रीद लेगा, लेकिन पर्स या क्रेडिट कार्ड निकालकर सचमुच ऑर्डर देना एक अलग बात होती है। आप यह तब भी कर सकते हैं, जब प्रॉडक्ट पूरी तरह तैयार न हो - इस रणनीति को *शैडो टेस्टिंग* या *आभासी परीक्षण* (बाद में चर्चा की जाएगी) कहा जाता है।

जब भी संभव हो, फ़ीडबैक देने वाले लोगों को प्रि-ऑर्डर करने का मौक़ा दें। यदि बहुत से लोग प्रि-ऑर्डर करते हैं, तो आप बहुत अच्छी हालत में हैं। आप जानते हैं कि आपके पास एक ठोस पेशकश है *और* आपका कैशफ़्लो तुरंत बढ़ जाता है।

यदि कोई भी प्रि-ऑर्डर करने को तैयार न हो, तो आपको पता चल जाता है कि अपने प्रॉडक्ट को दमदार बनाने के लिए आपको ज़्यादा मेहनत करनी होगी। वे इसी वक़्त क्यों नहीं ख़रीदना चाहते, यह पूछकर आप उनके *ख़रीदारी के अवरोधों* (बाद में चर्चा की जाएगी) का पता लगा लेंगे। आखिर उन्हें कौन सी चीज़ रोक रही है।

इस अवधारणा को शेयर करें : **http://book.personalmba.com/feedback/**

विकल्प

> **जब तक कोई समर्पित नहीं होता, तब तक झिझक रहती है, पीछे हटने की आशंका रहती है, हमेशा अप्रभावकारिता रहती है। पहलशक्ति और सृजन के सभी कामों में एक बुनियादी सत्य होता है, जिसके अज्ञान से असंख्य विचार और शानदार योजनाएँ दम तोड़ देती हैं कि जिस पल कोई व्यक्ति ख़ुद को पूरी तरह समर्पित कर देता है, विधाता भी उसकी सहायता करने लगता है।**
>
> —डब्ल्यू. एच. मरे, पर्वतारोही और लेखक

शुक्रवार रात की बात है। आप भूखे हैं और आप बाहर जाकर खाने के बारे में सोच रहे हैं। आपने पहले ही निर्णय ले लिया है कि आप बाहर डिनर करने को इतना महत्त्व देते हैं कि अतिरिक्त ख़र्च तर्कसंगत है। आपको डिनर करने कहाँ जाना चाहिए?

यदि आप पड़ोस के रेस्तराँ में जाते हैं, तो आपको वाजिब भाव पर अच्छे भोजन की बहुत सी विविधता मिल सकती है। जगह बहुत शानदार नहीं है, लेकिन आप जानते हैं कि आपको अच्छा भोजन जल्दी से परोस दिया जाएगा और उसमें बहुत ज़्यादा झंझट या ख़र्च नहीं होगा।

अगर आप किसी तड़क-भड़क वाले लोकप्रिय होटल में जाते हैं, तो आपको आकर्षक सजावट, आदर्श सेवा और अधुनातन व्यंजनों की दावत मिलेगी। आपके पास अपने मित्रों को बताने के लिए एक प्रभावशाली कहानी होगी, साथ ही शहर में एक बड़ी रात की उम्मीद और रोमांच भी होगा। बस उसके बाद आपको एक मोटी रक़म चुकानी होगी।

जब तक आप *सचमुच* ही भूखे न हों, तब तक आप एक ही शाम को दोनों रेस्तराँओं में डिनर नहीं ले सकते - यह या तो यह/या तो वह वाला निर्णय है। इसके अलावा, कोई "सही" निर्णय नहीं है - वास्तव में आप एक शाम को पड़ोस के रेस्तराँ में जाने और दूसरी शाम को शानदार होटल के रेस्तराँ में जाने का विकल्प चुन सकते हैं। यह सब इस बात पर निर्भर करता है कि जिस पल आप यह निर्णय लेते हैं कि कहाँ खाना है, उस पल आप किसे सबसे ज़्यादा महत्त्व देते हैं।

आइए अब स्थिति को उलट देते हैं। आप पड़ोस के रेस्तराँ के मालिक हैं और आप अपने ग्राहकों की बेहतर सेवा करने और नए लोगों को वहाँ आकर्षित करने के तरीक़े खोज रहे हैं। बेहतर बनने के लिए आपको किस चीज़ पर ध्यान केंद्रित करना चाहिए? क्या आपको अपने भोजन की विविधताओं का विस्तार करना चाहिए? या फिर ग्राहकों की सेवा में लगने वाले समय को कम करना चाहिए? या फिर रेस्तराँ को दोबारा बनाना चाहिए? इनमें से किस चीज़ का मुनाफ़े पर सबसे ज़्यादा असर होगा?

एक आदर्श संसार में इन सारी चीज़ों को करना सर्वश्रेष्ठ रहेगा, लेकिन कारोबार कुछ समय से मंदा चल रहा है, इसलिए आपके पास ख़र्च करने के लिए असीमित बजट नहीं है। आप जानते हैं कि आपको कुछ न कुछ करने की ज़रूरत है, लेकिन यह स्पष्ट नहीं है कि किन सुधारों से आपकी आमदनी बढ़ेगी। आप क्या करेंगे?

जब आप अपना प्रॉडक्ट विकसित करते हैं, तो आप प्रतिस्पर्धी *विकल्पों* के बीच चयन करने से नहीं बच सकते। आपको एक ख़ास विशेषता को जोड़ना चाहिए या नहीं? आपको अपना प्रॉडक्ट 'क' बाज़ार के लिए सबसे अनुकूल करना चाहिए, 'ख' बाज़ार के लिए सबसे अनुकूल करना चाहिए या दोनों को ख़ुश करने की कोशिश करनी चाहिए? यदि आप पेशकश में ज़्यादा निवेश करते हैं, तो क्या आपके ग्राहक आपका ख़र्च निकालने के लिए ज़्यादा भुगतान करने को तैयार होंगे?

संभावित विकल्पों की जाँच करने और ग्राहक के दृष्टिकोण पर विचार करने से बेहतर चयन होते हैं। क्या शामिल करना है और क्या छोड़ना है, इस बारे में निर्णय लेते समय अपने संभावित ग्राहकों के सामने मौजूद विकल्पों को समझना अनिवार्य है, जब वे यह निर्णय लेते हैं कि आपकी पेशकश को ख़रीदें या नहीं। एक बार जब आप विकल्पों के बारे में जागरूक बन जाते हैं, तो आप आकर्षक प्रस्ताव रखने के लिए उन विकल्पों के संयोजनों और क्रम-परिवर्तनों की जाँच कर सकते हैं।

इस अवधारणा को शेयर करें : http://book.personalmba.com/alternatives/

ट्रेड-ऑफ़

मैं आपको सफलता का अचूक फ़ॉर्मूला नहीं बता सकता, लेकिन असफलता का फ़ॉर्मूला ज़रूर बता सकता हूँ : हर समय हर एक को ख़ुश करने की कोशिश करना।

— हरबर्ट बेयर्ड स्वोप, पुलित्ज़र पुरस्कार-विजेता पत्रकार

ट्रेड-ऑफ़ वह निर्णय है, जो कई प्रतिस्पर्धी विकल्पों में से एक को ज़्यादा मूल्यवान मानता है। हम जिस संसार में रहते हैं, वहाँ समय, ऊर्जा और संसाधन सीमित हैं। एक दिन में सिर्फ़ चौबीस घंटे ही होते हैं, आपके पास सिर्फ़ सीमित ऊर्जा ही होती है और किसी भी समय आपके पास धन की ऊपरी सीमा होती है, जिसे आप ख़र्च कर सकते हैं। जब आप हर मनचाही चीज़ न कर सकें, तो आप क्या करें?

आप जो चाहते हैं, वह हर चीज़ आपके पास सारे समय नहीं हो सकती। भले ही आपके बैंक ख़ाते में इतना सारा पैसा भरा हो कि आप निजी टापू ख़रीद सकें, लेकिन फिर भी आपको यह निर्णय लेना होता है कि *कौन सा* निजी टापू ख़रीदें। आप सभी चीज़ों को चाह सकते हैं, लेकिन आपको सभी चीज़ें नहीं मिल सकतीं, इसलिए निर्णय लेते समय आप वह सर्वश्रेष्ठ विकल्प चुनते हैं, जो आपके लिए सबसे ज़्यादा महत्त्वपूर्ण चीज़ें प्रदान करता है।

हर दिन के हर मिनट आप और आपके आस-पास के लोग ट्रेड-ऑफ़ कर रहे हैं। कुछ ट्रेड-ऑफ़ आर्थिक होते हैं : आपको कौन सी पैंट ख़रीदनी चाहिए? उनमें से कुछ सामयिक होते हैं : आपको मित्रों के घर जाना चाहिए या फ़िल्म देखने जाना चाहिए? उनमें से कुछ काम संबंधी होते हैं : आपको टीम की मीटिंग में जाना चाहिए या अधूरी टीपीएस रिपोर्ट पूरी करनी चाहिए?

लोग कोई निश्चित ट्रेड-ऑफ़ कैसे करेंगे, इसकी भविष्यवाणी पेचीदा होती है - मूल्य तेज़ी से बदलते हैं, जो परिवेश और पृष्ठभूमि पर निर्भर करता है। मूल्य वरीयताएँ हैं - हम किसी दूसरी चीज़ की तुलना में किसी ख़ास वस्तु, गुण या अस्तित्व की अवस्था को कितना ज़्यादा चाहते हैं या कितना महत्त्व देते हैं। आप आज सुबह जिसे मूल्यवान मानते हैं, वह उससे अलग हो सकता है, जिसे आप आज दोपहर या आज शाम को मूल्यवान मानते हैं। आप आज जो चाहते हैं, वह उससे अलग हो सकता है, जिसे आप कल चाहेंगे।

अपनी पेशकश में क्या शामिल करना है, इस बारे में निर्णय लेते समय पैटर्नों या स्वरूपों को देखना लाभकारी होता है - लोगों के विशिष्ट समूह निश्चित पृष्ठभूमि में किन विशेषताओं को मूल्यवान मानते हैं। क्या शामिल करना है और क्या छोड़ना है, इस बारे में आप जो निर्णय लेते हैं, उससे आप हर व्यक्ति को कभी ख़ुश नहीं कर पाएँगे, इसलिए पूर्णता आपका लक्ष्य नहीं होना चाहिए। आपके सर्वश्रेष्ठ ग्राहक किसे मूल्यवान मानते हैं, उनके पैटर्नों पर ध्यान दें। इससे आप ज़्यादातर समय अपनी पेशकश को अपने ज़्यादातर सर्वश्रेष्ठ संभावित ग्राहकों के लिए बेहतर बनाने पर ध्यान केंद्रित कर पाएँगे।

इस अवधारणा को शेयर करें : http://book.personalmba.com/tradeoffs/

आर्थिक मूल्य

किसी सफल व्यवसाय से या तो प्रेम किया जाता है या उसकी ज़रूरत होती है।

— टेड लियॉन्सिस, एओएल के पूर्व अधिकारी और वॉशिंगटन विज़ार्ड्स तथा वॉशिंगटन कैपिटल्स के मालिक

जब भी आपके ग्राहक आपसे कुछ ख़रीदते हैं, तो हर बार वे यह निर्णय ले रहे हैं कि वे आपकी पेशकश को इतना मूल्यवान मानते हैं, जितना उस पैसे से उस वक़्त ख़रीदी जा सकने वाली किसी दूसरी चीज़ को नहीं मानते। जब आप अपना प्रॉडक्ट तैयार करते हैं, तो आपकी एक प्राथमिकता यह पता लगाना होना चाहिए कि आपके संभावित ग्राहक अपने पर्स के डॉलरों से ज़्यादा मूल्यवान किस चीज़ को मानते हैं।

किसी भी समय हर व्यक्ति के लिए मूल्य थोड़े अलग होते हैं, लेकिन जब लोग किसी संभावित ख़रीदारी का आकलन करते हैं, तो कुछ आम पैटर्न नज़र आते हैं। यह मानते हुए कि पेशकश के लाभ के वादे आकर्षक हैं, लोग संभावित ख़रीदारी को तौलते वक़्त आम तौर पर नौ आम आर्थिक मूल्यों पर विचार करते हैं। ये हैं :

1. *कुशलता* - यह कितनी अच्छी तरह काम करता है?
2. *गति* - यह कितनी जल्दी काम करता है?
3. *विश्वसनीयता* - मैं जो चाहता हूँ, क्या उसे करने के लिए मैं इस पर विश्वास कर सकता हूँ?

4. *उपयोग में आसानी* - इसमें कितने प्रयास की आवश्यकता है?
5. *लचीलापन* - यह कितनी चीज़ें करता है?
6. *प्रतिष्ठा* - दूसरे मुझे जिस तरह देखते हैं, उस पर इसका प्रभाव कैसा होगा?
7. *सुरुचि का आकर्षण* - यह कितना आकर्षक या सुरुचिपूर्ण है?
8. *भावना* - यह मुझे कैसा महसूस कराता है?
9. *लागत* - इसे पाने के लिए मुझे कितने पैसे देने होंगे?

अपनी पुस्तक *ट्रेड-ऑफ़ : व्हाई सम थिंग्स कैच ऑन ऐंड अदर्स डोन्ट* में केविन मैनी दो बुनियादी विशेषताओं के संदर्भ में इन आम मूल्यों पर चर्चा करते हैं : सुविधा और विश्वसनीयता। जो चीज़ें तीव्र, निर्भर होने योग्य, आसान और लचीली होती हैं, वे सुविधाजनक होती हैं। जो चीज़ें गुणवत्ता, प्रतिष्ठा, सुरुचि का आकर्षण या भावनात्मक प्रभाव पेश करती हैं, वे विश्वसनीय होती हैं।

आप किसी पेशकश में जो भी सुधार करना चाहते हैं, वह प्रत्येक सुधार या तो सुविधा को बढ़ाता है या विश्वसनीयता को। एक ही समय में विश्वसनीयता और सुविधा दोनों को अधिकतम करना बहुत मुश्किल होता है, इसलिए सबसे सफल पेशकशें सभी प्रतिस्पर्धी विकल्पों में या तो सबसे ज़्यादा सुविधा या सबसे ज़्यादा विश्वसनीयता देने की कोशिश करती हैं। यदि आपको पिज़्ज़ा की तलब लगी है, तो शिकागो के मूल पिजेरिया ऊनो रेस्तराँ में टेबल पर बैठकर खाना उच्च विश्वसनीयता वाला मामला है; डोमिनोज़ की होम डिलिवरी सुविधाजनक है। पिज़ेरिया ऊनो खाने के अनुभव को उल्लेखनीय बनाकर ज़्यादा लाभ कमाता है, जबकि डोमिनोज़ सामान्य रूप से अच्छे पिज़्ज़ा को जल्द से जल्द आप तक पहुँचाकर लाभ कमाता है।

नई पेशकशों के विकास में जो ट्रेड-ऑफ़ किए जाते हैं, वही हर विकल्प को इसकी अनूठी पहचान देते हैं। पोशाक व्यवसाय का उदाहरण देखें : ओल्ड नैवी, बनाना रिपब्लिक और गैप तीनों ब्रांड गैप, इंक. नामक कंपनी के ही हैं। तीनों ब्रांड एक ही तरह के कपड़े बनाते हैं - शर्ट, पैंट आदि - लेकिन वे अलग-अलग ट्रेड-ऑफ़ पेश करते हैं।

पोशाक की एक अकेली श्रेणी बनाने की कोशिश के बजाय, जो हर एक के लिए आकर्षक हो (जो असंभव है, क्योंकि हर व्यक्ति कुछ अलग या हटकर चाहता है), कंपनी ने हर श्रेणी को एक विशिष्ट ट्रेड-ऑफ़ बनाने पर केंद्रित किया। ओल्ड नैवी उपयोगिता और सस्ते भाव पर ज़ोर देता है। गैप कम ख़र्च में फ़ैशन और शैली पर ज़ोर देता है। बनाना रिपब्लिक महँगे भाव में सुरुचि और प्रतिष्ठा पर ज़ोर देता है। हर श्रेणी की अपनी अलग पहचान है और यह अलग-अलग प्रकार के संभावित ग्राहकों को आकर्षित करती है, हालाँकि हो सकता है कि कपड़े एक ही प्रक्रिया से बनते हों और आमदनी एक ही कंपनी की तिजोरी में जाती है।

इस अवधारणा को शेयर करें : **http://book.personalmba.com/economic-values/**

तुलनात्मक महत्त्व परीक्षण

जो चीज़ें सबसे ज़्यादा महत्त्वपूर्ण हैं, उन्हें उन चीज़ों की दया पर कभी नहीं छोड़ना चाहिए, जो सबसे कम महत्त्वपूर्ण हैं।

— योहानन वॉल्फ़गैंग वॉन गेटे, उन्नीसवीं सदी के नाटककार, कवि और विद्वान

लोग क्या चाहते हैं, यह पता लगाने में पेंच यह है कि लोग हर चीज़ चाहते हैं। यक़ीन न हो रहा हो, तो सबूत देखें : किसी फ़ोकस ग्रुप में संभावित ग्राहकों के समूह को रखें। हर प्रतिभागी से कहें कि वे आपकी पेशकश के लिए नौ *आर्थिक मूल्यों* में से प्रत्येक के महत्त्व का मूल्यांकन 0 से 10 के पैमाने पर करें। परिणाम कैसा दिखेगा?

आपका प्रॉडक्ट या सेवा जो भी हो, परिणाम वही होगा : आपके ग्राहक ऐसे प्रॉडक्ट चाहते हैं, जो तुरंत, हर बार, बिना किसी कोशिश के असाधारण परिणाम दें। साथ ही वे यह भी चाहते हैं कि आपकी पेशकश उन्हें अमीर, मशहूर, आकर्षक और हमेशा-हमेशा के लिए सुखी बना दे। वे इसे मुफ़्त में भी चाहते हैं। यदि आप उनसे पूछते हैं कि वे क्या छोड़ना चाहेंगे, तो वे जवाब देंगे कि हर चीज़ बहुत महत्त्वपूर्ण है और वे इससे कम में ख़ुश नहीं होंगे।

फ़ोकस ग्रुप के बाहर की वास्तविकता हमेशा बहुत अलग होती है। वहाँ से निकलने के कुछ समय बाद ही उनमें से प्रत्येक प्रतिभागी बाहर जाकर कोई ऐसी चीज़ ख़रीद लेगा, जो मुफ़्त नहीं है और आदर्श नहीं है, लेकिन फिर भी वह अपने निर्णय से ख़ुश होगा। क्यों?

नियम यह है कि लोग *ट्रेड-ऑफ़* को कभी स्वीकार नहीं करते हैं, जब तक कि उन्हें *निर्णय* लेने के लिए मजबूर नहीं किया जाता है। यदि आदर्श विकल्प मौजूद होता, तो वे उसे ही ख़रीदते। चूँकि आदर्श पेशकश जैसी कोई चीज़ नहीं होती, इसलिए लोग *अगले सर्वश्रेष्ठ विकल्प* (बाद में चर्चा की गई है) के साथ समझौता करके ख़ुश होते हैं।

लोग सचमुच किसे मूल्यवान मानते हैं, यह पता लगाने का सबसे अच्छा तरीक़ा शोध प्रक्रिया के दौरान उनसे स्पष्ट ट्रेड-ऑफ़ करने को कहना है। काल्पनिक फ़ोकस ग्रुप के साथ समस्या यह थी कि इसने प्रतिभागियों से कोई असली निर्णय लेने को नहीं कहा था - प्रतिभागी हर चीज़ पा सकते थे, इसलिए वे हर चीज़ पाना चाहते थे।

तुलनात्मक महत्त्व परीक्षण - 1980 के दशक में सांख्यिकीविद जॉर्डन लूव्रे द्वारा खोजी गई विश्लेषण तकनीकों का समूह - आपको यह तय करने का तरीक़ा बताता है कि लोग सचमुच क्या चाहते हैं। इसमें आप उनसे असली जीवन के ट्रेड-ऑफ़ की नक़ल करने के लिए तैयार किए गए आसान सवाल पूछते हैं। यह इस तरह होता है।

आइए मान लेते हैं कि हम पहले बताए गए पड़ोस के रेस्तराँ के लिए तुलनात्मक महत्त्व परीक्षण आयोजित कर रहे हैं। प्रतिभागी से हर लाभ को 0 से 10 तक की रैंकिंग देने को कहने के अलावा हम प्रतिभागी को नीचे दिए गए विकल्प दिखाते हैं :

अ. ऑर्डर पाँच मिनट से कम समय में टेबल पर आ जाए।

ब. ज़्यादातर व्यंजनों का भाव 20 डॉलर से कम हो।

स. रेस्तराँ की आकर्षक साज-सज्जा।

द. मेन्यू में बहुत सारे विकल्प।

यह प्रश्न-समूह दिखाने के बाद प्रतिभागी से नीचे दिए गए सवाल पूछे जाते हैं :

1. इनमें से कौन सा विकल्प सबसे ज़्यादा महत्त्वपूर्ण है?
2. इनमें से कौन सा विकल्प सबसे कम महत्त्वपूर्ण है?

जब प्रतिभागी प्रश्नों का जवाब दे दे, तो विकल्पों का एक और समूह दिखाया जाता है :

ई. अनूठे व्यंजन, जो मुझे कहीं और नहीं मिल सकते।

फ. यह जानना कि मैं हमेशा अपने प्रिय व्यंजनों का आर्डर दे सकता हूँ।

च. लोग प्रभावित हों कि मैं यहाँ भोजन करता हूँ।

छ. ज़्यादा मात्रा में आहार।

चार या पाँच मापदंडों वाले आकस्मिक प्रश्न समूह प्रदान किए जाते हैं, जब तक कि और तालमेल बनाना संभव न हो या प्रतिभागी का ध्यान न भटक जाए, जो आम तौर पर पाँच-दस मिनट के बाद होता है।

इनमें से हर आसान सवाल पर प्रतिक्रिया करने में प्रतिभागी को ज़्यादा समय नहीं लगेगा, लेकिन परिणाम बहुत कुछ बता देंगे। प्रतिभागी से सचमुच विकल्प का चयन करा कर आप इस बारे में ज़्यादा सटीक जानकारी एकत्रित कर रहे हैं कि असल संसार में ऐसे ही चयन सामने होने पर वह कैसी प्रतिक्रिया करेगा। जब परिणामों को मिला दिया जाता है और आँकड़ों का विश्लेषण किया जाता है, तो हर लाभ का तुलनात्मक महत्त्व बहुत स्पष्ट हो जाता है। हर प्रतिभागी जितने ज़्यादा प्रश्न-समूहों के जवाब देता है, आप हर लाभ के तुलनात्मक महत्त्व का उतना ही ज़्यादा स्पष्टता से अंदाज़ा लगा सकेंगे।

तुलनात्मक महत्त्व परीक्षण बहुत तेज़ी से यह तय करने में आपकी मदद कर सकता है कि अपनी पेशकश को अधिकतम आकर्षक बनाने के लिए आपको किन लाभों पर ध्यान केंद्रित करना चाहिए।

इस अवधारणा को शेयर करें : **http://book.personalmba.com/relative-importance-testing/**

अति महत्त्वपूर्ण मान्यताएँ

सटीकता से ग़लत होने के बजाय लगभग सही होना बेहतर है।

—जॉन मेनार्ड कीन्स, अर्थशास्त्री

कल्पना करें कि आपकी रुचि एक योगा स्टूडियो खोलने में है। बाज़ार अवसर अच्छा दिखता है। आपको विश्वास है कि आपने काफ़ी अच्छी माँग वाला एक ऐसा इलाक़ा खोज लिया है, जहाँ योगा स्टूडियो नहीं है और वहाँ के लोगों के पास पर्याप्त अतिरिक्त आमदनी है,

जिससे वे 100 डॉलर से ज़्यादा की मासिक सदस्यता फ़ीस दे सकते हैं। आपने यह ख़ाका बना लिया है कि वह जगह कैसी दिखेगी। आपके पास उन अलग-अलग शैलियों का मोटा विचार है जिन्हें आप पेश करना चाहेंगे। आपने यह भी तय कर लिया है कि आप कक्षाओं में प्रशिक्षण देने के लिए किसे बुलाएँगे।

आपने एक उपयुक्त जगह खोज ली है और आप उसे हर महीने 10,000 डॉलर के किराये पर ले सकते हैं (बशर्ते आप बारह महीने की लीज़ पर दस्तख़त करें।) आप अनुमान लगाते हैं कि कर्मचारियों के वेतन और दूसरे संचालन व्ययों में हर महीने 12,000 डॉलर और लग जाएँगे। शुरुआत में आपको मशीनों पर भी लगभग 5,000 डॉलर ख़र्च करने होंगे : योगा मैट, योगा ब्लॉक और सदस्यता का रिकॉर्ड रखने के लिए एक कंप्यूटर।

आप जिस कमर्शियल रियल एस्टेट एजेंट की सेवाएँ ले रहे हैं, वह आप पर जल्दी अनुबंध करने के लिए दबाव डाल रहा है और कह रहा है कि अगर आपने तुरंत अनुबंध नहीं किया, तो कोई दूसरा आपकी मनचाही जगह किराये पर ले सकता है। आपकी ज़िंदगी भर की बचत बस इतनी है कि उससे शुरुआती लागत के अलावा तीन माह के अनुमानित ख़र्च पूरे हो सकते हैं। आप रोमांचित हैं, लेकिन आगे बढ़ने से पहले आप यह पक्का करना चाहते हैं कि आप सही निर्णय ले रहे हैं। क्या आपको लीज़ पर दस्तख़त करने चाहिए?

इस तरह की कहानियाँ बहुत आम हैं। नए रोमांचित उद्यमी के मन में एक रेस्तराँ, बार या बुकस्टोर खोलने का सपना होता है, इसलिए वह नया व्यवसाय खोलने के लिए अपने जीवन भर की बचत का निवेश कर देता है और काफ़ी क़र्ज़ भी ले लेता है। कई बार यह दाँव कामयाब भी हो जाता है, लेकिन ज़्यादातर मामलों में कुछ ही महीनों में नया उद्यमी दिवालिया हो जाता है, कारोबार ठप हो जाता है और उसे समझ ही नहीं आता कि हालात इतने बुरे कैसे हुए।

अति महत्त्वपूर्ण मान्यताएँ वे तथ्य या विशेषताएँ हैं, जिनके असली संसार में सच होने के बाद ही आपका व्यवसाय या पेशकश सफल हो सकती है। हर नए व्यवसाय या पेशकश में अति महत्त्वपूर्ण मान्यताओं का एक समूह होता है और अगर एक भी अति महत्त्वपूर्ण मान्यता ग़लत निकली, तो उस व्यवसाय में अनुमान से बहुत कम लाभ होगा।

योगा स्टूडियो वाले पिछले उदाहरण की तीन बुनियादी अति महत्त्वपूर्ण मान्यताएँ ये हैं :

1. उस इलाक़े के लोग अपने घर के क़रीब योगा करने के लिए हर महीने 100 डॉलर या उससे ज़्यादा ख़र्च करना चाहेंगे।
2. स्टूडियो तीन महीने के भीतर भुगतान करने वाले कम से कम 200 सदस्यों को आकर्षित करने में सफल होगा।
3. हर महीने 22,000 डॉलर से ज़्यादा की आमदनी होनी चाहिए और बारह महीनों तक होती रहनी चाहिए, जो लीज़ की न्यूनतम अवधि है।

आइए जाँच करके देखते हैं कि यदि ये अति महत्त्वपूर्ण मान्यताएँ ग़लत साबित होती हैं, तो योगा स्टूडियो का क्या होगा :

1. लोग शुरुआत में काफ़ी रुचि दिखाते हैं, लेकिन नया स्टूडियो देखने आने वाले ज़्यादातर लोग 100 डॉलर प्रति माह की फ़ीस पर नाक-भौं सिकोड़ लेते

हैं और कहते हैं कि वे कुछ मील कार चलाकर चले जाएँगे, क्योंकि वहाँ का स्टूडियो 75 डॉलर फ़ीस ले रहा है। इस पर नया स्टूडियो अपनी फ़ीस घटाकर 75 डॉलर कर देता है, जिसका मतलब है कि अब स्टूडियो को चलाने के लिए 300 सदस्य चाहिए। फ़ीस कम करने के बाद योजना के हिसाब से स्टूडियो 220 सदस्य बनाने में कामयाब हो जाता है, लेकिन फ़ीस कम होने की वजह से यह स्टूडियो को चालू रखने के लिए पर्याप्त नहीं है।

2. बिलों का भुगतान करने के लिए स्टूडियो को पर्याप्त सदस्य नहीं मिल पाते हैं, क्योंकि योग में रुचि रखने वाले जो लोग उस इलाक़े में रहते हैं, वे कुछ मील दूर के दूसरे स्टूडियो के साथ एक साल के सदस्यता अनुबंध में अटके हुए हैं। स्टूडियो का पैसा जल्दी ही ख़त्म हो जाता है और यह बंद हो जाता है।
3. उसी इलाक़े में लगभग उसी समय एक बहुत अच्छा प्रतिस्पर्धी स्टूडियो खुल जाता है। तीन महीनों बाद हमारे वाले स्टूडियो को क़ायम रखने के लिए जितने सदस्य चाहिए, उनमें से सिर्फ़ आधे ही सदस्य बन पाते हैं। लीज़ में नौ महीने और बचे हैं तथा वित्तीय भविष्य अंधकारमय नज़र आता है।

हर व्यवसाय या पेशकश अति महत्त्वपूर्ण मान्यताओं का समूह होता है, जो इसके अस्तित्व को बना या मिटा सकते हैं। आप इन मान्यताओं के सच होने या न होने के बारे में पहले से जितनी ज़्यादा सटीकता से पता लगा सकते हैं और परीक्षण कर सकते हैं, आपको उतना ही कम जोखिम होगा और आपको अपने निर्णयों की बुद्धिमत्ता पर उतना ही ज़्यादा भरोसा होगा।

इस अवधारणा को शेयर करें : http://book.personalmba.com/critical-assumptions/

आभास परीक्षण (शैडो टेस्टिंग)

पहले से सचेत होना आधी हथियारबंदी है।

— रोमन सूक्ति

आपकी अति महत्त्वपूर्ण मान्यताओं की सच्चाई की पुष्टि करने का सबसे अच्छा तरीक़ा सीधे उनकी जाँच करना है, लेकिन इसके लिए आपको कारोबार शुरू करने की पूरी प्रक्रिया से नहीं गुज़रना चाहिए, क्योंकि यह महँगी और जोखिम भरी होती है। अपने जोखिम को न्यूनतम करना ज़्यादा चतुराई भरा तरीक़ा है। आप कारोबार शुरू किए बिना ही अपनी पेशकश की जाँच असली भुगतान करने वाले ग्राहकों के साथ कर सकते हैं।

शैडो टेस्टिंग किसी प्रॉडक्ट के बनने और बाज़ार में आने से पहले ही उसे बेचने की प्रक्रिया है। जब तक आप अपने संभावित ग्राहकों को पूरी ईमानदारी से बता देते हैं कि आपका प्रॉडक्ट अभी बन रहा है, तब तक शैडो टेस्टिंग एक बहुत उपयोगी रणनीति है। इसका इस्तेमाल करके आप जल्दी से और सस्ते में अपनी अति महत्त्वपूर्ण मान्यताओं की जाँच असली ग्राहकों के साथ कर सकते हैं।

सचमुच पैसे देने वाले ग्राहक काल्पनिक ग्राहकों से हमेशा अलग होते हैं। शैडो टेस्टिंग की बदौलत आपको ऐसा अति महत्त्वपूर्ण ग्राहक फ़ीडबैक मिल सकता है, जो आपको किसी दूसरे तरीक़े से नहीं मिल सकता। चाहे लोग आपकी बनाई चीज़ के लिए सचमुच भुगतान करें या न करें। आप प्रोजेक्ट शुरू करने में जो जोखिम ले रहे हैं, उसे न्यूनतम करने के लिए आपको असली भुगतान करने वाले ग्राहकों से जल्दी से जल्दी जानकारी इकट्ठी कर लेनी चाहिए।

फ़िटबिट एक ऐसी कंपनी है, जो शैडो टेस्टिंग का महत्त्व जानती है। सितंबर 2008 में इसकी स्थापना एरिक फ़्राइडमैन और जेम्स पार्क ने की थी। फ़िटबिट एक छोटा उपकरण बनाती है, जो व्यायाम और नींद संबंधी जानकारी एकत्रित करता है। फ़िटबिट की मशीन दिन-रात आपकी गतिविधि के स्तरों को मापती है, फिर ख़ुदबख़ुद आपकी जानकारी वेब पर डाल देती है, जहाँ आपके स्वास्थ्य, फ़िटनेस और नींद संबंधी पैटर्नों का विश्लेषण किया जाता है।

यह बहुत साफ़-सुथरी अवधारणा है, लेकिन नई मशीन बनाने में समय लगता है, पैसे लगते हैं और जोखिम होते हैं। इसलिए फ़्राइडमैन और पार्क ने यह रास्ता निकाला। जिस दिन उन्होंने संसार के सामने फ़िटबिट के विचार का ऐलान किया, उन्होंने अपनी वेबसाइट पर ग्राहकों को फ़िटबिट के प्रि-ऑर्डर की अनुमति दे दी। उन्होंने सिर्फ़ एक संक्षिप्त वर्णन दिया कि मशीन क्या करेगी और रूपरेखा बता दी कि प्रॉडक्ट कैसा दिखेगा। बिलिंग सिस्टम ने प्रि-ऑर्डर करने वाले लोगों के नाम, पते और प्रमाणित क्रेडिट कार्ड नंबर इकट्ठे कर लिए, लेकिन भुगतान तब तक नहीं लिया गया, जब तक कि प्रॉडक्ट बनकर तैयार नहीं हो गया। इसमें कंपनी को यह फ़ायदा था कि अगर इसकी योजनाएँ कारगर नहीं होतीं, तो यह इस काम से बाहर निकल सकती थी।

ऑर्डर आने लगे और एक महीने बाद निवेशकों ने हिम्मत करके फ़िटबिट को हक़ीक़त बनाने के लिए 2 मिलियन डॉलर देने की पेशकश की। एक साल बाद पहला फ़िटबिट उपकरण ग्राहकों को भेजा गया। यही शैडो टेस्टिंग की शक्ति है।

इस अवधारणा को शेयर करें : http://book.personalmba.com/shadow-testing/

न्यूनतम उपयोगी पेशकश

अगर आप अपने प्रॉडक्ट के पहले संस्करण से शर्मिंदा नहीं हैं, तो आपने उसे उतारने में बहुत ज़्यादा देर कर दी है।

— रीड हॉफ़मैन, लिंक्डइन के संस्थापक

शैडो टेस्ट आयोजित करने के लिए आपके पास कोई चीज़ होनी चाहिए, जिसे आप बेच सकें। सौभाग्य से, बेचना शुरू करने से पहले आपको पूरी पेशकश बनाने की ज़रूरत नहीं है।

न्यूनतम उपयोगी पेशकश एक ऐसी पेशकश है, जो सचमुच की बिक्री उत्पन्न करने के लिए न्यूनतम आवश्यक लाभों का वादा करती है और/या प्रदान करती है। न्यूनतम उपयोगी पेशकश बुनियादी तौर पर वह *नमूना* है, जिसे इतना विकसित कर लिया गया है कि कोई सचमुच अपना पर्स बाहर निकालेगा और ख़रीदने का वादा कर लेगा। इसका जटिल होना ज़रूरी नहीं है :

फ़िटबिट की न्यूनतम उपयोगी पेशकश बस एक नमूना, संक्षिप्त वर्णन और कुछ कंप्यूटर चित्र थे। आपको तो सिर्फ़ इतनी जानकारी देना है कि कोई असली ग्राहक ख़रीदने को तैयार हो जाए।

न्यूनतम उपयोगी पेशकश रखना उपयोगी होता है, क्योंकि शत-प्रतिशत सटीकता से यह भविष्यवाणी करना असंभव होता है कि क्या कारगर होगा। आप किसी ऐसी चीज़ में ढेर सारे समय और पैसे का निवेश नहीं करना चाहते, जिसके नाकाम रहने की आशंका हो। आप जितनी तेज़ी से यह पता लगा सकते हैं कि आपका विचार कारगर होगा या नहीं, आप उतनी ही बेहतर स्थिति में होंगे।

चूँकि संभावित ग्राहकों का *फ़ीडबैक* और पूरी तरह भुगतान वाले ऑर्डर मिलना दो बहुत अलग चीज़ें हैं, इसलिए न्यूनतम उपयोगी पेशकश आपको असली ग्राहकों से यथाशीघ्र जानकारी एकत्रित करने की अनुमति देती है, *अति महत्त्वपूर्ण मान्यताओं* की सीधे जाँच करती है और कारोबार ख़त्म करने वाले निवेश का निर्णय लेने का जोखिम घटाती है।

हमने पहले जिस काल्पनिक योगा स्टूडियो की बात की थी, वह अपनी अति महत्त्वपूर्ण मान्यताओं के परीक्षण के लिए न्यूनतम उपयोगी पेशकश और शैडो टेस्टिंग का इस्तेमाल इस तरह कर सकता था :

> *क़दम 1 :* एक सरल सी वेबसाइट बनाएँ। इसमें स्टूडियो के विस्तृत वर्णन के साथ यह भी बताएँ कि यह कहाँ खुलने वाला है। अनुमानित समयसारणी, प्रशिक्षण देने वाले स्टाफ़ की जानकारी, जगह के स्केच और सदस्यता शुल्क का विवरण शामिल करें। साइट पर एक साइन-अप फ़ॉर्म रखें, जिसमें आगंतुक अपने क्रेडिट कार्ड की जानकारी भरकर सदस्यता का प्रि-ऑर्डर कर सकते हों। साइन अप करने वाले सदस्य स्टूडियो खुलने पर बारह महीने की सदस्यता लेने का वादा करते हैं। बहरहाल, स्टूडियो पसंद न आने पर उनके पास यह विकल्प मौजूद होता है कि वे एक महीने के भीतर अपनी सदस्यता रद्द कर सकते हैं। यदि स्टूडियो नहीं खुलता है, तो सारे प्रि-ऑर्डर बिना कोई भुगतान लिए रद्द कर दिए जाते हैं। कुल लागत : हज़ार डॉलर से कम।
>
> *क़दम 2 :* संभावित ग्राहकों को वेबसाइट पर भेजें। यह करने के कई किफ़ायती तरीक़े होते हैं : विज्ञापन के पर्चे, घर-घर जाकर पूछताछ, डायरेक्ट मेल और स्थानीय सर्च इंजन विज्ञापन। कुल लागत : हज़ार डॉलर से कम।
>
> *क़दम 3 :* यह हिसाब रखें कि वेबसाइट के ज़रिये स्टूडियो खुलने से पहले कितने लोग सदस्यता का फ़ॉर्म भरते हैं या अतिरिक्त जानकारी माँगते हैं। कुल लागत : कुछ घंटों का विश्लेषण।

जाँच का यह तरीक़ा सरल, तेज़ और किफ़ायती है। किकस्टार्टर (www.kickstarter.com) जैसी सेवाएँ ऐसे परीक्षणों को आसान बना रही हैं : संभावित ग्राहकों से प्रि-ऑर्डर कराने के लिए बस एक वीडियो, कुछ स्केचों या चित्रों और बुनियादी बिक्री प्रस्ताव की ज़रूरत होती है। अपनी अति महत्त्वपूर्ण मान्यताओं के परीक्षण में कुछ घंटे और सैकड़ों डॉलर ख़र्च करना पैसे का बहुत अच्छा उपयोग है, ख़ास तौर पर तब जब आपके परीक्षण से यह पता चलता है कि आपका कारोबारी विचार कामयाब नहीं होगा।

न्यूनतम उपयोगी पेशकश से शुरू करने का उद्देश्य जोखिम को न्यूनतम करना है। निवेश को कम, क्रमशः बढ़ने वाला और सीखने पर केंद्रित रखें। इससे आपको जल्दी ही यह पता चल जाएगा कि क्या कारगर है और क्या नहीं है। अगर विचार होनहार है, तो आप इसे साकार करने की बेहतरीन स्थिति में होंगे, लेकिन अगर आपकी मान्यताएँ सच नहीं निकलती हैं, तो आप अपने बैंक बैलेंस या गरिमा को खोए बिना घाटे से बच जाते हैं।

इस अवधारणा को शेयर करें : **http://book.personalmba.com/minimum-viable-offer/**

क्रमिक वृद्धि

तीन मुख्य गुणों या विशेषताओं को चुन लें, उन चीज़ों को बहुत, बहुत अच्छे से करें और बाक़ी हर चीज़ को भूल जाएँ... पहले संस्करण में सिर्फ़ चुनिंदा बुनियादी विशेषताओं पर ध्यान केंद्रित करें। इससे आप प्रॉडक्ट का सच्चा सार और मूल्य खोजने के लिए विवश होते हैं।

— पॉल बुकीट, जीमेल और गूगल एडसेंस के सृजनकार

जब आपकी *न्यूनतम उपयोगी पेशकश* बिकने लगती है और यह साबित हो चुका है कि आपकी अत्यंत *महत्त्वपूर्ण मान्यताएँ* सही हैं, तो यह बढ़िया है, लेकिन ध्यान रहे, आपका काम पूरा नहीं हुआ है। यदि आप प्रतिस्पर्धी बने रहना चाहते हैं और ज़्यादा ग्राहकों को आकर्षित करना चाहते हैं, तो आपको अपनी पेशकश को उतना अच्छा बनाने को समर्पित होना चाहिए, जितनी यह हो सकती है। इसके लिए आपको इसमें छोटे-छोटे परिवर्तन करने होंगे।

क्रमिक वृद्धि किसी मौजूदा पेशकश में नए लाभ जोड़ने के लिए पुनरावृत्ति चक्र का इस्तेमाल करने की प्रक्रिया है। प्रक्रिया सरल है : बुनियादी पेशकश में वृद्धि करते रहें और इसका परीक्षण करते रहें; जो कारगर है,उसे करते रहें और जो कारगर नहीं है, उसे छोड़ते रहें।

क्रमिक वृद्धि का एक उदाहरण है ग्राहकों की आवश्यकता के अनुरूप कारों को तैयार करने की प्रक्रिया। कार फ़ैक्ट्री से निकलकर आती है। इसके बाद "ट्यूनर" लगातार पुर्ज़े बदलता है और कार का उन्नयन करता है : बेहतर इंजन, स्पॉइलर, रंगीन विंडो और क्रोम हबकैप। हर परिवर्तन का इरादा कार को बस थोड़ा सा बेहतर बनाना है, जब तक कि यह ग्राहक की पसंद के मान से सर्वश्रेष्ठ नहीं बन जाती, जितनी यह हो सकती है। कार के उन्नयन का काम पूरा होने पर इसका हुलिया बदल जाता है और यह एक अलग मशीन दिखने लगती है।

क्रमिक वृद्धि आपकी पेशकश को बेहतर बनाने में आपकी मदद करती है। साथ ही, यह इस जोखिम को न्यूनतम कर देती है कि कोई अकेली पुनरावृत्ति बुरी तरह नाकाम रहेगी। अगर आप सावधान न रहें, तो बाज़ार में प्रॉडक्ट उतारने के बाद आपके भारी परिवर्तन उन गुणों को ही ख़त्म कर सकते हैं, जिनकी बदौलत आपकी पेशकश आकर्षक बनी थी या आप उन तंत्रों को तोड़ देंगे, जिनका इस्तेमाल आप ग्राहक के लिए मूल्य उत्पन्न करने के लिए करते हैं। जल्दी से तथा क्रमशः परिवर्तन करके और उनका परीक्षण करके आप अपनी पेशकश को लगातार बेहतर बना सकते हैं, वह भी इस तरीक़े से कि आपकी पूरी पूँजी दाँव पर नहीं लगी

होती। इससे आपको समय के साथ अपने ग्राहकों के लिए और भी ज़्यादा मूल्य उत्पन्न करने में मदद मिलती है।

ध्यान रखें कि क्रमिक वृद्धि आपको एक निश्चित सीमा तक ही आगे ले जा सकती है। किसी नए बाज़ार में दाख़िल होने या खेल को बदलने के लिए आपको कोई बिलकुल नई चीज़ बनाने की ज़रूरत हो सकती है। ऐसी स्थिति में *नए नमूने* से शुरुआत करें और शुरू से ही मूल्य उत्पन्न करने की प्रक्रिया पर काम करें। जब नमूना तैयार हो जाए, तो पुराने संस्करण से नए संस्करण की तुलना करके *फ़ीडबैक* लें और *परीक्षण* करें (बाद में चर्चा की गई है), ताकि इसे बाज़ार में उतारने से पहले ही यह पक्का हो जाए कि यह सचमुच बेहतर है।

इस अवधारणा को शेयर करें : http://book.personalmba.com/incremental-augmentation/

मैदानी परीक्षण

जिस इंजीनियर को दिन में कम से कम तीन बार अपने हाथ धोने की ज़रूरत नहीं पड़ती, वह असफल है।

— सोइशिरो टोयोडा, टोयोटा मोटर कॉरपोरेशन के पूर्व चेयरमैन

साल में 150 दिन पैट्रिक स्मिथ कोलोराडो के बीहड़ इलाक़े में रहते हैं, जैसा वे पिछले पचास साल से करते आ रहे हैं। स्मिथ कोलोराडो स्कूल ऑफ़ आउटडोर लिविंग तथा दो सफल हंटिंग/बैकपैकिंग कंपनियों के संस्थापक हैं : माउंटेनस्मिथ, जिसे उन्होंने 1995 में बेच दिया और किफ़ारू इंटरनेशनल, जिसे उन्होंने 1997 में बनाया।

किफ़ारू का ग्राहक बनना अपने क्रेडिट कार्ड में आग लगाने का त्वरित उपाय है। किफ़ारू संसार के सर्वश्रेष्ठ हाइकिंग और हंटिंग पैक तथा शेल्टर बनाती है - बेहद मज़बूत, हल्के और अच्छी डिज़ाइन वाले। किफ़ारू पैक दो सौ पौंड वज़न आसानी से उठा सकते हैं और ये दशकों तक चलते हैं; बस इनकी क़ीमत सैकड़ों डॉलर होती है।

यह असामान्य बात नहीं है कि उत्साही खेलप्रेमी और सैनिक अपनी ज़रूरतों के हिसाब से बने किफ़ारू प्रॉडक्ट्स के लिए हज़ारों डॉलर चुका दें, फिर छह से आठ सप्ताह तक उत्सुकता से इंतज़ार करें, जब कंपनी इसे बनाकर उन तक पहुँचाती है। आप चाहे जितनी कोशिश कर लें, किफ़ारू का ऐसा ग्राहक खोजना बहुत मुश्किल है, जो अपने सामान की गुणवत्ता के मामले में निराश हुआ हो। अक्सर किफ़ारू का नया ग्राहक जीवन भर का ग्राहक बन जाता है।

किफ़ारू की गुणवत्ता के पीछे का राज़ है *मैदानी परीक्षण*। स्मिथ ख़ुद किफ़ारू के हर प्रॉडक्ट को बनाते हैं, इस्तेमाल करते हैं और दोहराते हैं। दरअसल, वे यह काम प्रॉडक्ट को ग्राहकों के सामने पेश करने से *बरसों* पहले करते हैं। जब प्रॉडक्ट का अंतिम रूप सामने आता है, तो सबसे छिद्रान्वेषी ग्राहकों को भी ख़ामी निकालने में मुश्किल आती है।

मैदानी परीक्षण संबंधी अपनी व्यक्तिगत नीति के बारे में स्मिथ यह कहते हैं :

बीहड़ इलाक़े निश्चित रूप से मेरी प्रेरणा भी हैं और प्रयोगशाला भी। मैंने यह जान लिया है कि वहाँ (मैदान में) डिज़ाइन कैसे बनाना है। मैं इस तकनीक पर भरोसा करता हूँ। मुझे डिज़ाइनों के बारे में तुरंत फ़ीडबैक मिल जाता है, क्योंकि मैं बीहड़ इलाक़े में रहकर वही चीज़ें करता हूँ, जिनके लिए वह डिज़ाइन बनाया गया है। मैं संसार के वास्तविक मैदान में इसका परीक्षण करता हूँ, जहाँ के लिए इसे बनाया गया है... मैं सचमुच सोचता हूँ कि यह किसी शहरी ऑफ़िस में कंप्यूटर के सामने बैठकर डिज़ाइन तैयार करने से बेहतर प्रक्रिया है। मैं सोचता हूँ कि यह जीत/जीत वाली स्थिति है।

सफल व्यवसायों के निर्माण में मैदानी परीक्षण का लंबा और समृद्ध इतिहास रहा है। 1923 में न्यू यॉर्क के प्रोटेक्टिव गारमेंट कॉरपोरेशन के डब्ल्यू. एच. मर्फ़ी ने यही किया था। उन्होंने जनता के सामने खड़े होकर अपने एक सहयोगी से दस फ़ुट दूर से अपने सीने पर गोली चलाने को कहा था, ताकि यह साबित हो सके कि उनका प्रॉडक्ट कारगर था - प्रचार का हथकंडा, जो वृहद मैदानी परीक्षणों पर आधारित था, जिनसे यह प्रमाणित होता था कि उनकी रक्षक पोशाक गोलियों को रोक सकती थी। कोलंबिया के सूट निर्माता मिग्वेल कैबेलेरो ने बराक ओबामा और ह्यूगो शावेज़ जैसे दिग्गजों के लिए बुलेटप्रूफ़ सूट बनाए हैं। वे भी इस परंपरा को जारी रखे हुए हैं। वे अपने सूट पहने लोगों के वीडियो यूट्यूब पर डालते रहते हैं, जिनमें उन्हें बिलकुल क़रीब से गोली मारी जा रही है।

ज़्यादातर बड़े वाहन निर्माता असली संसार की स्थितियों में नए कार डिज़ाइनों के प्रदर्शन और साल-सँभाल के परीक्षण के लिए सड़क पर और सड़क के नीचे बाधाओं का इस्तेमाल करते हैं। माइक्रोसॉफ़्ट और गूगल जैसी सॉफ़्टवेयर कंपनियाँ अपने नए प्रॉडक्ट ग्राहकों के सामने लाने से पहले अपने कर्मचारियों के बीच उनका वृहद मैदानी परीक्षण करती हैं। इस आंतरिक परीक्षण से कंपनी को यह लाभ होता है कि ग्राहकों के लिए प्रॉडक्ट उतारने से पहले ही यह उसमें मौजूद दोषों को हटा दे।

आप जो बनाते हैं, हर दिन उसका इस्तेमाल करना उस चीज़ की गुणवत्ता को बेहतर बनाने का सर्वश्रेष्ठ तरीक़ा है। इसके सबसे उत्साही और माँग करने वाले ग्राहक बनने से आपको अपनी पेशकश को बेहतर बनाने के तरीक़े खोजने में जितनी मदद मिलेगी, उतनी किसी दूसरी चीज़ से नहीं मिलेगी।

इस अवधारणा को शेयर करें : **http://book.personalmba.com/field-testing/**

3

मार्केटिंग

बोरिंग होना मार्केटिंग का सबसे बड़ा पाप है।

— डैन केनेडी, मार्केटिंग विशेषज्ञ

मूल्य प्रदान करना ही काफ़ी नहीं है। आप जो पेश कर रहे हैं, यदि कोई उसके बारे में जानता ही नहीं है (या परवाह ही नहीं करता है), तो इससे कोई फ़र्क़ नहीं पड़ता कि आप कितना ज़्यादा मूल्य उत्पन्न करते हैं। *मार्केटिंग* के बिना कोई भी व्यवसाय ज़िंदा नहीं बच सकता - अगर लोगों को यही नहीं पता कि आप मौजूद हैं, तो वे आपके द्वारा दी जाने वाली चीज़ को नहीं ख़रीद सकते और अगर आपकी पेशकश में लोगों की रुचि नहीं है, तो वे ग्राहक बनकर भुगतान नहीं करेंगे।

हर सफल व्यवसाय सही लोगों के ध्यान को आकर्षित करने और अपने प्रॉडक्ट या सेवा में उनकी रुचि जगाने का तरीक़ा खोज लेता है। संभावित ग्राहकों के बिना आप कोई चीज़ नहीं बेच पाएँगे और लाभदायक बिक्री किए बिना आपका व्यवसाय चौपट हो जाएगा।

मार्केटिंग "संभावित ग्राहक" खोजने की कला और विज्ञान है - संभावित ग्राहक ऐसे लोग होते हैं, जिनकी आपके प्रॉडक्ट में सक्रिय रुचि है। संसार के सर्वश्रेष्ठ व्यवसाय अच्छे संभावित ग्राहकों का ध्यान तेज़ी और किफ़ायत से आकर्षित करने के तरीक़े खोजते हैं। आप जितने ज़्यादा संभावित ग्राहकों को लुभाते हैं, आपका कारोबार उतना ही ज़्यादा फ़ायदेमंद रहेगा।

मार्केटिंग और बिक्री में फ़र्क़ होता है, हालाँकि "डायरेक्ट मार्केटिंग" रणनीतियाँ अक्सर ध्यान आकर्षित करने और ख़रीदने के आग्रह के बीच लगने वाले समय को न्यूनतम करने की कोशिश करती हैं, लेकिन मार्केटिंग और बिक्री दोनों अलग-अलग चीज़ें हैं।

मार्केटिंग ध्यान आकर्षित करने के बारे में है; बिक्री, जिस पर हम अध्याय 3 में बात करेंगे, सामान या *सेवा* बेचने के बारे में है।

इस अवधारणा को शेयर करें : http://book.personalmba.com/marketing/

ध्यान

ध्यान आधारित अर्थव्यवस्था में (जैसे कि हमारी अर्थव्यवस्था में) मार्केटिंग करने वाले लोग ध्यान आकर्षित करने के लिए जूझते हैं। यदि लोग आप पर ध्यान नहीं देते हैं, तो आप हार जाते हैं।

—सेठ गोडिन, परमिशन मार्केटिंग, *पर्पल काउ* और *ट्राइब्स* के बेस्टसेलिंग लेखक

आधुनिक जीवन में इतनी सारी चीज़ें आपका *ध्यान* खींचती हैं कि मत पूछिए। उन सारी चीज़ों के बारे में सोचें, जो इस समय आपका ध्यान खींचने के लिए आपस में लड़ रही हैं : कोई काम करना है, लोगों को फ़ोन करना है, ईमेल देखना है, टीवी देखना है, संगीत सुनना है और असंख्य वेबसाइटों पर जाना है। हर इंसान के पास करने के लिए बहुत सारी चीज़ें हैं और उन सबको करने के लिए समय बहुत कम है।

मार्केटिंग का पहला नियम यह है कि आपके संभावित ग्राहक का ध्यान सीमित है। आपके संसार में होने वाली हर चीज़ के साथ-साथ *चलने* में ही इतने ज़्यादा ध्यान की ज़रूरत होती है कि आप वास्तव में दे ही नहीं सकते। इसकी भरपाई करने के लिए आप फ़िल्टर करते हैं। आप अपने ध्यान में कटौती करते हैं, जिन चीज़ों की आपको परवाह है, आप उन पर ज़्यादा ध्यान आवंटित करते हैं और जिन चीज़ों की आप परवाह नहीं करते हैं, उन पर कम ध्यान आवंटित करते हैं। हर इंसान यही करता है और इसमें आपका संभावित ग्राहक भी शामिल है। किसी का ध्यान पाने के लिए आपको उसके फ़िल्टरों के पार जाने का तरीक़ा खोजना होता है।

उच्च गुणवत्ता वाले ध्यान को अर्जित करना होता है। जब आप किसी का ध्यान आकर्षित करना चाहते हों, तो एक पल रुककर यह याद करना उपयोगी होता है कि इसके लिए आप उनके संसार की हर दूसरी चीज़ से प्रतिस्पर्धा कर रहे हैं। ध्यान खींचने के लिए आपको प्रतिस्पर्धी विकल्पों से ज़्यादा रोचक या उपयोगी बनने का तरीक़ा खोजना चाहिए।

अगर लोगों को इस बारे में परवाह ही नहीं है कि आप क्या कर रहे हैं, तो ध्यान मायने नहीं रखता है। अगर आप सिर्फ़ ध्यान ही खींचना चाहते हैं, तो मेरी व्यावसायिक सलाहों के पचड़े में न पड़ें : गुलाबी ख़रगोश वाला सूट पहनकर सड़क पर कूदते जाएँ और गला फाड़कर चिल्लाते रहें। इससे आपको लोगों का वह सारा ध्यान मिल जाएगा, जितना आपको चाहिए, लेकिन व्यवसाय के मामले में कई तरह का ध्यान नहीं मिलना ही बेहतर होता है। आप उन संभावित ग्राहकों का ध्यान आकर्षित करना चाहते हैं, जो अंततः आपसे ख़रीदें - वरना आप अपना समय बरबाद कर रहे हैं।

ध्यान का केंद्र बनना अच्छी बात है, लेकिन व्यवसाय लोकप्रियता की दौड़ में जीतने के बारे में नहीं है, बल्कि लाभप्रद बिक्री करने के बारे में है। राष्ट्रीय टेलीविज़न पर आना या किसी बड़ी वेबसाइट पर आपके बारे में लेख छपना बेहतरीन होता है, लेकिन अक्सर इस तरह का व्यापक प्रचार असली बिक्री नहीं करा पाता है। सामाजिकता के इस नाटक से किसी को मदद नहीं मिलती है, लेकिन इसमें आप जो समय और ऊर्जा लगाते हैं, उससे उन संसाधनों की मात्रा कम हो जाती है, जिनकी सहायता से आप अपने ग्राहकों की ख़ातिर सच्चा मूल्य उत्पन्न कर सकते हैं।

उन लोगों का ध्यान हासिल करें, जिनके आपसे ख़रीदने की संभावना है। यह अपना व्यवसाय खड़ा करने की बुनियाद है। इस अध्याय के मानसिक मॉडल आपको बताएँगे कि कैसे।

इस अवधारणा को शेयर करें : http://book.personalmba.com/attention/

ग्रहणशीलता

लोग कहते हैं कि किसी प्रॉडक्ट के सात विज्ञापनों से पाला पड़ने के बाद आपके मन में उसे ख़रीदने की इच्छा होने लगती है, लेकिन वियाग्रा के 8,743 स्पैम ईमेल आने के बाद भी मेरे मन में इसे ख़रीदने की इच्छा नहीं होती है!

—एरिन पावलीना, सहज ज्ञान परामर्शदाता और
एरिनपावलीना डॉट कॉम की ब्लॉग लेखिका

लोग जिस चीज़ की परवाह नहीं करते हैं, उसे नज़रअंदाज़ कर देते हैं। आनुभूतिक फ़िल्टरिंग मानव मस्तिष्क के बुनियादी कामों में से एक है : यह तय करना कि किस पर ध्यान दिया जाए और किसे नज़रअंदाज़ किया जाए। किसी के द्वारा नज़रअंदाज़ होने का सबसे तीव्र तरीक़ा उस चीज़ के बारे में बात करना है, जिसकी उन्हें परवाह नहीं है।

ग्रहणशीलता इस बात का पैमाना है कि कोई व्यक्ति आपके संदेश के प्रति कितना खुला है। स्टीफ़ेनी मायर्स की *ट्वाइलाइट* सीरीज़ के मशहूर उपन्यासों के ज़बर्दस्त प्रेमी ग्रहणशीलता की आदर्श मिसाल हैं। उनकी दिलचस्पी लगभग हर चीज़ में है, जो उन्हें उनके जुनून के बारे में मिल सकती है, और वह भी तुरंत। व्यवसाय की दृष्टि से यह आदर्श स्थिति है - आप जो भी चीज़ बाज़ार में उतारेंगे, उसे ये लोग तुरंत ख़रीदना चाहेंगे।

दूसरी तरफ़, समर्पित नैतिक शाकाहारी के दृष्टिकोण पर विचार करें। इस बात की कोई संभावना नहीं है कि वह मीट खाने के लाभ सुनने में दिलचस्पी लेगा, चाहे प्रमाण कितने भी ज़ोरदार हों या प्रस्तुति कितनी भी सम्मोहक हो। उसके और सामने वाले के दृष्टिकोणों का फ़ासला बहुत बड़ा है और सबसे बड़ा प्रचार अभियान भी नज़रअंदाज़ करने की उसकी प्रबल इच्छा से नहीं उबर पाएगा।

ग्रहणशीलता के दो बुनियादी घटक हैं : क्या और कब। लोग निश्चित चीज़ों के प्रति निश्चित समय पर ही ग्रहणशील होने की प्रवृत्ति रखते हैं। मुझे बेहतरीन नई कारोबारी पुस्तकों के बारे में सुनना प्रिय है, लेकिन मैं सुबह तीन बजे इस बारे में कोई फ़ोन नहीं सुनना चाहता।

यदि आप चाहते हैं कि सामने वाला आपका संदेश सुने, तो माध्यम मायने रखता है। आपका संदेश किस रूप में है, इसका इस बात पर बहुत प्रभाव पड़ता है कि लोग उस संदेश में दी जाने वाली जानकारी के प्रति कितने ग्रहणशील हैं। यदि आपके संदेश का रूप यह सुझाव देता है कि इसे सिर्फ़ उन्हीं के लिए बनाया गया था, तो इस बात की कहीं ज़्यादा संभावना होती है कि संभावित ग्राहक आप पर ध्यान देगा।

एक उदाहरण देखें : लगभग हर व्यक्ति डाक से आने वाले जंक मेल को नज़रअंदाज़ कर देता है - अगर यह विज्ञापन जैसी दिखे या यह लगे कि वह चीज़ बहुत सारे लोगों को भेजी

गई है। इस बात की 99 प्रतिशत संभावना है कि वह इसे दूसरी नज़र डाले बिना ही फेंक देगा। बहरहाल, अगर उसका रूप बदल दिया जाए, तो उसकी ग्रहणशीलता बदल जाएगी।

ज़्यादातर लोग उस लिफ़ाफ़े को खोल लेते हैं, जिस पर हाथ से पता लिखा गया है। वे ऐसा इसलिए करते हैं, क्योंकि यह स्पष्ट होता है कि किसी ने उन्हें यह भेजने में अपना समय लगाया था और मेहनत की थी। यदि इस मामले को और भी आगे बढ़ाएँ, तो लगभग हर व्यक्ति (व्यस्त अधिकारी भी) हाथ से पता लिखे बड़े ओवरनाइट फ़ेडेक्स लिफ़ाफ़े की सामग्री को खोलकर देखेंगे - यह बड़ा है, यह महँगा है और स्पष्ट रूप से इसे भेजने में प्रयास लगा है। बहरहाल, अगर अंदर का संदेश उनकी रुचि के विषय का नहीं है, तो आप उनका ध्यान तुरंत ही गँवा देंगे।

इस अवधारणा को शेयर करें : http://book.personalmba.com/receptivity/

उल्लेखनीयता

विज्ञापन वह कर है, जो आप साधारण होने के लिए चुकाते हैं।

—रॉबर्ट स्टीफन्स, गीक स्क्वैड के संस्थापक

जब भी मैं दौड़ने जाता हूँ, तो हर बार लोग मुझसे मेरे जूतों के बारे में पूछते हैं। इसलिए नहीं, क्योंकि जूते फ़ैशनेबल हैं, बल्कि इसलिए, क्योंकि वे विचित्र हैं।

वाइब्रैम फ़ाइवफ़िंगर्स ऐसे जूते हैं, जो मोज़े और ग्लव्ज़ का संकर रूप नज़र आते हैं। उन्हें पहनने पर आप कुछ-कुछ मेंढक जैसे दिखने लगते हैं। हर अँगुली का अपना अलग खाँचा होता है, जिससे आपके पैर मेंढक जैसे दिखते हैं - इतने विचित्र कि लोगों का ध्यान आकर्षित हो जाता है।

मैंने नंगे पैर दौड़ने के प्रयोग करने के लिए फ़ाइवफ़िंगर्स जूते ख़रीदे थे - पतले रबड़ का सोल पत्थरों और काँच से आपके पैरों की रक्षा करता है। यह कोई अनावश्यक समर्थन नहीं देता है, जिससे आपके पैर वह कर सकते हैं, जो करने के लिए उन्हें कुदरत ने बनाया था। फ़ाइवफ़िंगर्स जूते पहनकर दौड़ना या चलना बेहद मज़ेदार होता है, इसलिए मैं उन्हें अब भी पहनता हूँ।

फ़ाइवफ़िंगर्स जूते इतने विचित्र नज़र आते हैं कि जब आप उन्हें पहनते हैं, तो लोग आपके पैरों पर ग़ौर किए बिना नहीं रह सकते - वे जूते संबंधी अपेक्षाओं का उल्लंघन करते हैं। इसके फलस्वरूप लोग मुझसे उनके बारे में लगातार पूछते हैं - न्यू यॉर्क शहर की सड़कों जैसी "ग़ैर-दोस्ताना" जगहों पर भी। बात ख़त्म होने तक मैं हमेशा अपने नए परिचितों को यह बता देता हूँ कि वे क्या हैं, मैं उन्हें क्यों पहन रहा हूँ, उनकी क़ीमत कितनी है और वे उन्हें कहाँ से ख़रीद सकते हैं।

फ़ाइवफ़िंगर्स को इस तरह डिज़ाइन किया गया है, ताकि यह उस सबसे बड़ी समस्या से निजात पा सके, जिसका सामना हर नया प्रॉडक्ट करता है। यदि कोई नहीं जानता कि आपका अस्तित्व है, तो कोई भी आपके द्वारा बेचे जाने वाला सामान नहीं ख़रीदेगा। फ़ाइवफ़िंगर्स पहनने

वाला हर ग्राहक हमेशा इतना ज़्यादा विज्ञापन कर देता है, जितने की ज़रूरत कंपनी को विकास करने के लिए है - वह भी मुफ़्त में।

कारोबारी नज़रिये से देखें, तो फ़ाइवफ़िंगर्स की *ध्यान* जकड़ने वाली डिज़ाइन सुंदरता से काम कर रही है। सेल्स कर्मी इस बात की पुष्टि करते हैं कि फ़ाइवफ़िंगर्स स्टोर में आते ही ख़त्म हो जाते हैं - नया स्टॉक लगभग तुरंत ही बिक जाता है। *न्यू यॉर्क टाइम्स* के अनुसार ("विगलिंग देयर टोज़ एट द शू जाएन्ट्स," 30 अगस्त 2009) 2006 में बाज़ार में उतारे जाने के बाद फ़ाइवफ़िंगर्स की बिक्री हर साल तिगुनी हुई है और 2009 में उत्तर अमेरिका में आमदनी ने 10 मिलियन का आँकड़ा पार कर लिया - बड़े पैमाने के विज्ञापन के बिना। विचित्र दिखने वाले जूतों के लिए बुरा नहीं है!

उल्लेखनीय बनना ध्यान आकर्षित करने का सर्वश्रेष्ठ तरीक़ा है। मशहूर मार्केटिंग पुस्तक *पर्पल काउ* में सेठ गोडिन ने इस सिद्धांत के लिए एक अद्भुत उपमा का इस्तेमाल किया है। सफ़ेद या भूरी गायों से भरा खेत नीरस होता है। बैंगनी गाय देखने वाले की अपेक्षा से भिन्न होती है, इसलिए वह स्वाभाविक रूप से लोगों का ध्यान और रुचि आकर्षित करती है।

यदि किसी प्रॉडक्ट को डिज़ाइन करते वक़्त आपका उद्देश्य उसे उल्लेखनीय बनाना है - इतना अनूठा कि संभावित ग्राहक की उत्सुकता जाग जाए - तो ध्यान आकर्षित करना बहुत ज़्यादा आसान हो जाएगा।

इस अवधारणा को शेयर करें : http://book.personalmba.com/remarkability/

संभावित ख़रीदार

इस ग्रह पर 6 अरब लोग हैं। उनमें से 99.999 प्रतिशत आपको अपना पैसा नहीं देना चाहेंगे।

—ह्यू मैक्लियॉड, कार्टूनिस्ट और *इग्नोर एवरीबडी* के लेखक

यह मानना मार्केटिंग की बड़ी भारी ग़लती है कि संसार का हर व्यक्ति आपके प्रॉडक्ट या सेवा की परवाह करता है। आप यह सोच सकते हैं कि आपका प्रॉडक्ट ब्रेड की स्लाइस के बाद संसार की सबसे महान चीज़ है - वास्तव में, आपको ऐसा सोचना भी चाहिए! इससे यह सच्चाई नहीं बदल जाती कि आपका प्रॉडक्ट हर एक के लिए सही नहीं है। मैं आपको गारंटी दे सकता हूँ कि आप जो भी प्रॉडक्ट या सेवा दे रहे हैं, उस बारे में इस संसार के ज़्यादातर लोग परवाह नहीं करते हैं - और कभी करेंगे भी नहीं। कटु, लेकिन सत्य।

सौभाग्य से सफल होने के लिए यह ज़रूरी नहीं है कि आपका प्रॉडक्ट हर एक को रुचिकर या आकर्षक लगे। आपको तो बस *ध्यान* आकर्षित करके बस इतनी बिक्री करनी है, जिससे काम जारी रखने के लिए पर्याप्त मुनाफ़ा आता रहे। इसका सर्वश्रेष्ठ तरीक़ा यह है कि उन लोगों का ध्यान आकर्षित करने पर ध्यान केंद्रित करें, जो आपके प्रॉडक्ट की सचमुच परवाह करते हैं।

सुयोग्य मार्केटिंग करने वाले हर इंसान का ध्यान आकर्षित करने की कोशिश नहीं करते हैं - वे सही समय पर सही लोगों का ध्यान आकर्षित करने पर ध्यान केंद्रित करते हैं। यदि

आप हार्ले-डेविडसन मोटरसाइकल की मार्केटिंग कर रहे हैं, तो इस साल के नए मॉडल दिखाने के लिए ओपरा शो में जाने की कोशिश करना शायद सबसे अच्छी रणनीति नहीं है। इस बात की संभावना नहीं है कि ओपरा के मुख्य दर्शकसमूह में लेदर जैकेट, दाढ़ी-मूँछ और टैटू वाले हट्टे-कट्टे पुरुष होंगे, इसलिए ओपरा से यह उम्मीद न करें कि वे कभी मोटरसाइकल ट्रेड शो में मार्केटिंग बूथ लेने के लिए भुगतान करेंगी।

आपका *संभावित ख़रीदार* वह व्यक्ति है, जो आपके प्रॉडक्ट के लिए आदर्श रूप से उपयुक्त है। हार्ले का सबसे लाभदायक ग्राहक "वीकएंड योद्धा" होता है - अधेड़ पुरुष, जिनके पास देने लायक़ पैसे होते हैं और जो अपने ख़ाली समय में सैर करते समय शक्तिशाली व ख़तरनाक महसूस करना चाहते हैं। ओपरा की संभावित ख़रीदार अधेड़ महिलाएँ हैं, जो ख़ुद को बेहतर बनाना चाहती हैं और जिन्हें अंतरंग स्वीकारोक्तियाँ तथा भावनात्मक कहानियाँ सुनने में मज़ा आता है।

हार्ले ओपरा के संभावित ख़रीदारों को रिझाने की कोशिश नहीं करता है और ओपरा भी हार्ले के संभावित ख़रीदारों को रिझाने की कोशिश नहीं करती हैं - वे अपने विशिष्ट बुनियादी समूह को आकर्षित करने पर ध्यान केंद्रित करते हैं, जिसका भारी असर होता हैं

हर एक को रिझाने की कोशिश समय और पैसे की बरबादी है : मार्केटिंग की कोशिशें अपने संभावित ख़रीदार पर केंद्रित करें। आप जिस तरह की चीज़ें पेश कर रहे हैं, उसमें जिन लोगों की पहले से रुचि है, उन लोगों तक पहुँचने के लिए अगर आप अपने सीमित संसाधन ख़र्च करते हैं, तो आप ध्यान आकर्षित करने वाली गतिविधियों के प्रभाव को अधिकतम कर लेंगे।

इस अवधारणा को शेयर करें : http://book.personalmba.com/probable-purchaser/

अन्यमनस्कता

दूसरे आपके बारे में क्या सोचते हैं, आप इस बारे में इतनी ज़्यादा चिंता नहीं करेंगे, अगर आपको यह अहसास हो जाए कि वे ऐसा कितना कम करते हैं।

—एलीनोर रूज़वेल्ट, अमेरिका की पूर्व प्रथम महिला

किसी संभावित ग्राहक का *ध्यान* हासिल करने के लिए आपको उनका ध्यान उस चीज़ से हटाकर अपनी तरफ़ खींचना होगा, जो वे पहले से कर रहे हैं। यह आसान काम नहीं है।

अन्यमनस्कता आधुनिक मार्केटिंग करने वालों के लिए ज़िंदगी की सच्चाई है। मार्केटिंग प्रक्रिया जब शुरू होती है, तो आपके संभावित ग्राहक आप पर नहीं, किसी दूसरी चीज़ पर ध्यान दे रहे होते हैं। अपने प्रॉडक्ट के प्रति ध्यान आकर्षित कराने के लिए आप जो कर रहे हैं, उसे आपके संभावित ग्राहक के ध्यान के वर्तमान विषय से ज़्यादा रोचक होना चाहिए।

किसी संभावित ग्राहक की अन्यमनस्कता को तोड़ने का सबसे अच्छा तरीक़ा उत्सुकता, आश्चर्य या चिंता की भावना उभारना है। हमारे प्राचीन मस्तिष्क अवसरों और जोखिमों पर

क़रीबी ध्यान देते हैं और वातावरण में नए उद्दीपनों की तलाश करते रहते हैं, जो हमारी मदद कर सकते हैं या हमें नुक़सान पहुँचा सकते हैं।

उद्दीपन जितना ज़्यादा शक्तिशाली और भावनात्मक रूप से सम्मोहक होता है, ध्यान आकर्षित करना उतना ही ज़्यादा आसान होता है। यही कारण है कि मार्केटिंग करने वाले लोग याद दिलाने वाले चित्रों, शब्दों और ध्वनियों का इस्तेमाल करते हैं। हमारे मस्तिष्क की प्रोग्रामिंग ही ऐसी है कि यह नई चीज़ों पर ध्यान देने के लिए उस काम को रोक देगा, जो यह पहले से कर रहा है।

इसका मतलब यह नहीं है कि आपको भड़कीली और शोर-शराबे वाली मार्केटिंग करनी चाहिए : ध्यान आकर्षित करने के हज़ारों सूक्ष्म तरीक़े हैं, जो उतनी ही अच्छी तरह काम कर सकते हैं। यह संभावित ग्राहक के परिवेश या भावनात्मक अवस्था पर निर्भर करता है कि आपको उसकी रुचि जगाने के लिए कितना करना है। अगर संभावित ग्राहक बोर हो रहा है, बेचैन है या मनोरंजन अथवा भटकाव की तलाश में है, तो उसका ध्यान आकर्षित करना ज़्यादा आसान होगा।

यह मानकर चलने से हमेशा फ़ायदा होता है कि आपके संभावित ग्राहक अन्यमनस्कता की अवस्था में शुरुआत करते हैं। अपनी मार्केटिंग की नीति इस तरह बनाएँ कि यह उनकी अन्यमनस्कता को तोड़ दे और उनका ध्यान जकड़ ले।

इस अवधारणा को शेयर करें : http://book.personalmba.com/preoccupation/

अंतिम परिणाम

लोग चौथाई इंच की ड्रिल नहीं ख़रीदते है; वे चौथाई इंच के छेद ख़रीदते हैं।

—थियोडोर लेविट, अर्थशास्त्री और हार्वर्ड बिज़नेस स्कूल के पूर्व प्रोफ़ेसर

कारोबारी अवसर खोजने वाले ज़्यादातर लोगों की असली रुचि कारोबार चलाने के दिन प्रति दिन के विवरणों और ज़िम्मेदारियों में नहीं होती है। वे कारोबारी पुस्तकें और कोर्स सिर्फ़ इसलिए ख़रीदते हैं, क्योंकि वे ज़्यादा समृद्ध, प्रचुर और आशावान भविष्य का अनुभव करना चाहते हैं।

ज़्यादातर ड्राइवर महँगी सड़क से नीचे चल सकने वाली कारें इसलिए नहीं ख़रीदते हैं, क्योंकि वे सचमुच सड़क से नीचे गाड़ी चलाते हैं। वे उन्हें इसलिए ख़रीदते हैं, क्योंकि सड़क से नीचे चलने की क्षमता उन्हें सूरमा महसूस कराती है, जो किसी भी तरह की ड्राइविंग की चुनौती से निबटने में सक्षम है।

ज़्यादातर महिलाएँ सिर्फ़ रंग की ख़ातिर 20 डॉलर की लिपस्टिक ट्यूब नहीं ख़रीदती हैं। वे इसे इसलिए ख़रीदती हैं, क्योंकि उन्हें विश्वास होता है कि यह उन्हें ज़्यादा सुंदर और आकर्षक बना देगी।

कॉलेजों के ज़्यादातर विद्यार्थी सिर्फ़ किसी क्लास में पढ़ने की ख़ातिर हार्वर्ड या स्टैनफ़ोर्ड या येल को लाखों डॉलर नहीं देते हैं। वे वहाँ इसलिए जाते हैं (या उनके माता-पिता उन्हें इसलिए

भेजते हैं), क्योंकि उन्हें यह यक़ीन होता है कि वहाँ से पढ़ाई पूरी करने के बाद उन्हें होशियार, बुद्धिमान और शक्तिशाली माना जाएगा।

मार्केटिंग सबसे प्रभावी तब होती है, जब यह मनचाहे *अंतिम परिणाम* पर ध्यान केंद्रित करती है, जो आम तौर पर किसी *बुनियादी मानव प्रेरणा* संबंधी अनुभव या भाव होता है। ख़रीदी गई चीज़ का असली काम महत्त्वपूर्ण है, लेकिन संभावित ग्राहक को अंतिम परिणाम के बारे में सुनने में सबसे ज़्यादा रुचि होती है।

प्रायः विशेषताओं पर ध्यान केंद्रित करना कहीं ज़्यादा आरामदेह होता है : आप जानते हैं कि आपका प्रॉडक्ट क्या *करता* है। इसके बावजूद लाभों पर ध्यान केंद्रित करना कहीं ज़्यादा कारगर होता है : आपका प्रॉडक्ट ग्राहकों को *क्या देगा*।

अंतिम परिणाम ही सबसे ज़्यादा मायने रखता है। अंतिम परिणाम पर ध्यान केंद्रित करके आप उस पर पहुँचेंगे, जिससे आपका संभावित ग्राहक अंत में कहेगा, "मैं इसे ख़रीद रहा हूँ।"

इस अवधारणा को शेयर करें : **http://book.personalmba.com/end-result/**

पात्रता

जो प्रॉडक्ट विज्ञापन के बिना नहीं बिकेगा, वह विज्ञापन के साथ भी मुनाफ़े में नहीं बिकेगा।

—अल्बर्ट लास्कर, लॉर्ड ऐंड थॉमस के पूर्व सीईओ और आधुनिक विज्ञापन के प्रवर्तक

यक़ीन मानें या न मानें, भुगतान करने वाले ग्राहकों को दूर भेजने में अक्सर समझदारी होती है। हर ग्राहक अच्छा ग्राहक नहीं होता। जिन ग्राहकों पर ज़्यादा समय, ऊर्जा, या ध्यान देना पड़ता है या जिनमें मुनाफ़े से ज़्यादा जोखिम नज़र आता है, वे आकर्षित करने लायक़ नहीं होते।

पात्रता किसी ग्राहक के ख़रीदने से पहले यह तय करने की प्रक्रिया है कि कोई संभावित ग्राहक अच्छा ग्राहक है या नहीं। ख़रीदने से पहले संभावित ग्राहक का मूल्यांकन करना आवश्यक है। इस तरह आप किसी ऐसे ग्राहक से जूझने में समय बरबाद करने की आशंका को न्यूनतम कर सकते हैं, जो आपके कारोबार के लिए सही नहीं है।

प्रोग्रेसिव इंश्योरेंस कंपनी ने पात्रता को लाभकारी कारोबारी रणनीति में बदल लिया है। पात्रता की रणनीति देखने के लिए प्रोग्रेसिव इंश्योरेंस की वेबसाइट (www.progressive.com) पर जाएँ और कार बीमे का भाव पूछें।

जब आप भाव पूछते हैं, तो प्रोग्रेसिव आपसे कुछ बुनियादी प्रश्न पूछती है :

1. आपके पास कौन सी कार है?
2. आप इस कार के मालिक हैं या यह लीज़ पर है? अगर आप इसके मालिक हैं, तो क्या आप इसकी क़िस्तें अब भी चुका रहे हैं?

3. आपका पिनकोड क्या है?
4. क्या आप शादी-शुदा हैं?
5. क्या आप कॉलेज गए थे?
6. क्या पिछले पाँच सालों में आपकी ग़लती की वजह से दुर्घटनाएँ हुई थीं?

इसके बाद प्रोग्रेसिव आपके जवाबों से मिलने वाली जानकारी की तुलना अपने डाटाबेस से करता है। इसका उद्देश्य दो प्रश्नों का उत्तर देना है :

अ. क्या आप ऐसे व्यक्ति हैं, जिसका बीमा प्रोग्रेसिव करना चाहती है?
ब. अगर ऐसा है, तो आपका बीमा करने के लिए उन्हें कितने पैसे माँगने चाहिए?

अगर आप ऐसे व्यक्ति हैं, जिसे प्रोग्रेसिव ग्राहक के रूप में चाहती है, तो यह आपको क़िस्त बता देगी और तुरंत बीमा पॉलिसी ख़रीदने के लिए प्रोत्साहित करेगी। अगर आप ऐसे व्यक्ति हैं, जिसे प्रोग्रेसिव ग्राहक के रूप में नहीं चाहती, तो यह आपको बता देगी कि आपको किसी दूसरी जगह ज़्यादा सस्ते में बीमा मिल सकता है, फिर यह *आपको प्रोत्साहित करेगी कि आप इसके किसी प्रतिस्पर्धी से बीमा ख़रीद लें।*

कोई कंपनी किसी उत्सुक संभावित ग्राहक को अपने प्रतिस्पर्धी से ख़रीदने के लिए क्यों प्रोत्साहित करेगी? जैसा आप *बीमे* की हमारी पिछली चर्चा से याद कर सकते हैं, बीमा करने वाले का मुनाफ़ा इस बात पर निर्भर करता है कि यह प्रीमियम में ज़्यादा से ज़्यादा पैसे ले और दावों में कम से कम पैसे दे।

प्रोग्रेसिव अपनी कुल ग्राहक संख्या को ज़्यादा से ज़्यादा नहीं करना चाहती। यह सिर्फ़ उन्हीं लोगों का बीमा करना चाहती है, जिनके सुरक्षित वाहन चलाने की संभावना है और जिनकी कम दुर्घटनाओं की आशंका है। इसका मतलब है कि यह ऐसे ग्राहकों को आकर्षित करना चाहती है, जो दावा किए बिना लंबे समय तक प्रीमियम चुकाते रहें। पात्रता की वजह से प्रोग्रेसिव बीमा करने के लिए बहुत लाभदायक ग्राहकों को अधिकतम कर सकती है और "बुरे जोखिम" सीधे अपने प्रतिस्पर्धियों के पास पहुँचा देती है। यह ग्राहकों के लिए भी अच्छा रहता है - अगर वे "अच्छे जोखिम" हैं, तो कम पैसों में उनका बीमा हो जाता है।

अपने ग्राहकों की स्क्रीनिंग करने से आपको ख़रीदारी से पहले ही बुरे ग्राहकों को दूर करने में मदद मिलती है। अपने आदर्श ग्राहक को आप जितनी ज़्यादा स्पष्टता से परिभाषित करते हैं, आप उन संभावित ग्राहकों को उतनी ही अच्छी तरह दूर रख सकते हैं, जो उस वर्णन के अनुरूप नहीं हैं। इस तरह आप अपने सर्वश्रेष्ठ ग्राहकों की सेवा करने पर ज़्यादा ध्यान केंद्रित सकते हैं।

इस अवधारणा को शेयर करें : **http://book.personalmba.com/qualification/**

बाज़ार में प्रवेश का बिंदु

उदासीनता की नरमी से ज़्यादा कठोर कुछ भी नहीं है।
—जुआन मोन्टाल्वो, निबंधकार

अगर आपका कोई छोटा बच्चा नहीं है और आप जल्दी ही किसी बच्चे की उम्मीद भी नहीं कर रहे हैं, तो आपको शायद डायपर, बच्चागाड़ी, पालनों, शिशुओं के खिलौनों, डे केयर और बेबी आइंस्टाइन डीवीडी की परवाह नहीं होगी। इन चीज़ों के बारे में अगर आप किसी तरह की जानकारी के संपर्क में आते हैं, तो संभवतः आपका मस्तिष्क उसे फ़िल्टर करके बाहर कर देगा, क्योंकि यह उस पल आपके जीवन के लिए प्रासंगिक नहीं है।

लेकिन एक बार जब आप ख़ुशी के नन्हे फ़रिश्ते के अपने जीवन में आने की उम्मीद करने लगते हैं, तो आप अचानक इन चीज़ों की बहुत ज़्यादा परवाह करने लगते हैं और शायद सक्रियता से उनकी जानकारी लेने लगेंगे। ख़बर सुनने से पहले आपके पास परवाह करने का कोई कारण नहीं था, अब आपके पास है।

कुछ बाज़ारों ने प्रवेश और निर्गम के बिंदुओं को स्पष्टता से परिभाषित कर लिया है। नवजात शिशु के आगमन की जानकारी मिलना *बाज़ार में प्रवेश के बिंदु* का उदाहरण है। जब आपको पता चल जाता है कि आपके घर संतान होने वाली है, तो आप अचानक उन प्रॉडक्ट्स व सेवाओं की जानकारी के बारे में बहुत *ज़्यादा* ग्रहणशील बन जाते हैं, जो बच्चे की देखभाल में आपकी मदद करेंगी। जिन लोगों को आपके प्रॉडक्ट्स की परवाह नहीं है, उनका ध्यान *आकर्षित* करने की कोशिश करना समय, पैसों और ऊर्जा की बरबादी है, इसलिए किसी के पास जाने से पहले यह पता लगाना सबसे अच्छा रहता है कि उसे आपकी बात सुनने में कब रुचि होगी।

संभावित ख़रीदार जब बाज़ार में प्रवेश करते हैं, उसके तुरंत बाद उनका ध्यान आकर्षित करना बहुत मूल्यवान होता है। प्रॉक्टर ऐंड गैम्बल, किम्बर्ली-क्लार्क, जॉनसन ऐंड जॉनसन और फ़िशर-प्राइस बाज़ार में प्रवेश के बिंदु पर बहुत ध्यान देते हैं, क्योंकि इनका शिशु प्रॉडक्ट संबंधी मार्केटिंग की हर गतिविधि पर भारी प्रभाव पड़ता है। नए माता-पिता के लिए यह असामान्य नहीं है कि अस्पताल से घर आते ही उन्हें इनमें से एक या अधिक कंपनियों से भेंट में "पैकेज" मिल जाए, जिसमें डायपर, डायपर रैश ऑइंटमेंट, फ़ॉर्मूला और नवजात शिशु की देखभाल की अन्य बुनियादी चीज़ें शामिल हैं।

आपके प्रॉडक्ट्स में संभावित ग्राहक की रुचि जैसे ही जागती है, उसी समय अगर आप उसका ध्यान आकर्षित कर सकें, तो आप वह पैमाना बन जाते हैं, जिसके आधार पर वह प्रतिरपर्धी प्रॉडक्ट्स का आकलन करता है। यह एक बहुत शक्तिशाली स्थिति है, जिससे इस बात की संभावना बढ़ जाती है कि संभावित ग्राहक अंततः आपसे ही सामान ख़रीदेगा।

रुचि की चौखट पार करने के बाद संभावित ख़रीदार जानकारी की तलाश कहाँ शुरू करते हैं, यह पता लगाना बहुत मूल्यवान होता है। इंटरनेट के आने से पहले संतान की उम्मीद कर रहे ज़्यादातर माँ-बाप तुरंत ही पुस्तकें चाटने लगते थे और परिवार के अनुभवी सदस्यों व मित्रों से बात करने लगते थे। आजकल नए माँ-बाप वेब पर सबसे पहले तलाश करते हैं, इसीलिए ऑर्गैनिक और पेड सर्च इंजन मार्केटिंग अक्सर इतनी मूल्यवान होती है। आपके

संभावित ग्राहक अपनी सर्च में जिन शब्दों का इस्तेमाल कर सकते हैं, उन मुख्य शब्दों का ज़्यादा अच्छा तालमेल बनाकर आप यह सुनिश्चित कर सकते हैं कि उनकी आँखों के सामने सबसे पहले आपका ही नाम आए।

इस अवधारणा को शेयर करें : http://book.personalmba.com/point-of-market-entry/

संबोधनीयता (एड्रेसेबिलिटी)

जिस राह पर कम लोग चलते हैं, कई बार उसका कोई कारण होता है।

—जेरी सीनफ़ील्ड, कॉमेडियन

जैसी कि पुरानी (और थोड़ी आपत्तिजनक) कहावत है, एक अच्छा सेल्समैन किसी एस्किमो को भी फ़्रिज बेच सकता है। यह एक पुरानी कहावत है, लेकिन इसमें कुछ सच्चाई है। उत्तरध्रुवीय वृत्त पर रहने वाले एस्किमो अपने भोजन को शून्य से कम तापमान पर जमने से रोकने के लिए इनसुलेटेड फ़्रिज का इस्तेमाल करते हैं। असली अवरोध यह सवाल नहीं है कि उन्हें इसकी ज़रूरत है या नहीं। असली अवरोध तो ग्राहकों तक पहुँचना है। बिक्री करने के लिए निर्मम बीहड़ इलाक़े में हज़ारों मील की यात्रा सिर्फ़ उनका ध्यान हासिल करने के लिए करनी होगी; बिक्री करने और प्रॉडक्ट पहुँचाने की बात तो रहने ही दें।

संबोधनीयता इस बात का पैमाना है कि उन लोगों से संपर्क करना कितना आसान है, जिनके मन में आपका प्रॉडक्ट ख़रीदने की इच्छा हो सकती है। बहुत संबोधनीय समूह वह होता है, जिस तक जल्दी और आसानी से पहुँचा जा सकता है। ग़ैर-संबोधनीय समूह वह होता है, जिस तक बहुत मुश्किल से पहुँचा जा सकता है या यह *ग्रहणशील* नहीं होता और किसी को अपने पास पहुँचने नहीं देना चाहता।

योग बहुत संबोधनीय बाज़ार का एक अच्छा उदाहरण है। तुलनात्मक रूप से ऐसी जगहें खोजना आसान है, जहाँ लोग योग संबंधी जानकारी पर ध्यान दे रहे हैं : स्टूडियो, *योगा जरनल* जैसी लोकप्रिय पत्रिकाएँ, सम्मेलन, वेबसाइट आदि। योग 8 अरब डॉलर का विश्वव्यापी उद्योग है और आप इनमें से कुछ या सभी साधनों का इस्तेमाल करके योगी और योगिनियों को अपनी पेशकश के बारे में ज़्यादा जानकारी दे सकते हैं।

संवेदनशील या संकोचशील विषय कम संबोधनीय होते हैं, भले ही आवश्यकता भारी हो। दीर्घकालीन रोग एक अच्छा उदाहरण हैं : सोरिएसिस नामक त्वचा रोग या अल्सरेटिव कोलाइटिस जैसी कष्टकारी और संभावित रूप से शर्मनाक बीमारी से पीड़ित लोगों के किसी बड़े समूह को खोजना और उस तक पहुँचना मुश्किल होता है। इन रोगों से पीड़ित लोग आम तौर पर एक जगह पर इकट्ठे नहीं होते हैं, वे एक जैसी सामग्री नहीं पढ़ते हैं और कई तो संगठन में शामिल होकर अपने बीमार होने की बात सार्वजनिक करने से भी बचते हैं, इसलिए उन्हें खोजना और उनसे सीधे बातचीत करना मुश्किल होता है।

दूसरी तरफ़, डॉक्टर ज़्यादा संबोधनीय होते हैं : उनके पते और फ़ोन नंबर सार्वजनिक रूप से प्रकाशित होते हैं और वे नई दवाओं के बारे में दवा कंपनी के प्रतिनिधियों से मिलने

के लिए तैयार रहते हैं। चूँकि हर डॉक्टर बहुत से रोगियों का इलाज करता है और दवाओं के द्वारपाल की भूमिका निभाता है, इसलिए यह स्पष्ट हो जाता है कि दवा कंपनियाँ एमडी के सामने दवाओं का प्रचार करने में इतना ज़्यादा समय और पैसा क्यों लगाती हैं।

इंटरनेट ने कई बाज़ारों की संबोधनीयता नाटकीय रूप से बढ़ा दी है। जिन लोगों को संवेदनशील रोग है, वे प्रायः इंटरनेट पर गुमनाम रूप से जानकारी खोजते हैं, जो विज्ञापनों के ज़रिये संबोधनीय होता है। ब्लॉग, डिसकशन बोर्ड और वेबएमडी डॉट कॉम जैसे डाटाबेस अपरिचित लोगों के लिए अपने अनुभव और ज्ञान को बाँटने का काम ज़्यादा आसान बना देते हैं, जिससे ये कम संबोधनीय बाज़ार पहले से ज़्यादा सुलभ बन जाते हैं।

जब आप कोई नई पेशकश विकसित करते हैं, तो संबोधनीयता एक बड़ी चिंता होती है। अगर आपके पास विकल्प हो, तो यह कहीं बेहतर होता है कि आप संबोधनीय लोगों के समूह के लिए कोई चीज़ बनाने पर ध्यान केंद्रित करें और दूसरी दिशा में जाकर किसी ऐसे समूह को संबोधित करने या बेचने की कोशिश न करें, जो स्वाभाविक रूप से संबोधनीय नहीं है या संबोधित नहीं होना चाहता।

यदि आप किसी प्रॉडक्ट के प्रति समर्पित होने से पहले किसी संबोधनीय बाज़ार की सेवा करने का विकल्प चुनते हैं, तो आपकी पेशकश की मार्केटिंग बड़ी आसान हो जाएगी और आप दिवालिया होने से बच जाएँगे।

इस अवधारणा को शेयर करें : http://book.personalmba.com/addressability/

इच्छा

लेकिन मैं इसे सचमुच चाहता हूँ!

—हर जगह दो साल के बच्चे

आप बाज़ार में जो उतार रहे हैं, प्रभावी मार्केटिंग की वजह से आपका संभावित ग्राहक उसे चाहने लगता है। संभावित ग्राहक आपके प्रॉडक्ट के बदले में अच्छा पैसा दे, इसके लिए यह ज़रूरी है कि उसके मन में आपके द्वारा दी जाने वाली चीज़ की इच्छा रहे। अगर आपकी मार्केटिंग की गतिविधियाँ आपके संभावित ग्राहकों के दिल में *इच्छा* का भाव उत्पन्न नहीं करती हैं, तो आप अपना समय और पैसा बरबाद कर रहे हैं।

इच्छा जगाना मार्केटिंग का वह हिस्सा है, जो ज़्यादातर लोगों को असहज कर देता है। यह समझ में आता है क्योंकि लोकप्रिय संस्कृति में मार्केटिंग करने वाले की कुछ ऐसी छवि होती कि वह रहस्यमय छलिया होता है और जनता को सम्मोहित कर लेता है, जिस वजह से वे ऐसी चीज़ों की इच्छा करने लगते हैं, जिन्हें वे दरअसल न तो चाहते हैं, न ही उन्हें उनकी ज़रूरत होती है। कोई भी चीज़ सच्चाई से इतनी दूर नहीं हो सकती।

सच्चाई यह है : अगर कोई व्यक्ति *पहले से ही किसी चीज़ की इच्छा न करता हो,* तो मार्केटिंग से उसके मन में उस चीज़ की इच्छा जगाना लगभग असंभव होता है। हाँ, धोखेबाज़ और छलिया होना संभव है, जब आप अपने प्रॉडक्ट के बारे में ग़लतबयानी करते हैं या आप

कोई ऐसी चीज़ देने का वादा करते हैं, जिसे आप दे नहीं सकते। इसे ब्रेनवॉशिंग या जबरन मत-परिवर्तन न समझें। मिलियनों डॉलर के विज्ञापन बजट को बरबाद करने का सबसे तीव्र तरीक़ा लोगों को किसी ऐसी चीज़ की इच्छा करने के लिए विवश करना है, जिसे वे पहले से न चाहते हों। मानव मन इस तरह से काम नहीं करता है - हम सिर्फ़ वही ख़रीदते हैं, जिसकी हम किसी न किसी स्तर पर पहले से इच्छा रखते हैं।

प्रभावी मार्केटिंग का सार यह खोजना है कि लोग पहले से क्या चाहते हैं और फिर अपने प्रॉडक्ट को इस तरह पेश करना है, जिससे वह पहले से मौजूद इच्छा के साथ मिल जाए। सर्वश्रेष्ठ मार्केटिंग *शिक्षा-पर-आधारित बिक्री* के समान है (बाद में चर्चा की गई है)। यह संभावित ग्राहक को दिखाती है कि यह प्रॉडक्ट किस तरह उनकी मनचाही हासिल करने में उनकी मदद करेगा। मार्केटर के रूप में आपका काम यह नहीं है कि आप लोगों को अपने प्रॉडक्ट में रुचि लेने के लिए राज़ी करें। आपका काम तो संभावित ग्राहकों को यह दिली विश्वास दिलाना है कि आपके प्रॉडक्ट से उन्हें वह पाने में मदद मिलेगी, जिसे वे सचमुच चाहते हैं।

तो लोग क्या चाहते हैं? हम इस बारे में पहले ही बात कर चुके हैं : *बुनियादी मानव प्रेरणाएँ* शुरुआती बिंदु हैं, जो यह पता लगाने में आपकी मदद करेंगी कि आपका बाज़ार सबसे बुनियादी स्तर पर क्या चाहता है। आप अपने प्रॉडक्ट के साथ जितनी ज़्यादा प्रेरणाएँ जोड़ेंगे, आपकी मार्केटिंग गतिविधियाँ उतनी ही ज़्यादा प्रभावी होंगी।

इस अवधारणा को शेयर करें : http://book.personalmba.com/desire/

मानसिक चित्रण

जब आपका काम ख़ुद के लिए बोले, तो बीच में बाधा न डालें।

—हेनरी जे. कैसर, आधुनिक पोत निर्माण के प्रवर्तक और कैसर परमानेन्टी के संस्थापक

जैसे ही आप किसी कार डीलर के शो रूम में क़दम रखते हैं, तो कार बेचने वाले सेल्सपर्सन का एक अकेला, स्पष्ट उद्‌देश्य होता है : आपको कार में बैठकर टेस्ट ड्राइव पर जाने के लिए तैयार करना।

पूरे संसार में कारों को बेचने के लिए टेस्ट ड्राइव का इस्तेमाल किया जाता है और इसके पीछे बहुत अच्छा कारण होता है : यह तरीक़ा कामयाब होता है। टेस्ट ड्राइव सेल्समैन का सबसे प्रभावी औज़ार है, जिससे वह आपको उसी दिन कार ख़रीदने के लिए राज़ी कर सकता है।

जब तक आप सचमुच कार न चलाएँ, तब तक संभावित ख़रीदारी को विरक्त अंदाज़ में देखना ज़्यादा आसान होता है। आप बनावट, मॉडल, विशेषताओं और भावों की तार्किक तुलना करने में सक्षम होते हैं। आप ख़ुद को विश्वास दिला सकते हैं कि आप "बस देख" रहे हैं और हाल-फ़िलहाल आपका कार ख़रीदने का कोई इरादा नहीं है।

लेकिन एक बार जब आप किसी कार के स्टियरिंग व्हील के पीछे बैठकर टेस्ट ड्राइव पर जाते हैं, तो आपके दिमाग़ के भावनात्मक हिस्से बागडोर थाम लेते हैं। आप कल्पना करने लगते

हैं कि उस कार का मालिक बनने के बाद आपका जीवन कैसा होगा। तब आप हॉर्सपॉवर और एक्सीलरेशन की भावहीन अंदाज़ में तुलना नहीं करते हैं। इसके बजाय आप इंजन की शक्ति और सँभालने की आसानी सचमुच महसूस कर सकते हैं। आप यह कल्पना कर सकते हैं कि जब आप अपनी आकर्षक नई कार को अपने पोर्च में खड़ा करेंगे, तो आपके पड़ोसियों के मन में सम्मान (या ईर्ष्या) की कितनी भावना होगी।

आपने तुलना करना छोड़ दिया है और *चाहना* शुरू कर दिया है। एक बार जब आप चाहने लगते हैं, तो आप संभवतः उसे ख़रीद लेंगे - यह सिर्फ़ समय की बात है।

बीऐंडएच फ़ोटो वीडियो इसी रणनीति का इस्तेमाल एक अलग बाज़ार में करता है। उनके मैनहैटन सुपरस्टोर की गलियों में घूमना एक गहन इंद्रियात्मक अनुभव होता है। आप जिस कैमरे को ख़रीदने पर विचार कर रहे हैं, उसका वज़न महसूस कर सकते हैं, यह देख सकते हैं कि यह कितनी जल्दी फ़ोकस होता है और शटर की आवाज़ भी सुन सकते हैं। इससे भी बेहतर, आप हर कैमरे के अहसास की तुलना सैकड़ों अन्य कैमरों से कर सकते हैं, जो एक हाथ की दूरी पर रखे होते हैं। कोई हैरानी नहीं कि बीऐंडएच संसार के सबसे सफल फ़ोटोग्राफ़ी रिटेलर्स में से एक है - कुछ कैमरों की टेस्ट ड्राइविंग के बाद कैमरे को घर ले जाने की इच्छा का प्रतिरोध करना बहुत मुश्किल होता है।

लोगों में किसी चीज़ की चाहत जगाने का सबसे प्रभावी तरीक़ा उन्हें यह *मानसिक चित्र* देखने के लिए प्रोत्साहित करना है कि आपके प्रॉडक्ट को ख़रीदने के बाद उनका जीवन कैसा होगा। जैसा हम बाद में *मानसिक सिमुलेशन* में बात करेंगे, हमारे मस्तिष्क को इस तरह बनाया गया है कि यह अपने आप हमारे काम के परिणामों की कल्पना करने लगता है। अपने संभावित ग्राहकों से सकारात्मक अनुभवों की कल्पना कराकर आप इस नैसर्गिक प्रवृत्ति से लाभ उठा सकते हैं।

यदि आप अपने संभावित ग्राहकों को यह मानसिक चित्र देखने के लिए प्रोत्साहित करते हैं कि आपका प्रॉडक्ट ख़रीदने के बाद उनका जीवन कैसा दिखेगा, तो उनके आपसे ख़रीदने की संभावना बढ़ जाएगी। आपके ग्राहकों को मानसिक चित्र दिखाने का सर्वश्रेष्ठ तरीक़ा यह है कि आप उन्हें ज़्यादा से ज़्यादा इंद्रियात्मक जानकारी दें - जिसके मिलने के बाद उनका मन इस नतीजे पर पहुँचे, "मैं यही चाहता हूँ।"

इस अवधारणा को शेयर करें : **http://book.personalmba.com/visualization/**

फ़्रेमिंग

हम जो भी सुनते हैं हर चीज़ तथ्य नहीं, राय होती है। हग जो भी देखते हैं हर चीज़ सत्य नहीं, दृष्टिकोण होती है।

—मार्कस ऑरेलियस, रोम के सम्राट और दार्शनिक

एमॉस ट्वेरस्की और डेनियल काह्नेमैन नामक मनोवैज्ञानिकों ने एक मशहूर प्रयोग किया। इसमें प्रतिभागियों से छह सौ लोगों की बीमार जनसंख्या को उपचार देने के बारे में निर्णय

लेने को कहा गया। अध्ययन में प्रतिभागियों को दो विकल्प दिए गए : उपचार ए से दो सौ जानें बच जाएँगी। उपचार बी में सभी छह सौ लोगों की जान बचने की 33 प्रतिशत संभावना थी और किसी के भी न बचने की 66 प्रतिशत संभावना थी।

उपचार ए और उपचार बी गणित की दृष्टि से समान थे - संख्या की दृष्टि से अपेक्षित परिणाम में कोई फ़र्क़ नहीं है। बहरहाल, परिणामों में स्पष्ट मनोवैज्ञानिक वरीयता साफ़ दिख रही थी। 72 प्रतिशत प्रतिभागियों ने उपचार ए को चुना, जबकि 28 प्रतिशत प्रतिभागियों ने उपचार बी को चुना।

फिर इस प्रयोग को उपचार के दो अलग विकल्पों के साथ दोहराया गया। उपचार सी से चार सौ मौतें होंगी। उपचार डी में 33 प्रतिशत संभावना थी कि कोई नहीं मरेगा, लेकिन 66 प्रतिशत संभावना थी कि सभी छह सौ लोग मर जाएँगे। 78 प्रतिशत प्रतिभागियों ने उपचार डी को चुना, जबकि केवल 22 प्रतिशत लोगों ने उपचार सी को चुना।

उपचार ए और सी भी संख्या की दृष्टि से समान हैं, लेकिन यह ग़ौर करना रोचक है कि ए को बहुत ज़्यादा वरीयता मिली, जबकि सी को नहीं मिली। जान बचाने के बारे में सोचने से निर्णय लेने वाले लोगों की वरीयताएँ बहुत ज़्यादा बदल गईं, हालाँकि अपेक्षित परिणाम हूबहू एक जैसे थे। हम *क्षति से बचने* (बाद में चर्चा की गई है) में इस वरीयता के एक कारण पर बात करेंगे, लेकिन हाल-फ़िलहाल आइए हम इस बात पर ध्यान केंद्रित करते हैं कि अलग-अलग संदेशों पर *ज़ोर* देने से परिणाम किस तरह बदले।

फ्रेमिंग अति महत्त्वपूर्ण विवरणों पर ज़ोर देना है, जबकि उन चीज़ों पर कम ज़ोर दिया जाता है, जो महत्त्वपूर्ण नहीं हैं। इसके लिए या तो निश्चित तथ्यों को न्यून किया जाता है या फिर उन्हें पूरी तरह से छोड़ दिया जाता है। फ्रेमिंग के सही उपयोग से आप अपने प्रॉडक्ट को असरदार तरीक़े से पेश कर सकते हैं और अपने ग्राहक के समय व ध्यान का सम्मान कर सकते हैं।

फ्रेमिंग संवाद का स्वाभाविक हिस्सा है : किसी भी संदेश में संक्षेपीकरण का कोई न कोई रूप हमेशा होता है। दूसरों से संवाद करते समय सभी तथ्यों और पृष्ठभूमि को शामिल करना व्यावहारिक नहीं होता है - समय बचाने के लिए हम कुछ विवरणों पर ज़ोर देते हैं और बाक़ी को छोड़ देते हैं। हम फ्रेमिंग इसलिए करते हैं, क्योंकि यह हमारी मजबूरी होती है, वरना दूसरे लोगों को ज़रा सी भी जानकारी देने में बहुत सारा समय लग जाएगा। पिज़्ज़ा का ऑर्डर देने में दो घंटे लग जाएँगे, अगर आप फ़ोन पर ऑर्डर लेने वाले को न सिर्फ़ मनचाहा आकार और टॉपिंग्स बताएँ, बल्कि यह भी बताएँ कि आपको उसका फ़ोन नंबर कैसे मिला और आज शाम आप पिज़्ज़ा खाने के मूड में क्यों थे तथा जनरल त्सो चिकन खाने के मूड में क्यों नहीं थे।

चूँकि फ्रेमिंग संवाद में हमेशा मौजूद रहती है, इसलिए इसके बारे में चेतन रहना लाभकारी है। आप किस बात पर ज़ोर दे रहे हैं और किसे न्यून कर रहे हैं, इस बारे में चेतन रहकर आप स्पष्ट और सारगर्भित अंदाज़ में संभावित ग्राहकों को अपने प्रॉडक्ट के लाभ बता सकते हैं, जिससे उन्हें राज़ी करने की शक्ति अधिकतम हो जाती है।

फ्रेमिंग का मतलब झूठ बोलना या धोखा देना नहीं है। ईमानदारी हमेशा सर्वश्रेष्ठ नीति होती है; सिर्फ़ नैतिक दृष्टिकोण से ही नहीं, बल्कि दूसरे दृष्टिकोणों से भी। हो सकता है कि अपने प्रॉडक्ट के बारे में ग़लत जानकारी देकर कुछ समय तक आप अपनी बिक्री को

थोड़ा बढ़ा लें, लेकिन इससे यह आशंका बहुत बढ़ जाती है कि आपके ग्राहक की अपेक्षाएँ पूरी नहीं होंगी, वे कम संतुष्ट होंगे और आपकी *छवि* को स्थायी नुक़सान पहुँचेगा। (*अपेक्षा प्रभाव* देखें।)

फ्रेमिंग का इस्तेमाल अपने फ़ायदे के लिए करें। इस तरह आप अपने प्रॉडक्ट के लाभ *संभावित ग्राहकों* तक विश्वसनीय अंदाज़ में पहुँचाने में सफल होंगे। बस यह ध्यान रखें कि कोई ऐसी जानकारी न छोड़ें, जिसे जानने का आपके ग्राहकों को हक़ है।

इस अवधारणा को शेयर करें : http://book.personalmba.com/framing/

मुफ़्त

किसी से एक भी पैसे की क़ीमत न लेना शून्य मुनाफ़े की गारंटी है। ध्यान पाने का मतलब भुगतान पाना नहीं होता।

—जोसेफ़ फ़रेरा, बौद्धिक संपदा वकील

यदि आप तुरंत *ध्यान* आकर्षित करना चाहते हैं, तो कोई मूल्यवान चीज़ *मुफ़्त* में दें। लोगों को कुछ नहीं के बदले में कुछ पाना बहुत पसंद होता है। आपने शायद देखा होगा कि सुपरमार्केट में भोजन के मुफ़्त सैंपल मिलते हैं या बिना किसी दायित्व के निश्चित समय तक किसी प्रॉडक्ट या सेवा को आज़माने का प्रस्ताव मिलता है। संभवतः आपने भी इनमें से कम से कम कुछ प्रॉडक्ट्स को बाद में भी ख़रीदा होगा। मुफ़्त के सैंपल इसलिए लोकप्रिय हैं, क्योंकि वे कारगर हैं - मुफ्त बाँटे गए सैंपलों की भरपाई उसकी बदौलत बाद में होने वाली अतिरिक्त बिक्री से होती है।

मैंने अपने शिक्षण और परामर्श व्यवसाय की शुरुआत अपनी वेबसाइट पर मुफ़्त शोध और लेखन देकर की थी। इसके फलस्वरूप, लाखों लोग पर्सनल एमबीए पर आए (या उन्हें इसका संदर्भ दिया गया), उन्होंने जानकारी का लाभ लिया और उपयोगी संसाधन के रूप में मुझ पर भरोसा करने लगे। अक्सर वे ईमेल के ज़रिये आगे भी उपयोगी मुफ़्त जानकारी देते रहने की अनुमति देते हैं।

समय-समय पर मैं मुफ़्त में फ़ोन करके संभावित परामर्श लेने वाले ग्राहकों से मिलने का प्रस्ताव रखता हूँ - उन पर कोई बंधन या ज़िम्मेदारी नहीं होती है और मैं कोई चीज़ नहीं छिपाता हूँ। हर बार जब भी मैं ऐसा प्रस्ताव रखता हूँ, सैकड़ों लोग इसके लिए आग्रह करते हैं। इसके फलस्वरूप, मुझे कई नए और रोचक लोगों से मिलने का अवसर मिलता है। जो लोग "मुफ़्त सैंपल" को स्वीकार करते हैं, उनमें से कई बाद में भुगतान करने वाले ग्राहक बन जाते हैं, जिससे "मुफ़्त सैंपल" मेरे शिक्षण और परामर्श व्यवसाय की बुनियाद बन गया है।

अक्सर सचमुच मुफ़्त मूल्य की पेशकश करना लोगों का ध्यान आकर्षित करने का एक त्वरित और कारगर तरीक़ा होता है। अगर आप मुफ़्त में अपने संभावित ग्राहकों को कोई उपयोगी चीज़ देंगे, तो आप उनका ध्यान खींचते हैं और उन्हें अपने द्वारा प्रदान किए जाने वाले मूल्य को सचमुच अनुभव करने का अवसर देते हैं। इस रणनीति के कुशल इस्तेमाल से आप

ऐसी बिक्री कर लेंगे, जो इसके बिना नहीं कर सकते थे।

मुफ़्त मूल्य प्रदान करने से लोगों का ध्यान आकर्षित होता है, लेकिन हमेशा याद रखें कि सिर्फ़ ध्यान पाने से ही बिलों का भुगतान नहीं होता है। "वाइरल होने" का मनमोहक गीत कई व्यवसाय मालिकों को इतना प्रोत्साहित करता है कि वे ध्यान आकर्षित करने की होड़ में लगातार बहुत ज़्यादा देते रहते हैं। इस चक्कर में वे अपने व्यवसाय के लाभकारी हिस्सों को स्थापित करना व बेहतर बनाना भूल जाते हैं। भुगतान करने वाले ग्राहकों को आकर्षित करने के लिए उनका ध्यान खींचना ज़रूरी है, लेकिन अगर वह ध्यान बिक्री तक नहीं ले जाता है, तो आपका कारोबार क़ायम नहीं रह पाएगा।

सर्वश्रेष्ठ परिणामों के लिए सच्चा मुफ़्त मूल्य प्रदान करने पर ध्यान केंद्रित करें, जिससे भुगतान करने वाले असली ग्राहक आकर्षित हो सकें।

इस अवधारणा को शेयर करें : **http://book.personalmba.com/free/**

अनुमति

जो लोग सचमुच आपकी बात सुनना चाहते हैं, उन लोगों को बेचना उन बाधा डालने वाले अजनबियों को बेचने से कहीं ज़्यादा प्रभावी होता है, जो आपकी बात नहीं सुनना चाहते।

—सेठ गोडिन

मैंने एक ऐसी चीज़ की, जिसकी कल्पना नहीं की जा सकती। मैंने अपने ईमेल अकाउंट का स्पैम फ़ोल्डर खोल लिया। इस फ़ोल्डर में 1,555 अपठित संदेश थे, जिनमें से ज़्यादा इस तर्ज पर थे :

"हॉट रूसी हसीनाएँ आपसे बात करना चाहती हैं!"

"वियाग्रा ऑनलाइन ख़रीदें!"

"बाल झड़ना तुरंत रोकें!"

मैंने इनमें से किसी ईमेल के लिए आग्रह नहीं किया था - स्पैम संदेश भेजने वालों ने इन्हें भेजते समय यह विचार भी नहीं किया कि मैं उन्हें चाहता भी हूँ या नहीं। मुझे "हॉट रूसी हसीनाओं" से बातचीत करने में ज़रा भी दिलचस्पी नहीं है, मुझे वियाग्रा को काला बाज़ार में ख़रीदने की कोई ज़रूरत नहीं है और मुझे दरअसल गंजा होना *पसंद* है।

मेरे इन संदेशों को पढ़ने की कितनी संभावना है, उन पर प्रतिक्रिया करने की बात तो रहने ही दें? बिलकुल भी नहीं - इसके विपरीत, मैं उन पर *ध्यान* देने से *बचने* की बहुत कोशिश करूँगा और जिस दिन मैं उनके द्वारा बेचे जाने वाला सामान ख़रीदूँगा, उस दिन सूरज पश्चिम से उगेगा।

दुर्भाग्य से कई व्यवसायी यह मान लेते हैं कि स्पैम नीति लोगों का ध्यान आकर्षित करने का सबसे अच्छा तरीक़ा होती है। अनपेक्षित फ़ोन, प्रेस रिलीज़, जनसाधारण के लिए विज्ञापन

और "रहवासी" को संबोधित प्रत्यक्ष डाक भी स्पैम जैसी ही हैं। लोगों के किसी बड़े समूह को एक आम संदेश इस उम्मीद से भेजना कि मुट्ठी भर ही सही, कुछ लोग तो प्रतिक्रिया करेंगे।

टेलीविज़न और रेडियो विज्ञापन के शुरुआती दिनों में विज्ञापन सचमुच असरदार होते थे। जब सिर्फ़ तीन ही चैनल हों, तो विज्ञापनों पर लोगों के ध्यान देने की संभावना ज़्यादा रहती है। तीनों चैनलों पर तीस सेकेंड का प्राइम-टाइम विज्ञापन देकर आप एक ही दिन में टेलीविज़न देखने वाले 90 प्रतिशत लोगों का ध्यान आकर्षित कर सकते थे।

अब लोग जिस चीज़ पर ध्यान नहीं देना चाहते, उसे आसानी से फ़िल्टर कर सकते हैं। वे या तो नापसंद संदेश को नज़रअंदाज़ कर देते हैं या फिर किसी दूसरी चीज़ पर ध्यान देने लगते हैं। जिस पल आप किसी ऐसी चीज़ की बात शुरू करते हैं, जिसके बारे में आपके संभावित ग्राहक परवाह नहीं करते, तो वे दूसरी तरफ़ चल देते हैं।

मुफ़्त मूल्य प्रदान करने के बाद फ़ॉलो अप की *अनुमति* माँगना बाधा डालने से ज़्यादा असरदार होता है। वास्तविक मूल्य प्रदान करके आप संभावित ग्राहक का ध्यान आकर्षित करते हैं और अनुमति माँगने से आपको उनके साथ संवाद पर ध्यान केंद्रित करने का अवसर मिलता है, जो आपके प्रॉडक्ट या सेवा में रुचि रखते हैं।

अनुमति सचमुच किसी संपत्ति से कम नहीं है। नए लोगों तक पहुँचना मुश्किल और महँगा होता है। परिचित लोगों से दोबारा संपर्क करना ज़्यादा आसान होता है - इसके लिए बस एक ईमेल, पत्र या फ़ोन की ज़रूरत होती है, जो आसानी से किए जा सकते हैं और किफ़ायती भी होते हैं। अगर आप नए संभावित ग्राहकों से मिलने के बाद फ़ॉलो अप की अनुमति माँगते हैं, तो आप अपनी संपर्क गतिविधियों से अधिकतम फ़ायदा उठा रहे हैं।

अनुमति पाने का सर्वश्रेष्ठ तरीक़ा यह है कि इसे माँगें। जब भी आप लोगों को मूल्य प्रदान करें, उनसे पूछ लें कि क्या भविष्य में वे ज़्यादा मूल्य पाना चाहेंगे। समय के साथ आपके संभावित ग्राहकों की सूची बढ़ती जाएगी और यह जितनी ज़्यादा बढ़ती है, ज़्यादा बिक्री करने की संभावना भी उतनी ही ज़्यादा बढ़ेगी।

एक बार जब आपको अनुमति मिल जाए, तो उसका इस्तेमाल करें, लेकिन इस विशेषाधिकार का दुरुपयोग न करें। फ़ॉलो अप की अनुमति मिलने से आपको उन्हें हर कुछ भेजने की छूट नहीं मिल जाती है। अपने संभावित ग्राहकों से फ़ॉलो अप की अनुमति माँगते वक़्त यह स्पष्ट कर दें कि उन्हें क्या मिलेगा और इससे उन्हें कैसे फ़ायदा होगा।

यदि आप लगातार मूल्य प्रदान करके और अप्रासंगिक जानकारी न देकर अपने वादे निभा रहे हैं, तो आपके पास एक शक्तिशाली संपत्ति होगी, जिसकी मदद से आप उन लोगों से ज़्यादा गहरा संबंध बना सकते हैं, जिनकी रुचि आपके प्रॉडक्ट या सेवा में है।

इस अवधारणा को शेयर करें : http://book.personalmba.com/permission/

हुक

अगर आप इसे कर सकते हैं, तो यह डींग नहीं है।

—डिज़ी डीन, हॉल ऑफ़ फ़ेम बेसबॉल खिलाड़ी

जटिल संदेशों को या तो नज़रअंदाज़ कर दिया जाता है या भुला दिया जाता है। आपके *संभावित ख़रीदार* व्यस्त होते हैं - उनके पास उस सारी जानकारी पर *ध्यान* देने का समय नहीं होता, जो हर दिन उन पर हमला करती है। अगर आप चाहते हैं कि लोग यह याद रखें कि आप कौन हैं और आप क्या प्रदान कर रहे हैं, तो आपको उनका ध्यान हासिल करना होता है और इसे क़ायम रखना होता है - चंद पलों में।

हुक किसी पेशकश के बुनियादी लाभ का वर्णन करने वाला वाक्यांश या वाक्य है। कई बार हुक शीर्षक होता है और कई बार संक्षिप्त प्रचार वाक्य होता है। चाहे यह जो भी हो, यह उस कारण को बताता है कि आप जो बेच रहे हैं, कोई उसे क्यों चाहेगा।

प्रकाशन जगत में हुक का आदर्श उदाहरण टिमोथी फ़ेरिस की पुस्तक *द 4 अवर वर्कवीक* का शीर्षक है। इस संक्षिप्त शीर्षक में कई लुभावने लाभ निहित हैं : 1. ज़्यादातर लोग जितने घंटे काम करते हैं, उसकी तुलना में चार घंटे बहुत कम हैं और ज़्यादातर लोग कम काम करना चाहते हैं; 2. आप हर सप्ताह चालीस घंटे में जितना कमाते हैं, सप्ताह में चार घंटे में भी संभवतः उतना ही कमा सकते हैं; 3. यदि आपको काम में ज़्यादा समय नहीं लगाना पड़ेगा, तो आप बचाए गए समय में दूसरी बेहतरीन चीज़ें कर सकते हैं। यह चार छोटे शब्दों के लिहाज़ से बुरा नहीं है। पुस्तक के कवर पर एक तसवीर है, जिसमें एक आदमी उष्णदेशीय समुद्र तट पर झूला झूल रहा है। कवर और शीर्षक मिलकर लोगों को बहुत विश्वास दिला देते हैं कि उन्हें यह पुस्तक क्यों ख़रीदनी और पढ़नी चाहिए।

एपल ने आईपॉड को बाज़ार में उतारने के लिए इस हुक का इस्तेमाल किया : “आपकी जेब में 1,000 गाने।” उस वक़्त पोर्टेबल म्यूज़िक प्लेयरों के नाम पर भारी सीडी और कैसेट प्लेयर थे और शुरुआती एमपी 3 प्लेयर्स के विज्ञापन कंप्यूटर की भाषा में दिए जाते थे : डिस्क स्पेस के मेगाबाइट। एप्पल के हुक ने बुनियादी लाभ पर ज़ोर दिया : सैकड़ों टेप या सीडी साथ लेकर चलने के बजाय आप अपना पूरा संगीत संग्रह एक सुंदर यंत्र में रखकर साथ ले जा सकते हैं।

एपल के पाँच शब्दों के प्रचार वाक्य या टैगलाइन ने चमत्कार कर दिया। एक साल से भी कम समय में 2,36,000 आईपॉड बिक गए - एक आश्चर्यजनक शुरुआत, जबकि यह पोर्टेबल संगीत के क्षेत्र में कंपनी का पहला क़दम था। हुक ने ध्यान जकड़ लिया और प्रॉडक्ट की गुणवत्ता ने बिक्री सुनिश्चित कर दी।

हुक तैयार करते समय अपने प्रॉडक्ट से मिलने वाले बुनियादी लाभ या मूल्य पर ध्यान केंद्रित करें। आपके प्रॉडक्ट में जो अनूठा और मूल्यवान है, उस पर ज़ोर दें। इस बात पर ज़ोर दें कि संभावित ग्राहक को परवाह क्यों करनी चाहिए। बुनियादी लाभ से संबद्ध शब्दों और वाक्यों की सूची पर विचारमंथन करें, फिर उन्हें एक संक्षिप्त वाक्यांश में अलग-अलग तरीक़ों से जोड़कर देखें। हुक बनाना एक सृजनात्मक अभ्यास है - आप जितने ज़्यादा संभावित विकल्प उत्पन्न करेंगे, आपको कामयाब हुक उतनी ही ज़्यादा जल्दी मिलेगा।

हुक बनाने के बाद इसका इस्तेमाल करें! इसे अपनी वेबसाइट पर लिखें, अपने विज्ञापन में लिखें, अपने बिज़नेस कार्ड पर लिखें - इसे उन पहली चीज़ों में से एक बना लें, जिन्हें आपके संभावित ग्राहक देखते हैं। हुक ध्यान को जकड़ता है और बाकी मार्केटिंग व सेल्स गतिविधियाँ सौदे को पूरा करती हैं।

आपका हुक जितना बेहतर होगा, आप उतना ही ज़्यादा ध्यान जकड़ेंगे और आपके संतुष्ट ग्राहकों के लिए उनके मित्रों को आपके बारे में बताना उतना ही ज़्यादा आसान होगा।

इस अवधारणा को शेयर करें : http://book.personalmba.com/hook/

कर्म-का-आह्वान

मुझे सोचने पर मजबूर न करें।

—स्टीव क्रग, उपयोगिता विशेषज्ञ

किसी संभावित ग्राहक का *ध्यान* आकर्षित करने से तब मदद नहीं मिलती है, जब वे ग़ायब हो जाते हैं। अगर आप बिक्री करना चाहते हैं, तो आपको अपने संभावित ग्राहकों को कोई काम करने को कहने की ज़रूरत होती है।

आपके संभावित ग्राहक आपके मन की बात नहीं पढ़ सकते। यदि आप चाहते हैं कि आपके संभावित ग्राहक आपका बताया अगला क़दम उठाएँ, तो आपको उन्हें सटीकता से बताना होगा कि क्या करना है। सबसे प्रभावी मार्केटिंग संदेश प्राप्तकर्ता या संभावित ग्राहक को एक, बहुत स्पष्ट, बहुत छोटा क़दम बताते हैं, जो उन्हें इसके बाद उठाना होता है।

सड़क किनारे लगे किसी विज्ञापन पट्ट के बारे में सोचें, जिस पर लिखा है, "टोनी के हैमबर्गर सर्वश्रेष्ठ हैं।" इस संदेश को पढ़ने वाले लोग क्या करेंगे? शायद कुछ नहीं। संभावना इस बात की है कि यह विज्ञापन समय और पैसे की बरबादी है।

उन्हें *कर्म-का-आह्वान* दें, जैसे "शहर के सर्वश्रेष्ठ हैमबर्गर के लिए एग्ज़िट 25 पर दाएँ मुड़ें।" इसके बाद जल्दी ही टोनी भूखे यात्रियों के लिए ज़्यादा हैमबर्गर बना रहा होगा।

कर्म-का-आह्वान आपके संभावित ग्राहकों को एक अकेला, आसान और स्पष्ट काम करने को कहता है। वेबसाइट पर जाएँ। ईमेल एड्रेस लिखें। इस फ़ोन नंबर पर फ़ोन करें। पता लिखा टिकट लगा लिफ़ाफ़ा भेजें। बटन दबाएँ। प्रॉडक्ट ख़रीदें। किसी मित्र को बताएँ।

प्रभावी कार्य-का-आह्वान पेश करने की कुंजी यह है कि आप ज़्यादा से ज़्यादा स्पष्ट और आसान रहें। आप प्रस्ताव को जितनी ज़्यादा स्पष्टता से पेश करते हैं, इस बात की उतनी ही ज़्यादा संभावना होती है कि आपका संभावित ग्राहक सचमुच वही काम करेगा, जिसका आपने सुझाव दिया है। यदि आप किसी को प्रोत्साहित कर रहे हैं कि वह अपना ई-मेल एड्रेस लिखकर किसी न्यूज़लेटर का सदस्य बने, तो यह बात कई बार कहें और तुरंत स्पष्ट कर दें कि ई-मेल कहाँ लिखना है, उन्हें क्यों लिखना चाहिए, ईमेल लिखने के बाद उन्हें क्या क्लिक करना है और ऐसा करने के बाद वे क्या होने की उम्मीद कर सकते हैं। यदि आप सोचते हैं कि आप ज़्यादा से ज़्यादा ही स्पष्ट हैं, तो आप यह काम सही तरीक़े से कर रहे हैं।

काम के सर्वश्रेष्ठ आह्वान बिक्री या फ़ॉलो अप की सीधी *अनुमति* माँगते हैं। प्रत्यक्ष बिक्री करना सबसे अच्छा है, क्योंकि इससे यह पता लगाना आसान होता है कि आपकी मार्केटिंग गतिविधियाँ किफ़ायती हैं या नहीं। अनुमति माँगना अगली सर्वश्रेष्ठ चीज़ है, क्योंकि इससे आपको बाद में अपने संभावित ग्राहकों का फ़ॉलो अप करने की अनुमति मिल जाती है, जिससे आपकी मार्केटिंग लागत बहुत कम हो जाती है और अंतिम बिक्री की संभावना बढ़ जाती है।

सुनिश्चित करें कि आपके संदेश में काम-का-आह्वान स्पष्ट हो। इससे आपकी मार्केटिंग गतिविधियाँ बहुत ज़्यादा प्रभावी बन जाएँगी।

इस अवधारणा को शेयर करें : http://book.personalmba.com/call-to-action/

कहानी

हर चीज़ में कहानी।

—विलियम वर्ड्सवर्थ, कवि

इतिहास की शुरुआत से ही लोग कहानियाँ सुनाते रहे हैं। कहानियाँ सुनाना सर्वव्यापी मानवीय अनुभव है और कहानियाँ व्यापार में भी इस्तेमाल होती रही हैं। अच्छी कहानी सबसे अच्छी पेशकश को भी बेहतर बना देती है।

संसार की सबसे सम्मोहक *कहानियों* का प्रारूप कमोबेश एक सा होता है। दुनियाभर में मशहूर पौराणिक कथा विशेषज्ञ जोसेफ़ कैम्पबेल ने कहानी के इस प्रारूप को "नायक की यात्रा" या "एकल-मिथक" कहा था। पूरे संसार के लोग कहानी के इस प्रारूप पर बहुत प्रबल प्रतिक्रिया करते हैं, इसलिए आप भी अपनी कहानी बनाने और बताने के लिए इस बुनियादी प्रारूप का इस्तेमाल कर सकते हैं।

नायक की यात्रा नायक के परिचय से शुरू होती है। एक आम इंसान, जो रोज़मर्रा की ज़िंदगी की मुश्किलों और समस्याओं का अनुभव कर रहा है, फिर नायक को "रोमांच का आह्वान" मिलता है : ऐसी चुनौती, तलाश या ज़िम्मेदारी, जिसकी वजह से उसे अपनी सामान्य ज़िंदगी से ऊपर उठना पड़ता है और जिस पर विजय पाने के लिए उसे अपनी योग्यताओं को तराशना होता है। उस आह्वान को स्वीकार करने के बाद नायक अपने सामान्य अनुभव से ऊपर उठ जाता है और अनिश्चितता व रोमांच के संसार में दाख़िल हो जाता है। उल्लेखनीय अनुभवों की शृंखला उसे नए संसार में प्रशिक्षित करती है और चरम सफलता की तलाश में नायक कई परेशानियाँ झेलता है व कई रहस्य सीखता है।

विपत्ति के सामने लगन से जुटे रहकर और शत्रु को परास्त करके नायक को एक शक्तिशाली उपहार या शक्ति मिलती है। इसके बाद वह लोगों को यह ज्ञान, बुद्धिमत्ता या ख़ज़ाना बाँटने के लिए सामान्य संसार में लौट आता है। बदले में नायक को सबका सम्मान और सबकी प्रशंसा मिलती है।

आपके ग्राहक नायक बनना चाहते हैं। वे चाहते हैं कि सब लोग उनका सम्मान करें और प्रशंसा करें। वे विपत्ति के सामने शक्तिशाली, सफल और संकल्पवान बनना चाहते हैं। वे उनसे

पहले आने वाले दूसरे लोगों के संकटों और मुश्किलों से प्रेरित होना चाहते हैं, जिन्होंने शत्रु को परास्त किया है। आपके संभावित ग्राहक जिस मार्ग पर चलने की सोच रहे हैं, उस पर पहले चल चुके लोगों की कहानी बताना उनकी रुचि जगाने का एक शक्तिशाली तरीक़ा है।

प्रशस्ति पत्र, केस स्टडीज़ और दूसरी कहानियाँ आपके संभावित ग्राहकों को प्रोत्साहित करने में बहुत प्रभावी होती हैं कि वे आपके "रोमांच के आह्वान" को स्वीकार कर लें। पुराने ग्राहकों की कहानियाँ बताकर आप अपने संभावित ग्राहक का *ध्यान* जकड़ लेते हैं और उन्हें वह रास्ता बताते हैं, जिस पर चलने से वे अपनी मनचाही चीज़ हासिल कर लेंगे। कहानी जितनी ज़्यादा रंगीन, स्पष्ट और भावनात्मक दृष्टि से दमदार होगी, आप उतने ही ज़्यादा संभावित ग्राहकों को आकर्षित करेंगे।

अपने संभावित ग्राहकों को वे कहानियाँ सुनाएँ, जिन्हें सुनने में उनकी रुचि है, और आप उनका ध्यान अवश्यंभावी रूप से जकड़ लेंगे।

इस अवधारणा को शेयर करें : http://book.personalmba.com/narratives/

विवाद

अगर आपको दर्शक चाहिए, तो झगड़ा शुरू कर दें।

—आइरिश सूक्ति

विवाद का मतलब है सबके सामने ऐसा दृष्टिकोण रखना, जिससे हर व्यक्ति सहमत नहीं होगा, अनुमोदन नहीं करेगा या समर्थन नहीं करेगा। सृजनात्मक तरीक़े से करने पर विवाद *ध्यान आकर्षित* करने का प्रभावी तरीक़ा बन सकता है। लोग आपके दृष्टिकोण पर बातें कर सकते हैं, जुड़ सकते हैं और ध्यान दे सकते हैं, जो बहुत अच्छा होता है।

पर्सनल एमबीए ख़ुद सकारात्मक विवाद की शक्ति का अच्छा उदाहरण है। पर्सनल एमबीए बुनियादी कारोबारी सिद्धांतों के बारे में है - सफल होने के लिए आपको व्यवसाय के बारे में क्या-क्या समझना चाहिए। मेरा दृढ़ विश्वास है कि कारोबार के बारे में जो भी जानने की ज़रूरत है, उसे व्यक्ति ख़ुद ही सीख सकता है। इसके लिए किसी परंपरागत एमबीए कार्यक्रम में दाख़िला लेकर अपनी भावी कमाई को गिरवी रखने की कोई ज़रूरत नहीं है।

कुछ लोग इस दृष्टिकोण से दृढ़ता से असहमत हैं - ख़ास तौर पर प्रख्यात बिज़नेस स्कूल प्रोग्रामों के स्नातक। एमबीए के स्नातक और उम्मीदवार अपनी असहमति में प्रायः काफ़ी मुखर होते हैं। वे आम तौर पर अपनी वेबसाइट पर व्यावसायिक शिक्षा के प्रति पर्सनल एमबीए की नीति की भर्त्सना करते हैं या फिर वे मेरी वेबसाइट पर टिप्पणियाँ करके अपनी असहमति दर्ज कराते हैं।

इसमें कुछ भी बुरा नहीं है : हल्के विवाद के इस सतत स्तर की बदौलत पर्सनल एमबीए वेबसाइट सशुल्क विज्ञापनों के बिना भी बरस दर बरस बढ़ती रही। पर्सनल एमबीए के आलोचक अपने विचारों का इज़हार करके उन लोगों तक संदेश पहुँचा रहे हैं, जिन्हें यह पता ही नहीं था कि परंपरागत बिज़नेस स्कूल प्रोग्रामों के विकल्प भी मौजूद हैं।

विवाद की वजह से कई नए लोग पर्सनल एमबीए की टोह लेते हैं और इसकी उपयोगिता के बारे में अपनी राय बनाते हैं। उनमें से कई रुककर मेरी *मुफ़्त* सामग्री पढ़ते हैं और इसके बाद मेरी पुस्तक ख़रीदते हैं, कोर्स करते हैं या मुझसे परामर्श लेने का निर्णय लेते हैं। जब तक मेरे आलोचक अपने विरोध को सभ्यता की सीमा में रखें, मैं असहमति का स्वागत करता हूँ।

राय और प्रबल दृष्टिकोण रखना ठीक है। हर व्यक्ति में यह स्वाभाविक चाहत होती है कि दूसरे लोग उसे पसंद करें और असहमति अक्सर असहज कर देती है। कोई हमारी राय से नाराज़ न हो जाए, इतना अनापत्तिजनक होने की कोशिश में राय को बहुत तनु करना पड़ता है। यदि हर व्यक्ति आपके दृष्टिकोण से सहमत है, तो यह शायद इतना नीरस होगा कि कोई भी आप पर ध्यान नहीं देगा।

ऐसा दृष्टिकोण रखना ठीक है, जिसका समर्थन कोई दूसरा न करता हो। किसी के साथ असहमत होना या किसी चीज़ के ख़िलाफ़ दृष्टिकोण रखने में कोई बुराई नहीं है, क्योंकि विवाद से बातचीत प्रेरित होती है। विचार-विमर्श का मतलब ध्यान खींचना है, जो एक बहुत अच्छी चीज़ है, अगर आप उन लोगों को आकर्षित करना चाहते हैं, जिन्हें आपके प्रॉडक्ट या सेवा से लाभ होगा।

इसका मतलब यह नहीं है कि सारा विवाद अच्छा होता है। सृजनात्मक तरीक़े से विवादास्पद होने और नाटकीय बनने के बीच में एक महीन रेखा होती है। विवाद उद्देश्यपूर्ण होने पर ही मूल्यवान होता है; सिर्फ़ विवाद की ख़ातिर विवाद नहीं होना चाहिए। ऐसा विवाद भी मुनासिब नहीं है, जो आपको नीचा दिखाता है और आपकी प्रतिष्ठा कम करता है। अगर आप अपने कार्यों के पीछे के उद्देश्य को नज़रों से ओझल कर देते हैं, तो विवाद आपकी मदद नहीं करेगा।

जब तक आप ज़्यादा बड़ी तसवीर के अहसास को क़ायम रखते हैं कि आप मदद करने की कोशिश कैसे कर रहे हैं, तब तक थोड़ा-बहुत विवाद खड़ा करना लोगों को आपके बारे में ज़्यादा जानकारी खोजने के लिए प्रोत्साहित करने की दिशा में बहुत कारगर औज़ार हो सकता है।

इस अवधारणा को शेयर करें : http://book.personalmba.com/controversy/

प्रतिष्ठा

चाहे आप इसे पसंद करें या न करें, बाज़ार की अनुभूति आपकी वास्तविकता बन जाती है।

—हॉवर्ड मान, अभिनेता और कॉमेडियन

मेरी राय में "ब्रांडिंग" आधुनिक कारोबारी संसार में काफ़ी ज़्यादा प्रयुक्त और प्रचारित विचारों में से एक है। ब्रांड बनाने में कुछ भी जादुई या जटिल नहीं है। जब कारोबारी पेशेवर कहते हैं कि वे "अपने ब्रांड का विस्तार" करना चाहते हैं या "ब्रांड इक्विटी बनाना" चाहते हैं, तो उनका हमेशा यह मतलब होता है कि वे "अपनी प्रतिष्ठा को बेहतर करना" चाहते हैं।

लोग किसी ख़ास प्रॉडक्ट या कंपनी के बारे में आम तौर पर *प्रतिष्ठा* के संदर्भ में विचार करते हैं। जब भी लोग एक दूसरे से बात करते हैं, तो प्रतिष्ठाएँ स्वाभाविक रूप से बनती या बिगड़ती हैं। कुछ प्रॉडक्ट और सेवाएँ उस भाव पर ख़रीदने लायक़ होती हैं; बाक़ी नहीं होतीं। कुछ अनुभव लेने लायक़ होते हैं; बाक़ी नहीं होते। कुछ लोग साथ काम करने लायक़ होते हैं; बाक़ी नहीं होते। कोई भी अपना समय या पैसा बरबाद नहीं करना चाहता, इसलिए लोग बहुत ध्यान से सुनते हैं कि दूसरे लोग उनकी रुचि की चीज़ों के बारे में क्या कहते हैं।

ज़बर्दस्त प्रतिष्ठा बनाना बहुत मूल्यवान होता है : लोग अक्सर अच्छी प्रतिष्ठा वाली चीज़ों के लिए ज़्यादा क़ीमत चुकाने को तैयार होते हैं। टाइड और क्रेस्ट जैसे मशहूर उपभोक्ता ब्रांड अपनी श्रेणी में दूसरों से ज़्यादा दाम पर सामान बेचते हैं, इसका एक कारण उनकी प्रतिष्ठा की शक्ति है। संभावित ग्राहक अपने मन में यह विश्वास करना चाहते हैं कि वे जिस चीज़ को ख़रीदने की सोच रहे हैं, उससे उन्हें लाभ होगा, दूसरे लोग उनके निर्णय की प्रशंसा करेंगे और उनका पैसा बरबाद नहीं होगा। सम्मानित कारोबारी कहावत पर ग़ौर फ़रमाएँ : "आईबीएम उत्पाद ख़रीदने के लिए कभी किसी को नौकरी से नहीं निकाला गया।"

यह ग़ौर करना महत्त्वपूर्ण है कि आपकी प्रतिष्ठा पर आपका सीधा नियंत्रण नहीं होता है – यह तो बस महायोग है कि दूसरे आपसे जुड़ी हर चीज़ के बारे में क्या सोचते हैं। वे प्रॉडक्ट जो आप बाज़ार में उतारते हैं, वे विज्ञापन जो आप देते हैं, वह ग्राहक सेवा जो आप प्रदान करते हैं। चाहे आप कितनी ही कड़ी कोशिश कर लें, आप अपनी प्रतिष्ठा का सीधे "प्रबंधन" नहीं कर सकते – आप तो बस अपने ग्राहकों को इस बात पर ख़ुश करने की कोशिश कर सकते हैं कि उन्होंने आपके प्रॉडक्ट का चयन किया; आप इस अनुभव को समय के साथ बेहतर भी बना सकते हैं।

हमेशा याद रखें कि बाज़ार आपकी प्रतिष्ठा का अंतिम न्यायाधीश है और यह हमेशा आपके हर काम को देख रहा है। जब आप एक बेहतरीन प्रतिष्ठा बना लेते हैं, तो आपके ग्राहक न सिर्फ़ आपके प्रॉडक्ट ख़रीदेंगे, बल्कि दूसरों से आपकी प्रशंसा भी करेंगे, क्योंकि वे आपके बारे में काफ़ी अच्छी राय रखते हैं (इसलिए भी क्योंकि मित्रों को अच्छे प्रॉडक्ट और सेवाओं के बारे में बताने से उनकी ख़ुद की प्रतिष्ठा भी बढ़ती है।) प्रतिष्ठा बनाने में समय और प्रयास लगता है, लेकिन यही सबसे प्रभावी क़िस्म की मार्केटिंग है।

इस अवधारणा को शेयर करें : http://book.personalmba.com/reputation/

4

बिक्री

लोगों को यह पसंद नहीं होता कि उन्हें कोई चीज बेची जाए,
लेकिन उन्हें ख़रीदना बहुत पसंद होता है।

— जेफ़्री गिटोमर, *द सेल्स बाइबल* और
द लिटिल रेड बुक ऑफ़ सेलिंग के लेखक

हर सफल व्यवसाय अंततः वही बेचता है, जो यह बनाता या करता है। लाखों-करोड़ों संभावित ग्राहकों के होने से कोई फ़ायदा नहीं होगा, जब तक कि कोई अपना पर्स निकालकर यह न कहे, "मैं इसे ख़रीदूँगा।" बिक्री की प्रक्रिया संभावित ग्राहक से शुरू होती है और भुगतान करने वाले ग्राहक पर ख़त्म होती है। अगर कोई बिक्री नहीं होगी, तो कोई व्यवसाय भी नहीं होगा।

संसार की सर्वश्रेष्ठ कंपनियाँ अपने संभावित ग्राहकों का विश्वास अर्जित करती हैं और उन्हें यह समझाती हैं कि उनके प्रॉडक्ट के बदले ग्राहक उतने पैसे क्यों दे। कोई भी बुरा निर्णय लेना या उल्लू बनना नहीं चाहता है, इसलिए बिक्री में ज़्यादातर संभावित ग्राहक को यह बताया जाता है कि क्या महत्त्वपूर्ण है और फिर उसे यह विश्वास दिलाया जाता है कि आप जो वादा कर रहे हैं, आप उसे सचमुच पूरा कर सकते हैं।

बिक्री की प्रक्रिया के अंत में एक तरफ़ रोमांचित नया ग्राहक होता है और दूसरी तरफ़ बैंक ख़ाते में ज़्यादा पैसा होता है।

इस अवधारणा को शेयर करें : **http://book.personalmba.com/sales/**

सौदा

सिर्फ़ एक ही बॉस होता है : ग्राहक। और वह अपना पैसा किसी दूसरी जगह ख़र्च करके चेयरमैन से लेकर सबसे छोटे कर्मचारी तक हर एक को नौकरी से निकाल सकता है।

— सैम वाल्टन, वालमार्ट के संस्थापक

सौ*दा* दो या अधिक पक्षों के बीच मूल्य का विनिमय है। अगर मेरे पास कोई ऐसी चीज़ है, जिसे आप चाहते हैं और आपके पास कोई ऐसी चीज़ है जिसे मैं चाहता हूँ, तो हम दोनों ही बेहतर स्थिति में होंगे, अगर हम विनिमय करने को तैयार हो जाएँ।

सौदा हर व्यवसाय का महत्त्वपूर्ण पल है। बिक्री व्यावसायिक चक्र में एकमात्र बिंदु है, जहाँ संसाधन व्यवसाय में प्रवाहित होते हैं, इसलिए सौदे पूरा करना अत्यंत महत्त्वपूर्ण है। कंपनियाँ जितना ख़र्च करती हैं, उससे ज़्यादा कमाई करके ही ज़िंदा रह सकती हैं और सौदे पूरे किए बिना यह किसी तरीक़े से संभव नहीं है।

आप सिर्फ़ *आर्थिक दृष्टि से मूल्यवान चीज़ें* देकर ही सौदे कर सकते हैं। अगर आपके पास कोई ऐसी चीज़ नहीं है, जिसे आपके संभावित ग्राहक चाहते हैं, तो वे आपसे नहीं ख़रीदेंगे। यह स्पष्ट लगता है, लेकिन हैरानी की बात यह है कि बहुत सारे संभावित व्यवसायी बाज़ार द्वारा चाही गई चीज़ों के बिना ही बाज़ार में क़दम रख देते हैं। इसीलिए *न्यूनतम उपयोगी पेशकश* तैयार करना और उसका परीक्षण करना इतना महत्त्वपूर्ण होता है। ज़िंदगीभर की बचत का निवेश करने से पहले यह तय करने का सर्वश्रेष्ठ तरीक़ा है कि आपने ख़ास मूल्यवान चीज़ बनाई है या नहीं। नया व्यवसाय शुरू करते समय आपका उद्देश्य उस बिंदु तक पहुँचना है, जहाँ आप अपना पहला लाभकारी सौदा जल्द से जल्दी कर लें, क्योंकि इसी बिंदु पर प्रोजेक्ट व्यवसाय में बदलता है। इस अध्याय के उदाहरण/अवधारणाएँ लाभकारी सौदे करने में आपकी मदद करेंगे, जिनसे दोनों पक्ष ख़ुश हों।

इस अवधारणा को शेयर करें : http://book.personalmba.com/transaction/

विश्वास

ज़िंदगी का रहस्य ईमानदारी और निष्कपटता है। अगर आप इसकी नक़ल कर सकें, तो आप ज़िंदगी बना लेंगे।

— ग्राउचो मार्क्स

मैं आपके सामने एक प्रस्ताव रखता हूँ : मुझे इसी समय एक लाख डॉलर का सर्टिफ़ाइड बैंक चैक भेज दें। दस साल बाद मैं आपको इटली के अमाल्फ़ी तट पर एक बिलकुल नए दस हज़ार वर्ग फ़ुट के विला की चाबियाँ दे दूँगा। आपको विला का कोई नमूना या प्रगति विवरण नहीं दिखाया जाएगा। मैं आपको विला तैयार होने तक कुछ भी नहीं बताऊँगा और किसी भी तरह का कोई रिफ़ंड नहीं होगा। क्या आप सौदा पक्का करना चाहेंगे?

जब तक कि आप *बहुत* विश्वास करने वाले इंसान न हों, जिसके पास उड़ाने के लिए ढेर सारा पैसा हो, तब तक आप सौदा पक्का नहीं करेंगे। आप इस बात पर विश्वास कैसे करेंगे कि मैं इतने कम पैसों में आपके लिए समुद्र किनारे एक महल बना सकता हूँ? आप इस बात पर विश्वास कैसे करेंगे कि मैं पैसा लेकर चंपत नहीं हो जाऊँगा?

आप यह विश्वास नहीं कर सकते, इसीलिए आप मुझे (या किसी दूसरे को) भूमध्यसागर में किसी अनदेखे विला के लिए चेक नहीं देंगे।

आइए, स्थिति को उलट देते हैं : हम यह मान लेते हैं कि मैं यह विला बनाने में सक्षम हूँ और आपकी विला ख़रीदने में रुचि है। आपके पास इसे ख़रीदने के लिए पैसा है, जब तक मुझे इस बात का विश्वास नहीं है, तब तक क्या यह समझदारी भरा होगा कि मैं ज़मीन ख़रीदूँ, नींव डालूँ और विला बनाने लगूँ? शायद नहीं - अगर आपके साथ सौदा पक्का नहीं हुआ, तो मुझे कोई दूसरा ग्राहक खोजना होगा या फिर ख़ुद ख़र्च को झेलना होगा।

अगर पक्षों के बीच निश्चित *विश्वास* नहीं है, तो *सौदा* नहीं होता है। चाहे कितने भी वादे किए जाएँ या सौदा चाहे कितना ही अच्छा दिखता हो, कोई भी ग्राहक अपनी मेहनत से कमाए पैसे तब तक नहीं देना चाहता है, जब तक कि उसे यह विश्वास न हो जाए कि आप अपने वादे निभा सकते हैं। इसी तरह, अपरिचित ग्राहकों को उधार देना या उनसे आईओयू करना भी आम तौर पर समझदारी भरी नीति नहीं होती है।

निष्पक्षता और ईमानदारी से काम करके समय के साथ विश्वसनीय *छवि* बनाना विश्वास प्रेरित करने का सर्वश्रेष्ठ तरीक़ा है। आप यह संकेत देने के लिए भी क़दम उठा सकते हैं कि आप विश्वसनीय हैं : बेटर बिज़नेस ब्यूरो, क़र्ज़ और पृष्ठभूमि परीक्षण सेवाएँ तथा एस्क्रो अकाउंट जैसे वित्तीय संगठन होते हैं, जो किसी सौदे में दोनों पक्षों के विश्वास के शुरुआती अभाव को दूर करते हैं। ये किसी बिक्री को पूरा करने का एक महत्त्वपूर्ण आपसी अवरोध हटा देते हैं। इन सेवाओं के बिना कई सौदे तो कभी हो ही नहीं सकते थे।

आप विश्वसनीय हैं, यह दिखाना जितना ज़्यादा आसान होता है, सफल सौदे की संभावना भी उतनी ही ज़्यादा होती है। दूसरी ओर, सामने वाला विश्वसनीय है, यह सत्यापित करना जितना ज़्यादा आसान होता है, सफल सौदे की संभावना भी उतनी ही ज़्यादा होती है।

इस अवधारणा को शेयर करें : **http://book.personalmba.com/trust/**

साझी ज़मीन

समझौता किसी केक को इस तरह बाँटने की कला है, जिससे हर व्यक्ति को यह लगे कि सबसे बड़ा टुकड़ा उसी के पास है।

—लुडविग अरहार्ड, नेता और पश्चिम जर्मनी के पूर्व चांसलर

सा*झी ज़मीन* का मतलब दो या अधिक पक्षों के बीच साझी रुचि होना है। अपने उपलब्ध विकल्पों को एक वृत्त मानें, जो आपको घेरे हुए है। आपके संभावित ग्राहकों के पास भी उपलब्ध विकल्पों का एक वृत्त है। आपका काम सटीकता से यह पता लगाना है कि ये दोनों

वृत्त एक दूसरे को कहाँ काटते हैं। यह तब ज़्यादा आसान होता है, जब आप इस बात को समझते हैं कि आपके *संभावित ग्राहक* क्या चाहते हैं या उन्हें किस चीज़ की ज़रूरत है।

अपनी वर्तमान या पिछली नौकरी के बारे में सोचें। संभवतः आपने वह नौकरी इसलिए की थी, क्योंकि आप निश्चित ज़िम्मेदारियाँ निभाने के लिए तैयार थे और आपका नियोक्ता आपसे वह काम कराने में रुचि रखता था। आपकी निश्चित वेतन में रुचि थी और आपका नियोक्ता आपको उतना वेतन देने के लिए तैयार था। आपकी रुचियाँ किसी बिंदु पर आपस में मेल खा रही थीं, जिस वजह से आपके सामने उस कंपनी में नौकरी करने और वेतन देने का प्रस्ताव रखा गया। यही साझी ज़मीन है।

जब आप किसी रिटेलर से कोई चीज़ ख़रीदते हैं, तो यह बार-बार होता है। उसके पास एक प्रॉडक्ट होता है, जिसके आप मालिक बनना चाहते हैं। आपके पास निश्चित पैसे होते हैं, जिसे लेकर वे आपको प्रॉडक्ट देने को तैयार होते हैं। यदि आपके मन में उस प्रॉडक्ट का मालिक बनने की इच्छा नहीं है या आप जितने पैसे देना चाहते हैं, रिटेलर उससे ज़्यादा पैसे चाहता है, तो कोई सौदा नहीं होगा।

साझी ज़मीन किसी भी तरह के सौदे की पूर्व शर्त है। यदि परस्पर रुचि का कोई क्षेत्र न हो, तो किसी संभावित ग्राहक के पास आपसे कुछ ख़रीदने का कोई कारण नहीं होता है। किसी चीज़ का आपके लिए जो मूल्य है, उससे ज़्यादा पैसे देना समझदारी भरा नहीं होगा। यदि आपका प्रॉडक्ट या सेवा आपके संभावित ग्राहकों के सर्वश्रेष्ठ हित में नहीं है, तो उनसे उसे ख़रीदने की उम्मीद क्यों करें?

रुचियों को एकरूप करना साझी ज़मीन खोजने के लिए अत्यंत महत्त्वपूर्ण है। बिक्री किसी व्यक्ति से ऐसी चीज़ ख़रीदवाना नहीं है, जो उसके सर्वश्रेष्ठ हित में नहीं है। आदर्श स्थिति तो यह है कि आप भी ठीक वही चाहें, जो आपके संभावित ग्राहक चाहते हैं : उनकी इच्छा की पूर्ति या उनकी समस्या का समाधान। आपकी रुचियाँ आपके संभावित ग्राहक की रुचियों के जितनी ज़्यादा अनुरूप होंगी, वे अपनी मनचाही चीज़ देने की आपकी क़ाबिलियत पर उतना ही ज़्यादा *विश्वास* करेंगे।

किसी सफल सौदे के हमेशा कई मार्ग होते हैं और यही सौदेबाज़ी का सार है। सौदेबाज़ी साझी ज़मीन खोजने के अलग-अलग विकल्पों की पड़ताल का तरीक़ा है। आप जितने ज़्यादा संभावित मार्गों की पड़ताल करते हैं, वह मार्ग खोजने की उतनी ही ज़्यादा संभावना रहती है, जिसमें आपकी रुचियाँ एक-दूसरे के समान हों। आप संभावित विकल्पों के प्रति जितने ज़्यादा खुले होते हैं, उतनी ही ज़्यादा संभावना रहती है कि आप साझी ज़मीन का वह क्षेत्र खोज लेंगे, जिस पर सभी शामिल पक्ष तैयार हो जाएँगे।

इस अवधारणा को शेयर करें : http://book.personalmba.com/common-ground/

अनिश्चित भाव का सिद्धांत

आप जीवन में जो भी चाहते हैं, हर चीज़ की एक क़ीमत होती है। अगर आप चीज़ों को बेहतर बनाना चाहते हैं, तो उसकी एक क़ीमत चुकानी होती है। अगर आप चीज़ों को जस का तस रखना चाहते हैं, तो उसकी भी क़ीमत चुकानी होती है – हर चीज़ की क़ीमत चुकानी होती है।

—हैरी ब्राउन, *फ़ेल-सेफ़ इनवेस्टिंग* के लेखक

बिक्री के सबसे मनमोहक हिस्सों में से एक वह है, जिसे मैं *अनिश्चित भाव का सिद्धांत* कहता हूँ। सारे भाव स्वेच्छाचारी और लचीले होते हैं। भाव तय करना हमेशा प्रबंधकीय निर्णय होता है। अगर आप किसी छोटे पत्थर को 350 मिलियन डॉलर में बेचना चाहते हैं, तो आप ऐसा कर सकते हैं। अगर आप एक घंटे बाद उस भाव को चार गुना करना चाहते हैं या उसे घटाकर 0.10 डॉलर करना चाहते हैं, तो कोई भी चीज़ आपको ऐसा करने से नहीं रोक सकती। *कोई भी* भाव किसी भी समय *किसी भी* स्तर पर, *बिना किसी सीमा* के तय किया जा सकता है।

अनिश्चित भाव के सिद्धांत का एक स्वाभाविक परिणाम यह है कि ग्राहक इसे तभी स्वीकार करेगा, जब आप उस भाव का *समर्थन* करने में सक्षम होंगे। आम तौर पर लोग अपनी मनचाही चीज़ों को कम से कम पैसों में हासिल करना चाहते हैं (जिसके कुछ उल्लेखनीय अपवाद हैं, जिन पर हम *सामाजिक संकेत* वाले खंड में बाद में बात करेंगे)। अगर आप यह उम्मीद करते हैं कि लोग किसी प्रॉडक्ट के बदले में आपको अच्छे पैसे दें, तो आपको यह कारण बताने में सक्षम होना चाहिए कि माँगा गया भाव *क्यों वाजिब* है।

एक छोटे पत्थर के लिए 350 मिलियन डॉलर के भाव का समर्थन करना मुश्किल होता है - जब तक कि वह पत्थर होप डायमंड न हो - 45.5 कैरेट का गहरा नीला हीरा, जिसका इतिहास लंबा और समृद्ध रहा है।

होप डायमंड इस वक़्त स्मिथसोनियन नेशनल म्यूज़ियम ऑफ़ नेशनल हिस्ट्री के स्वामित्व में है और यह बिकाऊ नहीं है। यदि स्मिथसोनियन होप डायमंड को बेचने का निर्णय ले, तो यह आसानी से 1 अरब डॉलर का भाव माँग सकता है। इसे ऐसा करने से कौन रोक रहा है?

नीलामी अनिश्चित भाव के सिद्धांत का एक उदाहरण है। भाव लगातार बदलते रहते हैं। वे उस अनुपात में बढ़ते हैं कि कितने लोगों की रुचि है और उनमें से हर व्यक्ति कितना ख़र्च करने के लिए तैयार है।

नीलामी कम शुरुआती भाव तय करती है और संभावित ख़रीदारों से प्रतिस्पर्धी बोलियाँ लगवाती है। यह किसी ऐसी चीज़ का सच्चा बाज़ार भाव तय करने का कुशल तरीक़ा है, जिसे दोबारा उत्पन्न करना मुश्किल है और बाज़ार में उस जैसी दूसरी चीज़ें मौजूद नहीं हैं। इसीलिए होप डायमंड जैसी दुर्लभ चीज़ें जब भी बिकती हैं, तो आम तौर पर नीलामियों में ही बिकती हैं। बिकने वाला सबसे महँगा हीरा 507.5 कैरेट का कुलिनन हेरिटेज डायमंड था, जो नीलामी में 35.3 मिलियन डॉलर में बिका था। एक पत्थर के लिहाज़ से बुरा भाव नहीं था।

इस अवधारणा को शेयर करें : http://book.personalmba.com/pricing-uncertainty-principle/

भाव तय करने के चार तरीक़े

पैसा ग़रीबी से बेहतर है, भले ही यह सिर्फ़ वित्तीय कारणों से हो।
—वुडी एलन, कॉमेडियन, पटकथा लेखक और निर्देशक

आइए एक पल के लिए यह मान लेते हैं कि आप एक ऐसे घर के मालिक हैं, जिसे आप बेचना चाहते हैं। *अनिश्चित भाव का सिद्धांत* कहता है कि भाव कुछ भी हो सकता है - आपको इसे ख़ुद तय करना होता है, क्योंकि मकान पर क़ीमत का बिल्ला नहीं लगा रहता है। आइए यह भी मान लेते हैं कि आप मकान को ज़्यादा से ज़्यादा भाव पर बेचना चाहते हैं। सबसे ज़्यादा भाव कैसे तय करें, जिसे कोई ग्राहक सचमुच स्वीकार कर ले?

किसी मूल्यवान चीज़ के भाव का समर्थन करने के चार तरीक़े हैं : (1) परिवर्तन की लागत, (2) बाज़ार की तुलना, (3) डिस्काउंटेड कैशफ़्लो/नेट प्रज़ेन्ट वैल्यू और (4) मूल्य की तुलना। *भाव तय करने के ये चार तरीक़े* यह आकलन करने में आपकी मदद करेंगे कि आपके ग्राहकों के लिए किसी चीज़ का संभावित मूल्य कितना हो सकता है।

परिवर्तन लागत प्रणाली इस सवाल का जवाब देकर भाव का समर्थन करती है, "इसे बदलने में कितना ख़र्च आएगा?" मकान के मामले में सवाल यह बन जाता है, "इस तरह का मकान बनाने में कितना ख़र्च आएगा?"

मान लें कि कोई धूमकेतु सीधे मकान पर गिर गया, जिससे वहाँ कुछ भी नहीं बचा है - आपको वह मकान शून्य से दोबारा बनाना है। वैसी ही ज़मीन ख़रीदने, आर्किटेक्ट से नक़्शे बनवाने, वैसे ही सामान ख़रीदने और कारीगरों से वैसा ही मकान बनवाने में कितना ख़र्च आएगा? इन ख़र्चों को जोड़ लें। इसमें अपने समय व प्रयास की भरपाई के लिए अतिरिक्त राशि भी जोड़ लें। यह सब जोड़ने पर आपको एक मोटा-मोटा अनुमान मिल जाता है कि आपके मकान का मूल्य कितना है।

ज़्यादातर पेशकशों के मामले में परिवर्तन लागत आम तौर पर "लागत के साथ मुनाफ़ा जोड़ने" वाला आकलन होती है। यह पता लगाएँ कि इसे बनाने में कितना ख़र्च आता है, अपना मनचाहा मुनाफ़ा जोड़ लें और इसी के अनुसार उचित भाव तय करें।

बाज़ार तुलना प्रणाली इस सवाल का जवाब देकर भाव का समर्थन करती है, "इस तरह की चीज़ें कितने में बिक रही हैं?" मकान के मामले में यह सवाल बन जाता है, "इस इलाक़े में इस तरह के मकान हाल में कितने में बिके हैं?"

यदि आप आस-पास के इलाक़े को देखते हैं, तो शायद आपके मकान जैसे कुछ दूसरे मकान पिछले साल बिके होंगे। शायद वे हूबहू एक जैसे नहीं होंगे (शायद उनमें एक बेडरूम या बाथरूम ज़्यादा होगा, थोड़े कम वर्ग फ़ुट के होंगे आदि), लेकिन वे लगभग समान होंगे। जब आप भिन्नताओं का समायोजन कर लेते हैं, तो आप इन "तुलनीय" मकानों के बिक्री भाव का इस्तेमाल करके यह अनुमान लगा सकते हैं कि आपका मकान कितने का है।

बाज़ार तुलना प्रणाली चीज़ों का भाव तय करने का बहुत आम तरीक़ा है : समान चीज़ें खोजें और उनके भाव के आस-पास अपना भाव तय करें।

डिस्काउंटेड कैशफ़्लो (डीसीएफ़)/ नेट प्रज़ेंट वैल्यू (एनपीवी) प्रणाली इस सवाल का जवाब देकर भाव का समर्थन करती है, "यदि यह लंबे समय तक लगातार पैसा दे सकता है, तो इस आधार पर इसका मूल्य कितना है?" आपके मकान के मामले में सवाल यह बन जाता है, "यदि इस मकान को आगे किराए पर दिया जाए, तो इस मकान से हर महीने कितनी आमदनी होगी और आज एकमुश्त राशि के रूप में कैशफ़्लो की इस शृंखला का मूल्य कितना है?"

किराया हर महीने आता है, जो काफ़ी अच्छी बात है। आप डीसीएफ़/एनपीवी फ़ॉर्मूलों का इस्तेमाल करके यह गणना कर सकते हैं कि निश्चित समय तक भुगतानों की शृंखला का क्या मूल्य होगा, अगर आपको उनके बदले में एकमुश्त राशि में मिल जाए। हम मान लेते हैं कि आप दस साल तक हर महीने मकान को 2,000 डॉलर किराये पर उठा सकते हैं और यह 95 प्रतिशत समय भरा रहता है। हम यह भी मान लेते हैं कि आप अगले सर्वश्रेष्ठ विकल्प को चुनकर अपने पैसों पर 7 प्रतिशत ब्याज कमा सकते हैं, तो आपके पास *एक अच्छा आकलन* होगा कि वह मकान कितना मूल्यवान है।

डीसीएफ़/एनपीवी का इस्तेमाल सिर्फ़ उन चीज़ों का भाव तय करने के लिए किया जाता है जो निरंतर कैशफ़्लो दे सकती हैं। यह कंपनियों का भाव तय करने का एक बहुत आम तरीक़ा है, जब उन्हें बेचा जाता है या उनका अधिग्रहण किया जाता है - कंपनी हर महीने जितना ज़्यादा मुनाफ़ा कमाती है, ख़रीदने वाले के लिए वह उतनी ही ज़्यादा मूल्यवान होती है।

मूल्य तुलना प्रणाली इस सवाल का जवाब देकर भाव का समर्थन करती है, "यह किसके लिए ख़ास तौर पर मूल्यवान है?" मकान के मामले में सवाल यह हो जाता है, "इस मकान की कौन सी विशेषताएँ इसे कुछ ख़ास प्रकार के लोगों के लिए मूल्यवान बनाती हैं?"

आइए मान लेते हैं कि मकान किसी आकर्षक, सुरक्षित इलाक़े में है, जिसके पास एक शीर्षस्थ पब्लिक स्कूल है। ये विशेषताएँ उस मकान को उन परिवारों के लिए ज़्यादा मूल्यवान बना देंगी, जिनके बच्चे स्कूल जाने की उम्र के हों, ख़ास तौर पर अगर वे उस स्कूल में जाना चाहते हों। ऐसे संभावित ख़रीदारों के लिए यह ख़ास मकान घटिया स्कूल वाले इलाक़े के मकान की तुलना में ज़्यादा मूल्यवान होगा।

एक और उदाहरण देखें : मान लें कि एल्विस प्रेस्ले पहले उस मकान के मालिक थे। कुछ निश्चित प्रकार के अमीर लोगों के लिए - जो एल्विस से प्रेम करते हैं - यह मकान *बहुत ही* मूल्यवान बन जाएगा। एल्विस के पुराने जुड़ाव की बदौलत वह भाव आसानी से तीन-चार गुना हो सकता है, जिसका समर्थन आप परिवर्तन, बाज़ार तुलना या डीसीएफ़/ एनपीवी प्रणालियों के ज़रिये कर सकते हैं। अपने सामान या चीज़ की अनूठी विशेषताओं को देखकर और निश्चित लोगों के लिए उन विशेषताओं के मूल्य को पहचानकर आप प्रायः ज़्यादा ऊँचे भाव का समर्थन कर सकते हैं।

मूल्य तुलना आम तौर पर अपने प्रॉडक्ट का भाव तय करने का सबसे अच्छा तरीक़ा है, क्योंकि किसी पेशकश का मूल्य निश्चित समूह के लिए काफ़ी ऊँचा हो सकता है, जिससे ज़्यादा अच्छा भाव मिलता है। दूसरी प्रणालियों का इस्तेमाल आधार-रेखा के रूप में करें, लेकिन यह खोजने पर ध्यान केंद्रित करें कि आपकी पेशकश ख़रीदने वाले पक्ष के लिए कितनी मूल्यवान है, फिर उसी के अनुरूप उचित भाव तय करें।

इस अवधारणा को शेयर करें : http://book.personalmba.com/4-pricing-methods/

भाव परिवर्तन सदमा

यदि आप पायलट के रूप में बूढ़े होना चाहते हैं, तो आपको पता होना चाहिए कि इसे कब धकाना है और कब पीछे हटना है।

—चक यीगर, ध्वनि का अवरोध तोड़ने वाले पहले पायलट

जब आप अपने प्रॉडक्ट या सेवा का भाव बदलते हैं, तो उसके प्रभाव आपके वर्तमान बाज़ार तक ही सीमित नहीं होते हैं। भाव बदलने से आपके आम संभावित ग्राहक भी रातोंरात बदल सकते हैं।

व्यवसाय में नए आने वाले ज़्यादातर लोग यह मानकर चलते हैं कि भाव घटाना बिक्री बढ़ाने का सर्वश्रेष्ठ तरीक़ा है। यह हमेशा सच नहीं होता। अक्सर भाव बढ़ाना भी *ज़्यादा* ग्राहकों को आकर्षित करने का एक प्रभावी तरीक़ा साबित होता है।

जब पेशकश कोई कमॉडिटी या सामान्य चीज़ हो, तो डिस्काउंट से ग्राहक आकर्षित होते हैं। अगर एक गैस स्टेशन की गैसोलीन और दूसरे गैस स्टेशन की गैसोलीन में कोई फ़र्क़ नहीं है, तो अपने भाव घटाने वाला गैस स्टेशन ज़्यादा ग्राहकों को आकर्षित कर लेता है। चूँकि ज़्यादातर सर्विस स्टेशन गैसोलीन बेचने से ज़्यादा पैसा अपने कनवीनिएंस स्टोर से कमाते हैं, इसलिए गैस पर डिस्काउंट देने की रणनीति से ज़्यादा मुनाफ़ा हो सकता है।

अर्थशास्त्र के शुरुआती पाठ्यक्रमों में इस विचार को "भाव का लचीलापन" कहा जाता है। जब भाव ऊपर या नीचे होते हैं, तो उन प्रॉडक्ट्स की माँग में भारी परिवर्तन आता है, जो ज़्यादा भाव-लोच वाले होते हैं। भाव बदलने पर भाव के कम लोच वाले प्रॉडक्ट्स की माँग पर बहुत कम फ़र्क़ पड़ता है। अर्थशास्त्री घटते भाव के वक्र खींचने से प्रेम करते हैं, जो यह दिखाते हैं कि दाम घटने पर माँग बढ़ती है।

पारंपरिक भाव तय करने वाले वक्र के साथ मुश्किल यह है कि यह भ्रामक हो सकता है, जब पेशकश कमॉडिटी न हो। प्रायः यह देखा गया है कि जब आप भाव बढ़ाते हैं, तो आपका प्रॉडक्ट अच्छे ग्राहकों को ज़्यादा आकर्षक लग सकता है, जिससे माँग *बढ़* सकती है।

कारें भाव की इस तरह की संवेदनशीलता का आदर्श उदाहरण हैं : कुछ कारें *महँगी होने की बदौलत ही वांछनीय* होती हैं। बेन्टले कॉन्टिनेंटल जीटी ख़रीदने वाला ग्राहक टोयोटा केमरी ख़रीदने वाले ग्राहक से बहुत अलग होता है।

जब आप भाव तय करने की अलग-अलग रणनीतियों का परीक्षण करते हैं, तो आप ग़ौर करेंगे कि एक निश्चित सीमारेखा होती है, जहाँ एक ख़ास तरह के ग्राहक आपके प्रति आकर्षण *खो* देते हैं और बहुत अलग तरह के ग्राहक आपके प्रति आकर्षित होना शुरू कर देते हैं। *भाव परिवर्तन* का यह सदमा आपके व्यवसाय के कार्यकारी अनुभव को पूरी तरह बदल देता है, इसलिए आपको इसे हल्केपन में नहीं लेना चाहिए।

जब आप भाव परिवर्तन सदमे को ध्यान में रखते हुए अपने भाव तय करें, तो दो मुख्य विचारणीय बातों पर ग़ौर करें : (1) संभावित मुनाफ़ा और (2) आदर्श ग्राहक की विशेषताएँ। सर्वश्रेष्ठ रणनीति अपने भाव सबसे वांछनीय संभावित ग्राहकों को आकर्षक लगने वाले भाव तय करना होती है, जिनके साथ काम करने पर आपको सबसे ज़्यादा मुनाफ़ा हो।

आदर्श संतुलन उस बाज़ार पर निर्भर करता है, जिसमें आप काम करते हैं या करना चाहते हैं। कुछ बाज़ारों में उन ग्राहकों की सेवा करना आसान होता है, जो कम भाव के प्रति आकर्षित होते हैं; दूसरे बाज़ारों में डिस्काउंट पसंद करने वाले ग्राहक चुनौतीपूर्ण और बदतमीज़ हो सकते हैं। इसी तरह, भाव बढ़ाने पर त्योरियाँ न चढ़ाने वाले कुछ संभावित ग्राहक सुखद और सौहार्दपूर्ण हो सकते हैं या फिर वे रौबदार और अप्रिय भी हो सकते हैं। आपका अनुभव उद्योग और संभावित ग्राहकों की अपेक्षाओं पर निर्भर करता है।

मैंने एक कंपनी के साथ काम किया था, जिसने कम भाव वाले प्रॉडक्ट्स हटाकर अपने औसत ऑर्डर मूल्य को दोगुना कर लिया। इसके फलस्वरूप मुनाफ़ा बढ़ गया। *द्वितीय-ऑर्डर प्रभाव* (जिस पर बाद में चर्चा की गई है) यह रहा कि कंपनी के आम ग्राहक की गुणवत्ता घट गई। संभावित ग्राहक ज़्यादा बार अतार्किक माँगें करने लगे और उनके पूरी न होने पर असम्मानजनक व्यवहार करने लगे। अल्पकालीन वित्तीय परिणाम तो अच्छे मिले, लेकिन इस परिवर्तन के कारण स्टाफ़ को बहुत तनाव झेलना पड़ा।

मैं एक सेवा व्यवसाय को भी परामर्श देता हूँ। इसने भी पिछले उदाहरण जैसा काम किया और अपनी सेवा के भाव को चार गुना कर लिया। इसकी यह नीति इसके आदर्श ग्राहकों को आकर्षक लगी, जो कंपनी के काम को मूल्यवान मानते थे और प्रोजेक्ट को गंभीरता से लेते थे। भाव बढ़ने से कम गुणवत्ता वाले ग्राहक बिचक गए और दूर चले गए। इसके फलस्वरूप कंपनी के ग्राहकों की सूची उत्कृष्ट ग्राहकों से भर गई और इसका मुनाफ़ा 500 प्रतिशत से भी ज़्यादा बढ़ गया। स्टाफ़ इस परिवर्तन से रोमांचित है। यह बेहतर ग्राहकों के लिए ज़्यादा काम कर रहा है और इसकी विशेषज्ञता के लिए इसे ज़्यादा वेतन मिल रहा है।

जब आप अपने भाव बदलते हैं, तो आपके प्रॉडक्ट या सेवा के प्रति आकर्षित होने वाले संभावित ग्राहक भी बदल जाएँगे। जब तक आप *पर्याप्तता* (जिस पर बाद में चर्चा की गई है) क़ायम रखते हैं, तब तक आप किसी भी तरह के ग्राहक को आकर्षित करने का चयन कर सकते हैं।

इस अवधारणा को शेयर करें : http://book.personalmba.com/price-transition-shock/

मूल्य आधारित बिक्री

भाव वह है, जो आप चुकाते हैं। मूल्य वह है, जो आप पाते हैं।

— वॉरेन बफे

कल्पना करें कि आप किसी *फ़ॉर्चून* 500 कॉरपोरेशन को एक ऐसी सेवा निरंतर प्रदान करते हैं, जिससे उसकी वार्षिक आमदनी 100 मिलियन डॉलर बढ़ जाती है। क्या आपकी सेवा का एक साल में 10 मिलियन डॉलर मूल्य वाजिब है? निश्चित रूप से - आख़िर, कौन सी कंपनी होगी, जो साल दर साल 90 मिलियन डॉलर की आमदनी छोड़ना चाहेगी?

क्या यह मायने रखता है कि यह मूल्यवान सेवा देने में आप ज़्यादा ख़र्च नहीं करते हैं? बिलकुल नहीं - भले ही वह सेवा देने में आपको एक साल में सौ डॉलर ख़र्च करना पड़ता हो,

लेकिन आप उस कॉरपोरेशन के लिए बहुत मूल्य प्रदान कर रहे हैं, जिससे तुलनात्मक रूप से ऊँचे भाव का समर्थन होता है।

क्या इससे फ़र्क़ पड़ता है कि ज़्यादातर व्यवसाय-से-व्यवसाय सेवाओं की लागत 10,000 डॉलर है या इससे कम है? बिलकुल नहीं - आप बाज़ार की बाक़ी सेवाओं से बहुत ज़्यादा मूल्य प्रदान कर रहे हैं और इससे आपका माँगा गया ऊँचा भाव पूरी तरह तर्कसंगत साबित होता है।

मूल्य-आधारित बिक्री का मतलब है, *उन कारणों* को समझने और सुदृढ़ बनाने की प्रक्रिया, जिनकी वजह से आप समझ जाते हैं कि आपका प्रॉडक्ट या सेवा ख़रीदने वाले के लिए क्यों मूल्यवान है। पहले वाले खंड में हमने बात की थी कि *मूल्य तुलना प्रणाली* अक्सर आपके प्रॉडक्ट के महँगे दाम का समर्थन करने का सर्वश्रेष्ठ तरीक़ा होती है। मूल्य-आधारित बिक्री यह है कि आप उस भाव का समर्थन *कैसे* करते हैं। कोई *सौदा* ग्राहक के लिए क्यों मूल्यवान होगा, इसका कारण समझकर और उसे सुदृढ़ बनाकर आप सौदे की संभावना को बढ़ा लेंगे, साथ ही आप वह दाम भी बढ़ा लेंगे, जिस पर ख़रीदार सौदा करने के लिए तैयार हो जाएगा।

मूल्य-आधारित बिक्री बोलने के बारे में नहीं है - यह तो सुनने के बारे में है। जब ज़्यादातर लोग बिक्री के बारे में सोचते हैं, तो वे किसी दबाव डालने वाले, लच्छेदार बातें करने वाले बेईमान आदमी की कल्पना करते हैं, जिसकी एकमात्र प्राथमिकता यह है कि "सौदा पक्का" हो जाए। धोखेबाज़ पुरानी कार डीलरों की नक़ल करना *विश्वास* को ख़त्म करने और अपने संभावित ग्राहकों को यह आभास दिलाने का सबसे तीव्र तरीक़ा है कि आपको इस बात की चिंता नहीं है कि वे क्या चाहते हैं; आपको तो सिर्फ़ अपने मुनाफ़े की चिंता है। वास्तव में सर्वश्रेष्ठ सेल्स कर्मी वे होते हैं, जो यह जानने के लिए ग़ौर से सुन सकते हैं कि ग्राहक सचमुच क्या चाहता है।

अच्छे प्रश्न पूछना यह पहचानने का सर्वश्रेष्ठ तरीक़ा है कि आपके प्रॉडक्ट का आपके संभावित ग्राहक के लिए क्या मूल्य है। मशहूर सेल्स पुस्तक *स्पिन सेलिंग* में नील रैकहैम सफल बिक्री की चार अवस्थाओं का वर्णन करते हैं : (1) स्थिति को समझना, (2) समस्या को परिभाषित करना, (3) समस्या के अल्पकालीन और दीर्घकालीन प्रभावों को स्पष्ट करना, और (4) आवश्यकता-लाभ को संख्यात्मक करना या समस्या सुलझने पर ग्राहक को मिलने वाले वित्तीय व भावनात्मक लाभ। तुरंत फ़ौलाद जैसी सख़्त बिक्री के साथ धमाका करने के बजाय सफल सेल्स कर्मी विस्तृत प्रश्न पूछने पर ध्यान केंद्रित करते हैं, ताकि वे इस बात की जड़ तक पहुँच जाएँ कि संभावित ग्राहक सचमुच क्या चाहता है।

उन्हें क्या चाहिए या उनकी ज़रूरत क्या है, इस बारे में उनसे ज़्यादा जानकारी हासिल करें। अपने संभावित ग्राहकों को इस बारे में ज़्यादा बताने के लिए प्रोत्साहित करने के दो मुख्य लाभ होते हैं। सबसे पहले, संभावित ग्राहक का विश्वास बढ़ जाता है कि आप उसकी स्थिति को समझते हैं, इसलिए उसे यह विश्वास भी हो जाता है कि आप समाधान देने में भी सक्षम हैं। दूसरे, आपको ऐसी जानकारी मिलेगी, जिस पर ज़ोर देकर आप बता सकते हैं कि आपकी पेशकश कितनी मूल्यवान है। आप कितना मूल्य प्रदान कर रहे हैं, उसके आधार पर आपको अपने प्रॉडक्ट का भाव *तय* करने में मदद मिलती है।

यदि आप यह पता लगा लेते हैं कि आपका प्रॉडक्ट ग्राहक को क्यों, कैसे और कितना लाभ पहुँचाएगा, तो आप उस मूल्य को इस तरह बताएँगे, ताकि वे समझ लें और उसकी क़द्र

करें। आप अपने ग्राहकों को कौन सा मूल्य प्रदान कर सकते हैं, उसे समझना लाभदायक बिक्री का स्वर्णिम मार्ग है।

इस अवधारणा को शेयर करें : http://book.personalmba.com/value-based-selling/

शिक्षा-आधारित बिक्री

अपने प्रॉडक्ट को नहीं, उसका उपयोग करने वाले का उन्नयन करें। "मूल्य" चीज़ में कम रहता है। यह इस बारे में ज़्यादा रहता है कि वह चीज़ क्या करने में सक्षम बनाती है। बेहतर कैमरे न बनाएँ – बेहतर फ़ोटोग्राफ़र बनाएँ।

— कैथी सिएरा, *द हेड फ़र्स्ट* सीरीज़ पुस्तकों की लेखिका और सह-सर्जक

को*लोराडो* जाकर बसने से पहले मेरी पत्नी केल्सी न्यू यॉर्क सिटी में मार्क इंग्राम ब्राइडल एटेलियर की सेल्स मैनेजर थी, जो संसार का सबसे मशहूर ब्राइडल सैलून है। उसका काम उस "एक" पोशाक को चुनने में पूरे संसार की दुल्हनों की मदद करना था - उनके सपनों की शादी के लिए आदर्श जोड़ा।

मार्क इंग्राम ब्राइडल उद्योग के मार्था स्टीवर्ट हैं - उनमें शैली का ज़बर्दस्त अहसास है। उनके संग्रह में ऑस्कर डे ला रेंटा, मॉनिक लूलियर, लीला रोज़ और वेरा वैंग के गाउन भरे रहते हैं। मार्क के परामर्शदाता इतने क़ाबिल होते हैं कि वे जो पहले तीन गाउन चुनकर सामने रखते हैं, दुल्हन लगभग हमेशा अपनी शादी के लिए उन्हीं में से किसी एक को चुनती है। इसके अलावा, वहाँ ख़रीदारी का अनुभव और ग्राहक सेवा शानदार होती है - मार्क डिस्काउंट नहीं देते, लेकिन इसके बावजूद दुल्हनें अपना गाउन किसी प्रतिस्पर्धी से कम दामों में ख़रीदने के बजाय उन्हीं से ख़रीदना चाहती हैं।

मार्क इंग्राम ब्राइडल एटेलियर में ज़्यादातर ब्राइडल सैलूनों के मुक़ाबले बहुत ऊँचे स्तर के गाउन बेचे जाते हैं। एटेलियर में गाउन का औसत भाव 6,000 डॉलर होता है - जो राष्ट्रीय औसत से चार गुना है। बेचने से पहले मार्क के परामर्शदाता दुल्हन (और उसके माता-पिता, जो अक्सर बिल चुकाते हैं) को यह समझाना होता है कि गाउन इतना महँगा क्यों है।

किसी दूसरी सैलून से कम महँगा गाउन ख़रीदना निश्चित रूप से संभव है, लेकिन सस्ते गाउनों में जोड़तोड़ की जाती है। उनमें कम गुणवत्ता वाले कपड़े का इस्तेमाल किया जाता है, बनाने में कंजूसी की जाती है और मशीन लेस या बीडिंग का इस्तेमाल किया जाता है। गाउन की आदर्श फ़िटिंग सुनिश्चित करने के लिए ख़रीदने के बाद उसमें छोटे-मोटे कई बदलाव करने पड़ते हैं। मार्क की दर्जिनें संसार में सर्वश्रेष्ठ हैं और आप उनकी विशेषज्ञता का लाभ सिर्फ़ तभी ले सकते हैं, जब आप मार्क के एटेलियर से गाउन ख़रीदते हैं।

यदि आपको इन चीज़ों की परवाह है - और फ़ैशन के बारे में सचेत ज़्यादातर दुल्हनों को निश्चित रूप से परवाह होती है - तो यह देखना आसान है कि मार्क से गाउन ख़रीदना कितना अच्छा रहता है, बशर्ते आप इसका ख़र्च उठा सकें।

शिक्षा-आधारित बिक्री आपके संभावित ग्राहकों को बेहतर, ज़्यादा जानकारी वाले ग्राहक में बदलने की प्रक्रिया है। बिक्री परामर्शदाता के रूप में केल्सी दो चीज़ों पर काम करती थी : (1) दुल्हन को आरामदेह और तनावरहित महसूस कराना, फिर (2) दुल्हन को गाउनों के बारे में ज़्यादा जानकारी देना, जैसे वे कैसे बनते हैं और गाउन ख़रीदते समय किन चीज़ों का ध्यान रखना चाहिए।

दुल्हन पर "ख़रीदने" का दबाव डालने के बजाय केल्सी हमेशा दुल्हन और उसके परिवार को विस्तार से बताती थी कि कपड़ा, किनारी, नक्काशी, बनावट और फ़ेरबदलों की अंदरूनी बारीकियाँ क्या हैं। उसने दुल्हनों को ज़्यादा ज्ञानी बनाने में समय का निवेश किया और इससे इस बात की ज़्यादा संभावना बनी कि वे उसी से एक महँगी पोशाक ख़रीदेंगी, क्योंकि उन्होंने उस पोशाक की गुणवत्ता की पूरी समझ हासिल कर ली थी और इसलिए भी, क्योंकि उसने उनका *विश्वास* अर्जित कर लिया था।

शिक्षा-आधारित बिक्री के लिए आपके संभावित ग्राहकों में पहले निवेश करना पड़ता है, लेकिन यह इस लायक़ है। अपने संभावित ग्राहकों को ज़्यादा समझदार बनाने में ऊर्जा का निवेश करें। इससे उन्हें आपकी विशेषज्ञता में विश्वास हो जाता है और वे बेहतर ग्राहक भी बन जाते हैं। बहरहाल, सावधान रहें कि प्रभावी शिक्षा के लिए यह ज़रूरी है कि आपका प्रॉडक्ट प्रतिस्पर्धियों से श्रेष्ठ हो - वरना आप ख़ुद अपने ग्राहकों को उनके पास जाने के लिए प्रेरित करेंगे। इसलिए सुनिश्चित करें कि आपके पास एक बिकने वाला प्रॉडक्ट हो।

इस अवधारणा को शेयर करें : **http://book.personalmba.com/education-based-selling/**

अगला सर्वश्रेष्ठ विकल्प

जब दूसरे लोग छोड़कर चल देने की आपकी इच्छा को भाँप लेते हैं, तो आपका हाथ मज़बूत हो जाता है... कई बार तो हाँ नहीं कहकर आप बेहतर स्थिति में होते हैं।

— रॉबर्ट रूबिन, अमेरिका के पूर्व सेक्रेटरी ऑफ़ द ट्रेज़री

सौदेबाज़ी करते वक़्त यह जानना हमेशा उपयोगी होता है कि सहमति न होने पर सामने वाला पक्ष क्या कर सकता है। कई बार सहमति पर पहुँचना संभव ही नहीं होता - कोई *साझी ज़मीन* नहीं होती है, इसलिए दोनों पक्ष अलग-अलग रास्तों पर चलने के लिए सहमत हो जाते हैं। फिर क्या?

आप जिसके साथ सौदेबाज़ी कर रहे हैं, अगर आप उसके साथ साझी ज़गीन न खोज पाएँ, तो उस स्थिति में आप जो करेंगे, वही आपका *अगला सर्वश्रेष्ठ विकल्प* है। कल्पना करें कि आप एक नौकरी की तलाश कर रहे हैं और तीन कंपनियाँ आपको नौकरी देने में रुचि रखती हैं। हो सकता है कि आप कंपनी ए में काम करना ज़्यादा पसंद करते हों, लेकिन अगर आप दोनों पक्षों को अच्छे लगने वाले किसी अनुबंध पर नहीं पहुँच पाते हैं, तो सौदेबाज़ी करते वक़्त आपको इस बात से शक्ति मिलती है कि कंपनियाँ बी और सी भी आपको नौकरी देने में

रुचि रखती हैं। अगर कंपनी ए ही आपका एकमात्र विकल्प है और वे यह बात जानते हैं, तो आपको अच्छा सौदा मिलने की संभावना नहीं है।

दूसरे पक्ष के पास भी हमेशा *अगला सर्वश्रेष्ठ विकल्प* रहता है - आप इसी के ख़िलाफ़ सौदेबाज़ी कर रहे हैं। अगर आप एक प्रॉडक्ट बेच रहे हैं, जिसका दाम 100 डॉलर है, तो आप उस अगली सर्वश्रेष्ठ चीज़ से प्रतिस्पर्धा कर रहे हैं, जो सामने वाला उस 100 डॉलर से कर सकता है : बचत करना, निवेश करना या कोई दूसरी चीज़ ख़रीदना। अगर आप किसी कर्मचारी को नियुक्त करने की कोशिश कर रहे हैं, तो आप उस अगली सर्वश्रेष्ठ पेशकश के ख़िलाफ़ प्रतिस्पर्धा कर रहे हैं, जो किसी दूसरी कंपनी ने उसे दी है। सामने वाले पक्ष के पास जितने ज़्यादा विकल्प होते हैं, सौदेबाज़ी करते वक़्त आपकी स्थिति उतनी ही ज़्यादा कमज़ोर होती है।

सामने वाले पक्ष के अगले सर्वश्रेष्ठ विकल्प को समझने से आपको बिक्री में एक महत्त्वपूर्ण लाभ मिलता है। आप अपना अनुबंध इस तरह तैयार कर सकते हैं, ताकि यह उसके अगले सर्वश्रेष्ठ विकल्प से ज़्यादा आकर्षक हो। आपको सामने वाले पक्ष के विकल्पों के बारे में जितनी ज़्यादा जानकारी होगी, आप विभिन्न विकल्पों की *बंडलिंग/अनबंडलिंग* करके उसके लिए सबसे अच्छी पेशकश *तैयार* कर सकते हैं।

अगर अगला सर्वश्रेष्ठ विकल्प शक्तिशाली है, तो सौदे तेज़ी से होते हैं। जब पेशेवर खिलाड़ियों का अनुबंध ख़त्म होने वाला होता है और वे किसी दूसरी टीम से अनुबंध कर सकते हैं, तो वे अपनी वर्तमान टीम के साथ सौदेबाज़ी करने के लिए इस अवसर का इस्तेमाल करते हैं, ख़ास तौर पर अगर दूसरी टीमें उन्हें लेने की इच्छुक होती हैं। अगर मूल टीम उस खिलाड़ी को नहीं खोना चाहती है, तो वह खिलाड़ी को अच्छा सौदा देने के लिए ज़्यादा आतुर होती है।

हर सौदेबाज़ी में शक्ति उस पक्ष के पास रहती है, जो किसी *बुरे सौदे से दूर जाने में सक्षम और इच्छुक* हो। आपके पास जितने ज़्यादा विकल्प मौजूद रहते हैं, लगभग हर मामले में आपकी स्थिति उतनी ही बेहतर होती है। आपके विकल्प जितने ज़्यादा आकर्षक होते हैं, आप किसी बुरे सौदे से दूर जाने के लिए उतने ही ज़्यादा तैयार और इच्छुक होते हैं। इसके फलस्वरूप आप बेहतर सौदे करने में सक्षम हो जाते हैं।

इस अवधारणा को शेयर करें : http://book.personalmba.com/next-best-alternative/

अद्धितीयता

हमेशा बहुत शक्तिशाली बनना ही सर्वश्रेष्ठ रणनीति है।

— कार्ल वॉन क्लॉज़ेविट्ज़, सैन्य रणनीतिकार

बिक्री की ज़्यादातर स्थितियों में *अद्धितीयता* क़ायम रखना आपके सर्वश्रेष्ठ हित में होता है। अद्धितीयता का मतलब कोई ऐसी अनूठी पेशकश या गुणवत्ता देना है, जिसकी बराबरी दूसरी कंपनियाँ नहीं कर सकतीं। अगर आप ही वह एकमात्र व्यक्ति या कंपनी हैं, जो आपके संभावित ग्राहक को उसकी मनचाही चीज़ दे सकती है, तो आप लाभदायक शर्तों पर सौदेबाज़ी करने के लिए बहुत शक्तिशाली स्थिति में होते हैं।

अगर आप आईफ़ोन ख़रीदना चाहते हैं, तो आपको इसे एपल से ख़रीदना होगा। यह एकमात्र स्रोत है। आपके पास बस इतना विकल्प होता है कि आप इसे सीधे कंपनी से ख़रीदें या किसी दुकानदार से ख़रीदें। दोनों ही स्थितियों में पैसे एपल के पास जाते हैं। जब तक आप सिर्फ़ आईफ़ोन चाहते हों और किसी दूसरे विकल्प पर समझौता करना न चाहते हों, तब तक जीत एपल की होती है।

अद्वितीयता कई कारणों से लाभकारी होती है। अद्वितीय पेशकश की वजह से *मूल्य की उच्च अनुभूति* क़ायम रखना ज़्यादा आसान होता है, क्योंकि कोई सीधी प्रतिस्पर्धा नहीं होती। विकल्प मौजूद हो सकते हैं, लेकिन अगर कोई संभावित ग्राहक आपके अनूठे प्रॉडक्ट को ख़रीदने का मन बना चुका है, तो उसे यह आपसे ही ख़रीदना होगा। इस स्थिति में आपके लिए यह ज़्यादा आसान हो जाता है कि आप अपने प्रॉडक्ट के भाव ऊँचे रखें और अच्छ *मुनाफ़ा मार्जिन* क़ायम रखें।

अद्वितीयता को क़ायम रखना सबसे आसान तब होता है, जब आपने कोई नई चीज़ बनाई हो, जिसका मतलब है कि अद्वितीयता की रणनीति *प्रॉडक्ट्स* और *सेवाओं* के मामले में ज़्यादा समझदारी भरी होती है। दोबारा बिक्री करने वालों को आम तौर पर अद्वितीयता की प्रतिष्ठा बनाने में मुश्किल आती है, जब तक कि वे प्रॉडक्ट के उत्पादन में कोई भूमिका न निभाते हों, इसीलिए रिटेलर अक्सर "प्राइवेट लेबल ब्रांड" बनाते हैं। कॉस्टको का मशहूर कर्कलैंड सिग्नेचर ब्रांड अद्वितीयता बनाने का एक तरीक़ा है। ट्रेडर जो अनूठे प्रॉडक्ट बनाने के लिए उत्पादकों के साथ सौदेबाज़ी करने की रणनीति पर चलते हैं।

आपके संभावित ग्राहक जो चाहते हैं, अगर आप उसके एकमात्र स्रोत हैं, तो आप जीत जाते हैं।

इस अवधारणा को शेयर करें : http://book.personalmba.com/exclusivity/

तीन सर्वव्यापी मुद्राएँ

समय आपका पैसा ले लेगा, लेकिन पैसा समय को नहीं ख़रीद सकता।

— जेम्स टेलर, संगीतकार

हर सौदे में *तीन सर्वव्यापी मुद्राएँ* होती हैं : संसाधन, समय और लचीलापन। कमोबेश इनमें से किसी भी मुद्रा की अदला-बदली बाक़ी मुद्राओं के साथ की जा सकती है।

संसाधन का मतलब है पैसा, स्वर्ण, तेल आदि मूर्त चीज़ें। संसाधन भौतिक होते हैं। आप उन्हें अपने हाथ में पकड़ सकते हैं। अगर आप फ़र्नीचर ख़रीदना चाहते हैं, तो आप बदले में पैसे दे सकते हैं। अगर आप अपनी कार बेच रहे हैं, तो ख़रीदार (आपकी सहमति से) सोने की सिल्ली या *एक्शन कॉमिक्स नंबर 1* का महँगा प्रथम संस्करण दे सकता है, जिसमें सुपरमैन पहली बार छपे हुए पन्नों पर आया था। इस तरह आप एक संसाधन के बदले दूसरे संसाधन की अदला-बदली करते हैं।

समय दूसरी मुख्य मुद्रा है। अगर आप घंटे के हिसाब से काम करने वाले कर्मचारी हैं, तो आप निश्चित पैसों के लिए समय और मेहनत की अदला-बदली कर रहे हैं। आप पैसों की अदला-बदली समय के साथ भी कर सकते हैं। आप दूसरे लोगों के काम के बदले में उन्हें भुगतान कर सकते हैं। यही रोज़गार, अनुबंध और फ्रीलांसिंग का सार है।

लचीलापन तीसरी सर्वव्यापी मुद्रा है - जिसे आम तौर पर काफ़ी कम आँका जाता है। वेतनभोगी कर्मचारी के रूप में आप मेहनत के बदले में पैसों की सीधी अदला-बदली ही नहीं कर रहे हैं - आप निश्चित लचीलेपन का त्याग भी कर रहे हैं। एक निहित अनुबंध होता है कि कंपनी के लिए काम करते समय आप दूसरी चीज़ों पर काम नहीं करेंगे, जो दरअसल *अवसर लागत* है। अगर आप नौकरी कर रहे हैं, तो आप कोई दूसरा काम करने का लचीलापन छोड़ रहे हैं।

मेहनत या धन का विनिमय करके लचीलेपन की कम या अधिक मात्रा के लिए सौदेबाज़ी करना पूरी तरह से संभव है। मिसाल के तौर पर, आप कम संसाधनों - कम वेतन और लाभ - के बदले में अंशकालीन काम करके अपनी मेहनत को घटा सकते हैं और अपने लचीलेपन को बढ़ा सकते हैं। मकान ख़रीदने में कम समय लगता है, अगर आप इसे सीधे ख़रीदने के लिए बचत करने के बजाय तीस साल का हाउस लोन लेकर ख़रीदें, जिसमें अतिरिक्त पैसों (ब्याज) की लागत आएगी और लचीलापन बहुत कम हो जाएगा।

एक या अधिक मुद्राओं के बीच उचित *अदला-बदली* खोजकर इनमें से किसी भी वांछित मुद्रा को हासिल करना संभव है। यदि आप वेतनवृद्धि या ज़्यादा बड़े अनुबंध के रूप में अतिरिक्त मुआवज़ा चाहते हैं, तो आप विनिमय में समय या लचीलेपन का त्याग कर सकते हैं (जैसे आप जो बनाते हैं, दूसरे उद्देश्यों के लिए उसका इस्तेमाल करने की क़ाबिलियत)। यदि आप अपनी नौकरी में थोड़ा ज़्यादा लचीलापन या छुट्टी चाहते हों, तो आप इसके एवज में कम वेतन के लिए सौदेबाज़ी कर सकते हैं। यदि आपका नियोक्ता या ग्राहक चाहता है कि आप ज़्यादा काम करें या आपके काम से वह ज़्यादा लाभ पाना चाहता है, तो आप बदले में ज़्यादा भुगतान माँग सकते हैं।

सौदेबाज़ी करते वक़्त इन तीन सर्वव्यापी मुद्राओं को दिमाग़ में रखें और आप चकित रह जाएँगे कि आप सामने वाले पक्ष के सामने कितने ज़्यादा संभावित विकल्प पेश सकेंगे, जिससे सभी शामिल पक्षों के लिए लाभप्रद विकल्प खोजना ज़्यादा आसान हो जाएगा।

इस अवधारणा को शेयर करें : http://book.personalmba.com/3-universal-currencies/

सौदेबाज़ी के तीन आयाम

किसी सौदे में जाने से पहले यह निर्णय ज़रूर लें कि अगर सामने वाला नहीं कह देता है, तो आप क्या करेंगे।

– अर्नेस्ट बेविन, विदेशी मामलों के पूर्व ब्रिटिश सेक्रेटरी ऑफ़ स्टेट

ज़्यादातर लोग मानते हैं कि सौदेबाज़ी का मतलब सामने वाले पक्ष के सामने बैठकर प्रस्ताव और विपरीत प्रस्ताव रखना है, लेकिन यह प्रक्रिया का अंतिम चरण होता

है, बाक़ी के दो चरण सौदेबाज़ी की मेज़ पर बैठने से बहुत पहले होते हैं।

सौदेबाज़ी के तीन आयाम हैं - व्यवस्था, तंत्र और चर्चा। जैसा डेविड लैक्स और जेम्स सेबेनियस *3-डी नेगोशिएशन* में बताते हैं, इनमें से प्रत्येक आयाम अत्यंत महत्त्वपूर्ण होता है। सौदे के लिए पहले से अनुकूल *परिवेश* (जिस पर बाद में चर्चा की गई है) और रणनीति बनाकर आप दोनों दोनों पक्षों के लिए अनुकूल समाधान खोजने की संभावना को बहुत ज़्यादा बढ़ा लेते हैं।

हर सौदेबाज़ी का पहला आयाम व्यवस्था या *सेटअप* है : सौदेबाज़ी में संतोषजनक परिणाम के लिए मंच तैयार करना। आप सौदेबाज़ी शुरू करने से पहले अपने पक्ष में परिस्थितियों को जितना ज़्यादा तैयार कर सकते हैं, आप उतना ही बेहतर सौदा करने में कामयाब होंगे :

- सौदेबाज़ी में कौन-कौन शामिल है और क्या वे आपके साथ सौदा करने के बारे में खुले हैं?
- आप किसके साथ सौदेबाज़ी कर रहे हैं और क्या वे जानते हैं कि आप कौन हैं तथा आप उनकी कैसे मदद कर सकते हैं?
- आप क्या प्रस्ताव रख रहे हैं और इससे सामने वाले पक्ष को कैसे लाभ होता है?
- पृष्ठभूमि क्या है - आप अपनी पेशकश आमने-सामने करेंगे, फ़ोन पर करेंगे या किसी दूसरे साधन के ज़रिये करेंगे?
- सौदे के आस-पास के सारे परिवेशीय घटक कौन से हैं - हाल की घटनाएँ इस सौदे को सामने वाले पक्ष के लिए ज़्यादा महत्त्वपूर्ण बनाती हैं या फिर कम महत्त्वपूर्ण बनाती हैं?

व्यवस्था ही *मार्गदर्शक तंत्र* (बाद में चर्चा की गई है) का सौदेबाज़ी का समतुल्य है - सौदे का परिवेश अंतिम परिणाम में भारी भूमिका निभाता है, इसलिए यह सुनिश्चित करने से लाभ होता है कि सौदा मेज़ पर पहुँचने से पहले अच्छे सौदे के लिए अनुकूल माहौल रहे। व्यवस्था के बारे में सोचकर आप यह सुनिश्चित कर सकते हैं कि आप सही व्यक्ति के साथ सौदेबाज़ी कर रहे हैं - वह व्यक्ति जिसके पास आपको मनचाही चीज़ देने की शक्ति (बाद में चर्चा की गई है) है। शोध से सौदेबाज़ी का यह आयाम शक्तिशाली बनता है - इस आयाम में आप सौदेबाज़ी करने वाले दूसरे पक्ष के बारे में जितनी ज़्यादा जानकारी हासिल करते हैं, आपके पास पूरी सौदेबाज़ी में उतनी ही ज़्यादा शक्ति होती है, इसलिए पेशकश की प्रस्तुति देने से पहले होमवर्क कर लें।

सौदेबाज़ी का दूसरा आयाम है *तंत्र :* प्रस्ताव की शर्तें। इस आयाम में आप अपने प्रस्ताव का मसौदा इस तरह से बनाते हैं, जिसकी वे क़द्र करें और स्वीकार करें :

- आप सटीकता से क्या प्रस्ताव रखेंगे और आप सामने वाले के सामने अपने प्रस्ताव को किन शब्दों में *रखेंगे?*
- सामने वाले पक्ष के लिए आपके प्रस्ताव के बुनियादी लाभ क्या हैं?
- सामने वाले पक्ष का *अगला सर्वश्रेष्ठ विकल्प* क्या है और आपका प्रस्ताव किस तरह उससे बेहतर है?

- आप सामने वाले पक्ष की आपत्तियों और *ख़रीदारी के अवरोधों* से कैसे उबरेंगे?
- क्या सहमति पर पहुँचने के लिए आप कोई *अदला-बदली* या रियायतें देने को तैयार हैं?

याद रखें कि यह प्रस्ताव बनाने का लक्ष्य साझी ज़मीन खोजना है : एक अनुबंध जिसे दोनों ही पक्ष ख़ुशी-ख़ुशी स्वीकार करें। अपने प्रस्ताव के तंत्र के बारे में पहले से सोचने पर आप कई अलग-अलग विकल्प तैयार कर सकते हैं, जिनमें सामने वाले पक्ष को उसकी मनचाही चीज़ मिल जाती है और शर्तें भी ऐसी रहती हैं, जिन्हें आप स्वीकार करने को तैयार होते हैं।

मिसाल के तौर पर, यदि आप यह उम्मीद कर रहे हैं कि सामने वाला पक्ष भाव पर आनाकानी करेगा, तो आप इस आपत्ति से उबरने के लिए तर्क तैयार कर सकते हैं, कम मूल्य प्रदान करने वाले किफ़ायती विकल्प सामने रख सकते हैं या वैकल्पिक पेशकश कर सकते हैं, जो उनकी आवश्यकताओं को ज़्यादा अच्छी तरह पूरा कर सकती हैं। इसके बाद जब दूसरे पक्ष के साथ सौदे पर बातचीत करने का समय आता है, तो आप किसी भी चीज़ के लिए तैयार रहेंगे।

सौदेबाज़ी का तीसरा आयाम है *चर्चा :* सामने वाले पक्ष के सामने पेशकश को सचमुच पेश करना। चर्चा में ही आप सामने वाले पक्ष के साथ अपने प्रस्ताव पर सचमुच बातचीत करते हैं। कई बार चर्चा उस तरह से होती है, जैसा आप फ़िल्मों में देखते हैं : महोगनी की दीवार वाले बोर्डरूम में टेबल पर सीईओ के सामने बैठकर। कई बार यह फ़ोन पर होती है। कई बार यह ईमेल पर होती है। चाहे जगह कोई भी हो, यही वह बिंदु है, जहाँ आप अपनी पेशकश को प्रस्तुत करते हैं, समस्याओं पर बातचीत करते हैं या अगर सामने वाला पक्ष नहीं समझ पाया है, तो उन्हें स्पष्ट करते हैं, आपत्तियों का जवाब देते हैं, ख़रीदारी के अवरोध हटाते हैं और ख़रीदने का आग्रह करते हैं।

चर्चा के दौर में चाहे जो हो, चर्चा के हर चक्र का अंतिम परिणाम यह हो सकता है (1) "हाँ, हम इन शर्तों पर सौदा कर सकते हैं" (2) "हम अब तक सौदे पर सहमत नहीं हो पाए हैं - यहाँ पर विपरीत-प्रस्ताव है या विचार करने के लिए दूसरा विकल्प है," या (3) "नहीं, हम सौदे पर बिलकुल भी सहमत नहीं हो सकते - स्पष्ट रूप से कोई साझी ज़मीन नहीं है, इसलिए हम कुछ समय तक बातचीत रोक देते हैं और किसी दूसरे से बातचीत करने का अधिकार सुरक्षित रखते हैं।" चर्चा तब तक जारी रहती है, जब तक कि अंतिम सहमति नहीं बन जाती या दोनों पक्ष सौदेबाज़ी छोड़ने का निर्णय नहीं ले लेते, जो भी पहले हो।

अगर आप सौदेबाज़ी के तीन आयामों (व्यवस्था, तंत्र और चर्चा) की तैयारी पहले से कर लेते हैं, तो इस बात की कहीं अधिक संभावना है कि आप जिन शर्तों पर सौदा करेंगे, उनसे दोनों पक्षों को लाभ होगा।

इस अवधारणा को शेयर करें : **http://book.personalmba.com/3-dimensions-of-negotiation/**

बफ़र

ज्ञान के बिना उत्साह मूर्खता की बहन है।
—सर जॉन डेवीज़, एलिज़ाबेथन युग के कवि और वकील और आयरलैंड के पूर्व एटॉर्नी जनरल

कुछ परिस्थितियों को छोड़ दिया जाए, तो *साझा ज़मीन* यह सुनिश्चित करती है कि सौदा सभी पक्षों के सर्वश्रेष्ठ हित में हो। बहरहाल, अनुबंध या चर्चा के कुछ हिस्से ऐसे हो सकते हैं, जिसमें एक पक्ष का लाभ दूसरे पक्ष का नुक़सान हो। अगर आप किसी नौकरी के लिए इंटरव्यू दे रहे हैं और आप ज़्यादा वेतन के लिए सौदेबाज़ी करते हैं, तो आपके वेतन बढ़ने पर नियोक्ता को नुक़सान होना तय है।

सौदेबाज़ी के ये पहलू तनावपूर्ण हो सकते हैं, जो स्थिति पर निर्भर करता है। आप ज़्यादा से ज़्यादा हासिल करने के लिए दबाव डालना चाहते हैं, लेकिन अगर आप बहुत ज़्यादा दबाव डालते हैं, तो यह जोखिम रहता है कि आप सौदे को नष्ट कर दें और सामने वाले पक्ष के साथ अपने संबंध को स्थायी क्षति पहुँचा दें। इन मामलों में किसी ऐसे व्यक्ति की मदद लेना सहायक होता है, जो संबंधों को जोखिम में डाले बिना अच्छा सौदा हासिल करने में आपकी मदद कर सकता हो।

बफ़र वह तीसरा पक्ष है, जिसे आप अपनी तरफ़ से सौदेबाज़ी करने की शक्ति देते हैं। *एजेंट,* वकील, मध्यस्थ, ब्रोकर, अकाउंटेंट और ऐसे ही विशेषज्ञ बफ़र के उदाहरण हैं। बफ़र के पास निश्चित प्रकार की सौदेबाज़ी में विशेषज्ञता होती है और यह आपको सर्वश्रेष्ठ संभव सौदा दिलाने में बहुत मूल्यवान हो सकती है। अगर आप किसी ईमानदार और सक्षम बफ़र की सहायता लेते हैं, तो आपको टोर्ट लॉ और टैक्स नीति जैसे रहस्यमय विषयों के बारे में हर चीज़ जानने की ज़रूरत नहीं है।

जब कोई पेशेवर खिलाड़ी किसी पेशेवर खेल टीम में शामिल होने के अनुबंध पर सौदेबाज़ी करता है, तो वह आम तौर पर एजेंट और वकील दोनों की सहायता लेता है। एजेंट का काम खिलाड़ी के लिए सर्वश्रेष्ठ संभव भुगतान हासिल करना है और टीम का मैनेजर तथा मालिक यह बात जानते हैं। अगर एजेंट अड़ियल हो, तब भी वे खिलाड़ी को अपनी टीम में लेने के बारे में सकारात्मक हो सकते हैं। अंत में खिलाड़ी जिस भुगतान पर सौदा करता है, वह एजेंट की फ़ीस निकालने के बाद भी उसके लिए फ़ायदे का सौदा होता है।

यही चीज़ खिलाड़ी के वकील के साथ होती है, जो प्रस्तावित अनुबंध में निश्चित शर्तों को जोड़ने या हटाने की दलील दे सकता है। वकील अपने ज्ञान, अनुभव और विशेषज्ञता के आधार पर ये प्रस्ताव बहुत शक्ति तथा प्रभाव के साथ रख सकता है। एजेंट के साथ मिलकर वकील टीम मालिकों तथा मैनेजरों के साथ सौदेबाज़ी करता है, ताकि यह सुनिश्चित हो सके कि खिलाड़ी को उस टीम से सर्वश्रेष्ठ सौदा मिले और इस प्रक्रिया में खिलाड़ी की *प्रतिष्ठा* या सद्भावना पर भी आँच न आए।

बफ़र का एक उपयोग यह भी है कि इससे आपको ऊँचे स्तर की सौदेबाज़ी में समय या जगह मिल जाती है। अक्सर यह जताने से बहुत लाभ होता है कि अंतिम निर्णय लेने की शक्ति

आपके पास नहीं है। किसी सौदे पर हाँ करने से पहले अगर आप यह कह सकते हैं, "मुझे इस बारे में अपने एजेंट/अकाउंटेंट/वकील से बात करनी होगी," तो यह जाँच का एक मूल्यवान क़दम है, जिससे आप जल्दबाज़ी भरे या नासमझी के निर्णयों से बच जाते हैं।

बफ़र के साथ काम करते वक़्त सावधान रहें कि *आर्थिक लाभ की वजह से उसमें पूर्वाग्रह* (बाद में चर्चा की जाएगी) न हो। हो सकता है कि आपके बफ़र की प्राथमिकताएँ आपकी प्राथमिकताओं से बहुत अलग हों। मिसाल के तौर पर, रियल एस्टेट के एजेंट जायदाद बेचने और ख़रीदने वालों के बीच बफ़र का काम करते हैं। अगर आप कोई मकान ख़रीदना चाहते हैं, तो ख़रीदारी के पक्ष वाले एजेंट के साथ काम करना अक्सर उपयोगी होता है, बशर्ते आप जानते हों कि उसे भुगतान कैसे मिल रहा है।

एजेंटों को आम तौर पर कमीशन मिलता है, इसलिए अगर आप ख़रीदारी वाले पक्ष की तरफ़ से उनका इस्तेमाल कर रहे हों, तो चौकस रहें। एजेंट को भुगतान तभी मिलेगा, जब *सौदा* पट जाएगा। यानी उनकी पहली प्राथमिकता सौदा पूरा करना है - किसी भी तरह का सौदा - चाहे वह ख़रीदार के लिए सचमुच अच्छा सौदा हो या न हो।

विकल्प होने पर ऐसे बफ़र के साथ काम करें, जो अपनी सेवाओं के बदले में एक स्पष्ट फ़ीस लेने को तैयार हो, चाहे सौदा हो या न हो। अगर आपके बफ़र को पैसे मिलते हैं, चाहे ख़रीदारी हो या न हो, तो उसके हित आपको सर्वश्रेष्ठ संभव सौदा दिलाने से ज़्यादा जुड़े होंगे, जिससे उसकी प्रतिष्ठा में वृद्धि होती है।

बफ़र को अपनी जगह न लेने दें। आप जो सबसे बुरी चीज़ें कर सकते हैं, उनमें से एक यह है कि आप अपने निर्णयों की बागडोर अपने बफ़र को थमा दें, ख़ास तौर पर तब जब आपके हित एक से न हों। कई असावधान निवेशकों ने अपनी बचत को सिर्फ़ इसलिए डुबा दिया है, क्योंकि उन्होंने "निवेश पेशेवरों" को पूरा नियंत्रण दे दिया था। इन पेशेवरों को हर बार शेयर बेचते या ख़रीदते समय भुगतान मिलता है। खाते में "आवाजाही" करने की वजह से ब्रोकर अनावश्यक फ़ीस में हज़ारों डॉलर वसूलने का क़ानूनी हक़दार हो जाता है। सामान्य नियम : कभी किसी के हाथ में उन निर्णयों पर निरंकुश नियंत्रण न दें, जो आपके पैसे को सीधे प्रभावित करते हों।

बफ़र बहुत मूल्यवान संसाधन बन सकते हैं, बशर्ते आप इस बारे में स्पष्ट हों कि उन्हें कैसे पुरस्कार मिलेगा, वे किस चीज़ के लिए ज़िम्मेदार हैं और आप मिलकर कैसे काम करने का इरादा रखते हैं।

इस अवधारणा को शेयर करें : **http://book.personalmba.com/buffer/**

राज़ी करने का प्रतिरोध

बिक्री संभावित ग्राहक के नहीं, बल्कि सेल्समैन के नज़रिये पर निर्भर होती है।

— डब्ल्यू. क्लीमेंट स्टोन, बीमा सेल्समैन, परोपकारी और लेखक

सेल्स कर्मियों के आस-पास संभावित ग्राहक असहज हो जाते हैं। इसका एक कारण यह भावना है कि उन्हें "जबरन बेचा" जा रहा है या चालाकी से किसी ऐसी बात पर हाँ बुलवाया जा रहा है, जो उनके सर्वश्रेष्ठ हित में नहीं है। इस अनुभव को *राज़ी करने का प्रतिरोध* कहा जाता है और यह बिक्री का मुख्य अवरोध है।

जब कोई संभावित ग्राहक यह भाँप लेता है कि कोई उसे ऐसी चीज़ करने के लिए मजबूर कर रहा है, जिसके बारे में उसे पक्का यक़ीन नहीं है, तो वह अपने आप प्रतिरोध करता है और बातचीत से दूर हटने की कोशिश करता है। यह ख़ास तौर पर उन स्थितियों में सच होता है, जहाँ सेल्समैन कोई विकल्प थोपने की कोशिश करता है या संभावित ग्राहक के उपलब्ध विकल्पों को किसी तरह से सीमित करने की कोशिश करता है।

मनोवैज्ञानिक इसे *रिएक्टेन्स* या प्रतिक्रिया-प्रतिरोध कहते हैं और बचपन में ही नज़र आने लगती है। हर अभिभावक को उस हार का सामना करना पड़ा होगा, जब उन्होंने किसी बच्चे से कहा होगा कि वे कोई चीज़ नहीं "कर सकते" या उन्हें कोई चीज़ "करनी" ही पड़ेगी। जब कोई सेल्समैन बिक्री करने का दबाव डालता है, तो संभावित ग्राहक भी काफ़ी कुछ ऐसी ही प्रतिक्रिया करता है। वह अपनी स्वायत्तता सुरक्षित रखने के सहज भाव से प्रतिरोध करता है। सेल्समैन जितना ज़्यादा दबाव डालता है, संभावित ग्राहक भी उतना ही ज़्यादा प्रतिरोध करता है। इसीलिए दबाव डालने की नीतियाँ आम तौर पर निरंतर कामयाबी नहीं दिला पातीं।

मशहूर बिक्री विशेषज्ञ ज़िग ज़िग्लर के शब्दों में सबसे प्रभावी रणनीति यह है कि आप संभावित ग्राहक के सामने "सहायक ख़रीदार" की भूमिका निभाएँ। आपका काम संभावित ग्राहक को सामान बेचना नहीं है : यह तो ऐसा जानकारी भरा निर्णय लेने में उसकी मदद करना है, जो उसके लिए सर्वश्रेष्ठ है। आप उस पर यह दबाव नहीं डाल रहे हैं कि वह अपनी जेब ढीली कर दे। आप तो यह सुनिश्चित करने में मदद कर रहे हैं कि वे अपने पैसों का समझदारी से निवेश करें। बिक्री की प्रक्रिया में आपकी भूमिका की यह बुनियादी *पुनर्व्याख्या* (बाद में चर्चा की गई है) कारगर होती है। इससे संभावित ग्राहक दबाव महसूस नहीं करता है, क्योंकि उसे विश्वास हो जाता है कि आप उसके सर्वश्रेष्ठ हितों की रक्षा करना चाहते हैं।

सेल्स कर्मियों को दो अतिरिक्त संकेतों के बारे में जागरूक रहना चाहिए, जो राज़ी करने के प्रतिरोध को प्रेरित कर सकते हैं : *उतावलापन* और *पीछा करना।* बिक्री प्रक्रिया के किसी भी हिस्से में दोनों में से कोई भी संकेत देने से आपके *सौदे* की संख्या और आकार घट जाएगा।

यदि कोई संभावित ग्राहक यह भाँप लेता है कि आप बिक्री करने के लिए *उतावले* हैं, तो इससे उसकी रुचि तुरंत ही कम हो जाती है। उतावलापन इस बात का सूक्ष्म संकेत है कि दूसरे लोग आपका प्रॉडक्ट नहीं ख़रीदना चाहते हैं, इसलिए *सामाजिक प्रमाण* (जिस पर बाद में

चर्चा की गई है) आपके ख़िलाफ़ काम करने लगता है। जिस तरह लोग उस व्यक्ति के साथ डेटिंग नहीं करना चाहते, जो संबंध बनाने के लिए उतावला दिखता हो, उसी तरह संभावित ग्राहक किसी ऐसे व्यक्ति के साथ कारोबार नहीं करना चाहते, जो उनके पैसे निकलवाने के लिए उतावला दिखता हो।

यह कहीं ज़्यादा बेहतर होता है कि आप आत्मविश्वास के साथ ख़ुद को पेश करें, जिससे यह संकेत जाए कि आपका प्रॉडक्ट मूल्यवान है, उस संभावित ग्राहक के लिए काफ़ी उपयोगी है और यह उसके पैसे का समझदारी भरा निवेश है। अगर आप सचमुच इस बात पर विश्वास नहीं करते हैं, तो आपको बेचने के लिए कोई दूसरी चीज़ खोज लेनी चाहिए।

यदि कोई संभावित ग्राहक यह भाँप लेता है कि आप उसके *पीछे दौड़* रहे हैं, तो उसके मन का पहला भाव यह होता है कि वह आपसे दूर चला जाए। "पीछा करना" और "पीछा किया जाना" विकासवादी पैटर्न हैं, जिन्हें हमारा आदिकालीन मस्तिष्क बहुत जल्दी पहचान लेता है। सदियों से इंसान मनचाही चीज़ों का पीछा करते आ रहे हैं और जानवर या शत्रु उनका पीछा करते आ रहे हैं। भले ही हम चेतन रूप से किसी स्थिति पर "पीछा करने" या "पीछा किए जाने" का लेबल न लगाएँ, लेकिन हमारा मन अपने आप इस पर ग़ौर कर लेता है और प्रतिक्रिया कर देता है।

बिक्री करने के लिए किसी संभावित ग्राहक का पीछा करने से लाभ नहीं होता। यह समय और ऊर्जा की बरबादी है। इसके बजाय स्थिति को इस तरह *तैयार* करने के तरीक़े खोजें, जिससे संभावित ग्राहक यह महसूस करे कि *वे आपका पीछा कर रहे हैं।* अगर आपका संभावित ग्राहक यह महसूस करता है कि आपके साथ सौदा करने के लिए उसे ख़ुद को पर्याप्त अच्छा साबित करने की ज़रूरत है, तो आप लाभदायक शर्तों पर बिक्री करने के लिए बहुत शक्तिशाली स्थिति में होते हैं।

गुफामानव सिंड्रोम में हम कई तरीक़ों पर बात करेंगे, जिनसे हमारा आदिकालीन मन हमारे आधुनिक परिवेश को समझता है। हाल-फ़िलहाल यह याद रखना महत्त्वपूर्ण है कि ये सामाजिक संकेत चाहे मूर्खतापूर्ण या स्वार्थपूर्ण लगें, लेकिन इससे वे कम वास्तविक या कम महत्त्वपूर्ण नहीं हो जाते। आपके संभावित ग्राहक पेशकशों का मूल्यांकन किस तरह करते हैं, यह समझकर आप अपने बिक्री प्रस्ताव की ऐसी योजना बना सकते हैं, जो राज़ी करने के प्रतिरोध को न्यूनतम करे और संभावित ग्राहक के मन में आपके द्वारा बेचे जाने वाले प्रॉडक्ट की *इच्छा* जगाए।

यदि आप ज़्यादा विस्तार से इन संकेतों की पड़ताल करना चाहते हों, तो मैं ओरेन क्लाफ़ की पुस्तक *पिच एनीथिंग* पढ़ने की सलाह देता हूँ।

इस अवधारणा को शेयर करें : http://book.personalmba.com/persuasion-resistance/

आदान-प्रदान

उपहार कभी मुफ़्त में नहीं मिलते हैं; वे देने और पाने वाले को आदान-प्रदान के चक्र में बाँध देते हैं।

— मार्सेल मॉस, समाजविज्ञानी और मानवविज्ञानी

ज़्यादातर लोग अहसानों, उपहारों, लाभों और संसाधनों का "बदला चुकाने" के बारे में जो प्रबल इच्छा महसूस करते हैं, उसे हम *आदान-प्रदान* कहते हैं। यदि किसी ऐसे व्यक्ति ने आपको मुफ़्त छुट्टियों का उपहार दिया है, जिसे आपने कुछ नहीं भेजा था, तो आप जानते हैं कि यह कितना असहज महसूस होता है। यदि कोई हमें लाभ पहुँचाता है, तो बदले में हम भी उसे लाभ पहुँचाना चाहते हैं।

सामाजिक शक्ति के रूप में आदान-प्रदान उन बुनियादी मनोवैज्ञानिक प्रवृत्तियों में से एक है, जो मानव सहयोग का आधार हैं। "आप मेरी पीठ खुजाओ, मैं आपकी खुजाऊँगा," भाव बहुत शक्तिशाली होता है। यह मित्रताओं व गठबंधनों की बुनियाद है। इतिहास उठाकर देख लें, उपहार देकर ही शक्तिशाली लोगों ने अपनी *शक्ति* (बाद में चर्चा की गई है) को क़ायम रखा। आलीशान पार्टियाँ देकर या उदारता से ख़िताब और ज़मीन पुरस्कार में देकर शासकों ने अहसानों का ख़ज़ाना इकट्ठा करके अपना प्रभाव बढ़ाया, जिनका बदले में ज़रूरत के समय मदद माँगी जा सकती थी।

पेंच यह है : आदान-प्रदान की इच्छा मूल लाभ के अनुपात में हो, यह ज़रूरी नहीं है। *इनफ्लुएंस : द साइकोलॉजी ऑफ़ परसुएशन* में रॉबर्ट सियाल्डिनी कार बिक्री में आदान-प्रदान का उदाहरण देते हैं। कार सेल्समैन आम तौर पर संभावित ग्राहकों को शुरुआत में ही एक छोटा उपहार देता है। "क्या मैं आपके लिए कॉफ़ी बुलाऊँ? या आप सोडा पसंद करेंगे? पानी? कुकीज़? क्या मैं आपको ज़्यादा आरामदेह बनाने के लिए कुछ कर सकता हूँ?"

यह सामान्य आवभगत लग सकती है, लेकिन यह नहीं है। इस छोटी पेशकश को स्वीकार करने से आदान-प्रदान की एक मनोवैज्ञानिक आवश्यकता उत्पन्न होती है, जिससे सेल्समैन का पलड़ा भारी हो जाता है। जिन संभावित कार ख़रीदारों ने इस मुफ़्त पेशकश को स्वीकार किया, उनके कार ख़रीदने तथा वैकल्पिक अतिरिक्त सामग्री ख़रीदने की ज़्यादा संभावना थी। यही नहीं, उनके लोन की कम आकर्षक शर्तों पर सहमत होने की भी ज़्यादा संभावना थी। इसके फलस्वरूप इन ग्राहकों ने उन लोगों के मुक़ाबले हज़ारों डॉलर ज़्यादा ख़र्च किए, जिन्होंने सौदेबाज़ी के दौरान सेल्समैन से कोई उपहार या पेशकश स्वीकार नहीं की थी। इसमें तार्किक समझदारी नज़र नहीं आती, क्योंकि कॉफ़ी या कुकीज़ पर डीलर ने बहुत कम पैसा ख़र्च किया था, लेकिन आदान-प्रदान की वजह से ख़रीदार ने ज़्यादा बड़ी रियायत देकर अहसान "उतारा।"

आप शुरुआत में सामने वालों को जितना ज़्यादा वैध मूल्य प्रदान करेंगे, आपके द्वारा बिक्री प्रस्ताव रखने पर वे उतने ही ज़्यादा सकारात्मक होंगे। *मुफ़्त* मूल्य प्रदान करने से आपकी सामाजिक पूँजी बनती है, जिससे यह ज़्यादा संभव होता है कि आप जिन लोगों को लाभ पहुँचाते हैं, वे पेशकश का मौक़ा आने पर आदान-प्रदान करके अहसान उतारेंगे। उदार बनना उन सर्वश्रेष्ठ चीज़ों में से एक है, जो आप सेल्समैन के रूप में अपने परिणामों को बेहतर बनाने के

लिए कर सकते हैं। दूसरों को ज़्यादा से ज़्यादा मूल्य और सहायता देंगे, तो वे आपका सम्मान करेंगे। इससे आपकी *प्रतिष्ठा* बनेगी, साथ ही यह संभावना भी बढ़ जाएगी कि जब आप अपने *कर्म-का-आह्वान* पेश करेंगे, तो वे पर्याप्त रुचि दिखाएँगे।

इस अवधारणा को शेयर करें : **http://book.personalmba.com/reciprocation/**

नुक़सान पहुँचाने वाली स्वीकारोक्ति

हम अपनी छोटी ग़लतियाँ स्वीकार कर लेते हैं, ताकि लोगों को यह विश्वास हो जाए कि हममें कोई बड़ी ग़लतियाँ नहीं हैं।

— फ़्रांस्वाँ डे ला रोशफ़ूको, सत्रहवीं सदी के फ़्रांसीसी दरबारी और सूक्ति-लेखक

जब केल्सी और मैं न्यू यॉर्क सिटी से उत्तर कोलोराडो के पहाड़ों में रहने आए, तो हमारे नए मकान मालिकों बेन और बेट्टी ने हमें अपने नए घर के बारे में दो महत्त्वपूर्ण तथ्य बताए :

1. चट्टानों का खिसकना एक बहुत वास्तविक संभावना थी।
2. काले भालू और पहाड़ी शेर आस-पास ही घूमते थे।

इन तथ्यों के बावजूद हमने अपार्टमेंट किराए पर लिया, लेकिन हमें इनका पता चलने से ख़ुशी हुई और इससे हमारे मन में उनकी ईमानदारी की छवि बढ़ गई। हमने जोखिमों को तौला, किराएदार का बीमा बढ़ा लिया, काउंटर एसॉल्ट बियर पीपर स्प्रे का डिब्बा ख़रीद लिया और लीज़ पर दस्तख़त कर दिए।

हालाँकि यह सहज बोध के विपरीत है, लेकिन अगर आप अपने संभावित ग्राहकों के सामने इस तरह की *नुक़सान पहुँचाने वाली स्वीकारोक्ति* करते हैं, तो इससे दरअसल उनका *विश्वास बढ़* सकता है कि आपमें वादे के मुताबिक़ काम करने की क्षमता है।

जब हम मैनहैटन में रहते थे, तब केल्सी और मेरे पास कार नहीं थी। जब हम कोलोराडो रहने आए, तो हमें कार ख़रीदनी थी। हमें ईबे पर एक अच्छी कार दिखी, जिसे ख़रीदने में हमारी रुचि थी। बहरहाल, कार जैसी बड़ी चीज़ को देखे बिना ख़रीदने में उलझन हो रही थी।

डेनवर का मास्टर्स ऑटो कलेक्शन वह डीलर था, जो कार बेच रहा था। हमारी चिंताओं को कम करने के लिए उसने हर विवरण का फ़ोटो भेजा, जो असामान्य काम था - इसमें जिसमें बाईं तरफ़ पेंट में हल्की सी खरोंच भी शामिल थी। चूँकि हमारे ख़रीदने से पहले इसने अपने वर्णन में छोटे दोष नहीं छुपाए थे, इसलिए हमें ज़्यादा विश्वास हो गया कि इसने कार का वर्णन ईमानदारी से किया था। हमने कार ख़रीद ली और हर चीज़ ठीक वैसी थी, जैसा वर्णन किया गया था। नुक़सान पहुँचाने वाली स्वीकारोक्ति के बिना मास्टर्स ऑटो कलेक्शन यह बिक्री नहीं कर पाता।

आपके संभावित ग्राहक जानते हैं कि आप आदर्श नहीं हैं, इसलिए आदर्श होने का नाटक न करें। लोग सचमुच संदेह करने लगते हैं, जब कोई चीज़ "इतनी ज़्यादा अच्छी दिखती है कि

सच नहीं हो सकती।" यदि कोई पेशकश असामान्य रूप से अच्छी नज़र आती है, तो आपके संभावित ग्राहक यह सोचने लगेंगे, "पेंच कहाँ है?"

उन्हें अचरज में डालने के बजाय उन्हें ख़ुद ही बता दें। कमियों और *ट्रेड-ऑफ़* के बारे में अपने संभावित ग्राहकों के साथ ईमानदार रहने से आपकी विश्वसनीयता बढ़ जाएगी और बिक्री भी।

इस अवधारणा को शेयर करें : http://book.personalmba.com/damaging-admission/

ख़रीदारी के अवरोध

बिक्री तब शुरू होती है, जब संभावित ग्राहक नहीं कहता है।
—बिक्री सूक्ति

एक पल के लिए मान लें कि आप किसी संभावित ग्राहक के सामने किसी प्रॉडक्ट की पेशकश करते हैं और वह कुछ इस तरह का जवाब देता है, "नहीं - यह मेरे काम का नहीं है।" क्या यह सामान समेटने और आगे बढ़ने का समय है?

संभावित ग्राहक के नहीं कहने के पीछे हमेशा कोई न कोई कारण होता है। वह आपसे बात कर रहा है, इसी से ज़ाहिर होता है कि उसकी कम से कम *थोड़ी* दिलचस्पी तो है - वरना बातचीत ही ख़त्म हो जाती। बिक्री अब भी हो सकती है, बशर्ते आप सही सवाल पूछें।

कोई भी चीज़ बेचना *ख़रीदारी के अवरोधों* को पहचानने और ख़त्म करने की प्रक्रिया है : वे जोखिम, अज्ञात शंकाएँ और चिंताएँ, जो आपके संभावित ग्राहक को आपका प्रॉडक्ट ख़रीदने से रोकती हैं। सेल्स कर्मी के रूप में आपका बुनियादी काम *सौदा* पूरा होने की राह में खड़े अवरोधों को पहचानना और ख़त्म करना है। अपने संभावित ग्राहक की आपत्तियों और अवरोधों को ख़त्म कर दें, फिर सौदा अपने आप पक्का हो जाएगा।

सभी तरह की बिक्रियों में ये पाँच मानक आपत्तियाँ नज़र आती हैं:

1. *इसका भाव बहुत ज़्यादा है- नुक़सान से नफ़रत* (जिस पर बाद में चर्चा की गई है) की वजह से पैसे ख़र्च करना नुक़सान जैसा लगता है - ख़रीदकर संभावित ग्राहक किसी दूसरी चीज़ को छोड़ रहा है, जिससे वह स्वाभाविक रूप से हिचकता है। (कुछ लोग ख़रीदने का निर्णय लेने के बाद भी इस नुक़सान का अहसास करते हैं, जिसे "ख़रीदार का पश्चाताप" कहा जाता है।)
2. *यह काम नहीं करेगा* - यदि संभावित ग्राहक को यह शंका रहती है कि प्रॉडक्ट वादे के मुताबिक लाभ नहीं देगा (या नहीं दे सकता), तो वह नहीं ख़रीदेगा।
3. *यह मेरे लिए काम नहीं करेगा*- संभावित ग्राहक को यह विश्वास हो सकता है कि वह प्रॉडक्ट दूसरे लोगों को तो लाभ पहुँचा सकता है, लेकिन उसे नहीं। वह अलग है - एक ख़ास मामला।
4. *मैं इंतज़ार कर सकता हूँ* - संभावित ग्राहक को यह विश्वास हो सकता है कि इस वक़्त उसके पास कोई समस्या ही नहीं है, जिसे सुलझाने के लिए उसे

कुछ करना चाहिए, भले ही आपको साफ़ नज़र आ रहा हो कि उसके पास वह समस्या है।

5. *यह बहुत ज़्यादा मुश्किल है*- यदि प्रॉडक्ट में उसे ज़रा सी भी मेहनत करनी हो, तो संभावित ग्राहक को यह विश्वास हो सकता है कि यह काम इतना मुश्किल होगा कि वह उसे नहीं कर पाएगा।

इन आपत्तियों से जल्द से जल्द उबरना बेहतर है। समझदारी इसमें है कि आप इन्हें अपनी शुरुआती पेशकश के तंत्र में शामिल कर लें। चूँकि ये आपत्तियाँ बहुत आम हैं, इसलिए संभावित ग्राहक पेशकश पर सोच-विचार करे, इससे पहले ही आप उन्हें ख़ारिज करने की जितनी ज़्यादा कोशिश करेंगे, बिक्री की प्रक्रिया उतनी ही ज़्यादा आसान हो जाएगी।

आपत्ति #1 ("इसका भाव बहुत ज़्यादा है") को दूर करने का सबसे अच्छा तरीक़ा है *फ़्रेमिंग* और *मूल्य-आधारित बिक्री।* अगर आप कोई सॉफ़्टवेयर किसी ऐसी कंपनी को बेच रहे हैं, जिससे एक साल में उसके 10 मिलियन डॉलर बच सकते हैं और आप इससे एक साल में 1 मिलियन डॉलर की लाइसेंस *फ़ीस* माँग रहे हैं - तो एक तरह से आप इसे *कौड़ियों के मोल* दे रहे हैं। अगर यह स्पष्ट है कि आप जो भाव माँग रहे हैं, उससे बहुत ज़्यादा मूल्य प्रदान कर रहे हैं, तो यह आपत्ति अपने आप ख़ारिज हो जाती है।

आपत्ति #2 और 3 को ("यह काम नहीं करेगा"/ "यह मेरे लिए काम नहीं करेगा") सुलझाने का सबसे अच्छा तरीक़ा है सामाजिक प्रमाण देना - संभावित ग्राहक को यह दिखाना कि उसके जैसे ग्राहकों को आपके प्रॉडक्ट से कैसे लाभ हुआ है। आप जिन लोगों की कहानी बता रहे हैं और प्रमाण दे रहे हैं, वे आपके संभावित ग्राहक से जितने ज़्यादा मिलते-जुलते हों, उतना ही बेहतर है। इसीलिए *रैफ़रल्स* इतने शक्तिशाली बिक्री औज़ार हैं - ग्राहक उन्हीं लोगों का संदर्भ देने की प्रवृत्ति रखते हैं, जिनकी स्थितियाँ और आवश्यकताएँ उनके जैसी होती हैं, इसलिए रैफ़रल्स इन आपत्तियों को तोड़ने में अपने आप मदद करता है।

आपत्ति #4 और 5 को ("मैं इंतज़ार कर सकता हूँ"/ "यह बहुत ज़्यादा मुश्किल है") दूर करने का सबसे अच्छा तरीक़ा है *शिक्षा-आधारित बिक्री।* अक्सर आपके संभावित ग्राहकों को पूरी तरह अहसास नहीं होता कि उनके पास कोई समस्या है, ख़ास तौर पर *अनुपस्थिति अंधत्व* के मामले में (बाद में चर्चा की गई है)। यदि कंपनी को यह अहसास ही नहीं है कि इसे 10 मिलियन डॉलर का नुक़सान हो रहा है, तो इसे यह यक़ीन दिलाना मुश्किल होता है कि आप मदद कर सकते हैं। इससे निबटने का सबसे अच्छा तरीक़ा यह है कि आप बिक्री के शुरुआती चरण में अपने ग्राहकों को ज़्यादा समझदार बनाने पर मेहनत करें। आप उनके व्यवसाय के बारे में जो भी जानते हैं, उन्हें बताएँ, फिर उनके सामने *मानसिक चित्र* खींचें कि अगर वे आपका प्रॉडक्ट ले लेते हैं, तो उनका व्यवसाय कैसा दिखेगा।

एक बार जब आप संभावित ग्राहक का ध्यान और अनुमति हासिल कर लेते हैं, तो बची हुई आपत्तियों पर निबटने की दो रणनीतियाँ होती हैं : 1. संभावित ग्राहक को यह विश्वास दिलाना कि आपत्ति सच नहीं है, या 2. संभावित ग्राहक को यह विश्वास दिलाना कि आपत्ति अप्रासंगिक है। आप किस नीति का इस्तेमाल करेंगे, यह सामने वाले की आपत्ति पर निर्भर करता है, लेकिन फ़्रेमिंग, मूल्य-आधारित बिक्री, शिक्षा-आधारित बिक्री, सामाजिक प्रमाण और मानसिक चित्रण के थोड़े तालमेल से आम तौर पर काम बन जाएगा।

यदि ग्राहक अब भी न ख़रीदे, तो आम तौर पर इसका मतलब यह होता है कि उसके पास ख़रीदने का *अधिकार* ही नहीं है - जो आपसे सौदेबाज़ी कर रहा है, शायद उसके पास आपके प्रॉडक्ट को ख़रीदने के लिए बजट या सत्ता न हो। हमेशा निर्णय लेने वाले के साथ ही सौदेबाज़ी करने की कोशिश करें - इससे यह फ़ायदा होगा कि अगर वह नहीं ख़रीदेगा, तो इससे आपको पता चल जाएगा कि ऐसा उसने इसलिए किया है, क्योंकि यह उसके लिए उपयुक्त नहीं है। इस स्थिति में आप फ़ुर्ती से दूसरे अच्छे संभावित ग्राहकों की ओर बढ़ सकते हैं।

इस अवधारणा को शेयर करें : http://book.personalmba.com/objections-barriers-to-purchase/

जोखिम उलटना

यदि आप गारंटी चाहते हैं, तो टोस्टर ख़रीद लें।

—क्लिंट ईस्टवुड, अकादमी पुरस्कार विजेता अभिनेता

लोग हमेशा नुक़सान उठाने से नफ़रत करते हैं। वे मूर्ख महसूस करने से नफ़रत करते हैं। वे बुरे निर्णय लेने या पैसे बर्बाद करने से नफ़रत करते हैं। वे जोखिम लेने से नफ़रत करते हैं।

बिक्री के मामले में वह जोखिम *आप* हैं। हर सौदे में ख़रीदने वाला किसी न किसी तरह का जोखिम ले रहा है। अगर प्रॉडक्ट वादे के मुताबिक़ काम न करे, तो क्या होगा? अगर इससे उसकी ज़रूरत पूरी नहीं हुई, तो क्या होगा? अगर इसे ख़रीदना पैसे की बरबादी साबित हुई, तो क्या होगा?

जब भी आपके संभावित ग्राहक आपसे कोई चीज़ ख़रीदने के बारे में विचार करते हैं, तो ये प्रश्न उनके दिमाग़ में हमेशा मौजूद होते हैं। यदि आप इन प्रश्नों को ख़त्म नहीं करते हैं, तो इस बात की काफ़ी संभावना है कि वे बिक्री के आपके मंसूबों पर पानी फेर देंगे।

जोखिम उलटना एक ऐसी रणनीति है, जिसमें *सौदे* का थोड़ा (या पूरा) जोखिम ख़रीदार के बजाय बेचने वाले को होता है। अगर प्रॉडक्ट किसी कारण ग्राहक की अपेक्षाओं पर खरा न उतरे, तो बुरे सौदे का जोखिम ख़रीदार को नहीं झेलना पड़ता, क्योंकि उसे बेचने वाला स्थिति को सही करने की पूरी ज़िम्मेदारी लेता है।

मिसाल के तौर पर, स्लीपिंग मैट उद्योग को ही देख लें। आस-पास देखेंगे, तो आपको बहुत सारी बेहतरीन पेशकशें मिल जाएँगी : बारह महीने, 100 प्रतिशत पैसा वापसी की गारंटी, कोई सवाल नहीं पूछा जाएगा! कोई ग्राहक एक साल तक किसी स्लीपिंग मैट पर सोने के बाद यह निर्णय ले सकता है कि उसे यह पसंद नहीं है और वह स्लीपिंग मैट स्टोर को लौटाकर पूरे पैसे वापस ले सकता है। पागलपन भरा है, है ना?

इसमें ज़रा भी पागलपन नहीं है : यह रणनीति ख़रीदार की जोखिम की अनुभूति को पूरी तरह ख़त्म कर देती है, जो *ख़रीदारी का* मुख्य *अवरोध* है। यदि कोई ग्राहक कुछ ख़रीदता है और यह अच्छा नहीं निकलता, तो उसे ख़ुद को मूर्ख महसूस करने की ज़रूरत नहीं है कि उसने अपना पैसा बरबाद किया - और उसे कंपनी पर गुस्सा होने या बुरा निर्णय लेने के लिए ख़ुद

पर नाराज़ होने की भी ज़रूरत नहीं है। उसे तो बस गारंटी का लाभ लेकर प्रॉडक्ट लौटा देना है - कोई बड़ी बात नहीं। इसके फलस्वरूप वे वह सौदा कर लेंगे - इसमें उसे कोई नुक़सान नहीं हो सकता, इसलिए ऐसा क्यों न किया जाए? बोलचाल की भाषा में इस नीति को कई बार "पिल्ले को घर ले जाएँ" रणनीति कहा जाता है। आप किसी पालतू पशु स्टोर में जाते हैं और एक प्यारा पिल्ला देखते हैं। अगर आप यह तय नहीं कर पाते कि आप उसे ख़रीदें या न ख़रीदें, तो पालतू पशु स्टोर का सेल्समैन आपसे कहेगा कि आप ट्रायल के लिए पिल्ले को घर ले जाएँ। सेल्समैन कहता है, "यदि आपको यह न जमे, तो आप इसे कभी भी लौटा सकते हैं।"

ज़ाहिर है, पिल्ला कभी नहीं लौटता है। वैसे यह वादा किए बिना पिल्ला शायद कभी घर नहीं पहुँच पाता।

जोखिम उलटने की रणनीति अपनाना स्वाभाविक रूप से उलझन भरा होता है, क्योंकि बेचने वाले भी नुक़सान उठाने से नफ़रत करते हैं। कोई भी विक्रेता यह नहीं चाहता कि उसका नाजायज़ फ़ायदा उठाया जाए या उसे धोखा दिया जाए। ज़ाहिर है, अगर कोई ग्राहक उस प्रॉडक्ट से मूल्य पाने के बावजूद रिफ़ंड माँगता है, तो विक्रेता को लगता है कि उसे धोखा दिया गया है।

फ़र्क़ यह है कि ख़रीदार एक ही विक्रेता से ख़रीद रहा है - विक्रेता कई ख़रीदारों को बेच रहा है। आपके ग्राहक हर ख़रीदारी के मामले में इस जोखिम का अनुभव करते हैं और यह एक बड़ा मामला है। चूँकि आप बहुत से ग्राहकों को सामान बेच रहे हैं, इसलिए आप लौटने के जोखिम को बड़ी संख्या में बाँट सकते हैं। हाँ, आप उन ग्राहकों पर पैसा गँवाएँगे, जो आपकी उदारता का नाजायज़ फ़ायदा उठा रहे हैं और यह कभी अच्छा महसूस नहीं होता, लेकिन अगर आप हर ख़रीदने वाले के मन में रहने वाले जोखिम को हटा देते हैं, तो आपकी बिक्री बहुत ज़्यादा होगी, जिससे आप कुल आमदनी और मुनाफ़े के संदर्भ में आगे निकल जाएँगे।

अगर आप अपनी बिक्री को अधिकतम करना चाहते हैं, तो एक बहुत शक्तिशाली जोखिम उलटने वाली गारंटी देने और जोखिम रहित अवधि को अधिकतम रखने में समझदारी होती है। अगर आपके पास जोखिम उलटने की कोई नीति नहीं है, तो इसे लागू कर दें और अपनी बिक्री को बढ़ता हुआ देखें।

इस अवधारणा को शेयर करें : http://book.personalmba.com/risk-reversal/

पुन:सक्रियकरण

ग्राहक हर कंपनी की सबसे बड़ी संपत्ति हैं, क्योंकि ग्राहकों के बिना कोई कंपनी ही नहीं होती है।

—माइकल लेबोफ़, बिज़नेस प्रोफ़ेसर और *हाउ टू विन कस्टमर्स ऐंड कीप दैम फ़ॉर लाइफ़* के लेखक

बिक्री संभावित ग्राहकों को ग्राहक बनने के लिए राज़ी करने की प्रक्रिया है। बहरहाल, नए ग्राहकों को जीतना अक्सर महँगा और समय खाने वाला होता है। अगर बहुत कम ख़र्च में ज़्यादा आमदनी लाने का कोई दूसरा तरीक़ा हो, तो कैसा रहेगा?

पुनःसक्रियकरण (रिएक्टिवेशन) वह प्रक्रिया है, जिसमें आप अपने पुराने ग्राहकों को प्रेरित करते हैं कि वे आपसे दोबारा सामान ख़रीदें। अगर आप कुछ समय से कारोबार कर रहे हैं, तो निश्चित रूप से आपके कुछ "निष्क्रिय" ग्राहक होंगे, जो आपसे पहले सामान ख़रीद चुके हैं, लेकिन जिन्होंने कुछ समय से कुछ भी नहीं ख़रीदा है। आपको पता है कि आपके प्रॉडक्ट में उनकी रुचि है और आपको यह भी पता होगा कि आप उनसे कैसे संपर्क कर सकते हैं। क्यों न उन्हें कोई नई पेशकश दी जाए, जिससे वे एक बार फिर सक्रिय ग्राहक बन जाएँ?

नेटफ़्लिक्स कंपनी पुनःसक्रियकरण का बेहतरीन इस्तेमाल करती है। यदि आप नेटफ़्लिक्स की सदस्यता रद्द करते हैं, तो तीन से छह महीने के भीतर नेटफ़्लिक्स आपको एक पोस्टकार्ड और/या ईमेल भेजती है, जिसमें आपसे घटी हुई दर पर दोबारा सदस्य बनने का प्रस्ताव रखा जाता है। अगर आप जवाब नहीं देते हैं, तो वे हर कुछ महीनों बाद संदेश तब तक भेजते रहेंगे, जब तक कि आप या तो दोबारा सदस्य न बन जाएँ या संदेश भेजना बंद करने का आग्रह न करें। चूँकि नेटफ़्लिक्स *सदस्यता* पर आधारित व्यवसाय है, इसलिए दोबारा सक्रिय सदस्य बनने वाले ग्राहक का मतलब है आमदनी की नई मासिक धारा, जिससे हर ग्राहक का *आजीवन मूल्य* (बाद में चर्चा की गई है) बहुत बढ़ जाता है।

पुनःसक्रियकरण नए ग्राहकों को आकर्षित करने के मुक़ाबले आमदनी बढ़ाने की ज़्यादा त्वरित, आसान और प्रभावी नीति है। आपके पुराने ग्राहक आपको पहले से जानते हैं, वे आप पर भरोसा करते हैं और वे आपके द्वारा दिए जाने वाले मूल्य के बारे में जागरूक हैं। आपके पास उनकी जानकारी है - आपको उन्हें नए सिरे से खोजने की ज़रूरत नहीं है। आपको ग्राहक अर्जन (जो *अनुज्ञेय अर्जन लागत* का हिस्सा है) पर बहुत कम ख़र्च करना पड़ता है - आपको तो बस इतना करना है कि उनसे संपर्क करें और उनके सामने एक आकर्षक पेशकश रखें।

अगर ग्राहक आपको फ़ॉलो अप की *अनुमति* दे देते हैं, तो पुनःसक्रियकरण ज़्यादा आसान होता है। संभावित ग्राहकों की सूची मूल्यवान होती है, लेकिन आपके पुराने ग्राहकों की सूची भी उतनी ही मूल्यवान है। आप ग्राहकों से फ़ॉलो अप की अनुमति हासिल करके पुनःसक्रियकरण की संभावना को बढ़ा लेते हैं, अगर वे किसी कारण आपसे सामान ख़रीदना बंद कर दें।

ज़्यादातर बिक्री-बिंदु तंत्र (पीओएस) ग्राहक जानकारी पर नज़र रखते हैं : किसने ख़रीदा और कब ख़रीदा। उन ग्राहकों की सूची निकालना आसान होता है, जिन्होंने कुछ समय से आपसे नहीं ख़रीदा है, फिर आप ईमेल, फ़ोन या डाक से उन्हें पुनःसक्रियकरण प्रस्ताव भेज देते हैं। पुनःसक्रियकरण अभियान हमेशा उन सबसे आसान और सबसे लाभदायक मार्केटिंग गतिविधियों में से एक हैं, जो आप कभी आज़माएँगे।

हर तीन से छह महीने में अपने निष्क्रिय ग्राहकों की सूची निकालें। उनके लिए एक नई पेशकश तैयार करें और इसके साथ उनसे संपर्क करने को प्राथमिकता बनाएँ। आप देखेंगे कि आप उन्हें दोबारा ख़रीदने के लिए प्रोत्साहित कर सकते हैं और परिणाम देखकर आप हैरान रह जाएँगे।

इस अवधारणा को शेयर करें : **http://book.personalmba.com/reactivation/**

5

मूल्य पहुँचाना

संतुष्ट ग्राहक सर्वश्रेष्ठ व्यावसायिक रणनीति है।

—माइकल लेबोफ़, बिज़नेस प्रोफ़ेसर और *हाउ टू विन कस्टमर्स ऐंड कीप दैम फ़ॉर लाइफ़* के लेखक

हर सफल व्यवसाय सचमुच वह चीज़ देता है, जिसका वादा यह अपने ग्राहकों से करता है। जो व्यक्ति समान मूल्य दिए बिना दूसरों से पैसा लेता है, उसे "धोखेबाज़ कलाकार" कहा जाता है।

मूल्य पहुँचाने में हर वह चीज़ शामिल होती है, जिससे यह सुनिश्चित हो कि हर ग्राहक ख़ुश ग्राहक बन जाए : ऑर्डर की प्रोसेसिंग, इनवेंट्री या स्टॉक का प्रबंधन, डिलिवरी, समस्या-निवारण, ग्राहक सहायता आदि। मूल्य नहीं पहुँचाएँगे, तो आपका व्यवसाय भरभराकर ढह जाएगा।

संसार की सर्वश्रेष्ठ कंपनियाँ अपने ग्राहकों को जो मूल्य पहुँचाने का वादा करती हैं, उसे वे इस तरह पहुँचाती हैं कि ग्राहक को उसकी अपेक्षा से ज़्यादा मिले। ग्राहक अपनी ख़रीदारी के लाभ तेज़ी से, विश्वसनीय तरीक़े से और लगातार पाना चाहते हैं।

किसी कंपनी के जितने ज़्यादा ग्राहक ख़ुश ग्राहक होते हैं, उनके कंपनी से दोबारा ख़रीदने की संभावना उतनी ही ज़्यादा रहती है। इसके अलावा इस बात की भी ज़्यादा संभावना रहती है कि ख़ुश ग्राहक दूसरों को आपके या आपके काम के बारे में बताएँगे, जिससे आपकी *प्रतिष्ठा* बेहतर होगी और नए लोग आपके संभावित ग्राहकों की श्रेणी में आ जाएँगे।

सफल कंपनियाँ बदलते परिवेश में ज़्यादातर समय अपने ग्राहकों को संतुष्ट करती हैं। असफल कंपनियाँ अपने ग्राहकों को ख़ुश करने में नाकाम रहती हैं, उन्हें गँवा देती हैं और अंततः असफल हो जाती हैं।

इस अवधारणा को शेयर करें : http://book.personalmba.com/value-delivery/

मूल्य धारा

बेहतरीन डिज़ाइन का मतलब है सारे अनावश्यक विवरणों को हटाना।

— मिन्ह डी. ट्रान, प्रौद्योगिकीविद् और डिज़ाइनर

जब मैं प्रॉक्टर ऐंड गैम्बल में काम करता था, तो मैंने एक आकर्षक चीज़ सीखी। मैंने इस प्रक्रिया को समझा कि प्रॉडक्ट्स कैसे बनाए और पहुँचाए जाते थे। यहाँ फटाफट नज़र डालकर देखें कि डॉन डिशवॉशिंग डिटर्जेंट की एक बोतल कैसे बनाई जाती है :

1. कच्चा माल फ़ैक्ट्री तक लाया जाता है।
2. डिशवॉशिंग द्रव बनाने के लिए सामग्री को मिलाया जाता है, जिसे बड़ी टंकी में रखा जाता है।
3. साँचों का इस्तेमाल करके प्लास्टिक की बोतलों को सही आकार में फुलाया जाता है, फिर उनमें द्रव भरा जाता है और उन पर ढक्कन लगाया जाता है।
4. हर बोतल पर लेबल लगाए जाते हैं।
5. हर बोतल की जाँच की जाती है, बक्से में रखा जाता है और फिर बक्से को बंद किया जाता है।

यह *मूल्य सृजन* प्रक्रिया का एक पाठ्यपुस्तकीय उदाहरण है, जो कच्चे माल से शुरू होकर बने हुए *प्रॉडक्ट्स* पर ख़त्म होती है, जो परिवहन के लिए तैयार हैं। इसके बाद यह होता है :

6. बक्से को लपेटा जाता है, ढेर में रखा जाता है और शिपमेंट के लिए वेयरहाउस में उनका भंडारण किया जाता है।
7. जब ग्राहकों के ऑर्डर आते हैं, तो बक्से को ट्रक पर सही स्थिति में रखा जाता है।
8. ट्रक बक्सों को ग्राहक के सबसे नज़दीकी वितरण केंद्र तक पहुँचाता है।
9. ग्राहक बक्से को डिलिवरी ट्रक पर रखता है।
10. ट्रक बक्से को उस स्टोर तक पहुँचाता है, जहाँ अतिरिक्त स्टॉक की ज़रूरत होती है।
11. स्टोर बक्से को खोलता है, प्रॉडक्ट को बाहर निकालता है और इसे शेल्फ़ पर रख देता है, जहाँ यह तब तक रखा रहता है, जब तक कि ग्राहक इसे ख़रीद नहीं लेता।

डिश सोप की एक छोटी सी बोतल के लिए बहुत से क़दम हैं। ये क़दम अध्ययन करने लायक़ हैं।

मूल्य धारा का मतलब है आपकी मूल्य सृजन प्रक्रिया की शुरुआत से लेकर ग्राहक को अंतिम परिणाम पहुँचाने तक के सारे क़दमों और प्रक्रियाओं का समूह। अगर आप जल्दी, विश्वसनीय तरीक़े से और लगातार अपने ग्राहकों को मूल्य पहुँचाने में सक्षम बनना चाहते हैं, तो यह समझना बेहद महत्त्वपूर्ण है कि आपकी पेशकश की मूल्य धारा कैसी दिखती है।

आप मूल्य धारा को अपनी मूल्य सृजन और *मूल्य पहुँच* प्रक्रियाओं का तालमेल मान सकते हैं। अक्सर आपकी पेशकश पहली से दूसरी में सीधे पहुँचती है, हालाँकि इन बुनियादी प्रक्रियाओं के उद्देश्य बहुत अलग हैं, लेकिन उन्हें एक बड़ी प्रक्रिया का हिस्सा मानने से आप अपने मूल्य सृजन को पहुँचाने की योग्यता को बेहतर बना सकते हैं।

टोयोटा प्रॉडक्शन सिस्टम (टीपीएस) बड़े पैमाने वाली किसी उत्पादन कंपनी का पहला तंत्र था, जिसने नियमित रूप से अपनी पूरी मूल्य धारा की सुनियोजित जाँच की। उत्पादन तंत्र का विस्तृत विश्लेषण करने से छोटे-छोटे, क्रमिक सुधारों का मार्ग प्रशस्त हुआ। टोयोटा के इंजीनियर टीपीएस में हर साल दस लाख से ज़्यादा सुधार करते हैं। इसके फलस्वरूप कंपनी को गति, निरंतरता और विश्वसनीयता में भारी पुरस्कार मिलते हैं, जिससे टोयोटा की *छवि* बहुत ऊँची गुणवत्ता के प्रॉडक्ट्स वाली कंपनी की बन गई – जब तक कि *ऑटोमेशन के विरोधाभास* (बाद में चर्चा की गई है) ने उस छवि को धूमिल नहीं किया।

आपकी मूल्य धारा को समझने का सबसे अच्छा तरीक़ा यह है कि आप इसका रेखाचित्र बना लें। आपकी पेशकश शुरुआत से अंत तक जिन क़दमों या रूपांतरणों से गुज़रती है, उनका पता लगाना एक बहुत ज्ञानवर्धक प्रक्रिया है, क्योंकि इससे आपको यह दिख जाता है कि आपकी मूल्य पहुँच प्रक्रिया कितनी कार्यकुशल है। प्रक्रियाओं में अनावश्यक क़दमों या ख़राब रूपांतरणों का होना आम बात है। पूरी मूल्य धारा का पूरा रेखाचित्र बनाने में मेहनत लगती है, लेकिन इससे आपकी प्रक्रिया सुचारु बन सकती है और आपका पूरा तंत्र बेहतर बन सकता है।

आम तौर पर अपनी मूल्य धारा को यथासंभव छोटा और कार्यकुशल बनाने की कोशिश करें। जैसा हम पुस्तक में तंत्रों पर बात करते समय बाद में देखेंगे, आपकी प्रक्रिया जितनी ज़्यादा लंबी होती है, गड़बड़ी होने का जोखिम भी उतना ही ज़्यादा होता है। आपकी मूल्य धारा जितनी ज़्यादा छोटी और सुचारु होती है, इसका प्रबंधन करना उतना ही ज़्यादा आसान होता है और आप मूल्य पहुँचाने में उतने ही ज़्यादा प्रभावी बन सकते हैं।

इस अवधारणा को शेयर करें : http://book.personalmba.com/value-stream/

वितरण मार्ग

जब तक कि कोई व्यक्ति सीपी निकालने वाला, जानवरों को जाल में फँसाने वाला या पुराने ज़माने की तरह सोने की खुदाई करने वाला न हो, तब तक आजकल अकेले ही सफल होना लगभग असंभव है।

— बेंजामिन एफ़ फ़ेयरलेस, यू.एस. स्टील के पूर्व प्रमुख

बिक्री करने के बाद आपको वह मूल्य पहुँचाना चाहिए, जिसका वादा आपने ग्राहक से किया है। *वितरण मार्ग* बताता है कि आपका मूल्य अंतिम उपयोगकर्ता तक सचमुच कैसे पहुँचता है।

दो बुनियादी क़िस्म के वितरण मार्ग हैं : सीधे ग्राहक तक और मध्यस्थ के ज़रिये।

सीधे ग्राहक तक वितरण एक ही मार्ग से काम करता है : कंपनी से सीधे अंतिम उपयोगकर्ता तक। *सेवाएँ* इसका आदर्श उदाहरण हैं । जब आप बाल कटवाते हैं, तो दुकान सीधे आपको मूल्य प्रदान करती है और बीच में कोई मध्यस्थ नहीं होता।

अंतिम ग्राहक तक सीधा वितरण सरल और प्रभावी होता है, लेकिन इसकी सीमाएँ होती हैं - आपके पास पूरी प्रक्रिया का पूरा नियंत्रण होता है, लेकिन आप उतने ही ग्राहकों की सेवा कर सकते हैं, जितना आपके पास समय और ऊर्जा होती है। एक बार जब आपकी सेवा की माँग आपकी क्षमता के पार निकल जाती है, तो यह जोखिम रहता है कि आप अपने ग्राहकों को निराश करेंगे और आपकी *प्रतिष्ठा* पर आँच आएगी।

मध्यस्थ वितरण बहुत से मार्गों से होकर गुज़रता है। जब आप किसी स्टोर से कोई *प्रॉडक्ट* ख़रीदते हैं, तो स्टोर एक *रिसेलर* का काम कर रहा है। स्टोर (ज़्यादातर मामलों में) प्रॉडक्ट का उत्पादन नहीं करता है - यह उन्हें किसी दूसरे व्यवसाय से ख़रीदता है।

जिस व्यवसाय ने प्रॉडक्ट बनाया था, वह इसे कितने भी स्टोर्स को बेच सकता है, जिसे "वितरण सुरक्षित करने" की प्रक्रिया कहा जाता है। किसी प्रॉडक्ट का वितरण जितना ज़्यादा होता है, कंपनी की बिक्री उतनी ही ज़्यादा होने की संभावना रहती है - प्रॉडक्ट को जितने ज़्यादा स्टोर बेचेंगे, बिक्री के उतने ही ज़्यादा अवसर होंगे।

मध्यस्थ वितरण से बिक्री बढ़ सकती है, लेकिन इसके लिए आपको अपनी *मूल्य पहुँच* प्रक्रिया पर से निश्चित नियंत्रण छोड़ने की ज़रूरत होती है। आपके ग्राहकों तक आपका प्रॉडक्ट पहुँचाने के लिए किसी दूसरे व्यवसाय पर भरोसा करने से आपका सीमित समय और ऊर्जा मुक्त हो जाती है, लेकिन इससे *सामने वाले पक्ष से जोखिम* भी बढ़ जाता है - यह जोखिम कि अगर आपके साझेदार ने गड़बड़ की, तो आपकी प्रतिष्ठा भी कम हो जाएगी।

कल्पना करें कि आप कुकी बेचने का कारोबार करते हैं और आप एक स्थानीय सुपरमार्केट में वितरण करते हैं। सुपरमार्केट आपसे कुकी ख़रीदता है, उसे अपनी शेल्फ़ पर रखता है और उसे ग्राहकों को मुनाफ़े पर बेच देता है। आपसे सीधे कुकी ख़रीदने के बजाय ग्राहक उन्हें सीधे सुपरमार्केट से ख़रीदते हैं : आदर्श मध्यस्थ वितरण।

इस नीति के लाभ देखना आसान है, लेकिन इसके नुक़सान भी हैं। आइए मान लेते हैं कि स्टोर के रास्ते में सुपरमार्केट के ट्रक में आपकी कुकीज़ को नुक़सान पहुँच जाता है। वे टूट जाती हैं, उनका चूरा हो जाता है और जिस बॉक्स में उन्हें पहुँचाया जाता है, वह दब जाता है। सुपरमार्केट के ख़रीदारों को पक्का पता नहीं होता कि क्या हुआ था, लेकिन अगर यह अक्सर होता है, तो वे यह मान लेंगे कि *आपके* प्रॉडक्ट की गुणवत्ता कमज़ोर है, जिससे आपकी प्रतिष्ठा धूमिल हो जाएगी।

वितरण सुरक्षित करना मूल्यवान हो सकता है, लेकिन अपने मध्यस्थों पर निगाह रखें। वितरण "इसे-पक्का-कर-दो-और-भूल-जाओ" रणनीति नहीं है - अगर आप बहुल वितरण मार्गों के ज़रिये काम कर रहे हैं, तो यह सुनिश्चित करने के लिए समय और ऊर्जा लगाएँ कि वे आपके व्यवसाय का अच्छा प्रतिनिधित्व कर रहे हैं।

इस अवधारणा को शेयर करें : http://book.personalmba.com/distribution-channel/

अपेक्षा प्रभाव

आप जितना कर सकते हैं, उससे ज़्यादा का वादा कभी न करें।

— पब्लिलियस साइरस, पहली सदी ई.पू. के सीरिया के सूक्तिकार

जैप्पोज़ ने ऑनलाइन जूते बेचने की कला को आदर्श बना लिया है।

इंटरनेट पर जूते बेचना मुश्किल धंधा है – ग्राहक उन्हें पहनकर नहीं देख सकते और कोई भी ऐसे जूतों के साथ अटके रहना नहीं चाहता, जिन्हें वे पसंद नहीं करते हैं और कभी पहनेंगे भी नहीं। इसकी भरपाई करने के लिए जैप्पोज़ हर ऑर्डर के मामले में आदर्श *जोखिम-शून्य* नीति अपनाता है – यह मुफ़्त शिपिंग करता है और अगर आपको अपने ऑर्डर किए हुए *प्रॉडक्ट्स* पसंद नहीं आते हैं, तो बिना सवाल पूछे वापसी की सुविधा भी देता है। ये दो नीतियाँ बुरी ख़रीदारी के जोखिम को ख़त्म कर देती हैं, इसलिए ग्राहक जैप्पोज़ को आज़माने के ज़्यादा इच्छुक रहते हैं।

बहरहाल, इस बाज़ार में जैप्पोज़ की इतनी *ठोस प्रतिष्ठा* सिर्फ़ इसी कारण नहीं है। रहस्य एक अनपेक्षित लाभ में निहित है, जिसका कंपनी विज्ञापन नहीं करती है।

जब आप जैप्पोज़ को ऑर्डर देते हैं, तो संभवतः आपको सुखद हैरानी होगी : आपके जूते अगले ही दिन पहुँच जाएँगे, समय से कई दिन पहले।

जैप्पोज़ आसानी से "मुफ़्त तीव्र शिपिंग" का विज्ञापन दे सकता है, लेकिन यह ऐसा नहीं करता है – आश्चर्य कहीं ज़्यादा मूल्यवान होता है।

किसी ग्राहक के लिए गुणवत्ता की अनुभूति दो पैमानों पर निर्भर करती है : अपेक्षाएँ और प्रदर्शन। आप एक अर्ध-समीकरण के रूप में इस संबंध को दिखा सकते हैं, जिसे मैं अपेक्षा प्रभाव कहता हूँ : गुणवत्ता = प्रदर्शन - अपेक्षाएँ।

यदि ग्राहक आपसे ख़रीदता है, तो वह आपसे पर्याप्त ऊँची अपेक्षाएँ करता है। बहरहाल, ख़रीदने के बाद सामान का प्रदर्शन ग्राहक की अपेक्षाओं से *ज़्यादा* होना चाहिए, क्योंकि तभी वह संतुष्ट होगा। यदि प्रदर्शन अपेक्षाओं से बेहतर है, तो ग्राहक को गुणवत्ता की उच्च अनुभूति होगी। यदि प्रदर्शन अपेक्षाओं से कमतर है, तो गुणवत्ता की अनुभूति कम होगी, चाहे वह प्रॉडक्ट संपूर्ण संदर्भ में कितना ही अच्छा क्यों न हो।

एपल के पहली पीढ़ी के आईफ़ोन बेहद सफल रहे थे – ग्राहक किसी अच्छी चीज़ की अपेक्षा कर रहे थे और उन्हें एक ऐसा उपकरण मिला, जिसने उनकी अपेक्षाओं से ज़्यादा लाभ प्रदान किए। एपल की दूसरी पीढ़ी का आईफ़ोन, 3 जी, हाथोंहाथ नहीं लिया गया – इसके बाज़ार में उतरने से पहले अपेक्षाएँ इतनी ज़्यादा थीं कि कंपनी किसी तरह उनसे आगे नहीं निकल सकती थी और बाज़ार में उतारने की प्रक्रिया में हुई कुछ गड़बड़ियों ने जल्दी ही केंद्रीय मंच पर क़ब्ज़ा कर लिया।

संपूर्ण संदर्भ में आईफ़ोन 3 जी ज़्यादा अच्छा फ़ोन था – यह ज़्यादा तेज़ था, इसमें कई नई विशेषताएँ थीं, ज़्यादा मेमोरी थी और दाम भी कम था, लेकिन कई ग्राहकों को यह बेहतर *महसूस* नहीं हुआ – एपल उनकी अपेक्षाओं को पूरा करने में कामयाब नहीं हो पाई और कंपनी की प्रतिष्ठा को नुक़सान पहुँचा। यही चौथी पीढ़ी के आईफ़ोन को बाज़ार में उतरते समय

हुआ-एंटीना की एक छोटी सी गड़बड़ी ने कई ग्राहकों का मन खट्टा कर दिया, हालाँकि नया संस्करण पुराने वाले से बेहतर था और इस बात को साबित भी किया जा सकता था।

अपेक्षाओं से लगातार पार निकलने का सबसे अच्छा तरीक़ा ग्राहकों को उनके अपेक्षित मूल्य के अलावा एक अनपेक्षित बोनस देना है। *मूल्य पहुँचाने* की प्रक्रिया का उद्देश्य यह सुनिश्चित करना है कि आपके ग्राहक ख़ुश और संतुष्ट रहें। ग्राहक संतुष्टि सुनिश्चित करने का सर्वश्रेष्ठ तरीक़ा ग्राहकों की अपेक्षाओं को पूरा करना और संभव होने पर उनसे आगे तक जाना है।

जो चीज़ आपके ग्राहकों को अप्रत्याशित रूप से ख़ुश कर दे, ऐसी चीज़ करने के लिए आप हर संभव कोशिश करें। जैप्पोज़ की मुफ़्त त्वरित शिपिंग आश्चर्य के रूप में ज़्यादा मूल्यवान है - यदि यह सौदे का हिस्सा होती, तो इसका भावनात्मक असर ख़त्म हो जाता।

जब आप अपने ग्राहकों की अपेक्षाओं से काफ़ी ऊपर प्रदर्शन करते हैं, तो वे अनुभव से संतुष्ट होंगे।

इस अवधारणा को शेयर करें : **http://book.personalmba.com/expectation-effect/**

भविष्य सूचकता

मुझे हमेशा विश्वास रहा है कि कोई प्रॉडक्ट या सेवा तभी समृद्ध होती है, जब यह गुणवत्ता पहुँचाती है। बेहतरीन प्रॉडक्ट या सेवा स्वयं सर्वश्रेष्ठ बिक्री बिंदु होती है।

—विक्टर कियाम, रेमिंगटन और द न्यू इंग्लैंड पैट्रिऑट्स फुटबॉल टीम के पूर्व मालिक

आरोन शीरा मेरे सबसे अच्छे मित्रों में से एक हैं। उन्होंने *बड़े होते समय* अपने भाई पैट्रिक के साथ मिलकर ख़ुद के दम पर कोलंबस, ओहियो में एक पेंटिंग कंपनी शुरू की। आज शीरा सन्स पेंटिंग बड़े पैमाने की पेंटिंग परियोजनाओं में विशेषज्ञता रखती है - इसने विश्वविद्यालयों, सैन्य छावनियों, विशाल चर्चों और मल्टीमिलियन डॉलर वाले घरों में पुताई की है। शून्य से शुरुआत करने वाली यह कंपनी अब कोलंबस इलाक़े में कई मुख्य आम कॉन्ट्रैक्टर्स की चहेती पुताई कंपनी बन चुकी है।

दो युवाओं ने एक प्रतिस्पर्धी बाज़ार में उन कॉन्ट्रैक्टर्स के ख़िलाफ़ धाक कैसे जमाई, जिनका कारोबारी अनुभव उनकी उम्र से ज़्यादा था? आसान है : जब आप आरोन और पैट की सेवाएँ लेते हैं, तो आप *पूरी तरह से निश्चिंत* रह सकते हैं कि काम सही होगा और समय पर पूरा होगा।

कॉन्ट्रैक्टर्स की अनिश्चितता की छवि कुख्यात है : वे अक्सर देर से आते हैं, बहुत ज़्यादा समय लगाते हैं, घटिया काम करते हैं और उनका नज़रिया बुरा होता है। आरोन और पैट की सफलता का रहस्य *भविष्यसूचकता* है - वे हर बार बेहतरीन काम करते हैं, काम को समय पर पूरा करते हैं और उनके साथ काम करना ख़ुशनुमा होता है। इसके फलस्वरूप उनकी

समय-सारणी ठसाठस भरी रहती है - एक प्रभावशाली उपलब्धि, ख़ास तौर पर कमज़ोर निर्माण बाज़ार में।

कोई मूल्यवान चीज़ ख़रीदते समय ग्राहक सटीकता से यह जानना चाहते हैं कि वे क्या अपेक्षा कर सकते हैं - वे चाहते हैं कि उनका अनुभव भविष्यसूचक हो। अप्रत्याशित आश्चर्य ग्राहक को बेहतरीन अनुभव प्रदान कर सकते हैं, लेकिन यदि आप ग्राहक की अपेक्षित चीज़ उसे भविष्यसूचक अंदाज़ में नहीं दे पाए, तो इससे कोई फ़र्क़ नहीं पड़ता कि आप उसे कितने बोनस देते हैं। लोग सुखद आश्चर्य पसंद करते हैं, लेकिन वे बुरे आश्चर्यों से नफ़रत करते हैं।

तीन बुनियादी घटक किसी पेशकश की भविष्यसूचकता को प्रभावित करते हैं : एकरूपता, निरंतरता और विश्वसनीयता।

एकरूपता का मतलब है वही विशेषताएँ हर बार पहुँचाना- कोका कोला बड़े पैमाने पर उत्पाद की एकरूपता को ठोस मार्केटिंग से मिलाने वाली शुरुआती बड़ी कंपनियों में से एक थी। पेय उद्योग में प्रॉडक्ट की एकरूपता एक आश्चर्यजनक कार्य है : सोडा बनाना, बोतलबंद करना और वितरित करना एक बहुत ही जटिल संचालन-क्रियान्वयन प्रक्रिया है। थोड़ी सी ज़्यादा शकर या थोड़ा सा भी अलग स्वाद हो, थोड़ी सी ज़्यादा हवा या थोड़ा सा भी बैक्टीरिया हो, तो इससे अंतिम प्रॉडक्ट बुरी तरह बदल सकता है।

कोई भी यह नहीं चाहता कि उसके प्रिय सोडा का स्वाद हर बार अलग आए। जब आप कोक की बोतल या कैन खोलते हैं, तो आप सटीकता से उसी प्रॉडक्ट की अपेक्षा करते हैं, जिसे आपने पिछली बार पिया था, चाहे आप संसार में कहीं पर भी हों। अगर कोका-कोला के 0.1 प्रतिशत कैन भी बेस्वाद या ख़राब निकले, तो लोग जल्दी ही ख़रीदना छोड़ देंगे।

निरंतरता का मतलब है लंबे समय तक वही मूल्य प्रदान करना - "न्यू कोक" 1980 के दशक के बीच में असफल रहा। इसका एक कारण यह था कि ग्राहक कोक से एक निश्चित स्वाद की अपेक्षा रख रहे थे और कंपनी ने उसी नाम से एक बिलकुल नई चीज़ पेश कर दी। निरंतरता की अवहेलना करने से बिक्री में भारी गिरावट आई। जब कोका-कोला कंपनी ने मूल फ़ॉर्मूले को दोबारा स्थापित कर दिया, तो इसके बाद बिक्री आसमान छूने लगी।

निष्ठावान ग्राहकों की अपेक्षाओं की अवहेलना करना सफलता पाने का तरीक़ा नहीं है - यदि आप किसी बिलकुल अलग चीज़ को पेश कर रहे हैं, तो इसे किसी नई चीज़ के रूप में पेश करें।

विश्वसनीयता का मतलब है बिना दोष या विलंब के मूल्य पहुँचाने पर विश्वास करने की योग्यता - माइक्रोसॉफ़्ट विंडोज़ का इस्तेमाल करने वालों से पूछें कि उन्हें कंप्यूटर के बारे में किस चीज़ से सबसे ज़्यादा नफ़रत है। लगभग हमेशा उनका जवाब यह होता है, "सिस्टम क्रैश हो जाता है।" अविश्वसनीयता उपयोग करने वाले के लिए भारी कुंठा की चीज़ होती है, ख़ास तौर पर जब निश्चितता की ज़रूरत हो। अगर आप एक मकान बना रहे हों और कॉन्ट्रैक्टर समय पर न आए, तो आपको कैसा महसूस होगा?

यदि आप भविष्यसूचकता को बेहतर बना लेते हैं, तो *प्रतिष्ठा* और *मूल्य* अनुभूति के संदर्भ में काफ़ी लाभ मिलते हैं। आपकी मानक पेशकश जितनी ज़्यादा अनुमानयोग्य होती है, आप अपने *प्रॉडक्ट्स* और *सेवाओं* की अनुभूत गुणवत्ता को उतना ही ज़्यादा बढ़ाने में समर्थ होंगे।

इस अवधारणा को शेयर करें : **http://book.personalmba.com/predictability/**

प्रवाह क्षमता (थ्रूपुट)

रणनीति कितनी ही सुंदर हो, आपको कभी-कभार परिणामों पर भी नज़र डालना चाहिए।

— विन्स्टन चर्चिल, द्वितीय विश्व युद्ध के दौरान ग्रेट ब्रिटेन के प्रधानमंत्री

प्रवाह क्षमता वह दर है, जिससे तंत्र अपना मनचाहा लक्ष्य हासिल करता है। आपने अपने ग्राहकों से जिस मूल्य का वादा किया है, उसका सचमुच सृजन करने और पहुँचाने के लिए आप जिस प्रक्रिया का इस्तेमाल करते हैं, उसे समझकर और बेहतर बनाकर आप गुणवत्ता व ग्राहक संतुष्टि को बेहतर बना सकते हैं।

प्रवाह क्षमता आपकी *मूल्य धारा* की प्रभावकारिता का पैमाना है। प्रवाह क्षमता फ़ॉर्मूले (इकाई/समय) में मापी जाती है। आप समय की प्रत्येक इकाई में जितने ज़्यादा परिणामों का सृजन करते हैं, प्रवाह क्षमता उतनी ही ज़्यादा ऊँची होती है।

प्रवाह क्षमता को मापने के लिए आपको एक स्पष्ट रूप से परिभाषित उद्देश्य की आवश्यकता होती है : *डॉलर प्रवाह* क्षमता इस बात का पैमाना है कि आपका सकल व्यावसायिक तंत्र एक डॉलर मुनाफ़ा कितनी जल्दी कमाता है। कोई भी मानक समय इकाई लें, जैसे एक घंटा/दिन/सप्ताह/महीना - आपका व्यावसायिक तंत्र उस अवधि में औसतन कितने डॉलर उत्पन्न करता है? आपका कारोबारी तंत्र उस अवधि में औसतन कितने डॉलर उत्पन्न करता है? आपका व्यवसाय मुनाफ़े के डॉलर जितनी ज़्यादा तेज़ी से उत्पन्न करता है, उतना ही बेहतर है।

इकाई प्रवाह क्षमता इस बात का पैमाना है कि बिक्री की एक अतिरिक्त इकाई का सृजन करने में कितना समय लगता है। कच्चे माल से प्रॉडक्ट लाइन पर पूरा प्रॉडक्ट बनने में कितना समय लगता है? इकाई प्रवाह क्षमता जितनी ज़्यादा तेज़ होती है, बेचने के लिए आपके पास उतनी ही ज़्यादा इकाइयाँ होती हैं और आप इन प्रॉडक्ट्स की नई माँग पर उतनी ही ज़्यादा तेज़ी से प्रतिक्रिया कर सकेंगे।

संतुष्टि प्रवाह क्षमता इस बात का पैमाना है कि किसी ग्राहक को ख़ुश और संतुष्ट करने में कितना समय लगता है। चिपोट्ले मेक्सिकन ग्रिल जैसे रेस्तराँओं में जब ग्राहक दाख़िल होता है, उसके बाद उसका ऑर्डर लेने तक उन्हें लगभग तीन मिनट का समय लगता है। एक ख़ुश ग्राहक बनाने में जितना कम समय लगता है, आप एक घंटे में उतने ही ज़्यादा ग्राहकों की सेवा कर सकते हैं और आप हर दिन उतने ही ज़्यादा ग्राहकों को ख़ुश कर सकते हैं। ग्राहकों को जितना लंबा इंतज़ार करना होता है, आप एक घंटे में उतने ही कम ग्राहकों की सेवा कर सकते हैं और वे अपने अनुभव से उतने ही कम संतुष्ट होंगे।

प्रवाह क्षमता बढ़ाना शुरू करने का सबसे अच्छा तरीक़ा इसे मापना शुरू करना है। आपके कारोबारी तंत्र को एक डॉलर मुनाफ़ा उत्पन्न करने में कितना समय लगता है? बेचने के लिए एक इकाई उत्पन्न करने या किसी नए ग्राहक को ख़ुश करने में कितना समय लगता है?

अगर आप अपनी प्रवाह क्षमता को नहीं जानते हैं, तो प्राथमिकता के आधार पर इसका पता लगाएँ - प्रवाह क्षमता को मापना इसे बेहतर बनाने की दिशा में पहला क़दम है।

इस अवधारणा को शेयर करें : http://book.personalmba.com/throughput/

डुप्लीकेशन

इस संसार की समस्याएँ केवल दो ही तरीक़ों से सचमुच सुलझाई जा सकती हैं : उन्मूलन द्वारा या डुप्लीकेशन द्वारा।

— सूसन सोनटैग, लेखक और राजनैतिक सुधारक

डुप्लीकेशन किसी मूल्यवान चीज़ को विश्वसनीयता से बार-बार उत्पन्न करने की योग्यता है। फ़ैक्ट्री में होने वाला उत्पादन डुप्लीकेशन का चरम उदाहरण है : एक डिज़ाइन, बहुत सारे प्रॉडक्ट्स। बार-बार "नए सिरे से पहिये का आविष्कार करने" के बजाय डुप्लीकेशन में आप एक बार पहिये का डिज़ाइन बनाते हैं और फिर मनचाही संख्या में पहिये बना सकते हैं।

अपने प्रॉडक्ट का डुप्लीकेशन करने की आपकी योग्यता जितनी बेहतर होती है, आप उतना ही ज़्यादा मूल्य प्रदान कर सकते हैं। किसी चीज़ को बनाने में जितना ज़्यादा समय और मेहनत लगती है, इसके उतनी ही कम संख्या में उपलब्ध रहने की प्रवृत्ति रहती है। डुप्लीकेशन में आप जल्दी से और सस्ते में अपने प्रॉडक्ट को मनचाही संख्या में बना सकते हैं, जिससे यह किफ़ायती दाम पर ज़्यादा व्यापकता से उपलब्ध हो जाता है।

इस पुस्तक के बारे में सोचें। पुराने ज़माने में पुस्तकों की प्रतिलिपि हाथ से की जाती थी और हाथ से ही उनकी बाइंडिंग होती थी। दिन-रात मेहनत करके एक पुस्तक की प्रतिलिपि बनाने में लेखक को कई महीने (कई बार तो कई वर्ष) लग जाते थे। इसके फलस्वरूप पुस्तकें बहुत महँगी होती थीं और उन्हें हासिल करना मुश्किल था।

समय कितना बदल गया है। यह पुस्तक एक बार लिखी गई थी, लेकिन बड़े पैमाने की प्रिंटिंग मशीनों के चमत्कार की वजह से इसे फटाफट, विश्वसनीय रूप से और सस्ते में दोबारा उत्पन्न किया जा सकता है। इसके फलस्वरूप पूरे संसार में करोड़ों प्रतियाँ बनाई और वितरित की जा सकती हैं तथा चंद डॉलरों में ख़रीदी जा सकती हैं। यही डुप्लीकेशन का जादू है।

इंटरनेट ने मूल्य के कुछ प्रकारों के डुप्लीकेशन को और भी ज़्यादा आसान बना दिया है। जैसा केविन केली ने अपने निबंध "बेटर दैन फ़्री" में टिप्पणी की थी, इंटरनेट मूलतः एक विशाल और सस्ती फ़ोटोकॉपी मशीन है। जब मैं अपनी वेबसाइट पर पोस्ट डालता हूँ, तो मेरा मेल सर्वर लगभग शून्य लागत में इसे डुप्लीकेट कर सकता है और इसे संसार के दूसरे हिस्से में रहने वाले पाठक तक लगभग तुरंत पहुँचा सकता है। जानकारी - शब्द, चित्र, संगीत, वीडियो - का डुप्लीकेशन मूलतः मुफ़्त है। बहरहाल, उस जानकारी का मूल्य बहुत ज़्यादा हो सकता है।

यदि आप किसी ऐसी चीज़ का सृजन करना चाहते हैं, जिसे आप अपनी सीधी संलग्नता के बिना बेच सकते हों, तो अपने प्रॉडक्ट की प्रतिलिपि करने की योग्यता अनिवार्य है। यदि आपको हर ग्राहक को व्यक्तिगत समय देना हो, तो इस बात की ऊपरी सीमा होती है कि आप निश्चित समय में कितने ग्राहकों की सेवा कर सकते हैं। डुप्लीकेशन को *ऑटोमेशन* के साथ मिला लें, तो आप ज़्यादा लोगों तक मूल्य पहुँचा सकते हैं - और इसके फलस्वरूप ज़्यादा बिक्री कर सकते हैं।

इस अवधारणा को शेयर करें : http://book.personalmba.com/duplication/

मल्टिप्लिकेशन या बहुगुणन

सारा विकास गतिविधि पर निर्भर करता है। प्रयास के बिना शारीरिक या बौद्धिक दृष्टि से कोई विकास नहीं होता और प्रयास का मतलब है काम।

— कैल्विन कूलिज, अमेरिका के तीसवें राष्ट्रपति

मैकडॉनल्ड जानता है कि बिग मैक को *डुप्लीकेट* कैसे करना है। स्टारबक्स जानता है कि ट्रिपल सोय वैनिला लैट्टेज़ को कैसे डुप्लीकेट करना है। मैकडॉनल्ड और स्टारबक्स में यह समानता है : दोनों व्यवसाय पूरे स्टोर को डुप्लीकेट कर सकते हैं, इसीलिए पूरे संसार में उनके हज़ारों स्टोर हैं।

बहुगुणन का मतलब है पूरी *प्रक्रिया या तंत्र* का डुप्लीकेशन। मैकडॉनल्ड कैलिफ़ोर्निया में एक अकेले रेस्तराँ के रूप में शुरू हुआ; स्टारबक्स सिएटल में एक अकेली कॉफ़ी शॉप के रूप में शुरू हुआ। मैकडॉनल्ड या स्टारबक्स स्टोर के पूरी कारोबारी तंत्र को डुप्लीकेट करना सीखकर इन कंपनियों ने विकास की नई संभावनाएँ उजागर कर दीं।

वाल्मार्ट ने भी यही काम किया। फ़ैटविल्ले, अरकंसास के एक स्टोर से शुरू करके वाल्मार्ट ने आश्चर्यजनक गति से ख़ुद को बहुगुणित किया, यह तेज़ी से मिडवेस्ट के पार फैला, फिर पूरे अमेरिका में, फिर पूरे संसार में।

वाल्मार्ट की सफलता दो आपस में जुड़े तंत्रों को बहुगुणित करने में निहित है : स्टोर और वितरण केंद्र। वितरण केंद्र सप्लायर्स से इनवेंट्री प्राप्त करने की योग्यता को बहुगुणित कर देते हैं और इसे स्टोर्स तक पहुँचाते हैं। स्टोर्स उस इनवेंट्री को प्राप्त करने, प्रदर्शित करने और ग्राहकों को बेचने के आज़माए हुए तंत्र को दोहराते हैं।

बहुगुणन ही छोटे व्यवसायों को बड़े व्यवसायों से अलग करता है। कोई अकेला व्यावसायिक तंत्र कितना उत्पन्न कर सकता है, उसकी एक ऊपरी सीमा होती है। मल्टिप्लिकेशन या बहुगुणन किसी आज़माये हुए मॉडल पर आधारित ज़्यादा हूबहू व्यावसायिक तंत्र बना सकता है और ज़्यादा ग्राहकों को मूल्य प्रदान करने की योग्यता बढ़ा सकता है। यह फ्रैंचाइजिंग का मुख्य लाभ है : किसी व्यावसायिक मॉडल को शून्य से खड़ा करने के बजाय फ्रैंचाइजी खोलने से एक सफल मॉडल को बहुगुणित करने में मदद मिलती है।

आपके व्यावसायिक तंत्र को बहुगुणित करना जितना ज़्यादा आसान होता है, आप अंततः उतना ही ज़्यादा मूल्य पहुँचा सकते हैं।

इस अवधारणा को शेयर करें : http://book.personalmba.com/multiplication/

आरोहण (स्केल)

आप वही काटते हैं, जो आप बोते हैं।

— मार्कस टुलियस सिसरो, प्राचीन रोमन नेता और वक्ता

किसी कुशल रजाई बनाने वाले के बारे में सोचें, जो हाथ से रजाई बनाने में विशेषज्ञ है। हम यह मान लेते हैं कि एक रजाई बनाने में एक सप्ताह लग जाता है। ऐसे में हर सप्ताह एक उत्सुक ग्राहक मिलना बेहतरीन होता है। एक ग्राहक को एक रजाई बनाकर देने में कोई समस्या नहीं आती है।

एक साथ दो ग्राहक आ जाएँ, तो यह चुनौतीपूर्ण होता है। दूसरे ग्राहक को तब तक इंतज़ार करना होगा, जब तक कि पहले ग्राहक की रजाई न बन जाए। यदि रजाई बनाने वाले को एक ही दिन में हज़ार ऑर्डर मिल जाते हैं, तो यह एक भारी समस्या है - माँग पूरी करने का कोई तरीक़ा नहीं है, सिवा इसके कि ग्राहकों से इंतज़ार कराया जाए, जिससे *अनचाहा अभाव* निर्मित हो जाता है।

आरोहण या *स्केल* संख्या बढ़ाने के लिए किसी प्रक्रिया को विश्वसनीय तरीक़े से *डुप्लीकेट* या *बहुगुणित* करने की योग्यता है। स्केलेबिलिटी या आरोहणीयता आपके अधिकतम संभावित विस्तार को तय करती है। प्रदत्त मूल्य को डुप्लीकेट या बहुगुणित करना जितना ज़्यादा आसान होता है, व्यवसाय उतना ही ज़्यादा फैल सकता है।

हाथ से बनने वाली रजाई के व्यवसाय की तुलना स्टारबक्स जैसे विस्तृत कारोबार से करें। यह मान लें कि औसत स्टारबक्स एक घंटे में सौ पेय पदार्थ परोस सकता है - अगर माँग इससे ज़्यादा होती है, तो स्टोर में भीड़ लग जाती है। समाधान? एक और स्टारबक्स खोल लें - भले ही यह सड़क के पार क्यों न हो, जो न्यू यॉर्क जैसे शहरों में असामान्य दृश्य नहीं है।

स्केलेबिलिटी या आरोहणीयता आम तौर पर प्रक्रिया में आवश्यक मानव संलग्नता की मात्रा द्वारा सीमित होती है। स्टारबक्स *ऑटोमेशन* के ज़रिये कॉफ़ी को डुप्लीकेट करने की अपनी क्षमता को बढ़ा सकता है। स्टारबक्स के कर्मचारी पेय बनाने में शामिल हैं, लेकिन प्रक्रिया अर्ध-स्वचालित है : एस्प्रेसो मशीन से बनती है, कई चीज़ें समय से पहले ही तैयार कर ली जाती हैं आदि। एक अच्छा पेय बनाने के लिए आवश्यक मानव ध्यान या हस्तक्षेप का सकल स्तर दरअसल बहुत कम होता है, इसीलिए स्टारबक्स हर घंटे में इतने सारे पेय बना और बेच सकता है।

अगर आपका लक्ष्य एक ऐसा व्यवसाय बनाना हो, जिसमें आपकी प्रत्यक्ष दैनिक संलग्नता की ज़रूरत न हो, तो स्केलेबिलिटी एक मुख्य विचारणीय बिंदु होना चाहिए। *प्रॉडक्ट* को *डुप्लीकेट* करना सबसे आसान होता है, जबकि *साझे संसाधन* (जैसे जिम) को मल्टीप्लाई करना सबसे आसान होता है।

इंसान ख़ुद *आरोहण* नहीं कर सकते। हर इंसान के पास हर दिन सीमित समय और ऊर्जा ही होती है, जो किए जाने वाले काम की मात्रा के साथ नहीं बदल सकती। इसके *विपरीत* - जैसा हम *प्रदर्शन बोझ* में बाद में बात करेंगे, माँग बढ़ने पर किसी व्यक्ति की प्रभावकारिता आम तौर पर कम हो जाती है।

इसके फलस्वरूप *सेवाओं* का विस्तार करना आम तौर पर मुश्किल होता है, क्योंकि मूल्य को पहुँचाने के लिए उनमें लोगों की सीधी संलग्नता पर निर्भर होने की प्रवृत्ति होती है। सामान्य नियम यह है कि मूल्य का सृजन करने और उसे पहुँचाने में जितनी कम मानवीय संलग्नता की ज़रूरत होगी, व्यवसाय उतना ही ज़्यादा फैल सकेगा।

इस अवधारणा को शेयर करें : http://book.personalmba.com/scale/

संचय

कई बार जब मैं विचार करता हूँ कि छोटी चीज़ों के कितने ज़बर्दस्त परिणाम होते हैं, तो मेरा मन यह सोचने के लिए ललचाने लगता है : कोई भी चीज़ छोटी नहीं होती है।

— ब्रूस बारटन, विज्ञापन एक्ज़ीक्यूटिव, द बेट्टी क्रोकर ब्रांड के सृजन के लिए विख्यात

इसी पल संसार में कहीं पर टोयोटा का एक इंजीनियर टोयोटा प्रॉडक्शन सिस्टम में एक बहुत छोटा परिवर्तन कर रहा है, जो संसार के सबसे कार्यकुशल उत्पादन *तंत्रों* में से एक है।

यह अकेला परिवर्तन बहुत बड़ा नहीं दिखता है - छोटा सा सुधार, हल्का सा पुनर्गठन, थोड़ी सी सामग्री या मेहनत बचाना। बहरहाल, संचित होने पर इसके भारी प्रभाव होते हैं - टोयोटा के कर्मचारी हर साल टोयोटा प्रॉडक्शन सिस्टम में 10 लाख सुधार करते हैं। इसमें कोई हैरानी की बात नहीं है कि टोयोटा आज संसार का सबसे बड़ा और सबसे मूल्यवान कार निर्माता है।

छोटे-छोटे सहायक या हानिकारक व्यवहार और इनपुट्स में समय के साथ *संचित* होने की प्रवृत्ति होती है, जिनसे मिलकर बड़े परिणाम मिलते हैं। जेम्स पी. वोमैक और डेनियल टी. जोन्स की पुस्तक *लीन थिंकिंग* के अनुसार टोयोटा की नीति *काइज़ेन* की जापानी अवधारणा पर आधारित है, जो बहुत सारे छोटे-छोटे परिवर्तनों के ज़रिये *अपव्यय* को ख़त्म करके तंत्र को लगातार सुधारने पर ज़ोर देती है। कई छोटे-छोटे सुधार, जिन पर लगातार अमल किया जाए, अंततः भारी परिणाम उत्पन्न कर देते हैं।

संचय हमेशा सकारात्मक नहीं होता है। इस बारे में सोचें कि आपके शरीर का क्या होगा, अगर आप दस साल तक फ़ास्ट फ़ूड, कैंडी बार और सोडा के अलावा कुछ न खाएँ-पिएँ। एक अकेली कैंडी बार खाना बड़ी बात नहीं है, लेकिन सैकड़ों कैंडी बार खाना बड़ी बात है। सौभाग्य से इसका विपरीत भी सच है। आपके आहार में छोटे-छोटे सुधार, थोड़ी ज़्यादा करारत, और थोड़ी ज़्यादा नींद के आपके स्वास्थ्य पर बड़े दूरगामी प्रभाव पड़ सकते हैं।

क्रमिक वृद्धि संचय की शक्ति का उदाहरण है। अगर आपकी पेशकश हर *पुनरावृत्ति चक्र* के साथ बेहतर बनती है, तो जल्द ही आपका प्रॉडक्ट आपके ग्राहकों के लिए पहले से कई गुना ज़्यादा मूल्यवान बन जाएगा। आपकी *मूल्य पहुँच* प्रक्रिया में छोटे परिवर्तन लंबे समय में आपका बहुत सारा समय और मेहनत बचा सकते हैं।

आप समय के साथ जितने ज़्यादा छोटे-छोटे सुधार करते हैं, आपके परिणाम उतने ही बेहतर होते हैं।

इस अवधारणा को शेयर करें : http://book.personalmba.com/accumulation/

विस्तार

प्रकृति में न सज़ा है, न पुरस्कार – बस परिणाम हैं।

— रॉबर्ट जी. इंगरसोल, नेता और वक्ता

सामान्य सोडा कैन के बारे में सोचें। जब पेय पदार्थ बेचने के लिए कैन पहली बार बनाए गए, तो वे सिलिंडर के आकार के थे; उनका ऊपरी हिस्सा समतल था और वे स्टील के बने थे। समय के साथ स्टील की जगह पर एल्युमिनियम का इस्तेमाल होने लगा, खोलने को आसान बनाने के लिए खींचने वाला फीता लगाया गया और कैन में "गर्दन" बनाई गई - ऊपर की तरफ़ थोड़ा पतला।

कैन की "गर्दन" बनाने के दो मुख्य परिणाम हुए - पहला, इससे पीना आसान होता है, जो ग्राहक को पसंद आता है। दूसरे, इससे मज़बूत कैन बनाने में लगने वाली धातु की मात्रा घट जाती है। सामान्य कैन की दीवारें अब लगभग नब्बे माइक्रोमीटर मोटी (लगभग दो मिलीमीटर के बजाय) होती हैं, जिससे बहुत सारी धातु की बचत होती है।

कैन मैन्युफ़ैक्चरर्स इंस्टीट्यूट के अनुसार सिर्फ़ अमेरिका में ही हर साल लगभग 131 अरब कैन बनते हैं। जब आप अरबों कैन और कई दशकों के मान से आधुनिक कैन की डिज़ाइन से होने वाली बचत का हिसाब लगाते हैं, तो आप इस नतीजे पर पहुँचते हैं कि इन बहुत छोटे परिवर्तनों ने पेय पदार्थ उद्योग के सैकड़ों अरब डॉलर बचा लिए हैं।

यही *विस्तार* है : किसी आरोहणीय *तंत्र* में एक छोटा सा परिवर्तन करने से एक बड़ा परिणाम उत्पन्न होता है। किसी सुधार या तंत्र को इष्टतम बनाने का प्रभाव तंत्र के आकार पर निर्भर होता है। तंत्र जितना ज़्यादा बड़ा होता है, परिणाम भी उतना ही ज़्यादा बड़ा होता है।

जब मैकडॉनल्ड्स कोई नया सैंडविच बाज़ार में उतारता है, तो यह उसे अपने सिर्फ़ एक स्टोर में ही नहीं बेचता है - यह इसे पूरी दुनिया के अपने सभी स्टोरों में बेचना शुरू कर सकता है। जब स्टारबक्स कोई नया पेय पदार्थ उतारता है, तो यह बहुत जल्दी ही स्टारबक्स के हर फ़्रैंचाइज़ी में ग्राहकों के सामने पेश किया जाता है।

विस्तार के अवसरों को पहचानने का सर्वश्रेष्ठ तरीक़ा ऐसी चीज़ों की तलाश करना है, जिन्हें लगातार *डुप्लीकेट* या *मल्टीप्लाई* किया जा सकता है। यदि स्टारबक्स कम कॉफ़ी बीन्स का इस्तेमाल करके एस्प्रेसो बनाने का कोई तरीक़ा खोज ले, तो इससे कॉफ़ी की मात्रा में भारी फ़र्क़ पड़ जाएगा, जो इसे ख़रीदनी पड़ती है। अगर यह एस्प्रेसो ज़्यादा जल्दी बनाने का कोई तरीक़ा खोज ले, तो इससे एक ग्राहक की सेवा करने में लगने वाला समय कम हो जाएगा और इससे उन ग्राहकों की संख्या भी बढ़ जाएगी, जिनकी सेवा एक स्टोर एक घंटे में कर सकता है।

स्केलेबल या आरोहणीय तंत्र छोटे परिवर्तनों के परिणामों का विस्तार करते हैं। स्केलेबल तंत्रों में किए गए छोटे-छोटे परिवर्तनों के ज़बर्दस्त परिणाम होते हैं।

इस अवधारणा को शेयर करें : http://book.personalmba.com/amplification/

प्रतिस्पर्धा का अवरोध

प्रतिद्वंद्वियों के साथ प्रतिस्पर्धा न करें – उन्हें अप्रासंगिक बना दें।

—डब्ल्यू. चैन किम, ब्लू ओशन स्ट्रैटजी

आपके प्रतिस्पर्धी क्या कर रहे हैं, आप इस बात पर कितना ध्यान दे रहे हैं? आप अपने प्रतिस्पर्धियों पर ध्यान देने में जितना ज़्यादा समय और ऊर्जा लगाते हैं, अपना व्यवसाय बनाने के लिए आपके पास उतना ही कम समय और ऊर्जा बचती है।

एपल जैसी कंपनी के बारे में सोचें - प्रौद्योगिकी जगत में कोई दूसरी कंपनी नहीं है, जो अपने प्रतिस्पर्धियों पर उससे कम ध्यान केंद्रित करती हो। इसके बजाय यह एक बिलकुल नई और *उल्लेखनीय* चीज़ बनाने पर ध्यान केंद्रित करती है, फिर इसे ज़्यादा से ज़्यादा आदर्श बनाने की कोशिश करती है।

दूसरी तरफ़, एपल के प्रतिस्पर्धी बराबरी करने की अंतहीन होड़ में लगे रहते हैं। जब एपल ने 2007 में आईफ़ोन उतारा, तो ब्लैकबेरी ने आपाधापी में स्टॉर्म बनाकर इसकी कई विशेषताओं की नक़ल की। जब तक स्टॉर्म बाज़ार में आया, आईफ़ोन कई *पुनरावृत्ति चक्रों* से गुज़र चुका था, जिससे ब्लैकबेरी के लिए प्रतिस्पर्धा करना बहुत मुश्किल हो गया। एपल अब तक पूरे संसार में 5 करोड़ से ज़्यादा आईफ़ोन बेच चुका है।

इसी तर्ज पर एपल ने नेटबुक श्रेणी (छोटे और कम ऊर्जा वाले हल्के कंप्यूटरों) में बरसों तक प्रवेश नहीं किया। इसने एसस, एचपी और डेल जैसे कमॉडिटी लैपटॉप निर्माताओं से सीधे प्रतिस्पर्धा नहीं की, लेकिन 2010 में आईपैड के बाज़ार में उतरने के बाद सब कुछ बदल गया - आईपैड ने विशेषताओं के मामले में पहले से मौजूद नेटबुक से सीधे प्रतिस्पर्धा नहीं की, बल्कि बाज़ार को नए सिरे से परिभाषित किया। इसके उतरने के बाद दो महीनों में ही कंपनी ने 20 लाख से ज़्यादा यूनिट बेच दीं। प्रतिस्पर्धा के बजाय नवाचार करने का चयन करके एप्पल ने सफलतापूर्वक एक बहुत प्रतिस्पर्धी बाज़ार में शीर्ष हिस्सेदारी हासिल कर ली।

आप अपने *मूल्य प्रवाह* में जो भी सुधार करते हैं, हर सुधार से आपकी स्थिति बेहतर होती है और आपके संभावित प्रतिस्पर्धियों के लिए बराबरी करना ज़्यादा मुश्किल हो जाता है। आप न सिर्फ़ कुशलता और प्रभावी ढंग से मूल्य का सृजन करने व पहुँचाने की अपनी योग्यता बढ़ाते हैं, बल्कि आप अपने प्रतिस्पर्धियों के लिए नक़ल करने को भी ज़्यादा मुश्किल बना देते हैं।

आप हर ग्राहक को जितना ज़्यादा लाभ पहुँचाते हैं और सेवा करते हैं, उससे प्रतिस्पर्धियों के लिए आपकी नक़ल करना ज़्यादा मुश्किल हो जाता है। प्रतिस्पर्धा करने पर ध्यान केंद्रित न करें - ज़्यादा मूल्य पहुँचाने पर ध्यान केंद्रित करें। आपकी प्रतिस्पर्धा अपने आप ख़त्म हो जाएगी।

इस अवधारणा को शेयर करें : http://book.personalmba.com/barrier-to-competition/

शक्ति बहुगुणक

मनुष्य औज़ारों का इस्तेमाल करने वाला प्राणी है। औज़ारों के बिना वह कुछ नहीं है, औज़ारों के साथ वह सब कुछ है।

— टॉमस कार्लाइल, निबंधकार और इतिहासकार

इंसान को अनूठा बनाने वाली एक चीज़ यह है कि हममें औज़ार बनाने और उनका इस्तेमाल करने की योग्यता होती है। औज़ार महत्त्वपूर्ण हैं, क्योंकि वे शारीरिक शक्ति, विचार या ध्यान के प्रभाव को *बहुगुणित* कर देते हैं। कोई औज़ार आपके प्रयास का जितना ज़्यादा *विस्तार* करता है या घनीभूत करता है, वह उतना ही ज़्यादा प्रभावी होता है।

यदि आप अपने हाथों से कील ठोकने की कोशिश करेंगे, तो आप निश्चित रूप से *थोड़ी* शक्ति तो लगा सकते हैं, लेकिन इससे कील किसी ठोस चीज़ में नहीं घुसेगी। (इसके अलावा, आप शायद आपके हाथ में चोट भी लग जाएगी।)

हथौड़े का इस्तेमाल करने से आपकी लगाई गई शक्ति का परिमाण बहुगुणित हो जाता है। यह उस शक्ति को एक छोटे क्षेत्र पर केंद्रित कर देता है, जिससे एक ही प्रहार में कील आसानी से घुस जाती है। आरी, स्क्रूड्राइवर और बाक़ी औज़ार भी इसी तरह काम करते हैं - वे ज़्यादा परिणाम पाने के लिए आपकी लगाई शक्ति का विस्तार करते हैं और उसे केंद्रित करते हैं।

सबसे प्रभावी औज़ार शक्ति का सबसे ज़्यादा विस्तार करते हैं। शक्ति को बहुगुणित करने के मामले में बिजली की आरी हाथ की आरी से कहीं ज़्यादा असरदार होती है। डम्पर ट्रक ठेले से ज़्यादा सामग्री ले जा सकता है। गुलेल के बजाय रॉकेट सामग्री को ज़्यादा दूर तक पहुँचा सकता है।

शक्ति बहुगुणित करने वाले उपकरणों में निवेश करने में समझदारी है, क्योंकि आप उतनी ही मेहनत में ज़्यादा परिणाम हासिल कर सकते हैं। यदि आपको नया मकान बनाने के लिए नींव खोदनी है, तो आप हार्डवेयर की स्थानीय दुकान से 10 डॉलर का बेलचा ख़रीदकर यह काम निश्चित रूप से कर सकते हैं, लेकिन खुदाई करने वाली मशीन से काम ज़्यादा तेज़ी और आसानी से हो जाएगा। अगर आप मकान बनाने के व्यवसाय में हैं, तो खुदाई करने वाली मशीन ख़रीदना या लीज़ पर लेना लागत के लिहाज़ से उचित है।

शक्ति बहुगुणक महँगे हो सकते हैं - वे जितने ज़्यादा प्रभावी होते हैं, उतने ही ज़्यादा महँगे होते हैं। फ़ैक्ट्री उत्पादन और वितरण तंत्र बड़े पैमाने के शक्ति बहुगुणकों के उदाहरण हैं - वे बहुत कम समय में भुगतान करने वाले हज़ारों (या लाखों) ग्राहकों को मूल्य पहुँचा सकते हैं। उनकी क़ीमत हज़ारों (या लाखों) डॉलर हो सकती है, लेकिन उनसे आपको ऐसी क्षमताएँ मिल जाती हैं, जो उनके बिना संभव नहीं थीं।

सामान्य नियम यह है कि किसी तंत्र को बनाने में क़र्ज़ या बाहरी पूँजी का सिर्फ़ एक ही अच्छा इस्तेमाल होता है - शक्ति बहुगुणक हासिल करने के लिए, जो आप किसी दूसरे तरीक़े से हासिल नहीं कर सकते थे। अगर कारोबार करने के लिए आपको किसी फ़ैक्ट्री में मशीनें लगाना है, तो शायद आपके बैंक अकाउंट में 1 करोड़ डॉलर नहीं होंगे। किसी बैंक से *लोन*

लेना या किसी बाहरी निवेशक से *पूँजी* लेना आपका सर्वश्रेष्ठ विकल्प हो सकता है, बशर्ते आप उस राशि से शक्ति बहुगुणक ख़रीदें और उनका रख-रखाव करें; ख़ुद को भुगतान करने या शानदार ऑफ़िस किराए पर लेने के लिए इस विकल्प का इस्तेमाल उचित नहीं है।

हमेशा सबसे अच्छे औज़ार चुनें, जिन्हें आप हासिल कर सकते हैं और जिनका ख़र्च उठा सकते हैं। गुणवत्तापूर्ण औज़ार आपको न्यूनतम प्रयास में अधिकतम परिणाम देते हैं। शक्ति बहुगुणकों में निवेश करके आप अपना समय, ऊर्जा और ध्यान मुक्त कर लेते हैं। तब आप अपने कारोबार को सिर्फ़ चलाने के बजाय इसे बनाने पर ध्यान केंद्रित कर सकते हैं।

इस अवधारणा को शेयर करें : http://book.personalmba.com/force-multiplier/

तंत्रीकरण

आप जो कर रहे हैं, अगर आप प्रक्रिया के रूप में उसका वर्णन नहीं कर सकते, तो आप नहीं जानते हैं कि आप क्या कर रहे हैं।

— डब्ल्यू. एडवर्ड्स डेमिंग, उत्पादन प्रबंधन विशेषज्ञ और सांख्यिकीय प्रक्रिया नियंत्रण के प्रवर्तक

चाहे आप तात्कालिक उपाय करके हर चीज़ बनाते हों, लेकिन फिर भी एक प्रक्रिया शामिल होती है, क्योंकि एक बिंदु से दूसरे बिंदु तक पहुँचने के लिए कई क़दमों की ज़रूरत होती है। लगातार "बिना तैयारी के तात्कालिक निर्णय लेने" के बजाय अपनी प्रक्रिया को स्पष्ट करने से आपको बहुत से लाभ मिल सकते हैं।

तंत्र वह प्रक्रिया है, जिसे स्पष्ट और दोहराने योग्य बनाया गया है - क़दमों की एक शृंखला, जिसे किसी तरह औपचारिक बनाया गया है। तंत्र लिखे जा सकते हैं या उनका रेखाचित्र बनाया जा सकता है, लेकिन वे *हमेशा* किसी न किसी प्रकार से *बाहरीकृत* (बाद में चर्चा की गई है) होते हैं।

तंत्र बनाने का बुनियादी लाभ यह है कि इसके बाद आप प्रक्रिया की जाँच कर सकते हैं और उसमें सुधार कर सकते हैं। प्रक्रिया में शामिल हर क़दम को स्पष्ट बनाकर आप यह समझ सकते हैं कि बुनियादी प्रक्रियाएँ किस तरह काम करती हैं, वे किस तरह संरचित हैं, वे दूसरी प्रक्रियाओं व तंत्रों को किस तरह प्रभावित करती हैं और आप समय के साथ तंत्र को बेहतर कैसे बना सकते हैं।

गूगल तंत्रों की शक्ति का बेहतरीन उदाहरण है। जब भी आप गूगल सर्च इंजन का इस्तेमाल करते हैं, तो हज़ारों कंप्यूटर आपके सामने परिणाम पेश करने के लिए ख़ुदबख़ुद सक्रिय हो जाते हैं। गूगल का सर्च एलगोरिद्म (तंत्र के लिए एक लुभावना प्रोग्रामिंग शब्द) यह परिभाषित करता है कि ये कंप्यूटर मिलकर कैसे काम करते हैं। गूगल के कर्मचारी लगातार तंत्र के कार्यकारी विवरणों को बेहतर बनाते जा रहे हैं। गूगल के इंजीनियर बुनियादी सर्च इंजन एलगोरिद्म में हर साल 550 से ज़्यादा सुधार करते हैं, आप जिस चीज़ की तलाश कर रहे हैं, उसे आपको ज़्यादा जल्दी और सटीकता से दिखाते हैं।

इसके फलस्वरूप, गूगल का एलगोरिद्म इतना कुशल हो चुका है कि आपके सर्च के परिणाम शून्य मानवीय हस्तक्षेप के बावजूद लगभग 0.2 सेकेंड में आपके सामने आ जाते हैं – एक आश्चर्यजनक उपलब्धि। यदि गूगल ने खोज प्रक्रिया को परिभाषित और तंत्रीकृत करने में अपना ज़्यादातर शुरुआती समय और ऊर्जा नहीं लगाई होती, तो कंपनी आज मौजूद ही नहीं होती।

तंत्र से पूरी टीम के पास समान जानकारी रहती है। जैसा हम अध्याय 8 में बात करेंगे, अच्छी तरह मिलकर काम करने के लिए संवाद की ज़रूरत होती है और आप जितने ज़्यादा लोगों के साथ काम कर रहे हैं, आपको उतने ही ज़्यादा संवाद की ज़रूरत होती है। निश्चित घटनाओं और कामों के लिए तंत्र व स्पष्ट प्रक्रियाएँ बनाने से हर व्यक्ति न्यूनतम ग़लतफ़हमी और आपाधापी के साथ आवश्यक काम कर सकता है।

यदि आप अपनी प्रक्रिया को तंत्रीकृत नहीं कर सकते, तो आप इसे स्वचालित नहीं बना सकते। कल्पना करें कि अगर परिणामों की खोज करने के लिए ग्रंथपालों की एक टीम बनाई जाती, तो कैसा होता? यह एक दुःस्वप्न की तरह होता – आपको परिणाम पाने के लिए कई दिनों (या हफ़्तों या महीनों) तक इंतज़ार करना पड़ता।

ऑटोमेशन (बाद में चर्चा की गई है) ही गूगल की गुणवत्ता और गति की कुंजी है : तंत्र किस तरह काम करता है, इसके नियमों को स्पष्टता से परिभाषित करके सर्च इंजन के प्रोग्रामरों ने तंत्र के दैनिक संचालन को स्वचालित बना दिया है। इसके फलस्वरूप गूगल के डेवलपरों को तंत्र *चलाने* की मेहनत नहीं करनी होती। इसके बजाय वे तंत्र को लगातार *बेहतर* बनाने पर अपने प्रयास केंद्रित कर सकते हैं।

ज़्यादातर लोग व्यावसायिक तंत्र बनाने का प्रतिरोध करते हैं, क्योंकि यह अतिरिक्त मेहनत जैसा दिखता है। हम सभी व्यस्त हैं और यह महसूस करना आसान है कि आपके पास तंत्रों का सृजन करने और उन्हें बेहतर बनाने का समय नहीं है, क्योंकि सर पर काम का बहुत सारा बोझ पहले से ही है। दरअसल, उपयोगी तंत्र आपके काम को ज़्यादा आसान बना देते हैं – यदि आप काम का बहुत ज़्यादा बोझ महसूस कर रहे हैं, तो इस समस्या को सुलझाने के लिए आप सबसे अच्छी चीज़ यह कर सकते हैं कि आप अच्छे तंत्र बनाने में समय लगाएँ।

तंत्रीकरण और ऑटोमेशन के कुछ बड़े नुक़सान भी होते हैं, जिन पर हम अध्याय 10 और 11 में विस्तार से बात करेंगे। हाल-फ़िलहाल यह बात समझ लें कि प्रभावी तंत्र किसी व्यवसाय का लहू है – आप जो प्रदान कर रहे हैं, वे आपको उसका सृजन करने, मार्केटिंग करने, बेचने और अंततः पहुँचाने की अनुमति देते हैं।

आपके तंत्र जितने बेहतर होंगे, आपका व्यवसाय भी उतना ही बेहतर होगा।

इस अवधारणा को शेयर करें : http://book.personalmba.com/systemization/

6

वित्त

उसने सुना कि लोग पैसे के बारे में तिरस्कार भरी बातें बोल रहे थे : उसने सोचा कि क्या उन्होंने कभी इसके बिना रहने की कोशिश की थी।

— डब्ल्यू. सॉमरसेट मॉम, *ऑफ़ ह्यूमन बॉन्डेज* के लेखक

मेरा अनुभव यह है कि लोग *मूल्य सृजन, मार्केटिंग, बिक्री और मूल्य पहुँचाने* में बारे में ख़ुशी-ख़ुशी सीखते हैं - उन्हें समझना और उनकी कल्पना करना आसान होता है।

लेकिन *वित्त* का विषय आते ही उनकी आँखें भावशून्य हो जाती हैं। वित्त के साथ ही उनके मन में "बजट बनाने," गणितीय फ़ॉर्मूलों और अंकों से भरी स्प्रेडशीट की तसवीरें उभर आती हैं। यह क़तई ज़रूरी नहीं है - वित्त को समझना काफ़ी आसान है, बशर्ते आप सबसे महत्त्वपूर्ण चीज़ों पर ध्यान केंद्रित करें।

वित्त पैसे के किसी व्यवसाय के अंदर-बाहर होने वाले प्रवाह को देखने की कला और विज्ञान है। इसमें यह निर्णय लेना भी शामिल है कि इसे कैसे आवंटित किया जाए। और ज़ाहिर है, आपको यह भी पता लगाना होता है कि आप जो कर रहे हैं, उससे आपको मनचाहे परिणाम मिल रहे हैं या नहीं। अकाउंटिंग यह सुनिश्चित करने की प्रक्रिया है कि आप वित्तीय निर्णय लेने के लिए जिस डाटा का इस्तेमाल कर रहे हैं, वह यथासंभव पूर्ण और सटीक हो। वित्त का विषय दरअसल इससे ज़्यादा जटिल नहीं है। हाँ, मनोहारी मॉडल और शब्दावली हो सकती है, लेकिन अंततः आप यह निर्णय लेने के लिए बस संख्याओं का इस्तेमाल कर रहे हैं कि आपका व्यवसाय आपके मनचाहे तरीक़े से चल रहा है या नहीं और परिणाम पर्याप्त हैं या नहीं।

हर सफल व्यवसाय को क़ायम रहने के लिए निश्चित कमाई करनी होती है। यदि आप मूल्य का सृजन, मार्केटिंग और बिक्री कर रहे हैं तथा मूल्य पहुँचा रहे हैं, तो पैसे का प्रवाह हर दिन आपके व्यवसाय के अंदर-बाहर हो रहा है। अस्तित्व में बने रहने के लिए हर व्यवसाय को *पर्याप्त* आमदनी (बाद में चर्चा की गई है) करनी चाहिए, ताकि व्यवसाय चलाने में लगने वाले समय और मेहनत को तर्कसंगत साबित किया जा सके।

हर इंसान को बिल चुकाने होते हैं और किराना ख़रीदना होता है, इसलिए व्यवसाय में शामिल लोगों को लगातार पर्याप्त पैसे कमाने की ज़रूरत होती है, ताकि वे व्यवसाय में निवेशित

समय और ऊर्जा को तर्कसंगत साबित कर सकें, वरना वे इसे छोड़कर कोई दूसरी चीज़ करने लगेंगे। इसी अनुसार, हर व्यवसाय जिस मूल्य का सृजन करता है, उसके हिस्से को आमदनी के रूप में हासिल करता है, ताकि आवश्यक ख़र्च किए जा सकें और व्यवसाय चलाने वाले लोगों को वेतन दिया जा सके।

सबसे अच्छी कंपनियाँ एक अच्छा चक्र बना देती हैं। वे मूल्य की भारी मात्रा का सृजन करती हैं और ख़र्च कम करती हैं, इसलिए बहुत ज़्यादा मूल्य हासिल किए बिना ही उनके पास पर्याप्त से ज़्यादा पैसा होता है। इसके फलस्वरूप वे अपनी जेब भरती हैं और अपने ग्राहकों के जीवन को भी बेहतर बनाती हैं, क्योंकि उस कंपनी का अस्तित्व हर शामिल व्यक्ति के लिए बेहतर होता है।

वित्त अपने डॉलरों को समझदारी भरे तरीक़े से देखने में आपकी मदद करता है।

इस अवधारणा को शेयर करें : http://book.personalmba.com/finance/

मुनाफ़ा

लोगों को याद दिलाएँ कि मुनाफ़ा आय और व्यय के बीच का फ़र्क़ है। इससे आप चतुर नज़र आते हैं।

— स्कॉट एडम्स, कार्टूनिस्ट और "डिलबर्ट" के सृजनकार

इससे कोई फ़र्क़ नहीं पड़ता कि आपकी कंपनी की आय प्रति वर्ष 100,000,000 डॉलर है, अगर आप 100,000,001 डॉलर ख़र्च करते हैं। व्यवसाय इस बारे में नहीं है कि आप कितना कमाते हैं - यह तो इस बारे में है कि आप कितना बचा पाते हैं।

मुनाफ़ा बड़ी सरल अवधारणा है : इसका मतलब है आप जितना ख़र्च करते हैं, उससे ज़्यादा पैसे कमाना। कोई कंपनी अपने अस्तित्व को तभी क़ायम रख सकती है, जब इसकी कुल आमदनी निकट भविष्य में इसके कुल व्यय से ज़्यादा हो। अगर कंपनी ऐसा नहीं कर पाती है, तो यह कंपनी बंद हो जाएगी - कंपनी के संसाधन ख़त्म हो जाएँगे, यह दिवालिया हो जाएगी या किसी दूसरी कंपनी के मुनाफ़े से अनुदान पर चलेगी। कोई भी कंपनी हमेशा घाटे में नहीं चल सकती।

मुनाफ़ा महत्त्वपूर्ण है, क्योंकि यह व्यवसायों के अस्तित्व को क़ायम रखता है। मुनाफ़ा कमाए बिना कोई व्यवसाय अपने मालिकों को भुगतान नहीं दे सकता, जो इसमें काफ़ी समय, पैसा और ऊर्जा का निवेश करते हैं। यदि मालिकों को उनके निवेश का पुरस्कार नहीं मिलेगा, तो वे व्यवसाय को बंद कर देंगे।

मुनाफ़ा व्यवसाय को अप्रत्याशित घटनाओं को झेलने की अनुमति देकर "सहारा" भी प्रदान करता है। यदि कोई कंपनी अपने ख़र्च निकालने लायक़ ही आमदनी कमाती है, तो ख़र्च अचानक बढ़ने पर यह बहुत मुश्किल में आ जाएगी। कंपनी जितनी ज़्यादा लाभदायक होती है, यह *अनिश्चितता* और *परिवर्तन* का सामना करने में उतनी ही बेहतर सक्षम होगी और इसके पास अप्रत्याशित पर प्रतिक्रिया करने के उतने ही ज़्यादा विकल्प होंगे।

मुनाफ़ा एक बहुत महत्त्वपूर्ण विचार है, लेकिन यह व्यवसाय में सब कुछ और अंतिम लक्ष्य नहीं है। कुछ लोगों को यह यक़ीन होता है कि किसी व्यवसाय का उद्देश्य मुनाफ़े को अधिकतम करना है, लेकिन यह व्यवसाय खड़ा करने का एकमात्र कारण नहीं है। कुछ लोगों के लिए (जैसे मैं) व्यवसाय एक सृजनात्मक प्रयत्न होता है - क्या संभव है, इसकी पड़ताल करना, दूसरों की मदद करना और साथ ही ख़ुद का समर्थन करना। इस दृष्टिकोण से देखें तो जब तक आप *पर्याप्त* मुनाफ़ा कमा रहे हैं, आपका व्यवसाय सफल रहेगा।

इस अध्याय में आप जो अवधारणाएँ सीखेंगे, उनसे आपको यह सुनिश्चित करने में मदद मिलेगी कि आपका व्यवसाय पर्याप्त मुनाफ़ा देता रहे, ताकि इसका अस्तित्व क़ायम रह सके।

इस अवधारणा को शेयर करें : http://book.personalmba.com/profit/

प्रॉफ़िट मार्जिन

मुनाफ़ा लेकर मैंने कभी पैसे नहीं गँवाए।

— बरनार्ड बरूच, फ़ाइनैंसर और परोपकारी

प्रॉ*फ़िट मार्जिन* (जिसे अक्सर संक्षेप में "मार्जिन" कहा जाता है) प्रतिशत में निकाला जाता है। इसका मतलब है कि आप कितनी आमदनी करते हैं और इस आमदनी के लिए कितना ख़र्च करते हैं। प्रॉफ़िट मार्जिन का फ़ॉर्मूला यह है :

आमदनी - लागत / आमदनी x 100 = % प्रॉफ़िट मार्जिन

यदि आप 2 डॉलर कमाने के लिए 1 डॉलर ख़र्च करते हैं, तो आपका प्रॉफ़िट मार्जिन 50 प्रतिशत है। यदि आप किसी *प्रॉडक्ट* को 100 डॉलर में बनाते हैं और 150 डॉलर में बेचते हैं, तो आपका *मुनाफ़ा* 50 डॉलर और प्रॉफ़िट मार्जिन 33 प्रतिशत है। यदि आप वही प्रॉडक्ट 300 डॉलर में बेच लेते हैं, तो मार्जिन बढ़कर 66 प्रतिशत हो जाता है। भाव जितना ज़्यादा होता है और लागत जितनी कम होती है, प्रॉफ़िट मार्जिन उतना ही ज़्यादा होता है। एक बात ध्यान रखें, आपका प्रॉफ़िट मार्जिन कभी 100 प्रतिशत से ज़्यादा नहीं हो सकता और यह सिर्फ़ तभी होता है, जब आप कोई ऐसी चीज़ बेचते हैं, जिसमें आपको एक भी पैसा ख़र्च नहीं करना पड़ता।

प्रॉफ़िट मार्जिन और *मार्कअप* में अंतर होता है। मार्कअप में किसी प्रॉडक्ट की लागत से उसके भाव की तुलना की जाती है। मार्कअप का फ़ॉर्मूला यह है :

{(क़ीमत-लागत)/लागत} x 100 = % मार्कअप

यदि आपके प्रॉडक्ट की लागत 1 डॉलर है और आप इसे 2 डॉलर में बेचते हैं, तो आपका मार्कअप 100 प्रतिशत है, जबकि आपका प्रॉफ़िट मार्जिन 50 प्रतिशत है। मार्जिन कभी भी 100 प्रतिशत से ज़्यादा नहीं हो सकता, लेकिन मार्कअप 200 प्रतिशत, 500 प्रतिशत या 10,000 प्रतिशत तक हो सकता है, जो प्रॉडक्ट के भाव और लागत पर निर्भर करता है। आपका भाव जितना ज़्यादा और लागत जितनी कम होती है, आपका मार्कअप उतना ही ज़्यादा होता है।

ज़्यादातर व्यवसाय हर प्रॉडक्ट के प्रॉफ़िट मार्जिन को ज़्यादा से ज़्यादा रखने की कोशिश करते हैं और यह समझदारी भरा काम है : मार्जिन जितना ज़्यादा होता है, व्यवसाय हर बिक्री से उतना ही ज़्यादा मुनाफ़ा अपने पास रख सकता है। बहरहाल, बाज़ार के कई दबाव होते हैं, जो समय के साथ मार्जिन घटा सकते हैं : भाव घटाने की प्रतिस्पर्धियों की आक्रामक नीतियाँ, नए प्रॉडक्ट्स जो पुराने प्रॉडक्ट्स की माँग को कम कर देते और उत्पादन लागत का बढ़ना।

व्यवसाय प्रॉडक्ट्स की तुलना के लिए प्रॉफ़िट मार्जिन का अक्सर इस्तेमाल करते हैं। अगर किसी कंपनी के बाज़ार में एक से ज़्यादा प्रॉडक्ट्स हैं, तो यह सबसे ज़्यादा मार्जिन वाले प्रॉडक्ट्स को महत्त्व देने की प्रवृत्ति रखती है। यदि किसी व्यवसाय को लागत घटाना पड़े, तो शुरुआत में यह अक्सर सबसे कम मार्जिन वाले प्रॉडक्ट्स को ख़त्म करती है।

किसी व्यवसाय की जाँच करते वक़्त प्रॉफ़िट मार्जिन पर क़रीबी निगाह रखें। मार्जिन जितना ज़्यादा होता है, व्यवसाय उतना ही ज़्यादा शक्तिशाली होता है।

इस अवधारणा को शेयर करें : http://book.personalmba.com/profit-margin/

मूल्य जकड़ना

आप इस जीवन में जो भी चाहते हैं, कोई भी चीज़ पा सकते हैं, बशर्ते आप दूसरे लोगों की मनचाही चीज़ पाने में उनकी मदद करें।

— ज़िग ज़िग्लर, सेल्स गुरु

हर व्यवसाय आय के रूप में जिस मूल्य का सृजन करता है, उसे इसका कुछ हिस्सा *मुनाफ़े* के रूप में अपने पास रखना चाहिए। अगर यह ऐसा नहीं करता है, तो आगे चलकर व्यवसाय चलाने के लिए पर्याप्त संसाधन जुटाने में मुश्किल आएगी।

मूल्य जकड़ना हर *सौदे* में प्रदत्त मूल्य का कुछ प्रतिशत अपने पास सुरक्षित रखने की प्रक्रिया है। अगर आप किसी दूसरी कंपनी को कोई ऐसी चीज़ दे रहे हैं, जिससे उसे 10 लाख डॉलर की अतिरिक्त आय होगी और इसके बदले में आप 1 लाख डॉलर भुगतान लेते हैं, तो आप सौदे में उत्पन्न मूल्य के 10 प्रतिशत हिस्से को जकड़ रहे हैं।

मूल्य को जकड़ना पेचीदा होता है। सफल होने के लिए आपको पर्याप्त मूल्य बचाकर रखने की ज़रूरत है, ताकि समय और ऊर्जा का आपका निवेश सार्थक हो, लेकिन इतना ज़्यादा भी नहीं कि आपके ग्राहकों के पास आपसे ख़रीदने का कोई कारण ही न रहे। लोग इसलिए ख़रीदते हैं, क्योंकि वे यह मानते हैं कि वे जितना ख़र्च कर रहे हैं, बदले में उन्हें उससे ज़्यादा मूल्य मिल रहा है।

आप जितने ज़्यादा मूल्य को जकड़ते हैं, आपकी पेशकश उतनी ही कम आकर्षक बन जाती है। बहुत ज़्यादा जकड़ा, तो आपके संभावित ग्राहक आपसे ख़रीदने की जहमत ही नहीं उठाएँगे। फ़िल्में बेहतरीन होती हैं, लेकिन क्या आप दो घंटे के मनोरंजन के बदले में 5,000 डॉलर देने को तैयार होंगे?

मूल्य को जकड़ने के पीछे दो मुख्य दर्शन हैं : अधिकतम करना और न्यूनतम करना।

अधिकतम करने (वह नीति जो ज़्यादातर बिज़नेस स्कूलों में सिखाई जाती है) का मतलब यह है कि किसी कंपनी को ज़्यादा से ज़्यादा मूल्य जकड़ने की कोशिश करनी चाहिए यानी व्यवसाय को हर सौदे में ज़्यादा से ज़्यादा आमदनी हासिल करनी चाहिए - संभावित मूल्य की अधिकतम मात्रा से कम को जकड़ने से काम नहीं चलेगा।

अल्पकाल में अधिकतम करने के आकर्षण को देखना आसान है - ज़्यादा मुनाफ़ा कंपनी के मालिकों के लिए अच्छी चीज़ होती है। दुर्भाग्य से अधिकतम करने की नीति में वह कारण ही कमज़ोर हो जाता है, जिस वजह से ग्राहक कंपनी से कोई चीज़ ख़रीदते हैं।

क्या आप दस लाख डॉलर कमाने के लिए 999,999 डॉलर ख़र्च करेंगे? यह तार्किक हो सकता है (आख़िर आपको अब भी 1 डॉलर का मुनाफ़ा हो रहा है), लेकिन ज़्यादातर लोग यह जहमत नहीं उठाएँगे। ग्राहक आपसे इसलिए ख़रीदते हैं, क्योंकि वे जितना दे रहे हैं, बदले में उन्हें उससे ज़्यादा मूल्य मिल रहा है। उन्हें जितना कम मूल्य मिलेगा, आपसे ख़रीदने की उनकी इच्छा भी उतनी ही कम होगी। न्यूनतम करने की नीति का मतलब यह है कि कंपनियों को *आत्मनिर्भर* (जिस पर बाद में चर्चा की गई है) रहने लायक़ कम से कम संभव मूल्य जकड़ना चाहिए, हालाँकि इस नीति पर चलने से अधिकतम करने जितनी अल्पकालीन आमदनी तो नहीं होगी, लेकिन इससे वह मूल्य क़ायम रहेगा, जिसकी वजह से ग्राहक कंपनी से आगे भी ख़रीदना चाहेंगे। इससे कंपनी की दीर्घकालीन सफलता सुनिश्चित होती है।

जब कोई चीज़ "अच्छा सौदा" होती है, तो ग्राहक उस कंपनी से ख़रीदना जारी रखते हैं और दूसरे लोगों यानी संभावित ग्राहकों के सामने प्रचार भी करते हैं। दूसरी तरफ़, जब कोई कंपनी अपने ग्राहकों की "पाई-पाई निकलवाकर" आमदनी को अधिकतम करने की कोशिश करती है या बहुत ज़्यादा मूल्य जकड़ने की कोशिश करती है, तो ग्राहक दूर भाग जाते हैं।

अगर आप कारोबार चलाने लायक़ पर्याप्त आमदनी कर रहे हैं, तो हर आख़िरी सिक्के के लिए लड़ने की कोई ज़रूरत नहीं है। ज़्यादा से ज़्यादा संभव मूल्य का सृजन करें, फिर उस मूल्य का बस इतना हिस्सा जकड़ें कि व्यवसाय लाभप्रद बना रहे।

इस अवधारणा को शेयर करें : http://book.personalmba.com/value-capture/

पर्याप्तता

संतुष्टि को जान लें और आपको कोई अपमान नहीं झेलना होगा। जान लें कि कब रुकना है और आपके सामने कोई ख़तरा नहीं आएगा। तब आप क़ायम रह सकते हैं।

—लाओ त्सू, प्राचीन चीनी दार्शनिक

एक बार एक बड़ा एक्ज़ीक्यूटिव छुट्टियाँ मनाने गया - पंद्रह साल में पहली बार। जब वह समुद्र तट के एक छोटे मछुआरे गाँव में घाट पर घूम रहा था, तो ट्यूना मछली पकड़ने वाले एक मछुआरे ने अपनी नाव लगाई। जब मछुआरा अपनी नाव घाट पर बाँध रहा था, तो एक्ज़ीक्यूटिव ने उसकी मछली के आकार और गुणवत्ता पर उसे बधाई दी।

एक्ज़ीक्यूटिव ने उससे पूछा, "इन मछलियों को पकड़ने में तुम्हें कितना समय लगा?"

मछुआरे ने जवाब दिया, "बस थोड़ा सा समय।"

एक्ज़ीक्यूटिव ने पूछा, "तुमने थोड़ी ज़्यादा देर तक रुककर ज़्यादा मछलियाँ क्यों नहीं पकड़ीं?"

मछुआरे ने कहा, "मेरे पास अपने परिवार की ज़रूरत लायक़ पर्याप्त है।"

एक्ज़ीक्यूटिव ने पूछा, "लेकिन तुम अपने बाक़ी समय में क्या करते हो?"

मछुआरे ने जवाब दिया, "मैं देर तक सोता हूँ, थोड़ी मछली पकड़ता हूँ, अपने बच्चों के साथ खेलता हूँ, अपनी पत्नी के साथ दोपहर को झपकी लेता हूँ और हर शाम को गाँव में टहलता हूँ, जहाँ मैं अपने मित्रों के साथ शराब पीता हूँ तथा गिटार बजाता हूँ। मेरा जीवन पूर्ण और व्यस्त है।"

एक्ज़ीक्यूटिव अचंभे में था। "मैंने हार्वर्ड से एमबीए किया है और मैं तुम्हारी मदद कर सकता हूँ। तुम्हें मछली पकड़ने में ज़्यादा समय लगाना चाहिए। उससे होने वाली आमदनी से तुम ज़्यादा बड़ी नाव ख़रीद सकते हो। ज़्यादा बड़ी नाव से तुम ज़्यादा मछली पकड़ सकोगे, जिसे बेचकर तुम कई नावें ख़रीद सकते हो। अंत में तुम्हारे पास नावों का पूरा बेड़ा हो जाएगा।"

"अपनी मछली किसी बिचौलिए को बेचने के बजाय तुम सीधे उपभोक्ताओं को बेच सकते हो, जिससे तुम्हारा मुनाफ़ा बढ़ जाएगा। अंत में तुम अपनी फ़ैक्ट्री डाल सकते हो, जिससे तुम प्रॉडक्ट, प्रोसेसिंग और वितरण को नियंत्रित कर सको। ज़ाहिर है, अपना कारोबार फैलाने के लिए तुम्हें यह गाँव छोड़कर शहर जाकर रहना होगा।"

मछुआरा एक पल के लिए ख़ामोश रहा, फिर उसने पूछा, "इस सबमें कितना समय लग जाएगा?"

"पंद्रह-बीस साल। ज़्यादा से ज़्यादा पच्चीस साल।" "फिर क्या?"

एक्ज़ीक्यूटिव हँसा। "यही तो सबसे अच्छा हिस्सा है। सही समय आने पर तुम अपनी कंपनी को शेयर बाज़ार में लिस्ट करा सकते हो और अपना सारा स्टॉक बेच सकते हो। तुम करोड़ों डॉलर कमा सकते हो।"

"करोड़ों? फिर मैं क्या करूँगा?"

एक्ज़ीक्यूटिव एक पल के लिए ठहरा। "फिर तुम रिटायर हो सकते हो, देर तक सो सकते हो, थोड़ी मछली पकड़ सकते हो, अपने बच्चों के साथ खेल सकते हो, अपनी पत्नी के साथ दोपहर को झपकी ले सकते हो, हर शाम को गाँव में टहल सकते हो और अपने दोस्तों के साथ शराब पी सकते हो तथा गिटार बजा सकते हो।"

एक्ज़ीक्यूटिव ने सिर हिलाते हुए मछुआरे से विदा ली। छुट्टियों से लौटने के तुरंत बाद एक्ज़ीक्यूटिव ने अपने पद से इस्तीफ़ा दे दिया।

मुझे पता नहीं है कि इस नीतिकथा का उद्गम कहाँ हुआ, लेकिन इसमें एक उपयोगी संदेश छिपा है : व्यवसाय आवश्यक रूप से *मुनाफ़े* को अधिकतम करने के बारे में नहीं है। मुनाफ़ा महत्त्वपूर्ण है, लेकिन यह किसी उद्देश्य तक पहुँचने का साधन है : मूल्य का सृजन करना, ख़र्चों का भुगतान करना, व्यवसाय चलाने वाले लोगों को वेतन देना और ख़ुद का तथा अपने प्रियजनों का भरण-पोषण करना। पैसा अपने आप में लक्ष्य नहीं हैं : पैसा एक औज़ार

है और उस औज़ार की उपयोगिता इस बात पर निर्भर करती है कि आप इसके साथ क्या *करने* का इरादा रखते हैं।

सफल व्यवसाय का यह मतलब नहीं है कि करोड़ों या अरबों डॉलर का मुनाफ़ा कमाना ज़रूरी है। व्यवसाय को चलाते रहने के लिए आपको जो चीज़ें करनी होती हैं, अगर आपके पास उन्हें करने के लिए पर्याप्त मुनाफ़ा आता है, जिससे आपके समय का मूल्य निकल आता है, तो आप सफल हैं, चाहे आपका व्यवसाय कितनी ही आमदनी कर रहा हो या मुनाफ़ा कमा रहा हो।

पर्याप्तता वह बिंदु है, जहाँ कोई व्यवसाय इतना मुनाफ़ा कमाता है, जिससे इसके मालिक निकट भविष्य में इसे करते रहने को लाभप्रद समझें। वेंचर कैपिटेलिस्ट और वाय कॉम्बिनेटर (शुरुआती वेंचर कैपिटल फ़र्म) के संस्थापक पॉल ग्राहम पर्याप्तता के बिंदु को "रेमन मुनाफ़ा" कहते हैं - इतना मुनाफ़ा होना कि आप अपना किराया चुका सकें, बिजली-पानी के बिल भर सकें और रेमन नूडल्स जैसा सस्ता भोजन ख़रीद सकें। इस स्थिति में आप करोड़ों डॉलर नहीं कमा रहे हैं, लेकिन आपके पास इतनी आमदनी रहती है कि आप दिवालिया हुए बिना कारोबार चलाते रह सकते हैं।

अगर आप अपने बिल नहीं चुका सकते, तो आप मूल्य का सृजन नहीं कर सकते। अगर आप कामकाज के ख़र्चों की पूर्ति करने लायक़ आमदनी नहीं कमा रहे हैं, तो यह एक बड़ी समस्या है। व्यवसाय चलाते रहने के लिए आपको कर्मचारियों और मालिकों को भुगतान करने में सक्षम होना चाहिए, क्योंकि उन्होंने व्यवसाय में अपना समय दिया, मेहनत लगाई और ध्यान केंद्रित किया। यदि ये लोग अपने निवेश को पर्याप्त लाभप्रद नहीं पाएँगे, तो वे वह काम छोड़ देंगे और कोई दूसरी चीज़ करने लगेंगे।

आप "टारगेट मंथली रेवेन्यू" (टीएमआर) नामक संख्या का इस्तेमाल करके वित्तीय पर्याप्तता को देख सकते हैं। चूँकि कर्मचारियों, कॉन्ट्रैक्टर्स और वेंडरों को आम तौर पर मासिक भुगतान करना होता है, इसलिए यह हिसाब लगाना तुलनात्मक रूप से आसान होता है कि आपको हर महीने कितना भुगतान करना होगा। मासिक आमदनी का लक्ष्य यह तय करने में मदद करता है कि आप पर्याप्तता के बिंदु तक पहुँच गए हैं या नहीं। जब तक आप अपने टीएमआर से ज़्यादा आमदनी करते हैं, तब तक आप पर्याप्तता की अवस्था में हैं। यदि ऐसा नहीं है, तो आपको अभी काम करना बाक़ी है।

पर्याप्तता व्यक्तिपरक होती है - आप जो कर रहे हैं, उसे आगे भी करते रहने के लिए कितना पर्याप्त है, यह एक व्यक्तिगत निर्णय है। यदि आपकी वित्तीय आवश्यकताएँ कम हैं, तो आपको काम जारी रखने के लिए ज़्यादा आमदनी की ज़रूरत नहीं है। अगर आप वेतन, ऑफ़िस के किराए और महँगी मशीनों पर करोड़ों डॉलर ख़र्च कर रहे हैं, तो पर्याप्तता को क़ायम रखने के लिए आपको काफ़ी ज़्यादा आमदनी की ज़रूरत होगी।

आप पर्याप्तता के बिंदु तक जितनी जल्दी पहुँचते हैं, आपके व्यवसाय के क़ायम रहने और फलने-फूलने की उतनी ही बेहतर संभावना रहती है। आप जितनी ज़्यादा आमदनी उत्पन्न करते हैं और जितने कम पैसे ख़र्च करते हैं, आप पर्याप्तता के बिंदु तक उतनी ही जल्दी पहुँच जाएँगे।

एक बार जब आप पर्याप्तता के बिंदु तक पहुँच जाते हैं, तो आप सफल हो चुके हैं - चाहे आप कितना ही ज़्यादा (या कितना ही कम) पैसा कमाते हों।

इस अवधारणा को शेयर करें : http://book.personalmba.com/sufficiency/

मूल्य निर्धारण

सिक्के का पूरा मूल्य वह ज्ञान है कि इसके साथ क्या करना है।

— रैल्फ़ वाल्डो इमर्सन, निबंधकार और कवि

हमने इस बारे में तो बात कर ली है कि किसी प्रॉडक्ट या पेशकश के मूल्य का आकलन कैसे करना है, लेकिन किसी कंपनी के मूल्य का आकलन कैसे करें?

मूल्य निर्धारण किसी कंपनी के आधारभूत मूल्य का आकलन है। किसी कंपनी की आमदनी जितनी ज़्यादा होती है, *प्रॉफ़िट मार्जिन* जितना ज़्यादा दमदार होता है, बैंक बैलेंस जितना ज़्यादा होता है और भविष्य जितना ज़्यादा संभावनाशील नज़र आता है, उसका मूल्य निर्धारण भी उतना ही ज़्यादा ऊँचा होता है।

कई कंपनियाँ वित्तीय निर्णय इस आधार पर लेती हैं कि किस चीज़ से कंपनी का मूल्य निर्धारण बढ़ेगा। ज़्यादा ऊँचा मूल्य-निर्धारण कई कारणों से लाभकारी होता है। यदि कोई कंपनी निजी है, तो ऊँचे मूल्य निर्धारण की बदौलत पैसे उधार लेना ज़्यादा आसान होता है। यदि कोई कंपनी सार्वजनिक है, तो ऊँचे मूल्य निर्धारण से शेयर का भाव बढ़ सकता है और यह शेयरहोल्डरों को मुनाफ़े का मौक़ा देता है। यदि कोई दूसरी कंपनी उस कंपनी को ख़रीदना चाहती है, तो ऊँचे मूल्य निर्धारण से उस कंपनी के मालिकों या शेयरहोल्डरों को भारी लाभ होता है।

अगर आप निवेशक लाना चाहते हैं, तब भी मूल्य निर्धारण महत्त्वपूर्ण होता है। आप कितनी *पूँजी* उगाहते हैं और बदले में निवेशकों को कितने प्रतिशत स्वामित्व देते हैं, यह भी निवेश के समय कंपनी के मूल्य निर्धारण पर निर्भर करता है। कंपनी का मूल्य निर्धारण जितना ऊँचा होता है, आप निवेशक को बेचे गए हर शेयर के बदले में उतने ही ज़्यादा पैसे माँग सकते हैं। (यदि आपकी रुचि इस बात में है कि यह कैसे होता है, तो मैं ब्रैड फ़ेल्ड और जैसन मेन्डेलसन की पुस्तक *वेंचर डील्स* पढ़ने की सलाह देता हूँ।)

यह ग़ौर करना महत्त्वपूर्ण है कि *अनुभूत मूल्य* किसी कंपनी पर भी उतना ही लागू होता है, जितना कि व्यक्तिगत पेशकशों पर। जब लोगों को विश्वास होता है कि किसी कंपनी की भावी संभावनाएँ उज्ज्वल हैं, तो कंपनी का मूल्य बढ़ जाता है। दूसरी ओर, अगर लोगों को यह विश्वास होता है कि कंपनी मुश्किल में है, तो मूल्य घट जाता है। इससे यह भी स्पष्ट होता है कि एमेज़ॉन डॉट कॉम जैसी कुछ कंपनियों के शेयर का भाव हाल के ईपीएस (प्रति शेयर मुनाफ़े) से सौ गुने से भी ज़्यादा क्यों है, जबकि कुछ मुश्किल में फँसी कंपनियों के शेयर तो कई बार तो उनके करेंट एसेट्स के दिवालियेपन के बाद के मूल्य से भी कम में बिक रहे हैं।

अगर आप कंपनी के शेयर निवेशकों को बेचना चाहते हैं या अपने व्यवसाय को भावी अधिग्रहण के लिए तैयार रखना चाहते हैं, तो मूल्य निर्धारण पर विचार करना महत्त्वपूर्ण है। यदि आप ख़ुद के व्यवसाय के मालिक हैं और इसे कभी नहीं बेचना चाहते हैं, तो मूल्य निर्धारण का महत्त्व कम हो जाता है। यदि आप किसी सार्वजनिक कंपनी के एक्ज़ीक्यूटिव हैं, कोई ऐसा व्यवसाय खड़ा कर रहे हैं जिसे आप किसी दिन बेचना चाहेंगे या किसी कंपनी में अपनी पूँजी का निवेश कर रहे हैं, तो मूल्य निर्धारण हर दिन आपके दिमाग़ में सबसे ऊपर बना रह सकता है।

इस अवधारणा को शेयर करें : http://book.personalmba.com/valuation/

कैशफ़्लो स्टेटमेंट

पैसे की कमी सारी बुराइयों की जड़ है।
— मार्क ट्वेन, महान अमेरिकी उपन्यासकार

कोई कंपनी कितनी अच्छी चल रही है, यह समझने के लिए कंपनी की वित्तीय रिपोर्टें देखना उपयोगी होता है। आपको कहाँ शुरू करना चाहिए?

मैं *कैशफ़्लो स्टेटमेंट* से शुरू करने की सलाह देता हूँ। हम पल भर में दूसरे बुनियादी क़िस्म के वित्तीय स्टेटमेंटों की जाँच करेंगे, लेकिन शुरुआत में कैशफ़्लो स्टेटमेंट जाँच करने की सबसे अच्छी जगह होती है।

कैशफ़्लो स्टेटमेंट सीधा-सादा होता है। यह निश्चित अवधि में कंपनी के बैंक अकाउंट की जाँच है। इसे चेकिंग अकाउंट लेज़र जैसा मानें। नक़दी की जमा राशि अंदर आती है और नक़दी की निकासी बाहर प्रवाहित होती है। आदर्श स्थिति में जितना पैसा बाहर प्रवाहित होता है, उससे ज़्यादा पैसा अंदर प्रवाहित होता है और कुल योग कभी शून्य से नीचे नहीं जाता है।

हर कैशफ़्लो स्टेटमेंट एक निश्चित अवधि का होता है : एक दिन, एक सप्ताह, एक माह, एक वर्ष। रिपोर्ट की समयावधि उद्देश्य पर निर्भर करती है। दिनों और हफ़्तों जैसे ज़्यादा छोटी अवधि के कैशफ़्लो स्टेटमेंट यह सुनिश्चित करने के लिए सबसे ज़्यादा उपयोगी होते हैं कि कंपनी की नक़दी ख़त्म न हो जाए। महीनों और वर्षों जैसी ज़्यादा लंबी अवधियाँ दीर्घकालीन प्रदर्शन की निगरानी के लिए सबसे ज़्यादा उपयोगी होती हैं।

नक़दी तीन बुनियादी क्षेत्रों में आती-जाती है : *कार्यसंचालन* (प्रॉडक्ट बेचना और कच्चा माल ख़रीदना), *निवेश* (डिविडेंड इकट्ठे करना और पूँजीगत व्ययों का भुगतान करना) और *फ़ाइनैंसिंग* (पैसा उधार लेना और लौटाना)। कैशफ़्लो स्टेटमेंट इन स्रोतों का आम तौर पर अलग-अलग हिसाब रखता है, ताकि यह आसानी से दिख जाए कि नक़दी का प्रवाह कहाँ से आता है और कहाँ जाता है।

नक़दी के बारे में अच्छी चीज़ यह है कि यह झूठ नहीं बोलती। सरासर धोखाधड़ी को छोड़ दिया जाए, तो नक़दी या तो बैंक ख़ाते में होती है या फिर नहीं होती। अगर कंपनी बहुत सारा पैसा ख़र्च करती है और कम पैसा अंदर आता है, तो समय के साथ कंपनी की नक़दी कम हो जाएगी। "सृजनात्मक व्याख्या" की बहुत कम गुंजाइश होती है।

कई निवेशक कंपनियों का मूल्यांकन करते वक़्त "फ़्री कैशफ़्लो" नामक मापक का इस्तेमाल करते हैं। यह मापक कैशफ़्लो स्टेटमेंट से आता है। यह नक़दी की वह मात्रा है, जो कोई कंपनी अपने कामकाज से हासिल करती है, जिसमें से कंपनी को चलाते रहने के लिए आवश्यक पूँजीगत मशीनों और अन्य संपत्तियों के लिए ख़र्च हुआ पैसा घटा दिया जाता है। कंपनी का फ़्री कैशफ़्लो जितना ज़्यादा हो, उतना ही बेहतर है। इसका मतलब यह होता है कि कंपनी को आमदनी करते रहने के लिए पूँजी का भारी निवेश करने की ज़रूरत नहीं है।

हर व्यवसाय में नक़दी के विकल्प होते हैं : नए प्रॉडक्ट्स बनाने का विकल्प, मार्केटिंग और बिक्री में निवेश करना, कर्मचारियों को रखना, मशीनें ख़रीदना, किसी दूसरी कंपनी का अधिग्रहण करना आदि। आम नियम यह है कि आपके व्यवसाय के पास जितना ज़्यादा पैसा

होता है, इसके पास उतने ही ज़्यादा विकल्प होते हैं और व्यवसाय उतना ही ज़्यादा *लोचदार* (बाद में चर्चा की गई है) बन जाता है।

इस अवधारणा को शेयर करें : http://book.personalmba.com/cash-flow-statement/

इन्कम स्टेटमेंट

जब मैं छोटा था, तो मैं सोचता था कि पैसा ज़िंदगी में सबसे अहम चीज़ है। अब जब मैं बूढ़ा हो गया हूँ, तो मैं जानता हूँ कि यह वाक़ई है।

— ऑस्कर वाइल्ड, आयरिश कवि

नक़दी महत्त्वपूर्ण है, लेकिन यह पूरी तसवीर नहीं है। नक़दी *मुनाफ़ा* नहीं है और हमें मुनाफ़ा चाहिए। यह संभव है कि कुछ समय तक नक़दी की स्थिति अच्छी और आरामदेह दिखे, लेकिन हर बिक्री के साथ आपको घाटा होता रहे।

किसी *रिटेलर* की कल्पना करें, जो उत्पादक से उधार पर प्रॉडक्ट ख़रीदता है : इसे इनवेंट्री मिलती है, लेकिन इसे नब्बे दिन तक उत्पादक को भुगतान नहीं करना होता है। तीन महीनों तक बिक्री होती रहती है और रिटेलर की नक़दी बढ़ती जाती है। अप्रशिक्षित निगाहों से देखने पर परिस्थितियाँ बेहतरीन नज़र आती हैं।

नब्बे दिन बाद उत्पादक का इनवॉइस भुगतान के लिए आ जाता है। जब आप सामान की लागत और रिटेलर के कार्यसंचालन व्ययों को जोड़ते हैं, तो आपको हक़ीक़त का पता चलता है कि कंपनी को घाटा हुआ था, हालाँकि कैश बैलेंस तीन महीनों तक बेहतरीन दिखा था। अगर रिटेलर कुछ नहीं करता है, तो अंततः इसका पैसा ख़त्म हो जाएगा और यह दिवालिया हो जाएगा। व्यवसाय मुनाफ़े के बिना ज़्यादा समय तक क़ायम नहीं रह सकता।

रिटेलर की ग़लती यह थी कि उसने कैश अकाउंटिंग पर भरोसा किया और इसकी सीमाओं को नहीं समझा। कैश अकाउंटिंग कई तरह के व्यवसायों के लिए आदर्श होती है। यह समझने में आसान और सरल होती है। आप जितना ख़र्च करते हैं, जब तक उससे ज़्यादा नक़दी आती रहती है और पैसा ख़त्म नहीं होता, तब तक ज़िंदगी अच्छी चलती है। मैंने बरसों तक कैश अकाउंटिंग का इस्तेमाल करके अपने व्यवसाय चलाए हैं। जब मैं प्रॉडक्ट और सेवाएँ प्रदान करता हूँ, तो मुझे तुरंत भुगतान मिल जाता है और मुझे किसी इनवेंट्री का प्रबंधन नहीं करना होता है। मेरा व्यवसाय जटिल नहीं है, इसलिए मेरे मामले में अकाउंटिंग और वित्तीय निगरानी का जटिल होना भी ज़रूरी नहीं है।

दूसरे व्यवसायों के लिए *कैशफ़्लो स्टेटमेंट* पर भरोसा करना ही काफ़ी नहीं है। यदि व्यवसाय इनवेंट्री का प्रबंधन करता है या ग्राहकों को उधारी पर सामान देता है, तो सरल कैशफ़्लो विश्लेषण भ्रामक हो सकता है। आपकी बिक्री लाभदायक है या नहीं, यह तय करने के लिए आपको यह निगरानी करने में सक्षम होना चाहिए कि कौन सी बिक्री और ख़र्च आपस में जुड़े हैं। हर बिक्री को करने की प्रक्रिया में जुड़े ख़र्च और उससे होने वाली आमदनी की तुलना करने पर ही यह तुरंत दिख सकता है कि क्या आप मुनाफ़ा कमा रहे हैं। ऐसा करने पर आपको अप्रिय आश्चर्य का सामना नहीं करना पड़ेगा।

सबसे पहले तो कंपनी को ख़र्च की अकाउंटिंग का तरीक़ा बदलना चाहिए। जब नक़दी अंदर आती है, तो आमदनी को दर्ज करने के बजाय और जब नक़दी बाहर जाती है, तो व्यय को दर्ज करने के बजाय कंपनी आमदनी और व्यय की निगरानी के लिए *एक्रुअल* अकाउंटिंग का इस्तेमाल करती है।

एक्रुअल अकाउंटिंग में बिक्री होते ही आमदनी को दर्ज किया जाता है (यानी एक प्रॉडक्ट बेचा जाता है, एक सेवा दी जाती है आदि) और उस बिक्री के साथ जुड़े ख़र्च को भी उसी अवधि में शामिल कर लिया जाता है।

अकाउंटेंट इसे "तुलना सिद्धांत" कहते हैं। अकाउंटेंट के बुनियादी कामों में से एक यह है कि वह आमदनी और व्यय की तुलना यथासंभव सटीकता से करे। यह काम आसान लगता है, लेकिन उतना आसान है नहीं। बहुत सारे विवेक की ज़रूरत होती है और आम तौर पर बहुत से अस्पष्ट क्षेत्र होते हैं। (अगर आप कभी इस बात पर हैरान हुए हों कि अकाउंटेंट दिन भर क्या करते हैं, तो यह काम का एक बड़ा हिस्सा है।)

इस प्रयास का अंतिम परिणाम है *इन्कम स्टेटमेंट,* जिसे कई बार "प्रॉफ़िट ऐंड लॉस स्टेटमेंट," "ऑपरेटिंग स्टेटमेंट" या "अर्निंग्स स्टेटमेंट" कहा जाता है। इसे जो भी कहा जाए, इन्कम स्टेटमेंट में एक निश्चित अवधि में आय और व्यय की तुलना के बाद व्यवसाय के मुनाफ़े का आकलन शामिल होता है।

इन्कम स्टेटमेंट का आम प्रारूप इस तरह दिखता है :

आमदनी – बेची गई वस्तुओं की लागत – व्यय – कर = नेट प्रॉफ़िट

इन्कम स्टेटमेंट बहुत उपयोगी होते हैं। कोई तो कारण होगा कि व्यवसाय उन्हें बनाने की माथापच्ची करते हैं। आय और व्यय की तुलना करने पर कंपनी की लाभकारिता पर नज़र डालना और ऐसे निर्णय लेना आसान होता है, जिससे आने वाले हफ़्तों और महीनों में कंपनी के बैंक अकाउंट बेहतर बनें।

इसके बावजूद यह पहचानना महत्त्वपूर्ण है कि इन्कम स्टेटमेंट की प्रकृति ही ऐसी है कि इसमें कई अनुमान और मान्यताएँ शामिल होती हैं। ऐसा करना लाज़िमी होता है : मशीन ख़रीदने जैसी बड़ी ख़रीदारियों में बहुत सारी नक़दी ख़र्च होती है, लेकिन इन्कम स्टेटमेंट हर बिक्री अवधि में थोड़ा सा ख़र्च दिखाते हैं, जिसे परिशोधन या *एमॉरटाइज़ेशन* (बाद में चर्चा की गई है) कहा जाता है। इस परंपरा से संबंधित आय से व्यय की तुलना करने में मदद मिलती है । उस अवधि में बहुत नकारात्मक कैशफ़्लो स्टेटमेंट को देखना भ्रामक होगा।

तुलना के इस सिद्धांत के लाभ हैं, लेकिन यह इन्कम स्टेटमेंट में संभावित पूर्वाग्रह के कई स्रोत जोड़ देता है। आय को कब पहचानना है और उस आय के साथ व्ययों की किस तरह तुलना करना है, इसे बदलकर अकाउंटेंट और वित्तीय पेशेवर "मुनाफ़े" की रेखा को रॉकेट जैसा बना सकते हैं या कुछ मान्यताओं या फ़ॉर्मूलों को बदलकर उसमें विस्फोट कर सकते हैं।

इन्कम स्टेटमेंट में शामिल पूर्वाग्रह के हर संभावित स्रोत की पड़ताल करना इस पुस्तक के दायरे के बाहर है। यदि आप इस विषय पर अधिक विवरण जानना चाहें, तो मैं करेन बर्मन और जो नाइट द्वारा जॉन केस के साथ लिखी पुस्तक *फ़ाइनैंशियल इंटेलिजेंस फ़ॉर एंटरप्रेन्योर्स* पढ़ने की भारी अनुशंसा करता हूँ।

यदि आपको लगता है कि आपके व्यवसाय को सटीक इन्कम स्टेटमेंट बनाने के लिए एक्रुअल अकाउंटिंग की ज़रूरत है, तो इसे ख़ुद न करें। किसी सीपीए या सीएफ़ए से जल्द से जल्द बात करें। आपका इन्कम स्टेटमेंट जितना ज़्यादा सटीक और विश्वसनीय होता है, आप अपने व्यवसाय का उतना ही बेहतर प्रबंधन कर पाएँगे : पैसा अच्छी जगह ख़र्च होगा।

इस अवधारणा को शेयर करें : http://book.personalmba.com/income-statement/

बैलेंस शीट

यदि आपको पैसे का मूल्य जानना हो, तो थोड़ा पैसा उधार लेने की कोशिश करें।

— बेंजामिन फ़्रैंकलिन, शुरुआती अमेरिकी नेता, वैज्ञानिक और विद्वान

बै*लेंस शीट* इसका संक्षिप्त चित्र है कि किसी ख़ास समय किसी कंपनी के पास कितनी संपत्ति और कितना क़र्ज़ है। बैलेंस शीट जिस वक़्त बनाई गई थी, यह उस वक़्त कंपनी की नेट वर्थ का आकलन है।

बैलेंस शीट हमेशा गणना के लिए किसी ख़ास दिन का उल्लेख और इस्तेमाल करती है :

संपत्तियाँ - दायित्व = मालिक की इक्विटी

संपत्तियाँ या एसेट्स कंपनी के स्वामित्व की वे चीज़ें हैं, जिनका मूल्य होता है : प्रॉडक्ट, मशीन, स्टॉक आदि। दायित्व या लाएबिलिटीज़ वे देनदारियाँ हैं, जिन्हें कंपनी ने अब तक नहीं चुकाया है : क़र्ज़, फ़ाइनैंसिंग आदि। जब आप व्यवसाय की सारी लाएबिलिटीज़ चुका देते हैं, तो बचने वाली राशि मालिक की इक्विटी होती है यानी कंपनी की "नेट वर्थ।"

छोटे व्यवसायों की बैलेंस शीट काफ़ी सीधी होती है : हाथ की नक़दी गिन लें, इसमें अपने एसेट्स का अनुमानित बाज़ार मूल्य जोड़ लें और जो योग आए, उसमें से सारे क़र्ज़ तथा वर्तमान लाएबिलिटीज़ घटा दें। लीजिए : आपकी बुनियादी बैलेंस शीट तैयार हो गई है।

ज़्यादा बड़े व्यवसायों के मामले में बैलेंस शीट ज़्यादा जटिल होती है, क्योंकि उसमें निगरानी के लिए अधिक प्रविष्टियाँ होती हैं। आम संपत्तियों में नक़दी, *अकाउंट्स रिसीवेबल* (आपने ग्राहकों को जो उधार दे रखा है), इनवेंट्री, मशीन और ज़मीन-जायदाद आदि, सामान्य दायित्वों में दीर्घकालीन और अल्पकालीन क़र्ज़, *अकाउंट्स पेएबल* (दूसरी कंपनियों ने आपको जो उधार दे रखा है), और दूसरी लाएबिलिटीज़ आदि और मालिक की इक्विटी में कंपनी के स्टॉक का मूल्य, निवेशकों की पूँजी और बचाई गई आमदनी (वह मुनाफ़ा, जो कंपनी के शेयरहोल्डरों को नहीं चुकाया गया) शामिल होते हैं।

पहले समीकरण को नए सिरे से प्रस्तुत करने पर बैलेंस शीट का "बैलेंस" आता है :

संपत्तियाँ = दायित्व + मालिक की इक्विटी

यह गणना पहलेपहल जो अजीब लगती है : लाएबिलिटीज़ और मालिक की इक्विटी को क्यों जोड़ें?

इसका कारण यह है कि जब कोई कंपनी पैसे उधार लेती है, तो क़र्ज़ का पैसा *कैशफ़्लो स्टेटमेंट* में जाता है। अगर आप यह ध्यान न रखें कि यह क़र्ज़ है, तो ऐसा दिख सकता है कि उस महीने कंपनी की आर्थिक स्थिति बहुत अच्छी रही है। देखिए, कंपनी की वित्तीय तसवीर दरअसल ज़रा भी नहीं बदली है : कंपनी के पास अब ज़्यादा एसेट्स (ज़्यादा नक़दी) हैं, लेकिन इसके पास एक नई लाएबिलिटी (ज़्यादा क़र्ज़) भी है। कंपनी की "नेट वर्थ" बिलकुल नहीं बदली है।

इस संबंध को दर्शाने की वजह से दूसरा फ़ॉर्मूला उपयोगी है। आइए मान लेते हैं कि आप एक व्यवसाय शुरू कर रहे हैं और आप 10,000 डॉलर उधार लेते हैं। पैसे उधार लेने से पहले आपकी बैलेंस शीट इस तरह दिखती है :

> $0 = $0 + $0 (आपके पास कोई एसेट या संपत्ति नहीं है, कोई लाएबिलिटी या दायित्व नहीं है और कोई इक्विटी नहीं है)

पैसे उधार लेने के बाद आपकी बैलेंस शीट इस तरह दिखती है :

> $10,000 = $10,000 + $0 (आपके पास 10,000 डॉलर के एसेट्स हैं, 10,000 डॉलर की लाएबिलिटी या दायित्व है और कोई इक्विटी नहीं है)

बैलेंस शीट के दोनों हिस्से समान होते हैं। बैलेंस शीट हमेशा बैलेंस में होती है। यदि यह बैलेंस नहीं है, तो इसका मतलब है कि आपसे कोई ग़लती हो गई है।

चूँकि बैलेंस शीट किसी निश्चित पल का चित्र होती है, इसलिए आम तौर पर कई बैलेंस शीटों की एक साथ समीक्षा की जाती है। मिसाल के तौर पर, कंपनी वित्तीय वर्ष के आख़िरी दिन बनाई गई बैलेंस शीट में पिछले दो-तीन वर्षों की बैलेंस शीट को शामिल कर सकती है। बैलेंस शीट की तुलना करने पर यह देखना आसान हो जाता है कि समय के साथ एसेट्स, लाएबिलिटीज़ और ओनर्स इक्विटी कैसे बदली है।

बैलेंस शीट मूल्यवान होती है, क्योंकि यह किसी व्यवसाय के वित्तीय स्वास्थ्य संबंधी कई महत्त्वपूर्ण प्रश्नों का जवाब देती है। कंपनी की बैलेंस शीट की जाँच करने पर आप यह पता लगा सकते हैं कि कंपनी सॉल्वेंट (अपना क़र्ज़ चुकाने में सक्षम) है (यानी इसकी संपत्तियाँ इसके दायित्वों से ज़्यादा हैं) या नहीं है। आप यह भी पता लगा सकते हैं कि क्या इसे अपने बिल चुकाने में मुश्किल आ रही है या कंपनी का मूल्य समय के साथ कैसे बदला है।

इन्कम स्टेटमेंट की तरह ही बैलेंस शीट भी मान्यताओं और आकलनों से भरी होती हैं, जिनसे आँकड़ों में पूर्वाग्रह भर सकता है। किसी ब्रांड नेम या प्रतिष्ठा का मूल्य कितना है? कंपनी के कितने प्रतिशत अकाउंट रिसीवेबल्स पैसे देंगे? कंपनी की वर्तमान इनवेंट्री का मूल्य कितना है? फ़ुटनोट्स को बिना पढ़े न छोड़ें : बैलेंस शीट की प्रविष्टियों के पीछे की मान्यताओं की जाँच करने पर आपको व्यवसाय की शक्ति की ज़्यादा सटीक तसवीर दिख जाएगी।

इस अवधारणा को शेयर करें : **http://book.personalmba.com/balance-sheet/**

फ़ाइनैंशियल रेशो

असली संसार में सभी परीक्षण खुली किताब हैं और आपकी सफलता कठोर तरीक़े से मुक्त बाज़ार से बटोरे गए सबक़ों से तय होती है।

— जोनाथन रोज़ेनबर्ग, गूगल में प्रॉडक्ट मैनेजमेंट के पूर्व सीनियर वाइस प्रेसिडेंट

एक बार जब आप अपने व्यवसाय की बुनियादी फ़ाइनैंशियल रिपोर्टें इकट्ठी कर लें, तो आप कई अलग-अलग तरीक़ों से उनका परीक्षण कर सकते हैं। किसी *फ़ाइनैंशियल रेशो* की गणना करना सबसे प्रभावी रणनीतियों में से एक है : आपके व्यवसाय के दो महत्त्वपूर्ण तत्वों की तुलना।

फ़ाइनैंशियल रेशो इसलिए लाभकारी हैं, क्योंकि उनसे आप बहुत जल्दी तुलना कर सकते हैं। फ़ाइनैंशियल रिपोर्टों में डाटा छानने की मेहनत करने की क्या ज़रूरत है, जब किसी फ़ाइनैंशियल रेशो को देखने से आपको एक ही नज़र में यह निर्णय लेने में मदद मिलती है कि व्यवसाय के कुछ हिस्से स्वस्थ हैं या नहीं। ये रेशो समय के साथ कैसे बदलते हैं, इस पर ग़ौर करने पर आप यह देख सकते हैं कि व्यवसाय समय के साथ कैसे बदल रहा है। अगर आप अपने रेशोज़ की तुलना उद्योग के औसत से करते हैं, तो आपको आसानी से दिख सकता है कि कंपनी उद्योग की आम कंपनी जैसा प्रदर्शन कर रही है या नहीं या कोई चीज़ अजीब है।

प्रॉफ़िटेबिलिटी रेशो कंपनी के *मुनाफ़ा* कमाने की क़ाबिलियत बताता है। आपकी आमदनी जितनी ज़्यादा होगी और आपकी लागत जितनी कम होगी, आपका प्रॉफ़िटेबिलिटी रेशो उतना ही ज़्यादा ऊँचा होगा। हम *प्रॉफ़िट मार्जिन* पर पहले ही बात कर चुके हैं, जो मुनाफ़े का बहुत बुनियादी रेशो है। “रिटर्न ऑन एसेट्स,” जिसकी गणना शुद्ध मुनाफ़े को कुल संपत्तियों से विभाजित करके की जाती है, आपको बताता है कि व्यवसाय में निवेशित हर डॉलर पर कितने प्रतिशत मुनाफ़ा हुआ।

लीवरेज रेशो बताते हैं कि आपकी कंपनी क़र्ज़ का इस्तेमाल किस तरह करती है। “डेट-टू-इक्विटी” रेशो की गणना कुल लाएबिलिटीज़ को शेयरहोल्डरों की इक्विटी से विभाजित करके की जाती है। यह रेशो बताता है कि मालिक की इक्विटी में प्रत्येक 1 डॉलर पर कंपनी ने कितने डॉलर उधार लिए हैं। यदि यह रेशो ऊँचा होता है, तो इसका मतलब है कि कंपनी ने बहुत *लीवरेजिंग* किया है, जो बुरा संकेत हो सकता है। “इंट्रेस्ट कवरेज” रेशो यह बताता है कि क़र्ज़ पर ब्याज चुकाने में कंपनी का कितना मुनाफ़ा जाता है।

लिक्विडिटी रेशो बिलों का भुगतान करने की कंपनी की योग्यता बताते हैं। नक़द पैसे ख़त्म हो जाना एक गंभीर समस्या है, इसलिए “करेंट रेशो” (करेंट एसेट्स को करेंट लाएबिलिटीज़ से विभाजित करके) और “क्विक रेशो” (करेंट एसेट्स घटाव इनवेंट्री / करेंट लाएबिलिटीज़) से यह पता लगाना आसान हो जाता है कि कोई कंपनी दिवालियेपन के कितने क़रीब है। इनसे यह भी पता लग सकता है कि कंपनी विकास या बेहतरी में पैसे का निवेश करने के बजाय नक़दी पर बैठी हुई है।

इफ़िशिएंसी रेशो बताते हैं कि कंपनी एसेट्स और लाएबिलिटीज़ का कितना अच्छा प्रबंधन कर रही है। सबसे आम इस्तेमाल है इनवेंट्री प्रबंधन : बहुत कम इनवेंट्री होना बुरी चीज़ है,

लेकिन बहुत ज़्यादा इनवेंट्री होना भी बुरा होता है। इससे यह पता लगाने से मदद मिलती है कि कोई चीज़ इनवेंट्री में औसतन कितने दिन रहती है और वर्तमान इनवेंट्री को बेचने में कितना लंबा समय लगता है। जब उत्पादन में परिवर्तन करते समय, हाथ की इनवेंट्री का प्रबंधन करने में और भावी पूँजी निवेशों की योजना बनाने में "डे सेल्स आउटस्टैंडिंग" (एक पैमाना कि बिक्री से नक़दी इकट्ठा करने में कितना लंबा समय लगता है) भी सहायक होता है।

हज़ारों प्रकार के वित्तीय रेशो होते हैं और उन सभी पर बात करना इस पुस्तक के दायरे से बाहर है। वित्तीय विश्लेषक उद्योग के आधार पर चुनिंदा महत्त्वपूर्ण रेशो चुन लेते हैं। नाई की दुकान के लिए "इनवेंट्री के घटने-बढ़ने" का हिसाब लगाने में कोई समझदारी नहीं है। हर कंपनी के मामले में विचार करने के लिए कुछ महत्त्वपूर्ण रेशो होते हैं; थोड़ा शोध करके यह पता लगाना उपयोगी रहेगा कि आपके उद्योग के मामले में महत्त्वपूर्ण रेशो कौन से हैं।

अध्याय 10 में हम दूसरे *रेशोज़* पर बात करेंगे। यह तकनीक वित्त के बाहर कई क्षेत्रों में भी काम आती है। हाल-फ़िलहाल बस इतना याद रखें कि वित्तीय रेशोज़ का उपयोग करके आप कम समय में मुनाफ़े, क़र्ज़, नक़दी और कार्यकुशलता की बुद्धिमत्तापूर्ण जाँच कर सकते हैं।

इस अवधारणा को शेयर करें : **http://book.personalmba.com/financial-ratios/**

लागत-लाभ विश्लेषण

मुझे मामले के स्पष्ट भौतिक तथ्यों का अध्ययन करना होगा, यह तय करना होगा कि क्या संभव है और यह पता लगाना होगा कि क्या बुद्धिमत्तापूर्ण और सही नज़र आता है। विषय मुश्किल है और अच्छे लोग सहमत नहीं होते हैं।

— अब्राहम लिंकन

वित्तीय विश्लेषण का उद्देश्य प्रभावशाली दिखने वाली स्प्रेडशीट बनाना नहीं है। इसका उद्देश्य तो बेहतर निर्णय लेना है। आप जिस डाटा की जाँच कर रहे हैं, यदि वह आपके कारोबार को बेहतर बनाने वाले परिवर्तनों की ओर नहीं ले जाता है, तो आप अपना समय बरबाद कर रहे हैं। वित्त की बुनियाद किसी संभावित कार्य का परीक्षण करना है, मौजूद डाटा से मशविरा लेना है और इसके बाद यह निर्णय लेना है कि क्या करना है।

लागत-लाभ विश्लेषण वह प्रक्रिया है, जिसमें आप व्यवसाय में संभावित परिवर्तनों की जाँच करके यह पता लगाते हैं कि क्या लाभ लागत से भारी पड़ते हैं। आप जिस पल किसी परिवर्तन के बारे में सोचते हैं, तुरंत उस पर कूदने के बजाय आप एक क़दम पीछे हटकर नए काम की सच्ची लागत का हिसाब लगाते हैं। आप यह देखते हैं कि क्या यही वह सबसे अच्छी चीज़ है जो आप अपने सीमित समय, ऊर्जा और संसाधनों के साथ कर सकते हैं।

लागत-लाभ विश्लेषण करते वक़्त उन लागतों और लाभों को शामिल करना महत्त्वपूर्ण होता है, जो विशुद्ध वित्तीय नहीं होते। आनंद जैसे ग़ैर-आर्थिक लाभ इस बात में बड़ी भूमिका

निभा सकते हैं कि किसी प्रोजेक्ट को करना चाहिए या नहीं। गूगल के मशहूर कैफ़ेटेरिया के लाभ एक अच्छा उदाहरण हैं : कंपनी कर्मचारियों को चौबीसों घंटे मुफ़्त, बेहतरीन गुणवत्ता का भोजन उपलब्ध कराती है। ऐसा लगता है कि इस नीति की लागत भारी आती होगी, लेकिन ज़रा लाभों पर तो विचार करके देखें : नाश्ता, लंच, डिनर और स्नैक्स उपलब्ध कराकर कंपनी कर्मचारियों को ज़्यादा से ज़्यादा समय ऑफ़िस में रहने के लिए प्रोत्साहित कर रही है। इस तरह से लागत टीम की उत्पादकता और एकजुटता में होने वाली वृद्धि से बराबर हो जाती है, जो बहुत महत्त्वपूर्ण हैं।

दीर्घकालीन कुंठाओं और छुटपुट अकार्यकुशलताओं को हटाना भी इतना ही लाभकारी हो सकता है। मैंने सैकड़ों डॉलर ख़र्च करके हाल ही अपने कंप्यूटर की हार्ड डिस्क को अपग्रेड कराया। अब यह सॉलिड-स्टेट ड्राइव है, जो छह गुना तेज़ है। पहले मेरे एप्लीकेशन्स और प्रोग्राम चालू होने में पाँच-दस सेकेंड खाते थे, जबकि अब ये तुरंत चालू हो जाते हैं। यह ज़्यादा बड़ी चीज़ नहीं लगती है, लेकिन छोटे-छोटे सुधार समय के साथ *संचित* होते जाते हैं। मेरे कामकाजी समय का ज़्यादातर हिस्सा कंप्यूटर पर बीतता है, इसलिए यह बड़ा मामला है। मैं ज़्यादा ख़ुश हूँ और मैं ज़्यादा काम निबटा लेता हूँ : पैसे का अच्छा उपयोग।

किसी निर्णय को लेने से पहले सभी लागतों और लाभों का आकलन कर लें। एक छोटा सा मूल्यांकन यह सुनिश्चित कर देगा कि आप अपना पैसा सबसे प्रभावी तरीक़ों से ख़र्च कर रहे हैं।

इस अवधारणा को शेयर करें : http://book.personalmba.com/cost-benefit-analysis /

आमदनी बढ़ाने के चार तरीक़े

पैसा उन लोगों को प्रचुरता से मिलता है, जो इसे पाने के सरल नियमों को समझते हैं।

–जॉर्ज क्लासन, *द रिचेस्ट मैन इन बैबिलॉन* के लेखक

मानें या न मानें, आपकी कंपनी की आमदनी बढ़ाने के केवल चार तरीक़े होते हैं :

- आप जिन ग्राहकों की सेवा करते हैं, उनकी संख्या बढ़ा लें।
- ज़्यादा बेचकर हर सौदे के औसत आकार को बढ़ा लें।
- हर ग्राहक के *सौदों* की संख्या या आवृत्ति बढ़ा लें।
- अपने दाम बढ़ा लें।

कल्पना करें कि आप एक रेस्तराँ चला रहे हैं और आप अपने रेस्तराँ की आमदनी बढ़ाना चाहते हैं। यहाँ इन रणनीतियों को लागू करने का तरीक़ा बताया जा रहा है।

ग्राहकों की संख्या बढ़ाने का मतलब है कि आप ज़्यादा लोगों को अपने रेस्तराँ में आने के लिए प्रेरित करते हैं। यह नीति तुलनात्मक रूप से सीधी-सादी है। आपके रेस्तराँ में जितने ज़्यादा लोग आएँगे, आपको उतने ही ज़्यादा ऑर्डर मिलेंगे और यह मानते हुए कि औसत सौदे का आकार समान रहता है, आपके पास उतना ही ज़्यादा पैसा आएगा।

औसत सौदे का आकार बढ़ाने का मतलब है कि आप हर ग्राहक को ज़्यादा ख़रीदने के लिए प्रेरित करते हैं। यह आम तौर पर अपसेलिंग नामक प्रक्रिया के ज़रिये किया जाता है। जब कोई ग्राहक खाने का ऑर्डर देता है, तो आप उससे सूप, ड्रिंक्स और मिठाइयों के बारे में पूछते हैं। ग्राहक इन चीज़ों को जितना ज़्यादा ख़रीदता है, वह आपको उतना ही ज़्यादा पैसा देता है और आपकी आमदनी उतनी ही ज़्यादा बढ़ती है।

प्रति ग्राहक सौदों की आवृत्ति बढ़ाने का मतलब यह है कि आप लोगों को ज़्यादा बार ख़रीदने के लिए प्रोत्साहित करते हैं। यदि आपका औसत ग्राहक रेस्तराँ में महीने में एक बार आता है, तो आप यह कोशिश करते हैं कि वह हर सप्ताह वहाँ आए। अगर ऐसा हो जाता है, तो आपकी आमदनी बढ़ जाएगी। यदि औसत सौदे का आकार समान रहता है, तो वह आपके रेस्तराँ में जितनी ज़्यादा बार आता है, आपके रेस्तराँ को उतनी ही ज़्यादा आमदनी होगी।

दाम बढ़ाने का मतलब है कि ग्राहक ख़रीदे हुए सामान के ज़्यादा पैसे देता है। अगर हम यह मान लें कि सामान की संख्या, सौदे का औसत आकार और आवृत्ति समान बनी रहती है, तो दाम बढ़ाने से आपको उतने ही प्रयास के बदले में ज़्यादा आमदनी होगी।

अर्हता का सबक़ याद रखें : हर ग्राहक अच्छा ग्राहक नहीं होता। कुछ ग्राहक आपका समय, ऊर्जा और संसाधन चाट जाएँगे, लेकिन आपके चाहे गए परिणाम नहीं देंगे। यदि आप उन ग्राहकों की सेवा में ज़्यादा ऊर्जा ख़र्च कर रहे हैं, जो कभी-कभार ही आते हैं, जिनका सौदे का औसत आकार कम है, जो सकारात्मक प्रचार नहीं करते हैं और दाम के बारे में शिकायत करते हैं, तो ऐसे ज़्यादा ग्राहकों को आकर्षित करने में समझदारी नहीं है।

अपने ज़्यादातर प्रयास हमेशा अपने आदर्श ग्राहकों की सेवा पर केंद्रित करें। आपके आदर्श ग्राहक जल्दी ख़रीदते हैं, बार-बार ख़रीदते हैं, सबसे ज़्यादा ख़र्च करते हैं, सकारात्मक प्रचार करते हैं और आपके द्वारा प्रदत्त मूल्य के एवज में अतिरिक्त पैसे चुकाने को तैयार रहते हैं।

आप जितने ज़्यादा आदर्श ग्राहकों को आकर्षित करेंगे, आपका व्यवसाय उतना ही बेहतर होगा।

इस अवधारणा को शेयर करें : http://book.personalmba.com/4-methods-to-increase-revenue/

भाव तय करने की शक्ति

जिस पल आप भाव तय करने में कोई ग़लती करते हैं, आप या तो अपनी प्रतिष्ठा को नुक़सान पहुँचा रहे हैं या अपने मुनाफ़े को।

— कैथरीन पेन, डेलाहाये ग्रुप की संस्थापक

अपने वर्तमान भाव दोगुने करने की कल्पना करें। अगर आप आधे से कम ग्राहक गँवाते हैं, तो यह शायद एक अच्छा पैंतरा है।

भाव तय करने की शक्ति का अर्थ है कि आपमें समय के साथ अपने भाव बढ़ाने की कितनी क्षमता है। आपका भाव इस समय जितना कम होता है, आपमें भाव तय करने की उतनी ही ज़्यादा शक्ति होती है। ग्राहकों की सेवा करने में आपको समय, ऊर्जा और संसाधन लगाने

होते हैं - आप हर ग्राहक से जितने ज़्यादा पैसे कमाते हैं, आपका व्यवसाय उतना ही बेहतर होता है। भाव बढ़ाने से आपको अपने परिणाम अधिकतम करने और अपने प्रयास व निवेश न्यूनतम करने में मदद मिल सकती है।

भाव तय करने की शक्ति उस अवधारणा से जुड़ी होती है, जिसे अर्थशास्त्री "भाव का लचीलापन" कहते हैं। अगर ग्राहक आपकी पेशकश के भाव के प्रति बहुत संवेदनशील हैं, तो ज़रा से भी भाव बढ़ाने पर बहुत से ग्राहक बिदक जाएँगे, जिसका मतलब है कि माँग "लचीली" है। टूथपेस्ट जैसे स्थापित अर्ध-कमॉडिटी बाज़ार इसके अच्छे उदाहरण हैं। जब तक कि आप कोई नई और अनूठी चीज़ ही न दे रहे हों, जिसे ग्राहक बुरी तरह चाहते हों, तब तक भाव बहुत ज़्यादा बढ़ाने का यही नतीजा निकलेगा कि ज़्यादातर लोग आपका प्रॉडक्ट ख़रीदना छोड़ देंगे और आपके प्रतिस्पर्धी से ख़रीदने लगेंगे।

अगर आपके ग्राहक भाव के प्रति संवेदनशील नहीं हैं, तो भाव चार गुना बढ़ाने पर भी बिक्री पर ज़्यादा फ़र्क़ नहीं पड़ेगा। मिसाल के तौर पर, विलासितापूर्ण चीज़ों को लें - ग्राहक उन्हें इसलिए ख़रीदते हैं, क्योंकि वे महँगे *सामाजिक संकेत* (बाद में चर्चा की गई है) हैं, जो महँगी होने की वजह से ही अद्वितीय हैं। हो सकता है कि डिज़ाइनर हैंडबैगों, कपड़ों और घड़ियों का भाव बढ़ाने से लोग उन्हें कम के बजाय ज़्यादा चाहने लगें।

अर्थशास्त्री भाव के लचीलेपन का ग्राफ़ बनाने और आकलन करने में समय बिताना पसंद करते हैं, लेकिन यह ज़रूरी नहीं है - जब तक आपके पास पहले से ही सटीक *मापदंड* न हों, तब तक आप सचमुच यह नहीं जान सकते कि आपके पास भाव तय करने की कितनी शक्ति है और सचमुच भाव बढ़ाने पर ही आपको इसके परिणामों का पता चलेगा। सौभाग्य से, जब तक कि आप किसी बड़े और सक्रिय बाज़ार में स्थापित खिलाड़ी ही न हों (जिस मामले में आपके पास काम करने के मापदंड होंगे), तब तक आपके भाव बदलने का शायद ही कभी स्थायी प्रभाव होता है, बशर्ते इनका व्यापक प्रचार और जाँच न हो; क्या कारगर है, यह पता लगाने के लिए आप *प्रयोग* कर सकते हैं।

भाव तय करने की शक्ति महत्त्वपूर्ण है, क्योंकि भाव बढ़ाने से आपको मुद्रास्फीति और बढ़ी हुई लागतों के विपरीत प्रभावों से उबरने का अवसर मिलता है। ऐतिहासिक दृष्टि से, समय के साथ सरकार द्वारा जारी मुद्रा में अवमूल्यन की प्रवृत्ति होती है - मुद्रा की आपूर्ति बढ़ाने के लिए अधिकारियों के पास कई शक्तिशाली प्रोत्साहन होते हैं, जिससे उस मुद्रा की क्रय शक्ति कम हो जाती है।

इसके फलस्वरूप व्यवसाय में बने रहने के लिए आवश्यक प्रॉडक्ट्स और सेवाओं को ख़रीदने के लिए ज़्यादा मुद्रा की ज़रूरत होती है, जिससे आपके व्यवसाय की पर्याप्तता या आत्मनिर्भरता की आवश्यकताएँ बढ़ जाती हैं। अगर भाव तय करने की पर्याप्त शक्ति नहीं है, तो हो सकता है कि ख़र्च बढ़ने पर आपका व्यवसाय *आत्मनिर्भर* बने रहने या मुनाफ़ा कमाने में सक्षम न रहे।

आप जितना ऊँचा भाव माँग सकते हैं, उतनी ही विश्वसनीयता से आप मुनाफ़े की पर्याप्तता को क़ायम रखने में सफल होंगे। यदि आपके पास विकल्प है, तो ऐसा बाज़ार चुनें, जिसमें आपके पास भाव तय करने की शक्ति हो - समय के साथ पर्याप्तता क़ायम रखना उतना ही ज़्यादा आसान होगा।

आजीवन मूल्य

किसी ग्राहक का उद्देश्य बिक्री प्राप्त करना नहीं है। बिक्री का उद्देश्य ग्राहक प्राप्त करना है।

— बिल ग्लेज़र, विज्ञापन विशेषज्ञ

कल्पना करें कि आप किसी लोकप्रिय पर्यटन स्थल के फ़ुटपाथ पर एक लेमोनेड स्टैंड चला रहे हैं। लेमोनेड का हर कप 1 डॉलर में बिकता है। हो सकता है कि आपके यहाँ ग्राहकों की भीड़ लगी हो, लेकिन आप जिस भी ग्राहक की सेवा करते हैं, वह बस गुज़र रहा है - वह शायद आपको दोबारा कभी नहीं दिखेगा।

इसके विपरीत बीमा व्यवसाय पर नज़र डालें। औसत ग्राहक हर महीने 200 डॉलर का कार बीमा प्रीमियम भरता है - यानी हर साल 2,400 डॉलर का प्रीमियम। यदि औसत ग्राहक उसी बीमा एजेंसी से दस साल तक बीमा कराता है, तो हर ग्राहक इस पूरी अवधि में 24,000 डॉलर का प्रीमियम चुकाता है। दोनों स्थितियों में काफ़ी बड़ा फ़र्क़ है।

आजीवन मूल्य का मतलब है कि आपकी कंपनी के साथ ग्राहक के जुड़ने के बाद उसे आप कुल मिलाकर कितना बेचते हैं। कोई ग्राहक आपसे जितना ज़्यादा ख़रीदता है और जितने ज़्यादा समय तक ख़रीदता है, वह आपके व्यवसाय के लिए उतना ही ज़्यादा मूल्यवान होता है।

सदस्यताएँ बहुत लाभकारी होती हैं, इसका एक कारण यह है कि वे स्वाभाविक रूप से आजीवन मूल्य को अधिकतम करती हैं। एक ग्राहक को एक बिक्री करने के बजाय सदस्यता व्यवसाय ज़्यादा से ज़्यादा लंबे समय तक मूल्य प्रदान करने - और आमदनी इकट्ठे करने - पर ध्यान केंद्रित करता है। कोई ग्राहक जितने लंबे समय तक सदस्य बना रहता है और वह जितनी ज़्यादा क़ीमत चुकाता है, उस ग्राहक का आजीवन मूल्य उतना ही ज़्यादा होता है।

आपके औसत ग्राहक का आजीवन मूल्य जितना ऊँचा होता है, आपका व्यवसाय उतना ही बेहतर होता है। आपका औसत ग्राहक कितना ख़रीदता है और उसमें आपसे कितने लंबे समय तक ख़रीदने की प्रवृत्ति है, यह समझकर आप हर नए ग्राहक का औसत मूल्य निकाल सकते हैं, जिससे अच्छे निर्णय लेने में मदद मिलती है। लेमोनेड स्टैंड के एक ग्राहक को गँवाना बड़ा मामला नहीं है - दूसरी तरफ़, एक बीमा ग्राहक को गँवाना बड़ा मामला है।

ध्यान रखें, ऐसे बाज़ारों में काम करना कहीं बेहतर है, जहाँ ग्राहकों का आजीवन मूल्य ज़्यादा हो। आपके ग्राहक का आजीवन मूल्य जितना ऊँचा होता है, आप उन्हें ख़ुश रखने के लिए उतना ही ज़्यादा प्रयास कर सकते हैं और उनकी अच्छी सेवा करने पर उतना ही ज़्यादा ध्यान केंद्रित कर सकते हैं। लाभकारी ग्राहकों के साथ दीर्घकालीन संबंध क़ायम रखेंगे, तो आप जीत जाएँगे।

इस अवधारणा को शेयर करें : http://book.personalmba.com/lifetime-value /

मान्य अधिग्रहण लागत

नकारात्मक प्रॉफ़िट मार्जिन रखकर कोई भी कंपनी अपने प्रॉडक्ट की बिक्री बढ़ा सकती है, लेकिन यह ज़्यादा आसान है कि चौराहे पर खड़े होकर हर व्यक्ति को 20 डॉलर का नोट तब तक थमाते रहें, जब तक कि आप दिवालिया न हो जाएँ।

— मॉरिस रोज़ेन्थल, *प्रिंट-ऑन-डिमांड बुक पब्लिशिंग* के लेखक और फ़ोनरबुक्स डॉट कॉम के ब्लॉगलेखक

दोबारा लेमोनेड स्टैंड के बारे में सोचें। आप किसी अकेले ग्राहक को आकर्षित करने के लिए कितना ख़र्च कर सकते हैं? ज़्यादा नहीं - लेमोनेड के हर कप पर आपको सिर्फ़ 1 डॉलर मिलते हैं, इसलिए आप अकेले व्यक्तियों के लिए विज्ञापन देने पर ज़्यादा ख़र्च नहीं कर सकते।

इसकी तुलना बीमा एजेंसी से करें। यदि किसी ग्राहक का *आजीवन मूल्य* 24,000 डॉलर है, तो आप एक नए ग्राहक को आकर्षित करने के लिए कितना ख़र्च कर सकते हैं? काफ़ी ज़्यादा।

आम तौर पर लोगों का ध्यान पाने और नए संभावित ग्राहक हासिल करने में समय और पैसे ख़र्च करने पड़ते हैं। एक बार जब आप किसी संभावित ग्राहक का आजीवन मूल्य जान लेते हैं, तो आप यह हिसाब लगा सकते हैं कि किसी नए संभावित ग्राहक को हासिल करने के लिए आप अधिकतम कितना समय और पैसे ख़र्च कर सकते हैं।

मान्य अधिग्रहण लागत (एएसी) आजीवन मूल्य का मार्केटिंग घटक है। औसत ग्राहक का आजीवन मूल्य जितना ज़्यादा होता है, आप किसी नए ग्राहक को आकर्षित करने के लिए उतने ही ज़्यादा पैसे ख़र्च कर सकते हैं और नए तरीक़ों से अपनी पेशकश के बारे में प्रचार कर सकते हैं।

ऊँचे आजीवन मूल्य का एक लाभ यह भी है कि इससे आप पहली बिक्री पर पैसा गँवाना बर्दाश्त कर सकते हैं। गुथी-रेंकर लंबे और महँगे टेलीविज़न इनफ़ोमर्शियल्स देकर प्रोएक्टिव नामक मुहाँसा उपचार बेचता है - यह जेसिका सिम्पसन जैसे मशहूर लोगों से विज्ञापन कराता है और इन विज्ञापनों को बनाने और प्रसारित करने में करोड़ों डॉलर ख़र्च आता है। पहली नज़र में इसमें कोई समझदारी नज़र नहीं आती है। पहली बिक्री 20 डॉलर के "कम, बहुत कम भाव" पर होती है। सवाल यह है कि कंपनी अब तक दिवालिया क्यों नहीं हुई?

जवाब है *सदस्यता।* जब कोई ग्राहक प्रोएक्टिव ख़रीदता है, तो वह सिर्फ़ चेहरे की क्रीम की सिर्फ़ एक शीशी ही नहीं ख़रीदता है - वह बाद में भुगतान करके हर महीने एक शीशी लेने का वादा भी करता है। प्रोएक्टिव के हर नए ग्राहक का आजीवन मूल्य इतना ज़्यादा होता है कि शुरुआती बिक्री में गुथी-रेंकर का "पैसा डूबने" से कोई फ़र्क़ नहीं पड़ता है - कंपनी बहुत ज़्यादा पैसे कमाती है, भले ही सदस्यता योजना छोड़ने वाले मुट्ठी भर ग्राहकों की वजह से इसे घाटा हो जाए।

पहली बिक्री को कई बार "घाटे की बुनियाद" कहा जाता है - एक आकर्षक पेशकश, जिसका लक्ष्य किसी नए ग्राहक के साथ संबंध बनाना है। कई सदस्यता व्यवसाय अपना ग्राहक

आधार तैयार करने के लिए घाटे की बुनियाद का इस्तेमाल करते हैं। *स्पोर्ट्स इलस्ट्रेटेड* फ़ुटबॉल फ़ोन जैसे पैंतरों का इस्तेमाल करती है और नए सदस्यों को आकर्षित करने के लिए अपने वार्षिक स्विमसूट संस्करण पर भारी रक़म ख़र्च करती है।

ये प्रलोभन वार्षिक सदस्यता आय के बराबर हो सकते हैं, लेकिन जब आप हर ग्राहक के आजीवन मूल्य पर विचार करते हैं, तो कंपनी फ़ायदे में रहती है। हर नया सदस्य *स्पोर्ट्स इलस्ट्रेटेड* को अनुमति देता है कि यह अपने विज्ञापनदाताओं से ज़्यादा दाम वसूले, जो कंपनी की आमदनी का सबसे अहम हिस्सा है।

अपने बाज़ार की मान्य अधिग्रहण लागत का हिसाब लगाने के लिए अपने औसत ग्राहक के आजीवन मूल्य से शुरुआत करें, फिर अपने *मूल्य प्रवाह* की लागत घटा दें - जो लागत उस ग्राहक को वादे के मुताबिक़ मूल्य का आजीवन सृजन करने और पहुँचाने में लगती है, फिर अपना ओवरहेड या *बँधा-बँधाया ख़र्च* घटाएँ (बाद में चर्चा की गई है), जिसे अपने सकल ग्राहक आधार से विभाजित करें। ओवरहेड का मतलब है वे *निश्चित लागतें,* जो आपको उस अवधि में व्यवसाय में बने रहने के लिए चुकानी होंगी। अपने मनचाहे *प्रॉफ़िट मार्जिन* को 1 में से घटा लें (अगर आप 60 प्रतिशत मार्जिन चाहते हैं, तो आप 1 - 0.60 = 0.40 का इस्तेमाल करेंगे)। यही आपकी मान्य अधिग्रहण लागत होगी।

यहाँ एक उदाहरण देखें : अगर आपका औसत आजीवन मूल्य पाँच वर्ष की अवधि में 2,000 डॉलर है और *मूल्य सृजन* तथा पहुँचाने की लागत 500 डॉलर है, तो आपको प्रति ग्राहक 1,500 डॉलर की आमदनी होती है। अगर उस पाँच वर्ष की अवधि में आपका बँधा-बँधाया ख़र्च 500,000 डॉलर है और आपके पास 500 ग्राहक हैं, तो आपको 1,000 डॉलर प्रति ग्राहक की निश्चित लागत आती है। प्रति ग्राहक आमदनी 1,500 डॉलर और प्रति ग्राहक निश्चित लागत 1,000 डॉलर है, इसलिए मार्केटिंग ख़र्च से पहले आपको हर ग्राहक पर 500 डॉलर बचते हैं। अगर आप न्यूनतम 60 प्रतिशत प्रॉफ़िट मार्जिन चाहते हैं, तो आप मार्केटिंग पर उस 500 डॉलर के 40 प्रतिशत को ख़र्च कर सकते हैं, जिससे आपको प्रति ग्राहक 200 डॉलर की अधिकतम मान्य अधिग्रहण लागत मिलती है। आप मार्केटिंग के विभिन्न प्रकारों की जाँच करके यह देख सकते हैं कि क्या वे काम करते हैं - यदि आपकी मान्यताएँ सही हैं, तो आप जिस ग्राहक को 200 डॉलर या इससे कम में आकर्षित कर सकते हैं, तो यह निवेश करने लायक़ है।

आपके ग्राहकों का आजीवन मूल्य जितना अधिक होता है, मान्य अधिग्रहण लागत भी उतनी ही ज़्यादा होती है। हर नया ग्राहक आपके व्यवसाय के लिए जितना मूल्यवान होता है, आप उसे आकर्षित करने और ख़ुश रखने के लिए उतना ही ज़्यादा ख़र्च कर सकते हैं।

इस अवधारणा को शेयर करें : http://book.personalmba.com/allowable-acquisition-cost/

ओवरहेड

छोटे-छोटे ख़र्चों से सावधान रहें; एक छोटा सा छेद बड़े जहाज़ को डुबा देता है।

— बेंजामिन फ़्रैंकलिन, शुरुआती अमेरिकी नेता, वैज्ञानिक और विद्वान

कोई व्यक्ति किराये या मॉर्टगेज में जितने ज़्यादा पैसे देगा, उसे ख़र्च के लिए हर महीने उतने ही ज़्यादा पैसों की ज़रूरत होगी। यही आम सिद्धांत व्यवसायों पर भी लागू होता है।

ओवरहेड का मतलब है किसी व्यवसाय को चालू रखने के लिए आवश्यक न्यूनतम संसाधन। इसमें वे सारी चीज़ें शामिल हैं, जिनकी ज़रूरत आपको अपना व्यवसाय चलाने के लिए हर महीने होती है, चाहे आपकी कोई चीज़ बिके या न बिके : वेतन, किराया, बिजली-पानी और मशीनों की मरम्मत आदि।

आपका ओवरहेड जितना कम होता है, व्यवसाय जारी रखने के लिए उतनी ही कम आमदनी की ज़रूरत होती है और आप उतनी ही जल्दी वित्तीय *पर्याप्तता* के बिंदु पर पहुँच जाएँगे। अगर आप ज़्यादा ख़र्च नहीं करते हैं, तो आपको अपने ख़र्च निकालने के लिए ज़्यादा आमदनी की ज़रूरत नहीं होगी।

अगर आप निश्चित *पूँजी* पर कंपनी बना रहे हों, तो ओवरहेड अत्यंत महत्त्वपूर्ण होता है। वेंचर कैपिटेलिस्ट और अन्य निवेशक "सीड कैपिटल" दे सकते हैं - एक निश्चित धनराशि, जिसका इस्तेमाल करके आप व्यवसाय शुरू करते हैं। आप पूँजी में जितना ज़्यादा पैसा इकट्ठा करते हैं और आप इसे जितनी धीमी गति से ख़र्च करते हैं, अपने कारोबार को सफल बनाने के लिए आपके पास उतना ही ज़्यादा समय होगा।

आप अपनी पूँजी को जितनी ज़्यादा तेज़ी से "जलाते" हैं, आपको उतना ही ज़्यादा पैसा चाहिए होता है और आपको उतनी ही जल्दी आमदनी करने की भी ज़रूरत होती है। अगर आप अपनी सारी शुरुआती पूँजी जला देते हैं और आगे पूँजी नहीं उगाह पाते हैं, तो खेल ख़त्म हो जाता है। इसीलिए निवेशक और समझदार उद्यमी व्यवसाय की "जलाने की दर" को बहुत ग़ौर से देखते हैं - पूँजी जितनी धीमी गति से जलेगी, आपके पास सफल व्यवसाय बनाने के लिए उतना ही ज़्यादा समय होगा।

आपका ओवरहेड जितना कम होगा, आपके पास उतना ही ज़्यादा लचीलापन होगा और कारोबार को चिरस्थायी रखना उतना ही ज़्यादा आसान होगा।

इस अवधारणा को शेयर करें : **http://book.personalmba.com/overhead /**

लागतें : निश्चित और परिवर्तनशील

लागतों पर नज़र रखेंगे, तो मुनाफ़ा अपनी परवाह ख़ुद कर लेगा।

—एंड्रयू कारनेगी, उन्नीसवीं सदी के उद्योगपति

एक पुरानी कारोबारी कहावत है : पैसा बनाने के लिए पैसा ख़र्च करना पड़ता है। इस कथन में थोड़ी सच्चाई तो है, लेकिन इस बात का ध्यान रखें कि सारे ख़र्च बराबर नहीं होते।

चाहे आप कितने भी मूल्य का सृजन करते हों, आपको कुछ *निश्चित लागतें* तो चुकानी ही पड़ती हैं। आपका *ओवरहेड* ऐसी ही निश्चित या बँधी-बँधायी लागत है। आप किसी महीने में चाहे कुछ करें या न करें, आपको अपने कर्मचारियों को वेतन देना होता है और अपने ऑफ़िस का किराया चुकाना होता है।

परिवर्तनशील लागतों का सीधा संबंध इस बात से होता है कि आप कितने मूल्य का सृजन करते हैं। अगर आप सूती टी-शर्ट बनाते हैं, तो जितनी ज़्यादा टी-शर्टों का उत्पादन होगा, आपको उतने ही ज़्यादा कपास के धागे की ज़रूरत होगी। कच्चा माल, उपयोग आधारित फ़ोन-बिजली-पानी का व्यय और घंटे के आधार पर रखे जाने वाले कर्मचारी परिवर्तनशील लागतों की श्रेणी में आते हैं।

निश्चित लागतों में कमी *संचित* होती है; परिवर्तनशील लागतों में कमी उत्पादित वस्तुओं के हिसाब से *बढ़ती* है। यदि आप अपने फ़ोन बिल पर हर महीने 50 डॉलर बचाएँ, तो इसका मतलब है हर साल 600 डॉलर की बचत। अगर आप एक टी-शर्ट बनाने में 0.50 डॉलर बचा लें, तो इसका मतलब है हर 1,000 टी-शर्टों पर 500 डॉलर की बचत होगी।

आप अपनी लागतों को जितनी ज़्यादा अच्छी तरह समझते हैं, इस बात की उतनी ही ज़्यादा संभावना है कि आप अपनी पूरी आमदनी ख़र्च किए बिना ज़्यादा से ज़्यादा संभव मूल्य उत्पन्न करने के तरीक़े खोज लेंगे।

इस अवधारणा को शेयर करें : **http://book.personalmba.com/costs-fixed-variable /**

क्रमिक ह्रास

गुणवत्ता, गुणवत्ता, गुणवत्ता : इससे कभी मत डिगना, भले ही आपको यह समझ न आता है कि उच्च गुणवत्ता को क़ायम रखना आप कैसे झेल सकते हैं। अगर आप समझौता करते हैं, तो आप एक कमॉडिटी या वस्तु बन जाते हैं और फिर आप मर जाते हैं।

—गैरी हर्शबर्ग, स्टोनीफ़ील्ड फ़ार्म के संस्थापक

मानें या न मानें, किराने की दुकानों में मिलने वाले कई चॉकलेट प्रॉडक्ट अब "मिल्क चॉकलेट" नहीं हैं - वे तो "चॉकलेट के स्वाद वाली कैंडी" हैं। इनमें क्या फ़र्क़ है?

उच्च गुणवत्ता की चॉकलेट बनाने के लिए आपको उच्च गुणवत्ता वाली कोको बीन्स ख़रीदनी पड़ती हैं, जिन्हें पीसकर कोको बटर बनाया जाता है, फिर कोको बटर में शकर, पानी और इमल्सिफ़ायर्स मिलाए जाते हैं, जिससे कोको बटर के तेलों को पानी में घुली शकर से "चिपकने" में मदद मिलती है। इसके बाद द्रव चॉकलेट को गर्म किया जाता है, साँचे में डाला जाता है और ठंडा करके ठोस चॉकलेट बनाई जाती है।

समय के साथ बड़े पैमाने पर चॉकलेट बनाने वालों ने एक तरकीब सोची। लागत कम रखने और मुनाफ़ा बढ़ाने के लिए वे सस्ते पदार्थों का इस्तेमाल करने लगे। उन्होंने उच्च गुणवत्ता वाली कोको बीन्स ख़रीदना छोड़ दिया और सस्ती लेकिन घटिया बीन्स ख़रीदने लगे। उनकी सोच यह थी - किसका ध्यान जाएगा? इसके बाद वे कोको बटर की जगह वनस्पति तेल का इस्तेमाल करने लगे और इतना ज़्यादा इस्तेमाल करने लगे कि आहार नियामक संस्थाओं ने इसे "मिल्क चॉकलेट" कहने पर पाबंदी लगा दी। चॉकलेट को चिपकाकर रखने और शेल्फ़ पर अनंत काल तक रखने के लिए वे ज़्यादा इमल्सिफ़ायर्स, प्रिज़र्वेटिव्ज़ या संरक्षक पदार्थों और अन्य रसायनों का इस्तेमाल करने लगे।

वर्णन ललचाने वाला लगता है, है ना?

अपने प्रॉडक्ट की गुणवत्ता घटाकर पैसा बचाने से आपको मदद नहीं मिलती है। उस वक़्त ऐसा नहीं लगा था कि "लागत बचाने वाले" इन क़दमों का चॉकलेट की गुणवत्ता पर भारी प्रभाव पड़ेगा - वे तो बस अच्छे *ट्रेड-ऑफ़* लग रहे थे, लेकिन समय के साथ *संचित* प्रभावों ने प्रॉडक्ट के स्वाद और गुणवत्ता को कम कर दिया। इस बात पर लोगों का ध्यान गया और उत्पादकों का भी। अब आप "प्रीमियम" चॉकलेट भी ख़रीद सकते हैं, जिसमें उच्च गुणवत्ता वाले मूल तत्व होते हैं।

वित्त और अकाउंटिंग एक्ज़ीक्यूटिव्ज़ की "बीन काउंटिंग" या कंजूसी की प्रतिष्ठा इसीलिए बनी है, क्योंकि वे मूलतः लागत घटाने पर ध्यान केंद्रित करते हैं। वे किसी प्रॉडक्ट या व्यवसाय के ख़र्च कम करके उसे ज़्यादा लाभकारी बनाने की कोशिश करते हैं। लागत में कटौती करने से आपका *प्रॉफ़िट मार्जिन* तो बढ़ सकता है, लेकिन अक्सर इसकी भारी क़ीमत चुकानी होती है।

अगर आपका लक्ष्य मुनाफ़े को बढ़ाना है, तो लागतें कम करने से आप सिर्फ़ थोड़ी दूर तक ही जा सकते हैं। मूल्य का सृजन करने और उसे पहुँचाने में हमेशा थोड़े पैसे लगते हैं, इसलिए लागत घटाने की एक निचली सीमा होती है, जिसके बाद लागत घटाने से आपके द्वारा प्रदत्त मूल्य भी घटने लगता है। अपव्यय या अनावश्यक लागतों में कटौती करना निश्चित रूप से एक अच्छा विचार है, लेकिन एक सीमा के बाद *घटते मुनाफ़े* (बाद में चर्चा की गई है) का दौर शुरू हो जाता है - सावधान रहें कि आप टब के पानी के साथ शिशु को भी न फेंक दें।

ज़्यादा मूल्य का सृजन करना और पहुँचाना मुनाफ़ा बढ़ाने का ज़्यादा बेहतर तरीक़ा है। आप शून्य से कम ख़र्च कभी नहीं कर सकते, लेकिन आप कितनी राशि का मूल्य प्रदान कर सकते हैं या कितनी आमदनी हासिल कर सकते हैं, इसकी कोई ऊपरी सीमा नहीं होती।

अपनी लागतों पर नियंत्रण रखें, लेकिन उस कारण को ख़त्म न करें, जिसकी वजह से ग्राहक आपसे सामान या सेवा ख़रीदते हैं।

इस अवधारणा को शेयर करें : **http://book.personalmba.com/incremental-degradation /**

घाटे की बराबरी

कोई कंपनी अपने अस्तित्व के पहले कुछ सालों में पैसा बनाए, यह असाधारण और दरअसल असामान्य है। शुरुआती कंपनी और शुरुआती प्रॉडक्ट कभी सही नहीं होते हैं।

— हार्वे एस. फ़ायरस्टोन, फ़ायरस्टोन टायर ऐंड रबर कंपनी के संस्थापक

मान लें कि आपका व्यवसाय हर महीने 1,00,000 डॉलर कमा रहा है और आप ऑपरेटिंग या कार्यसंचालन व्यय में हर महीने 50,000 डॉलर ख़र्च कर रहे हैं। क्या आपको मुनाफ़ा हो रहा है?

यह कई चीज़ों पर निर्भर करता है।

जब आप कोई नया व्यवसाय शुरू करते हैं, तो आम तौर पर आमदनी को ख़र्च से ज़्यादा बढ़ाने में थोड़ा समय लगता है। *तंत्र* बनाना होता है, कर्मचारियों को नियुक्त व प्रशिक्षित करना होता है और मार्केटिंग करनी होती है, तब कहीं जाकर आमदनी शुरू होती है। जैसे-जैसे आप काम तेज़ करते हैं, ये ख़र्च बढ़ने लगते हैं।

आइए मान लेते हैं कि हमारे काल्पनिक व्यवसाय ने हर महीने 50,000 डॉलर प्रति माह ख़र्च किया और इसे मुनाफ़ा कमाने में एक साल का समय लगा। इस तरह आप 6,00,000 डॉलर ख़र्च कर चुके हैं। अब इस व्यवसाय से आपको सारे ख़र्च निकालने के बाद हर महीने 50,000 डॉलर का मुनाफ़ा हो रहा है। इसका मतलब है कि अब यह उस शुरुआती निवेश की भरपाई शुरू कर सकता है।

ब्रेकईवन या घाटे की बराबरी वह बिंदु है, जहाँ आपके व्यवसाय की उस समय तक की कुल आमदनी उस समय तक के कुल व्यय के बराबर होती है - यह वह बिंदु है, जहाँ आपका व्यवसाय पूँजी ख़र्च करने के बजाय उसे कमाना शुरू करता है। हम यह मान लेते हैं कि आपको अपने व्यवसाय में आगे भी हर महीने 1,00,000 डॉलर की आमदनी होती है और ख़र्च भी उतना ही रहता है। इसका मतलब है कि आपको शुरुआती निवेश को पूरा चुकाने में बारह महीने का समय लग जाएगा। उसके बाद व्यवसाय *सचमुच* पैसे बनाएगा - उससे पहले तो बस यह लाभदायक *दिखता* है।

आपका ब्रेकईवन पॉइंट लगातार बदलता रहता है। आय और व्यय स्वाभाविक रूप से कम-ज़्यादा होते रहते हैं। अपने व्यवसाय की शुरुआत से आप कितना ख़र्च करते हैं और आपको कितनी आमदनी होती है, इसका पूरा हिसाब रखने से ही यह पता लग सकता है कि आपने सचमुच पैसा कमाया है या नहीं।

आप लगातार जितनी ज़्यादा आमदनी हासिल करते हैं और जितना कम ख़र्च करते हैं, उतनी ही जल्दी आप ब्रेकईवन पर पहुँचेंगे और अपने व्यवसाय को सचमुच आत्मनिर्भर बना लेंगे।

इस अवधारणा को शेयर करें : http://book.personalmba.com/breakeven/

एमॉरटाइज़ेशन

हर काम से पहले ख़ुद से पूछें : क्या इससे कोई ऐसी समस्या खड़ी होगी, जो मेरे जीवन को लंबे समय के लिए मुश्किल बना देगी ? मेरे काम का परिणाम वरदान होगा या भारी बोझ ?

— अल्फ्रेड ए. मोंटापर्ट, द सुप्रीम फ़िलॉसफ़ी ऑफ़ मैन : द लॉज़ ऑफ़ लाइफ़ के लेखक

आपने इस सदी का सबसे शानदार खिलौना बना लिया है। एक स्टफ़्ड या भरा हुआ जानवर, जो असली कुत्ते जैसा दिखता और काम करता है, लेकिन इसे खिलाने-पिलाने, नहलाने या आधी रात को बाहर करने की ज़रूरत नहीं होती। आपके *नमूने* को देखकर बच्चे बौरा जाते हैं और माता-पिता आपकी ओर क्रेडिट कार्ड उछालने लगते हैं, ताकि यह उपलब्ध होते ही उन्हें मिल जाए। इसमें कोई शक नहीं है कि आप लाखों-करोड़ों खिलौने बेच लेंगे।

बस एक ही समस्या है : इन नक़ली कुत्तों के सस्ते उत्पादन के लिए आपको मशीनों वाली एक बड़ी फ़ैक्ट्री लगानी होगी, जिसमें कम से कम 100 मिलियन डॉलर की लागत आएगी। आपके बैंक ख़ाते में 100 मिलियन डॉलर की रक़म नहीं है - यह बहुत बड़ी धनराशि है। कोई कंपनी फ़ैक्ट्री लगाने का भारी ख़र्च उठाने के बाद मुनाफ़ा कैसे कमा सकती है?

एमॉरटाइज़ेशन का मतलब यह है कि आप किसी संसाधन के निवेश की लागत को इसके पूरे अनुमानित जीवनकाल तक फैलाते हैं। मान लेते हैं कि हमारी नक़ली कुत्तों की फ़ैक्ट्री अपने उपयोगी जीवन में 10 मिलियन इकाइयों का उत्पादन कर सकती है। फ़ैक्ट्री में प्रत्येक इकाई के उत्पादन की लागत 10 डॉलर आती है। अगर आप हर इकाई को 100 डॉलर में बेचते हैं, तो यह बहुत बढ़िया *मुनाफ़ा मार्जिन* है।

एमॉरटाइज़ेशन यह तय करने में आपकी मदद कर सकता है कि कोई बड़ा ख़र्च करना अच्छा है या नहीं। जब तक आप यह विश्वसनीय आकलन कर सकते हैं कि लागत कितनी आएगी और आप इससे कितना उत्पादन कर सकते हैं, एमॉरटाइज़ेशन आपको बता देता है कि भारी *पूँजी* के निवेश में समझदारी है या नहीं।

मिसाल के तौर पर, एक बुक डिज़ाइनर पुस्तकों की टाइपसेटिंग में पेशेवरों द्वारा प्रयुक्त सॉफ़्टवेयर एडोब इनडिज़ाइन ख़रीदना चाहता है। ज़्यादातर सॉफ़्टवेयरों की तुलना में इनडिज़ाइन महँगा है : एक अकेले ग्राहक का लाइसेंस 700 डॉलर में मिलता है। क्या यह ख़रीदने लायक़ है?

जवाब इस बात पर निर्भर करता है कि डिज़ाइनर उस सॉफ़्टवेयर पर कितनी पुस्तकों की टाइपसेटिंग करता है। अगर वह एक भी पुस्तक की टाइपसेटिंग नहीं करता है, तो वह अपने पैसे में आग लगा रहा है। अगर वह 1,000 डॉलर प्रति पुस्तक के भाव पर दस पुस्तकों की टाइपसेटिंग करता है, तो वह 700 डॉलर के निवेश से 10,000 डॉलर कमा लेता है - जो कतई बुरा नहीं है। दस प्रोजेक्टों पर एमॉरटाइज़ेशन किया जाए, तो सॉफ़्टवेयर की प्रति पुस्तक लागत 70 डॉलर आती है यानी हर पुस्तक पर होने वाली आमदनी का 7 प्रतिशत। इसे ख़रीदते वक़्त डिज़ाइनर के क्रेडिट कार्ड को भारी झटका लग सकता है, लेकिन यह ज़्यादा पैसा कमाने की ऐसी क्षमता प्रदान करता है, जो दूसरी तरह से संभव नहीं थी।

ध्यान रखें, एमॉरटाइज़ेशन उपयोगी जीवन के सटीक आकलन पर निर्भर करता है, जो

एक भविष्यवाणी है। अगर आप अपने प्रॉडक्ट को नहीं बेच पाते हैं या आपकी मशीन उम्मीद से जल्दी अनुपयोगी हो जाती है, तो एमॉरटाइज़ेशन गड़बड़ा जाता है। भविष्यवाणियाँ करना पेचीदा काम है - अगर आप ग़लत आकलन कर लेते हैं, तो हर इकाई में आपके निवेश की लागत आपके मूल अनुमान से काफ़ी ज़्यादा हो सकती है।

क्रॉक्स अजीब से दिखने वाले रबड़ के जूते बनाती है। शुरुआत में कंपनी को अप्रत्याशित सफलता मिली, जिसके बाद इसने अपनी उत्पादन क्षमता बढ़ाने के लिए भारी निवेश किया। इसने चीन में एक फ़ैक्ट्री डाली और इस प्रत्याशा में करोड़ों जूते बनाने लगी कि इसका हर जूता हाथों-हाथ बिक जाएगा। जैसा बाद में पता चला, क्रॉक्स की लोकप्रियता एक क्षणिक फ़ैशन से ज़्यादा नहीं थी - कुछ समय बाद ही बिक्री रसातल में पहुँच गई और कंपनी की महँगी उत्पादन क्षमता अधर में लटक गई। इसके पास बहुत सारी इनवेंट्री थी, जिसे यह नहीं बेच सकती थी। एमॉरटाइज़ेशन कंपनी को दिवालिया होने से नहीं बचा पाया।

कोई बड़ा निवेश करने लायक़ है या नहीं, यह पता लगाने के लिए एमॉरटाइज़ेशन का इस्तेमाल करना चतुराई भरी नीति है - बस इतना याद रखें कि आप एक भविष्यवाणी कर रहे हैं और इसी अनुसार आगे बढ़ें।

इस अवधारणा को शेयर करें : http://book.personalmba.com/amortization/

क्रय शक्ति

उद्यमी का काम यह सुनिश्चित करना है कि कंपनी की नक़दी ख़त्म न हो जाए।

—बिल सालमैन, हार्वर्ड बिज़नेस स्कूल के प्रोफ़ेसर

एक पुरानी कारोबारी कहावत है, जो शायद आपने सुनी होगी : “नक़दी ही शहंशाह है।” यह सच है। हो सकता है कि आपके पास करोड़ों डॉलर के काग़ज़ी ऑर्डर हों, लेकिन अगर बैंक में नक़द पैसा नहीं है, तो वे बेमानी हैं। आईओयू से बिलों का भुगतान नहीं होता है। अगर आप अपने कर्मचारियों को वेतन नहीं दे सकते या बिजली का कनेक्शन चालू नहीं रख सकते, तो आपका खेल ख़त्म हो जाता है।

क्रय शक्ति किसी कंपनी या व्यवसाय के पास मौजूद सारे लिक्विड एसेट्स या तरल संपत्तियों का महायोग है। इसमें आपकी नक़दी, उधार और उपलब्ध बाहरी फ़ाइनैंसिंग शामिल है। ज़्यादा क्रय शक्ति हमेशा बेहतर होती है, बशर्ते आप उस शक्ति का समझदारी से इस्तेमाल करें।

क्रय शक्ति वह है, जिसका इस्तेमाल आप अपने ओवरहेड के ख़र्च और अपने सप्लायरों के बिल चुकाने के लिए करते हैं। जब तक आप उन्हें पैसे देते रहते हैं, आपका व्यवसाय चलता रहता है। जैसे ही आपकी क्रय शक्ति ख़त्म होती है, आप भी ख़त्म हो जाते हैं। खेल ख़त्म हो जाता है।

हमेशा इस बात पर नज़र रखें कि आपके पास कितनी क्रय शक्ति उपलब्ध है। आपके पास बैंक में कितना नक़द पैसा है? आपके पास उधार लेने की कितनी क्षमता है? आपके पास

जितनी ज़्यादा क्रय शक्ति होती है, आप उतनी ही बेहतर स्थिति में होते हैं।

अपनी उपलब्ध क्रय शक्ति पर नज़र रखने से कारोबार चलाना *ज़्यादा* आसान हो जाता है। बिलों का भुगतान करने की लगातार चिंता करने के बजाय क्रय शक्ति आपको साँस लेने की जगह देती है, क्योंकि आपको सुरक्षा का अहसास होता है कि आपका पैसा अचानक ख़त्म नहीं होगा। इससे काफ़ी सारी मानसिक और भावनात्मक ऊर्जा मुक्त होती है, जिसका आप बेहतर इस्तेमाल कर सकते हैं - आप यह पता लगा सकते हैं कि अपने व्यवसाय को बेहतर कैसे बनाया जाए।

हमेशा इस बात पर क़रीब से ध्यान दें कि आपके पास कितनी क्रय शक्ति बची है - यह किसी चलने वाले और बंद होने वाले व्यवसाय के बीच का फ़र्क़ है।

इस अवधारणा को शेयर करें : **http://book.personalmba.com/purchasing-power/**

कैशफ़्लो चक्र

सारी सच्चाई कैश अकाउंट में पाई जाती है।

—चार्ली बाहर, प्रबंधन परामर्शदाता

पैसा किसी व्यवसाय में जिन तरीक़ों से प्रवाहित होता है, उनका अनुमान लगाया जा सकता है। अगर आप यह समझते हैं कि आमदनी, व्यय, रिसीवेबल्स और क्रेडिट कैसे काम करते हैं, तो आप यह सुनिश्चित कर सकते हैं कि आपके पास काम चालू रखने और उपलब्ध विकल्प अधिकतम करने के लिए पर्याप्त *क्रय शक्ति* हाथ में बनी रहे।

कैशफ़्लो चक्र यह वर्णन करता है कि व्यवसाय में किस तरह नक़दी या कैश *प्रवाहित* (बाद में चर्चा की गई है) होता है। अपने व्यवसाय के बैंक ख़ाते को नहाने का टब मान लें। अगर आप चाहते हैं कि टब में पानी का स्तर ऊपर उठे, तो आप ज़्यादा पानी डालते हैं और इसे ड्रेन के ज़रिये बाहर निकलने से रोकते हैं। जितना ज़्यादा पानी अंदर आता है और जितना कम बाहर निकलता है, टब में पानी का स्तर उतना ही ज़्यादा बढ़ता है। आय और व्यय भी इसी तरह से काम करते हैं।

रिसीवेबल्स का मतलब है भुगतान के वे वादे, जो दूसरों ने आपसे किए हैं। रिसीवेबल्स आकर्षक लगते हैं, क्योंकि वे बिक्री जैसे महसूस होते हैं। किसी ने आपको पैसा देने का वादा किया है, जो बेहतरीन है। लेकिन एक पेंच है : रिसीवेबल्स तब तक नक़दी में नहीं बदलते हैं, जब तक कि सामने वाला अपना वादा निभाकर आपको पैसे दे न दे। आईओयू नक़दी नहीं हैं - वह वादा जितनी जल्दी भुगतान में बदलता है, आपका कैशफ़्लो उतना ही बेहतर होता है। ध्यान रखें कि बहीख़ातों में लाखों-करोड़ों डॉलर की "बिक्रियाँ" दर्ज होने के बाद भी कई कंपनियों पर ताले लग चुके हैं।

क़र्ज़ (डेट) वह वादा है, जो आप किसी दूसरे से करते हैं कि आप भविष्य में उसे भुगतान कर देंगे। क़र्ज़ आकर्षक होता है, क्योंकि आप इसी वक़्त वह सामान ख़रीद सकते हैं और पैसा बाद में दे सकते हैं। आप जितनी देर से भुगतान करते हैं, आपके पास उतनी ही ज़्यादा

नक़दी रहती है। क़र्ज़ उपयोगी है, लेकिन एक पेंच भी रहता है : क़र्ज़ में आम तौर पर ब्याज के रूप में अतिरिक्त धन देना पड़ता है। अक्सर आपको नियमित अंतराल से क़र्ज़ की क़िस्त चुकानी होती है, जिसे "डेट सर्विस" या "क़र्ज़ उतारना" कहा जाता है। इसे आप ख़र्च का एक और प्रकार मान सकते हैं। यदि आप क़र्ज़ की क़िस्त नहीं चुका सकते, तो आप मुश्किल में हैं।

समस्या से निबटने का तरीक़ा यह है कि आप अपनी नक़दी को अधिकतम करें : आमदनी ज़्यादा बढ़ाएँ और लागतें कम करें। अपने प्रॉडक्ट्स के मार्जिन बढ़ाने, ज़्यादा बिक्री करने और कम ख़र्च करने से आपका कैशफ़्लो हमेशा बेहतर होता है।

आपने जिन लोगों से क़र्ज़ लिया है, उनसे पैसे चुकाने के लिए ज़्यादा लंबी अवधि की सौदेबाज़ी करने या बाद में भुगतान करने की मोहलत पाने से भी नक़दी का संकट दूर हो सकता है। अगर आपका कोई सप्लायर, वेंडर या साझेदार इस समय सामान या सेवा देकर आपको बाद में पैसा चुकाने की सुविधा देने को तैयार हो जाता है, तो आपको अपने बैंक ख़ाते में ज़्यादा पैसा रखने की छूट मिल जाती है। आपको इस पर सावधानी से ग़ौर करना चाहिए कि क़र्ज़ आसानी से बेक़ाबू हो सकते हैं, अगर आप इस बात पर नज़र न रखें कि आप पर कितनी उधारी है और उसे कब चुकाना है। बहरहाल, सही तरीक़े से करने पर यह बहुत लाभकारी होता है। क़र्ज़ बाद में चुकाना काफ़ी उपयोगी होता है, ख़ास तौर पर मार्केटिंग व्यय के मामले में। 10 डॉलर बनाने के लिए 1 डॉलर उधार लेना एक अच्छा सौदा है; यह और भी बेहतर है अगर आपको इसका बिल महीनों बाद चुकाना हो।

अगर आप नक़दी को ज़्यादा जल्दी लाना चाहते हैं, तो फटाफट वसूली करना और दूसरों को उधार देने की अवधि को कम रखना सबसे अच्छा रहता है। आपको जितनी जल्दी भुगतान मिलता है, आपके कैशफ़्लो की स्थिति उतनी ही बेहतर होती है। कच्चा माल ख़रीदने और मूल्य पहुँचाने से भी पहले पैसे लेना हमेशा आदर्श होता है।

कई उद्योगों में ग्राहकों को उधारी पर सामान देना आम होता है, लेकिन इसका यह मतलब नहीं है कि आपको भी ऐसा ही करना चाहिए। हमेशा याद रखें कि आप व्यवसाय चला रहे हैं, बैंक नहीं (जब तक कि आपके व्यवसाय में *लोन* शामिल न हों) - किसी भी बकाया भुगतान को जल्दी से जल्दी वसूल करें।

ज़रूरत होने पर आप अतिरिक्त क़र्ज़ लेकर या क्रेडिट लाइन या स्वीकृत अधिकतम ऋण सीमा को बढ़ाकर अपनी क्रय शक्ति को बढ़ा सकते हैं। यदि आपको बिलकुल ज़रूरत न हो, तो क़र्ज़ या क्रेडिट लाइन के इस्तेमाल से बचना सर्वश्रेष्ठ रहता है, लेकिन उपलब्ध क़र्ज़ की सीमा को बढ़ाने से आपकी क्रय शक्ति निश्चित रूप से बढ़ती है। इन्हें निधिकरण के समर्थक स्रोत मानें - जिनका इस्तेमाल केवल आपातकालीन स्थिति में ही करना चाहिए।

आपके पास क्रय शक्ति जितनी ज़्यादा होती है, आपका व्यवसाय उतना ही ज़्यादा *लोचदार* (बाद में चर्चा की गई है) होता है और अप्रत्याशित स्थितियों से निबटने की आपकी योग्यता भी उतनी ही बेहतर होती है।

इस अवधारणा को शेयर करें : http://book.personalmba.com/cash-flow-cycle/

अवसर लागत

भविष्य के साथ सतत संपर्क व्यवसाय में जितना करना होता है, उतना किसी दूसरे पेशे में नहीं करना होता; इसमें लगातार आकलन करना होता है, सहज बोध से दूरदृष्टि का इस्तेमाल करना होता है।

—हेनरी आर. ल्यूस, प्रकाशक और टाइम इंकॉर्पोरेट के संस्थापक

आइए मान लेते हैं कि आप सालाना 50,000 डॉलर की अपनी नौकरी छोड़कर कोई व्यवसाय शुरू करने का निर्णय लेते हैं। व्यवसाय शुरू करने में आपको जो ख़र्च करना होगा, उसके अलावा अपनी लागत में सालाना 50,000 डॉलर भी जोड़ लें, जो आप पुरानी नौकरी में बने रहने पर कमा सकते थे।

अवसर लागत वह धनराशि है, जिसे आप किसी *निर्णय* के फलस्वरूप छोड़ रहे हैं। हम हर चीज़ तुरंत नहीं कर सकते - हम एक समय में एक से ज़्यादा जगह पर नहीं रह सकते या एक ही डॉलर को दो अलग-अलग चीज़ों पर एक साथ ख़र्च नहीं कर सकते।

जब भी आप समय, ऊर्जा या संसाधनों का निवेश करते हैं, तो आप उन्हें किसी दूसरी तरह से निवेश न करने का ख़ुदबख़ुद चयन कर रहे होते हैं। उस निर्णय की अवसर लागत उतनी ही होगी, जितना फ़ायदा आपके अगले सर्वश्रेष्ठ विकल्प से होता।

अवसर लागत महत्त्वपूर्ण है, क्योंकि दूसरे विकल्प हमेशा मौजूद रहते हैं। अगर आप किसी कंपनी में 30,000 डॉलर सालाना वेतन पर नौकरी कर रहे हैं और आपके पास दूसरी कंपनी में जाने का विकल्प मौजूद है, जो उसी काम के लिए 2,00,000 डॉलर का सालाना वेतन दे रही है, तो क्या आप पुरानी कंपनी में ही रुके रहेंगे? अगर आप अपने कर्मचारियों या कॉन्ट्रैक्टर्स को दूसरी जगह मिलने वाले पैसों से कम भुगतान कर रहे हैं, तो वे आपके लिए काम क्यों करेंगे? आप अपने ग्राहकों से जिस चीज़ के 200 डॉलर ले रहे हैं, अगर वही चीज़ उन्हें दूसरी जगह 20 डॉलर में मिल सकती है, तो वे आपसे क्यों ख़रीदेंगे?

अवसर लागत इसलिए महत्त्वपूर्ण है, क्योंकि यह छिपी होती है। जैसा हम *अनुपस्थिति अंधत्व* में बाद में बात करेंगे, जो चीज़ दिखती नहीं है, उस पर ध्यान देना मुश्किल होता है। कोई निर्णय लेने की वजह से आप क्या छोड़ रहे हैं, इस पर ग़ौर करना लाभकारी है, क्योंकि इससे आपको निर्णय लेने से पहले ही सटीकता से सारे विकल्पों पर विचार करने में मदद मिलती है।

लेकिन ध्यान रहे, अवसर लागत के बारे में फ़िज़ूल की चिंता न पालें, वरना आप नाहक ही पगला सकते हैं। अगर आप नैसर्गिक रूप से अधिकतम सीमा तक जाते हैं (जैसा मैं हूँ), तो सर्वश्रेष्ठ संभव विकल्प चुनने के लिए हर निर्णय का अति विश्लेषण करना लुभावना हो सकता है, लेकिन इससे आप आसानी से *घटते मुनाफ़े* (बाद में बात की गई है) के बिंदु के पार जा सकते हैं। सभी उपलब्ध विकल्पों का विश्लेषण करने के जाल में न उलझें - केवल उन्हीं पर विचार करें, जो निर्णय लेते वक़्त सर्वश्रेष्ठ विकल्प नज़र आते हों।

यदि आप हर निर्णय लेते समय अवसर लागतों पर ध्यान देंगे, तो आप अपने संसाधनों का बहुत बेहतर इस्तेमाल करेंगे।

इस अवधारणा को शेयर करें : http://book.personalmba.com/opportunity-cost/

पैसे का समय संबंधी मूल्य

लोग हमेशा कहते हैं कि समय चीज़ों को बदल देता है, लेकिन सच तो यह है कि उन्हें आपको ख़ुद बदलना होता है।

—एंडी वारहोल, चित्रकार

आप एक मिलियन डॉलर आज पाना चाहेंगे या पाँच साल बाद?

जवाब स्पष्ट है : इंतज़ार क्यों करें? इसी वक़्त पैसे मिलने का मतलब है कि आप इसे इसी वक़्त ख़र्च या निवेश कर सकते हैं। अगर एक मिलियन डॉलर का निवेश 5 प्रतिशत वार्षिक *चक्रवृद्धि* (बाद में चर्चा की गई है) ब्याज पर किया जाए, तो आज से पाँच साल बाद यह राशि 12,76,281.56 डॉलर हो जाएगी। अगर आपके पास विकल्प मौजूद है, तो एक मिलियन डॉलर का चौथाई हिस्सा क्यों गँवाएँ?

आज मिलने वाला एक डॉलर भविष्य में मिलने वाले एक डॉलर से ज़्यादा मूल्यवान होता है। यह कितना ज़्यादा होता है, यह इस बात पर निर्भर करता है कि आप उस डॉलर के साथ क्या करने का विकल्प चुनते हैं। आपके पास उस डॉलर का निवेश करने के जितने ज़्यादा लाभकारी विकल्प मौजूद होते हैं, यह उतना ही ज़्यादा मूल्यवान होता है।

पैसे के समय संबंधी मूल्य का हिसाब लगाना *अवसर लागतों* पर विचार करते वक़्त *निर्णय* लेने का तरीक़ा है। अगर आपके पास पैसों के निवेश के कई लाभकारी विकल्प मौजूद हैं, तो पैसे का समय संबंधी मूल्य यह पता लगाने में आपकी मदद कर सकता है कि कौन से विकल्प चुनें और विकल्पों के मान से आपको कितना ख़र्च करना चाहिए।

आइए मिलियन डॉलर वाले उदाहरण पर दोबारा लौटते हैं : मान लें कि कोई आपके सामने एक ऐसे जोखिमरहित निवेश का प्रस्ताव रखता है, जिससे आपको एक साल में एक मिलियन डॉलर मिल जाएँगे। इसकी ख़ातिर आपको अधिकतम कितने पैसे देने चाहिए?

अगर आपका *अगला सर्वश्रेष्ठ विकल्प* 5 प्रतिशत ब्याज दर वाला जोखिमरहित निवेश है, तो आपको एक मिलियन डॉलर पाने के लिए 9,52,380 डॉलर से ज़्यादा पैसे नहीं देने चाहिए। क्यों? क्योंकि अगर आप उस राशि का निवेश अपने अगले सर्वश्रेष्ठ विकल्प में करते हैं, तो उसमें आपको एक साल बाद एक मिलियन डॉलर मिल जाएँगे : 10,00,000 डॉलर/1.05 (5 प्रतिशत ब्याज/डिस्काउंट रेट) = 9,52,380 डॉलर। अगर आप पहला निवेश इससे कम पैसों में ख़रीद सकते हैं, तो आप फ़ायदे में रहेंगे।

पैसे का समय संबंधी मूल्य काफ़ी पुराना विचार है - इसे सबसे पहले सोलहवीं शताब्दी की शुरुआत में स्पेनिश धर्मशास्त्री मार्टिन डी एज़पिलक्यूटा ने स्पष्ट किया था। आज का एक डॉलर भविष्य में मिलने वाले एक डॉलर से ज़्यादा मूल्यवान होता है, इस केंद्रीय विचार को कई आम वित्तीय स्थितियों में लागू किया जा सकता है।

मिसाल के तौर पर, पैसे का समय संबंधी मूल्य यह पता लगाने में आपकी मदद कर सकता है कि सालाना दो लाख डॉलर मुनाफ़ा कमाने वाली कंपनी ख़रीदते समय आपको अधिकतम कितनी राशि चुकानी चाहिए। अगर हम मान लें कि ब्याज दर 5 प्रतिशत है, मुनाफ़े में कोई वृद्धि नहीं होती है और अगले दस साल तक यथास्थिति बनी रहे, तो भावी कैशफ़्लो

की इस शृंखला का "वर्तमान मूल्य" 15,44,347 डॉलर होगा। अगर आप इससे कम राशि का भुगतान करते हैं, तो आप फ़ायदे में रहेंगे, बशर्ते आपका अनुमान सही हो (टिप्पणी : यह "डिस्काउंटेड कैशफ़्लो तरीक़ा" है, जिस पर हमने *भाव तय करने के चार तरीक़े* में बात की थी।)

पैसे का समय संबंधी मूल्य काफ़ी बहुमुखी विचार है, जिसकी इस पुस्तक में पूरी पड़ताल करना संभव नहीं है। ज़्यादा गहरी जाँच-पड़ताल और परीक्षण के लिए मैं रॉबर्ट ए. कुक की पुस्तक *द मैकग्रॉ-हिल 36-अवर कोर्स इन फ़ाइनैंस फ़ॉर नॉन-फ़ाइनैंशियल मैनेजर्स* पढ़ने की सलाह देता हूँ।

चक्रवृद्धि

एक दिन में 1प्रतिशत बेहतर बनें। इससे आप सिर्फ़ 70 दिनों में दोगुने अच्छे बन जाएँगे।

— एलन वाइज़, प्रबंधन परामर्शदाता और *गेटिंग स्टार्टेड इन कनसल्टिंग* तथा *मिलियन डॉलर कनसल्टिंग* के लेखक

यहाँ लखपति बनने का अचूक तरीक़ा बताया जा रहा है : चालीस साल तक हर दिन 10 डॉलर बचाएँ, जिन पर 8 प्रतिशत ब्याज मिले। एक दिन में 10 डॉलर बचाना मुश्किल नहीं है - आप अनावश्यक ख़र्च छोड़कर हर महीने 300 डॉलर बचा सकते हैं और आसानी तथा सुरक्षित तरीक़े से उस पैसे का निवेश करके 8 प्रतिशत कमा सकते हैं। (यदि आप युक्तिपूर्ण, कम जोखिम वाली निवेश रणनीतियों में रुचि रखते हों, तो मैं हैरी ब्राउन की पुस्तक *फ़ेल-सेफ़ इनवेस्टिंग* तथा रमित सेठी की पुस्तक *आई विल टीच यू टू बी रिच* पढ़ने की सलाह देता हूँ।)

एक और भी आश्चर्यजनक बात पर ग़ौर करें। चालीस साल की इस अवधि में आप सिर्फ़ 1,46,110 डॉलर बचाएँगे, तो फिर आपके पास अंततः एक मिलियन डॉलर से ज़्यादा कैसे हो जाएँगे?

चक्रवृद्धि समय के साथ लाभों का *संचय* है। जब भी आप लाभों का दोबारा निवेश करते हैं, तो आपका निवेश अपने आप घातांकीय दृष्टि से बढ़ जाता है - एक सकारात्मक *फ़ीडबैक लूप* (जिस पर बाद में चर्चा की गई है)।

बचत ख़ाता चक्रवृद्धि का एक सरल उदाहरण है। आइए मान लेते हैं कि आपका बैंक ख़ाता 5 प्रतिशत ब्याज कमाता है। एक साल बाद बैंक में रखा आपका 1 डॉलर 1.05 डॉलर बन जाता है। दूसरे साल आप 1 डॉलर से शुरुआत नहीं करते हैं - आप 1.05 डॉलर से शुरुआत करते हैं। तीसरे साल में आप 1.10 डॉलर से शुरुआत करेंगे। चौथे साल आप 1.15 डॉलर से शुरुआत करेंगे। जमा करने के चौदह साल बाद आपका 1 डॉलर 2 डॉलर में बदल जाएगा।

यह राशि तब तक ज़्यादा बड़ी नहीं लगती है, जब तक आप संबंध के *पैमाने* पर विचार नहीं करते हैं। अगर आप 1 मिलियन डॉलर से शुरू करते हैं, तो चौदह साल बाद आपके पास 2 मिलियन डॉलर होंगे। कतई बुरा नहीं है।

चक्रवृद्धि महत्त्वपूर्ण है, क्योंकि यह बहुत कम समय में भारी लाभ की संभावना उत्पन्न कर देता है। अगर आप अपने व्यवसाय से होने वाली आमदनी का दोबारा निवेश कर देते हैं

और आपका व्यवसाय तेज़ी से बढ़ रहा है, तो आपका मूल निवेश कई गुना हो सकता है। चक्रवृद्धि के रहस्य की वजह से ही अपने मुनाफ़े का पुनर्निवेश करने वाली छोटी कंपनियाँ कुछ ही सालों में बड़ी कंपनियाँ बन जाती हैं।

लाभों को संचित करने से समय के साथ भारी परिणाम मिलते हैं। चतुराई भरी बात यह है कि पुरस्कार का इंतज़ार करने का धैर्य रखें।

इस अवधारणा को शेयर करें : http://book.personalmba.com/compounding/

लीवरेज

इस बात के लिए हमारी आलोचना हुई है कि हम लीवरेज शब्द का मतलब नहीं समझते हैं... हम जानते हैं कि लीवरेज का क्या मतलब होता है, लेकिन बैंक में जमा कई मिलियन डॉलर भारी लीवरेजिंग से ज़्यादा अच्छे होते हैं।

— केनेथ एच. ओल्सन, डिजिटल इक्विपमेंट कॉरपोरेशन (डीईसी) के संस्थापक, जिसका अधिग्रहण कॉम्पैक ने 1998 में किया

"दूसरे लोगों के धन" का इस्तेमाल करना दौलत कमाने का बेहतरीन तरीक़ा नज़र आता है। पैसे उधार लें, दौलत कमाएँ, उधार लिया पैसा लौटा दें और बाक़ी अपने पास रख लें। इससे बेहतर भला क्या हो सकता है?

दूसरों से पूँजी उधार लेकर पैसे कमाना बेहतरीन हो सकता है, बशर्ते आप जोखिमों के बारे में जागरूक हों।

लीवरेज उधार के पैसे का इस्तेमाल करके संभावित मुनाफ़ा बढ़ाने की कार्यप्रणाली है। यहाँ एक उदाहरण देखें : आइए मान लेते हैं कि आपके पास 20,000 डॉलर हैं, जिनका आप रियल एस्टेट में निवेश करना चाहते हैं। मान लें कि आप उस पैसे से 1,00,000 डॉलर की जायदाद का 20 प्रतिशत डाउन पेमेंट करते हैं या बयाना देते। इसका मतलब यह है कि आप 80,000 डॉलर उधार लेते हैं, लेकिन आपका सारा पैसा एक ही निवेश में अटक जाता है।

20,000 डॉलर से केवल एक जायदाद का डाउन पेमेंट देने के बजाय आप 1,00,000 डॉलर की चार जायदादों के लिए पाँच-पाँच हज़ार डॉलर का डाउन पेमेंट कर सकते हैं। इस रणनीति के लिए आप चार बार 95,000 डॉलर उधार लेते हैं - कुल मिलाकर 3,80,000 डॉलर का क़र्ज़।

यहीं पर जादू होता है। आइए मान लेते हैं कि सभी जायदादों का मूल्य दोगुना हो जाता है और आप उन सभी को बेच देते हैं। पहले परिदृश्य में आप 20,000 डॉलर के निवेश पर 1,00,000 डॉलर कमाएँगे - यानी आपको 20,000 डॉलर के डाउन पेमेंट पर 5 गुना मुनाफ़ा होता है। दूसरे परिदृश्य में आप 20,000 डॉलर के डाउन पेमेंट पर 4,00,000 डॉलर कमाएँगे - निवेश पर 20 गुना मुनाफ़ा। लीवरेज में दिमाग़ की ज़रूरत नहीं दिखती है, है ना?

इतनी जल्दबाज़ी न करें - अगर हर जायदाद का मूल्य लुढ़क जाए और आपको बचा-खुचा पैसा पाने के लिए उन सभी को बेचना पड़े, तो क्या होगा? अगर जायदाद का मूल्य

50 प्रतिशत गिर जाता है, तो पहले परिदृश्य में आपको 50,000 डॉलर का घाटा होगा। दूसरे परिदृश्य में लीवरेज की वजह से आपका घाटा बढ़कर 2,00,000 डॉलर हो जाएगा - यानी पहले परिदृश्य की तुलना में चार गुना ज़्यादा घाटा।

लीवरेज वित्तीय *विस्तार* का एक रूप है - इससे लाभ और हानि दोनों की संभावना बढ़ जाती है। जब आपका निवेश बढ़ता है, तो लीवरेज ज़्यादा मुनाफ़ा दिलाता है। जब आपका निवेश लुढ़कता है, तो लीवरेज ज़्यादा घाटा कराता है।

2008-9 की मंदी में बहुत से घटकों ने योगदान दिया था। एक मुख्य घटक यह भी था कि निवेश बैंकों ने लीवरेज का भारी इस्तेमाल किया था। बैंकों ने अपने निवेशों की तीस-चालीस गुना तक लीवरेजिंग की थी। अगर किसी शेयर का भाव एक प्रतिशत गिरता या बढ़ता था, तो करोड़ों (या अरबों) डॉलर का घाटा या मुनाफ़ा होता था। जब बाज़ार लुढ़का, तो लीवरेज की मात्रा की वजह से बैंक को इतना ज़्यादा घाटा हुआ कि बैंक का अस्तित्व ही ख़तरे में पड़ गया।

लीवरेज का इस्तेमाल करना आग के साथ खेलना है - सही इस्तेमाल करने पर यह एक उपयोगी औज़ार है, लेकिन ग़लत इस्तेमाल से आप बुरी तरह जल भी सकते हैं। जब तक आप परिणामों के बारे में पूरी तरह जागरूक न हों और उन्हें स्वीकार करने को तैयार न हों, तब तक कभी लीवरेज का इस्तेमाल न करें, अन्यथा आपके व्यवसाय और आपकी ख़ुद की वित्तीय स्थिति जोखिम में पड़ सकती है।

फ़ंडिंग का वर्गीकरण

पैसे की लागत अक्सर बहुत ज़्यादा होती है।

—रैल्फ़ वॉल्डो इमर्सन, निबंधकार और कवि

कल्पना करें कि आपने एक गुरुत्वाकर्षण-रोधी उपकरण का आविष्कार कर लिया है, जो ज़्यादा शक्ति की ज़रूरत के बिना ठोस वस्तुओं को हवा में तैरा सकता है। आपके आविष्कार से परिवहन और उत्पादन उद्योगों में क्रांति हो जाएगी और बहुत से नए प्रॉडक्ट बन सकते हैं। यह तय बात है कि आपके आविष्कार की भारी माँग है - आपको तो बस माँग पूरी करने के लिए पर्याप्त उपकरण बनाना है।

बहरहाल एक समस्या है - अनुमान बताता है कि इन उपकरणों को बनाने के लिए आपको जो मशीनें चाहिए, उनकी लागत 1 अरब डॉलर है। दुर्भाग्य से आपके बैंक ख़ाते में 1 अरब डॉलर नहीं हैं। ज़ाहिर है, आपका उपकरण एक बड़ी समस्या को सुलझा देगा, लेकिन अगला क़दम आपकी पहुँच के बाहर है। अब आप क्या करेंगे?

फ़ंडिंग वे चीज़ें करने में आपकी मदद कर सकती है, जिन्हें आपके वर्तमान बजट में करना असंभव है। अगर आपके व्यवसाय को मूल्य के सृजन और उसे पहुँचाने के लिए महँगी मशीनों या मज़दूरों की ज़रूरत है, तो शायद आपको बाहरी फ़ंडिंग की ज़रूरत पड़ेगी। हममें से बहुत कम के बैंक ख़ाते में भारी धनराशियाँ होती हैं, लेकिन कई लोगों के बैंक ख़ाते में होती हैं और उन तक पहुँचना आश्चर्यजनक रूप से आसान होता है।

फ़ंडिंग कारोबार के रॉकेट ईंधन जैसी होती है। अगर आपके व्यवसाय को अतिरिक्त क्षमता की ज़रूरत है और यह सही दिशा में चल रहा है, तो फ़ाइनैंसिंग के विवेकपूर्ण इस्तेमाल से आप अपने व्यवसाय की विकास दर तेज़ कर सकते हैं। यदि व्यवसाय में तंत्रगत समस्याएँ हैं, तो इसमें विस्फोट हो जाएगा और परिणाम अच्छे नहीं होंगे।

फ़ंडिंग तक पहुँच हासिल करने के लिए अक्सर आपको व्यवसाय के संचालन पर थोड़ा नियंत्रण छोड़ना होता है। कारोबारी लोग आपको मुफ़्त में पैसे नहीं देंगे - वे बदले में कुछ माँगेंगे।

याद रखें, *पूँजी* देना कई व्यवसायों के लिए मूल्य का एक रूप है। आपको उधार देने वाले या निवेशक संसाधनों के बदले में मूल्य की तलाश कर रहे हैं - ब्याज, लीज़ भुगतान या आपकी कंपनी के मुनाफ़ों में हिस्सेदारी। व्यवसाय चौपट होने की दशा में वे हर चीज़ गँवाने का जोखिम भी घटाना चाहते हैं। इस जोखिम को कम करने के लिए वे नियंत्रण माँगते हैं यानी व्यवसाय के संचालन को प्रभावित करने की योग्यता। आप जितना ज़्यादा पैसा माँगते हैं, वे उतना ही ज़्यादा नियंत्रण माँगेंगे।

फ़ंडिंग के वर्गीकरण यानी उपलब्ध *विकल्पों की सीढ़ी* की कल्पना करना उपयोगी है। हर व्यवसायी तलहटी में शुरुआत करता है और जितनी ज़रूरत होती है, उतनी ऊपर तक चढ़ जाता है। आप जितनी ज़्यादा ऊपर पहुँचते हैं, आपको उतनी ही ज़्यादा फ़ंडिंग मिलती है और आपको बदले में उतना ही ज़्यादा नियंत्रण छोड़ना होता है।

आइए तलहटी से शुरुआत करते हुए फ़ंडिंग के वर्गीकरण की जाँच करते हैं :

व्यक्तिगत नक़दी फ़ाइनैंसिंग का सर्वश्रेष्ठ रूप है। अपने पास की नक़दी का निवेश करना आसान होता है, यह फटाफट हो जाता है और इसमें किसी अनुमोदन या काग़ज़ी कार्यवाही की ज़रूरत नहीं होती। ज़्यादातर उद्यमी अपनी नक़दी का यथासंभव इस्तेमाल करके शुरुआत करते हैं।

व्यक्तिगत क्रेडिट यानी साख कम लागत वाली फ़ाइनैंसिंग का एक और तरीक़ा है। जब तक आपको कुछ हज़ार डॉलर से ज़्यादा की ज़रूरत न हो, तब तक व्यक्तिगत क्रेडिट के ज़रिये ख़र्च का बंदोबस्त करना आसान होता है। अगर आपकी साख अच्छी है, तो अनुमोदन आम तौर पर फटाफट होता है और छोटी-छोटी क़िस्तों में भुगतान करने से कैशफ़्लो बढ़ने में मदद मिलती है। अगर आप समय पर क़िस्तें नहीं दे पाते हैं, तो आपकी व्यक्तिगत क्रेडिट रेटिंग (*प्रतिष्ठा* का एक रूप) बिगड़ने का ख़तरा रहता है, लेकिन बहुत से उद्यमी यह जोखिम लेने को तैयार रहते हैं।

मैंने अपने पूरे व्यवसाय की फ़ाइनैंसिंग नक़दी और व्यक्तिगत क्रेडिट से की थी। यदि आपकी आवश्यकताएँ कम हैं, तो शुरुआती ख़र्च उठाने के लिए पर्सनल क्रेडिट का इस्तेमाल करना एक अच्छा विकल्प है, बशर्ते आप अपने बजट पर निगाह रखें।

निजी उधारी आम तौर पर मित्रों और परिवार वालों से मिलती है। आप निजी नक़दी और पर्सनल क्रेडिट से जितना पैसा इकट्ठा कर सकते हैं, अगर आपको उससे ज़्यादा पैसे चाहिए, तो मित्रों और परिवार वालों से क़र्ज़ लेना सामान्य बात है। बस इस बारे में सावधान रहें : यह जोखिम रहता है कि आप उन्हें पैसे नहीं लौटा पाएँगे और इसका महत्त्वपूर्ण व्यक्तिगत संबंधों पर विनाशकारी प्रभाव पड़ सकता है। इसी कारण मैं सलाह देता हूँ कि आप अपने माता-पिता, दादा-दादी या नाना-नानी से उनके जीवन भर की बचत का जुआ खेलने का आग्रह न करें - इससे बेहतर तरीक़े मौजूद हैं।

ग़ैर-जमानती ऋण आम तौर पर बैंकों और क्रेडिट यूनियनों से हासिल किया जा सकता है। आप एक आवेदन देकर निश्चित धनराशि माँगते हैं और बैंक निश्चित समयावधि में क़र्ज़ लौटाने की आपकी योग्यता का आकलन करती है। यह क़र्ज़ या तो एकमुश्त हो सकता है या स्वीकृत अधिकतम ऋण सीमा हो सकता है, जिसका इस्तेमाल किसी भी समय किया जा सकता है। बैंक छोटी राशियों (जैसे कुछ हज़ार डॉलर) के लिए गिरवी या ज़मानत में कोई चीज़ नहीं माँगती है, इसलिए ब्याज दर शायद क्रेडिट कार्ड या जमानती ऋण से ज़्यादा होगी।

जमानती ऋण के लिए गिरवी या ज़मानत की ज़रूरत होती है। मॉर्टगेज और कार लोन जमानती ऋण के अच्छे उदाहरण हैं : अगर आप क़िस्तें नहीं चुका पाते हैं, तो क़र्ज़ देने वाला गिरवी के रूप में रखी गई जायदाद या कार पर क़ानूनन क़ब्ज़ा कर सकता है। चूँकि क़र्ज़ देने वाला अपने पैसे निकालने के लिए उस जायदाद को बेच सकता है, इसलिए जमानती ऋण ग़ैर-जमानती ऋण की तुलना में ज़्यादा बड़े होते हैं : लाखों डॉलर के।

बॉन्ड व्यक्तिगत ऋणदाताओं से लिया गया क़र्ज़ है। किसी बैंक से सीधे लोन माँगने के बजाय कंपनी व्यक्तियों या दूसरी कंपनियों से सीधे पैसा उधार देने का आग्रह करती है। बॉन्ड ख़रीदने वाला सीधे कंपनी को पैसा देता है, जिसे निश्चित समयावधि तक पूर्व-निर्धारित ब्याज दर के साथ लौटाया जाता है। जब समय ख़त्म हो जाता है (यानी बॉन्ड की अवधि पूरी हो जाती है), तब कंपनी पहले किए गए भुगतानों के अलावा क़र्ज़ की मूल राशि लौटा देती है। बॉन्ड मार्केट संबंधी क़ानूनी और नियामक प्रक्रिया बहुत जटिल होती है, इसलिए बॉन्ड आम तौर पर निवेश बैंक द्वारा ही जारी किए जाते हैं।

रिसीवेबल्स फ़ाइनैंसिंग एक ख़ास प्रकार का जमानती ऋण है, जो सिर्फ़ व्यवसायों के लिए उपलब्ध होता है। रिसीवेबल्स फ़ाइनैंसिंग से लाखों-करोड़ों डॉलर का क़र्ज़ मिल सकता है, लेकिन इसकी एक लागत होती है : व्यवसाय के रिसीवेबल्स गिरवी रखे जाते हैं, इसलिए ऋणदाता का रिसीवेबल्स पर नियंत्रण होता है। चूँकि बैंक रिसीवेबल्स को नियंत्रित करती है, इसलिए यह सुनिश्चित कर सकती है कि इसका लोन किसी दूसरी चीज़ से पहले चुकाया जाए, जिसमें कर्मचारियों का वेतन और वेंडर की देनदारियाँ शामिल हैं। ज़्यादा बड़ी धनराशि तो मिलती है, लेकिन आपके कारोबार पर सामने वाला का बहुत ज़्यादा नियंत्रण रहता है।

एंजल कैपिटल वह जगह है, जहाँ हम *लोन* से *पूँजी* पर पहुँचते हैं। "एंजल" एक निजी निवेशक होता है - जिसके पास अतिरिक्त दौलत होती है, जिसका निवेश वह किसी निजी व्यवसाय में करना चाहता है - आम तौर पर 10,000 डॉलर से 10 लाख डॉलर तक। इसके बदले में वह व्यवसाय के 1 से 10 प्रतिशत व्यवसाय का मालिक बनना चाहता है।

एंजल निवेशक से जुड़ना कुछ हद तक ख़ामोश साझेदार के साथ जुड़ने जैसा होता है - वह आपको पूँजी देता है और बदले में आप उसे व्यवसाय का आंशिक क़ानूनन स्वामित्व देते हैं। कुछ एंजल सलाह देते हैं और परामर्श के लिए उपलब्ध होते हैं, लेकिन उनमें आम तौर पर व्यावसायिक निर्णय लेने की शक्ति नहीं होती है।

वेंचर कैपिटल वहाँ शुरू होती है, जहाँ एंजल छोड़ते हैं। वेंचर कैपिटलिस्ट (वीसी) बहुत दौलतमंद निवेशक होते हैं (या निवेशकों का समूह जिन्होंने अपने पैसे एकजुट कर लिए हैं), जिनके पास बहुत ज़्यादा पूँजी होती है। वे एक ही निवेश में करोड़ों डॉलर लगा सकते हैं। वेंचर कैपिटल की फ़ंडिंग "चक्रों" में होती है, शुरू में कम, लेकिन बाद में ज़्यादा, क्योंकि तब ज़्यादा

पूँजी की ज़रूरत होती है। बाद वाले चक्र वर्तमान शेयरहोल्डरों के स्वामित्व के प्रतिशत को कम कर सकते हैं, इसलिए आम तौर पर बहुत सौदेबाज़ी करनी होती है। वीसी भारी पूँजी के बदले में भारी नियंत्रण भी माँगते हैं, जिसका आम तौर पर यह मतलब होता है कि वे कंपनी के संचालक मंडल में शामिल होना चाहते हैं।

पब्लिक स्टॉक ऑफ़रिंग में खुले बाज़ार में निवेशकों को कंपनी का आंशिक स्वामित्व बेचना शामिल होता है। यह आम तौर पर निवेश बैंकों के ज़रिये किया जाता है। इसमें कंपनी अपने शेयर सार्वजनिक बाज़ार में बेचकर भारी मात्रा में पूँजी उगाहती है। निवेश बैंकों ने जो शेयर पहले सस्ते में ख़रीदे थे, अब वे उन्हें खुले बाज़ार में व्यक्तिगत निवेशकों को बेचकर मुनाफ़ा कमा लेते हैं। शुरुआती सार्वजनिक पेशकश (आईपीओ) कंपनी द्वारा खुले बाज़ार में बेचे गए शेयरों की पहली पेशकश होती है।

जो भी निवेशक शेयर ख़रीदता है, वह वैधानिक तौर पर कंपनी का आंशिक स्वामी बन जाता है, जिसमें संचालक मंडल चुनकर प्रबंधन के निर्णयों में शामिल होने का अधिकार शामिल होता है। जो भी कंपनी के सबसे ज़्यादा शेयरों का स्वामी होता है, कंपनी की बागडोर उसी के हाथ में होती है, इसलिए "सार्वजनिक होने" से शत्रुतापूर्ण अधिग्रहण का जोखिम आ जाता है । अगर कंपनी का नियंत्रण हासिल करने की कोशिश में कोई कंपनी के शेयर थोक में ख़रीद ले, तो आप मुश्किल में पड़ सकते हैं।

आईपीओ में आम तौर पर एंजल और वेंचर कैपिटेल निवेशक पैसे के बदले में स्वामित्व बेच देते हैं। निवेशक अपने मुनाफ़े दो में से किसी एक तरीक़े से वसूल कर सकते हैं : कंपनी के *मुनाफ़े* में से दिए जाने वाले डिविडेंड की फ़सल काटना या अपने शेयर ज़्यादा ऊँचे भाव पर किसी दूसरे निवेशक को बेचना। आईपीओ की वजह से निवेशक अपनी हिस्सेदारी बेचकर मुनाफ़ा कमा सकते हैं, इसलिए एंजल और वीसी निवेशक सफल कंपनियों पर जल्दी से जल्दी "आईपीओ जारी करने" या किसी दूसरी कंपनी द्वारा अधिग्रहीत होने का दबाव डालते हैं, ताकि वे निवेश से "मुनाफ़ा लेकर निकल जाएँ।"

आपको फ़ंडिंग में जो डॉलर मिले हैं, उनमें से प्रत्येक के बदले में आप जितना ज़्यादा नियंत्रण देते हैं, फ़ंडिंग का स्रोत उतना ही कम आकर्षक होता है। निर्णय लेने से पहले आपको जितने ज़्यादा लोगों का अनुमोदन लेना होता है, कंपनी की रफ़्तार उतनी ही धीमी हो जाती है। निवेशक *संप्रेषण व्यय* (बाद में चर्चा की गई है) को बढ़ा देते हैं, जिससे चीज़ों को तेज़ी से करने की आपकी योग्यता पर विपरीत प्रभाव पड़ सकता है।

यह असामान्य नहीं है कि निवेशक अच्छा प्रदर्शन नहीं कर रही कंपनी के एक्ज़ीक्यूटिव्ज़ को हटा दें, भले ही वे कंपनी के संस्थापक ही क्यों न हों। बहुत सम्मानित एक्ज़ीक्यूटिव्ज़ भी इसके शिकार हुए हैं। जब एपल 1990 में कमज़ोर प्रदर्शन कर रही थी, तो संचालक मंडल ने स्टीव जॉब्स को उसी कंपनी से हटा दिया, जिसकी उन्होंने सह-स्थापना की थी। समझदार लोगों के लिए इशारा : भारी मात्रा में पूँजी लेने से पहले यह जान लें कि कंपनी के संचालक मंडल के पास कंपनी के कार्यसंचालन पर कितनी ज़्यादा *शक्ति* (बाद में चर्चा की गई है) होगी।

फ़ंडिंग उपयोगी हो सकती है, लेकिन अपनी कंपनी के कार्यसंचालन पर नियंत्रण त्यागने के बारे में सावधान रहें - इसे हल्के में या आँख मूँदकर न करें।

इस अवधारणा को शेयर करें : **http://book.personalmba.com/hierarchy-of-funding/**

ख़ुद के दम पर कारोबार शुरू करना

सुखी वही है, जिस पर कोई क़र्ज़ नहीं है।
— रोमन सूक्ति

आपको कितनी फ़ाइनैंसिंग की ज़रूरत है, यह काफ़ी हद तक इस बात पर निर्भर करता है कि आप क्या करने की कोशिश कर रहे हैं। यदि आप भारी पुरस्कार की ताक में हैं - एक बड़ी सार्वजनिक कंपनी बनाकर बेशुमार दौलत कमाने की सोच रहे हैं - तो आपको शायद फ़ाइनैंसिंग की ज़रूरत पड़ेगी। अगर आपका इरादा आत्मनिर्भर बनना और अपने निर्णय ख़ुद लेने के लिए स्वतंत्र बनना है, तो बेहतर होगा कि आप नियंत्रण क़ायम रखने के लिए फ़ाइनैंसिंग से बचें।

बूटस्ट्रैपिंग बिना कोई *फ़ंडिंग* लिए ख़ुद के दम पर कारोबार खड़ा करने और चलाने की कला है। यह मानकर न चलें कि *वेंचर कैपिटल* में करोड़ों डॉलर उधार लेना ही सफल व्यवसाय बनाने का एकमात्र तरीक़ा है - यह सच नहीं है। *व्यक्तिगत नक़दी, पर्सनल क्रेडिट,* व्यवसाय की आमदनी और थोड़ी चतुराई तक सीमित रहकर भी आप बहुत सफल व्यवसाय खड़े कर सकते हैं, जिनमें ज़रा भी फ़ंडिंग की ज़रूरत नहीं पड़ेगी। मेरा व्यवसाय एक चेकिंग अकाउंट, एक सेविंग अकाउंट और एक बिज़नेस क्रेडिट कार्ड के ज़रिये चलता है और मैं इसे इसी तरह पसंद करता हूँ।

बूटस्ट्रैपिंग में आप अपने व्यवसाय के कार्यसंचालन पर 100 प्रतिशत नियंत्रण रखते हुए इसे आगे बढ़ा सकते हैं। आप जिन निर्णयों को सर्वश्रेष्ठ मानते हैं, उन्हें लेने के लिए आपको किसी दूसरे से अनुमति लेने की ज़रूरत नहीं होती है। नुक़सान यह है कि कारोबार फैलाने में ज़्यादा लंबा समय लग सकता है - फ़ंडिंग के बुद्धिमत्तापूर्ण इस्तेमाल से चीज़ें ज़्यादा जल्दी हो सकती हैं।

यदि आप फ़ंडिंग स्वीकारते हैं, तो इसका इस्तेमाल सिर्फ़ उन्हीं ख़र्चों के लिए करें, जिन्हें आप किसी दूसरे तरीक़े से नहीं कर सकते। *शक्ति बहुगुणक* उपयोगी, लेकिन महँगे होते हैं - अति महत्त्वपूर्ण क्षमताएँ हासिल करने के लिए फ़ंडिंग लेना चतुराई भरी नीति हो सकती है। अन्यथा जहाँ तक संभव हो, नक़दी और कंपनी की आमदनी से ही काम करने की कोशिश करें।

सर्वश्रेष्ठ परिणामों के लिए यथासंभव बूटस्ट्रैपिंग का इस्तेमाल करें, फिर *फ़ंडिंग* के वर्गीकरण में सिर्फ़ ज़रूरत के मुताबिक़ ही ऊपर तक जाएँ। किसी लाभकारी, आत्मनिर्भर कंपनी पर 100 प्रतिशत स्वामित्व और नियंत्रण होना एक सुंदर चीज़ है।

इस अवधारणा को शेयर करें : http://book.personalmba.com/bootstrapping/

रिटर्न ऑन इनवेस्टमेंट

समझदार हैं वे लोग, जो सीख लेते हैं कि मुनाफ़े को हमेशा शीर्ष प्राथमिकता होने की ज़रूरत नहीं है।

— विलियम ए. वार्ड, सूक्तिकार

जब आप किसी चीज़ में निवेश करते हैं, तो आप यह उम्मीद करते हैं कि आपको अपने निवेश के बदले में उससे ज़्यादा मूल्य मिलेगा। आपने जितना निवेश किया है, उसके बदले में आपको कितना मिलेगा, यह आकलन करना सीखना काफ़ी उपयोगी योग्यता है।

रिटर्न ऑन इनवेस्टमेंट (आरओआई) समय या संसाधनों के निवेश से उत्पन्न मूल्य है। ज़्यादातर लोग आरओआई के बारे में पैसों के संदर्भ में सोचते हैं : अगर आप 1,000 डॉलर का निवेश करते हैं और आपको 100 डॉलर का मुनाफ़ा होता है, तो इसका मतलब है कि आपको अपने निवेश पर 10% मुनाफ़ा होता है : (1,000 डॉलर + 100 डॉलर)/1,000 डॉलर = 1.10 या 10%। अगर आपका आरओआई 100% है, तो इसका मतलब है कि आपका शुरुआती निवेश दोगुना हो गया है।

रिटर्न ऑन इनवेस्टमेंट सर्वश्रेष्ठ विकल्प चुनने में आपकी मदद कर सकता है। अगर आप किसी बचत ख़ाते में पैसे जमा करते हैं, तो आपको अपने निवेश पर उतना ही मुनाफ़ा होता है, जितनी बैंक की ब्याज दर है। 1 प्रतिशत ब्याज देने वाले ख़ाते में पैसे क्यों रखना, जब आप उस पैसे को 2 प्रतिशत ब्याज देने वाले ख़ाते में जमा कर सकते हैं, जबकि फ़ीस में कोई अंतर न हो? वैसे रिटर्न ऑन इनवेस्टमेंट की उपयोगिता पैसे से कहीं आगे तक जाती है । आप इसका इस्तेमाल दूसरी *सर्वव्यापी मुद्राओं* के लिए भी कर सकते हैं। "रिटर्न ऑन इनवेस्टेड टाइम" आपकी मेहनत के लाभों के विश्लेषण का बेहद उपयोगी तरीक़ा है। अगर आपको 10 लाख डॉलर के बदले में एक साल तक बिना रुके हर दिन चौबीसों घंटे काम करना पड़े, तो क्या आप इसे करना चाहेंगे? जब आप मुनाफ़े की तुलना अपने समय और समझदारी की लागत के साथ करते हैं, तो यह इस लायक़ नहीं है।

हर निवेश पर मुनाफ़े का सीधा संबंध हमेशा इस बात से होता है कि निवेश की लागत कितनी है। आप जितना ज़्यादा ख़र्च करते हैं (धन और समय दोनों के संदर्भ में), आपको उतना ही कम मुनाफ़ा कम होता है। मकान ख़रीदने या कॉलेज की डिग्री हासिल करने जैसे "अचूक दाँव" भी समझदारी भरे नहीं हैं, अगर आप उनके बदले में बहुत ज़्यादा पैसे देते हैं। प्रतिफल का हर आकलन अनुमान होता है - आपको कभी पता नहीं होता कि यह सच निकलेगा या नहीं। प्रतिफल का आकलन करना भविष्यवाणी करने का अभ्यास है, जो बुनियादी तौर पर असंभव है।

हर भावी आरओआई आकलन एक अर्ध-शिक्षित अनुमान होता है। आप अपने आरओआई को निश्चित तौर पर सिर्फ़ तभी जान सकते हैं, जब आप निवेश कर दें और प्रतिफल वसूल कर लें। इस संसार में कोई भी चीज़ अचूक नहीं है - निवेश करने से पहले हो सकने वाली गड़बड़ियों के जोखिम पर हमेशा सोच-विचार करें, चाहे संभावित आरओआई कितना ही ज़्यादा नज़र आता हो।

इस अवधारणा को शेयर करें : http://book.personalmba.com/return-on-investment/

डूबी लागत

अगर आप पहलेपहल सफल नहीं होते हैं, तो दोबारा कोशिश करें, फिर छोड़ दें। इसके बारे में मूर्ख बनने में कोई तुक नहीं है।

—डब्ल्यू.सी. फ़ील्ड्स, कॉमेडियन

द्वितीय विश्वयुद्ध से लौटने के बाद मेरे दादाजी ने कॉफ़मैन कंस्ट्रक्शन कंपनी शुरू की। वे एक्रॉन, ओहियो में स्टोर, मकान, यूनियन हॉल और अपार्टमेंट बिल्डिंग बनाने लगे। 1965 में यानी पच्चीस साल तक कारोबार करने के बाद उन्होंने अपना सबसे महत्त्वाकांक्षी प्रोजेक्ट शुरू किया : पोर्टेज पाथ पर पाँच मंज़िला, छब्बीस यूनिट वाली अपार्टमेंट इमारत।

"बैरानेल" दो पुराने घरों की ज़मीन पर बनने वाली थी, जिन्हें ख़रीदकर गिराया गया था। लोहे की छड़ों और ईंट का ऑर्डर दे दिया गया; खुदाई भी योजना के अनुसार चल रही थी। प्रोजेक्ट का अनुमानित मूल्य 3,00,000 डॉलर था : 2010 के डॉलर के मान से 24 लाख डॉलर।

प्रोजेक्ट सुचारु रूप से चलता रहा, जब तक कि खुदाई करने वालों को नीली मिट्टी के छिपे हुए भारी भंडार नहीं मिले, जो नींव को बहुत अस्थिर बना सकते थे। प्रोजेक्ट जारी रखने के लिए नीचे की चट्टान तक पहुँचने के लिए हज़ारों क्यूबिक फ़ुट मिट्टी और धूल खोदकर बाहर निकालने की ज़रूरत थी। यही नहीं, इस विशाल गड्ढे को भरने के लिए अतिरिक्त कंक्रीट तथा छड़ों की भी ज़रूरत थी। यह तो तय था कि इमारत बनाने में मूल अनुमान से बहुत ज़्यादा लागत आएगी। मुश्किल तो बस यह तय करना था कि लागत अनुमान से कितनी ज़्यादा आएगी।

इसे छोड़कर दूर जाने के बजाय दादाजी ने प्रोजेक्ट पूरा करने का निर्णय लिया - वे ज़मीन और खुदाई पर इतना सारा पैसा ख़र्च कर चुके थे कि अब उन्हें लग रहा था कि इस मेहनत और निवेश के बदले दिखाने के लिए कुछ न कुछ तो होना चाहिए, वरना "बरबादी" का ग़लत अहसास होने लगेगा। उन्होंने कुछ निवेशक खोजे, अपने स्वामित्व की एक दूसरी अपार्टमेंट इमारत तथा पारिवारिक घर को गिरवी रखा और वह सारा पैसा प्रोजेक्ट में लगा दिया।

इमारत पूरी होने तक वे मूल योजना से तीन गुना ज़्यादा पैसे खर्च कर चुके थे : लगभग 1 मिलियन डॉलर, जो मुद्रास्फीति के चलते आज के डॉलरों में लगभग 8 मिलियन डॉलर होते। यह इमारत के मूल्य से भी ज़्यादा था। दादाजी ने अपना बाक़ी का करियर नाराज़ निवेशकों और वकीलों को सँभालने में बिताया। यह एक दुःखद कहानी है, लेकिन इससे सीखना मुनासिब होगा।

डूबी लागतें समय, ऊर्जा और पैसे के वे निवेश हैं, जिन्हें करने के बाद उन्हें दोबारा हासिल नहीं किया जा सकता। चाहे आप कुछ भी कर लें, आप इन संसाधनों को दोबारा नहीं पा सकते। खोए हुए संसाधनों को दोबारा हासिल करने के लिए किसी प्रोजेक्ट में निवेश करते रहने में कोई समझदारी नहीं है - मायने तो सिर्फ़ यह रखता है कि आप जो पुरस्कार हासिल करने की उम्मीद करते हैं, उसे पाने के लिए और कितने निवेश की ज़रूरत है।

डूबी लागत के विचार को समझना तो आसान है, लेकिन इस पर अमल करना निहायत मुश्किल होता है। जब आप किसी करियर में बरसों की मेहनत डुबा देते हैं, जिससे आपका मोहभंग हो चुका है या किसी प्रोजेक्ट में करोड़ों डॉलर डुबा देते हैं, जिसमें अप्रत्याशित रूप से करोड़ों डॉलर की अतिरिक्त ज़रूरत पड़ जाती है, तो उसे छोड़ना मुश्किल होता है। आपने

इतना ज़्यादा निवेश कर दिया है कि "कुछ भी पाए बिना इसे छोड़ना" ग़लत महसूस होता है। हक़ीक़त तो यह है कि पुराने निवेश के बारे में आप कुछ नहीं कर सकते - यह जा चुका है। आप तो सिर्फ़ इस वक़्त की जानकारी के आधार पर काम कर सकते हैं।

ग़लतियाँ होना अवश्यंभावी है : कोई भी आदर्श नहीं होता। आप कुछ ऐसे निर्णय *करेंगे,* जिनके बारे में आप सोचेंगे कि काश, आपने वे न लिए होते - आप यक़ीनन ऐसा ही करेंगे। अगर आप समय को पीछे पलट सकते, तो आप चीज़ों को अलग तरीक़े से करेंगे। दुर्भाग्य से, आप समय को नहीं पलट सकते। ख़राब प्रोजेक्ट से निकलने के बाद आप हमेशा दूसरे प्रोजेक्ट कर सकते हैं, बशर्ते आप घाटा वसूलने के लिए जोखिम भरे प्रोजेक्ट में आख़िरी सिक्का तक न लगा दें। "बुरे पैसे के बाद अच्छा पैसा फेंकना" विजेता रणनीति नहीं है।

अथाह गड्ढे में कंक्रीट न डालते रहें - यदि यह अतिरिक्त निवेश करने लायक़ नहीं है, तो इसे छोड़कर चल दें। आपने जिस तरह पैसा गँवाया था, आपको इसे उसी तरह से दोबारा कमाने की कोई ज़रूरत नहीं है। यदि पुरस्कार इसे हासिल करने के लिए आवश्यक निवेश के लायक़ नहीं है या जोखिम लेने लायक़ नहीं है, तो निवेश न करें।

इस अवधारणा को शेयर करें : http://book.personalmba.com/sunk-cost/

आंतरिक नियंत्रण

यदि कोई चीज़ हमेशा नहीं चल सकती, तो यह रुक जाएगी।

— हर्बर्ट स्टाइन, अर्थशास्त्री

अपने वित्तीय और कार्यसंचालन आँकड़ों पर निगाह रखने का एक बड़ा लाभ यह है कि आप समय के साथ अपनी आय, व्यय और *मूल्य शृंखला* में पैटर्न देखने की योग्यता हासिल कर लेते हैं। समय के साथ ये पैटर्न बजट बनाने, कार्यसंचालन की निगरानी करने, नियम-क़ानूनों का पालन करने और चोरी व धोखाधड़ी रोकने के लिए उपयोगी बन जाते हैं।

आंतरिक नियंत्रण विशिष्ट *मानक संचालन प्रक्रियाओं* (बाद में चर्चा की गई है) का समूह है, जिनका इस्तेमाल कोई कंपनी सटीक डाटा इकट्ठा करने, व्यवसाय को सुचारु रूप से चलाने और किसी समस्या को जल्दी से जल्दी पकड़ने के लिए करती है। कंपनी के आंतरिक नियंत्रण जितने बेहतर होते हैं, इसकी वित्तीय रिपोर्ट्स भी उतनी ही ज़्यादा विश्वसनीय होती हैं और कंपनी के कामकाज की गुणवत्ता पर आपको उतना ही ज़्यादा भरोसा होता है। आंतरिक नियंत्रण चार क्षेत्रों में सबसे ज़्यादा उपयोगी होते हैं।

बजट बनाना भावी खर्चों का अनुमान लगाना है। यह इस बात को सुनिश्चित करने का काम भी है कि अच्छे कारण के बिना इन अनुमानों से ज़्यादा ख़र्च न हो। बजट *प्रॉफ़िट मार्जिन, कैशफ़्लो चक्र* और *लीवरेज* को नियंत्रित करने में बहुत महत्त्वपूर्ण होते हैं। अगर आपके व्यवसाय का कोई हिस्सा निश्चित समयावधि में बजट के पार चला जाता है, तो आप स्थिति को दुरुस्त करने के लिए क़दम उठा सकते हैं।

निगरानी उन कंपनियों के लिए महत्त्वपूर्ण है, जो अपनी व्यावसायिक प्रक्रिया के महत्त्वपूर्ण हिस्सों के लिए कर्मचारियों या बाहरी फ़र्मों पर भरोसा करती हैं। सामान पहुँचाने के समय, गुणवत्ता, लागत और तंत्रों की असफलताओं से संबंधित नियंत्रण स्थापित करना ज़रूरी है, ताकि आवश्यकता पड़ने पर कामकाज का आकलन किया जा सके। यह इसलिए भी ज़रूरी है, ताकि अगर मापदंड फिसलते नज़र आएँ या प्रदर्शन के लक्ष्य पूरे न हों, तो परिवर्तन किया जा सके।

जब कोई कंपनी सरकारी नियमों से प्रभावित उद्योग में काम करती है, तो उन *नियमों का पालन* ज़रूरी होता है। कामकाज के सिलसिले में कंपनी का यह दायित्व हो सकता है कि यह निश्चित जानकारी इकट्ठी करके भेजे। आंतरिक नियंत्रणों से यह सुनिश्चित होता है कि जानकारी पूरी और सटीक है। आंतरिक नियंत्रण यह भी सुनिश्चित करते हैं कि जोखिम न रहे और महत्त्वपूर्ण घाटों तथा संभावित क़ानूनी मुद्दों से बचाव हो सके।

चोरी और धोखाधड़ी की रोकथाम महत्त्वपूर्ण है, ताकि कोई बेईमानी करके वित्तीय घाटा न पहुँचा दे। ठोस आंतरिक नियंत्रणों की बदौलत ग़लती पकड़ना आसान हो जाता है। इनकी बदौलत ज़िम्मेदार पक्ष को ज़्यादा आसानी से पहचाना जा सकता है और स्थिति को न्यूनतम बवाल के साथ सुलझाया जा सकता है।

इन सभी क्षेत्रों में यह उपयोगी रहता है कि कोई असंबद्ध तीसरा पक्ष आपके डाटा और नियंत्रण प्रक्रियाओं का ऑडिट करे। ऑडिट ग़लतियों को पकड़ने और सही करने के लिए आवश्यक है, ख़ास तौर पर बड़ी कंपनियों में, जिनके कई चलने वाले हिस्से होते हैं। ऑडिट से कंपनी के डाटा की गुणवत्ता सुनिश्चित होती है। यह कंपनी की नीतियों में क़र्ज़ देने वालों, निवेशकों, शेयरहोल्डरों और नियामक संस्थाओं के विश्वास को बढ़ा सकता है। ऑडिट करने वाले का कंपनी के साथ किसी तरह का सरोकार नहीं होना चाहिए । "चिंताओं का अलगाव" यह सुनिश्चित करता है कि परिणाम सटीक हैं, ख़ास तौर पर अगर वे अच्छे नहीं हैं।

वित्तीय नियंत्रणों की बदौलत आप अपनी कंपनी की तुलना बाज़ार की दूसरी कंपनियों से कर सकते हैं। रिस्क मैनेजमेंट एसोसिएशन (आरएमए) हर साल सभी उद्योगों में काम कर रही कंपनियों से भारी जानकारी इकट्ठी करता है। आरएमए के डाटा से आसानी से पता लग जाता है कि विभिन्न आकारों के लाभप्रद व्यवसाय निश्चित अवधि में मार्केटिंग, बिक्री, कार्यसंचालन और पूँजी पर कितना ख़र्च करते हैं।

आरएमए डाटा के आधार पर बैंक और निवेशक यह तय करते हैं कि वे जिस कंपनी की जाँच कर रहे हैं, वह सामान्य है या नहीं। यदि कंपनी के व्यय उसकी आय के सामंजस्य में हैं, तो बाहरी पक्षों के उस कंपनी को कम जोखिम भरा मानने की संभावना है। अगर कंपनी बिक्री और मार्केटिंग पर सामान्य से तीन गुना ज़्यादा पैसे ख़र्च कर रही है, तो यह मुश्किल समय, अकार्यकुशलता या संदिग्ध अकाउंटिंग का संकेत हो सकता है।

औद्योगिक समूह भी डाटा का उपयोगी स्रोत हो सकते हैं। कई बाज़ारों के ट्रेड एसोसिएशन होते हैं, जो सफल कंपनियों से संबंधित जानकारी इकट्ठी करते और देते हैं। आपके बाज़ार की दूसरी कंपनियों से अपनी कंपनी के डाटा की तुलना करने पर आपको इस बात की बेहतर तसवीर दिख सकती है कि आप कितना अच्छा प्रदर्शन कर रहे हैं और कहाँ सुधार की गुंजाइश है।

इस अवधारणा को शेयर करें : **http://book.personalmba.com/internal-controls/**

7

मानव मन

इस खेल का नब्बे प्रतिशत हिस्सा आधा मानसिक है।
—योगी बेरा, पूर्व पेशेवर बेसबॉल खिलाड़ी और हास्यास्पद शब्द-प्रवीण

अब तक हम इस बारे में बुनियादी बातें कर चुके हैं कि व्यवसाय कैसे काम करते हैं, तो अब हम गियर बदलकर यह समझने वाले हैं कि लोग कैसे काम करते हैं।

व्यवसाय लोगों *द्वारा* लोगों *के लिए* बनाए जाते हैं। जैसा हम *मूल्य सृजन* और *मूल्य पहुँचाने* में बात कर चुके हैं, अगर लोगों की आवश्यकताएँ और इच्छाएँ नहीं होतीं, तो व्यवसायों का अस्तित्व ही नहीं होता। इसी तरह, अगर कोई उन आवश्यकताओं और इच्छाओं को पूरा करने में सक्षम या इच्छुक नहीं होता, तो व्यवसाय चलाए नहीं जा सकते थे।

अगर आप कोई सफल व्यावसायिक उद्यम बनाना और क़ायम रखना चाहते हैं कि यह समझना अत्यंत महत्त्वपूर्ण है कि हम किस तरह जानकारी लेते हैं, हम किस तरह निर्णय लेते हैं और हम किस तरह यह निर्णय लेते हैं कि क्या करना है और क्या नहीं करना है। एक बार जब आपके पास इस बात की स्पष्ट तसवीर होती है कि मानव मन कैसे काम करता है, तो काम कराने और दूसरों के साथ ज़्यादा प्रभावी ढंग से काम करने के बेहतर तरीक़े खोजना आसान हो जाता है।

इस अवधारणा को शेयर करें : **http://book.personalmba.com/human-mind/**

गुफामानव सिंड्रोम

हर मनुष्य अपने समस्त पूर्वजों का उद्धरण है।
–रैल्फ़ वाल्डो इमर्सन, निबंधकार और कवि

पल भर के लिए कल्पना करें कि 1,00,000 साल पहले रहना कैसा होता होगा। जब आप नदी किनारे भोजन की तलाश में चलते हैं, तो आपकी इंद्रियाँ पूरी तरह से चौकस हैं । आप नदी में तैरती मछलियों, खाए जा सकने वाले पौधों या पकड़े जा सकने वाले जानवरों की

तलाश कर रहे हैं। सूरज शिखर के क़रीब पहुँच चुका है और आप अब तक छह मील चल चुके हैं - दिन ढलने तक आपके छाले भरे पैर आपको छह मील और ले जाएँगे।

कुछ ही घंटों में आप थोड़े पानी पीने के लिए रुकेंगे और छाया खोजेंगे। दोपहर का सूरज चिलचिलाती धूप बरसाएगा और आराम करने से आपको *ऊर्जा संरक्षण* (बाद में चर्चा की जाएगी) में मदद मिलेगी।

चलते-चलते आपकी आँखें बीस फ़ुट दूर की एक छोटी झाड़ी पर ठहर जाती हैं। आपका दिल उछल पड़ता है - आप पत्तियों की बनावट को पहचान लेते हैं और आप जानते हैं कि पत्तियाँ व जड़ें दोनों ही खाने के लिए अच्छी हैं। आप जड़ों तक पहुँचने के लिए पौधे के आस-पास की मिट्टी खोदने लगते हैं। आप उस पूरी झाड़ी को बुनी हुई डलिया में रखना चाहते हैं, जो आपकी पीठ पर बँधी हुई है।

अचानक आपको आँख के कोने से एक हलचल दिखाई देती है। चार फ़ुट दूर एक विशाल कोबरा नज़र आ रहा है, जो अपने जाने-पहचाने फन और तीखे दाँत दिखा रहा है। सोचने के लिए ज़रा भी समय नहीं है - एड्रीनलिन का स्राव होता है, आपकी नाड़ी सरपट भागने लगती है और आप तेज़ी से उछलकर रास्ते से हट जाते हैं तथा भोजन को पीछे छोड़कर सरपट भागने लगते हैं।

आप तब तक दौड़ते रहते हैं, जब तक कि यह स्पष्ट नहीं हो जाता कि जोखिम टल चुका है। एड्रीनलिन कम होने से आप थकान और तनाव के मारे काँपते हैं और दोबारा ठीक होने में कुछ मिनट लगाते हैं। आप भोजन गँवाने के बारे में निराश हैं, लेकिन यह जान जोखिम में डालने जितना मूल्यवान नहीं था।

एक बार जब आप सँभल जाते हैं, तो आप दोबारा भोजन की तलाश करने लगते हैं और सूरज की गरमी से बचने के लिए आश्रय की भी। आज रात आप अपने क़बीले में लौटकर बताएँगे कि आप कौन सा भोजन लेकर आए हैं।

आप अपने क़बीले के हर व्यक्ति को अच्छी तरह जानते हैं, क्योंकि इस क़रीबी गुँथे हुए समूह में सिर्फ़ चालीस लोग हैं। आपने बुनियादी तौर पर समूह इसलिए बनाया है, ताकि जंगली जानवरों और दूसरे क़बीलों से रक्षा हो सके, जो समय-समय पर हमला करके आपके क़बीले के संसाधन छीनने की कोशिश करते हैं।

मिलकर आप भाले और मछलियाँ पकड़ने के जाल बनाते हैं, आप शिकार करने और रक्षा करने के लिए पत्थर के चाकू और कुल्हाड़ी बनाते हैं तथा भोजन इकट्ठा करने के लिए डलिया और मिट्टी के बर्तन बनाते हैं। एक हिरण आग पर भुन रहा है - आपके क़बीले के कुछ शिकारियों ने इसे दौड़ा-दौड़ाकर मारा था। इस तकनीक को लगनशील शिकार कहा जाता है।

शाम को आप आग के चारों तरफ़ गोला बनाकर बैठेंगे, जो समूह ने भोजन पकाने और जंगली जानवरों को दूर रखने के लिए जलाई है, फिर आप दिन की बातें बताएँगे और कहानियाँ सुनाएँगे, जब तक कि आप सो नहीं जाते। कल आप यही सब दोबारा करेंगे।

मानव शरीर उन परिस्थितियों के लिहाज़ से सबसे अनुकूल है, जो 1,00,000 साल पहले मौजूद थीं। यह शरीर इस संसार के लिहाज़ से सबसे अनुकूल नहीं है, जिसमें हम आज रह रहे हैं। आज भोजन हर जगह है और हिंसक जानवर कहीं नहीं हैं। अब आपको लगातार गति में रहने की ज़रूरत नहीं है। इसके बजाय आप शायद अपना ज़्यादातर समय कंप्यूटर डेस्क पर

बैठने जैसी निष्क्रिय गतिविधियों में बिताते हैं। इसके फलस्वरूप हमारे मस्तिष्क और शरीर पर कई नए जोखिम मँडराने लगे हैं, जैसे मोटापा, हृदय रोग, डाइबिटीज़, अल्ज़ाइमर्स डिसीज़ और दीर्घकालीन दृष्टि से कम ऊर्जा।

आपका मस्तिष्क और शरीर आधुनिक संसार के लिए सबसे अनुकूल नहीं हैं। आधुनिक संसार में काम करने की चुनौती का एक हिस्सा यह है कि हमारे मस्तिष्क और शरीर सोलह घंटे के कामकाजी दिन के लिए नहीं, बल्कि शारीरिक और सामाजिक सुरक्षा के लिए बने हैं। व्यवसाय को शुरू हुए अभी इतना अरसा नहीं हुआ है कि हमारा शरीर आधुनिक युग की हमारी नई माँगों के अनुरूप ढल जाए।

ख़ुद पर बहुत कठोर न बनें - आप उस काम के लिए बने ही नहीं थे, जिसके लिए आप वर्तमान में ज़िम्मेदार हैं। कोई भी नहीं है - हम सभी प्राचीन हार्डवेयर पर नया सॉफ़्टवेयर चला रहे हैं।

इस अवधारणा को शेयर करें : http://book.personalmba.com/caveman-syndrome/

प्रदर्शन की आवश्यकताएँ

अब कोई ख़ुशी ऐसी नहीं है, जिसमें नमक न हो / जो दर्द से भरी न हो / और थकान व दोष से।

— रॉबर्ट फ़्रॉस्ट, कवि

रेड बुल पीते रहने और पूरी रात जागने से आप निश्चित दूरी तक ही पहुँच सकते हैं। अगर आप अच्छा काम करना चाहते हैं, तो ख़ुद की परवाह करना वैकल्पिक नहीं है; यह तो अनिवार्य है। आपके शरीर को चलने के लिए जिन चीज़ों की ज़रूरत है, अगर आप इसे वह नहीं देते हैं, तो लक्ष्य तक पहुँचने से पहले ही आपका ईंधन ख़त्म हो जाएगा।

आपका मस्तिष्क सबसे पहले और सबसे बढ़कर एक शारीरिक तंत्र है। हमारी मानसिक थकान या भावनात्मक पीड़ा अक्सर हमारे शरीर का एक संकेत होता है कि हमें वह पर्याप्त नहीं मिल रहा है, जिसकी हमारे शरीर को ज़रूरत है : पोषक तत्व, व्यायाम या आराम।

यदि आप चीज़ें करना चाहते हैं, तो आप "ख़ाली" नहीं दौड़ सकते - मानव शरीर की *आवश्यकताएँ* होती हैं। जिस तरह कोई कार ख़ाली गैस टैंक या टूटे स्पार्क प्लग के साथ नहीं चल सकती, उसी तरह आपका शरीर भी कुछ आवश्यक चीज़ों के बिना लंबे समय तक नहीं चल सकता। जब आपके पास करने के लिए बहुत सारा काम हो, तो यह सोचना आम होता है कि अपनी परवाह करना एक गौण चिंता है। यह नहीं है - अगर आप बिना थके महत्त्वपूर्ण चीज़ें करना चाहते हैं, तो ख़ुद की परवाह करना आपकी *बुनियादी* चिंता होनी चाहिए।

पोषण, व्यायाम और आराम वे इनपुट हैं, जिन्हें आपका शरीर उत्पादक ऊर्जा में बदलता है। कमज़ोर (या बहुत कम) इनपुट अवश्यंभावी रूप से आपके आउटपुट की मात्रा और गुणवत्ता को कम कर देता है। हर दिन से अधिकतम पाने में आपकी मदद करने के लिए कुछ बुनियादी दिशा-निर्देश ये हैं :

उच्च गुणवत्ता वाला भोजन करें- कचरा अंदर, कचरा बाहर (बाद में चर्चा की गई है) - इस बात पर ध्यान दें कि आप अपने शरीर में क्या भर रहे हैं। अगर आप मांस, अंडे या दुग्ध पदार्थ खाते-पीते हैं, तो एंटीबायोटिक या हार्मोन वाले स्रोतों से बचें। शकर और प्रोसेस्ड आहारों से भी यथासंभव बचें - अगर आपके परदादा इसे तुरंत भोजन की श्रेणी में नहीं रखते, तो इसे न खाएँ।

हर ढाई घंटे में हल्का नाश्ता या भोजन करने से आपकी रक्त शर्करा स्थिर रहती है, इसलिए आपको दिन में थकान नहीं होती है। मैं कई बार खाना भूल जाता हूँ, इसलिए मैं चीज़ों को आसान रखने की कोशिश करता हूँ - मुट्ठी भर बादाम या फल मेरे लिए सबसे अच्छी तरह काम करते हैं। कैफ़ीन संयम में - हरबल टी सोडा का अच्छा विकल्प है। पानी की बोतल साथ रखने से पानी का संतुलन बनाए रखना ज़्यादा आसान होता है।

नियमित व्यायाम करें - जॉन मेडिना की पुस्तक *ब्रेन रूल्स* के अनुसार हल्की गहनता वाली शारीरिक गतिविधि भी ऊर्जा बढ़ाती है, मानसिक प्रदर्शन को बेहतर बनाती है और एकाग्र होने की योग्यता को भी बढ़ा देती है। टहलने या दौड़ने, रस्सी कूदने या योग करने से दिमाग़ के जाले साफ़ हो सकते हैं और आपको बाक़ी दिन के लिए ज़्यादा ऊर्जा भी मिल सकती है। मैं अक्सर अपने ख़ून की रफ़्तार बढ़ाने के लिए चौदह पौंड का स्लेजहैमर चारों ओर झुलाता हूँ - यह एक सस्ता और कारगर वेटलिफ़्टिंग औज़ार है, जो ज़्यादा जगह नहीं घेरता है। (बस यह किसी चीज़ से टकरा न जाए।)

हर रात कम से कम सात-आठ घंटे की नींद लें - *पैटर्न* के मिलान और *मानसिक सिमुलेशन* के परिणामों को *नींद* ठोस करती है, साथ ही *इच्छाशक्ति में कमी* (बाद में चर्चा की गई है) के प्रभावों को उलटती है - इसलिए आराम में कंजूसी न करें। मैं *सोने जाने* की याद दिलाने के लिए एक अलार्म भरता हूँ, ताकि रात को सोने से पहले मुझे तनावमुक्त होने के लिए पर्याप्त समय मिल जाए। जल्दी सोने से आपको जल्दी उठने में मदद मिलती है और अगर आप सृजनात्मक काम करते हैं, तो यह बहुत उपयोगी होता है - मैंने पाया है कि दिन शुरू होने से पहले का समय लिखने या दूसरे सृजनात्मक काम करने के लिए सबसे अच्छा रहता है, क्योंकि आपका मन नहीं भटकता है और समय की हड़बड़ी भी नहीं रहती है।

पर्याप्त धूप लें, लेकिन ज़रूरत से ज़्यादा नहीं - विटामिन डी आपके शरीर में होने वाली कई रासायनिक प्रतिक्रियाओं का अहम हिस्सा है और आपका शरीर इसे सिर्फ़ तभी संश्लेषित कर सकता है, जब आपकी त्वचा बिना छनी धूप के संपर्क में सीधे रहे। (खिड़की से आने वाली रोशनी को न गिनें।) बस इसे बहुत ज़्यादा न करें - सनबर्न और स्किन कैंसर मज़ेदार चीज़ें नहीं होतीं।

प्रकाश आपकी सरकेडियन लय यानी आंतरिक शरीर की घड़ी को दुरुस्त करने में मदद करता है, जो आपकी नींद के पैटर्न को प्रभावित करती है। मैं पर्याप्त प्रकाश को सुनिश्चित करने के लिए लाइट थेरेपी डिवाइस का नियमित इस्तेमाल करता हूँ, ख़ास तौर पर जाड़े के महीनों में। सुबह-सुबह दस मिनट की धूप भी आपकी नींद और आपकी मनोदशा दोनों को बेहतर बनाने का बहुत आसान तरीक़ा है।

अपने मस्तिष्क को उस कच्चे माल का पोषण दें, जो इसे चलने के लिए चाहिए - अगर आप बिना किसी कारण के नाराज़, दुःखी, उदासीन या आलसी महसूस कर रहे हैं, तो

हो सकता है कि आपके शरीर को पर्याप्त कच्चा माल नहीं मिल रहा हो, जिसकी ज़रूरत इसे न्यूरोट्रांसमिटर्स बनाने के लिए होती है, जो आपको अच्छा महसूस कराते हैं। *द मूड क्योर* में जूलिया रॉस बताती हैं कि आपके मस्तिष्क को डोपेमाइन और सेरोटोनिन जैसे मनोदशा बदलने वाले अत्यंत महत्त्वपूर्ण न्यूरोट्रांसमिटर्स के उत्पादन के लिए निश्चित यौगिकों की ज़रूरत होती है। मनोदशा बदलने वाले इन रसायनों को बनाने के लिए आवश्यक कच्चे माल के बिना आप दुःखी महसूस करेंगे, भले ही आपके संसार में सब कुछ सही चल रहा हो।

हमारे आधुनिक आहार में हुए परिवर्तनों की वजह से कुछ तत्वों को सप्लीमेंट के रूप में लेना ज़रूरी हो गया है। एक अच्छा मल्टीविटामिन सप्लीमेंट, फ़िश ऑइल, मैग्नीशियम और अनिवार्य एमीनो एसिड यह सुनिश्चित कर सकते हैं कि आपके मस्तिष्क के पास प्रभावी ढंग से काम करने के लिए आवश्यक हर चीज़ है। बस यह ध्यान रखें कि आप जो भी ख़रीदें, वह बहुत आसानी से पच सकता हो - अगर सप्लीमेंट पचे बिना ही आपके शरीर से होकर निकल जाएँ, तो उनसे आपको कोई मदद नहीं मिलेगी।

मैं अपनी ऊर्जा, उत्पादकता और मनोदशा को बेहतर बनाने के लिए नए *तरीक़ों* के प्रयोग लगातार करता रहता हूँ - मैं आपको भी ऐसा ही करने की सलाह देता हूँ। *मार्गदर्शक तंत्र* जीवनशैली के इन परिवर्तनों को ज़्यादा आसान बनाने में मदद कर सकते हैं - मेरे परिवेश के तंत्र बदलने से मुझे कई परिवर्तन लगभग स्वाभाविक तरीक़े से करने में मदद मिली, जिनमें तीन साल तक शाकाहार पर रहना शामिल था (कोई पशु प्रॉडक्ट नहीं)। क्या आपको सुधार नज़र आता है, यह देखने के लिए कोई नई चीज़ आज़माने से न डरें - बस सुरक्षा का ध्यान रखें।

जब भी शंका हो, तो यह सोच लें कि आपके प्राचीन पूर्वज कैसे रहते थे और उसी अनुसार काम करें।

इस अवधारणा को शेयर करें : http://book.personalmba.com/performance-requirements/

प्याजनुमा मस्तिष्क

यहाँ बताए गए विचार ज़रूरी नहीं है कि मेरे दिमाग़ के सारे हिस्सों की एकराय का प्रतिनिधित्व करते हों।

— मैलकम मैक्मोहन, नॉटिंघम के बिशप

हममें से ज़्यादातर अपने दिमाग़ के भीतर की उस आवाज़ को अपना असली स्वरूप मान लेते हैं, जो हमारे आस-पास के संसार के बारे में लगातार टिप्पणी कर रही है। यह आवाज़ कई बार रोमांच से भरी होती है, लेकिन अक्सर यह अनिश्चित, चिंतित या घबराई हुई होती है।

सौभाग्य से, "आप" वह आवाज़ नहीं हैं।

"आप" अपने मस्तिष्क का केवल एक छोटा हिस्सा हैं। आपके दिमाग़ की आवाज़ बस एक रेडियो अनाउंसर है, जो इस बारे में टिप्पणी कर रही है कि आपका मस्तिष्क स्वचालित रूप से क्या कर रहा है। यह आपका असल स्वरूप नहीं हैं - आपकी चेतना दरअसल वह

है, जिसका उपयोग आपका मस्तिष्क उन समस्याओं को सुलझाने के लिए करता है, जिन्हें यह ऑटोपायलट पर ख़ुदबख़ुद नहीं सुलझा पाता।

चूँकि मानव व्यवहार की जड़ें मस्तिष्क में हैं, इसलिए यह समझना बहुत उपयोगी है कि आपका मस्तिष्क दरअसल कैसे बना है। आपका मस्तिष्क कैसे काम करता है, यहाँ इसका संक्षिप्त (और बहुत सरलीकृत) वर्णन दिया जा रहा है।

मस्तिष्क को प्याज जैसा मानें। इसमें एक के ऊपर एक कई परतें होती हैं। बीच में एक तंत्र होता है, जिसे हिंडब्रेन यानी *पश्च मस्तिष्क* कहा जाता है, जो मूलतः आपको जीवित रखने के लिए ज़िम्मेदार है। पश्च मस्तिष्क बचाव के लिए आवश्यक सारी शारीरिक क्रियाओं के लिए ज़िम्मेदार होता है : हृदय गति, सोना, जागना, अनैच्छिक क्रियाएँ, मांसपेशीय गतिविधियाँ और जैविक आकांक्षाएँ।

मस्तिष्क के मूल पर स्थित पश्चमस्तिष्क को कई बार "छिपकली मस्तिष्क" भी कहा जाता है, क्योंकि यह बुनियादी तंत्रिका तंत्र हमारे सभी जैविक पूर्ववर्तियों में नज़र आता है, जिनमें सरीसृप और उभयचर शामिल हैं। पश्चमस्तिष्क उन संकेतों को भेजने के लिए मूलतः ज़िम्मेदार है, जो आपकी रीढ़ और स्नायुओं से होते हुए आपके शरीर के हर हिस्से तक पहुँचते हैं, जिनकी वजह से आपकी शारीरिक गतिविधियाँ होती हैं।

आपके पश्च मस्तिष्क के पीछे *मध्य-मस्तिष्क* होता है, जो इंद्रियात्मक जानकारी, भावना, स्मृति और *पैटर्न तुलना* (बाद में चर्चा की गई है) की प्रोसेसिंग के लिए ज़िम्मेदार है। हमारा मध्य-मस्तिष्क लगातार (और स्वचालित ढंग से) यह भविष्यवाणी कर रहा है कि आगे क्या होगा और यह जानकारी पश्च मस्तिष्क को भेज रहा है, जो हमारे शरीर को तुरंत सक्रिय होने के लिए तैयार कर देता है। मध्य मस्तिष्क रेडियो अनाउंसर है और पश्च मस्तिष्क रेडियो है।

मध्य मस्तिष्क के ठीक ऊपर ऊतक की एक पतली, तहदार परत होती है - यह *अग्र मस्तिष्क* है। तंत्रिकीय पदार्थ की यह छोटी सी परत उन संज्ञानात्मक क्षमताओं के लिए ज़िम्मेदार है, जो हमें स्पष्ट रूप से मानवीय बनाती हैं : स्व-जागरूकता, तर्क, विवेचन, *निषेध* और *निर्णय।*

विकास की दृष्टि से अग्र मस्तिष्क बहुत नया है और संभवतः इसका विकास अस्पष्टता से निबटने के लिए हुआ है। ज़्यादातर समय हमारे मध्य मस्तिष्क और पश्च मस्तिष्क खेल को चलाते हैं - ज़्यादातर समय हम सहज बोध और ऑटोपायलट पर काम करते हैं। बहरहाल, कोई अप्रत्याशित या अपरिचित चीज़ सामने आने पर यह बदल जाता है। तब भविष्यवाणी करने की मध्य मस्तिष्क की योग्यता गड़बड़ा जाती है कि आगे क्या होगा। ऐसी स्थिति में अग्र मस्तिष्क सक्रिय होता है, जानकारी इकट्ठी करता है और विकल्पों पर ग़ौर करता है।

परिस्थितियों के थोड़े विवेचन और विश्लेषण के बाद अग्र मस्तिष्क यह निर्णय लेता है कि ऐसे में क्या करना सबसे अच्छा रहेगा। जब निर्णय ले लिया जाता है, तो मध्य मस्तिष्क और पश्च मस्तिष्क सामान्य ढंग से काम करने लगते हैं और निर्णय का पालन करते हैं।

न्यूरोसाइंटिस्ट शायद इस बिंदु पर मुझे गोली मारने को बेताब होंगे, लेकिन मस्तिष्क का यह बहुत बुनियादी मॉडल काफ़ी सटीक और उपयोगी लगता है। मेरे "मस्तिष्क को हैक करने वाले" मित्र और मार्गदर्शक पी.जे. एबी मस्तिष्क के विभिन्न हिस्सों का आपसी संबंध स्पष्ट करने के लिए एक बेहतरीन उपमा देते हैं : आपका मस्तिष्क घोड़ा है और "आप" घुड़सवार हैं। आपका "घोड़ा" बुद्धिमान है - यह अपने आप चलता है, चुनौतियों को पहचानता है और

ख़तरनाक या डरावनी नज़र आने वाली चीज़ों पर ठिठक जाता है। "आप" घुड़सवार हैं, जो दिशा तय करने और "घोड़े" को तसल्ली देने के लिए मौजूद रहते हैं कि आगे बढ़ना सुरक्षित है।

ज़्यादा अच्छा प्रदर्शन करने के लिए आप एक बहुत अच्छी चीज़ यह कर सकते हैं कि आप अपने दिमाग़ के भीतर की आवाज़ से ख़ुद को अलग कर लें। रेडियो अनाउंसर के ध्यान की अवधि ट्रिपल एस्प्रेसो पीने के बाद दो साल के बच्चे के ध्यान की अवधि जैसी है। इसका काम आपके परिवेश की उन चीज़ों को रेखांकित करना है, जिन पर ध्यान देने में आपकी रुचि हो सकती है - ऐसी चीज़ें जो आपकी *बुनियादी मानवीय प्रेरणाओं* में से किसी एक को संतुष्ट कर सकती हैं या जोखिम पेश कर सकती हैं। इसका यह मतलब नहीं है कि यह आवाज़ हमेशा सही होती है या आपको इसकी कही हर चीज़ को अटल सत्य मान लेना चाहिए।

ध्यान एक आसान अभ्यास है, जो "आप" और आपके सिर के भीतर की आवाज़ को अलग करने में आपकी मदद कर सकता है। ध्यान कोई रहस्यमय या जादुई चीज़ नहीं है - आप बस साँस लेते हैं और ख़ुद को मन से जोड़े बिना यह देखते हैं कि आपका "चंचल मन" क्या करता है। कुछ समय बाद आवाज़ ज़्यादा शांत हो जाती है और अपने चुने हुए मार्ग पर चलने की आपकी योग्यता बेहतर हो जाती है।

हर दिन कुछ पल तक शांत ध्यान करें। यह भयभीत और पराजित महसूस करने तथा अपनी तक़दीर के नियंत्रण में महसूस करने के बीच का फ़र्क़ हो सकता है। यदि आप ध्यान लगाना सीखना चाहते हैं, तो मैं भंते हेनेपोला गुणरत्न की पुस्तक *माइंडफुलनेस इन प्लेन इंग्लिश* और जॉन कबट-जिन की पुस्तक *व्हेयरएवर यू गो, देअर यू आर* पढ़ने की सलाह देता हूँ।

इस अवधारणा को शेयर करें : http://book.personalmba.com/onion-brain/

आनुभूतिक नियंत्रण

किसी जीव का व्यवहार नियंत्रण तंत्रों का आउटपुट है और यह वांछित संदर्भ मूल्यों पर अनुभूतियों को नियंत्रित करने के उद्देश्य से किया जाता है। व्यवहार अनुभूति का नियंत्रण है।

— विलियम टी. पॉवर्स, कंट्रोल सिस्टम्स थ्योरिस्ट और *मेकिंग सेंस ऑफ़ बिहेवियर : द मीनिंग ऑफ़ कंट्रोल* के लेखक

पूरे संसार की कंपनियों (और बिज़नेस स्कूलों) के प्रतिष्ठित सभागृहों में बी.एफ़. स्किनर का सिक्का चलता है। स्किनर मनोविज्ञान के व्यवहारवादी आंदोलन के पीछे की अग्रणी बौद्धिक शक्तियों में से एक थे - यह विचार कि जैविक तंत्र हमेशा ख़ास उद्दीपनों पर ख़ास तरीक़ों से प्रतिक्रिया करते हैं। उद्दीपन को नियंत्रित कर लें, तो आप व्यवहार को नियंत्रित कर सकते हैं। किसी जीव का पुरस्कारों और सज़ाओं के अनुरूप "कंडीशन" कर लेंगे, तो जीव अच्छी तरह सीख जाएगा कि कैसा व्यवहार करना है।

इतने दशकों में मनोविज्ञान से व्यवहारवाद का फ़ैशन जा चुका है - शोध ने यह स्पष्ट कर दिया है कि व्यवहार में गाजर और छड़ी के *अलावा भी* बहुत सी चीज़ें मायने रखती

हैं। दुर्भाग्य से कारोबार की दुनिया में ज़्यादातर लोग छड़ी और गाजर से आगे नहीं जा पाए हैं - पूरे संसार के कॉरपोरेशनों और बिज़नेस स्कूल के क्लासरूमों में उस जादुई प्रेरणा या प्रोत्साहन की खोज आज भी चल रही है, जिससे लोग बिलकुल वही करें, जो कंपनियाँ उनसे चाहती हैं।

हक़ीक़त तो यह है कि मानव व्यवहार काफ़ी हद तक थर्मोस्टेट जैसा होता है। थर्मोस्टेट एक बहुत सरल तंत्र होता है। इसमें बस एक सेंसर, एक सेट पॉइंट या निश्चित बिंदु और एक स्विच होता है। सेंसर अपने आस-पास के परिवेश का तापमान मापता है। जब तापमान दिए गए दायरे के भीतर होता है, तो थर्मोस्टेट कुछ नहीं करता है। जब तापमान निश्चित बिंदु से कम होता है, तो स्विच हीटर को चालू कर देता है। जब तापमान निश्चित बिंदु से ऊपर हो जाता है, तो स्विच हीटर को बंद कर देता है।

इस संबंध को *आनुभूतिक नियंत्रण* कहा जाता है - थर्मोस्टेट निश्चित बिंदु की तुलना अनुभूत किए गए तापमान से करके कमरे का तापमान नियंत्रित करता है और जब अनुभूति "नियंत्रण से बाहर" होती है, सिर्फ़ तभी सक्रिय होता है। जब अनुभूति नियंत्रण में आ जाती है, तो तंत्र तब तक सक्रिय नहीं होता है, जब तक कि निश्चित बिंदु का दोबारा उल्लंघन न हो।

जीवित प्राणी - जिनमें इंसान शामिल हैं - बुनियादी तौर पर बहुत जटिल आनुभूतिक नियंत्रण तंत्र होते हैं। हम संसार की अपनी अनुभूतियों को स्वीकृत सीमाओं के भीतर रखने के लिए काम करते हैं। हम कोट इसलिए नहीं पहनते हैं, क्योंकि ठंडा मौसम हमें *मजबूर* करता है - हम कोट इसलिए पहनते हैं, क्योंकि *हम ठंड महसूस करते हैं* और हम ठंड महसूस नहीं करना चाहते हैं। यदि हमारी आँखों पर बहुत तेज़ रोशनी पड़ती है, तो हम छाया खोजते हैं, खिड़की का पर्दा गिरा लेते हैं या चश्मा पहन लेते हैं - कार्य अनुभूति को नियंत्रित करता है और हम अंततः जो कार्य करते हैं, वह मौजूदा *परिवेश* (बाद में चर्चा की गई है) पर निर्भर करता है।

मेकिंग सेंस ऑफ़ बिहेवियर : द मीनिंग ऑफ़ कंट्रोल में विलियम टी. पॉवर्स नीचे दिए गए उदाहरण का इस्तेमाल करके समझाते हैं कि नियंत्रण तंत्र इंसानों के व्यापक व्यवहार के लिए कैसे ज़िम्मेदार होते हैं। किसी भयंकर तूफ़ान में बीच समुद्र में चलते जहाज़ की कल्पना करें। लहरों के थपेड़ों की वजह से जहाज़ अनियमित तरीक़े से उठ रहा है, गिर रहा है और आगे-पीछे हिचकोले खा रहा है।

जहाज़ की डेक पर जो पत्थर पड़ा है, वह नियंत्रण तंत्र नहीं है। पत्थर कुछ नहीं चाहता है, इसलिए इसे किसी चीज़ को नियंत्रित करने की ज़रूरत नहीं है - यह तो बस उसी ओर लुढ़क जाता है, जिधर भौतिकी की शक्तियाँ इसे ले जाती हैं। बहरहाल, जहाज़ के डेक पर जो इंसान खड़ा है, वह खड़ा रहना चाहता है, इसलिए यह खड़ा बने रहने के लिए कई तरह के काम करेगा : संतुलन बदलना, हिलना, रेलिंग को पकड़ना आदि। अगर इंसान लड़खड़ाकर गिर जाए, तो यह दोबारा अपने पैरों पर खड़े होने के लिए आवश्यक काम करेगा।

परिवेश यह तय करता है कि अनुभूति को दोबारा नियंत्रण में लाने के लिए कौन से काम किए जा सकते हैं। नियंत्रण का मतलब योजना बनाना नहीं है - यह तो परिवेश में सचमुच होने वाले परिवर्तनों से तालमेल बैठाना है। तूफ़ान में इंसान पहले से यह तय नहीं कर सकता कि वह खड़े रहने के लिए कौन से काम करेगा - जब परिवेश बदलता है, तो प्रतिक्रिया में उसके काम भी बदल जाएँगे, जो उस पल उपलब्ध संसाधनों और विकल्पों पर निर्भर करते हैं।

आनुभूतिक नियंत्रण यह स्पष्ट करता है कि एक ही उद्दीपन से अक्सर अलग-अलग प्रतिक्रियाएँ क्यों मिलती हैं। उद्दीपन/प्रतिक्रिया मॉडल पूरी तसवीर नहीं दिखाता है, इसका एक अच्छा उदाहरण कई नियोक्ताओं द्वारा दिया जाने वाला आदर्श प्रोत्साहन है : सवैतनिक ओवरटाइम। अगर आप चाहते हैं कि आपके प्रति घंटे पर नियुक्त कर्मचारी ज़्यादा काम करें, तो आपको ज़्यादा ओवरटाइम देना चाहिए, है ना?

ज़रूरी नहीं है। जिन कर्मचारियों का नियंत्रण आमदनी से होता है (यानी उनके पास पर्याप्त नहीं है और वे ज़्यादा चाहते हैं), वे शायद ओवरटाइम वाला काम ज़्यादा करेंगे, लेकिन उन कर्मचारियों के बारे में क्या, जो यह महसूस करते हैं कि वे पहले ही पर्याप्त पैसे कमा रहे हैं या उनकी काम से ज़्यादा महत्त्वपूर्ण दूसरी प्राथमिकताएँ हैं? उनमें से कुछ कर्मचारी सटीकता से उतने ही समय काम करेंगे और कुछ तो दरअसल *कम* काम करेंगे - उनका नियंत्रण निश्चित आमदनी के लिए है, फिर वे अपना समय दूसरे कामों में लगाएँगे, जो उनके लिए महत्त्वपूर्ण हैं, जैसे अपने परिवार के साथ रहना या साइड प्रोजेक्ट पर काम करना। ओवरटाइम भुगतान को बढ़ाने से वे अपने नियंत्रण बिंदु पर ज़्यादा जल्दी पहुँच जाएँगे, इसलिए वे काम में *कम* समय लगाएँगे।

ओवरटाइम प्रोत्साहन तीन अलग-अलग परिणाम उत्पन्न करता है, जिनमें से दो परस्पर विरोधी हैं - ज़्यादा काम करना और कम काम करना। तो यह है व्यवहारवाद का किस्सा।

आनुभूतिक नियंत्रण यह समझने का बुनियादी उपाय बताता है कि लोग जो करते हैं, वह क्यों करते हैं। एक बार जब आप यह बात समझ लेते हैं कि लोग अपनी *अनुभूतियों* को नियंत्रित करने के लिए काम करते हैं, तो आप उनके काम करने के तरीक़ों को प्रभावित करने के लिए ज़्यादा अच्छी तरह तैयार हो जाते हैं।

इस अवधारणा को शेयर करें : **http://book.personalmba.com/perceptual-control/**

संदर्भ स्तर

हम जो अनुभव कर रहे हैं और हम जो अनुभव करना चाहते हैं, इसके बीच अगर कोई असंगति होती है, तभी और सिर्फ़ तभी हम कर्म करते हैं।

— फ़िलिप जे. रनकेल, मनोविज्ञान और शिक्षा के प्रोफ़ेसर, ओरेगॉन यूनिवर्सिटी

प्रत्येक *आनुभूतिक नियंत्रण* तंत्र के हृदय में एक *संदर्भ स्तर* होता है - अनुभूतियों का दायरा, जो बताता है कि तंत्र "नियंत्रण" में है। जब कोई अनुभूति किसी तंत्र के संदर्भ स्तर के भीतर होती है, तो कुछ नहीं होता है। जब कोई अनुभूति ज़्यादा ऊँची या ज़्यादा नीची होकर संदर्भ स्तर का उल्लंघन करती है, तो तंत्र अनुभूति को दोबारा नियंत्रण में लाने के लिए सक्रिय हो जाता है।

संदर्भ स्तर तीन प्रकार के होते हैं : निश्चित बिंदु, दायरा और त्रुटि।

निश्चित बिंदु न्यूनतम या अधिकतम मान है। निश्चित बिंदु का उदाहरण है थर्मोस्टेट - जब तापमान एक निश्चित सीमा से नीचे गिरता है, हीटर चालू हो जाता है। आपके शरीर में

मेलाटोनिन का उत्पादन एक और निश्चित बिंदु है - जब भी यह एक ख़ास सीमा पर पहुँचता है, आप सोने लगते हैं।

व्यावसायिक वित्तीय नियंत्रणों का प्रबंधन भी निश्चित बिंदु के रूप में होता है। जब तक आपकी आमदनी एक निश्चित बिंदु से ऊपर है और आपके ख़र्च एक निश्चित बिंदु से कम हैं, आप ठीक-ठाक हैं, लेकिन अगर आप अचानक सामान्य से तीन गुना ख़र्च कर देते हैं या आपकी आमदनी *पर्याप्तता* के बिंदु से नीचे गिर जाती है, तो इससे कार्य प्रेरित हो जाता है- आप यह पता लगाते हैं कि आपने ज़्यादा ख़र्च क्यों किया और आप इसे दोबारा नियंत्रण में कैसे लाएँ। *दायरा* स्वीकृत मानों का विस्तार है। दायरे और निश्चित बिंदु में फ़र्क़ होता है; दायरे का मतलब यह है कि नियंत्रित करने वाली अनुभूति की एक ऊपरी *और* निचली सीमा मौजूद है। निश्चित बिंदु के मामले में अनुभूति किसी निश्चित बिंदु के ऊपर या नीचे रहती है, तभी इसे नियंत्रण में कहा जा सकता है। दूसरी ओर, दायरे के मामले में अनुभूति *दो* निश्चित बिंदुओं के बीच में रहनी चाहिए, तभी इसे नियंत्रण में कहा जा सकता है।

मिसाल के तौर पर, आपके शरीर का एक तंत्र रक्त में ग्लूकोज़ के स्तर को नियंत्रित करता है, जिसका इस्तेमाल यह ऊर्जा के लिए करता है। बहुत ज़्यादा या बहुत कम ब्लड ग्लूकोज़ जानलेवा हो सकता है, इसलिए आपका शरीर इनसुलिन का स्राव करके इस स्तर को एक स्वीकृत दायरे के भीतर रखने के लिए काम करता है, जो अतिरिक्त ग्लूकोज़ को आपके शरीर की कोशिकाओं के अंदर (या बाहर) पहुँचाता है। जब तक आपका ब्लड ग्लूकोज़ स्वीकृत दायरे के भीतर है, कुछ नहीं होता है। जब संदर्भ दायरे का उल्लंघन होता है, तो आपका शरीर स्थिति को दोबारा नियंत्रण में लाने के लिए सक्रिय हो जाता है।

त्रुटि निश्चित बिंदु को शून्य के रूप में परिभाषित करना है - जो भी अनुभूति शून्य नहीं है, वह नियंत्रण के बाहर है। आपकी त्वचा के दर्द संवेदकों या अभिग्राहकों के बारे में सोचें। ज़्यादातर समय वे कुछ नहीं करते हैं, जिसका मतलब है कि हर चीज़ नियंत्रण में है, लेकिन अगर आपको घाव हो जाता है या कोई हिस्सा चल जाता है, तो रिसेप्टर एक संकेत भेजते हैं कि कोई चीज़ गड़बड़ है और आप स्थिति को सही करने के लिए काम करने लगते हैं। ग्राहक सेवा शिकायतें कारोबार में इसका उदाहरण हैं - अगर आपको एक भी शिकायत नहीं मिलती है, तो हर चीज़ नियंत्रण में है। अगर आपका इनबॉक्स शिकायतों से भर रहा है, तो आप जानते हैं कि किसी चीज़ को दुरुस्त करने की ज़रूरत है।

अगर आप किसी व्यवहार को बदलना चाहते हैं, तो आपको या तो तंत्र का संदर्भ स्तर बदलना होगा या फिर उस *परिवेश* को बदलना होगा, जिसमें तंत्र काम कर रहा है। थर्मोस्टेट के बारे में दोबारा सोचें - अगर आप हीटर को बंद करना चाहते हैं, तो आप निश्चित बिंदु को बदलकर नीचे के तापमान पर ला सकते हैं। अगर आप जानते हैं कि एक बड़े विज्ञापन अभियान के कारण आपके ख़र्च पिछले महीने से तीन गुना ज़्यादा होंगे, तो आपकी वित्तीय स्थिति नियंत्रण के बाहर नहीं होती है। अगर आप टैटू गुदवा रहे हैं, तो दर्द रिसेप्टर्स के संकेत स्वीकार्य स्थिति में कहे जा सकते हैं।

अनुभूतियाँ नहीं बदली हैं, लेकिन इन स्थितियों में आप अनुभूति को नियंत्रण में लाने के लिए काम नहीं करेंगे, क्योंकि *यह पहले से ही नियंत्रण में है।* संदर्भ स्तर को बदलने से तंत्र का व्यवहार बदल जाता है।

चेतन दृष्टि से संदर्भ स्तरों को परिभाषित और दोबारा परिभाषित करने से आपको अपना व्यवहार बदलने में मदद मिल सकती है। अगर आप इस बारे में चिंतित हैं कि आपका ख़र्च नियंत्रण के बाहर है, तो आप एक बजट बना सकते हैं, जो आपको जानकारी देगा कि आत्मनिर्भर या *पर्याप्त* बने रहने के लिए आपकी मासिक आमदनी कितनी होनी चाहिए। यदि आप इस बारे में चिंतित हैं कि आपका वज़न बहुत ज़्यादा या बहुत कम है, तो अपने डॉक्टर के पास जाएँ। चिकित्सकीय जाँचों की तुलना आत्म-अनुभूति और अपनी अपेक्षाओं की तुलना करें। यदि आप लगातार बारह घंटे काम कर रहे हैं और आप निर्णय लेते हैं कि आठ से ज़्यादा घंटे स्वीकार नहीं हैं, तो आप अपने कामकाज की आदतें बदल लेंगे।

संदर्भ स्तर को बदल लेंगे, तो आपका व्यवहार अपने आप बदल जाएगा।

इस अवधारणा को शेयर करें : http://book.personalmba.com/reference-level/

ऊर्जा का संरक्षण

मानव क्रिया का बुनियादी सिद्धांत यह है कि इंसान न्यूनतम श्रम से अपनी इच्छाओं को संतुष्ट करना चाहते हैं।

— हेनरी जॉर्ज, *द साइंस ऑफ़ पोलिटिकल एकोनॉमी* के लेखक, 1898

यह मानव स्वभाव की सर्वव्यापी सच्चाई है कि लोग आम तौर पर आलसी होते हैं। अत्यंत महत्त्वपूर्ण जानकारी यह है कि आलसी होना एक विशेषता है, वाइरस जैसा संक्रमण नहीं है।

सोचें कि क्या होता, अगर आपका कोई प्राचीन पूर्वज दिन भर अकारण दौड़ता रहता, जब तक कि वह थकान से चूर होकर गिर नहीं जाता? अगर तब कोई हिंसक जानवर या शत्रु सामने आ जाता, तो उसके पास जोखिम पर प्रतिक्रिया करने के लिए ऊर्जा का कोई भंडार बचता ही नहीं - एक बहुत ही बुरी स्थिति। इसके फलस्वरूप हमने ऊर्जा ख़र्च करने से बचने की आदत डाल ली, जब तक कि बेहद ज़रूरी न हो जाए। मैं इसे *ऊर्जा का संरक्षण* कहता हूँ।

पिछले कुछ दशकों में शोधकर्ताओं ने मैराथन धावकों और अल्ट्रा मैराथन धावकों (वे लोग जो नियमित रूप से पचास से सौ मील लगातार दौड़ते हैं) का अध्ययन किया, ताकि वे यह जान सकें कि शरीर दर्द पर कैसी प्रतिक्रिया करता है। उन्होंने यह पाया : जब आप इतने थके होते हैं कि ऐसा महसूस होता है कि आप किसी भी समय धड़ाम होने वाले हैं, तो दैहिक दृष्टि से आप *मरने के दूर-दूर तक क़रीब भी नहीं होते हैं*। आपका मस्तिष्क आपके शरीर को जो संकेत भेज रहा है, वे एक फ़रेब हैं और चेतावनी का काम करते हैं। ये संकेत आपको थोड़ी ऊर्जा सुरक्षित रखने के लिए प्रेरित कर रहे हैं, ताकि बाद में ऊर्जा की ज़रूरत पड़ने पर काम आए।

जब तक किसी *संदर्भ स्तर* का उल्लंघन नहीं होता, तब तक लोग आम तौर पर काम न करके ऊर्जा का संरक्षण करेंगे। कमरे में रहने वाले दो साथियों के बारे में सोचें, जिनके घरेलू सफ़ाई के अलग-अलग पैमाने हैं। सिंक में गंदे बर्तन दिखना एक के लिए समस्या है - उसके

मन में एक भी बर्तन "नियंत्रण से बाहर" है, जो स्थिति को सही करने के लिए कार्य को प्रेरित कर देता है। दूसरे साथी के लिए स्थिति तब तक नियंत्रण के बाहर नहीं होगी, जब तक कि सिंक में इतने बर्तन न हो जाएँ कि चम्मच रखने की भी जगह न रहे, जिस बिंदु पर वह बर्तन धोने में थोड़ी ऊर्जा ख़र्च करेगा। अलग-अलग संदर्भ स्तर, अलग-अलग कार्य।

यदि आप सोचते हैं कि आपका वज़न, स्वास्थ्य और डील-डौल बढ़िया हैं, तो आप शायद अपना आहार नहीं बदलेंगे या अचानक व्यायाम शुरू नहीं करेंगे। यदि आप अपने सामाजिक दायरे और आत्मविश्वास के साथ आरामदेह हैं, तो आप शायद अपनी सामाजिक योग्यताओं को बेहतर बनाने या अपने परिचितों के दायरे को फैलाने के लिए ज़्यादा कुछ नहीं करेंगे। अगर आप सोचते हैं कि आप पर्याप्त पैसे कमा रहे हैं, तो आप शायद ज़्यादा पैसे कमाने के लिए ज़्यादा कुछ नहीं करेंगे। ऊर्जा का संरक्षण यह स्पष्ट करता है कि कुछ लोग दशकों तक बंद सिरे वाली नौकरियों में क्यों फँसे रहते हैं, हालाँकि वे यह बात जानते हैं कि यह स्थिति बेहतरीन नहीं है। अगर कामकाज ठीक है, बिलों का भुगतान हो जाता है और नौकरी कभी इतनी तनावपूर्ण या कुंठाजनक नहीं होती है कि अपेक्षाओं का उल्लंघन हो, तो लोग आम तौर पर प्रमोशन पाने, दूसरी नौकरी खोजने या नया व्यवसाय शुरू करने के लिए सामान्य से हटकर कोशिश नहीं करेंगे। लोग प्रयास करना तभी शुरू करते हैं, जब उनके संदर्भ स्तरों का किसी तरह से उल्लंघन हो, इसलिए अगर उनकी अपेक्षाओं का उल्लंघन नहीं होता है, तो वे काम नहीं करते हैं।

जानकारी के जो स्रोत आपके संदर्भ स्तरों को बदल देते हैं, वे कर्म की प्रेरणा देने में मूल्यवान होते हैं। मुझे कोर्स बनाने और परामर्श देने के लिए जिस चीज़ ने प्रेरित किया, वह यह ज्ञान था कि कुछ व्यावसायिक लेखक और कोच पूरे दिन दूसरों को सिखाते थे तथा उनकी मदद करते थे और उनकी विशेषज्ञता के लिए उन्हें बहुत अच्छे पैसे मिलते थे। इससे उस वक़्त काम के बारे में मेरे संदर्भ स्तर का उल्लंघन हुआ - अगर उन्हें मेरा प्रिय काम करने के लिए भुगतान मिल सकता था, तो मुझे पूरा दिन ऐसी नौकरी में बिताने की क्या ज़रूरत थी, जो सिर्फ़ "ठीक-ठाक" थी? इसे संभव बनाने के लिए इन लोगों ने क्या किया, इस बारे में मैंने जितनी ज़्यादा जानकारी हासिल की, मैं भी ऐसा ही करने के लिए बेताब होने लगा।

1954 में रॉजर बैनिस्टर के रिकॉर्डतोड़ प्रदर्शन से पहले यह माना जाता था कि इंसान चार मिनट से कम समय में एक मील नहीं दौड़ सकता, क्योंकि यह काम मानव शरीर की सीमाओं से परे है। जब बैनिस्टर ने यह साबित कर दिया कि यह संभव है, तो मनोवैज्ञानिक अवरोध टूट गया। 1957 के अंत तक सोलह धावकों ने ऐसा कर दिखाया। बाक़ी कुछ नहीं बदला था, सिर्फ़ संदर्भ स्तर बदला था : ये खिलाड़ी जानते थे कि यह संभव है और वे इसे करना चाहते थे, इसलिए उन्होंने यह कर दिया। अच्छी पुस्तकें, पत्रिकाएँ, ब्लॉग, डॉक्युमेंट्रीज़ और प्रतिस्पर्धी भी मूल्यवान हैं, अगर वे क्या संभव है के बारे में आपकी अपेक्षाओं का उल्लंघन करते हैं। जब आपको यह पता लगता है कि दूसरे लोग सचमुच कोई ऐसी चीज़ कर रहे हैं, जिसे आप पहले अयथार्थवादी या असंभव मानते थे, तो यह आपके संदर्भ स्तरों को बहुत उपयोगी तरीक़े से बदल देता है। आपको तो बस इतना जानने की ज़रूरत है कि आप जो चीज़ चाहते हैं, वह संभव है। इसके बाद आप इसे पाने का तरीक़ा ख़ुदबख़ुद खोज लेंगे।

इस अवधारणा को शेयर करें : **http://book.personalmba.com/conservation-of-energy/**

मार्गदर्शक तंत्र

आपका परिवेश आपके लक्ष्यों और योजनाओं को नाश्ते में चबा जाएगा।

— स्टीव पावलीना, *पर्सनल डेवलपमेंट फ़ॉर स्मार्ट पीपल* और
स्टीवपावलीना डॉट कॉम के ब्लॉग लेखक

तीन साल तक केल्सी और मैंने शाकाहार का प्रयोग किया - किसी तरह के कोई पशु प्रॉडक्ट नहीं। मांस, अंडा, पनीर, दूध कुछ नहीं।

हमारे ज़्यादातर मित्रों और परिवार वालों की दो प्रतिक्रियाएँ थीं : "क्या तुम पागल हो गए हो?" और "यह बहुत मुश्किल होगा - मैं यह कभी नहीं कर सकता।" यह जीवनशैली का इतना बड़ा परिवर्तन था कि लोग हमारी इच्छाशक्ति पर हैरान होते थे।

मैं एक बात बताना चाहूँगा। यह ज़रा भी मुश्किल नहीं था। इसमें हमें बहुत कम प्रयास या इच्छाशक्ति की ज़रूरत पड़ी। रहस्य यह है : स्टीक बनाने या पेपरोनी पिज़्ज़ा का ऑर्डर देने की इच्छा का प्रतिरोध करने के लिए हमने इच्छाशक्ति पर भरोसा नहीं किया। इसके बजाय हमने अपने परिवेश के तंत्र को इस तरह बदल दिया, ताकि यह हमारे विकल्पों का समर्थन करे।

हमने वह सारा भोजन बाहर फेंक दिया, जो हम नहीं खाना चाहते थे। हमने इसकी जगह ज़्यादा स्वस्थ विकल्प रख लिए, जिनका स्वाद अच्छा था। हमने सामान ख़रीदने की जगह बदल ली - सुपरमार्केट जाने के बजाय हम एक छोटे प्राकृतिक आहार स्टोर में जाने लगे। हमने स्टीक हाउस जाना छोड़ दिया और ऐसे रेस्तराँओं में जाने लगे, जो शाकाहारी व्यंजनों में विशेषज्ञता रखते थे।

इसके फलस्वरूप अपने विकल्प के अनुरूप निरंतर काम करने के लिए हमें ज़्यादा इच्छाशक्ति का इस्तेमाल नहीं करना पड़ा। जब मुझे भूख लगती थी, तो मैं एक सेब या गाजर और हुमस (काबुली चने की चटनी) खा लेता था - फ्रिज में बस यही रहता था। पिज़्ज़ा का ऑर्डर देने या स्टीक ख़रीदने व बनाने में ज़्यादा प्रयास लगता था, इसलिए मैंने ऐसा नहीं किया। हमारे परिवेश के तंत्र को बदलकर केल्सी और मैंने वह काम करना ज़्यादा आसान बना लिया, जिसे करने का हमने निर्णय लिया था।

मार्गदर्शक तंत्र का मतलब यह है कि आपके परिवेश का तंत्र आपके व्यवहार को सबसे ज़्यादा तय करता है। अगर आप किसी व्यवहार को सफलतापूर्वक बदलना चाहते हैं, तो *सीधे व्यवहार बदलने की कोशिश न करें।* उस तंत्र को बदल लें, जो उस व्यवहार को प्रभावित करता है या उसका समर्थन करता है, फिर व्यवहार अपने आप बदल जाएगा। अगर आप आइसक्रीम नहीं खाना चाहते हैं, तो इसे ख़रीदें ही नहीं।

होमर की *ओडिसी* में ओडिसियस और उनके जहाज़ी जलपरियों के टापू के पार जहाज़ निकालने की तैयारी करते हैं - ये जलपरियाँ या पक्षी महिलाएँ इतना मीठा गाती थीं कि अनभिज्ञ जहाज़ी सारे होशोहवास खो देते थे और जहाज़ चट्टानों से टकरा जाता था। ओडिसियस ने जलपरियों के प्रलोभन का प्रतिरोध करने के लिए इच्छाशक्ति पर भरोसा नहीं किया। इसके बजाय उन्होंने परिवेश का तंत्र बदल दिया, अपने जहाज़ियों के कान बंद कर दिए और ख़ुद को जहाज़

के मस्तूल से बाँध लिया। इस तरह वे प्रलोभन से बचने में कामयाब हुए और जहाज़ सुरक्षित तरीक़े से वहाँ से निकल गया।

अपने परिवेश के तंत्र को बदल लें और आपका व्यवहार अपने आप बदल जाएगा। थोड़ा *घर्षण* (जिस पर बाद में चर्चा की गई है) जोड़ दें या कुछ विकल्प पूरी तरह हटा दें, फिर आपको उस पर ध्यान केंद्रित करना ज़्यादा आसान लगेगा, जिसे आप हासिल करने की कोशिश कर रहे हैं।

मार्गदर्शक तंत्र का एक बेहतरीन उदाहरण "स्टेराइल कॉकपिट नियम" है, जिसे फ़ेडरल एविएशन एडमिनिस्ट्रेशन (एफ़एए) ने 1981 में लागू किया। ज़्यादातर एयरलाइन दुर्घटनाएँ दस हज़ार फ़ुट से नीचे होती हैं, जहाँ ध्यान भटकने के घातक परिणाम हो सकते हैं। दस हज़ार फ़ुट से ऊपर पायलट जो चाहे बात कर सकते हैं, लेकिन दस हज़ार फ़ुट से नीचे सिर्फ़ विमान संबंधी बातचीत की अनुमति होती है। भटकावों को हटाकर स्टेराइल कॉकपिट नियम त्रुटियों और दुर्घटनाओं को कम कर देता है।

अपने परिवेश के तंत्र को बदल लें, फिर आप यह देखकर दंग रह जाएँगे कि आपका व्यवहार प्रतिक्रिया में कितना ज़्यादा बदल गया है।

इस अवधारणा को शेयर करें : http://book.personalmba.com/guiding-structure/

पुनर्गठन

जो लोग चल रहे हैं, सभी भटके हुए नहीं हैं।

— जे.आर.आर. टोलकाइन, *द लॉर्ड ऑफ़ द रिंग्स* के लेखक

जब भी कोई अनुभूति किसी तंत्र के *संदर्भ स्तर* का उल्लंघन करती है, तो अनुभूति को दोबारा नियंत्रण में लाने के लिए क्रिया या प्रतिक्रिया होगी। कई बार वह प्रतिक्रिया अच्छी तरह परिभाषित होती है - जैसा हम पहले ही बात कर चुके हैं, आपका शरीर सटीकता से जानता है कि ब्लड ग्लूकोज़ को नियंत्रित करने के लिए इसे क्या करना है। बहरहाल, अक्सर आपको यह पता नहीं होता कि सटीकता से क्या ग़लत है - या इसे कैसे दुरुस्त करना है।

"नौकरी की संतुष्टि" जैसी किसी अमूर्त अनुभूति के बारे में सोचें - आपके मन में एक निश्चित बिंदु है, जो बताता है "मुझे अपने कामकाज में कितना ख़ुश होना चाहिए," और नौकरी में संतुष्टि की आपकी अनुभूति कामकाज में आपके वास्तविक अनुभवों का औसत है। सुखद अनुभव औसत को बढ़ा देते हैं और अप्रिय अनुभव औसत को कम कर देते हैं।

"नौकरी में संतुष्टि" जितनी होनी चाहिए (आपका संदर्भ स्तर), यदि इस बारे में आपकी अनुभूति उससे कम है, तो आपका दिमाग़ सक्रिय हो जाएगा "मैं उतना ख़ुश नहीं हूँ, जितना मुझे होना चाहिए... किसी चीज़ को बदलने की ज़रूरत है।"

समस्या यह है : हो सकता है आपको पता ही न हो कि "वह चीज़" क्या है। क्या आप ज़्यादा ख़ुश होंगे, अगर आप अपने काम बदल लें, किसी नए बॉस के अधीन काम करने लगें, कंपनी छोड़ दें या ख़ुद के लिए काम करने लगें? कौन जानता है? यहीं पर *पुनर्गठन* आता है।

पुनर्गठन आकस्मिक क्रिया है, जो तब होती है, जब किसी संदर्भ स्तर का उल्लंघन होता है, लेकिन आपको पता नहीं होता कि अनुभूति को दोबारा नियंत्रण में लाने के लिए क्या करना है। कई लोग "चौथाई जीवन" या अधेड़ावस्था के जिस संकट का सामना करते हैं, वह पुनर्गठन का आदर्श उदाहरण है। आपको पक्का पता नहीं होता कि आप जो चिंता महसूस कर रहे हैं, उसे ख़त्म करने के लिए क्या करना है, इसलिए आप ऐसी चीज़ें करने लगते हैं, जो आपके लिए सामान्य नहीं हैं, जैसे यूरोप में पीठ पर थैला लादकर यात्रा करने के लिए अपनी नौकरी छोड़ना या टैटू गुदवाना और मोटरसाइकल ख़रीद लेना।

पुनर्गठन के वक़्त ऐसा महसूस होता है जैसे आप खो गए हैं, उदास हैं या पगला गए हैं - यह पूरी तरह सामान्य है। स्थिति को दुरुस्त करने वाली कोई चीज़ खोजने की कोशिश में आपका मस्तिष्क सभी तरह की विचित्र चीज़ों को बाहर निकालने लगता है। कई बार जब मैं सचमुच तनावग्रस्त होता हूँ, तो मैं सोचने लगता हूँ कि जेनिटर बनना आकर्षक है - काम मुश्किल नहीं है, आपको ज़्यादा नहीं सोचना पड़ता है और इसके बावजूद आपको तनख़्वाह मिलती है। इसका मतलब यह नहीं है कि यह एक अच्छा विचार है, लेकिन इस तरह की विचार प्रक्रिया पूरी तरह सामान्य है - मेरा मस्तिष्क निश्चित तंत्रों को दोबारा नियंत्रण में लाने के लिए सहसा उत्पन्न विचारों को बस आज़मा रहा है।

पुनर्गठन सीखने का तंत्रिकीय आधार है। जैसा हम *पैटर्न तुलना* में बात करेंगे, हमारा दिमाग़ सीखने वाली मशीन है, जो निश्चित कारणों को निश्चित परिणामों से जोड़ती है। अगर आपके मस्तिष्क ने पहले से यह नहीं सीखा है कि किसी निश्चित स्थिति में क्या करना है, तो समस्या सुलझाने का सर्वश्रेष्ठ तरीक़ा जानकारी इकट्ठी करने की कोशिश में नई चीज़ों को आज़माना है। पुनर्गठन इसीलिए होता है - यह नई चीज़ों को आज़माने या उन पर सोचने का आवेग है, ताकि यह देखा जा सके कि क्या कारगर है।

पुनर्गठन के बारे में समझने वाली सबसे अहम चीज़ों में से एक यह है कि सबसे अच्छा यही रहता है कि इससे जूझा न जाए, हालाँकि कई बार ख़ुद को विश्वास दिलाने का प्रलोभन आ सकता है कि हर चीज़ ठीक है, लेकिन किसी अलग चीज़ को आज़माने का आवेग दबाने या उसका प्रतिरोध करने से आपके सीखने की रफ़्तार धीमी हो जाती है।

"आत्मा की अँधेरी रातों" के बारे में कुछ भी अजीब या असामान्य नहीं है - वे इस बात का संकेत हैं कि आपके जीवन के बारे में कोई अनुभूति नियंत्रण के बाहर है और इसे कैसे ठीक किया जाए, इस बारे में ज़्यादा जानकारी इकट्ठी करने के लिए पुनर्गठन की आवश्यकता है। एक बार जब आप यह सीख लेते हैं कि अनुभूति को दोबारा नियंत्रण में कैसे लाना है, तो पुनर्गठन की प्रक्रिया स्वाभाविक रूप से रुक जाती है।

जब आप खोए हुए महसूस कर रहे हों, तो तसल्ली रखें - आपका मस्तिष्क बस वह जानकारी इकट्ठी कर रहा है, जिसकी ज़रूरत इसे अच्छे निर्णय लेने के लिए है। कोई नई चीज़ आज़माने के आवेग को अंगीकार करने से आप पुनर्गठन से ज़्यादा जल्दी बाहर आ जाएँगे।

इस अवधारणा को शेयर करें : **http://book.personalmba.com/reorganization/**

संघर्ष

हम जिन महत्त्वपूर्ण समस्याओं का सामना करते हैं, वे सोच के उसी स्तर पर नहीं सुलझाई जा सकतीं, जिस स्तर पर हम तब थे, जब हमने उन्हें उत्पन्न किया था।

— अल्बर्ट आइंस्टाइन, मशहूर भौतिकशास्त्री

आइए हर इंसान के प्रिय चारित्रिक दोष की जाँच करने में एक पल का समय लगाते हैं : टालमटोल।

हर व्यक्ति किसी न किसी हद तक टालमटोल करता है। जब करने के लिए इतने सारे काम हैं, तो स्वाभाविक प्रतिक्रिया यही होती है कि हम कामों को तब तक टालते रहें, जब तक कि वे अत्यावश्यक न लगने लगें। आप भविष्य में होने वाली किसी चीज़ पर ध्यान केंद्रित कैसे कर सकते हैं, जब किसी दूसरी चीज़ को *इसी समय* करना ज़रूरी है?

ख़ास तौर पर कुंठाजनक समय वह होता है, जब हम जानते हैं कि हमारे पास किसी चीज़ को *इसी समय* करने की फ़ुरसत है, लेकिन उसे करने का हमारा मन नहीं होता। हमारा एक हिस्सा काम करना चाहता है और हमारा दूसरा हिस्सा काम *नहीं* करना चाहता है। अगर आप ख़ुद को काम करने के लिए विवश करते हैं, तो आपका ध्यान इतनी आसानी से भटक जाता है कि ज़्यादा कुछ नहीं हो पाता। अगर आप आराम करने की कोशिश करते हैं, तो आपका एक हिस्सा बुरा महसूस करता है कि आप काम नहीं कर रहे हैं, जिसका मतलब है कि आप सचमुच आराम नहीं कर पाते हैं।

पूरे दिन गुज़र सकते हैं, जिनमें आप न तो सचमुच काम करते हैं, न ही सचमुच आराम करते हैं, लेकिन कुछ न करने के प्रयास से थकान महसूस करते हैं। हो क्या रहा है?

संघर्ष तब उत्पन्न होते हैं, जब दो नियंत्रण तंत्र एक ही अनुभूति को बदलने की कोशिश करते हैं। जब आप टालमटोल कर रहे हैं, तो आपके मस्तिष्क का एक उपतंत्र "चीज़ों को करने" को नियंत्रित करने की कोशिश कर रहा है, जबकि दूसरा "पर्याप्त आराम पाने" को नियंत्रित करने की कोशिश कर रहा है। चूँकि दोनों ही तंत्र एक ही अनुभूति - शारीरिक क्रिया - को नियंत्रित करने की कोशिश कर रहे हैं, इसलिए दोनों तंत्र अनुभूति को उसी तरफ़ ले जाने के लिए संघर्ष कर रहे हैं, जिधर वे इसे ले जाना चाहते हैं।

यह स्थिति वैसी ही है, जैसे किसी कमरे के तापमान को नियंत्रित करने के लिए हीटर और एयर कंडीशनर जूझने लगें। जब तक उनके संदर्भ स्तर अलग-अलग रहेंगे, कोई भी तंत्र कभी नियंत्रण में नहीं रहेगा - वे तंत्र को उस दिशा में ले जाने के लिए प्रयास करते रहेंगे, जिस दिशा में वे इसे नियंत्रित करके ले जाना चाहते हैं। भले ही एक तंत्र उनकी अनुभूति को कुछ समय के लिए नियंत्रण में ले आता है, लेकिन कुछ ही समय बाद दूसरा तंत्र इसे दोबारा नियंत्रण के बाहर ले जाएगा।

टालमटोल आंतरिक संघर्ष का एक उदाहरण है, लेकिन संघर्ष लोगों के *बीच* भी होते हैं। संघर्ष तब होते हैं, जब लोग अलग-अलग आउटपुट को नियंत्रित करना चाहते हैं, जिनमें उसी इनपुट की ज़रूरत होती है। एक ही खिलौने के लिए लड़ने वाले दो बच्चों के बारे में सोचें।

यह टालमटोल/तापमान वाला युद्ध है, फ़र्क़ इतना है कि नियंत्रण तंत्र लोग हैं। जब तक एक बच्चे के पास खिलौना रहेगा, दूसरा बच्चा परेशान रहेगा। इसके फलस्वरूप खिलौना इधर-उधर लगातार आता-जाता रहता है और दोनों बच्चे परेशान रहते हैं।

किसी बड़ी कंपनी के वरिष्ठ अधिकारियों के बारे में सोचें, जो इस बारे में झगड़ रहे हैं कि किसी सीमित बजट को कैसे आवंटित किया जाए और आपको अच्छी तरह समझ आ जाएगा कि संघर्ष कहाँ से आते हैं। अगर एक वीपी को 1 मिलियन डॉलर आवंटित कर दिए जाते हैं, तो इसका मतलब है कि बाक़ी वीपी उसका इस्तेमाल नहीं कर सकते हैं, इसलिए वे प्रतिरोध करते हैं - कंपनी जगत की राजनीति अपने चरम पर।

पारस्परिक संघर्ष को चुनौतीपूर्ण बनाने वाली एक चीज़ यह है कि हम कभी किसी दूसरे इंसान के कार्यों को सचमुच नियंत्रित नहीं कर सकते हैं। हम प्रभावित कर सकते हैं, राज़ी कर सकते हैं, प्रेरित कर सकते हैं या सौदेबाज़ी कर सकते हैं, लेकिन हम कभी भी किसी दूसरे की अनुभूतियों पर सीधे काम नहीं कर सकते हैं या उसके *संदर्भ स्तर* को सीधे नहीं बदल सकते हैं।

संदर्भ स्तर को बदलने पर ही संघर्ष सुलझ सकता है - शामिल पक्ष सफलता को कैसे परिभाषित करते हैं। अस्वीकारणीय व्यवहार की ओर ध्यान दिलाकर किसी संघर्ष को सुलझाने की कोशिश उसी तरह अप्रभावी है, जिस तरह इच्छाशक्ति व्यवहार को सीधे नहीं बदल सकती - यह संघर्ष के मूल कारण को दूर नहीं कर रहा है।

संघर्ष में हर पक्ष का एक अलग संदर्भ स्तर होता है, जो मूलतः स्थिति या *परिवेश* से प्रभावित होता है। संघर्ष सुलझाने का एकमात्र तरीक़ा हर पक्ष के संदर्भ स्तर को बदलना है, जो सबसे अच्छी तरह स्थिति के तंत्र को बदलकर किया जाता है।

टालमटोल के मामले में संघर्ष को ख़त्म किया जा सकता है, अगर काम करने और आराम करने के लिए निश्चित समय तय कर दिए जाएँ और उनमें से प्रत्येक को पर्याप्त समय दिया जाए। *द नाउ हैबिट* में नील फ़ियोर यह सलाह देते हैं कि एक "असूचीबद्ध" समय निकालें, जो आराम को काम से ज़्यादा प्राथमिकता देता हो। जब आपके मस्तिष्क को यह विश्वास होता है कि आपको अपनी ज़रूरत का सारा आराम और आनंद मिलेगा और आपको निश्चित समय तक ही काम करना है, तो उत्पादक काम करने पर ध्यान केंद्रित करना ज़्यादा आसान होता है।

प्रतिस्पर्धा कर रहे हीटर और एयर कंडीशनर के मामले में समस्या तभी तक मौजूद रह सकती है, जब तक आप दोनों के थर्मोस्टेट पर अलग-अलग तापमान रखें। संदर्भ स्तरों को बदल देंगे, तो संघर्ष सुलझ जाएगा।

जूझते बच्चों (या वाइस प्रेसिडेंट्स) के मामले में आप यह सुनिश्चित करके स्थिति को बदल सकते हैं कि हर प्रतिस्पर्धी को लगभग वही खिलौना मिले, किसी को कोई खिलौना नहीं मिले या सफलता के उनके पैमाने को "मुझे मिलना" से "मिलकर काम करना" में बदल दिया जाए।

उन संदर्भ स्तरों को बनाने वाली स्थिति को बदल दें, जिनका इस्तेमाल हर पक्ष सफलता को मापने के लिए कर रहा है और आप संघर्ष को ख़त्म कर देंगे।

इस अवधारणा को शेयर करें : http://book.personalmba.com/conflict/

पैटर्न की तुलना

आपकी स्मृति एक राक्षस है, आप भूल जाते हैं – यह नहीं भूलती है। यह तो बस चीज़ों को सहेजकर दूर रख देती है। यह आपके लिए चीज़ें रखती है या आपसे चीज़ें छिपाती है – और अपनी ख़ुद की मर्ज़ी से उन्हें आपको याद दिलाती है। आप सोचते हैं कि आपके पास स्मृति है, लेकिन सच तो यह है कि इसके पास आप हैं !

— जॉन इरविंग, उपन्यासकार और अकादमी पुरस्कार-विजेता पटकथा लेखक

गुरुत्वाकर्षण क्या है, यह पता होने के बहुत पहले से आप जानते थे कि अगर आप किसी गेंद को छोड़ देते हैं, तो यह ज़मीन की ओर गिरेगी। जब आपने पहली कुछ बार गेंद छोड़ी थी, तो यह हमेशा ज़मीन पर ही गिरी थी। यह सीखने में आपको ज़्यादा अनुभव नहीं लगे कि आप जिस वस्तु को छोड़ देते हैं, वह गिर जाएगी। गुरुत्वाकर्षण तो उस चीज़ का नाम है, जिसे आपके मस्तिष्क ने ख़ुद सीखा था।

मस्तिष्क के बारे में एक बहुत रोचक चीज़ यह है कि इसमें स्वचालित रूप से सीखने और पैटर्न पहचानने की क्षमता है। पाव्लोव के मशहूर कुत्तों के बारे में सोचें : घंटी बजाएँ और उनकी लार निकलने लगेगी। पाव्लोव ने उन्हें एक पैटर्न सिखा दिया : हर बार जब घंटी बजती है, खाना आ रहा होता है। कुत्तों को यह पैटर्न सीखने में ज़्यादा समय नहीं लगा, इसलिए वे भोजन आने से पहले ही प्रतिक्रिया देने लगे।

हमारे मस्तिष्क स्वाभाविक *पैटर्नों की तुलना* करने वाली मशीनें हैं। हम जिसे अनुभूत करते हैं, उसमें पैटर्न खोजने के लिए हमारा मस्तिष्क लगातार व्यस्त रहता है। पैटर्न मिलने के बाद यह नए पैटर्न की तुलना स्मृति में संग्रहित दूसरे पैटर्नों से करता है। पैटर्नों की तुलना करने की यह प्रक्रिया अपने आप होती है, जिसमें चेतन प्रयास की ज़रूरत नहीं है। अपने आस-पास के संसार पर ध्यान देने मात्र से आपका मस्तिष्क नए पैटर्नों को इकट्ठा कर रहा है और उन्हें स्मृति में इकट्ठा करता जा रहा है।

इंसान मूलतः *प्रयोगशीलता* के ज़रिये पैटर्न सीखते हैं। यदि कोई छोटा बच्चा चाहता है कि उसकी माँ उसे गोद ले, तो वह कई अलग-अलग नीतियाँ आज़माता है और कुछ ही समय में यह सीख जाता है कि किस क्रिया से मनचाहा परिणाम मिलेगा। आम तौर पर वह इस नतीजे पर पहुँचता है, "अगर मैं रोता हूँ, तो माँ मुझे उठा लेगी और गोद ले लेगी।" इसके बाद से बच्चा जब भी वह परिणाम चाहता है, वह उसी पैटर्न पर भरोसा करेगा।

आप अपनी स्मृति को पुराने अनुभव से सीखे गए पैटर्नों का डाटाबेस मान सकते हैं। पैटर्न हमारी दीर्घकालीन स्मृति में संग्रहित रहते हैं। नई या असामान्य स्थितियों पर प्रतिक्रियाओं को तय करने के लिए हम उनका इस्तेमाल करते हैं, लेकिन ध्यान रहे, यह स्मृति सटीकता के लिए नहीं, बल्कि गति के लिए इष्टतम होती है – मस्तिष्क जानकारी को पृष्ठभूमि के संदर्भ में संग्रहित करता है, जिससे आपको ज़रूरत पड़ने पर संबंधित पैटर्न जल्दी से याद आ जाता है। इसीलिए खोई चाबी खोजने का सबसे अच्छा तरीक़ा मन ही मन उन सारी जगहों पर जाना है, जहाँ आप हाल में गए हैं – पृष्ठभूमि जानकारी याद करने का काम ज़्यादा आसान बना देती है।

आपने जितने ज़्यादा सटीक पैटर्न सीखे हैं, नई समस्याओं को सुलझाते समय आपके पास उतने ही ज़्यादा विकल्प होते हैं। पैटर्न की तुलना एक बुनियादी कारण है, जिसकी वजह से अनुभवी लोग अनुभवहीन लोगों की तुलना में बेहतर निर्णय लेते हैं – उन्होंने अपने अनुभव से ज़्यादा सटीक पैटर्न सीखे हैं। उनका मानसिक डाटाबेस ज़्यादा बड़ा है, जिसका वे फ़ायदा उठा सकते हैं, इसी वजह से विशेषज्ञों को विशेषज्ञता मिलती है।

पैटर्न की तुलना हमारे मस्तिष्क और इसकी कार्यविधि की एक बुनियादी क्षमता है। आपने अपनी स्मृति में जितने ज़्यादा सटीक पैटर्न संग्रहीत किए हैं, आप जीवन की परिस्थितियों पर उतनी ही जल्दी और ज़्यादा सटीकता से प्रतिक्रिया कर सकते हैं।

इस अवधारणा को शेयर करें : http://book.personalmba.com/pattern-matching/

मानसिक सिमुलेशन

मैंने संगमरमर में देवदूत को देखा और तब तक तराशता रहा, जब तक कि मैंने उसे मुक्त नहीं कर दिया।

— माइकलएंजेलो, मूर्तिकार और चित्रकार

फटाफट : किसी सक्रिय ज्वालामुखी के बीच में कूदने की कल्पना करें। क्या यह अच्छा विचार है?

इस प्रश्न का जवाब देने में आपको एक सेकंड से भी कम समय लगा, हालाँकि आप पहले कभी ज्वालामुखी में नहीं कूदे हैं या आपने किसी को ऐसा करते नहीं देखा है। आपने जो किया है, वह बहुत असाधारण है। किसी ऐसी चीज़ का जवाब तुरंत जानना कैसे संभव है, जिस पर आपने पहले कभी विचार भी नहीं किया?

मानसिक सिमुलेशन कोई निश्चित कार्य करने की कल्पना करने और काम करने से पहले संभावित परिणाम का चित्र देखने की हमारी मानसिक योग्यता है। हमारे चारों ओर जो हो रहा है और हम जिन कार्यों पर विचार कर रहे हैं, उनके आधार पर हमारा मस्तिष्क लगातार यह भविष्यवाणी करने की कोशिश कर रहा है कि भविष्य में क्या होगा। हमारे कार्यों के परिणामों को भाँपना एक महत्त्वपूर्ण लाभ है। यह नई समस्याएँ सुलझाने की हमारी योग्यता को नाटकीय रूप से बढ़ा देता है।

मानसिक सिमुलेशन हमारी स्मृति पर भरोसा करता है – उन *पैटर्नों* का डाटाबेस, जिन्हें हमने अनुभूति और अनुभव के ज़रिये सीखा है। जब आपने किसी ज्वालामुखी में कूदने की कल्पना की थी, तो आपके मस्तिष्क को कोई व्यक्तिगत अनुभव नहीं मिले, लेकिन इसने प्रासंगिक *साहचर्य* खोज लिए : लावा गरम होता है, गरम चीज़ें ज़ला देती हैं, जलना दर्दनाक और ख़तरनाक होता है, दर्दनाक और ख़तरनाक चीज़ें बुरी होती हैं। इस तरह के साहचर्यों के इस्तेमाल से संभावित परिणाम का मानसिक चित्र पल भर में तैयार हो जाता है, जिससे तुरंत यह निष्कर्ष निकलता है : बहुत बुरा विचार।

मानसिक सिमुलेशन बेहद शक्तिशाली और बहुउपयोगी होता है - इसका इस्तेमाल जोखिम के बिना सबसे स्वेच्छाचारी कार्यों की जाँच के लिए भी किया जा सकता है। किसी लक्ष्य या परिदृश्य के रहने पर मानसिक सिमुलेशन ही वह है, जिसका इस्तेमाल आपका मस्तिष्क बिंदु अ को बिंदु ब से जोड़ने के लिए करता है; बिंदु अ यानी वह जगह जहाँ आप इस वक़्त हैं और बिंदु ब यानी वह जिसकी आप कल्पना कर रहे हैं। आप क्या स्वांग या सिमुलेशन कर सकते हैं, इसकी इकलौती सीमा आपकी कल्पना है।

मिसाल के तौर पर, आप अंटार्कटिका की यात्रा पर कैसे जाएँगे? यह एक सहसा उत्पन्न प्रश्न है, लेकिन *अंतिम परिणाम* को कुछ पलों के लिए दिमाग़ में रखने पर आपका मस्तिष्क अपने आप बिंदुओं को जोड़ने लगता है - उन पैटर्नों के आधार पर जो आपने सीखे हैं। "मैं किसी ट्रैवल एजेंट को फ़ोन कर सकता हूँ... समुद्री पर्यटक पोत हर समय अंटार्कटिका जाते हैं... मैं हवाई जहाज़ से अर्जेन्टीना तक जाऊँगा... मुझे एक सचमुच गर्म कोट ख़रीदना होगा" आदि। यह सारी सोच अपने आप होती है, जिसमें आपको ज़्यादा कोशिश नहीं करनी होती - आपका मस्तिष्क यही करने के लिए बना है।

मानसिक सिमुलेशन तभी काम करता है, जब आप "बिंदु ब" स्पष्ट कर देते हैं, भले ही काम या लक्ष्य पूरी तरह काल्पनिक हो - आप अपनी कल्पना के सबसे अयथार्थवादी और बकवास मंज़िल तक के मार्ग का भी स्वांग कर सकते हैं। गूगल मैप्स या व्हीकल जीपीएस सिस्टम जैसी किसी सेवा का इस्तेमाल करने के बारे में सोचें - वह तंत्र आपको सटीक दिशाएँ तो बता सकता है, लेकिन यह तब तक काम नहीं करेगा, जब तक कि आप मंज़िल न बता दें। वह मंज़िल आपके सबसे अच्छे दोस्त का घर या अल्ब्यूकर्क, न्यू मैक्सिको जैसी कोई भी मनमानी जगह हो सकती है। *लक्ष्य* (बाद में चर्चा की गई है) दिए बिना तंत्र काम नहीं करता है। यही नियम मानसिक सिमुलेशन पर भी लागू होता है - कोई मंज़िल नहीं, तो कोई सिमुलेशन नहीं।

मानसिक सिमुलेशन ख़ास तौर पर तब शक्तिशाली होता है, जब आप यह सीख लेते हैं कि इसका चेतन रूप से दोहन कैसे किया जाए, जिसकी विस्तृत पड़ताल हम *तथ्यातीत सिमुलेशन* खंड में करेंगे।

इस अवधारणा को शेयर करें : **http://book.personalmba.com/mental-simulation/**

व्याख्या और पुनर्व्याख्या

हम चीज़ों को वैसी नहीं देखते, जैसी वे होती हैं। हम चीज़ों को वैसी देखते हैं, जैसे हम होते हैं।

— अनाइस निन, लेखक और डायरी लेखक

क्या आपको किसी का ऐसा ईमेल मिला है, जिसकी वजह से आप बहुत नाराज़ हो गए, लेकिन बाद में आपको पता चला कि आपने संदेश के लहज़े या इरादे को ग़लत समझ लिया था? आपका मस्तिष्क एक ऐसे नतीजे पर पहुँचा, जो सच नहीं था, लेकिन

जिसे आपने सच मान लिया था, हालाँकि बाद में आपको पता चला कि उस संदेश की व्याख्या करने का एक अलग तरीक़ा भी था।

हमारे मस्तिष्क हमेशा कार्य की अलग-अलग दिशाओं को सिमुलेट करते रहते हैं, लेकिन कई बार यह सुनिश्चित करने के लिए पर्याप्त जानकारी नहीं होती कि कोई *पैटर्न* पूरी तरह से सटीक है या नहीं। चूँकि आप सर्वज्ञाता नहीं हैं, इसलिए आपके मस्तिष्क के पास कभी पूरी जानकारी नहीं होती है। इस वजह से यह आपकी अनुभूतियों की व्याख्या करते समय आपकी स्मृति में संग्रहित पैटर्नों के ज़रिये खोए हुए हिस्सों को अपनी तरफ़ से भर देता है। अगर आपके पास कोई विपरीत जानकारी नहीं है, तो आप अपने मस्तिष्क द्वारा उत्पन्न व्याख्या पर भरोसा करके "निष्कर्ष पर कूद जाएँगे।"

ख़ाली जगह भरने की यह क्षमता दैहिक स्तर पर भी होती है। हमारी दृष्टि के दायरे में हमारे दो अंध बिंदु होते हैं - वे बिंदु, जहाँ हमारी ऑप्टिक नर्व हमारी आँखों से जुड़ती हैं। हम इन बिंदुओं में सचमुच नहीं देख सकते, लेकिन हमारा मस्तिष्क अपने आप आस-पास की सारी जानकारी के आधार पर ख़ाली जगह को सुचारु रूप से भर देता है। इसके फलस्वरूप ऐसा नज़र आता है कि हमारे पास दृष्टि का एक ठोस क्षेत्र है, हालाँकि यह एक ऐसा भ्रम है, जो जानकारी की व्याख्या करने की हमारे मस्तिष्क की क्षमता द्वारा उत्पन्न हुआ है।

मानव मस्तिष्क जानकारी के अभाव में *व्याख्याएँ* करने के लिए पुराने पैटर्नों और जानकारी पर लगातार भरोसा करता है। अपने ईमेल अकाउंट के स्पैम फ़ोल्डर के बारे में सोचें - यह पुराने स्पैम संदेशों के संग्रह का इस्तेमाल करके इस संभावना का आकलन करता है कि कोई नया संदेश स्पैम है या नहीं। इस काम के लिए यह बेसियन इनफ़ेरेंस यानी बेसियन अनुमान नामक प्रक्रिया का इस्तेमाल करता है। संदेश ख़ुद नहीं बताते हैं कि वे स्पैम हैं, लेकिन इसके बावजूद कंप्यूटर का बेसियन स्पैम फ़िल्टर उन्हें पहचान लेता है।

आपका मस्तिष्क भी हर बार लगभग यही चीज़ करता है, जब आप किसी से मिलने के तुरंत बाद यह निर्णय लेते हैं कि आप उसे पसंद करते हैं - आपका मस्तिष्क त्वरित निर्णय लेने के लिए उन पैटर्नों पर भरोसा कर रहा है, जो आपने दूसरे लोगों के साथ पुराने अनुभवों से सीखे हैं।

इन त्वरित व्याख्याओं को बदला भी जा सकता है - जिसे *पुनर्व्याख्या* नामक प्रक्रिया कहा जाता है। किसी आकर्षक व्यक्ति से मिलने के बारे में सोचें, जो आपके आस-पास रहने पर लगातार शांत और अलग-थलग रहता है। पहली नज़र में उसका व्यवहार यह संकेत दे सकता है कि वह शर्मीला है या आपको बहुत ज़्यादा पसंद नहीं करता है, लेकिन अगर आपका कोई दोस्त बताता है कि वह आपसे रूमानी प्रेम करता है, तो उस व्यक्ति के पिछले व्यवहार की आपकी व्याख्या पल भर में बदल जाती है।

पुनर्व्याख्या इसलिए संभव है, क्योंकि आपकी स्मृति बुनियादी तौर पर अस्थायी है। हमारी स्मृति कंप्यूटर डिस्क जैसी नहीं होती है - जब भी हम किसी स्मृति को याद करते हैं, तो यह हर बार उसी अवस्था में दोबारा उसी जगह पर सुरक्षित नहीं रखी जाती है। हर बार जब हम किसी चीज़ को याद करते हैं, तो उस स्मृति को किसी अलग जगह पर रखा जाता है, एक पेंच के साथ : *नई स्मृति में वे बदलाव शामिल होंगे, जो हमने इसमें किए हैं।*

अतीत की घटनाओं को याद करके और उनकी दोबारा सक्रिय व्याख्या करके चेतन तौर पर अपने विश्वासों और *मानसिक सिमुलेशनों* को बदलना संभव है। मानसिक सिमुलेशन और

व्याख्या स्मृति में संग्रहित पैटर्नों पर भरोसा करती हैं, इसलिए अगर आप अपने मानसिक सिमुलेशन के परिणामों को बदलना चाहते हैं, तो यह करने का सबसे अच्छा तरीक़ा जानकारी के उस मानसिक डाटाबेस को बदलना है, जिस पर वे सिमुलेशन आधारित हैं। पुनर्व्याख्या से ही आप डाटाबेस को बदलते हैं।

रिक्रिएट युअर लाइफ़ में मॉर्टी लेफ़्को एक प्रक्रिया सिखाते हैं, जिसका इस्तेमाल पुरानी घटनाओं की पुनर्व्याख्या करने के लिए सरल और उपयोगी तरीक़े से किया जा सकता है :

1. अवांछित पैटर्न को पहचानें।
2. निहित विश्वास को नाम दें।
3. स्मृति में विश्वास के स्रोत को पहचानें, ज़्यादा से ज़्यादा इंद्रियात्मक विवरण शामिल करें।
4. स्मृति की संभावित वैकल्पिक व्याख्याओं का वर्णन करें।
5. यह अहसास करें कि आपका मूल विश्वास सच नहीं, बल्कि व्याख्या है।
6. चेतन रूप से मूल विश्वास को "झूठ" के रूप में अस्वीकार करने का विकल्प चुनें।
7. चेतन रूप से अपनी पुनर्व्याख्या को "सच" के रूप में स्वीकार करने का विकल्प चुनें।

यहाँ एक उदाहरण बताया जा रहा है कि मैंने लेफ़्को की प्रक्रिया का इस्तेमाल व्यक्तिगत रूप से कैसे किया : पीऐंडजी में मेरे ब्रांड मैनेजमेंट करियर की व्याख्या करने का एक तरीक़ा यह है कि मैं बुरी तरह असफल रहा था - मैं प्रबंधन के तेज़ मार्ग पर था और मैं "चढ़" नहीं पाया, इसलिए मैं "गिर" गया। कुछ समय तक मैंने इसे सच मानकर विश्वास किया, लेकिन इस विश्वास से मुझे बहुत फ़ायदा नहीं हुआ। जब मैंने वैकल्पिक मार्गों की पड़ताल करने की कोशिश की, तो मेरे दिमाग़ ने स्वाभाविक रूप से स्वांग किया कि मेरी "असफलता" मेरे नए प्रोजेक्टों में भी पहुँच जाएगी। जब तक मेरा मन इस व्याख्या पर भरोसा करके भविष्य का स्वांग करता रहता, मैं ख़ुद को पराजित करने वाले चक्र में अटका रहता।

पीऐंडजी में मेरे पुराने करियर की व्याख्या करने का एक और तरीक़ा है। मेरे अनुभव ने मुझे इस बारे में बहुत कुछ सिखाया कि बड़े कॉरपोरेशन कैसे काम करते हैं और मैंने इस बारे में बहुत कुछ सीखा कि मैं किसमें अच्छा हूँ, मुझे क्या करना ख़ास पसंद नहीं है और मैं अपने समय का कैसे निवेश करना चाहता हूँ। पीऐंडजी में काम करने से मुझे एक ऐसा मार्ग खोजने में मदद मिली, जो मेरे लिए कारगर नहीं था, इसलिए मैंने उस मार्ग पर चलना छोड़कर दूसरी चीज़ों को आज़माया, जो मेरी शक्तियों और इच्छाओं के लिहाज़ से ज़्यादा उपयुक्त थीं, जब तक कि मुझे एक ऐसी चीज़ नहीं मिल गई, जिससे मुझे प्रेम था - एक बड़ी विजय और जीवन की भारी बेहतरी।

कौन सी व्याख्या "सच" है? दोनों ही व्याख्याएँ वैध हैं। पहली व्याख्या बनाते समय मेरा मस्तिष्क गड़बड़ काम नहीं कर रहा था, लेकिन उस व्याख्या से मुझे ज़्यादा फ़ायदा नहीं हो रहा था। स्थिति की दोबारा व्याख्या करना और दूसरे संस्करण को "सच" मानना कहीं ज़्यादा उपयोगी था - इसके बिना आप शायद यह पुस्तक नहीं पढ़ रहे होते।

अपने अतीत की दोबारा व्याख्या करें और आप वर्तमान में बेहतरीन चीज़ें करने की अपनी योग्यता बढ़ा लेंगे।

इस अवधारणा को शेयर करें : http://book.personalmba.com/interpretation/

प्रेरणा

लेकिन मैं नहीं करना चाहता!!!

—दो साल के बच्चे हर जगह

प्रेरणा एक ऐसी चीज़ है, जिसके बारे में आप शायद हर समय सोचते रहते हैं और इस तरह के वाक्यों का इस्तेमाल करते हैं, जैसे "मैं इसे करने के बारे में सचमुच प्रेरित महसूस कर रहा हूँ" या "मैं इस वक़्त यह करने के बारे में बहुत प्रेरित महसूस नहीं कर रहा हूँ।" चूँकि हममें से बहुत सारे लोग अपने दैनिक अनुभव को स्पष्ट करने के लिए इस शब्द पर भरोसा करते हैं, इसलिए यह समझना लाभकारी है कि हम दरअसल किस बारे में बात कर रहे हैं।

प्रेरणा एक भावनात्मक अवस्था है, जो हमारे मस्तिष्क के महसूस करने वाले हिस्सों को कार्य करने के लिए ज़िम्मेदार हिस्सों से जोड़ती है। *प्याजनुमा मस्तिष्क* के बुनियादी मॉडल का इस्तेमाल करने पर प्रेरणा मध्य मस्तिष्क (जो संसार को अनुभूत करता है) और पश्च मस्तिष्क (जो हमारे शरीर को कार्य करने के संकेत भेजता है) के बीच की कड़ी है। ज़्यादातर मामलों में प्रेरणा स्वचालित होती है - परिस्थितियाँ जैसी हैं और हम उन्हें जैसी चाहते हैं, उनके बीच के फ़र्क़ को मस्तिष्क अनुभूत करता है और शरीर स्वचालित अंदाज़ में फ़र्क़ मिटाने करने के लिए काम करता है।

आप प्रेरणा के अनुभव को दो बुनियादी इच्छाओं में तोड़ सकते हैं : मनचाही चीज़ों की *ओर बढ़ना* और अनचाही चीज़ों से *दूर जाना।* जो चीज़ें हमारी *बुनियादी मानवीय प्रेरणाओं* को संतुष्ट करती हैं, वे मनचाही नज़र आती हैं, इसलिए हम उनकी ओर बढ़ने का आवेग अनुभव करते हैं। जो चीज़ें ख़तरनाक, डरावनी या जोखिम भरी नज़र आती हैं, वे अनचाही होती हैं, इसलिए हम स्वाभाविक रूप से उनसे दूर जाने का आवेग अनुभव करते हैं।

आम तौर पर, "दूर जाने" की प्राथमिकता "आगे बढ़ने" से ज़्यादा होती है। कारण *गुफामानव सिंड्रोम* है - शेर से दूर भागना खाना बनाने से ज़्यादा प्राथमिकता वाला होता है।

आइए मान लेते हैं कि आपके पास एक नया व्यवसाय शुरू करने का रोमांचक अवसर है। रोमांच महसूस करने की वजह से आप उस अवसर की ओर बढ़ सकते हैं, लेकिन अगर उस अवसर के लिए आपको किसी ऊँचे वेतन वाली नौकरी छोड़नी पड़े, जिसमें जोखिम महसूस होता है, तो आप उस अवसर से दूर जाने के लिए मजबूर हो सकते हैं। इन विरोधी विचारों की वजह से संघर्ष उत्पन्न हो जाएगा। जब तक जोखिम रोमांच पर भारी पड़ता है, तब तक आप हिचकते रहेंगे, भले ही छलाँग लगाने पर ख़तरे की बहुत कम संभावना हो। हमारे दिमाग़ की यह सुरक्षा प्रणाली बहुत अच्छे कारणों से बनाई गई थी, लेकिन आज हम जो ज़्यादातर निर्णय लेते हैं, वे जीवन-मरण के परिणाम वाले नहीं होते हैं।

प्रेरणा कोई तार्किक गतिविधि नहीं, बल्कि भावना है। आपका अग्र मस्तिष्क सोचता है कि आपको कोई चीज़ करने के लिए प्रेरित होना चाहिए, इसका यह मतलब नहीं है कि आप अपने आप उस चीज़ को करने के लिए प्रेरित हो जाएँगे। (काश, यह इतना आसान होता!) अक्सर मध्य मस्तिष्क में छिपे *मानसिक सिमुलेशन, पैटर्न, संघर्ष* और *व्याख्याएँ* मनचाही चीज़ की दिशा में प्रगति करने की राह में बाधक बन जाती हैं। जब तक "दूर जाने वाले" संकेत आ रहे हैं, आपको अपनी मनचाही चीज़ की तरफ़ बढ़ने के लिए प्रेरित महसूस करने में मुश्किल आएगी।

इसी तर्ज पर आप लोगों पर चिल्लाकर उन्हें ज़्यादा तेज़ काम करने के लिए "प्रेरित" नहीं कर सकते - ड्रिल सर्जेन्ट वाली नीति से बस यह हासिल होता है कि यह उनके मन में आपसे दूर जाने की इच्छा जगा देती है। वे कुछ समय तक तो आपकी बात मानेंगे, अगर ऐसा न करने पर उन्हें जोखिम महसूस होगा, लेकिन आप शर्त लगा सकते हैं कि वे पहला मौक़ा मिलते ही आपसे दूर चले जाएँगे।

जो आंतरिक संघर्ष आपको संभावित जोखिमों से दूर जाने के लिए मजबूर करते हैं, उन्हें ख़त्म कर दें। इसके बाद आपको मनचाही चीज़ की दिशा में बढ़ने की प्रेरणा अपने आप ही महसूस होने लगेगी।

इस अवधारणा को शेयर करें : http://book.personalmba.com/motivation/

निषेध

निषेध रुकने की योग्यता है। अपनी प्रतिक्रिया में विलंब करना, जब तक कि हम इसे करने के लिए पर्याप्त तैयार न हो जाएँ।

— माइकल जेल्ब, *बॉडी लर्निंग : एन इंट्रोडक्शन टु द अलेक्ज़ेंडर टेक्नीक* और *हाउ टू थिंक लाइक लियोनार्डो द विंची*

यक़ीन मानें या न मानें, आपके ज़्यादातर दैनिक कार्यों में बहुत कम चेतन सोच-विचार की ज़रूरत होती है। ज़्यादातर वक़्त हमारे शरीर और मन ऑटोपायलट पर होते हैं - हमारे मन हमारे आस-पास के संसार को अनुभूत कर लेते हैं, हमारे *परिवेश* और कार्यों की तुलना आंतरिक *संदर्भ स्तरों* से करते हैं और इसी अनुसार काम करते हैं। कार चलाने के बारे में सोचें । अभ्यास के साथ आपका शरीर कार को सड़क पर बनाए रखने के लिए आवश्यक हर चीज़ करता है, जिसमें ज़्यादा चेतन विचार की ज़रूरत नहीं होती।

वैसे कभी-कभार ऑटोपायलट को नज़रअंदाज़ करके कुछ अलग करना लाभकारी होता है। अगर जंगल में कोई भालू सामने आ जाए, तो आपको कभी दौड़ नहीं लगानी चाहिए, हालाँकि आपकी सहज इंद्रियाँ आपको यही करने की सलाह दे सकती हैं। अगर आप दौड़ते हैं, तो भालू संभवतः आपको अपने लंच का मेन्यू मान लेगा और आपके पीछे-पीछे दौड़ने लगेगा।

दौड़ने से ज़्यादा कारगर यह रहता है कि आप अपनी जगह पर खड़े रहें और ख़ुद को बड़ा, तेज़ आवाज़ वाला और ख़तरनाक बना लें, जितना आप बना सकते हों। ख़तरनाक दिखने

के लिए यह आवश्यक है कि आप अपनी स्वाभाविक प्रतिक्रिया का चेतन रूप से निषेध करें, लेकिन इसकी वजह से भालू आपको जोखिम मान लेगा और आपको अकेला छोड़ने का निर्णय ले लेगा।

निषेध आपके स्वाभाविक रुझानों को कुछ समय के लिए रद्द करने की योग्यता है। अगर आपने अपने किसी भाई-बहन (या सहकर्मी) को अपरिपक्व, बुरे या चिड़चिड़े व्यवहार को झेला है, तो निषेध ने आपको कोई ऐसी चीज़ करने से रोक दिया था, जिस पर आपको बाद में अफ़सोस होता।

इच्छाशक्ति निषेध का ईंधन है। जैसा हम *प्याजनुमा मस्तिष्क* वाले खंड में बात कर चुके हैं, अग्र मस्तिष्क का काम संदिग्धता को सुलझाना, निर्णय लेना और निषेध है। जब भी हम अपने परिवेश पर अपनी स्वाभाविक प्रतिक्रियाओं को रोकते हैं, तो इच्छाशक्ति सक्रिय होती है। हमारे मध्य मस्तिष्क व पश्च मस्तिष्क ऑटोपायलट पर होते हैं और अग्र मस्तिष्क हावी होता है। इस अर्थ में "स्वतंत्र इच्छा" थोड़ी भ्रामक है - "स्वतंत्र अनिच्छा" ज़्यादा सटीक वर्णन है।

निश्चित निर्णयों या प्रतिक्रियाओं का निषेध करना लाभकारी हो सकता है, लेकिन निषेध करने की हमारी योग्यता की सीमाएँ होती हैं, जिन पर हम आगे चर्चा करेंगे।

इस अवधारणा को शेयर करें : http://book.personalmba.com/inhibition/

इच्छाशक्ति क्षय

यदि आप फिसलना नहीं चाहते हैं, तो फिसलन भरी जगहों पर न जाएँ।

— *अल्कोहलिक्स एनॉनिमस* का नीतिवचन

1960 के दशक में कोलंबिया यूनिवर्सिटी के शोधकर्ता डॉ. वॉल्टर मिशेल ने छोटे बच्चों को सुनियोजित तरीक़े से उलझन में डाला।

उन्होंने यह इस तरह किया : डॉ. मिशेल ने बच्चे को एक छोटे कमरे में टेबल-कुर्सी पर बैठा दिया। टेबल के बीच में डॉ. मिशेल ने एक बड़ा, नरम मार्शमैलो रखा और बच्चे से कहा, "अगर तुम मेरे लौटने का इंतज़ार करोगे, तो तुम्हें दो मिलेंगे।" फिर वे चले जाते थे।

इसके बाद यह होता था : शोधकर्ता के जाने के चंद पलों में ही कुछ बच्चों ने मार्शमैलो खा लिया। बाक़ी ने प्रलोभन से अपना ध्यान भटकाने के वीरतापूर्ण प्रयास किए और मार्शमैलो के बजाय किसी दूसरी चीज़ पर ध्यान देने का दर्दनाक प्रयास किया, ताकि ज़्यादा बड़े पुरस्कार के लिए धैर्य दिखाया जाए।

डॉ. मिशेल ने *इच्छाशक्ति* और सफलता के बीच एक संबंध पाया : जिन बच्चों में "संतुष्टि में विलंब करने" की ज़्यादा क्षमता थी, वे स्कूल में और बाद के जीवन में भी ज़्यादा सफल थे। अपनी सहज भावनाओं का प्रतिरोध करने से बाद में अक्सर ज़्यादा बड़े पुरस्कार मिलते हैं। ख़र्च करना आसान है, लेकिन बचत करना नहीं है, हालाँकि बचत बाद में ज़्यादा लाभकारी होती है।

इच्छाशक्ति को सहज बोध निरस्तीकरण माना जा सकता है - यह हमारी स्वचालित प्रोसेसिंग को बाधित करके कोई दूसरी चीज़ करने का तरीक़ा है। जब भी हम किसी ऐसी स्थिति में होते हैं, जिसमें हमारे स्वाभाविक रुझानों का निषेध करना उपयोगी होता है, तो प्रतिक्रिया को

रोकने के लिए इच्छाशक्ति की ज़रूरत होती है। इच्छाशक्ति काफ़ी उपयोगी औज़ार है, लेकिन इसकी कुछ अंतर्निहित सीमाएँ भी होती हैं।

हमारी इच्छाशक्ति के भंडार बहुत सीमित होते हैं और उपयोग करने पर *ख़ाली* हो जाते हैं। फ़्लोरिडा स्टेट यूनिवर्सिटी के शोधकर्ता डॉ. रॉय बॉमीस्टर ने पाया कि आत्म-नियंत्रण वाले कामों के लिए इच्छाशक्ति का सफलतापूर्वक इस्तेमाल करने की हमारी योग्यता दैहिक ईंधन पर निर्भर होती है : रक्त ग्लूकोज़। इच्छाशक्ति के काम तुलनात्मक रूप से ग्लूकोज़ की ज़्यादा मात्रा को ख़ाली करते हैं। जब इसका भंडार कम हो जाता है, तो व्यवहार का निषेध करने के लिए इच्छाशक्ति का इस्तेमाल करने में हमें मुश्किल आती है। इसीलिए जब आप डाइट पर होते हैं, तो रात को 8.30 बजे आइसक्रीम खाने का प्रतिरोध करना मुश्किल होता है - तब तक आपके इच्छाशक्ति के भंडार जाने कब के ख़ाली हो चुके होते हैं।

इच्छाशक्ति के सीमित भंडार के इस्तेमाल का सबसे अच्छा तरीक़ा यह है कि अपने व्यवहार के बजाय अपने *परिवेश* के तंत्र को बदलने के लिए *मार्गदर्शक तंत्र* का इस्तेमाल करें। मिसाल के तौर पर, अगर आप आइसक्रीम खाना छोड़ना चाहते हैं, तो अपने फ़्रीज़र में आइसक्रीम का टब न रखें। अगर आप आइसक्रीम ख़रीदकर अपनी इच्छाशक्ति पर निर्भर रहते हैं कि यह इसे खाने के प्रलोभन का प्रतिरोध करेगी, तो आप निराशा को आमंत्रण दे रहे हैं। जब आपकी इच्छाशक्ति अवश्यंभावी रूप से असफल होती है, तो इस चूक की व्याख्या ग़लत तरीक़े से बुनियादी चारित्रिक दोष के रूप में की जा सकती है, जो *आरोपण त्रुटि* (बाद में चर्चा की गई है) का एक उदाहरण है।

इसके बजाय आइसक्रीम को अपने फ़्रीज़र से पूरी तरह हटाने के लिए बहुत कम इच्छाशक्ति का इस्तेमाल करना कहीं ज़्यादा कारगर होता है; या तो इसे किसी दूसरे को दे दें या फिर फेंक दें। अपने परिवेश से आइसक्रीम को हटाने के बाद किसी इच्छाशक्ति की ज़रूरत नहीं होती - आपको इसे लाने के लिए दुकान तक जाना होगा, जिसमें ज़्यादा प्रयास लगेगा। तब न्यूनतम प्रतिरोध का मार्ग बदल जाता है, इसलिए भूख महसूस होने पर आप कोई दूसरी चीज़ खा लेंगे - शायद सेब।

इंटरनेट मेरे लिए बहुत बड़ा प्रलोभन है - मुझे नई चीज़ें सीखने से प्रेम है और वेब पर इतनी सारी रोचक जानकारी है कि मैं अंतहीन रूप से व्यस्त रहता हूँ। लिखने के बजाय पढ़ने में समय बिताना मेरे लिए ज़्यादा आसान है, लेकिन मैं कंप्यूटर पर लिखता हूँ, जो अपने फ़्रीज़र में आइसक्रीम रखने जैसा है - वेब हमेशा वहाँ होता है और मुझे लिखने से दूर खींचने का प्रलोभन देता है।

इस पुस्तक को पूरा करने के लिए मैंने अपनी इच्छाशक्ति पर लगातार भरोसा नहीं किया। इसके बजाय मैंने थोड़ी सी इच्छाशक्ति का इस्तेमाल करके अपने मैक पर फ़्रीडम नामक एप्लिकेशन इंस्टाल किया और अपने परिवेश को बदल लिया। यह एप्लिकेशन अस्थायी तौर पर मेरे लैपटॉप पर इंटरनेट संपर्क तोड़ देता है, जिससे मेरे लिए कुछ घंटों तक इंटरनेट का इस्तेमाल करना असंभव हो जाता है। (विंडोज़ का उपयोग करने वाले लीचब्लॉक नामक प्रोग्राम से यही परिणाम हासिल कर सकते हैं।) इस तरह प्रलोभन हट जाता है और मैं लिखने में जुट जाता हूँ। यह कहना सुरक्षित है कि अगर फ़्रीडम नहीं होता, तो आप इसे इस वक़्त नहीं पढ़ रहे होते।

अपनी इच्छाशक्ति को बचाएँ : अपने परिवेश को बदलने के लिए इसका इस्तेमाल करें। इसका परिणाम यह होगा कि जब भी *निषेध* की ज़रूरत होगी, तो आपके पास ज़्यादा इच्छाशक्ति होगी।

इस अवधारणा को शेयर करें : **http://book.personalmba.com/willpower-depletion/**

नुक़सान से नफ़रत

हमारी शंकाएँ ही गद्दार हैं और उनकी वजह से हम उस अच्छाई को गँवा देते हैं, जिसे हम अक्सर जीत सकते थे, लेकिन डर की वजह से हमने कोशिश ही नहीं की।

— विलियम शेक्सपियर, *मेज़र फ़ॉर मेज़र*

कुछ समय पहले मेरी पत्नी केल्सी ने निवेश ख़ाते से पैसे निकाले। जब ब्रोकरेज ने उसके बैंक ख़ाते में पैसे जमा किए, तो उन्होंने ग़लती से 10,000 डॉलर ज़्यादा जमा कर दिए। तार्किक दृष्टि से यह बड़ा मामला नहीं था - यह एक छोटी सी ग़लती थी, जो आसानी से दुरुस्त हो गई, लेकिन भावनात्मक दृष्टि से केल्सी को ऐसा महसूस हुआ जैसे उसे अतिरिक्त पैसे का "नुक़सान" हो गया, हालाँकि यह दरअसल उसका था ही नहीं।

नुक़सान से नफ़रत यह विचार है कि लोग चीज़ों से लाभ पाना जितना पसंद करते हैं, उनसे नुक़सान उठाने से उससे ज़्यादा नफ़रत करते हैं। मनोविज्ञान बहुत कम संबंधों को संख्यात्मक कर पाया है, लेकिन यह उनमें से एक है : लोग किसी लाभ पर जितनी प्रबल प्रतिक्रिया करते हैं, उतने ही नुक़सान पर वे दोगुनी प्रबल प्रतिक्रिया करते हैं। अगर आपका निवेश पोर्टफ़ोलियो 100 प्रतिशत बढ़ जाए, तो आपको काफ़ी अच्छा महसूस होगा। अगर आपका पोर्टफ़ोलियो 100 प्रतिशत गिर जाए, तो आप *भयंकर* महसूस करेंगे।

नुक़सान से नफ़रत की अवधारणा यह स्पष्ट करती है कि *प्रेरणा* के मामले में जोखिम अवसरों पर आम तौर पर भारी क्यों पड़ते हैं। देखिए, नुक़सान के जोखिम में तुरंत ध्यान देने की ज़रूरत होती थी, क्योंकि नुक़सान बहुत महँगे होते थे - जानलेवा भी। किसी हिंसक जानवर, बीमारी, ठंड या भुखमरी की वजह से मरना या अपने किसी प्रियजन को गँवाना हर जगह भीषण अनुभव होता है, इसलिए हमें इस तरह बनाया गया है, ताकि हम इसे रोकने के लिए हरसंभव प्रयत्न करें। आज हम जिन संभावित नुक़सानों का सामना करते हैं, वे इतने गंभीर नहीं होते हैं, लेकिन हमारा मस्तिष्क अब भी उन्हें अपने आप प्राथमिकता देता है।

नुक़सान से नफ़रत की अवधारणा यह भी स्पष्ट करती है कि अनिश्चितता जोखिम भरी क्यों लगती है। आप किस अध्ययन को देख रहे हैं, इस पर निर्भर करते हुए 80 से 90 प्रतिशत वयस्क सोचते हैं कि अपना व्यवसाय शुरू करना और ख़ुद के लिए काम करना बेहतरीन रहेगा। अगर यह सच है, तो फिर ज़्यादा लोग व्यवसाय शुरू क्यों नहीं करते हैं? नुक़सान से नफ़रत उन्हें यह काम करने से रोकती है : एक स्थिर (और काफ़ी हद तक अनुमानयोग्य) नौकरी गँवाने के जोखिम पर ज़्यादा *ध्यान* केंद्रित होता है, जबकि नया आत्मनिर्भर

व्यवसाय बनाने के अवसर पर कम ध्यान केंद्रित होता है। किसी व्यवसाय को शुरू करने में संभावित नुक़सान की तलवार लटकती रहती है, जिसकी वजह से लोग शुरू ही नहीं कर पाते हैं।

नुक़सान से नफ़रत मंदियों और डिप्रेशनों में ख़ास तौर पर सुस्पष्ट होता है। नौकरी, घर या अपने रिटायरमेंट फ़ंड का बड़ा हिस्सा गँवाना जानलेवा या जान जोखिम में डालने वाला नहीं है, लेकिन फिर भी यह भयंकर महसूस होता है। इसके फलस्वरूप लोगों में ज़्यादा रूढ़िवादी बनने उन जोखिमों से बचने की प्रवृत्ति होती है, जिनसे परिस्थितियाँ बदतर हो सकती हैं। दुर्भाग्य से उनमें से कुछ जोखिम - जैसे एक नया व्यवसाय शुरू करना - दरअसल चीज़ों को बेहतर बनाने का एक बड़ा अवसर साबित हो सकते हैं।

नुक़सान से नफ़रत से उबरने का सबसे अच्छा तरीक़ा यह है कि नुक़सान के जोखिम की *पुनर्व्याख्या* "कोई बड़ी बात नहीं" के रूप में की जाए। कैसिनो हर दिन नुक़सान से नफ़रत से उबरने का व्यवसाय करते हैं - एक मायने में देखें, तो लास वेगस स्ट्रिप की आलीशान इमारतें मानव मूर्खता की विशाल स्मारक हैं। अगर नुक़सान से नफ़रत इतनी बड़ी बात है, तो कैसिनो लोगों को ऐसे खेल खेलने के लिए प्रोत्साहित कैसे करते हैं, जिसमें *गणितीय दृष्टि* से उनका पैसा डूबना तय है?

कैसिनो नुक़सान को अमूर्त बनाकर जीतते हैं। खिलाड़ियों से वे डॉलरों से जुआ नहीं खिलवाते हैं, जिसे मूल्यवान समझा जाता है। इसके बजाय कैसिनो मुद्रा को चिप्स या डेबिट कार्ड में बदल देता है, जो मूल्यवान *महसूस* नहीं होते। जब खिलाड़ी यह "नक़ली" पैसा हार जाता है, तो कैसिनो मुफ़्त पेय पदार्थ, टीशर्ट, कक्ष उन्नयन या दूसरे "पुरस्कार" देकर नुक़सान के किसी तरह के बचे हुए अहसास को कम करेगा। इसके फलस्वरूप हारना "कोई बड़ी बात नहीं" बन जाती है, इसलिए खिलाड़ी खेलते रहते हैं - और रात दर रात पैसे हारते रहते हैं।

अगर आप किसी संभावित ग्राहक को कोई प्रॉडक्ट या सेवा दे रहे हैं, तो नुक़सान से नफ़रत की वजह से ही *जोखिम को उलटना* बहुत महत्त्वपूर्ण होता है। लोग हारने से नफ़रत करते हैं, क्योंकि इससे उन्हें लगता है कि उन्हें मूर्ख बनाया गया है और उनका फ़ायदा उठाया गया है। इसके फलस्वरूप वे हार से बचने के लिए बहुत दूर तक जाएँगे। वे कोई मूर्खतापूर्ण निर्णय न लें, यह सुनिश्चित करने का सबसे अच्छा तरीक़ा यह है कि वे आपका प्रॉडक्ट ख़रीदें ही नहीं। अगर आप बिक्री करने के व्यवसाय में हैं, तो यह एक बड़ी समस्या है। पैसे वापसी की गारंटी या इसी तरह की जोखिम उलटने वाली पेशकश देकर जोखिम की अनुभूति को ख़त्म कर दें। इससे लोग यह महसूस करेंगे कि उनका निर्णय कम जोखिम भरा है, जिससे आपकी बिक्री ज़्यादा होगी।

इस अवधारणा को शेयर करें : **http://book.personalmba.com/loss-aversion/**

जोखिम तालाबंदी

डर के वशीभूत होकर बहुत कम काम किया जा सकता है।

— फ़्लोरेंस नाइटिंगेल, पेशेवर नर्सिंग की प्रवर्तक

आप गहरी नींद में होते हैं, तभी रात में अचानक कोई तेज़ आवाज़ होती है। लगभग तुरंत ही आप सतर्क हो जाते हैं - आपके दिल की धड़कन तेज़ हो जाती है, आपकी पुतलियाँ फैल जाती हैं, ताकि ज़्यादा प्रकाश और विवरण को ग्रहण कर लें और एड्रीनलिन व कॉर्टिसॉल जैसे तनाव हॉरमोन आपके ख़ून में दौड़ने लगते हैं। आपका मस्तिष्क स्वचालित अंदाज़ में आवाज़ के संभावित स्रोतों, पलायन के मार्गों और रक्षा के संभावित हथियारों को पहचान लेता है। पलक झपकते ही आप जोखिम के ख़िलाफ़ अपनी रक्षा करने के लिए तैयार हो जाते हैं, चाहे जोखिम कोई भी हो।

जब आपका मस्तिष्क संभावित जोखिम - चाहे यह वास्तविक हो या काल्पनिक - को अनुभूत करता है, तो आपका शरीर प्रतिक्रिया करने के लिए तुरंत तैयार हो जाता है। यह स्वचालित दैहिक प्रतिक्रिया इसलिए बनाई गई है, ताकि जोखिम को ख़त्म करने के लिए आप तीन चीज़ों में से एक चीज़ कर सकें : लड़ें, भागें या स्थिर हो जाएँ। जब तक आप "सुरक्षात्मक मोड" में रहते हैं, तब तक जोखिम पर ध्यान केंद्रित करने के अलावा दूसरी कोई चीज़ करना मुश्किल होता है। जब तक कि आप घर की तलाशी न ले लें, आप किसी तरह नहीं सो सकते- आपका शरीर सुरक्षात्मक मोड से बाहर तभी निकलेगा, जब आपको यह विश्वास हो जाएगा कि कोई जोखिम नहीं है, जिसका सामना आपको करना है।

लड़ने, भागने या स्थिर रहने का अवचेतन चयन काफ़ी हद तक स्थिति के आपके मस्तिष्क के स्वचालित *मानसिक सिमुलेशन* पर निर्भर करता है। अगर आपका मस्तिष्क यह भविष्यवाणी करता है कि लड़ने पर आप जीत सकते हैं, तो आप लड़ेंगे। अगर आपका मस्तिष्क यह भविष्यवाणी करता है कि दूर जाकर आप "जीत" सकते हैं, तो आप भाग जाएँगे। अगर आपका मस्तिष्क यह भविष्यवाणी करता है कि आप दूर नहीं जा सकते, तो आप इस आशा में स्थिर रहेंगे कि जोखिम आपके पास से गुज़र जाएगा। स्थिर होने की वजह से आपका मस्तिष्क *जोखिम तालाबंदी* - सुरक्षात्मक मोड - में चला जाता है, जिससे जोखिम पर ध्यान केंद्रित करने के अलावा कोई दूसरी चीज़ करना मुश्किल होता है।

जोखिम तालाबंदी एक सृजनात्मक प्रतिक्रिया है, जिसका उद्देश्य ख़ुद की रक्षा करने में आपकी मदद करना है। बहरहाल, कई प्राचीन प्रवृत्तियों की तरह ही यह भी अक्सर हमारे आधुनिक परिवेश में ठीक से काम नहीं करती है। आप आज जिन जोखिमों का सामना करते हैं, वे पुराने जमाने की तुलना में बहुत कम विकट होते हैं, लेकिन उन पर प्रतिक्रिया करने का हमारा अंदाज़ नहीं बदला है।

पुराने ज़माने में जब जोखिम हिंसक पशु या क्रोधित क़बीलाई मुखिया होता था, तो तालाबंदी की प्रतिक्रिया सृजनात्मक थी, क्योंकि यह हमारी ऊर्जा को जीवित रहने और/या क़बीले का हिस्सा होने पर केंद्रित करती थी। हर दिन हमारे दिमाग़ में जो विचार दौड़ते हैं, हालाँकि उनमें और हमारे प्राचीन पूर्वजों के विचारों में बहुत कम समानता है, लेकिन ये विचार

जिस हार्डवेयर - हमारे मस्तिष्क - पर दौड़ रहे हैं, वह काफ़ी हद तक अब भी पहले जैसा ही है और एक बहुत नए परिवेश में बहुत पुराने जोखिमों की लगातार तलाश करता रहता है। इसके फलस्वरूप हम ज़रूरत से बहुत ज़्यादा खाते हैं और ज़रूरत से बहुत कम व्यायाम करते हैं। जब किसी क्रोधित बॉस या विलंबित मॉर्टगेज भुगतान से मुक़ाबला होता है, तो बुरी तरह लड़ने, स्थिर रहने या दूर भागने के सहज बोध वाले व्यवहार बहुत सृजनात्मक नहीं होते।

शेयर बाज़ार में उथल-पुथल जोखिम तालाबंदी का उत्कृष्ट उदाहरण है। 2008 के उत्तरार्ध में शेयर बाज़ार के लुढ़कने से दहशत और हाथ मलने का एक सिलसिला शुरू हुआ। वे लोग भी इसका शिकार हुए, जिन्हें घर या नौकरी गँवाने का कोई ख़तरा नहीं था। बुरी चीज़ें होने की *आशंका* मात्र से कंपनियों की प्रगति थम जाती है, जबकि कंपनी को उस वक़्त सही स्थिति में रहने के लिए उत्पादकता बढ़ाने की ज़रूरत होती है। अच्छा काम करने पर ध्यान केंद्रित करने के बजाय कर्मचारी अपना ज़्यादातर समय और ऊर्जा इस चिंता में गँवा देते हैं कि भविष्य में जाने क्या होगा। वे इस गपशप में व्यस्त हो जाते हैं कि अब किसे निकाला जाएगा। इसके फलस्वरूप उत्पन्न मूल्य की सकल मात्रा घट जाती है और कंपनी के बदतर भविष्य की आशंका बढ़ जाती है।

जोखिम तालाबंदी आसानी से एक दुष्चक्र बन सकती है। अगर आप कभी कर्मचारियों की छँटनी करने की दुर्भाग्यपूर्ण स्थिति में रहे हैं, तो इसे तुरत-फुरत, सफ़ाई से और एक साथ करना सबसे अच्छा होता है। सर्वश्रेष्ठ यह रहता है कि छँटनी तेज़ी से करें और फिर बचे हुए कर्मचारियों को आश्वस्त कर दें कि अब और छँटनी नहीं होगी। छँटनी की अफ़वाहें अगर फैलती रहें या कर्मचारी अगर लगातार सोचते रहें कि "कहीं अगला नंबर मेरा ही तो नहीं है" जोखिम तालाबंदी का अचूक नुस्ख़ा है।

यदि आप जोखिम तालाबंदी महसूस कर रहे हैं, तो *जोखिम के संकेत का दमन करने की कोशिश न करें।* कई अध्ययनों ने दिखाया है कि सक्रिय दमन से अनुभूति नहीं जाती है - इसके बजाय, इससे संकेत ज़्यादा शक्तिशाली बन जाते हैं। इस बारे में सोचें कि आपका ध्यान खींचने पर आमादा कोई छोटा बच्चा क्या करता है, जब आप उसे नज़रअंदाज़ कर देते हैं - वह अपनी धमाचौकड़ी लगातार बढ़ाता रहेगा, जब तक कि उसे यह विश्वास न हो जाए कि आप उस पर ध्यान दे रहे हैं। आपका मस्तिष्क भी यही चीज़ करता है - दमन से जोखिम के संकेत ज़्यादा शक्तिशाली बनते हैं। चेतन रूप से अपने मस्तिष्क को मानसिक "संदेश प्राप्त, आगे बढ़ना सुरक्षित" संकेत भेजना सरल और आश्चर्यजनक रूप से प्रभावी तरीक़ा है, ताकि आप समस्या पर केंद्रित होना छोड़कर उचित प्रतिक्रियाओं पर विचार कर सकें।

जोखिम तालाबंदी से निबटने की कुंजी अपने मस्तिष्क को यह विश्वास दिलाना है कि अब जोखिम मौजूद नहीं है। आप ऐसा दो तरीक़ों से कर सकते हैं : (1) आप अपने मस्तिष्क को यह विश्वास दिला सकते हैं कि दरअसल कभी कोई जोखिम था ही नहीं, या (2) आप अपने मस्तिष्क को यह विश्वास दिला सकते हैं कि जोखिम गुज़र चुका है। अपने मस्तिष्क को यह विश्वास दिलाना कि कभी कोई जोखिम था ही नहीं, आधी रात को अँधेरे में अपने मकान की तलाशी लेने जैसा है - छानबीन से यह साबित हो जाता है कि कोई जोखिम मौजूद नहीं है,

इसलिए सुरक्षात्मक मोड से बाहर निकलना सुरक्षित है। अपने मस्तिष्क को यह विश्वास दिलाना कि जोखिम गुज़र चुका है, यही चीज़ करता है - जोखिम जा चुका है और आपको अब नुक़सान नहीं पहुँचा सकता, इसलिए आगे बढ़ना सुरक्षित है।

कई बार जोखिम तालाबंदी को शांत करना मुश्किल होता है, ख़ास तौर पर अगर आप इसमें लंबे समय से हों। चूँकि सुरक्षात्मक मोड दैहिक होता है, इसलिए ख़ुद को शांत करने के लिए दैहिक साधनों का इस्तेमाल करना अक्सर सर्वश्रेष्ठ होता है। व्यायाम, नींद और ध्यान आपके मस्तिष्क को शांत करने में मदद कर सकते हैं। ये आपके शरीर में प्रचुरता से प्रवाहित हो रहे तनाव हॉरमोनों का चयापचय या प्रतिकार कर सकते हैं। जब आप अभिभूत महसूस करें, तो थोड़ा दौड़ने या वेटलिफ़्टिंग करने से आपकी मानसिक अवस्था में चमत्कार हो सकते हैं।

जोखिम के संकेत पर ग़ौर करें, फिर वह करें, जो आप अपने मस्तिष्क के सामने यह साबित करने के लिए कर सकते हैं कि जोखिम अब मौजूद नहीं है। इस तरह आप ख़ुद को जोखिम तालाबंदी के बाहर निकाल लेंगे।

इस अवधारणा को शेयर करें : http://book.personalmba.com/threat-lockdown/

संज्ञानात्मक दायरा सीमा

एक मौत त्रासदी है। दस लाख मौतें आँकड़ा हैं।

— कर्ट टुकोल्स्की, जर्मन व्यंगकार

अगर आपको कभी पर्यटन के मौसम में न्यू यॉर्क सिटी में टाइम्स स्क्वेयर के बीच पैदल चलने का मौक़ा मिला हो, तो आपको जल्दी ही इस बात का अहसास हो जाएगा कि आपकी ओर आने वाले ज़्यादातर लोगों के लिए *आप इंसान नहीं हैं।* इंसान होने के बजाय आप एक वस्तु हैं - जहाँ वे हैं और जहाँ वे जाना चाहते हैं, उनके बीच खड़ी हुई एक बाधा। इसके फलस्वरूप वे बिना सोचे-विचारे आपसे टकराकर निकल जाएँगे।

चाहे कोई इंसान कितना ही बुद्धिमान क्यों न हो, इस बात की एक ऊपरी सीमा होती है कि एक अकेला मस्तिष्क कितनी जानकारी की मात्रा को प्रोसेस कर सकता है, संग्रहित कर सकता है और उस पर प्रतिक्रिया कर सकता है। यदि जानकारी उस सीमा से ज़्यादा होती है, तो यह अमूर्त संदर्भ में संग्रहित होती है और इसकी प्रोसेसिंग उस व्यक्ति के व्यक्तिगत अनुभव या चिंताओं से संबद्ध जानकारी से अलग ढंग से होती है।

"डनबार्स नंबर" एक सैद्धांतिक संज्ञानात्मक सीमा है, जो बताता है कि कोई इंसान एक समय में कितने स्थिर सामाजिक संबंध क़ायम रख सकता है। अँग्रेज़ मानवविज्ञानी रॉबिन डनबार के अनुसार इंसान लगभग 150 क़रीबी व्यक्तिगत संबंधों पर क़रीबी नज़र रखने की संज्ञानात्मक क्षमता रखता है। इस सीमित दायरे के बाहर हम लोगों के साथ व्यक्तियों की तरह कम और वस्तुओं की तरह ज़्यादा बर्ताव करने लगते हैं। समय के साथ इस सीमा के पार वाले लोगों का समूह उप-समूहों में बँट सकता है।

क्या आपने कभी सोचा है कि आप अपने प्राइमरी स्कूल के सहपाठियों को पत्र क्यों नहीं लिखते हैं? डनबार्स संख्या एक अच्छा जवाब है - जो लोग आपके तात्कालिक सामाजिक दायरे में हैं, आप उनके साथ संबंध क़ायम रखने में बहुत ज़्यादा व्यस्त हैं।

संज्ञानात्मक दायरा सीमा कितने संबंधों के बाद ख़त्म होती है, इस बारे में थोड़ा विवाद है, (बरनार्ड-किलवर्थ मीडियन नामक प्रतिस्पर्धी आकलन 231 संबंधों का है), लेकिन इस सीमा के मौजूद होने के बारे में बहुत कम संदेह है। जब संसार में कहीं पर कोई आपदा आती है, जिससे लाखों लोग प्रभावित होते हैं, तो हम बुरा महसूस करते हैं, लेकिन हम उस अहसास को *लाखों गुना* महसूस नहीं करते हैं, जो हम तब महसूस करते, अगर उस आपदा का सीधा प्रभाव हमारे किसी क़रीबी मित्र या परिवार के सदस्य पर पड़ता। संबंध जितना दूरस्थ होता है, हम व्यक्तिगत रूप से उतने ही कम प्रभावित होते हैं।

टाइम्स स्क्वेयर के पर्यटक बुरे नहीं हैं - वे तो बस पूर्णतः अभिभूत हैं। हर दिन टाइम्स स्क्वेयर से 3,64,000 से ज़्यादा लोग गुज़रते हैं, और हमारे मस्तिष्क एक साथ इतनी ज़्यादा जानकारी को सँभालने में सक्षम ही नहीं हैं। अमूर्त दृष्टि से इन लोगों को यह अहसास तो होगा कि आप इंसान हैं, लेकिन उस इलाक़े में इतना कुछ चल रहा है कि आपके साथ इंसान जैसा बर्ताव करना मुश्किल होता है। मस्तिष्क पर भारी बोझ पड़ने की वजह से यह वास्तविकता को सरलीकृत करने लगता है।

यही चीज़ बड़ी कंपनियों के एक्ज़ीक्यूटिव्ज़ के साथ होती है। तार्किक दृष्टि से वे इस बारे में जागरूक होते हैं कि वे लाखों कर्मचारियों और करोड़ों शेयरहोल्डरों के प्रति ज़िम्मेदार हैं, लेकिन वे चाहे कितने ही बुद्धिमान क्यों न हों, उस वास्तविकता के विस्तार की प्रोसेसिंग करने में उनके मस्तिष्क सक्षम ही नहीं होते हैं। इसके फलस्वरूप एक्ज़ीक्यूटिव्ज़ बिना अहसास किए बहुत सारे लोगों को आहत कर सकते हैं। हो सकता है कि किसी बड़ी कंपनी के सीईओ को हज़ारों छोटे कर्मचारियों की छँटनी करने के बारे में ख़ास चिंता न हो - आख़िर वह व्यक्तिगत रूप से किसी छोटे कर्मचारी को नहीं जानता है।

जब भी आप देखते हैं कि कोई एक्ज़ीक्यूटिव किसी नदी में विषाक्त कचरा डालने जैसा मूर्खतापूर्ण निर्णय ले रहा है, जिससे लाखों लोग पानी पीते हैं या हज़ारों नौकरियों की छँटनी कर रहा है, जबकि उच्चाधिकारियों को बोनस में करोड़ों डॉलर दे रहा है, तो ऐसा शायद इसलिए *नहीं* है कि वह दिल से बहुत बुरा है, हालाँकि यह डरावना लगता है, लेकिन ऐसा शायद इसलिए है, क्योंकि उसने *इस बारे में बहुत ज़्यादा सोचा ही नहीं है* - वह जिसका प्रबंधन कर रहा है, उसे सँभालने का दायरा और पैमाना इतना जटिल है कि वह सँभाल ही नहीं सकता, इसलिए उसका मस्तिष्क निर्णय की प्रोसेसिंग भावनात्मक अंदाज़ में करने के बजाय अमूर्त अंदाज़ में करता है।

इस सर्वव्यापी सीमा से उबरने का तरीक़ा यह है कि मुद्दे को व्यक्तिगत बना लिया जाए। हम मस्तिष्क का उन्नयन नहीं कर सकते, इसलिए हमारा मस्तिष्क जितनी जानकारी की प्रोसेसिंग कर सकता है, हम उसके दायरे को सीधे नहीं बढ़ा सकते। इस सीमा के पार जाने के लिए यह उपयोगी होता है कि हम निर्णयों और मुद्दों को कल्पना करके व्यक्तिगत बना लें और ये सोचें वे हमारे किसी क़रीबी व्यक्ति को प्रभावित कर रहे हैं।

मूर्ख एक्ज़ीक्यूटिव अपने निर्णय के बारे में बहुत अलग महसूस करेगा, अगर उसकी *माँ* का पानी प्रदूषित हो जाए या उसके *बच्चे* की छँटनी हो जाए। मुद्दे पर अमूर्त दृष्टि से विचार

करने के बजाय इसे व्यक्तिगत बनाने से निर्णय के प्रभावों को भावनात्मक महसूस करना ज़्यादा आसान होता है, जिससे बेहतर निर्णय लेना ज़्यादा आसान हो जाता है।

ग्रीन टू गोल्ड में डेनियल एस्टी और एंड्रयू विन्स्टन कई तरीक़े बताते हैं, जिनसे बड़े निर्णयों के परिणामों को व्यक्तिगत बनाना ज़्यादा आसान होता है। "अख़बार का नियम" और "पोते का नियम" आपके निर्णयों के परिणामों को व्यक्तिगत बनाने के प्रभावी तरीक़े हैं। "अख़बार का नियम" इसका सिमुलेशन है : मान लें कि आपका निर्णय कल *न्यू यॉर्क टाइम्स* के पहले पन्ने पर प्रकाशित हो जाए और आपके माता-पिता और/या जीवनसाथी इसे पढ़ें। वे क्या सोचेंगे? अपने निर्णयों के व्यक्तिगत परिणामों की इस तरह से कल्पना करना अल्पकालीन निर्णयों के प्रभाव के आकलन का कहीं ज़्यादा सटीक तरीक़ा है।

"पोते का नियम" दीर्घकालीन परिणामों के संदर्भ में निर्णयों के आकलन का तरीक़ा है। कल्पना करें कि आज से तीस-चालीस साल बाद आपका पोता आपके निर्णय के परिणामों पर आपको फ़ीडबैक दे रहा है। वह आपकी बुद्धिमत्ता के लिए आपकी प्रशंसा करेगा या आपकी मूर्खता के लिए आपकी आलोचना करेगा?

अपने निर्णयों और कार्यों के परिणामों को व्यक्तिगत बनाएँ। इससे आपके संज्ञानात्मक दायरा सीमा में अटकने की आशंका कम हो जाती है।

इस अवधारणा को शेयर करें : **http://book.personalmba.com/cognitive-scope-limitation/**

साहचर्य

आम तौर पर हम इस बारे में सबसे कम जागरूक होते हैं कि हमारे मस्तिष्क सबसे अच्छी तरह क्या करते हैं।

— मार्विन मिन्स्की, संज्ञानात्मक वैज्ञानिक और एमआईटी कृत्रिम बुद्धि शोधकर्ता

किसे परवाह है कि टाइगर वुड्स कौन से गोल्फ़ क्लबों का इस्तेमाल करता है? किसे परवाह है कि माइकल जॉर्डन कौन से जूते पहनता है? किसे परवाह है कि पैरिस हिल्टन कौन सा पर्स रख रही है?

आपके मस्तिष्क को परवाह है। याद रखें, आपका मस्तिष्क सारे समय जानकारी को सोख रहा है और इसका इस्तेमाल करके *पैटर्न* बना रहा है, जो यह वर्णन करते हैं कि संसार कैसे काम करता है। हो सकता है कि तार्किक दृष्टि से ये चीज़ें मायने न रखती हों - आप शायद जानते हैं कि टाइगर वुड्स जिन गोल्फ़ क्लबों का इस्तेमाल करता है, उनका इस्तेमाल करके आप जादू से अपने बहुत बुरे शॉट को सही नहीं कर सकते, लेकिन जब गोल्फ़ क्लब ख़रीदने की घड़ी आती है, तो आपका मस्तिष्क उन क्लबों की ओर आकर्षित होगा, जो आपको अच्छा महसूस कराते हैं और काफ़ी संभावना है कि आप टाइगर के क्लबों को काफ़ी आकर्षक पाएँगे।

मानव मन जानकारी को पृष्ठभूमि के संदर्भ में संग्रहित करता है, जिसमें *परिवेश* और पारस्परिक संबंध जैसे संकेत शामिल हैं। चूँकि मस्तिष्क *पैटर्न की तुलना* करने वाली मशीन है, इसलिए यह लगातार यह पता लगाने की कोशिश कर रहा है कि किसका संबंध किससे है।

इसके फलस्वरूप आपका मस्तिष्क प्रयासरहित अंदाज़ में *साहचर्य* बना लेता है - उन चीज़ों के बीच भी, जो तार्किक दृष्टि से जुड़ी नहीं हैं।

दशकों तक कोका-कोला कंपनी कोक को एक अकेली भावना से जोड़ती रही है : ख़ुशी। यूट्यूब पर कोक के विज्ञापनों की खोज करके ख़ुद देख लें : आपको छँटनियों या अंत्येष्टियों की कोई तसवीर नहीं मिलेगी। आपको तो सुखद पलों की एक लंबी सूची मिलेगी : एड्रिन ब्रॉडी अपनी कार में सैर करते हुए, अद्‌भुत प्राणियों की परेड जश्न मनाते हुए, जब कोक की बोतल वेंडिंग मशीन से बाहर निकलती है और चार्ली ब्राउन मैसीज़ थैंक्सगिविंग परेड में कोक बोतल के एक बहुत तेज़ गुब्बारे के लिए दौड़ जीतता है। छुट्टियाँ भी इससे नहीं बच पाती हैं : कंपनी ने सांता क्लॉज़ की आधुनिक छवि का आविष्कार किया, जो कोक की बोतल थामे हुए है।

साहचर्य के संकेतों का इस्तेमाल करके व्यवहार को प्रभावित करना संभव है, भले ही साहचर्य तार्किक समझ से परे हों। कोका-कोला के विज्ञापन सोडा उपभोक्ताओं को यह विश्वास नहीं दिलाते हैं कि कोक किसी उपयोगी संदर्भ में बेहतर है *("अब 37 प्रतिशत ज़्यादा शकर के साथ!"),* लेकिन यह कोक के बारे में सोचने वाले लोगों को अच्छा महसूस कराते हैं। जब कोई ग्राहक सुपरमार्केट में खड़े होकर यह निर्णय लेता है कि कौन सा सॉफ़्ट ड्रिंक ख़रीदना है, तो ये भावनाएँ हर ग्राहक के अंतिम निर्णय पर एक बड़ा फ़र्क़ डालती हैं।

बियर के विज्ञापनों पर ग़ौर करें, जिनमें आम तौर पर आकर्षक महिलाएँ और आत्मविश्वासी पुरुष दिखाए जाते हैं। आपका तार्किक मस्तिष्क जानता है कि निश्चित ब्रांड की बियर पीने से आप ज़्यादा आकर्षक या आत्मविश्वासी नहीं बन जाएँगे, लेकिन *पारस्परिक संबंध* शक्तिशाली होता है - आपका मस्तिष्क अपने आप साहचर्य या संबंध बना लेगा। इसके फलस्वरूप बियर के विज्ञापन व्यवहार को प्रभावित करते हैं, हालाँकि उनके चित्रों को कोई भी गंभीरता से नहीं लेता है।

अपने संभावित ग्राहकों को सकारात्मक साहचर्य दें, क्योंकि इससे इस बात पर प्रभाव पड़ सकता है कि आपकी पेशकश के बारे में वे क्या सोचते हैं। मशहूर हस्तियों के विज्ञापन इसलिए काम करते हैं, क्योंकि वे लोगों के मन में उन हस्तियों के साथ पहले से मौजूद प्रबल साहचर्यों के साथ जुड़ जाते हैं, जो विज्ञापित प्रॉडक्ट या सेवा से भी जुड़ाव बना देते हैं। हर कोई जानता है कि जेम्स बॉन्ड एक काल्पनिक पात्र है, लेकिन जब डेनियल क्रैग घड़ी के विज्ञापन में टक्सेडो पहने दिखता है, तो "अधुनातन अंतरराष्ट्रीय जासूस" का साहचर्य उस घड़ी के साथ अपने आप जुड़ जाता है। सही साहचर्य बनाएँ और संभावित ग्राहक आपके प्रॉडक्ट या सेवा को और भी ज़्यादा चाहने लगेंगे।

इस अवधारणा को शेयर करें : **http://book.personalmba.com/association/**

अनुपस्थिति अंधत्व

तथ्यों को नज़रअंदाज़ करने से उनका अस्तित्व ख़त्म नहीं हो जाता।

— आल्डस हक्सले, निबंधकार और ब्रेव न्यू वर्ल्ड के लेखक

यहाँ इंसानों के बारे में एक अजीब तथ्य है : जो चीज़ मौजूद नहीं है, हमें उसका अहसास करने में सचमुच मुश्किल आती है।

जब मैं पीऐंडजी के होम केयर डिवीज़न में काम करता था, तो मेरा एक प्रिय प्रोजेक्ट था। मुझे एक ऐसे *प्रॉडक्ट* की उपयोगिता की जाँच करनी थी, जो *चीज़ों को गंदा होने से रोकता था।* कपड़े कम साफ़ करने पड़ते थे, क्योंकि वे ज़्यादा समय बाद गंदे होते थे। इस तरह से प्रॉडक्ट ग्राहक का समय और मेहनत दोनों बचाता था।

एक बार जाँच करने पर यह स्पष्ट हुआ कि विचार कारगर नहीं था। प्रॉडक्ट सचमुच काम करता था, लेकिन उपयोगकर्ताओं को इस बात का अहसास नहीं हुआ - उन्हें यह विश्वास करने में मुश्किल आई कि प्रॉडक्ट काम करता था, क्योंकि उन्हें कोई चीज़ होती नहीं दिख रही थी। परीक्षण के दौर के बाद प्रोजेक्ट को रद्‌द कर दिया गया।

अनुपस्थिति अंधत्व एक संज्ञानात्मक पूर्वाग्रह है। यह हमें उस चीज़ को पहचानने से रोकता है, जिसे हम नहीं देख सकते। हमारी अनुभूति की शक्तियाँ *परिवेश* में मौजूद वस्तुओं को पकड़ने के लिए विकसित हुई थीं। जो चीज़ें परिवेश में मौजूद ही न हों, लोगों के लिए उन चीज़ों पर ग़ौर करना या पहचानना कहीं ज़्यादा मुश्किल होता है।

अनुपस्थिति अंधत्व के उदाहरण हर जगह मिलते हैं। यहाँ एक आम उदाहरण है : बेहतरीन प्रबंधन नीरस - और अक्सर पुरस्काररहित होता है। किसी प्रभावी मैनेजर की कसौटी यह होती है कि वह संभावित समस्याओं का *पहले* से अनुमान लगा ले और समय से पहले उन्हें सुलझा ले, ताकि वे समस्या बन ही न पाएँ। संसार के कुछ सर्वश्रेष्ठ मैनेजरों को देखकर लगता ही नहीं है कि वे ज़्यादा कुछ कर रहे हैं, लेकिन हर चीज़ समय पर और बजट के अंदर होती है।

समस्या यह है कि कोई भी उन तमाम बुरी चीज़ों को नहीं देख पाता है, जिन्हें बेहतरीन मैनेजर *रोकता* है। कम योग्य मैनेजरों के पुरस्कृत होने की दरअसल ज़्यादा संभावना होती है, क्योंकि हर कोई उन्हें "चीज़ें करते हुए" और समस्याओं को सुलझाने के लिए "ज़मीन-आसमान एक करते" हुए देख सकता है - ऐसी समस्याएँ जिन्हें उन्होंने ख़ुद ने ख़राब प्रबंधन के ज़रिये उत्पन्न किया है।

कम नाटक करने वाले मैनेजर को अच्छा पुरस्कार देने की याद रखें, जो शांति और प्रभावी ढंग से काम कराता है। ऐसा लग सकता है कि उसका काम ख़ास मुश्किल नहीं है, लेकिन उसके चले जाने के बाद आपको उसकी कमी खलेगी।

अनुपस्थिति अंधत्व से रोकथाम को बहुत ही कम क़द्र मिलती है। मैं जिस प्रॉडक्ट पर काम कर रहा था, उसके मामले में लोगों को यह यक़ीन करने में मुश्किल आई थी कि वे जिस चीज़ को काम करते नहीं देख सकते थे, वह सचमुच प्रभावी थी। अगर आप किसी चीज़ की अनुपस्थिति या रोकथाम वाला प्रॉडक्ट बेचने की कोशिश कर रहे हैं, तो आप एक मुश्किल युद्ध लड़ रहे हैं, भले ही आपका प्रॉडक्ट बेहतरीन हो। हमेशा लाभों को सकारात्मक, त्वरित,

ठोस और विशिष्ट संदर्भों में बताएँ। उन चीज़ों पर ध्यान केंद्रित करें, जिन्हें उपयोगकर्ता सीधे अनुभव कर सकता हो।

अनुपस्थिति अंधत्व की वजह से एक और चीज़ होती है। जब कोई बुरी घटना होती है, तो लोगों के लिए "कुछ नहीं करना" मुश्किल होता है, *भले ही कुछ नहीं करना सर्वश्रेष्ठ मार्ग हो।* अक्सर काम का सर्वश्रेष्ठ मार्ग काम न करने का विकल्प चुनना है, लेकिन इसे भावनात्मक रूप से स्वीकार करना इंसानों के लिए अक्सर मुश्किल होता है।

ज़्यादातर बाज़ार जिस आर्थिक "उत्थान और पतन" चक्र का अनुभव करते हैं, वह भी आंशिक तौर पर अनुपस्थिति अंधत्व का परिणाम होता है। *ह्यूमन एक्शन* में लुडविग वॉन माइज़ेस ने लिखा है कि आर्थिक "बुलबुले" तब उत्पन्न होते हैं, जब कोई सरकार कृत्रिम रूप से ब्याज दरें कम करके अर्थव्यवस्था की प्रगति को प्रोत्साहित करने की कोशिश करती है, जिससे पैसा उधार लेना ज़्यादा आसान हो जाता है। यह नीति *पूँजी* तक पहुँच को असामान्य रूप से आसान बना देती है। इस वजह से निवेशक संदिग्ध संपत्तियों को असाधारण ऊँचे भाव में ख़रीदकर जुआ खेलने लगते हैं, जैसे ट्यूलिप, बिना आमदनी वाली डॉट-कॉम कंपनियाँ और जोखिम भरी मॉर्टगेज-समर्थित सिक्युरिटीज़। अंततः बुलबुला "फूट जाता" है, जब निवेशकों को अहसास होता है कि जिन संपत्तियों को ख़रीदकर वे जुआ खेल रहे हैं, वे उनके चुकाए भाव के लायक़ नहीं हैं। नतीजा यह होता है कि बहुत ऊँचे भाव अचानक धड़ाम से गिरकर ज़मीन पर आ जाते हैं।

नुक़सान से नफ़रत की वजह से लोग बाज़ार गिरने पर घबराने लगते हैं और त्वरित समाधान के लिए हल्ला मचाने लगते हैं। अक्सर "समाधान" में ब्याज दरों को और घटा दिया जाता है, ताकि अर्थव्यवस्था दोबारा प्रगति करने के लिए प्रोत्साहित हो - एक ख़ुद बलवान होने वाला *फ़ीडबैक लूप* (बाद में चर्चा की गई है), जिसका परिणाम अंततः यह होता है कि आगे चलकर ज़्यादा बड़े बुलबुले के लिए आवश्यक परिस्थितियाँ बना दी जाती हैं और समस्या को बदतर बना दिया जाता है।

समस्या को सुलझाने के लिए कार्य का सर्वश्रेष्ठ मार्ग यह है कि ब्याज दरों में कृत्रिम छेड़छाड़ न की जाए, जिसकी वजह से समस्या दरअसल उत्पन्न हुई थी। दुर्भाग्य से अनुपस्थिति अंधत्व की वजह से कुछ नहीं करने की नीति मनोवैज्ञानिक दृष्टि से असहज करने वाली होती है - आख़िर, "जब संसार जल रहा है, तो हम यहाँ बैठकर कुछ नहीं करना गँवारा कैसे कर सकते हैं!"इसके फलस्वरूप आम तौर पर लोग यह ज़्यादा पसंद करते हैं कि सरकार कुछ करे, भले ही सरकार के उठाए क़दमों से परिस्थितियाँ अंततः बदतर हो जाएँ।

अनुभव की बदौलत अनुपस्थिति अंधत्व से बचना ज़्यादा आसान हो जाता है। अनुभव मुख्यतः इसलिए मूल्यवान है, क्योंकि विशेषज्ञ के पास संबद्ध पैटर्नों का ज़्यादा बड़ा मानसिक डाटाबेस होता है और इस तरह उसके किसी अनुपस्थिति पर ग़ौर करने की ज़्यादा संभावना होती है। अनुभवी लोग अपेक्षित पैटर्नों के उल्लंघनों पर ग़ौर कर लेते हैं, जिससे उनके मस्तिष्क में एक "अजीब भावना" आने की ज़्यादा संभावना रहती है कि चीज़ें "बिलकुल सही नहीं हैं।" यह प्रायः किसी समस्या के गंभीर बनने से पहले ही उसे पकड़ने के लिए पर्याप्त चेतावनी होती है। *सोर्सेस ऑफ़ पॉवर : हाउ पीपल मेक डिसीजन्स* में शोधकर्ता ग़ैरी क्लीन एक अग्निशामक दल की कहानी बताते हैं, जो एक मकान की पहली मंज़िल पर आग बुझा रहे थे। जब आग के

तले पर पानी छिड़का गया, तो आग ने अपेक्षा के अनुरूप प्रतिक्रिया नहीं की - यह बिलकुल भी कम नहीं हुई। मुखिया ने इस बात पर ग़ौर किया और हर आदमी को बाहर निकलने का आदेश दिया - कोई चीज़ सही महसूस नहीं हो रही थी। कुछ ही मिनट बाद मकान गिर गया - आग बेसमेंट में शुरू हुई थी और इसने नींव को नष्ट कर दिया था। अगर टीम अंदर ही रुकी रहती, तो वे मर जाते। यही अनुभव की शक्ति और लाभ है।

मैंने अनुपस्थिति अंधत्व से उबरने का जो एकमात्र विश्वसनीय तरीक़ा पाया है, वह है *जाँचसूची बनाना* (बाद में चर्चा की गई है)। पहले से यह सोच लें कि आप किसी चीज़ को कैसा दिखाना चाहते हैं। उसे रिमाइंडर में लिख लें, जिसे आप निर्णय लेते समय देख सकते हों। जाँचसूचियाँ उस पल आपको याद दिला सकती हैं कि आप गुणों की अनुपस्थिति की तलाश करें। (अध्याय 11 में हम जाँचसूचियाँ बनाने के बारे में काफ़ी विस्तार से बातचीत करेंगे।)

इस अवधारणा को शेयर करें : http://book.personalmba.com/absence-blindness/

परस्पर तुलना

संसार स्पष्ट चीज़ों से भरा हुआ है, जिन्हें कोई भी नहीं देखता है।

— सर आर्थर कॉनन डॉयल, द शरलॉक होम्स संबंधी पुस्तकों के लेखक

अगर आप एक बिज़नेस सूट ख़रीदने के लिए किसी डिपार्टमेंट स्टोर में जाते हैं, तो आप संभवतः कुछ असामान्य रूप से महँगे विकल्पों पर ग़ौर करेंगे। ये महँगे सूट स्टोर में बहुत कम बिकते हैं - उन्हें बेचना उद्देश्य नहीं है। 3,000 डॉलर के सूट की तुलना में 400 डॉलर का सूट सस्ता दिखता है - भले ही वही सूट किसी दूसरे स्टोर में 200 डॉलर में ख़रीदा जा सकता है।

यही सिद्धांत उस क्रम पर भी लागू होता है, जिसमें सेल्समैन प्रॉडक्ट्स पेश करता है। सूट ख़रीदने के बाद वह आपको शर्ट, जूतों और अतिरिक्त सामग्री की ओर ले जाता है। 400 डॉलर के सूट की तुलना में 100 डॉलर के जूते कुछ भी नहीं हैं। बेल्ट के लिए 80 डॉलर कौन सी बड़ी बात है? कुछ शर्ट्स के लिए 60 डॉलर? कुछ टाइयों के लिए 50 डॉलर? कफ़ लिंक्स के लिए 40 डॉलर? सूट की तुलना में अतिरिक्त सामग्री सस्ती नज़र आती है, इसलिए उसे क्यों न ख़रीदा जाए?

मेरे एक ग्राहक जॉर्डन स्मार्ट ने बताया :

मैं पिछले साल ब्लैक फ़्राइडे पर ख़रीदारी करने गया और मैं थोड़ी ज़्यादा औपचारिक पोशाक चाहता था... मैं दो शर्ट और दो ब्लेज़र ख़रीदने के इरादे से गया था। मैंने कुछ समय तक सोचा कि इससे मिलती-जुलती टाई ख़रीदूँ, लेकिन फिर निर्णय लिया कि मेरी अलमारी में पहले से रखी एक-दो टाई से काम चल जाएगा।

मैं दो स्टोर्स में ख़रीदारी करने गया। पहले स्टोर में मैंने दो शर्ट ख़रीदीं और जब मैं निकल रहा था, तो सेल्समैन ने पूछा कि क्या मुझे उनके साथ मिलती-जुलती

> *टाई चाहिए। मैंने विनम्रता से इंकार कर दिया और अपने संकल्प पर क़ायम रहने के लिए ख़ुद को मन ही मन बधाई दी।*
>
> *दूसरे स्टोर में मैंने कुछ ब्लेज़र पहनकर देखे और उन्हें ख़रीद लिया। एक बार फिर सेल्समैन ने पूछा कि क्या मुझे अपने ब्लेज़रों से मिलती-जुलती टाई चाहिए। उस बिंदु पर मुझे बहुत स्पष्टता से याद है कि मैंने ब्लेज़र के भाव के बारे में सोचा था और मेरे मन में यह विचार आया था, "देखो, मैं इतने ज़्यादा पैसे तो ख़र्च कर ही चुका हूँ," और मैंने कुछ टाइयाँ ख़रीद लीं।*
>
> *जब तक मैंने परस्पर तुलना के बारे में नहीं सीखा, तब तक मैंने इस बारे में कुछ नहीं सोचा। रसीद को दोबारा देखने पर मुझे यह अहसास हुआ कि मैंने ब्लेज़र से ज़्यादा पैसे तो टाइयों पर ख़र्च कर दिए थे।*

आस-पास के परिवेश की जानकारी से हमारी अनुभूतियाँ प्रभावित होती हैं। क्या 10,000 डॉलर बहुत ज़्यादा होते हैं? यह आपकी परिस्थितियों पर निर्भर करता है। अगर आपके बैंक अकाउंट में 10 डॉलर हैं, तो 10,000 डॉलर भारी रक़म है। अगर आपके बैंक अकाउंट में 100,000,000 डॉलर हैं, तो यह बहुत छोटी रक़म है।

हमारी आनुभूतिक शक्तियाँ इस बात के लिए इष्टतम बनाई गई हैं कि वे *दिखाई देने वाली चीज़ों* से तुलना करें। हमारी आनुभूतिक शक्तियाँ उन चीज़ों से तुलना नहीं करती हैं, जो वहाँ मौजूद नहीं हैं, जो *अनुपस्थिति अंधत्व* की जड़ है। हर चीज़ जिस पर हम ग़ौर करते हैं और हर निर्णय जो हम लेते हैं, वह आस-पास के *परिवेश* से एकत्रित जानकारी पर आधारित होता है। इसीलिए छद्मावरण काम करता है - यह किसी वस्तु और इसके आस-पास के परिवेश की विषमता को घटा देता है, जिससे इस पर ग़ौर करना ज़्यादा मुश्किल हो जाता है।

परस्पर तुलना का इस्तेमाल अक्सर ख़रीदारी के निर्णयों को प्रभावित करने के लिए किया जाता है। कारोबारी संसार में परस्पर तुलना का इस्तेमाल अक्सर भाव के छद्मावरण के रूप में किया जाता है। 60 डॉलर की शर्ट के मामले में वही शर्ट किसी दूसरी जगह 40 डॉलर में मिल सकती है, लेकिन इससे कम महँगी शर्ट *उस स्टोर में मौजूद ही नहीं है, जहाँ तुलना की जा रही है।* जो मौजूद है वह है 400 डॉलर का सूट, जिससे तुलना करने पर 60 डॉलर की शर्ट बहुत सस्ती नज़र आती है।

2,000 डॉलर के कंप्यूटर की तुलना में 300 डॉलर की अतिरिक्त वॉरंटी सस्ती दिखती है, हालाँकि यह कुल ख़रीदारी के भाव को 15 प्रतिशत बढ़ा देती है। 30,000 डॉलर की कार के साथ चमड़े की सीटों पर 1,000 डॉलर ख़र्च करना लूट जैसा महसूस होता है। 4,00,000 डॉलर के मकान ख़रीदने की तुलना में किचन की रिमॉडलिंग पर 20,000 डॉलर ख़र्च करना बड़ा सौदा नहीं लगता है।

फ़्रेमिंग परस्पर तुलना की अनुभूति को नियंत्रित करने का एक तरीक़ा है। मिसाल के तौर पर, मैं अपने बिज़नेस कोर्स की मार्केटिंग करते समय इस वाक्य का अक्सर उपयोग करता हूँ, "किसी शीर्ष बिज़नेस प्रोग्राम से 1,49,000 डॉलर कम।" पुस्तक ख़रीदने की तुलना में मेरा कोर्स महँगा दिखता है; एमबीए प्रोग्राम की लागत से तुलना करने पर यह निहायत सस्ता लगता है।

अपनी पेशकश प्रस्तुत करते वक़्त परस्पर तुलना का लाभ लें और इससे संभवतः आपके संभावित ग्राहक आपकी पेशकश को ज़्यादा अच्छी तरह देखेंगे।

इस अवधारणा को शेयर करें : http://book.personalmba.com/contrast/

अभाव

किसी चीज़ से प्रेम करने का तरीक़ा यह अहसास है कि इसे गँवाया जा सकता है।

— जी.के. चेस्टरटन, अँग्रेज़ लेखक और ईसाई धर्म प्रचारक

ऊ*र्जा के संरक्षण* की वजह से लोगों में "चीज़ों को बाद में करने" का निर्णय लेने की स्वाभाविक प्रवृत्ति होती है, जब तक कि तुरंत काम करने का कोई प्रबल कारण मौजूद न हो। व्यवसायी के रूप में "बाद में" एक बड़ी समस्या है, क्योंकि अगर ग्राहक आपके बारे में भूल जाए, तो "बाद में" अक्सर "कभी नहीं" में बदल जाता है। आप अपने ग्राहकों को तुरंत ख़रीदने के लिए कैसे प्रोत्साहित कर सकते हैं?

अभाव लोगों को तुरंत निर्णय लेने के लिए प्रोत्साहित करता है। अभाव उन चीज़ों में से एक है, जो स्वाभाविक रूप से संरक्षण करने की हमारी प्रवृत्ति को पराजित कर देती हैं - अगर आप कोई अभाव वाली चीज़ चाहते हैं, तो इंतज़ार करने का मतलब है कि आप अपनी मनचाही चीज़ को गँवाने का जोखिम ले रहे हैं। *नुक़सान से नफ़रत* की अवधारणा की वजह से यह संभावना इतनी बुरी महसूस होती है कि हम *तुरंत* काम करने के लिए प्रेरित हो जाते हैं।

इसके फलस्वरूप अपनी पेशकश में अभाव का तत्व जोड़ना लोगों को क़दम उठाने के लिए प्रोत्साहित करने का बेहतरीन तरीक़ा है। अभाव से लोग यह समझ जाते हैं कि अगर वे इंतज़ार करेंगे, तो वे कोई मूल्यवान चीज़ गँवा देंगे। इसलिए अगर वे उस प्रॉडक्ट को ख़रीदना चाहते हैं, तो उनके द्वारा तुरंत ख़रीदने का विकल्प चुनना ज़्यादा संभव हो जाता है।

जितना ज़्यादा अभाव होता है, इच्छा उतनी ही गहरी होती है। टिकल मी एल्मो 1996 की क्रिसमस में हॉट खिलौना था। एल्मो पहले से ही लोकप्रिय पात्र था, लेकिन खिलौनों की सीमित संख्या की वजह से माता-पिता ख़रीदने के लिए उतावले हो गए। नया स्टॉक उपलब्ध होने पर सामान्यतः तार्किक लोग भी एक खिलौने के लिए ईबे पर सैकड़ों डॉलर ख़र्च करने लगे और दुकानों में भीड़ लगाने लगे।

यहाँ कुछ तरीक़े बताए जा रहे हैं, जिनसे आप अपनी पेशकश में अभाव का तत्व जोड़ सकते हैं :

1. *सीमित संख्या* - संभावित ग्राहकों को बता दें कि बिक्री के लिए सामान सीमित संख्या में उपलब्ध है।
2. *भाव बढ़ना* - संभावित ग्राहकों को बता दें कि भाव निकट भविष्य में बढ़ जाएगा।

3. *भाव घटना* – संभावित ग्राहकों को बता दें कि वर्तमान डिस्काउंट निकट भविष्य में ख़त्म हो जाएगा।
4. *डेडलाइन* – संभावित ग्राहकों को बता दें कि पेशकश सिर्फ़ सीमित समय के लिए ही उपलब्ध है।

जो अभाव बहुत कृत्रिम दिखता है, वह उलटा पड़ सकता है। मिसाल के तौर पर, ईबुक्स, डाउनलोड किए जा सकने वाले सॉफ़्टवेयर या इलेक्ट्रॉनिक म्यूज़िक की फ़ाइलों की बिक्री पर कृत्रिम सीमा लगाने में कोई समझदारी नज़र नहीं आती है – हर कोई जानता है कि ई-फ़ाइलों को बिना किसी लागत के असीमित रूप से *डुप्लीकेट* किया जा सकता है, इसलिए अभाव चालबाज़ी जैसा महसूस होता है, जिससे लोग आपसे कम ख़रीदना चाहेंगे। दूसरी तरफ़ डेडलाइन के बाद भाव बढ़ाना अच्छी तरह कारगर होता है – निश्चित संख्या में ऑर्डर या निश्चित समय के बाद भाव बढ़ाना एक तार्किक नीति है और ग्राहकों द्वारा इसे अतार्किक या चालाकी मानने की संभावना कम है।

अपनी पेशकश में अभाव का तत्व जोड़ देंगे, तो लोग "बाद" के बजाय इसी समय ख़रीदने के लिए प्रोत्साहित हो जाएँगे।

इस अवधारणा को शेयर करें : http://book.personalmba.com/scarcity/

नयापन

ऐसा क्यों होता है कि मैं जब भी दो जोड़ी हाथ माँगता हूँ, एक दिमाग़ साथ में चला आता है ?

— हेनरी फ़ोर्ड, फ़ोर्ड मोटर कंपनी के संस्थापक और असेंबली लाइन के प्रवर्तक

द्वितीय विश्व युद्ध के शिखर पर नॉर्मन मैकवर्थ ने रॉयल एयर फ़ोर्स के राडार ऑपरेटरों को एक ख़ास मिशन के लिए बुलाया : दो घंटे तक लगातार घड़ी को घूरना।

मैकवर्थ निगरानी के अध्ययनों में विशेषज्ञता रखने वाले एक मनोवैज्ञानिक थे – लंबी अवधि तक एक अकेली चीज़ पर *ध्यान* के उच्च स्तर को क़ायम रखने की योग्यता। ज़ाहिर है, राडार ऑपरेटर इस परीक्षण के लिए आदर्श थे – उनके काम का ज़्यादातर हिस्सा एक अँधेरे कमरे में राडार स्क्रीन पर घंटों तक ब्लिप्स या गूँज देखना था।

ज़्यादातर समय राडार स्क्रीन पर बहुत कम बदलाव दिखते थे, लेकिन जब पर्दे पर कोई असामान्य चीज़ नज़र आती थी, तो यह बेहद महत्त्वपूर्ण हो सकती थी : शत्रु के हमलावर विमान, जो बमबारी करने आ रहे थे। राडार ऑपरेटर का काम इतना चौकस रहना था कि यह तुरंत असंगतियों पर ग़ौर कर लें, लेकिन काम बहुत मुश्किल था – बोरियत की वजह से अक्सर ग़लतियाँ हो जाती थीं, जिनसे कई जानें चली जाती थीं।

इस चुनौतीपूर्ण परिवेश का स्वांग करने के लिए मैकवर्थ ने "मैकवर्थ क्लॉक" ईजाद की, एक ऐसा यंत्र जिसे यह परीक्षण करने के लिए तैयार किया गया था कि लोग कितने समय तक

अच्छी तरह ध्यान दे पाते हैं। "घड़ी" में सेकंड का काँटा था, जो सामान्य घड़ी की तरह चलता था, बस एक पेंच था - यह कभी भी एक सेकंड छोड़ देता था और एक के बजाय दो सेकंड कूद जाता था। परीक्षण में शामिल व्यक्ति का काम यह था कि जब भी वह इसे असामान्य रूप से कूदते देखे, हर बार एक बटन दबा दे।

मैकवर्थ ने यह पाया : घड़ी को दस मिनट तक एकटक निहारने के बाद ऑपरेटर के ध्यान की गुणवत्ता नाटकीय रूप से कम हो जाती थी। बेहद प्रेरित ऑपरेटर भी (जिन्हें प्रदर्शन के लिए भारी बोनस दिया गया था) तीस मिनट तक ही निरंतर ध्यान की अधिकतम अवधि क़ायम रख पाते थे - इसके बाद वे अवश्यंभावी रूप से एकाग्रता खो देते थे।

अगर आप ज़्यादा लंबे समय तक ध्यान को आकर्षित और क़ायम रखना चाहते हैं, तो *नयापन* - नए इंद्रियात्मक डाटा की उपस्थिति - अत्यंत महत्त्वपूर्ण है। लोग घंटों तक लगातार गेम खेलने या इंटरनेट पर सर्फ़िंग करने पर ध्यान केंद्रित कर सकते हैं, इसका एक कारण नयापन है - हर नया वाइरल वीडियो, ब्लॉग पोस्ट, फ़ेसबुक अपडेट, ट्विटर पोस्ट और न्यूज़ रिपोर्ट ध्यान देने की हमारी योग्यता का पुनर्निर्माण करती है।

ब्रेन रूल्स में जॉन मेडिना बताते हैं कि वे किस तरह कक्षाओं में अपने विद्यार्थियों का ध्यान एक घंटे से ज़्यादा समय तक क़ायम रख पाते हैं। वे अपनी क्लास की योजना मॉड्यूल्स या खंडों में बनाते हैं, जो दस मिनट से ज़्यादा समय के नहीं होते हैं। हर मॉड्यूल एक *हुक* के साथ शुरू होता है - कोई रोचक कहानी या क़िस्सा, जिसके बाद मुख्य अवधारणा का संक्षिप्त स्पष्टीकरण होता है। इस प्रारूप पर अमल करने से यह सुनिश्चित होता है कि उनके श्रोता ज़्यादा जानकारी याद रखते हैं और एकाग्रता नहीं खोते हैं। (इसी बुनियादी कारण से यह पुस्तक छोटे-छोटे खंडों में व्यवस्थित की गई है, जिन्हें पढ़ने में दस मिनट से ज़्यादा समय नहीं लगता है।)

ध्यान की सबसे उल्लेखनीय वस्तु भी समय के साथ नीरस हो जाती है। मानवीय ध्यान के क़ायम रहने के लिए नवीनता की ज़रूरत होती है। किसी नई चीज़ की पेशकश करते रहें और लोग आपकी पेशकश पर ध्यान देंगे।

इस अवधारणा को शेयर करें : **http://book.personalmba.com/novelty/**

8

ख़ुद के साथ काम करना

सोचना आसान है। काम करना मुश्किल है। सोचते समय काम करना सबसे मुश्किल है।

— योहानन वॉल्फ़गैंग वॉन गेटे, कवि, नाटककार और विद्वान

आपका शरीर और मस्तिष्क वे औज़ार हैं, जिनका इस्तेमाल आप काम करने के लिए करते हैं। ख़ुद के साथ प्रभावी ढंग से काम कैसे किया जाए, यह सीखने से अपने मनचाहे लक्ष्य को हासिल करना ज़्यादा आसान और आनंददायक लगता है।

आज के व्यस्त कारोबारी परिवेश में हर करने वाले काम को लेकर तनावग्रस्त होना आसान है। प्रभावी ढंग और कार्यकुशलता से काम कैसे करना है, यह सीखना संतुष्टिदायक और पीड़ादायक करियर के बीच का फ़र्क़ साबित हो सकता है।

इस अध्याय में हम इस बारे में बात करेंगे कि यह निर्णय कैसे लेना है कि क्या करना है, लक्ष्य कैसे तय और हासिल किए जाएँ, अपने दैनिक कामों की निगरानी कैसे की जाए, प्रतिरोध से कैसे उबरा जाए और बिना दीर्घकालीन थकान के ज़्यादा उत्पादक काम लगातार कैसे किया जाए।

इस अवधारणा को शेयर करें : **http://book.personalmba.com/working-with-yourself/**

कमज़ोर इच्छा

महानतम युद्धों में से कुछ आपकी आत्मा के ख़ामोश कक्षों के भीतर लड़े जाते हैं।

— एज़रा टैफ़्ट बेन्सन, पूर्व अमेरिकी कृषि मंत्री

बहुत मशहूर स्टैंड-अप कॉमेडी शो में जेरी सीनफ़ेल्ड नींद आने की मुश्किलों का वर्णन करते हैं :

मुझे कभी पर्याप्त नींद नहीं मिलती है। मैं रात को देर तक जागता रहता हूँ, क्योंकि मैं निशाचर इंसान हूँ। निशाचर इंसान रात को देर तक जागना चाहता है। "पाँच घंटे की नींद के बाद जागने के बारे में क्या?" यह प्रभातचर इंसान की समस्या है। यह मेरी समस्या नहीं है। मैं निशाचर इंसान हूँ। मैं उतनी देर तक जागता रहता हूँ, जितनी देर तक मैं चाहता हूँ। इसलिए आप सुबह उठते हैं, आप थके होते हैं, मदहोश होते हैं... निशाचर इंसान हमेशा प्रभातचर इंसान को पछाड़ देता है। प्रभातचर इंसान कुछ कर ही नहीं सकता है। प्रभातचर इंसान जो एकमात्र चीज़ कर सकता है, वह यह है कि वह अक्सर इतना ज़्यादा सोने की कोशिश करे कि दिवाचर इंसान की नौकरी चली जाए और निशाचर इंसान के पास बाहर जाने के लिए पैसे न बचें।

यह शो मज़ेदार है, क्योंकि यह अनुभव बहुत जाना-पहचाना है। हम सभी कभी न कभी यह जानते या महसूस करते हैं कि हमें कुछ करना चाहिए या कोई काम करना हमारे सर्वश्रेष्ठ हित में रहेगा... लेकिन हम उसे नहीं करते हैं। इस अनुभव के लिए सबसे उपयुक्त शब्द है *अक्रेसिया* यानी कमज़ोर इच्छा।

कमज़ोर इच्छा और टालमटोल आपस में जुड़े हुए हैं, लेकिन वे पर्यायवाची नहीं हैं। टालमटोल तब होती है, जब आपने कोई काम पूरा करने का निर्णय लिया है, लेकिन आप उसे बाद में करने का चेतन निर्णय लिए बिना टालते रहते हैं। अगर आपकी कार्यसूची में "ईमेल का जवाब देना" शामिल है, लेकिन आप एक भी ईमेल का जवाब दिए बिना घंटों तक इंटरनेट पर सर्फ़िंग करते रहते हैं, तो यह टालमटोल है।

अक्रेसिया या कमज़ोर इच्छा ज़्यादा गहरी समस्या है : यह तो एक आम भाव है कि आपको कोई चीज़ करनी "चाहिए;" इसे करने का निर्णय लेना ज़रूरी नहीं है। "चाहिए" भाव निर्णय या कार्य की ओर नहीं ले जाता है, भले ही वह कार्य आपके सर्वश्रेष्ठ हित में नज़र आता हो। ज़्यादातर लोग अक्रेसिया या कमज़ोर इच्छा का अनुभव तब करते हैं, जब वे उन *आदतों* को बदलने की सोचते हैं, जिन्हें वे अब छोड़ना चाहते हैं ("मुझे सिगरेट छोड़ देनी चाहिए"), कोई नया काम शुरू करना चाहते हैं ("मुझे उस परोपकारी संस्था में दान देना चाहिए"), या किसी असुविधाजनक विषय पर विचार करते हैं ("मुझे जीवन बीमा के हालचाल देखना चाहिए और किसी वकील से वसीयत लिखवानी चाहिए")। "चाहिए" भाव बना रहता है, लेकिन यह कभी कर्म की ओर नहीं ले जाता है, जिससे बहुत कुंठा उत्पन्न होती है।

अक्रेसिया बहुत पुरानी समस्या है : अक्रेसिया के स्रोत संबंधी चर्चाएँ सुकरात, प्लेटो और अरस्तू तक जाती हैं। इसका उद्गम एक ग्रीक शब्द से हुआ है, जिसका मतलब है "नियंत्रण का अभाव (ख़ुद पर)।" सुकरात और प्लेटो अक्रेसिया को नैतिक दोष मानते थे, जबकि अरस्तू का तर्क था कि यह इस बारे में ग़लत राय से उत्पन्न होता है कि इंसान को क्या करना "चाहिए।" हालाँकि दार्शनिक इस विषय पर सदियों से वाद-विवाद कर रहे हैं, लेकिन वे अब तक इसका कोई इलाज नहीं खोज पाए हैं।

अक्रेसिया काम करने के सबसे व्यापक और हठी अवरोधों में से एक है। इच्छाओं के युद्ध में दोनों तरफ़ से लड़ने के बजाय प्रगति करने में समय लगाने के लिए यह उपयोगी होता है कि आपको अक्रेसिया जब भी दिखे, तो आपके पास उसे पहचानने और उससे लड़ने की रणनीति हो।

मेरे अनुभव में अक्रेसिया के चार सामान्य हिस्से होते हैं : कोई काम, इच्छा, "चाहिए" और प्रतिरोध का भावनात्मक अनुभव। इस ढाँचे के भीतर प्रतिरोध के कई संभावित स्रोत हो सकते हैं :

- आप यह परिभाषित नहीं कर सकते कि आप क्या चाहते हैं।
- आपको यक़ीन होता है कि वह काम आपको किसी ऐसी चीज़ के ज़्यादा क़रीब ले जाएगा, जिसे आप नहीं चाहते हैं।
- आप यह अनुमान नहीं लगा सकते कि आप इस वक़्त जहाँ हैं, वहाँ से आप जहाँ पहुँचना चाहते हैं, वहाँ तक कैसे पहुँचेंगे।
- आप मनचाहे *अंतिम परिणाम* को इस सीमा तक आदर्शीकृत कर लेते हैं कि आपका मस्तिष्क सफलता की कम संभावना का आकलन करता है, जिसका परिणाम *नुक़सान से नफ़रत* होता है।
- "चाहिए" आपने नहीं, किसी दूसरे ने तय किया था, जिससे *राज़ी करने का प्रतिरोध* प्रेरित हो जाता है।
- वर्तमान *परिवेश* में कोई प्रतिस्पर्धी काम त्वरित संतुष्टि का वादा करता है, जबकि मूल काम का पुरस्कार काफ़ी देर बाद मिलेगा। (मनोवैज्ञानिक इसे "अतिशयोक्तिपूर्ण डिस्काउंटिंग" कहते हैं।)
- उस कार्य के लाभ अमूर्त और दूर हैं, जबकि बाक़ी संभावित कामों से मूर्त और त्वरित लाभ होगा। (मनोवैज्ञानिक इसे "आशयात्मक स्तर सिद्धांत" या "पास/दूर" सोच कहते हैं।)

अक्रेसिया की स्थितियाँ कई रूप ले सकती हैं : किसी डाइट का पालन करके "ज़्यादा स्वस्थ बनने" के बजाय कुकीज़ खाना। व्यायाम करने के बजाय वेब पर सर्फ़िंग करना। आगे बढ़ने के बजाय किसी बुरे संबंध में अटके रहना। किसी नए व्यावसायिक विचार का परीक्षण करने के बजाय सिर्फ़ उसके सपने देखते रहना। जब भी आपको कोई चीज़ करनी "चाहिए," लेकिन आप उसे करने का प्रतिरोध कर रहे हैं, तो आप अक्रेसिया का अनुभव कर रहे हैं।

अक्रेसिया एक फिसलन भरी समस्या है और इसका कोई आसान, सर्वव्यापी समाधान नहीं है, लेकिन कई रणनीतियाँ और तकनीकें हैं, जो अक्रेसिया की स्थितियों को रोकने और सुलझाने में उपयोगी होती हैं। हम इस अध्याय में उन पर बात करेंगे।

इस अवधारणा को शेयर करें : **http://book.personalmba.com/akrasia/**

एकविचारवाद

बस इसे कर दें। —नाइकी ब्रांड स्लोगन

पिछले कुछ वर्षों में उत्पादकता के विषय पर बहुत कुछ लिखा गया है - ज़्यादा काम कैसे किया जाए। *गेटिंग थिंग्स डन, द पॉवर ऑफ़ लेस* और *मास्टर युअर वर्कडे नाउ!* सभी कार्य-प्रवाह में निर्वाण हासिल करने के अलग-अलग तरीक़े बताती हैं।

अगर हम "उत्पादक बनने" की कोशिश कर रहे हैं, तो हमारा लक्ष्य दरअसल क्या है? आदर्श दृष्टि से आप अपनी ऊर्जा और *ध्यान* की सारी शक्तियाँ एक समय में एक ही विषय पर केंद्रित करना चाहते हैं।

एकविचारवाद अपनी ऊर्जा और ध्यान सिर्फ़ एक चीज़ पर केंद्रित करने की अवस्था है। एकविचारवाद को अक्सर "प्रवाह" या फ़्लो अवस्था कहा जाता है, जिस शब्दावली को मनोवैज्ञानिक मिहाली सिकजेंटमिहाल्यी ने गढ़ा था। यह मानव ध्यान की सबसे उत्पादक अवस्था है : स्पष्ट, केंद्रित ध्यान और प्रयास लंबे समय तक एक (और केवल एक) विषय पर केंद्रित किया जाए। पूर्व कंप्यूटर प्रोग्रामर पी.जे. एबी, जो मस्तिष्क के ज़्यादा उत्पादक इस्तेमाल में दूसरों की मदद करने में विशेषज्ञता रखते हैं, एकविचारवाद को इस तरह से परिभाषित करते हैं :

> *जब कोई कहता है "बस इसे कर दें," तो वह यह बता रहा है कि आपको कोई दूसरी चीज़ नहीं करनी चाहिए। इसे बेहतर तरीक़े से यूँ कहा जा सकता है, "इसे कर दें, किसी चीज़ के बारे में न सोचें, इस बारे में भी न सोचें कि आप क्या कर रहे हैं। दरअसल, इसे करें भी नहीं, बस इसे ख़ुद को करते देखें, लेकिन कोई चीज़ करने की कोशिश न करें।"*
>
> *उचित रूप से "एकविचारवाद" बस वह अवस्था है, जिसमें आपके दिमाग़ में सटीकता से एक ही चीज़ होती है और कहीं कोई द्वंद्व नहीं होता। यह अपने आप में तकनीक होने के बजाय एक अवस्था है, जिसके फलस्वरूप विचार के संबंध में स्वाभाविक कर्म होता है... किसी ख़ास व्यक्ति के लिए ख़ास (उत्पादकता) तकनीक की उपयोगिता काफ़ी हद तक इस बात पर निर्भर करेगी कि यह एकविचारवादी अवस्था हासिल करने की राह के ख़ास अवरोधों को दूर करती है या नहीं।*

जब आप "बस इसे कर रहे हैं," तो आप प्रवाह में हैं - एकविचारवादी अवस्था में हैं। कोई व्यवधान नहीं, कोई विघ्न नहीं, कोई स्व-आलोचना नहीं, कोई शंका नहीं। जब आपका मन 100 प्रतिशत "करो" अवस्था में होता है, तो आप अवश्यंभावी रूप से काफ़ी कुछ कर जाते हैं।

सवाल यह है कि आप ख़ुद को एकविचारवादी अवस्था में कैसे पहुँचाएँ?

सबसे पहले तो संभावित व्यवधानों और विघ्नों को ख़त्म करें। आपके काम को पूरा करने के लिए संज्ञानात्मक गतिविधि का जो स्तर आवश्यक है, उसके लिहाज़ से दस से तीस मिनट बाद ही आपका मन उस काम में पूरी तरह तल्लीन होता है, जिसे आप कर रहे हैं। फ़ोन आना, "आपके दिमाग़ की जेब काटने के लिए सहकर्मियों का टपकना," और आपका ध्यान खींचने वाली दूसरी अप्रत्याशित माँगों से आपकी एकविचारवादी अवस्था टूट जाएगी, इसलिए आपकी पहली प्राथमिकता यह सुनिश्चित करना है कि आपके सामने व्यवधान न आएँ। जब मैं व्यवधान नहीं चाहता हूँ, तो मैं पृष्ठभूमि के शोर को ख़त्म करने के लिए ईयरप्लग का इस्तेमाल करता हूँ या इंस्ट्रुमेंटल संगीत बजाता हूँ और फ़ोन को बंद कर देता हूँ।

लिखते समय अपना इंटरनेट कनेक्शन बंद करने (देखें *इच्छाशक्ति क्षय*) से मेरे लिए एकविचारवादी अवस्था क़ायम रखना ज़्यादा आसान हो जाता है, अन्यथा मुश्किल आने पर इस बात की बहुत ज़्यादा आशंका रहती है कि मैं वेब पर ब्राउज़िंग करने लगूँ। इसी तरह की *मार्गदर्शक तंत्र* तकनीकों का इस्तेमाल करना ध्यान भटकने से रोकने का एक अच्छा तरीक़ा है।

दूसरे, आंतरिक *द्वंद्वों* को ख़त्म कर दें। अगर आप अपने दिमाग़ में दो नियंत्रण तंत्रों के बीच द्वंद्व का अनुभव कर रहे हों, तो कई बार शुरू करना मुश्किल होता है। काम शुरू करने से पहले इन द्वंद्वों को हटाने से आप एकविचारवादी अवस्था ज़्यादा जल्दी हासिल कर लेते हैं। यदि आप शुरू करते समय प्रतिरोध महसूस करते हैं, तो काम आगे बढ़ाने से *पहले* उस द्वंद्व की ज़्यादा गहरी पड़ताल करने में थोड़ा समय और ऊर्जा लगाना उपयोगी होता है।

यह पुस्तक लिखते समय मैंने कुंठाजनक प्रतिरोध के कई दौर अनुभव किए। प्रतिरोध को नज़रअंदाज़ करने या इसके बावजूद ज़ोर लगाते रहने (इच्छाशक्ति क्षय का अनुभव करने का अचूक तरीक़ा) की कोशिश करने के बजाय मैंने *मानसिक सिमुलेशन* और *पुनर्व्याख्या का इस्तेमाल* करके उस प्रतिरोध की पड़ताल की, जिससे मुझे एक छिपे हुए द्वंद्व को उजागर करने में मदद मिली। मैं अपने काम की गुणवत्ता से ख़ुश नहीं था और कम गुणवत्ता वाला काम ज़्यादा करना समय की बरबादी होती। मैंने पुस्तक के तंत्र को सुधारने में थोड़ा समय लगाया, जिससे वह द्वंद्व सुलझ गया। इससे पुस्तक भी बेहतर बनी और प्रतिरोध का स्रोत भी ख़त्म हो गया।

तीसरे, "धावा" करके ध्यान की प्रक्रिया को शुरू कर दें। चूँकि लय में आने में दस से तीस मिनट तक का समय लग सकता है, इसलिए एकाग्र काम के फटाफट विस्फोट के लिए दस से तीस मिनट का समय अलग रखने से लय में फटाफट पहुँचना ज़्यादा आसान हो सकता है। जब तक धावा ख़त्म होता है, तब तक अगर आप उत्पादक नहीं होते हैं, तो आपको ठहरने और कोई दूसरी चीज़ करने की छूट है। वैसे यह शायद ही कभी होता है : एक बार जब आप शुरू कर देते हैं, तो काम करते रहना आसान होता है।

मैं पोमोडोरो तकनीक का अक्सर इस्तेमाल करता हूँ। इसका नामकरण इसे ईजाद करने वाले फ्रांसेस्को सिरिलो ने टमाटर (इतालवी में *पोमोडोरो*) जैसे आकार के विचित्र छोटे किचन टाइमर के नाम पर किया था। यह तकनीक इस तरह काम करती है कि पच्चीस मिनट का अलार्म लगा लें। इस पूरी अवधि में आपको एक अकेले काम पर ध्यान केंद्रित करना है - अगर आप अटक जाएँ, तो बस एकाग्रता बनाए रखें, जब तक कि अलार्म न बज जाए। जब पच्चीस मिनट के काम की अवधि ख़त्म हो जाती है, तो आप पाँच मिनट का विराम ले सकते हैं, जिससे कुल अवधि तीस मिनट हो जाती है - तीस मिनट की अवधि ऐसी है कि इसे हममें से कोई भी अपनी दिनचर्या में यहाँ-वहाँ शामिल कर सकता है।

पोमोडोरो तकनीक की यह ख़ासियत मुझे बहुत पसंद है कि यह एक साथ दो लक्ष्य हासिल करती है। यह शुरू करने को आसान बना देती है और यह भटकावों को नज़रअंदाज़ करने की अनुमति देती है। भले ही आप अपने काम को लेकर रोमांचित न हों, लेकिन ख़ुद से यह कहना "यह सिर्फ़ पच्चीस मिनट की तो बात है" शुरू करने के प्रतिरोध से उबरने का बेहतरीन तरीक़ा है। पोमोडोरो तकनीक भटकावों को नज़रअंदाज़ करने का अच्छा बहाना भी है। अगर फ़ोन की घंटी बजती है, तो "पोमोडोरो अविभाज्य है" यह याद दिलाकर आप उसे नज़रअंदाज़ कर देते हैं, ताकि आप अपनी एकविचारवादी अवस्था को क़ायम रख सकें।

अगर धावा शुरू करने से पहले आप भटकावों और द्वंद्व को ख़त्म कर देते हैं, तो आप कुछ मिनट बाद ही स्वाभाविक रूप से एकविचारवादी अवस्था में पहुँच जाएँगे।

ध्यान एकविचारवादी "प्रतिरोध प्रशिक्षण" का एक रूप है। अपनी साँस पर ध्यान केंद्रित करना, फिर ध्यान भटकने पर चेतन रूप से (और ग़ैर-आलोचनात्मक तरीक़े से) अपने ध्यान

को दोबारा अपनी साँस पर केंद्रित करना जैसी सरल ध्यान तकनीकें भटकावों के बावजूद अपने ध्यान को केंद्रित रखने में प्रयुक्त योग्यताओं के चेतन अभ्यास के तरीक़े हैं। हर दिन सिर्फ़ दस मिनट का आसान ध्यान हमारी ध्यान केंद्रित करने की क्षमता को बहुत बेहतर बना सकता है।

इस अवधारणा को शेयर करें : http://book.personalmba.com/monoidealism/

संज्ञानात्मक परिवर्तन दंड

अपने मस्तिष्क पर शासन करें,वरना यह आप पर शासन करेगा।

—होरेस, पहली सदी ई.पू. के रोमन कवि

आप जिस प्रोजेक्ट या काम को करने का निर्णय लेते हैं, उसे करने के लिए आपको *ध्यान,* ऊर्जा और एकाग्रता की निश्चित मात्रा की ज़रूरत होती है। सवाल यह है कि आपको जो करना है, उस हर चीज़ को आप सबसे प्रभावी ढंग से कैसे कर सकते हैं?

कई लोग मल्टीटास्किंग पर भरोसा करते हैं मतलब एक ही समय में एक से ज़्यादा काम करने की कोशिश करना, हालाँकि कई लोग मान लेते हैं कि इससे वे ज़्यादा कार्यकुशल बन जाते हैं, लेकिन *एकविचारवाद* और मल्टीटास्किंग पूरी तरह विरोधी हैं। तंत्रिकीय दृष्टि से आपके मस्तिष्क के लिए एक साथ कई काम करना असंभव होता है। जब आप एक ही समय में एक से ज़्यादा चीज़ें करने की कोशिश कर रहे हैं, तो आप दरअसल दो जगह नहीं सोच रहे हैं - आप तो तेज़ी से अपना ध्यान एक चीज़ से दूसरी चीज़ पर बदल रहे हैं। जब आप पहले काम पर ध्यान दे रहे हैं, तो आप दूसरे काम को तब तक नज़रअंदाज़ कर रहे हैं, जब तक कि आप पहले काम से ध्यान हटाकर दूसरे काम पर न ले आएँ।

उपयोगी मल्टीटास्किंग एक मिथक है। हाल के कई तंत्रिकीय अध्ययनों के मुताबिक़ आप एक समय में जितनी ज़्यादा चीज़ों पर ध्यान देने की कोशिश करते हैं, उन सभी में आपका प्रदर्शन उतना ही कमज़ोर होता है। इसीलिए कार चलाते समय फ़ोन पर बात करना कभी अच्छा विचार नहीं होता - एक साथ दो चीज़ों पर ध्यान केंद्रित करने की कोशिश करने पर आपका प्रतिक्रिया समय उस स्तर तक कम हो जाता है, जितना शराब के नशे में गाड़ी चलाने वाले का होता है।

जब भी आप अपने ध्यान का केंद्र एक विषय से दूसरे विषय पर बदलते हैं, तो आपको *संज्ञानात्मक परिवर्तन दंड* मिलता है। कार्य करने के लिए आपके मस्तिष्क को उस काम की पृष्ठभूमि कामकाजी स्मृति में "दोबारा डालना" पड़ती है। अगर आप अपने ध्यान का केंद्र लगातार बदलते हैं, तो आप अपने मस्तिष्क को मजबूर कर रहे हैं कि यह बार-बार पृष्ठभूमियों को अलग-अलग करने और दोबारा डालने में समय व प्रयास ख़र्च करे। इसीलिए मल्टीटास्किंग में पूरा दिन बिताना, कोई काम ढंग से न कर पाना और अंत में थकान महसूस करना संभव है - आपकी सारी ऊर्जा प्रगति करने के बजाय पृष्ठभूमि बदलने में ही ख़र्च हो गई।

संज्ञानात्मक परिवर्तन दंड *घर्षण* की लागत है (जिस पर बाद में चर्चा की गई है)। आप जितना कम परिवर्तन करते हैं, लागत उतनी ही कम होती है। इसीलिए एकविचारवाद इतना

कार्यकुशल होता है - एक समय में केवल एक चीज़ पर ध्यान केंद्रित करने से आप अपने मस्तिष्क को कामकाजी स्मृति में पृष्ठभूमि एक ही बार डालने की अनुमति दे रहे हैं, जिसका मतलब है कि आप अपनी ऊर्जा हाथ के काम को सचमुच पूरा करने पर केंद्रित कर सकते हैं।

अनुत्पादक पृष्ठभूमि परिवर्तन से बचने के लिए समूहीकरण रणनीति सर्वश्रेष्ठ होती है। व्यवधान हटाने से अनावश्यक विघ्नों से बचने में मदद मिल सकती है, लेकिन भले ही आपके पास पूरा दिन ख़ाली हो, फिर भी मानसिक रूप से छटपटाने में ऊर्जा बरबाद करना पूरी तरह संभव है। अनावश्यक संज्ञानात्मक परिवर्तन से बचने की सर्वश्रेष्ठ नीति समान कामों को एक समूह में रखना है।

मिसाल के तौर पर, मुझे ग्राहक के फ़ोनों के बीच सृजनात्मक कामों (जैसे लिखना या प्रशिक्षण वीडियो की शूटिंग करना) में प्रगति करना मुश्किल लगता है। एक ही समय में दोनों ज़िम्मेदारियों को एक साथ सँभालने की कोशिश करने के बजाय मैं उन्हें इकट्ठे समूहीकृत कर लेता हूँ। आम तौर पर मैं बिना व्यवधान वाले कुछ घंटों में सुबह लिखने पर ध्यान केंद्रित करता हूँ, फिर दोपहर में अपने फ़ोन कॉल्स और मीटिंगों को समूहीकृत कर लेता हूँ। इसके फलस्वरूप मैं दोनों ज़िम्मेदारियों पर अपना पूरा ध्यान केंद्रित कर सकता हूँ।

छुटपुट काम करते समय, वित्तीय रिपोर्ट अपडेट करते समय या रोज़मर्रा के काम करते समय भी मैं इसी रणनीति पर अमल करता हूँ। मैं उन कामों को पूरा करने के लिए कुछ घंटे पूरी तरह समर्पित करता हूँ। इसके फलस्वरूप मुझे जो भी करना होता है, उस हर चीज़ को मैं बहुत कम समय में कर सकता हूँ।

वेंचर कैपिटेलिस्ट, प्रोग्रामर और निबंधकार पॉल ग्राहम इस समूहीकरण रणनीति को "निर्माता समय-सारणी/प्रबंधक समय-सारणी" कहते हैं। अगर आप किसी चीज़ का सृजन करने की कोशिश कर रहे हैं, तो आप जो सबसे बुरी चीज़ कर सकते हैं, वह है प्रशासकीय कामों के बीच में सृजनात्मक कामों को रखना - पृष्ठभूमि बदलने से आपकी सृजनात्मकता मर जाएगी। "निर्माता समय-सारणी" में बिना व्यवधान के समय के बड़े खंड होते हैं; "प्रबंधक समय-सारणी" को मीटिंगों के लिए कई छोटे टुकड़ों में तोड़ा जा सकता है। दोनों समय-सारणियाँ अलग-अलग उद्देश्यों के लिए अच्छी होती हैं - अगर आपका लक्ष्य उपयोगी काम को पूरा करना है, तो उन्हें मिलाने की कोशिश कतई न करें।

मैं अपने दिन की योजना बनाते समय जिस आम नियम का पालन करता हूँ, वह है 3-10-20 प्रणाली। एक दिन में मैं तीन बड़े काम और दस छुटपुट काम पूरे कर सकता हूँ। बड़ा काम वह गतिविधि है, जिसे पूरा करने के लिए एकाग्र ध्यान के बीस मिनट से ज़्यादा समय की ज़रूरत होती है; बाक़ी सारे काम छुटपुट काम हैं। अगर किसी बड़े काम में व्यवधान पड़ता है, तो इसे दोबारा शुरू करना एक नए काम के रूप में गिना जाता है।

मिसाल के तौर पर, एक दिन के बड़े काम में ये शामिल हो सकते हैं : एक प्रस्ताव लिखना, किसी ग्राहक को परामर्श देना और किसी पुस्तक की समीक्षा करना। इन बड़े कामों के बीच में मैं संक्षिप्त फ़ोन कर सकता हूँ, आने वाले ईमेल का जवाब दे सकता हूँ, कुछ लेख पढ़ सकता हूँ, बर्तन साफ़ कर सकता हूँ और अपने ऑफ़िस की सफ़ाई कर सकता हूँ।

जब तक मैं अपने बड़े कामों के लिए समय के बड़े खंड अलग रखता हूँ, तब तक मैं हर दिन हर काम पूरा कर सकता हूँ। अगर किसी बड़े काम के बीच में व्यवधान आ जाए, तो

वह काम उस दिन पूरा नहीं होगा या फिर किसी दूसरे बड़े काम को छोड़ना पड़ेगा। मैं एक दिन में जो हासिल कर सकता हूँ, उसकी एक सीमा है, उसे ध्यान में रखने से *तनाव और बहाली* को संतुलन में रखना ज़्यादा आसान होता है।

अनुपयोगी पृष्ठभूमि परिवर्तन को ख़त्म कर दें और आप कम कोशिश में ज़्यादा काम पूरे कर पाएँगे।

इस अवधारणा को शेयर करें : **http://book.personalmba.com/cognitive-switching-penalty/**

पूरा करने के चार तरीक़े

मैं सिर्फ़ एक हूँ, लेकिन मैं एक तो हूँ। मैं हर चीज़ नहीं कर सकता, लेकिन मैं कुछ तो कर सकता हूँ। चूँकि मैं हर चीज़ नहीं कर सकता, इसलिए मैं उस चीज़ को करने से इंकार नहीं करूँगा, जो मैं कर सकता हूँ। मैं जो कर सकता हूँ, वह मुझे करना चाहिए। और जो मुझे करना चाहिए, ईश्वर की कृपा से मैं उसे कर लूँगा।

—एडवर्ड एवरेट हेल, उन्नीसवीं सदी के एकेश्वरवादी धर्मशास्त्री और लेखक

किसी काम को "करने" के केवल चार तरीक़े हैं : पूरा करना, विलोपन, काम सौंपना और टालना।

पूरा करना - काम को करना - वह विकल्प है, जिसके बारे में ज़्यादातर लोग सोचते हैं। अगर आप कोई कार्यसूची रखते हैं, तो आप शायद यह मानकर चल रहे हैं कि उन कामों को पूरा करना आप ही की ज़िम्मेदारी है। यह पूरी तरह सच नहीं है - पूरा करना उन महत्त्वपूर्ण कामों के लिए सर्वश्रेष्ठ होता है, जिन्हें सिर्फ़ आप ही ख़ास अच्छी तरह कर सकते हैं। बाक़ी हर काम किसी दूसरी तरह भी पूरा किया जा सकता है।

विलोपन - काम को हटाना - किसी ऐसी चीज़ के लिए प्रभावी होता है, जो महत्त्वहीन या अनावश्यक है। अगर आपकी कार्यसूची की कोई चीज़ महत्त्वहीन है, तो इसे हटाते समय बुरा महसूस न करें। यदि यह करने लायक़ नहीं है, तो यह अच्छी तरह या तेज़ी से करने लायक़ नहीं है - इससे छुटकारा पाने में न झिझकें।

काम सौंपना - किसी दूसरे को काम सौंपना प्रभावी होता है, बशर्ते वह व्यक्ति किसी चीज़ को आपके मुक़ाबले 80 प्रतिशत अच्छी तरह कर सके। काम सौंपने के लिए आपके पास कोई व्यक्ति होना चाहिए। कर्मचारी, कॉन्ट्रैक्टर या आउटसोर्सर आपकी तरफ़ से काम करके ज़्यादा चीज़ें करने में आपकी मदद कर सकते हैं।

ऑनलाइन पर्सनल एमबीए बिज़नेस कोर्स की तैयारी में केल्सी और मैंने वीडियो बनाए, लेकिन वीडियो की लिखित प्रतिलिपि बनाने में हमने केल्सी की नानी की सहायता ली - जो बहुत तेज़ टाइपिंग करती हैं। इसके फलस्वरूप हम पूरा कोर्स रिकॉर्ड समय में पूरा करने में कामयाब रहे और हमें काम का बोझ भी महसूस नहीं हुआ।

अगर आपके पास सामान्य काम सौंपने के लिए कोई नहीं है, तो किसी वर्चुअल असिस्टेंट कंपनी के साथ काम करना काफ़ी उपयोगी हो सकता है। 100 डॉलर से भी कम मासिक शुल्क में आप अपना काम पूरा करने के लिए पेशेवरों की टीम की मदद ले सकते हैं। अगर आपको काम सौंपने के मामले में बहुत कम अनुभव है, तो यह प्रयोग करने लायक़ है।

स्थगन - काम को बाद तक के लिए टालना - उन कामों के लिए प्रभावी होता है, जो अति महत्त्वपूर्ण नहीं होते हैं या जिन्हें इस समय करना ज़रूरी नहीं होता है। कुछ काम बाद में करने को लेकर बुरा महसूस न करें - ख़ुद को उलझाने का सबसे अच्छा तरीक़ा एक ही समय में बहुत सारे काम करने की कोशिश करना है। महत्त्वहीन कामों को बाद के लिए बचाना आपके ध्यान और ऊर्जा को सबसे महत्त्वपूर्ण काम पर केंद्रित रखने का एक अच्छा तरीक़ा है।

गेटिंग थिंग्स डन में डेविड एलन उन कामों की "किसी दिन/शायद" सूची रखने की सलाह देते हैं, जो आप किसी दिन करना पसंद करेंगे, लेकिन जो हाल-फ़िलहाल महत्त्वपूर्ण नहीं हैं। स्कॉट बेल्स्की भी अपनी पुस्तक *मेकिंग आइडियाज़ हैपन* में ऐसी ही नीति की सलाह देते हैं : आप जिन कामों को अंततः करना चाहते हैं, लेकिन जो इस वक़्त प्राथमिक नहीं हैं, उनकी "बाद वाली" सूची बनाएँ। जब आप किसी नए या रोमांचक काम की तलाश में हों, तब इस सूची की समीक्षा करना काफ़ी उपयोगी होता है।

अपनी कार्यसूची पर विचार करते समय चारों विकल्पों का इस्तेमाल करें और आप इतना ज़्यादा काम कर पाएँगे, जितना आपको कभी संभव भी नहीं लगा होगा।

इस अवधारणा को शेयर करें : http://book.personalmba.com/4-methods-of-completion/

सबसे महत्त्वपूर्ण काम

जब आप छोटी चीज़ें कर रहे हों, तो आपको बड़ी चीज़ों के बारे में सोचना होगा, ताकि सभी छोटी चीज़ें सही दिशा में हों।

—एल्विन टॉफ़्लर, प्रौद्योगिकी शोधकर्ता और भविष्यवादी

सभी काम बराबरी के नहीं होते - कुछ काम बाक़ी कामों से ज़्यादा महत्त्वपूर्ण होते हैं। हर दिन काम करने के लिए आपके पास सीमित समय और ऊर्जा ही होती है। इस वक़्त आपकी कार्यसूची में जो चीज़ें हैं, उनमें से कुछ सचमुच महत्त्वपूर्ण हैं और उनमें से कुछ सचमुच महत्त्वपूर्ण नहीं हैं। अगर आप अपने सीमित समय और ऊर्जा से अधिकतम फ़ायदा उठाना चाहते हैं, तो उन कामों को सबसे पहले पूरा करने पर ध्यान केंद्रित करना फ़ायदेमंद है, जिनसे सबसे ज़्यादा फ़र्क़ पड़ता है। इसके बाद ही किसी दूसरी चीज़ पर अपना समय और ऊर्जा ख़र्च करें।

सबसे महत्त्वपूर्ण काम (मोस्ट इम्पोर्टेन्ट टास्क - एमआईटी) वह अति महत्त्वपूर्ण काम है, जिसके सबसे महत्त्वपूर्ण मनचाहे परिणाम होंगे। आपकी कार्यसूची का हर काम अति महत्त्वपूर्ण की श्रेणी में नहीं आता है, इसलिए हर काम के साथ समानता का बर्ताव न करें। कुछ मिनट तक विचार करके पता लगाएँ कि कौन से काम ख़ास महत्त्वपूर्ण हैं। इससे पहले उन्हें पूरा करने पर ध्यान केंद्रित करना ज़्यादा आसान हो जाएगा।

हर दिन की शुरुआत में दो या तीन एमआईटी की सूची बनाएँ, फिर उन्हें जल्दी से जल्दी पूरा करने पर ध्यान केंद्रित करें। इस सूची को अपनी सामान्य कार्यसूची या कार्य निगरानी तंत्र से अलग रखें। मैं आम तौर पर 3 बाइ 5 के इंडेक्स कार्ड या डेविड सीह के मुफ़्त में डाउनलोड होने वाले पीडीएफ़ "इमरजेंट टास्क प्लानर" का इस्तेमाल करता हूँ, जिससे दिन की योजना बनाना ज़्यादा आसान हो जाता है।

एमआईटी की अपनी सूची बनाते वक़्त ख़ुद से *विचारणीय प्रश्न* पूछना उपयोगी होता है । "वे दो या तीन सबसे ज़्यादा महत्त्वपूर्ण चीज़ें कौन सी हैं, जो मुझे आज करने की ज़रूरत है? वे कौन सी चीज़ें हैं, जिन्हें अगर मैं आज कर लेता हूँ, तो उनसे भारी फ़र्क़ पड़ेगा?" अपनी एमआईटी सूची में सिर्फ़ इन्हीं कामों को लिखने की कोशिश करें, फिर उन्हें सुबह सबसे पहले पूरा करने की कोशिश करें।

इस तकनीक को एक कृत्रिम डेडलाइन तय करके *पार्किन्सन के नियम* (बाद में चर्चा की गई है) के साथ मिलाना बहुत प्रभावी होता है। अगर आप सुबह 10 बजे तक अपने सभी एमआईटी निबटाने का लक्ष्य तय करते हैं, तो आप हैरान रह जाएँगे कि आप दिन के सबसे महत्त्वपूर्ण काम कितनी तेज़ी से पूरे कर सकते हैं।

दो या तीन एमआईटी की सूची *एकविचारवादी* अवस्था क़ायम रखने में मदद करती है, क्योंकि यह आपको उन व्यवधानों को नहीं कहने की अनुमति देती है, जो उतने महत्त्वपूर्ण नहीं हैं। अगर आप अपने एमआईटी पर काम कर रहे हैं और कोई आपको फ़ोन करता है, तो उस फ़ोन को नज़रअंदाज़ करना या फ़ोन करने वाले से यह कहना ज़्यादा आसान होता है, "मैं डेडलाइन वाला काम कर रहा हूँ - मैं आपसे बाद में बात करूँगा।" परिभाषा के अनुसार, जो भी काम एमआईटी नहीं है, वह उतना महत्त्वपूर्ण नहीं है, इसलिए ग़ैर-महत्त्वपूर्ण व्यवधानों को नहीं कहना ज़्यादा आसान होता है।

अपने एमआईटी जल्दी से जल्दी पूरे करें, फिर आने वाले किसी भी काम को सँभालने के लिए आपके पास बाक़ी का दिन बचा रहेगा।

इस अवधारणा को शेयर करें : http://book.personalmba.com/most-important-tasks/

लक्ष्य

अस्पष्ट लक्ष्य तय करना किसी रेस्तराँ में जाकर यह कहने जैसा है, "मैं भूखा हूँ। मुझे भोजन चाहिए।" आप तब तक भूखे ही रहेंगे, जब तक कि आप किसी चीज़ का ऑर्डर न दे दें।

— स्टीव पावलीना, *पर्सनल डेवलपमेंट फ़ॉर स्मार्ट पीपल* के लेखक और स्टीवपावलीना डॉट कॉम के ब्लॉग लेखक

कारोबारी साहित्य में *लक्ष्यों* के महत्त्व के बारे में बहुत कुछ लिखा गया है। अच्छी तरह बनाए गए लक्ष्य दो चीज़ें हासिल करते हैं : वे यह मानसिक तसवीर देखने में आपकी मदद करते हैं कि आप क्या चाहते हैं और वे इसे हासिल करने के बारे में आपको रोमांचित कर देते हैं। लक्ष्य एक कथन है, जो सटीकता से यह स्पष्ट करता है कि आप क्या हासिल करना

चाहते हैं। इससे आपके मस्तिष्क के लिए *मानसिक तसवीर* देखने के लिए *मानसिक सिमुलेशन* का इस्तेमाल करना आसान हो जाता है कि हासिल होने पर वह लक्ष्य कैसा दिखेगा। आप जिस अंतिम परिणाम की तलाश कर रहे हैं, अगर वह अस्पष्ट या धुँधला है, तो आपके मस्तिष्क के स्वचालित नियोजन तंत्रों के लिए आपकी मनचाही चीज़ पाने के तरीक़े खोजना मुश्किल होता है। अच्छी तरह तय किए गए लक्ष्य *प्रेरित* करने में एक अहम भूमिका निभाते हैं - आपका लक्ष्य जितना ज़्यादा स्पष्ट होता है, मनचाही चीज़ पाने के लिए आवश्यक काम करने के बारे में रोमांचित होना उतना ही ज़्यादा आसान होता है।

"मैं एक पहाड़ पर चढ़ना चाहता हूँ" जैसे अस्पष्ट लक्ष्य बहुत सहायक नहीं होते हैं, क्योंकि वे आपके मस्तिष्क को काम करने के लिए कोई सामग्री ही नहीं देते हैं। कौन सा पहाड़? कहाँ? कब? क्यों? इन प्रश्नों के जवाब दिए बिना आप शायद कुछ भी नहीं करेंगे।

अच्छी तरह से बनाए गए लक्ष्य "एवरेस्ट परीक्षण" में उत्तीर्ण हो जाते हैं। उपयोगी लक्ष्य इस तरह दिखते हैं : "मैं अपने चालीसवें जन्मदिन से पहले माउंट एवरेस्ट के शिखर पर चढ़ना चाहता हूँ और वहाँ से एक प्राकृतिक चित्र लेकर ट्रॉफ़ी के रूप में अपनी दीवार पर टाँगना चाहता हूँ।" आपके मस्तिष्क के लिए इस लक्ष्य को सिमुलेट करना आसान है - माउंट एवरेस्ट नेपाल में है, इसलिए आपको वहाँ पहुँचने का इंतज़ाम करना होगा। आपको अपनी पर्वतारोही योग्यताओं को बेहतर बनाना होगा, गाइड खोजना होगा, उपकरण ख़रीदने होंगे, अच्छा पैनोरेमिक कैमरा ख़रीदना होगा आदि। एक बार जब आप लक्ष्य हासिल करने का चेतन *निर्णय* ले लेते हैं, तो आपका मस्तिष्क ख़ुदबख़ुद इसे करने के तरीक़े खोजने लगता है।

लक्ष्य सबसे उपयोगी तब होते हैं, जब उन्हें एक सकारात्मक, त्वरित, ठोस, विशिष्ट प्रारूप में *बनाया* जाता है :

- *सकारात्मक* का अर्थ है प्रेरणा - आपका लक्ष्य कोई ऐसी चीज़ होना चाहिए, जिससे दूर जाने के बजाय आप उसकी ओर जाना चाहें। "मैं अब मोटी नहीं रहना चाहती" जैसे लक्ष्य *जोखिम तालाबंदी* का अचूक नुस्ख़ा हैं - इस तरह आप नकारात्मक परिणाम को बलवान कर रहे हैं, जबकि आपको बेहतर होने के बारे में रोमांचित होने के लिए *पुनर्व्याख्या* का इस्तेमाल करना चाहिए। सर्वश्रेष्ठ परिणामों के लिए पहले *द्वंद्व* को ख़त्म कर दें, फिर उस ओर आगे बढ़ें, जिसे आप हासिल करना चाहते हैं।
- *त्वरित* समय प्रगतिशीलता की ओर इशारा करता है - आपके लक्ष्य ऐसे होने चाहिए, जिनकी दिशा में आप "किसी दिन" या "अंततः" के बजाय इसी समय प्रगति करने का निर्णय लेते हैं। अगर आप इसी समय किसी ख़ास लक्ष्य पर काम करने के लिए समर्पित नहीं होना चाहते हैं, तो इसे अपनी किसी दिन/शायद सूची में लिख लें और किसी दूसरी चीज़ पर ध्यान केंद्रित करें।
- *ठोस* का मतलब है कि आप परिणाम असली संसार में देख सकते हैं। लक्ष्य उपलब्धियाँ हैं - आप जो हासिल करने निकले हैं, उसे आपने कब हासिल कर लिया है, यह आपको पता होना चाहिए। "मैं ख़ुश रहना चाहता हूँ" जैसे लक्ष्य तय करना कारगर नहीं है, क्योंकि वे ठोस नहीं होते हैं - आपको कैसे पता चलेगा कि आप सफल हो गए हैं? जब आप माउंट एवरेस्ट के शिखर

पर पहुँच जाते हैं, तो आपने असली संसार में एक ठोस चीज़ हासिल कर ली है - यह सचमुच ठोस है।

- *विशिष्ट* का मतलब है कि आप सटीकता से यह परिभाषित कर सकते हैं कि आप अपने लक्ष्य को कब, कहाँ हासिल करने वाले हैं। निकट भविष्य में एक निश्चित तारीख़ को माउंट एवरेस्ट पर चढ़ना विशिष्ट है। इससे आपके दिमाग़ के लिए सटीक योजना बनाना आसान हो जाता है कि आप इसे हासिल करने कैसे जाएँगे।

सर्वश्रेष्ठ परिणाम तब मिलते हैं, जब आपके लक्ष्य आपके नियंत्रण में रहते हैं। "बीस पौंड वज़न कम करना" जैसे लक्ष्य आत्मा को चकनाचूर करने वाले होते हैं, क्योंकि वे सीधे आपके नियंत्रण में नहीं होते हैं - वज़न कम करना प्रयास नहीं, परिणाम है। अगर आपका वज़न किसी दिन कुछ पौंड अनायास ही ऊपर हो जाता है, तो पराजित महसूस करना आसान होता है, भले ही आपके पास इस मामले में कोई विकल्प न हो। सर्वश्रेष्ठ परिणामों के लिए ऐसे कार्यों के लक्ष्य बनाएँ, जो आपके *नियंत्रण के दायरे के भीतर* हों (बाद में चर्चा की गई है), जैसे हर दिन कम से कम तीस मिनट तक व्यायाम करना और कैलोरियों की संख्या को नियंत्रित करना।

अपने लक्ष्यों की निगरानी करने के लिए किसी नोटबुक या आसान संदर्भ तंत्र का सहारा लें। मैं अपने सभी लक्ष्य एक टेक्स्ट फ़ाइल में लिख लेता हूँ, जिसका मैं प्रिंट निकालकर अपनी कार्यसूची वाली नोटबुक में रखता हूँ। जब भी मैं सोच रहा होता हूँ कि मुझे क्या करना चाहिए, तो मेरे पास आसान संदर्भ के लिए लक्ष्यों की सूची होती है, जिससे यह तय करना आसान होता है कि कौन से काम सबसे ज़्यादा महत्त्वपूर्ण हैं।

अपने लक्ष्य बदलना पूरी तरह से ठीक है। कई बार हम सोचते हैं कि हम कोई चीज़ पाना चाहते हैं, लेकिन हमें बाद में पता चलता है कि अब हम उसे उतना ज़्यादा नहीं चाहते हैं। इस बारे में बुरा महसूस न करें - इसे सीखना कहा जाता है। अगर आप ख़ुद को किसी ऐसे लक्ष्य की दिशा में काम करते पाएँ, जिसके बारे में आपको अब अच्छा महसूस नहीं होता है, तो किसी दूसरे लक्ष्य पर काम शुरू कर दें।

इस अवधारणा को शेयर करें : http://book.personalmba.com/goals/

अस्तित्व की अवस्थाएँ

हो सकता है मैं वहाँ नहीं पहुँच पाया हूँ, जहाँ मेरा जाने का इरादा था, लेकिन मैं सोचता हूँ कि मैं अंततः वहाँ पहुँच गया हूँ, जहाँ मेरा रहने का इरादा था।

— डगलस एडम्स, हास्यकार और द हिचहाइकर्स गाइड सीरीज़ के लेखक

लक्ष्य तय करते वक़्त मैं लोगों को जो एक ग़लती लगातार करते देखता हूँ, वह यह मान लेना है कि हर चीज़ एक उपलब्धि है।

"मैं ख़ुश रहना चाहता हूँ," "मैं रोमांचित महसूस करना चाहता हूँ," और "मैं सफल होना चाहता हूँ" जैसे कथनों के बारे में सोचें। आपको कैसे पता चलेगा कि आपने वह हासिल कर

लिया है, जो आप हासिल करना चाहते थे? अगर आपका दिन प्रतिदिन का अनुभव बदल जाता है, तो क्या आप सचमुच ख़ुशी, रोमांच या सफलता हासिल कर सकते हैं?

अस्तित्व की अवस्था आपके वर्तमान अनुभव की गुणवत्ता है। भावनात्मक अनुभव उपलब्धियाँ नहीं हैं, क्योंकि वे समय के साथ घटते-बढ़ते रहते हैं - आप इस वक़्त ख़ुश हो सकते हैं और एक घंटे बाद नाराज़ हो सकते हैं। इसीलिए "ख़ुश रहना" कोई उपलब्धि नहीं है - यह तो आपके वर्तमान अनुभव की गुणवत्ता है।

अस्तित्व की अवस्थाएँ लक्ष्य नहीं, बल्कि निर्णय लेने के मापदंड हैं। "ख़ुश होना" या "सफल होना" चाहना अच्छी बात है, लेकिन इन इच्छाओं के साथ लक्ष्य की तरह बर्ताव करना कुंठा का नुस्ख़ा है। इन अवस्थाओं के साथ उपलब्धियों जैसा बर्ताव न करें। इसके बजाय उन्हें निर्णय मापदंड के रूप में लेना कहीं बेहतर होता है - यह समझने के तरीक़े कि आपके कार्य आपको मनचाहे परिणामों के क़रीब ले जा रहे हैं या नहीं।

अस्तित्व की अवस्थाएँ इस सवाल का जवाब देने में आपकी मदद करती हैं, "मैं इस समय जो कर रहा हूँ, क्या वह कारगर है?" मिसाल के तौर पर, अगर आप ख़ुश महसूस करना चाहते हैं, तो आप इस बात पर ग़ौर कर सकते हैं कि क़रीबी मित्रों और परिवार के सदस्यों के साथ समय बिताने से आपको ख़ुशी मिलती है, इसलिए उन चीज़ों के लिए समय निकालना स्पष्ट रूप से महत्त्वपूर्ण है। अगर आप शांत महसूस करना चाहते हैं, लेकिन आपकी नौकरी आपको तनावग्रस्त बना रही है, तो यह स्पष्ट है कि स्थिति को बदलने की ज़रूरत है - आप जो कर रहे हैं, वह कारगर नहीं है।

अस्तित्व की जटिल अवस्थाओं को छोटे-छोटे हिस्सों में तोड़ना और भी ज़्यादा उपयोगी होता है। निर्णय के मापदंडों के रूप में "सफलता" और "ख़ुशी" जैसी अस्तित्व की जटिल अवस्थाओं का इस्तेमाल करने के बजाय यह निर्णय लेना कहीं बेहतर होता है कि इन अवस्थाओं का दरअसल आपके लिए क्या अर्थ है। मिसाल के तौर पर, मैं "सफल होने" को इस तरह परिभाषित करता हूँ, "मुझे जिन चीज़ों पर काम करने में आनंद आता है, अपने पसंदीदा लोगों के साथ उन पर काम करना," "मैं कौन सा काम करूँ, यह चुनने के लिए स्वतंत्र महसूस करना," और "वित्तीय तनाव के बिना जीने के लिए पर्याप्त पैसे होना।" मिलकर ये अस्तित्व की अवस्थाएँ सफलता की बहुत ज़्यादा उपयोगी परिभाषा प्रदान करती हैं - अगर मैं संसार का इस तरह अनुभव कर रहा हूँ, तो मैं "सफल" हूँ।

यही "ख़ुशी" के मामले में सच है। अस्तित्व की अकेली अवस्था होने के बजाय "ख़ुश होना" कई चीज़ों का मिश्रण है, "मज़े आना," "मैं जिन लोगों के साथ आनंदित होता हूँ, उनके साथ समय बिताना," "शांत महसूस करना" और "स्वतंत्र महसूस करना।" जब अस्तित्व की ये अवस्थाएँ वर्तमान पल में मेरे अनुभव का वर्णन करती हैं, तो मैं "ख़ुश" हूँ। "ख़ुशी" को इसके अवयवों में तोड़ने से मुझे यह सुनिश्चित करने में मदद मिलती है कि मैं वही चीज़ें कर रहा हूँ, जो इसे ज़्यादा पूर्णता से और ज़्यादा बार अनुभव कराने में मदद करेंगी।

निर्णय लें कि आप अस्तित्व की किन अवस्थाओं का अनुभव करना चाहते हैं। तब आपके पास निर्णय मापदंडों का एक शक्तिशाली समूह होगा, जिसका इस्तेमाल करके आप एक बिलकुल नए और उपयोगी तरीक़े से अपने कार्यों के परिणामों का मूल्यांकन कर सकते हैं।

इस अवधारणा को शेयर करें : http://book.personalmba.com/states-of-being/

आदतें

हम वही हैं, जो हम बार-बार करते हैं। इस तरह उत्कृष्टता कोई कार्य नहीं, बल्कि आदत है।

—विल ड्यूराँ, इतिहासकार, पैराफ्रेज़िंग एरिस्टोटल, प्राचीन यूनानी दार्शनिक

उन चीज़ों के बारे में क्या, जिन्हें आप नियमित आधार पर करना चाहते हैं, जैसे व्यायाम करना? यह एक *लक्ष्य* है या फिर *अस्तित्व की अवस्था* है? दरअसल, दोनों में से कोई नहीं।

आदतें वे नियमित काम हैं, जो हमारा समर्थन करती हैं। व्यायाम करना, दाँतों पर ब्रश करना, विटामिन लेना, किसी ख़ास डाइट पर चलना या मित्रों व परिजनों के संपर्क में रहना उन आदतों के उदाहरण हैं, जो हमें ख़ुश और स्वस्थ रखती हैं। *संचय* की शक्ति के कारण छोटी आदतें समय के साथ बड़े परिणाम दे सकती हैं।

ज़्यादातर आदतें चार सामान्य रूपों में से एक ले सकती हैं : वे चीज़ें जिन्हें आप *शुरू* करना चाहते हैं, वे चीज़ें जिन्हें आप *छोड़ना* चाहते हैं, वे चीज़ें जिन्हें आप *ज़्यादा* करना चाहते हैं और वे चीज़ें जिन्हें आप कम करना चाहते हैं। मिसाल के तौर पर, आप नियमित व्यायाम शुरू करना चाहते हैं, टेलीविज़न देखना छोड़ना चाहते हैं, पानी ज़्यादा पीना चाहते हैं या पैसे कम ख़र्च करना चाहते हैं।

आदत डालने के लिए आम तौर पर *इच्छाशक्ति* की निश्चित मात्रा की ज़रूरत होती है। इसलिए आप जो आदतें डालना चाहते हैं, उन्हें डालना ज़्यादा आसान बनाने के लिए *मार्गदर्शक तंत्र* वाले खंड में हमने जिन तकनीकों पर बात की है, उनका इस्तेमाल करना सबसे अच्छा रहता है। अगर आप सुबह उठते ही जिम जाना चाहते हैं, तो रात को जिम का बैग पैक करने और व्यायाम के कपड़े बाहर रखने से जाना ज़्यादा आसान हो जाता है, क्योंकि आपने अपने परिवेश को इस तरह बना दिया है कि काम करने में कम प्रयास की आवश्यकता होती है।

आदतों को डालना तब ज़्यादा आसान होता है, जब आप उन *ट्रिगर्स* की तलाश करें, जो यह संकेत देते हैं कि कब काम करने का समय है। मिसाल के तौर पर, अगर आप विटामिन लेना चाहते हैं, तो उन्हें लेने की याद रखना तब ज़्यादा आसान होता है, जब आप किसी दूसरी आदतन गतिविधि का इस्तेमाल काम के ट्रिगर के रूप में करते हैं। दिन के बीच में विटामिन लेने की याद रखने के लिए अपने मस्तिष्क पर भरोसा न करें। इसके बजाय आप याद दिलाने के लिए सुबह या शाम को ब्रश करने की गतिविधि का इस्तेमाल कर सकते हैं।

सर्वश्रेष्ठ परिणाम पाने के लिए एक समय में *एक* ही आदत डालने पर ध्यान केंद्रित करें। याद रखें, आपके पास हर दिन इस्तेमाल करने के लिए सीमित इच्छाशक्ति ही होती है और आपके स्वचालित कार्य अवस्था का उल्लंघन करने से यह जल्दी ख़ाली हो जाता है। अगर आप एक ही समय में बहुत सारी आदतें डालने की कोशिश करते हैं, तो आप लंबे समय तक उनमें से किसी को भी डालने में सफल नहीं होंगे। एक आदत डालने पर ध्यान केंद्रित करें, जब तक कि वह काम करना स्वचालित महसूस न हो, फिर अगली आदत पर पहुँच जाएँ।

इस अवधारणा को शेयर करें : http://book.personalmba.com/habits/

तैयारी

कई चीज़ें दिखती नहीं हैं, हालाँकि वे हमारी दृश्यात्मक किरण के दायरे में आती हैं, क्योंकि वे हमारी बौद्धिक किरण के दायरे में नहीं आती हैं, यानी हम उनकी तलाश नहीं कर रहे हैं। इसलिए सबसे बड़े मायने में हमें सिर्फ़ वही संसार मिलता है, जिसकी हम तलाश कर रहे हैं।

—हेनरी डेविड थोरो, *जर्नल,* 1837–1861

क्या आपने किसी ख़ास तरह की कार में रुचि ली है और इसके बाद यह आपको *हर जगह* नज़र आने लगी? मेरे साथ तो निश्चित रूप से ऐसा ही हुआ है - ऐसा महसूस होता है, जैसे किसी ने अचानक आपकी पसंदीदा कार के मॉडल की सैकड़ों कारें हाईवे पर छोड़ दी हों।

ज़ाहिर है, यह सच नहीं है - संसार आपके साथ चालाकी नहीं कर रहा है। कारें हमेशा वहाँ मौजूद थीं, आपने तो पहले बस उन पर ग़ौर नहीं किया था। आप किसी ख़ास तरह की कार में रुचि रखते हैं, इस निर्णय से पहले आपका मस्तिष्क उन कारों को आपकी जागरूकता से बाहर रख रहा था।

लेकिन एक बार जब आपकी रुचि जाग गई, तो आपके मस्तिष्क ने उस जानकारी को बाहर रखना छोड़ दिया। नतीजा यह हुआ कि जब भी वह ख़ास कार पास से गुज़रती थी, तो आप हर बार ग़ौर करने लगे। एक मायने में आपने अपने मस्तिष्क की प्रोग्रामिंग कर दी कि यह आपके आस-पास के *परिवेश* में निश्चित चीज़ों पर ग़ौर करे। फ़िल्टर को हटाने के लिए किसी ख़ास चीज़ में रुचि लेने भर की ज़रूरत होती है।

तैयारी चेतन रूप से आपके मस्तिष्क की प्रोग्रामिंग करने का तरीक़ा है, ताकि यह आपके परिवेश में किसी ख़ास चीज़ के होने पर आपको सतर्क कर दे। हमारे *मस्तिष्क के पैटर्न* की तुलना वाले काम के आकर्षक परिणामों में से एक यह है कि हम उपयोगी जानकारी के लिए परिवेश को लगातार टटोलते रहते हैं। अगर आप अपने मस्तिष्क को विशिष्टता से बता देते हैं कि आप क्या खोजना चाहते हैं, तो जब भी आपकी इंद्रियाँ इस पर ग़ौर करेंगी, यह आपको सतर्क कर देगा।

तैयारी या प्राइमिंग आपके मस्तिष्क की पैटर्न की तुलना वाली क्षमताओं को चेतन रूप से प्रभावित करने का तरीक़ा है। आपकी रुचि किसमें है और आपको किसकी तलाश है, यह निर्णय लेने में कुछ पल लगाएँ। इस तरह आप अपने मस्तिष्क की प्रोग्रामिंग कर लेते हैं और इसके बाद जब भी कोई प्रासंगिक चीज़ नज़र आएगी, यह आपको सतर्क कर देगा। कुछ लोग इसे *सहज बोध* कहते हैं - तैयारी की वजह से ही आप अपने सहज बोध का चेतन रूप से उत्पादक उपयोग कर पाते हैं।

मैं तैयारी का इस्तेमाल किस तरह करता हूँ, उसका एक उदाहरण यह है : *10 डेज़ टू फ़ास्टर रीडिंग* पुस्तक में एब्बी मार्क्स-बील एक तकनीक की सलाह देते हैं, जिसे मैं *उद्देश्य तय करना* कहता हूँ : पढ़ना शुरू करने से पहले यह तय करने में कुछ मिनट लगाएँ (1) आप यह

सामग्री क्यों पढ़ना चाहते हैं और (2) आप किस तरह की जानकारी की तलाश कर रहे हैं। पुस्तक उठाने से पहले कुछ नोट्स लिखने से आपकी तलाश प्रबल होती है।

अपने उद्देश्य को परिभाषित करने के बाद आप पुस्तक उठाते हैं और इसे तेज़ी से पलटते हैं, आप अनुक्रमणिका, खंडों के शीर्षक और इंडेक्स पर ख़ास *ध्यान* देते हैं - जानकारी के घनीभूत स्रोत, जो बताते हैं कि पुस्तक में क्या शामिल है और सामग्री को किस तरह व्यवस्थित किया गया है। ख़ास तौर पर महत्त्वपूर्ण नज़र आने वाली कुछ शब्दावलियों और अवधारणाओं को लिखने से आपका मस्तिष्क तैयार हो जाता है कि उनके बाद में नज़र आने पर वह उन पर ग़ौर करेगा।

इस प्रक्रिया में सिर्फ़ चंद मिनट लगते हैं, लेकिन आपके पढ़ने की गति पर इसका बहुत गहरा असर होता है। एक बार जब आप महत्त्वपूर्ण अवधारणाओं पर ग़ौर करने के लिए अपने मस्तिष्क को तैयार कर लेते हैं, तो आप बिजली की गति से पूरी पुस्तक को निबटा सकते हैं। पढ़ते समय आपका मस्तिष्क महत्त्वहीन सामग्री को फ़िल्टर करके स्वचालित रूप से बाहर कर देता है और उस सामग्री पर ध्यान केंद्रित करता है, जिसे जानने में आपकी ख़ास रुचि है।

इसके फलस्वरूप बीस मिनट से भी कम समय में किसी ग़ैर-साहित्यिक पुस्तक की ज़्यादातर उपयोगी सामग्री को ग्रहण करना संभव हो जाता है। जब मैं किसी लाइब्रेरी या बुकस्टोर में जाता हूँ, तो इस तकनीक का इस्तेमाल करके मैं एक घंटे से भी कम समय में कई पुस्तकें पढ़ सकता हूँ। इसके बिना मैं वैसी *पर्सनल एमबीए* रीडिंग लिस्ट नहीं बना सकता था, जैसी यह आज है; इस पुस्तक को लिखने की बात तो रहने ही दें।

किसी ख़ास *लक्ष्य* की दिशा में काम करते समय जो लोग "ख़ुशक़िस्मत" होते हैं, उनकी सफलता में तैयारी का योगदान होता है। लक्ष्य तय करना उपयोगी है, इसका एक कारण यह है कि उन चीज़ों की तलाश करने के लिए अपने मस्तिष्क को तैयार करना एक आसान तरीक़ा है, जिनसे आपका मनचाहा लक्ष्य हासिल होगा। अगर आपका लक्ष्य माउंट एवरेस्ट पर चढ़ना है, तो अगर किसी यात्रा वेबसाइट पर नेपाल के टिकट पर 70 प्रतिशत का डिस्काउंट है, तो उस पर आपके ग़ौर करने की कहीं ज़्यादा संभावना होती है। अगर लक्ष्य तय करने से पहले आप वही चीज़ पढ़ते, तो आप शायद इसे फ़िल्टर करके बाहर कर देते - आपके पास ध्यान देने का कोई कारण नहीं होता।

अपने लिए महत्त्वपूर्ण चीज़ों पर ग़ौर करने के वास्ते अपने मस्तिष्क को चेतन रूप से तैयार करने में थोड़ा समय लगाएँ और आप उन्हें अवश्यंभावी रूप से पा लेंगे।

इस अवधारणा को शेयर करें : **http://book.personalmba.com/priming/**

निर्णय

हर दिन के हर पल मुझे निर्णय लेना होगा कि मैं अगले पल क्या करने वाला हूँ। कोई दूसरा मेरे लिए यह निर्णय नहीं ले सकता, न ही वह इस काम में मेरी जगह ले सकता है।

— जोस ऑरटेगा गैसेट, दार्शनिक और निबंधकार

निर्णय किसी निश्चित कार्य योजना के प्रति समर्पित होने का काम है। "निर्णय" शब्द लैटिन भाषा के *देकीदरे* से आया है, जिसका मतलब है "काटकर हटाना।" जब आप कोई निर्णय लेते हैं, तो आप दूसरे संभव रास्तों को छोड़ रहे हैं जिन पर आप चल सकते हैं; अब सिर्फ़ वही रास्ता बचा है, जिसके प्रति आप समर्पण कर रहे हैं। यदि आप संभव विकल्पों को नहीं छोड़ रहे हैं, तो आप दरअसल निर्णय नहीं ले रहे हैं।

चाहे आपका व्यक्तिगत उत्पादकता तंत्र कितना ही अच्छा क्यों न हो, यह आपके लिए निर्णय नहीं ले सकता। आपका कार्य-निगरानी तंत्र चाहे कितना ही आधुनिक क्यों न हो, यह आपको कभी नहीं बता सकता कि किसी पल करने के लिए सर्वश्रेष्ठ चीज़ कौन सी है। आपके लिए निर्णय लेने का तंत्र बनाना एक दिवास्वप्न है - तंत्र तो बस वह जानकारी दे सकते हैं, जिनका इस्तेमाल करके आप *बेहतर* निर्णय ले सकते हैं। निर्णय लेना हमेशा आपकी ज़िम्मेदारी होती है।

चाहे बड़ा हो या छोटा, कोई भी निर्णय *कभी* पूरी जानकारी के साथ नहीं लिया जाता है। चूँकि हम भविष्य को नहीं जान सकते, इसलिए हम अक्सर अनिर्णयशीलता का दोष जानकारी की कमी पर मढ़ देते हैं। दरअसल, मानसिक ऊहापोह का बोलबाला रहता है - आपके अग्र मस्तिष्क का काम संदिग्धताओं का समाधान करना और निर्णय लेना है, इसलिए आपका मध्य मस्तिष्क संकेत भेजता रहेगा, जब तक कि आपका अग्र मस्तिष्क अपना काम नहीं कर लेता। एक बार जब निर्णय ले लिया जाता है - चाहे यह जो भी हो - तो ऊहापोह रुक जाती है।

यह न सोचें कि निर्णय लेने से पहले आपके पास सारी जानकारी होनी चाहिए - संसार इतना ज़्यादा जटिल है कि सटीक भविष्यवाणियाँ नहीं की जा सकतीं। रिटायर्ड जनरल कॉलिन पॉवेल की यह सलाह मशहूर है कि आधी उपलब्ध जानकारी इकट्ठी करें, फिर स्पष्ट रूप से अधूरी जानकारी के आधार पर निर्णय लें। "तब तक इंतज़ार न करें, जब तक कि आपके पास 100 प्रतिशत सही होने के लिए पर्याप्त तथ्य न आ जाएँ, क्योंकि तब तक लगभग हमेशा देर हो चुकी होती है... एक बार जब आप उपलब्ध जानकारी का 40 से 70 प्रतिशत हासिल कर लें, तो अपने दिल की आवाज़ के मुताबिक़ काम करें।"

यदि यह युद्ध के जीवन-मृत्यु वाले निर्णयों के लिए विजेता रणनीति है, तो यह जीवन के दैनिक निर्णयों के मामले में भी इतनी ही अच्छी तरह काम करेगी। पूरी जानकारी के आधार पर निर्णय लेने के लिए बस पर्याप्त जानकारी इकट्ठी करें, फिर निर्णय लें और आगे बढ़ जाएँ।

निर्णय लेने में असफलता भी अपने आप में एक निर्णय होती है। अगर आप विकल्प चुनने से इंकार कर देते हैं, तो जीवन नहीं रुकेगा - संसार आगे बढ़ता रहेगा और आपको कोई

क़दम उठाने के लिए मजबूर किया जा सकता है। अपने निर्णयों की ज़िम्मेदारी त्यागने का यह मतलब नहीं है कि आप निर्णय नहीं ले रहे हैं - आप तो बस ख़ुद को परिस्थिति का शिकार होने की अनुमति दे रहे हैं।

सर्वश्रेष्ठ परिणामों के लिए अपने निर्णय स्पष्टता से और चेतन होकर लें। मेरा अनुभव है कि क्या करना है, यह समझने में कई लोगों को मुश्किल इसलिए आती है, क्योंकि वे सचमुच निर्णय लेने से पहले झिझकते हैं - *नुक़सान से नफ़रत* उन्हें प्रेरित करती है कि वे अपने सारे विकल्प "वक़्त-ज़रूरत के लिए" खुले रखें। बहरहाल, जब तक वे निर्णय नहीं ले लें, तब तक उनका मस्तिष्क *मानसिक सिमुलेशन* का इस्तेमाल करके यह पता नहीं लगा सकता कि जहाँ वे इस समय है, वहाँ से वे अपनी मनचाही जगह तक कैसे पहुँचें, इसलिए उनका मस्तिष्क अनुत्पादक तरीक़े से भटकता रहता है।

"मैं इस समय अमुक चीज़ करने का निर्णय ले रहा हूँ," यह कहने भर से आगे बढ़ना काफ़ी आसान हो जाता है। एक बार जब निर्णय ले लिया जाता है, तो आपके मस्तिष्क का मानसिक सिमुलेशन नियोजन परिपथ सक्रिय हो जाएँगे और आप आगे बढ़ने लगेंगे।

अगर आपको निर्णय लेने में मुश्किलें आ रही हैं, तो *पर्सनल डेवलपमेंट फ़ॉर स्मार्ट पीपल* के लेखक स्टीव पावलीना टाईब्रेकर के रूप में इस प्रश्न का इस्तेमाल करने की सलाह देते हैं : "उपलब्ध विकल्पों में से मैं कौन सा अनुभव लेना चाहता हूँ?" यदि आपको कोई ख़ास निर्णय लेने में मुश्किल आ रही है, तो ऐसा शायद इसलिए है, क्योंकि आपके मस्तिष्क को यह पता लगाने में मुश्किल आ रही है कि कौन सा निर्णय सर्वश्रेष्ठ है। यह एक असहज करने वाली स्थिति है, लेकिन इसका दरअसल यह मतलब है कि *यह मायने नहीं रखता है कि आप किसे चुनते हैं।* यदि यह सच है, तो आप बस सबसे रोचक लगने वाले अनुभव को चुन सकते हैं।

जब केल्सी को न्यू यॉर्क सिटी में एक लुभावनी नौकरी की पेशकश मिली, तो हम कई हफ़्तों तक इसी उधेड़बुन में रहे कि सिनसिनाटी में बने रहें या बड़े शहर जाकर रहें। शहर बदलने के मामले में कई अनिश्चितताएँ थीं : हम कहाँ रहेंगे? क्या हम इसका ख़र्च उठा सकते हैं? मेरी नौकरी का क्या होगा? यह उधेड़बुन हम दोनों को ही *जोखिम तालाबंदी* का एक बुरा अनुभव देने के लिए पर्याप्त था।

अंत में हमें अहसास हो गया कि कोई स्पष्ट विजेता नहीं था, इसलिए यह दरअसल मायने नहीं रखता था कि हम किसे चुनते हैं। न्यू यॉर्क में रहना एक ऐसा अनुभव था, जिसे हम दोनों ही लेना चाहते थे, इसलिए हमने न्यू यॉर्क आकर बसने का निर्णय लिया। लगभग तुरंत ही हमें स्पष्टता और राहत का अहसास होने लगा। असमंजस में बने रहने के बजाय निर्णय लेने से हमें *अनिश्चितता* के बावजूद आगे बढ़ने की अनुमति मिली।

इस अवधारणा को शेयर करें : http://book.personalmba.com/decision/

पाँच गुना क्यों

अगला प्रश्न पूछें और फिर उसके बाद वाला और फिर उसके बाद वाला।

— थियोडोर स्टर्जन, *मोर दैन ह्यूमन* के लेखक

अक्सर हम चेतन रूप से जागरूक नहीं होते हैं कि हम जो चाहते हैं, उसे *क्यों* चाहते हैं। "मूल कारण विश्लेषण" हमारी इच्छाओं के पीछे की प्रेरणाएँ खोजने का एक उपयोगी तरीक़ा है। *पाँच-गुना क्यों* यह खोजने की तकनीक है कि आप सचमुच क्या चाहते हैं। अपनी इच्छाओं पर भरोसा न करें। आप क्या चाहते हैं, इसके मूल कारण की जाँच करें। इससे आपको ज़्यादा सटीकता से अपनी मूल इच्छाओं को पहचानने में मदद मिल सकती है।

पाँच-गुना क्यों की तकनीक आसान है : जब भी आप कोई *लक्ष्य* या उद्देश्य तय करें, तो ख़ुद से पूछें कि आप इसे *क्यों* चाहते हैं। अगर आप अमीर बनना चाहते हैं, तो ख़ुद से पूछें कि आप दस लाख डॉलर क्यों चाहते हैं।

जवाब को विवश करने की कोशिश न करें - बस उत्सुकता के भाव से ख़ुद से सवाल पूछें और इंतज़ार करें, जब तक कि आपका मस्तिष्क ख़ुदबख़ुद प्रतिक्रिया न करे। जब आपका मस्तिष्क जवाब दे, तो एक बार फिर "क्यों?" पूछें। ख़ुद से क्यों तब तक पूछते रहें, जब तक कि आपको "क्योंकि मैं इसे चाहता हूँ" प्रतिक्रिया न मिल जाए, जिससे आपको यह पता चल जाता है कि अब आप अपने लक्ष्य के मूल कारण तक पहुँच गए हैं।

आदर्श लक्ष्य "मैं अमीर क्यों बनना चाहता हूँ?" पर पाँच-गुना क्यों लागू कैसे किया जाए, इसका एक उदाहरण देखें :

1. *मैं दस लाख डॉलर क्यों चाहता हूँ?* क्योंकि मैं पैसे के बारे में तनावग्रस्त नहीं रहना चाहता।
2. *आप पैसे के बारे में तनावग्रस्त क्यों नहीं रहना चाहते?* ताकि मैं चिंता महसूस न करूँ।
3. *आप चिंता महसूस क्यों नहीं करना चाहते?* ताकि मैं सुरक्षित महसूस करूँ।
4. *आप सुरक्षित क्यों महसूस करना चाहते हैं?* ताकि मैं स्वतंत्र महसूस करूँ।
5. *आप स्वतंत्र क्यों महसूस करना चाहते हैं?* क्योंकि मैं स्वतंत्र महसूस करना चाहता हूँ।

मूल कारण दस लाख डॉलर पाना नहीं है - यह तो स्वतंत्र महसूस करना है। क्या दस लाख डॉलर पाए बिना स्वतंत्र महसूस करना संभव है? बिलकुल - स्वतंत्र महसूस करने के कई तरीक़े हैं, जिनका पैसे से कोई लेना-देना नहीं है। असली इच्छा को हासिल करने वाली वैकल्पिक नीति अपनाना आपके मूल लक्ष्य से ज़्यादा कारगर हो सकती है।

अपने लक्ष्यों के पीछे के मूल कारणों को खोजें। इसके बाद आप उस चीज़ तक पहुँचने के नए तरीक़े खोज लेंगे, जिसे आप सचमुच चाहते हैं।

इस अवधारणा को शेयर करें : http://book.personalmba.com/five-fold-why/

पाँच-गुना कैसे

जहाँ तक आप देख सकते हैं, वहाँ तक जाएँ; जब आप वहाँ पहुँचेंगे, तो आप ज़्यादा आगे तक देख पाएँगे।

— थॉमस कार्लाइल, निबंधकार और इतिहासकार

पाँच-*गुना क्यों* को लागू करने के बाद आपको शायद यह पता चलेगा कि आप जो सचमुच चाहते हैं, वह उससे काफ़ी अलग है, जो आप सोचते थे कि आप चाहते थे। अब जब आपने अपने मूल *लक्ष्यों* का मूल कारण पहचान लिया है, तो यह पता लगाने का समय है कि आप जो सचमुच चाहते हैं, उस तक कैसे पहुँचा जाए।

पाँच-गुना कैसे आपकी मूल इच्छाओं को भौतिक कामों से जोड़ने का तरीक़ा है। आइए पिछले उदाहरण का इस्तेमाल करते हैं : स्वतंत्र महसूस करने की मूल इच्छा। आप ऐसा कैसे करेंगे?

1. क़र्ज़ चुकाना
2. अपने कामकाजी घंटे कम कर देना, दूसरी नौकरी खोजना या उद्यमी बनना
3. किसी नए शहर या देश में बसना
4. किसी बंधनकारी व्यक्तिगत संबंध को तोड़ देना

एक बार जब आप ऐसा “कैसे” खोज लें, जो अच्छा विचार लगता हो, तो एक बार फिर “कैसे” पूछें। आइए मान लेते हैं कि आपको नौकरी छोड़ने और व्यवसाय शुरू करने से स्वतंत्रता का सबसे ज़्यादा अहसास होता है। आप ऐसा कैसे करेंगे? विस्तृत विवरण लिख लें। अब तक जो विचार अस्पष्ट था, अब वह ज़्यादा स्पष्ट हो जाता है।

“कैसे” तब तक पूछते रहें, जब तक कि आप अपनी योजना को *अगले कार्यों* (बाद में चर्चा की गई है) के संदर्भ में स्पष्टता से परिभाषित न कर लें। पाँच-गुना कैसे का उद्देश्य आपके बड़े विचार से कार्यों की पूरी शृंखला तक का पूरा रास्ता बनाना है, जिसके आख़िरी में वे काम आते हैं, जिन्हें आप *इसी समय* कर सकते हैं।

उचित तरीक़े से करने पर हर काम को करते समय आपको अपनी मनचाही चीज़ का अनुभव होता है। अगर क़र्ज़ उतारने से आप स्वतंत्र महसूस करेंगे, तो *हर बार क़र्ज़ चुकाते समय* आपको ज़्यादा स्वतंत्रता का अहसास होता है, जिससे यह काम जारी रखना ज़्यादा आसान हो जाता है। अपने बड़े लक्ष्यों को उन छोटे कामों में बदलें, जिन्हें आप इसी समय कर सकते हैं, फिर आप अवश्यंभावी रूप से उस चीज़ को हासिल कर लेंगे, जिसे हासिल करने के लिए आप निकले थे।

इस अवधारणा को शेयर करें : **http://book.personalmba.com/five-fold-how/**

अगला कार्य

हम जो थोड़ा कर सकते हैं, अगर हम लगातार और तुरंत उस पर ध्यान देते हैं, तो जल्दी ही हम यह देखकर हैरान हो जाएँगे कि कितना कम है, जो हम नहीं कर सकते।

— सेम्युअल बटलर, उन्नीसवीं सदी के उपन्यासकार

अक्सर हम जो हासिल करना चाहते हैं, वह एक ही बार में नहीं किया जा सकता। प्रोजेक्ट वे *लक्ष्य* होते हैं, जिन्हें पूरा करने के लिए एक से ज़्यादा काम करने की ज़रूरत होती है और प्रोजेक्ट जितना ज़्यादा बड़ा होता है, उन सभी कामों को भाँपना ज़्यादा मुश्किल होता है, जिन्हें करने की ज़रूरत है।

माउंट एवरेस्ट पर चढ़ना एक प्रोजेक्ट है - जटिलता और *अनिश्चितता* से भरा हुआ। आप इतने बड़े प्रोजेक्ट पर काम कैसे करें, जो विराट बोझ जैसा लग सकता हो?

आसान है : बस, उस अगले कार्य पर ध्यान केंद्रित करें, जो आपको अपने लक्ष्य की ओर ले जाता हो।

अगला कार्य अगली विशिष्ट, ठोस चीज़ होती है, जो आप किसी प्रोजेक्ट को आगे बढ़ाने के लिए तुरंत कर सकते हैं। आपको वह हर चीज़ जानने की ज़रूरत नहीं है, जिसे आपको किसी प्रोजेक्ट पर प्रगति करने के लिए करना ज़रूरी है - आपको तो बस यह जानने की ज़रूरत है कि वह अगली चीज़ कौन सी है, जो आप प्रोजेक्ट को आगे बढ़ाने के लिए कर सकते हैं। *गेटिंग थिंग्स डन* के लेखक डेविड एलन ने अपनी "बुनियादी" प्रक्रिया के बुनियादी क़दमों में से एक का वर्णन करने के लिए यह शब्दावली ईजाद की :

1. उस प्रोजेक्ट या स्थिति को लिख लें, जो इस पल आपके दिमाग़ में सबसे ऊपर है।
2. अब एक लिखित वाक्य में इस समस्या या स्थिति के लिए मनचाहे परिणाम का वर्णन करें। इसे "करने" के लिए क्या होना ज़रूरी है?
3. इसके बाद, स्थिति को आगे बढ़ाने के लिए आवश्यक अगले भौतिक कार्य को लिख लें।
4. इन जवाबों को किसी ऐसे तंत्र में रख दें, जिस पर आपको भरोसा हो।

एलन के अनुसार ये प्रश्न सटीकता से आपके सामने यह स्पष्ट कर देते हैं कि "पूरा होना" और "करना" कैसे दिखते हैं। अगर आप यह परिभाषित कर देते हैं कि "पूरा होना" कैसा दिखता है, तो आप अपना ध्यान और ऊर्जा उन चीज़ों को "करने" पर केंद्रित कर सकते हैं, जो "पूरा होने" की ओर ले जाएँगी।

इस पुस्तक को लिखना बहुत बड़ा अभियान था - शोध के संग्रह में मुझे कई साल लग गए और सचमुच लिखने में एक साल से थोड़ा ज़्यादा समय लगा। "पुस्तक लिखना" कोई काम नहीं है - यह तो एक प्रोजेक्ट है। मैं एक बैठक में पांडुलिपि किसी तरह से पूरी नहीं कर सकता था, लेकिन एक घंटे से कम समय में पुस्तक का एक छोटा खंड ज़रूर लिख सकता *था।*

पुस्तक को सुव्यवस्थित खंडों में तोड़ने के बाद प्रगति करना ज़्यादा आसान था, क्योंकि एक खंड लिखने का काम कम भारी था।

आप भारी बोझ तले दबे हैं, इस अहसास को रोकने के लिए अपने प्रोजेक्टों और कामों की अलग-अलग निगरानी करें। मैं यह करता हूँ : मैं हमेशा एक नोटबुक साथ रखता हूँ, जिसमें 3 गुणा 5 का इंडेक्स कार्ड होता है। इस कार्ड में मेरे सक्रिय प्रोजेक्टों की संक्षिप्त सूची होती है। नोटबुक में मेरी कार्यसूची होती है : अगले कार्य जो मेरे प्रोजेक्टों को आगे बढ़ाएँगे, जिसकी प्रोसेसिंग मैं मार्क फ़ॉर्स्टर की बनाई "ऑटोफ़ोकस" नामक प्रणाली का इस्तेमाल करके करता हूँ। यह प्रणाली मेरे सहज बोध के इस्तेमाल से यह पहचानने में मेरी मदद करती है कि मैं प्रगति करने के लिए *इस वक़्त* क्या कर सकता हूँ। जब तक मेरे प्रोजेक्ट मेरे लक्ष्यों से बँधे होते हैं और अस्तित्व की मेरी *पसंदीदा अवस्थाओं* के सामंजस्य में होते हैं, तो फिर उनका पूरा होना सिर्फ़ समय की बात होती है। अगले कार्य को पूरा करने पर ध्यान केंद्रित करें और आप अवश्यंभावी रूप से प्रोजेक्ट को पूरा कर लेंगे।

इस अवधारणा को शेयर करें : http://book.personalmba.com/next-action/

बाहरीकरण

शब्द किसी इंसान के मस्तिष्क को केंद्रित करने के लेंस हैं।

— आयन रैंड, दार्शनिक और *एटलस श्रग्ड* तथा *द फ़ाउंटेनहेड* की लेखिका

आपका मस्तिष्क जिस तरह काम करता है, उसमें एक विचित्र बात यह है कि यह आपके दिमाग़ के *बाहर* की जानकारी को ज़्यादा अच्छी तरह से सँभालता है और आपके दिमाग़ के *अंदर* खड़खड़ा रहे विचारों को उतनी अच्छी तरह नहीं सँभाल पाता है।

अगर आपने कभी किसी व्यक्तिगत प्रशिक्षक या कोच के साथ काम किया है, तो मेरा मतलब समझ गए होंगे। जब आप ख़ुद व्यायाम करते हैं, तो आपके दिमाग़ के अंदर की छोटी आवाज़ को सुनना बहुत आसान होता है, जो कहती है, "इससे सचमुच चोट पहुँचती है - आपको रुक जाना चाहिए" - भले ही आपको जारी रखने से बेहतर परिणाम मिलेंगे।

जब आप किसी दूसरे के साथ काम कर रहे होते हैं, तो छोटी आवाज़ दूर चली जाती है, क्योंकि आपके *परिवेश* में एक ऐसा व्यक्ति है, जो आपको ज़्यादा प्रयास करने के लिए प्रोत्साहित कर रहा है। इसके फलस्वरूप आप बेहतर व्यायाम कर लेते हैं।

चूँकि हम अपने अंदरूनी विचारों के बजाय अपने परिवेश के उद्दीपनों पर ज़्यादा आसानी से प्रतिक्रिया करते हैं, इसलिए एक सरल तरीक़ा है, जिसका इस्तेमाल करके हम अपनी उत्पादकता को बेहतर बना सकते हैं - हम अपने अंदरूनी विचारों को बाहरी रूप दे सकते हैं, जिसका इस्तेमाल हमारे मस्तिष्क ज़्यादा प्रभावी ढंग से कर सकते हैं।

बाहरीकरण बहुत बुद्धिमत्तापूर्ण तरीक़े से हमारी आनुभूतिक योग्यताओं का लाभ लेता है। बाहरीकरण हमारी आंतरिक विचार प्रक्रियाओं को एक बाहरी रूप में बदल देता है। इस तरह यह हमें जानकारी को हमारे ख़ुद के मस्तिष्क में एक अलग मार्ग से दोबारा इनपुट करने की

योग्यता देता है। इससे हम अतिरिक्त संज्ञानात्मक संसाधनों तक पहुँच जाते हैं, जिनका इस्तेमाल करके हम उसी जानकारी को एक अलग तरीक़े से प्रोसेस कर सकते हैं।

आपके विचारों के बाहरीकरण के दो बुनियादी तरीक़े होते हैं : लिखना और बोलना। लिखना (या अगर आपको पसंद हो तो ड्रॉइंग बनाना) विचारों, योजनाओं और कामों को पकड़ने का सर्वश्रेष्ठ तरीक़ा है। लेखन आपको जानकारी को इस तरह संग्रहित करने की योग्यता देता है, जिसे आप संदर्भ के लिए कभी भी देख सकते हैं। इसके अलावा, यह आपके मस्तिष्क को उस जानकारी का एक अलग कोण से परीक्षण करने का अवसर भी देता है। जो चुनौतियाँ और समस्याएँ पहले अजेय लग रही थीं, जब वे आपके सामने वाले गोलार्ध में उछल-कूद मचा रही थीं, वे अक्सर काग़ज़ पर उतरने के बाद आश्चर्यजनक तेज़ी से सुलझाई जा सकती हैं।

अपने विचारों को काग़ज़ पर जकड़ने से दूसरों को बताना ज़्यादा आसान हो जाता है। इसके अलावा आप अपने विचारों को बाद में देखने वाले संदर्भ और समीक्षा के लिए भी लेखागार में डाल सकते हैं। जैसी कहावत है, "सबसे फीकी स्याही भी सबसे प्रिय स्मृति से ज़्यादा स्पष्ट होती है।" अगर नोटबुक और जरनल का नियमित इस्तेमाल किया जाए, तो उनका वज़न सोने के बराबर होता है।

ख़ुद से या किसी दूसरे व्यक्ति से बोलना बाहरीकरण का एक और प्रभावी तरीक़ा है। मौखिक बाहरीकरण यह स्पष्ट करता है कि किसी मित्र या सहकर्मी से बात करते समय हममें से ज़्यादातर को अपनी समस्याएँ ख़ुद सुलझाने का अनुभव क्यों होता है। जब तक आपकी बात ख़त्म होती है, आपको अपनी समस्या के बारे में ज़्यादा ज्ञान मिल जाता है – भले ही आपके श्रोता ने एक शब्द भी न कहा हो।

मौखिक बाहरीकरण की कुंजी ऐसा श्रोता खोजना है, जो समस्या पर आपकी बात धैर्य से सुने और टोकाटाकी न करे। अकेले में बोलने या किसी निर्जीव वस्तु से बात करने से भी मदद मिल सकती है : किसी खिलौने, टेडी बियर, प्रिय पात्र की आकृति या आपकी डेस्क पर रखी किसी अन्य इंसानी वस्तु के सामने अपनी समस्या स्पष्ट करना कारगर हो सकता है, बशर्ते आप शुरुआती अटपटेपन से उबर सकें। अक्सर समस्या "निर्जीव पात्र को बताने" से इसे सुलझाना ज़्यादा आसान हो जाता है।

आप अपने विचारों के बाहरीकरण का चाहे जो विकल्प चुनें, बस उन्हें अपने दिमाग़ के ताले में बंद न रखें। अलग-अलग *तरीक़े* आज़माएँ और पता लगाएँ कि कौन सा तरीक़ा आपके लिए सबसे अच्छी तरह काम करता है। दिन के दौरान अपने दिमाग़ को स्पष्ट करने के लिए बाहरीकरण के लिए थोड़ा समय तय कर लें। सुबह जल्दी या देर शाम का समय इस उद्देश्य के लिए सबसे अच्छी तरह कारगर होता है।

आप इसे किसी भी तरह से करें, आप जितना ज़्यादा बाहरीकरण करते हैं, आपके विचार उतने ही ज़्यादा स्पष्ट होंगे और आप अपने लक्ष्यों की दिशा में उतनी ही ज़्यादा तेज़ी से प्रगति करेंगे।

इस अवधारणा को शेयर करें : **http://book.personalmba.com/externalization/**

स्व-अभिव्यक्ति

मैं क्या सोचता हूँ, यह मुझे तब तक कैसे पता चलेगा, जब तक कि मैं यह न सुन लूँ कि मैं क्या कहता हूँ?

—ई.एम. फ़ॉर्स्टर, उपन्यासकार और सामाजिक कार्यकर्ता

बाहरीकरण सबसे ज़्यादा उपयोगी तब होता है, जब आप इसका इस्तेमाल अपनी योजनाओं, लक्ष्यों और कार्यों की जाँच करने के औज़ार के रूप में करते हैं। डायरी में दिन की घटनाओं को उतारना बाद में समीक्षा करने के लिए उपयोगी होता है, लेकिन जरनल या अन्तरंग मित्र का इस्तेमाल समस्या-समाधान औज़ार के रूप में करना और भी ज़्यादा उपयोगी होता है।

स्व-अभिव्यक्ति ख़ुद से प्रश्न पूछने और उनका जवाब देने का अभ्यास है। ख़ुद से अच्छे प्रश्न पूछकर (या किसी अच्छे प्रश्न पूछने वाले की मदद लेकर) आप बहुत जल्दी महत्त्वपूर्ण ज्ञान हासिल कर सकते हैं या नए विचार उत्पन्न कर सकते हैं।

पाँच-गुना कैसे और *पाँच-गुना क्यों* स्व-अभिव्यक्ति के विशिष्ट उदाहरण हैं। ख़ुद से प्रश्न पूछकर आप उन विकल्पों की पड़ताल कर रहे हैं, जिन पर आपने पहले विचार नहीं किया था। इसके अलावा, आप संबद्ध जानकारी पर ग़ौर करने के लिए अपने मस्तिष्क को *तैयार* कर रहे हैं।

सेल्फ़-डायरेक्टेड बिहेवियर में डेविड वाटसन और रोलैंड थॉर्प एक बहुत उपयोगी स्व-प्रश्नावली तकनीक बताते हैं, जिसका इस्तेमाल करके आप उन व्यवहारों के पीछे के कारणों का पता लगा सकते हैं, जिनसे आपको लाभ नहीं होता है। जब भी आप किसी ऐसे व्यवहार पर ग़ौर करें, जिसे आप बदलना चाहते हों, तो एबीसी प्रणाली (पूर्ववर्ती, व्यवहार, परिणाम) यानी ख़ुद से पूछने वाले प्रश्नों के समूह का इस्तेमाल करें।

आप अपने व्यवहार या विचार प्रक्रिया में पैटर्न का पता लगा सकते हैं, अगर आप नीचे दिए प्रश्नों के जवाब एक जरनल में दर्ज करें, उस ख़ास व्यवहार के होने पर उसे दर्ज करें और उस व्यवहार की आवृत्ति या अवधि को भी दर्ज करें। एक बार जब पैटर्न का पता चल जाता है, तो व्यवहार को बदलना ज़्यादा आसान हो जाता है।

पूर्ववर्ती

—यह कब हुआ?

—आप किसके साथ थे?

—आप क्या कर रहे थे?

—आप कहाँ थे?

—आप ख़ुद से क्या कह रहे थे?

—आपके मन में कौन से विचार थे?

—आपके मन में कौन सी भावनाएँ थीं?

व्यवहार

—आप ख़ुद से क्या कह रहे थे?

—आपके मन में कौन से विचार थे?

—आपके मन में कौन सी भावनाएँ थीं?

—आप कौन से काम कर रहे थे?

परिणाम

—परिणाम क्या हुआ?

—यह सुखद था या दुःखद?

जब आपको यह पता नहीं होता कि कहाँ शुरू करना है, तो अक्सर यह ठीक-ठीक जानना मुश्किल होता है कि कौन से प्रश्न महत्त्वपूर्ण हैं। समाधान सरल है : ख़ुद से पूछें, "वे कौन से सर्वश्रेष्ठ प्रश्न हैं, जो मैं इस स्थिति के बारे में ख़ुद से पूछ सकता हूँ?" यह प्रश्न हर स्थिति पर लागू होता है और यह पड़ताल करने के लिए प्रासंगिक मुद्दों की कार्यकारी सूची बनाने में आपकी मदद करेगा। जब आपके पास प्रश्नों की कार्यकारी सूची आ जाती है, तो फिर आप संबद्ध सवाल पूछ सकते हैं, जिनसे आपको जवाब खोजने में मदद मिलेगी, जैसे "मैं किससे पूछ सकता हूँ?" "मैं कौन सी पुस्तक पढ़ सकता हूँ?" और "मैं किस चीज़ की कोशिश कर सकता हूँ?"

ख़ुद से अच्छे प्रश्न पूछने से आपको अच्छे जवाब मिलते हैं। ख़ुद से लगातार अच्छे प्रश्न पूछने की *आदत* डाल लें और आप यह देखकर हैरान रह जाएँगे कि सामने खड़ी चुनौतियों से उबरना कितना आसान हो जाता है।

इस अवधारणा को शेयर करें : http://book.personalmba.com/self-elicitation/

तथ्यातीत सिमुलेशन

स्पष्टता से प्रश्न पूछने की योग्यता इसका जवाब पाने की दो-तिहाई राह है।

— जॉन रस्किन, उन्नीसवीं सदी के कला समालोचक और सामाजिक सिद्धांतवादी

हमने *मानसिक सिमुलेशन* वाले खंड में जैसा बताया था, हमारा मस्तिष्क लगातार भविष्यवाणी करने की कोशिश करता रहता है। अब यह सीखने का समय है कि *इरादतन* काम की संभावित दिशाओं का स्वांग कैसे करें।

तथ्यातीत - "क्या हो अगर" - प्रश्न आपको आपके मस्तिष्क की सिमुलेशन क्षमताओं तक सीधी पहुँच प्रदान करता है। आप *तथ्यातीत सिमुलेशन* को व्यावहारिक कल्पना भी मान सकते हैं - आप चेतन रूप से मन ही मन "क्या हो अगर..." या "क्या होगा, अगर..." प्रश्न पूछ रहे हैं और फिर अपने मस्तिष्क को वह करने दे रहे हैं, जो यह सबसे अच्छी तरह करता है।

आपने अपनी स्मृति में जो *पैटर्न, साहचर्य* और *व्याख्याएँ* संग्रहित कर रखी हैं, उनके आधार पर आपका मस्तिष्क आपके सामने वह परिणाम रख देगा, जिसे यह सबसे संभव परिणाम मानता है। इसके लिए आपको तो बस अपने विवेक को शिथिल करना है, प्रश्न पूछना है और जवाब का इंतज़ार करना है।

तथ्यातीत सिमुलेशन हमारी सबसे शक्तिशाली (और कम प्रयुक्त) क्षमताओं में से एक है। कार्य की संभावित दिशा उद्दीप्त करने के लिए अपने मस्तिष्क का इंतज़ार न करें। इसके बजाय तथ्यातीत सिमुलेशन का इस्तेमाल करके अपने मस्तिष्क को वे सिमुलेशन्स चलाने के लिए "विवश" करें, जो आप इससे चलवाना चाहते हैं।

तथ्यातीत सिमुलेशन उपयोगी है और इसका एक कारण इसका लचीलापन है : *आप जो चाहे* वह कल्पना कर सकते हैं। आपके सिमुलेशन का विषय पूरी तरह आपकी इच्छा पर निर्भर होता है। आप किन चीज़ों का स्वांग या कल्पना कर सकते हैं, इसकी एकमात्र सीमा आपकी कल्पनाशक्ति है। अगर आप यह स्वांग करना चाहते हैं कि क्या होगा, अगर आप अचानक अपनी नौकरी छोड़ दें और ताहिती जाकर रहने लगें, तो आपको कोई चीज़ नहीं रोक रही है। आप तो यह तक स्वांग कर सकते हैं कि क्या हो, अगर आप दस हज़ार साल तक जिएँ और बृहस्पति ग्रह पर दुकान खोल लें।

तथ्यातीत सिमुलेशन उन छिपे हुए अवसरों को खोजने में आपकी मदद कर सकता है, जिन्हें संभवतः आपने पहले असंभव मान लिया था। जब मैं पीऐंडजी में काम कर रहा था, तो मैं अक्सर ख़ुद के लिए काम करने और *पर्सनल एमबीए* को पूर्णकालिक रूप से विकसित करने के सपने देखता था, लेकिन मैं हमेशा इसे "एक-दो साल दूर" मानता था। एक साल बाद भी यह "एक-दो साल दूर" लगता था। ख़ुद के लिए काम करना एक सुखद दिवास्वप्न था, लेकिन मैं संभावनाओं की सचमुच जाँच नहीं करता था और बस यह मान लेता था कि यह यथार्थवादी नहीं है।

जब मुझे तथ्यातीत सिमुलेशन के बारे में पता चला, तो यह जल्दी ही बदल गया। सितंबर 2008 में मैं जब व्यवसाय संबंधी यात्रा कर रहा था, तो मैंने एक सिमुलेशन चलाया : "अगर मैं अपने जन्मदिन तक पीऐंडजी की नौकरी छोड़ दूँ, तो क्या होगा?" (मेरा जन्मदिन नवंबर के शुरू में आता है।) मैं नहीं सोचता कि यह प्रश्न यथार्थवादी था, लेकिन यह बहुत महत्त्वाकांक्षी और रोचक था, इसलिए मैंने अपने आलोचनात्मक विवेक को *निषेध* कर दिया और प्रश्न का स्वांग होने दिया।

जब आप कोई तथ्यातीत सिमुलेशन चलाते हैं, तो आप मानते हैं कि आप जिस घटना या अंतिम अवस्था की कल्पना कर रहे हैं, *वह सच हो चुकी है।* जब आप अपने मस्तिष्क को एक कृत्रिम मंज़िल बता देते हैं, तो यह अपने आप बिंदु अ और बिंदु ब के बीच की ख़ाली जगह भरने लगेगा। जब मैंने पीऐंडजी छोड़ने का सिमुलेशन चलाया, तो मैंने मान लिया कि यह *निश्चित रूप से होने वाला है* और फिर मैंने यह पता लगाया कि यह कैसे संभव होगा।

जब मैंने सिमुलेशन चलाया, तो स्वाभाविक रूप से दूसरे प्रश्न सामने टपक गए। कितनी आमदनी हो रही थी? मेरे पास कितने ग्राहक होने चाहिए? मैं किन दूसरे प्रोजेक्ट्स पर काम करूँगा और वित्तीय आत्मनिर्भरता बनने के लिए मुझे कितनी आमदनी की *ज़रूरत* होगी? जब ये प्रश्न सामने आए, तो मैंने यथासंभव सबसे अच्छी तरह उनका जवाब दिया और अपने जवाब नोटबुक में लिख लिए।

स्वांग पूरा होने तक मुझे पता चल चुका था कि "एक या दो साल" बाद के बजाय मैं पीऐंडजी की नौकरी तुरंत छोड़ सकता था। जब मैं अगले सोमवार को काम पर लौटा, तो मैंने इस्तीफ़ा दे दिया। कंपनी में मेरे कामकाज का अंतिम दिन मेरे 28वें जन्मदिन के चार दिन पहले था।

मेरा अनुभव यह है कि तथ्यातीत सिमुलेशन की जाँच में लगाया गया समय कभी बरबाद नहीं होता। आप जो चाहते हैं, वह यथार्थवादी या संभव नहीं है, यह मानने के बजाय तथ्यातीत सिमुलेशन आपको सचमुच यह पता लगाने की अनुमति देता है कि आप जो चाहते हैं, वह हक़ीक़त कैसे बन सकता है। सिमुलेशन करने के बाद आप ज़्यादा अच्छी तरह समझ लेंगे कि किसी चीज़ को करने में किसकी ज़रूरत है या किसी चीज़ को कारगर बनाने के लिए क्या सच होना चाहिए।

अपने मस्तिष्क से तथ्यातीत सिमुलेशन कराएँ और आप यह देखकर हैरान रह जाएँगे कि उन कुछ चीज़ों को हासिल करना कितना आसान है, जिन्हें आप बस स्वप्न मान रहे हैं।

इस अवधारणा को शेयर करें : http://book.personalmba.com/counterfactual-simulation/

पार्किन्सन्स लॉ

काम उतना ही फैलता है, जितना समय उसे पूरा करने के लिए उपलब्ध होता है।

— सिरिल नॉर्थकोट पार्किन्सन, नौसैनिक इतिहासकार और प्रबंधन सिद्धांतवादी

1955 में सिरिल नॉर्थकोट पार्किन्सन ने ब्रिटिश सिविल सेवा में अपने अनुभव के आधार पर *द एकोनॉमिस्ट* में एक हास्य निबंध लिखा। उस निबंध में पार्किन्सन ने एक बात कही, जो उनका नियम बन गई : "काम उतना ही फैलता है, जितना समय इसे पूरा करने के लिए उपलब्ध होता है।"

यदि किसी चीज़ को एक साल में पूरा करना है, तो यह एक साल में पूरी होगी। अगर किसी चीज़ को अगले सप्ताह तक पूरा करना है, तो यह अगले सप्ताह पूरी होगी। अगर किसी चीज़ को कल तक पूरा करना है, तो यह कल तक पूरी होगी। हमारे पास कितना समय है, इस आधार पर हम काम की योजना बनाते हैं। डेडलाइन आने पर हम उस काम को करने का विकल्प *चुनते* हैं और *ट्रेड-ऑफ़* करने लगते हैं, ताकि वह काम डेडलाइन तक पूरा हो जाए।

यह न मानें कि पार्किन्सन के नियम की बदौलत आप अतार्किक डेडलाइन तय करने के लिए पूरी तरह स्वतंत्र हो जाते हैं। हर प्रोजेक्ट में समय लगता है - आप निश्चित रूप से एक दिन में अट्टालिका या एक सप्ताह में फ़ैक्ट्री नहीं बना सकते। प्रोजेक्ट जितना ज़्यादा जटिल होगा, उसमें आम तौर पर उतना ही ज़्यादा समय लगता है - एक बिंदु तक।

पार्किन्सन के नियम का सर्वश्रेष्ठ उपयोग *तथ्यातीत प्रश्न* के रूप में है। अगर आप किसी बहुत आक्रामक समय-सीमा में किसी प्रोजेक्ट को पूरा कर लें, तो यह कैसा दिखेगा? अगर आपको एक दिन में एक अट्टालिका बनानी हो, तो आप यह काम कैसे करने की सोचेंगे? प्रश्न

का उत्तर उसी तरह दें, जिस तरह आप किसी तथ्यातीत सिमुलेशन का देते हैं। इससे आपको ऐसी तकनीकों या नीतियों का पता चल जाएगा, जिनका इस्तेमाल आप कम समय में ज़्यादा काम करने के लिए कर सकते हैं।

आइकिया के संस्थापक इंगवार काम्प्राड ने एक बार कहा था, "अगर आप अपने दिन को दस मिनट के टुकड़ों में बाँट लें और इन दस मिनट के टुकड़ों में से यथासंभव न्यूनतम को बरबाद करें, तो आप यह देखकर दंग रह जाएँगे कि आप कितना कुछ कर सकते हैं।" छोटे कामों के लिए इंगवार के नियम का इस्तेमाल करें - यह मान लें कि हर काम को पूरा होने में दस मिनट से ज़्यादा समय नहीं लगेगा, फिर शुरू कर दें। इसमें मीटिंग और फ़ोन कॉल शामिल हैं - किसी कारण मीटिंग की सामान्य अवधि एक घंटा होती है - चाहे आपको इसकी ज़रूरत हो या न हो। किसी मीटिंग को आदर्श दृष्टि से दस मिनट ही चलना चाहिए, यह मानने से प्रायः आपको ज़्यादा नहीं, तो उतना ही लाभ हो सकता है, जितना एक घंटे की मीटिंग से होता। इंगवार का नियम तथ्यातीत है - आप क्या करेंगे, अगर किसी चीज़ को करने के लिए आपके पास सिर्फ़ दस मिनट का समय हो? उसी अनुसार काम करें।

इस अवधारणा को शेयर करें : http://book.personalmba.com/parkinsons-law/

क़यामत परिदृश्य

जो दूर से बड़ा दिखता है, वह पास से देखने पर कभी उतना बड़ा नहीं दिखता है।

— बॉब डिलन, गीतकार और संगीतकार

यदि आप *जोखिम तालाबंदी* में हैं, तो इस मनोदशा में कुछ भी करना मुश्किल होता है - आपका मस्तिष्क जोखिम पर केंद्रित होता है और ऐसे दृश्यों की कल्पना करता रहता है, जो किसी बुरी हॉरर मूवी जैसे दिखते हैं।

आइए मान लेते हैं कि आप कोई व्यवसाय शुरू करने की सोच रहे हैं, लेकिन जब भी आप अपने दम पर काम शुरू करने के बारे में सोचते हैं, आप चिंता के मारे पंगु हो जाते हैं। आप अपनी नौकरी छोड़ने की कल्पना करते हैं और आपका मस्तिष्क तुरंत यह चित्र सामने रख देता है कि आप जिस व्यवसाय को खड़ा करने में बहुत सारे पैसे का निवेश करेंगे, वह नाकाम रहेगा, आप दिवालिया और बेघर हो जाएँगे। आपको दूसरी नौकरी नहीं मिल पाएगी, हर कोई आपसे नफ़रत करेगा और आप अपने बाक़ी दिन नदी किनारे किसी वैन में गुज़ारेंगे।

अगर आपका मस्तिष्क स्पष्ट रूप से अति प्रतिक्रिया कर रहा है, तो आप इसे आत्मरक्षा से रोकने के लिए कैसे प्रोत्साहित करें?

क़यामत परिदृश्य एक *तथ्यातीत सिमुलेशन* है, जहाँ आप यह मान लेते हैं कि जो भी चीज़ ग़लत हो सकती है, हर चीज़ ग़लत हो जाती है। क्या होगा, अगर आप प्रोजेक्ट को समय पर पूरा न कर पाए? क्या होगा, अगर आपकी योजना कामयाब न हो? क्या होगा, अगर आप हर चीज़ गँवा दें? क्या होगा, अगर लोग आप पर हँसें?

क़यामत परिदृश्य किसी कारण से निराशावादी होते हैं - वे यह अहसास करने में आपकी मदद करते हैं कि ज़्यादातर परिस्थितियों में आप सही-सलामत रहेंगे। *गुफ़ामानव सिन्ड्रोम* हमारे प्राचीन मस्तिष्क को अति नाटकीय बना देता है, इसलिए यह मान लेता है कि हर संभावित जोखिम जीवन-मरण वाली स्थिति है। हम इतने ज़्यादा तनावग्रस्त इसलिए रहते हैं, क्योंकि हमारा मस्तिष्क पैसे गँवाने, ओहदे में कमी या अस्वीकृत होने की *व्याख्या* जान जोखिम में पड़ने वाली स्थिति की तरह कर लेता है। यह काफ़ी समय पहले सच था, लेकिन अब नहीं है। अब आप पैसे गँवा सकते हैं, आपके ओहदे में कमी आ सकती है या आप दिन में सैकड़ों बार अस्वीकृत हो सकते हैं - लेकिन इसके बावजूद ज़िंदा रहकर इसकी कहानी सुना सकते हैं।

जब आप अपने सबसे बुरे डरों की सचमुच जाँच करते हैं, तो आपको पता चलेगा कि चीज़ें उतनी बुरी नहीं होंगी, जितना आपको डर लगता है। क़यामत परिदृश्य बनाना उस छोटे बच्चे को फ़्लैशलाइट देने जैसा है, जिसे अपने बिस्तर के नीचे छिपे राक्षस से डर लग रहा है - अपने डर की जगह पर थोड़ा प्रकाश डालने से उसे इस बात का अहसास हो जाता है कि डरने की कोई बात नहीं है।

इरादतन *बाहरीकरण* करने और अपने सबसे बुरे डरों को परिभाषित करने पर आप उनकी असलियत सामने ला रहे हैं : अतार्किक अति प्रतिक्रियाएँ। अक्सर आप पाएँगे कि आप उस चीज़ से डर रहे थे, जो दरअसल मायने ही नहीं रखती थी। अगर कोई बुरी चीज़ ग़लत हो जाती है, तब भी यह दरअसल उतनी बुरी नहीं होगी, जितना आप सोचते हैं। जैसे ही आपको अहसास हो जाता है कि आपकी जान नहीं जाएगी, आप साहस के साथ पहले के मुक़ाबले ज़्यादा करने के लिए स्वतंत्र हो जाते हैं।

एक बार जब आप अपने क़यामत परिदृश्य की कल्पना कर लें, तो इसके बाद आप सबसे बुरी स्थिति को बेहतर बनाने के प्रयास कर सकते हैं। अगर आप कोई व्यवसाय शुरू कर रहे हैं, तो आप वास्तविक जोखिमों को परिभाषित कर सकते हैं और उन्हें कम करने की योजनाएँ बना सकते हैं। अपने डरों का शिकार बनने के बजाय आप सृजनात्मक तरीक़े से उनका इस्तेमाल कर सकते हैं।

अपना क़यामत का परिदृश्य बनाएँ। इस तरह आप अपने अति नाटकीय मस्तिष्क से अपने ख़िलाफ़ नहीं, बल्कि अपने पक्ष में काम करा सकते हैं।

इस अवधारणा को शेयर करें : http://book.personalmba.com/doomsday-scenario/

अत्यधिक आत्मसम्मान की प्रवृत्ति

मैं 1961 के बाद से कभी ग़लत नहीं हुआ हूँ, जब मैंने सोचा था कि मुझसे एक ग़लती हो गई है।

— बॉब हडसन, नेता

हर कुछ महीने बाद पूरे संसार के टेलीविज़न दर्शक शर्मिंदगी महसूस करते हैं, जब *अमेरिकन आइडल* के भ्रम के शिकार प्रतिस्पर्धी संसार को दिखाते हैं कि वे कितना बुरा गाते हैं।

इस तमाशे का सबसे मनमोहक हिस्सा संगीत की अज्ञानता का भव्य प्रदर्शन नहीं है – यह तो यह तथ्य है कि ऑडीशन दे रहे कई लोगों को सचमुच यह यक़ीन होता है कि *वे होनहार गायक हैं।* अंतर आश्चर्यजनक है – इतनी स्पष्ट चीज़ के बारे में कोई इतनी बुरी तरह ग़लत कैसे हो सकता है?

अत्यधिक आत्मसम्मान की प्रवृत्ति अपनी ख़ुद की योग्यताओं के अति आकलन की स्वाभाविक प्रवृत्ति है, ख़ास तौर पर अगर आपको संबंधित चीज़ के बारे में बहुत कम अनुभव हो। अपनी क्षमताओं के बारे में आशावादी होने के लाभ होते हैं – इससे यह संभावना बढ़ जाती है कि हम किसी नई चीज़ को आज़माएँगे। इसी वजह से कई बार नौसिखिये महान काम कर जाते हैं – वे उन्हें इसलिए कर देते हैं, क्योंकि उन्हें यह अहसास ही नहीं होता है कि वे इतने जोखिम भरे या मुश्किल हैं।

स्टीव वोज़्नियाक ने संसार का पहला पर्सनल कंप्यूटर बनाया। उन्होंने ही स्टीव जॉब्स के साथ मिलकर एपल कंप्यूटर की सह-स्थापना की थी। इस अनुभव के बारे में उन्होंने कहा,"मैंने इस तरह का काम पहले कभी नहीं किया था। मैंने कभी कंप्यूटर नहीं बनाया था। मैंने कभी कंपनी नहीं बनाई थी। मुझे ज़रा भी पता नहीं था कि मैं क्या कर रहा था, लेकिन मैं इसे करने जा रहा था और इसलिए मैंने यह कर दिया।" वोज़्नियाक को पता नहीं था कि वे कितना बड़ा काम कर रहे थे, लेकिन उन्होंने सोचा कि वे इसे कर सकते हैं, इसलिए उन्होंने कर दिया।

दुर्भाग्य से, हमारे नैसर्गिक आत्मविश्वास की एक क़ीमत भी होती है – हानिकारक आत्म-छल की आशंका।

अगर आप हाथ में चल रहे काम के विषय के बारे में ज़्यादा न जानते हों, तो अत्यधिक आत्मसम्मान की प्रवृत्ति और भी ज़्यादा प्रबल होती है। कोई व्यक्ति जितना ज़्यादा अयोग्य होता है, *उसे अपनी अयोग्यता का उतना ही कम अहसास होता है।* दरअसल, कोई व्यक्ति जितना ज़्यादा जानता है, वह अपनी क्षमताओं के आकलन में उतना ही बेहतर होता है। यह बहुत संभव है कि ज़्यादा जानकार व्यक्ति अपनी क्षमताओं पर शंका करे, जब तक कि उसके पास पर्याप्त अनुभव उसे यह विश्वास न दिला दे कि उसने विषय पर महारत हासिल कर ली है। कॉरनेल यूनिवर्सिटी के डेविड डनिंग और जस्टिन क्रूगर के अनुसार चार्ल्स डार्विन का मशहूर वाक्य-बाण "अज्ञान अक्सर ज्ञान से ज़्यादा आत्मविश्वास देता है" बिलकुल सच है। वे "डनिंग-क्रूगर प्रभाव" को इस तरह स्पष्ट करते हैं :

1. अयोग्य व्यक्ति अपनी योग्यता के स्तर का अति आकलन करने की प्रवृत्ति रखते हैं।
2. अयोग्य व्यक्ति दूसरों की वास्तविक योग्यता को पहचानने में असफल रहते हैं।
3. अयोग्य व्यक्ति अपनी अक्षमता की अति को पहचानने में असफल रहते हैं।
4. यदि उन्हें अपनी योग्यता को बहुत बेहतर बनाने का प्रशिक्षण दिया जा सके, तो ये व्यक्ति अपनी पिछली अयोग्यता को पहचान और स्वीकार कर सकते हैं।

जो लोग "अचेतन रूप से अयोग्य" होते हैं, वे नहीं जानते कि वे अयोग्य हैं – वे विषय के बारे में इतना कम जानते हैं कि उन्हें पूरी तरह यह अहसास ही नहीं होता कि वे कितना कम जानते

हैं। इसीलिए आपको मिलने वाला हर नाई और टैक्सी ड्राइवर अर्थव्यवस्था और अंतरराष्ट्रीय राजनीति का विशेषज्ञ होता है।

जब आप किसी नए विषय के बारे में थोड़ा जान लेते हैं, तो आप "चेतन रूप से अयोग्य" बन जाते हैं – *आप जान जाते हैं कि आप यह नहीं जानते* कि आप क्या कर रहे हैं। इसके फलस्वरूप किसी विषय के बारे में ज़्यादा जानने के कुछ समय बाद अपनी योग्यता में ज़्यादातर व्यक्तियों का विश्वास कम हो जाता है – ज़्यादा ज्ञान की बदौलत उन्हें अपने ज्ञान और क्षमताओं की सीमाओं का पूरा अहसास हो जाता है।

"चेतन योग्यता" – आप जो कर रहे हैं, उसे जानने की अवस्था – विकसित करने में अनुभव, ज्ञान और अभ्यास की ज़रूरत होती है। जब आप चेतन रूप से योग्य होते हैं, तो आप दोबारा आत्मविश्वास हासिल कर लेते हैं : आप अपने ज्ञान की सीमाओं को जानते हैं, इसलिए अपनी योग्यताओं का आकलन सटीकता से कर सकते हैं।

विनम्रता ख़ुद को सुधारने वाला मूल्यवान गुण है। अति आत्मविश्वास से कई बार महानता मिल सकती है, लेकिन यह बहुत जोखिम भरा होता है – मार्गदर्शन के बिना इस बात की कहीं ज़्यादा आशंका रहती है कि आप ख़ुद को किसी बुरी स्थिति में पाएँगे। विनम्रता की स्वस्थ मात्रा होने पर आप यह मानना छोड़ देते हैं कि आप हर चीज़ के बारे में हर चीज़ जानते हैं। इससे आप बाद में सत्य के दुःखद साक्षात्कार से बच जाते हैं।

अत्यधिक आत्मसम्मान की प्रवृत्ति सर्वव्यापी है (अगर आपने पहले झटके में यह सोचा हो कि *आप* इससे बचे हुए हैं, तो बहुत सतर्क रहें), इसलिए विश्वसनीय सलाहकार रखना महत्त्वपूर्ण है, जो आपको यह बताने से न डरें कि आप ग़लती कर रहे हैं। अत्यधिक आत्मसम्मान की प्रवृत्ति के ज़रिये ख़ुद को मुश्किल में डालने का एक बहुत आसान तरीक़ा डेडलाइन का आकलन करना है – अति आत्मविश्वास ही *नियोजन भ्रांति* (बाद में चर्चा की गई है) का मुख्य कारण है। जब मैंने इस पुस्तक को लिखने के लिए सहमति दी, तो मैं सोच रहा था कि यह लगभग छह महीने में पूरी हो जाएगी – लेकिन मैंने पहले कभी कोई पुस्तक नहीं लिखी थी, इसलिए मुझे दरअसल कोई अंदाज़ा नहीं था। मेरे ज़्यादा अनुभवी मित्रों और सलाहकारों ने सलाह दी कि इसमें लगभग एक साल का समय लगेगा और मुझे बहुत ख़ुशी है कि मैंने उनकी बात मान ली – उनकी बात सही थी।

हम सभी अपनी योग्यताओं के अति आकलन के आदी होते हैं। अपनी टीम को चाटुकार लोगों से भरना घातक होता है, क्योंकि जो लोग हमेशा आपकी हाँ में हाँ मिलाते हैं, वे इस प्रवृत्ति के मामले में आपको सही नहीं कर सकते – जो लोग हमेशा आपके निर्णय का समर्थन करते हैं, वे आपको बड़ी ग़लतियाँ करने से नहीं रोक सकते।

उन लोगों के साथ संबंध जोड़ें, जो आपको यह बताने से न डरें कि आपकी मान्यताएँ संदिग्ध हैं या आप ग़लत मार्ग पर जा रहे हैं – वे सचमुच मूल्यवान मित्र होते हैं।

इस अवधारणा को शेयर करें : **http://book.personalmba.com/excessive-self-regard-tendency/**

पुष्टि पूर्वाग्रह

आप जो नहीं जानते, वह आपको मुश्किल में नहीं डालता है। मुश्किल में तो वह डालता है, जिसे आप पक्का जानते हैं, लेकिन वह दरअसल पक्का नहीं होता।

— मार्क ट्वेन, महान अमेरिकी उपन्यासकार

विरोधाभास देखें, आप सही हैं या नहीं, यह पता लगाने के सबसे अच्छे तरीक़ों में से एक सक्रियता से उस जानकारी की तलाश करना है, जो यह साबित करे कि आप ग़लत हैं।

पुष्टि पूर्वाग्रह लोगों की आम प्रवृत्ति है। वे उस जानकारी पर *ध्यान* देते हैं, जो उनके निष्कर्षों का समर्थन करती है और उस जानकारी को नज़रअंदाज़ कर देते हैं, जो ऐसा नहीं करती है। किसी को भी यह जानना ज़्यादा अच्छा नहीं लगता कि उसने कोई ग़लत निर्णय ले लिया है, इसलिए हम किस जानकारी पर ध्यान देंगे, इसे हम फ़िल्टर करते हैं।

राय या विश्वास को जितनी ज़्यादा प्रबलता से रखा जाता है, हम उसे चुनौती देने वाले स्रोतों या जानकारी को उतना ही ज़्यादा नज़रअंदाज़ करते हैं। इसीलिए आपको राजनैतिक दृष्टिकोण से ऐसे रूढ़िवादी दल वाले लोग नहीं मिलेंगे, जो उदारवादी दल वाले समाचारपत्रों को पढ़ेंगे और इसका विपरीत भी सही है - वे पहले से जानते हैं कि वे सहमत नहीं हैं, इसलिए जहमत क्यों उठाना? दुर्भाग्य से, इससे दोनों ही ज़्यादा अतिवादी बन जाते हैं, क्योंकि कोई भी पक्ष अपने विश्वासों को चुनौती देने वाली जानकारी नहीं पढ़ना-सुनना चाहता है।

पुष्टि पूर्वाग्रह का प्रतिकार करने का सबसे अच्छा तरीक़ा जान-बूझकर ऐसी जानकारी खोजना है, जो आपके वर्तमान अवधारणा या विश्वास को चुनौती दे। जब केल्सी और मैंने कुछ सालों तक शाकाहार को अपनाया, तो हमारी यह मानसिकता थी कि हम स्पष्ट रूप से सर्वश्रेष्ठ विकल्प को चुन रहे हैं - अपने स्वास्थ्य के लिए, अपने पशु मित्रों के लिए और पृथ्वी के लिए। ज़ाहिर है, इस वैश्विक दृष्टिकोण की वजह से इसके विपरीत तर्क देने वाली जानकारी पर ध्यान देना हमारे लिए मुश्किल हो गया।

अंततः हमें विपरीत प्रमाण मिला, जिसके बाद हमने अपनी मानसिकता बदल ली। लिअरे कीथ की पुस्तक *द वेजिटेरियन मिथ* पढ़ने के बाद हमने पाया कि शाकाहार उतना स्वास्थ्यवर्धक या पर्यावरण के लिए मित्रतापूर्ण नहीं है, जितना हमें मूलतः विश्वास था। माइकल आर. और मैरी डैन ईड्स की पुस्तक *प्रोटीन पॉवर* ने हमें इस बारे में बहुत सिखाया कि हमारा शरीर हमारे खाए भोजन को जैव-रासायनिक तरीक़े से किस तरह पचाता है और यह भी कि हमारे चयापचय में मौजूद *फ़ीडबैक लूप्स* (बाद में चर्चा की गई है) दरअसल किस तरह काम करते हैं। इसके फलस्वरूप हम यह बात समझ गए कि हम लंबे समय से चली आ रही जिन स्वास्थ्य संबंधी समस्याओं (कम ऊर्जा, धीमा पाचन) का अनुभव कर रहे थे, वे दरअसल हमारे शाकाहार का परिणाम थीं।

दोनों ही पुस्तकों ने ऐसा प्रमाण दिया, जो हमारे मूल विचार का विरोध करता था, इसलिए हमने अपनी मानसिकता को बदल लिया। हमने इस अनुभव से बहुत कुछ सीखा - आहार के बारे में भी और विपरीत प्रमाण पर ध्यान देने के महत्त्व के बारे में भी।

विपरीत प्रमाण पर ध्यान देना स्वाभाविक रूप से मुश्किल होता है - इसका मतलब है जान-बूझकर ऐसे कारणों की तलाश करना, जो आपको बताएँ कि आप ग़लत हो सकते हैं, हालाँकि हम सभी आम तौर पर ग़लत होने से नफ़रत करते हैं। विपरीत प्रमाण खोजना या तो आपको आपके तौर-तरीक़ों की ग़लती दिखा देगा या आपको अतिरिक्त प्रमाण दे देगा कि आपकी स्थिति दरअसल क्यों सही है - बशर्ते आप अनुभव से सीखने के लिए अपने आलोचनात्मक विवेक को पर्याप्त लंबे समय तक शिथिल कर दें।

विपरीत जानकारी की तलाश करना कष्टप्रद तो होता है, लेकिन यह उपयोगी है, चाहे आप अंततः जो भी निर्णय लें।

इस अवधारणा को शेयर करें : http://book.personalmba.com/confirmation-bias/

पश्चदृष्टि पूर्वाग्रह

> **हर दिन को पूरा करें और उसे ख़त्म कर दें। आप जितना कर सकते थे, आपने किया। कुछ ग़लतियाँ और मूर्खताएँ निश्चित रूप से अंदर रेंग आई होंगी। उन्हें जल्दी से जल्दी भूल जाएँ। कल एक नया दिन है। उसे अच्छी तरह शुरू करें और इतनी शांति व उत्साह से शुरू करें कि आपकी पुरानी बकवास का बोझ उस पर न लदा हो।**
>
> **—रैल्फ़ वाल्डो इमर्सन, निबंधकार और कवि**

जब आपको अहसास होता है कि आपने कोई ग़लती कर दी है, तो आपको कैसा महसूस होता है?

पश्चदृष्टि पूर्वाग्रह उन चीज़ों के लिए ख़ुद को कोसने की स्वाभाविक प्रवृत्ति है, जो आपको "पता होनी चाहिए थीं।" अगर आपकी नौकरी छूट जाती है, तो आपको "पता होना चाहिए था कि यह होने वाला है।" यदि आपके ख़रीदे हुए शेयर का भाव रातों-रात 80 प्रतिशत गिर जाता है, तो आपको "इसे पहले ही बेच देना चाहिए था।" यदि आप कोई प्रॉडक्ट बाज़ार में उतारते हैं और कोई इसे नहीं ख़रीदता है, तो आपको "पता होना चाहिए था कि यह कारगर नहीं होगा।"

बकवास। आप इस वक़्त जो जानते हैं, वह अगर आप तब जानते, तो आप वह नहीं करते, जो आपने किया था।

आप जो भी निर्णय लेंगे, हर निर्णय अधूरी जानकारी के आधार पर ही लेंगे - हमें ख़ाली स्थानों को भरने के लिए *व्याख्या* का इस्तेमाल करना होता है। चूँकि आप सर्वज्ञाता नहीं हैं, इसलिए अपने काम के परिणामों का आकलन करते वक़्त आपके पास हमेशा उस समय से ज़्यादा जानकारी रहेगी, जब आपने सचमुच निर्णय लिया था।

इसके फलस्वरूप अगर परिस्थितियाँ उम्मीद के मुताबिक़ न हों, तो मूर्ख महसूस करना बहुत आसान होता है। यह अहसास करना महत्त्वपूर्ण है कि ये भावनाएँ अतार्किक हैं - आपके पास उस वक़्त जो सबसे अच्छी जानकारी थी, उसके आधार पर आपने अपने निर्णय लिए थे और अब आप उन्हें बदलने के लिए कुछ भी नहीं कर सकते।

उन चीज़ों के बारे में बुरा महसूस न करें, जो आपको "देखनी चाहिए थीं" या "करनी चाहिए थीं।" अतीत को बदलना आपके *नियंत्रण के दायरे* (बाद में चर्चा की गई है) के बाहर है, इसलिए आत्म-शंका पर ऊर्जा बरबाद करने और क्या हो सकता था, इस बारे में सोच-विचार करने में कोई समझदारी नहीं है। पश्चदृष्टि पूर्वाग्रह विनाशकारी बन सकता है, अगर आप नकारात्मक रूप से अपना या दूसरों का आकलन करते हैं कि उन्हें अज्ञात का पता क्यों नहीं था।

जैसी कहावत है, "पश्चदृष्टि 20 में से 20 नंबर लाती है।" अपनी पुरानी ग़लतियों की सृजनात्मक रोशनी में *दोबारा व्याख्या* करें और अपनी ऊर्जा उस पर केंद्रित करें, जो आप इस वक़्त सकारात्मक दिशा में जाने के लिए कर सकते हों।

इस अवधारणा को शेयर करें : http://book.personalmba.com/hindsight-bias/

प्रदर्शन बोझ

यदि नियंत्रित न किया जाए, तो काम सक्षम व्यक्ति की ओर तब तक प्रवाहित होता है, जब तक कि वह डूब न जाए।

— चार्ल्स बॉयल, पूर्व अमेरिकी काँग्रेसनल लाएज़न फ़ॉर नासा

व्यस्त रहना बोर होने से बेहतर होता है, लेकिन इतने ज़्यादा व्यस्त भी हो सकते हैं कि यह आपके लिए अच्छा न हो।

प्रदर्शन बोझ अवधारणा है कि जब आपके पास करने के लिए बहुत सारी चीज़ें होती हैं, तो क्या होता है। एक निश्चित सीमा के बाद किसी व्यक्ति को जितने ज़्यादा काम करने होते हैं, उन सभी में उसका प्रदर्शन उतना ही कमज़ोर होता है।

बोलिंग पिन्स को हवा में उछालने की कल्पना करें। अगर आप योग्य हैं, तो आप बिना कोई ग़लती किए तीन-चार को एक साथ उछालने में योग्य हो सकते हैं। जितनी ज़्यादा पिनें एक साथ उछालेंगे, ग़लती करने और उन सभी के गिरने की आशंका उतनी ही ज़्यादा होगी।

अगर आप उत्पादक बनना चाहते हैं, तो *आपको सीमाएँ तय कर लेनी चाहिए।* दर्जनों प्रोजेक्टों के सैकड़ों सक्रिय कामों को एक साथ करना लंबे समय तक नहीं चल सकता। आप असफलता, कम गुणवत्तापूर्ण काम और दीर्घकालीन थकान का जोखिम ले रहे हैं। *पार्किन्सन के नियम* को याद रखें : अगर आप उपलब्ध समय की कोई सीमा तय नहीं करते हैं, तो आपका काम फैलकर इसे पूरा भर देगा। अगर आप कहीं कोई लकीर नहीं खींचते हैं, तो काम आपकी सारी ऊर्जा खा जाएगा और आप अवश्यंभावी रूप से दीर्घकालीन थकान के शिकार हो जाएँगे।

सीमाओं के हमेशा परिणाम होते हैं - अगर आप परिणामों को झेलने के लिए तैयार नहीं हैं, तो यह दरअसल सीमा नहीं है। अगर आप किसी मैनेजर के लिए काम कर रहे हैं, जो आपसे सप्ताह में सातों दिन, हर दिन बीस घंटे काम करने की उम्मीद करता है, तो अपने कामकाजी घंटों पर सीमाएँ तय करके उसे इंकार करने से आपकी नौकरी पर आँच आ सकती है। इतने ज़्यादा समय तक काम करना बिलकुल अयथार्थवादी है, लेकिन अगर आप नौकरी गँवाने की आशंका को स्वीकार करने के इच्छुक नहीं हैं, तो आपने दरअसल सीमा तय नहीं की है।

अप्रत्याशित परिस्थितियों से निबटने के लिए आपके पास नई सामग्री पर प्रतिक्रिया करने के वास्ते अनिर्धारित समय होना चाहिए। कई आधुनिक व्यवसायों की स्वचालित मानसिकता यह है कि "फ़ुरसत" अकार्यकुशल और बरबादी होती है – कर्मचारियों को सारे समय व्यस्त रहना चाहिए। दुर्भाग्य से, यह दर्शन अप्रत्याशित घटनाओं से निबटने की आवश्यकता को नज़रअंदाज़ कर देता है, जो हर समय होती रहती हैं। हर इंसान के पास एक दिन में सीमित घंटे ही होते हैं, और अगर आपका एजेंडा लगातार पूरी तरह भरा रहता है, तो आपके समय और ऊर्जा पर नई व अप्रत्याशित माँगों को पूरा करना हमेशा मुश्किल होगा।

आप सारे समय अपनी क्षमता से 110 प्रतिशत पर प्रदर्शन नहीं कर सकते – प्रदर्शन बोझ को बढ़ाने वाले कम मूल्यवान कामों को ख़त्म करने, स्थगित करने या किसी दूसरे को सौंपने के लिए *पूर्णता के चार तरीक़ों* का इस्तेमाल करें। कुछ क्षमता सुरक्षित रखकर आप *सबसे महत्त्वपूर्ण कामों* से तुरंत निबटने के लिए तैयार हो जाएँगे।

इस अवधारणा को शेयर करें : http://book.personalmba.com /performance-load/

ऊर्जा चक्र

हम सभी के पास ऐसे मौक़े होते हैं, जब हम ज़्यादा प्रभावी ढंग से सोचते हैं और ऐसे मौक़े भी होते हैं, जब हमें ज़रा भी सोचना नहीं चाहिए।

— डेनियल कोहेन, बाल लेखक

समय प्रबंधन के साथ समस्या यह है कि समय ऐसा नहीं होता है, जिसका प्रबंधन करने की ज़रूरत होती है। चाहे आप कुछ भी करने या न करने का चयन करें, समय तो अवश्यंभावी रूप से गुज़र जाएगा।

समय प्रबंधन तंत्रों की निहित मान्यता यह है कि हर घंटा समान होता है – किसी दूसरे घंटे के बराबर। कोई भी चीज़ हक़ीक़त से इतनी दूर नहीं हो सकती। सभी लोग समान बनाए गए हैं, लेकिन सभी घंटे निश्चित रूप से समान नहीं होते।

आपकी ऊर्जा का स्तर दिन भर नैसर्गिक रूप से ऊपर-नीचे होता रहता है। दिन के दौरान आपके शरीर की नैसर्गिक लयें होती हैं, जिन्हें मैं *ऊर्जा चक्र* कहता हूँ। ज़्यादातर लोग चौबीस घंटे की शारीरिक सरकेडियन लय से परिचित होंगे, जो आपको सुबह जगाती है और रात को थकान महसूस कराती है। नब्बे मिनट की अल्ट्राडियन लय कम मशहूर है, जिसका वर्णन जिम लोहर और टोनी श्वाट्र्ज़ ने अपनी पुस्तक *द पॉवर ऑफ़ फुल एंगेजमेंट* में किया है।

अल्ट्राडियन लय शारीरिक तंत्रों को प्रभावित करती है और आपके पूरे शरीर में हॉरमोनों के प्रवाह को नियंत्रित करती है। जब आपकी ऊर्जा उछाल पर होती है, तो आप गहराई से ध्यान केंद्रित कर सकते हैं और बहुत कुछ हासिल कर सकते हैं। जब यह उतार पर होती है, तो आपका मस्तिष्क और शरीर बस आराम व बहाली करना चाहता है। दिन के दौरान ऊर्जा में होने वाले इन परिवर्तनों के बारे में असामान्य कुछ भी नहीं है, लेकिन हम अक्सर इस तरह काम करते हैं, मानो उतार पर होना एक समस्या है, जिसे दुरुस्त करने की ज़रूरत है।

आजकल कम आराम करके ज़्यादा काम क़रने की फिराक में इस चक्र को "दुरुस्त" करने की कोशिश लोकप्रिय हो चुकी है। बिना किसी विराम के आठ से बारह घंटे तक काम करने की कोशिश बेहद प्रतिस्पर्धी ऑफ़िसों में असामान्य नहीं है। हममें से ज़्यादातर लोग शकर और कैफ़ीन की भारी ख़ुराक के साथ अपने मस्तिष्क से ज़्यादा घंटे तक काम कराने की कोशिश करते हैं। कुछ लोग तो दवाओं या ग़ैर-क़ानूनी नशीली चीज़ों का सेवन कर लेते हैं, ताकि वे थोड़े ज़्यादा समय तक या थोड़ी ज़्यादा तेज़ी से काम कर सकें।

सभी जीवों की तरह ही इंसान को भी शिखर प्रदर्शन के लिए आराम करने और स्वास्थ्यलाभ करने की ज़रूरत होती है। विराम लेना आलस या कमज़ोरी का संकेत नहीं है - यह तो एक बुनियादी मानवीय आवश्यकता को पहचानना है। अपने नैसर्गिक ऊर्जा चक्र पर ध्यान देने से आपको ज़्यादा लंबे समय तक अपने सर्वश्रेष्ठ स्तर पर लगातार प्रदर्शन करने में मदद मिलती है।

अपने शरीर के ख़िलाफ़ काम करने के बजाय उसके पक्ष में काम करने के चार सरल तरीक़े ये हैं :

1. *अपने पैटर्न जानें* - यह निगरानी करने के लिए एक नोटबुक या कैलेंडर रखें कि आपमें दिन के अलग-अलग हिस्सों में कितनी ऊर्जा रहती है, साथ ही यह भी कि आप क्या खा-पी रहे हैं। अगर आप कुछ दिनों तक यह काम करते हैं, तो आप कुछ पैटर्नों पर ग़ौर करेंगे कि आपकी ऊर्जा कैसे घटती-बढ़ती है। इसके अनुसार आप अपने काम की योजना बना सकते हैं।
2. *अपने शिखर चक्रों को अधिकतम करें* - जब आप उछाल वाले चक्र में होते हैं, तो आप बहुत कुछ हासिल करने में सक्षम होते हैं, इसलिए उस ऊर्जा का लाभ लेने के लिए अपने दिन की योजना बनाएँ। अगर आप सृजनात्मक काम कर रहे हैं, तो उछाल वाले चक्र में इसे करने के लिए तीन-चार घंटे का समय का खंड निर्धारित करें। अगर आपके काम में बहुत सारी बैठकों में हिस्सा लेना शामिल है, तो उछाल वाले चक्र के दौरान सबसे महत्त्वपूर्ण बैठकों की योजना बनाएँ।
3. *ब्रेक लें* - जब आप उतार वाले चक्र में हों, तो ज़ोरदार प्रतिरोध करने के बजाय आराम करना बेहतर होता है। आराम और स्वास्थ्यलाभ वैकल्पिक नहीं हैं - अगर आप इस वक़्त आराम नहीं करते हैं, तो आपका शरीर आपको बाद में आराम करने के लिए मजबूर कर देगा, या तो इस चक्र को ज़्यादा लंबा करके या बीमार होकर। उतार वाले चक्र के दौरान टहलने जाएँ, ध्यान लगाएँ या बीरा गिनट की झपकी लें। उतार वाले चक्र में आराम करने से आपकी ऊर्जा बहाल हो जाती है, जिससे आपको अगले उछाल वाले चक्र का पूरा लाभ लेने की अनुमति मिल जाती है।
4. *पर्याप्त नींद लें* - नींद की कमी के कारण उतार का लंबा चक्र शुरू होता है, जो चीज़ें करने की राह में आड़े आता है। हर रात आप पर्याप्त नींद लें, यह सुनिश्चित करने के लिए सोने के आदर्श समय से एक घंटे पहले का टाइमर लगाएँ। टाइमर बजने पर कंप्यूटर या टीवी बंद कर दें और अपने शाम के

कार्यों को पूरा करें। इसके बाद बिना कैफ़ीन वाली चाय का एक कप लें और कुछ समय कोई ऐसी पुस्तक पढ़ें, जिसमें आपको आनंद आता है। जब आपको पढ़े वाक्य कम समझ आने लगें, तो समझ जाएँ कि अब बिस्तर पर जाने का समय हो गया है।

दिन के दौरान अपनी ऊर्जा के चक्रों पर ध्यान देने से आपको उपलब्ध समय से अधिकतम फ़ायदा उठाने में मदद मिलेगी। उछाल वाले चक्रों का अधिकतम लाभ लें और उतार वाले चक्रों में आराम करें और आप हैरान रह जाएँगे कि आप एक दिन में कितना कुछ हासिल कर सकते हैं।

इस अवधारणा को शेयर करें : **http://book.personalmba.com/energy-cycles/**

तनाव और बहाली

जो लोग ज़्यादा आगे तक जाने का जोखिम लेंगे, संभवतः सिर्फ़ वे ही यह पता लगा सकते हैं कि इंसान कितनी दूर तक जा सकता है।

—टी.एस. इलियट, कवि और नाटककार

कॉलेज के मेरे आख़िरी समेस्टर के दौरान - जिस समय मैंने *पर्सनल एमबीए* का सृजन किया - मैंने ख़ुद को टूटने के बिंदु तक धकेला।

मेरी तीन विषयों में बाइस क्रेडिट घंटों की कक्षाएँ रहती थीं - बिज़नेस इनफ़ॉर्मेशन सिस्टम्स, रियल एस्टेट और दर्शन। मैं जिस भी कक्षा में जाता था, उसमें मुख्य परीक्षा के अलावा किसी तरह का प्रोजेक्ट होता था। मैं जिन दो कोर्सों में था, वे स्नातक स्तर के थे और उनमें से प्रत्येक में उत्तीर्ण होने के लिए एक बेहद जटिल विषय पर बीस से ज़्यादा पन्नों का रिसर्च पेपर लिखने की ज़रूरत थी। उपलब्ध समय कम था और काम बहुत, बहुत ज़्यादा था।

तिमाही के आख़िरी दो सप्ताहों तक मैं बिलकुल निढाल हो चुका था : नींद से बेहाल, पूरी तरह निचुड़ा हुआ और अविश्वसनीय तनाव का शिकार। हर चीज़ समय पर पूरी हो गई, लेकिन काम के बोझ का असर पड़ा और पूरी तरह से ठीक होने के लिए मुझे स्नातक होने के बाद कुछ सप्ताह तक कुछ नहीं करने का नुस्ख़ा आज़माना पड़ा।

हालाँकि यह सुखद नहीं था, लेकिन मुझे ख़ुशी है कि मैंने अपना टूटने का बिंदु खोज लिया। उसका कारण यह है : अब मैं जानता हूँ कि मैं कितना करने में सक्षम हूँ और कितना ज़्यादा काम बहुत ज़्यादा है। अब मैं इस बारे में ज़्यादा जानता हूँ कि मेरा मस्तिष्क और शरीर तनाव पर किस तरह प्रतिक्रिया करते हैं। अब मैं चीज़ों के बेक़ाबू होने से पहले हाथ में बहुत ज़्यादा काम लेने के चेतावनी के संकेतों को ज़्यादा अच्छी तरह पहचान सकता हूँ।

इसके फलस्वरूप मैंने लगभग 90 प्रतिशत क्षमता पर काम करना सीख लिया है, जिसमें मैं निढाल हुए बिना बहुत कुछ कर सकता हूँ। मैं लिख रहा हूँ, परामर्श दे रहा हूँ और कुछ रोचक साइड प्रोजेक्ट्स पर काम कर रहा हूँ। *तनाव और बहाली* पर ध्यान देने से यह सुनिश्चित होता है कि मैं इतना ज़्यादा काम हाथ में न ले लूँ कि सँभालना मुश्किल हो। टूटने का बिंदु पता लगने से यह जानना ज़्यादा आसान हो गया है कि कब ख़ुद को धकाना है और कब धीमे होना है।

जब तक आप अपनी सीमाओं को आगे धकेलने का निर्णय न लें, तब तक यह जानना असंभव होता है कि आप कितना करने में सक्षम हैं। अपनी *प्रयोगशीलता* उन चीज़ों तक सीमित रखें, जो आपकी जान न लें या स्थायी नुक़सान न करें। बहरहाल, ख़ुद को सीमाओं से आगे धकेलकर आप इस बारे में बहुत कुछ सीख सकते हैं कि आप कैसे काम करते हैं। आप जो ज्ञान हासिल करते हैं, उससे आपको भविष्य में बेहतर विकल्प चुनने में मदद मिलेगी कि कौन से प्रोजेक्ट करना है और कितना ज़्यादा बहुत ज़्यादा होगा।

यह कहना भी ज़रूरी है कि हमारा शरीर मशीन नहीं है, जिसे सारे समय अधिकतम क्षमता पर काम करने के लिए बनाया गया है। अपने आउटपुट की तुलना अपने आदर्श आउटपुट से करने के जाल में फँसना उल्लेखनीय रूप से आसान है, जो एक ही दिन में रोम को बना सकता हो और मज़ेदार साइड प्रोजेक्ट के रूप में चीन की दीवार भी बना सकता हो। अगर यह व्यक्तिगत प्रभावकारिता का आपका स्वप्न है, तो आप हमेशा कमतर साबित होंगे।

आप मशीन नहीं हैं – मानव उत्पादकता का आदर्श रोबोट की तरह काम करना नहीं है। बेहतरीन काम करने के लिए इंसान को आराम, तनावमुक्ति, नींद और खेलने की ज़रूरत होती है। इनमें से कोई भी चीज़ बहुत कम होने से अच्छा काम करने की आपकी क्षमता गंभीरता से घट सकती है और आपके जीवन के आनंद पर भी असर पड़ सकता है।

आप आराम और बहाली कैसे करें? यह सरल है : अपनी सामान्य गतिविधियों और ज़िम्मेदारियों से बिलकुल अलग कोई चीज़ करें। आपके शौक़ और आपके काम के बीच में जितनी कम समानता हो, उतना ही बेहतर है।

द्वितीय विश्व युद्ध के दौरान विन्स्टन चर्चिल इतने ज़्यादा तनाव में थे, जितने तनाव में कोई इंसान हो सकता है। ब्रिटेन के प्रधानमंत्री होने के नाते वे 1940 से 1945 में युद्ध समाप्त होने तक देश की रक्षा के लिए ज़िम्मेदार थे। एक देश का भाग्य और इसके देशवासियों की स्वतंत्रता उन पाँच लंबे सालों तक उनकी दृढ़ता और लगन पर निर्भर थी।

इतने भारी बोझ के बावजूद चर्चिल बीमार या तनावग्रस्त होने से कैसे बचे? *पेंटिंग एज़ अ पास्टाइम* में चर्चिल बताते हैं कि चित्रकारी में समय लगाने से उन्हें युद्ध और राजनीति की माँगों से बहाली में कैसे मदद मिली :

> *उन लोगों ने चिंता और मानसिक तनाव से बचने के कई नुस्ख़े बताए हैं, जिन्हें लंबे समय तक असाधारण ज़िम्मेदारियाँ उठानी पड़ती हैं और बहुत बड़े पैमाने पर कर्तव्य करने पड़ते हैं। कुछ यात्रा का सुझाव देते हैं और बाक़ी पर्यटन का। कुछ एकांत की प्रशंसा करते हैं और बाक़ी मौज-मस्ती की। बेशक ये सभी व्यक्तिगत स्वभाव के अनुसार अपनी-अपनी भूमिका निभा सकते हैं, लेकिन उन सभी में जो तत्व अनिवार्य रूप से मौजूद होता है, वह है परिवर्तन।*
>
> *परिवर्तन ही अनमोल कुंजी है। इंसान लगातार अपने मस्तिष्क के किसी ख़ास हिस्से का इस्तेमाल करके इसे थका सकता है और घिस सकता है, ठीक उसी तरह जिस तरह वह अपने कोट की कोहनियों को घिस सकता है। बहरहाल, मस्तिष्क की जीवित कोशिकाओं और निर्जीव वस्तुओं के बीच यही फ़र्क़ है : किसी कोट की आस्तीनों या कंधों को मलकर इंसान इसकी घिसी कोहनियों को दुरुस्त नहीं कर सकता, लेकिन मस्तिष्क के थके हुए हिस्सों को आराम देकर मज़बूत बनाया*

जा सकता है - न सिर्फ़ आराम देकर, बल्कि दूसरे हिस्सों का इस्तेमाल करके भी। जो बत्तियाँ रुचि के मुख्य और सामान्य क्षेत्र में जल रही हैं, उन बत्तियों को बंद करना ही काफ़ी नहीं है, बल्कि रुचि के एक नए क्षेत्र में बत्तियाँ जलानी भी होंगी।

थकी हुई मानसिक मांसपेशियों से यह कहने से कोई फ़ायदा नहीं है कि "मैं तुम्हें अच्छा आराम दूँगा," "मैं लंबा टहलने जाऊँगा," या "मैं लेट जाऊँगा और किसी चीज़ के बारे में नहीं सोचूँगा।" इसके बावजूद मस्तिष्क व्यस्त रहता है। अगर यह तौल रहा है और माप रहा है, तो यह तौलता और मापता रहता है। अगर यह चिंता कर रहा है, तो यह चिंता करता रहता है। जब नई कोशिकाएँ गतिविधि के लिए पुकारी जाती हैं, जब नए सितारे आसमान पर छाते हैं, तभी राहत, चैन और ताज़गी मिलती है।

अगर चर्चिल विश्व युद्ध के बीच में चित्रकारी करने का समय निकाल सकते थे, तो आप भी अपनी व्यस्त दिनचर्या के बावजूद कोई न कोई आनंददायक चीज़ करके आराम और बहाली का समय निकाल सकते हैं। आराम और बहाली के लिए अपराधबोध से रहित समय लगाकर आप अपने जीवन को ज़्यादा आनंददायक बना सकते हैं और ज़्यादा उत्पादक भी।

इस अवधारणा को शेयर करें : http://book.personalmba.com/stress-recovery/

परीक्षण

खोजें निर्देशों का पालन करके नहीं की जाती हैं, बल्कि मुख्य सड़क से दूर जाकर की जाती हैं, जिसे आज़माया नहीं गया है, उसे आज़माकर की जाती हैं।

—फ़्रैंक टाइगर, राजनीतिक कार्टूनिस्ट और स्तंभकार

मैं सुबह-सुबह अपना सर्वश्रेष्ठ लेखन करता हूँ - आठ घंटे की नींद के बाद। जागने के बाद मैं दो मग कॉफ़ी पीता हूँ, जिसमें से हर एक में एक चम्मच बिना नमक वाला, घास के आहार वाली गायों का बटर और एमसीटी (रिफ़ाइन्ड नारियल) तेल होता है, फिर मैं एक चमकदार नीला एलईडी लैंप जला लेता हूँ, जो सुबह की धूप जैसा लगता है। जब मैं ख़ुद को पोषण दे देता हूँ और जाग्रत हो जाता हूँ, तो फिर मैं अपना कंप्यूटर खोलता हूँ, अपना इंटरनेट कनेक्शन बंद करता हूँ और लिखने लगता हूँ। एक बार जब मैं शुरू हो जाता हूँ, तो मैं छह घंटे तक बिना रुके लिखने पर ध्यान केंद्रित कर सकता हूँ, बशर्ते बीच में कोई बाधा न आए।

लिखना मेरे लिए महत्त्वपूर्ण है, इसलिए मैं इसे हर दिन करता हूँ। मैंने *कई* अलग-अलग नीतियों की जाँच-पड़ताल की है। यह मेरे लिए सबसे अच्छी तरह काम करता है, इसलिए मैंने इसकी *आदत* डाल ली है।

क्या मैं हमेशा इसी तरीक़े से काम करूँगा? मुझे नहीं लगता - मैं अंततः दूसरे ऐसे तरीक़े खोज लूँगा, जो ज़्यादा अच्छी तरह काम करते हों। मेरी *प्रयोगशीलता* कभी ख़त्म नहीं होगी।

जाँच करने का मतलब है किसी नई चीज़ की कोशिश करना - अपने जीवन पर वैज्ञानिक पद्धति और *पुनरावृत्ति चक्र* को लागू करने का तरीक़ा। मेरी जान-पहचान के सबसे ख़ुश और उत्पादक लोगों में मैंने यह समानता पाई है कि वे हमेशा नई चीज़ें आज़माते रहते हैं, ताकि यह पता लगा सकें कि क्या कारगर है। अगर आप कभी किसी नई चीज़ की कोशिश नहीं करते हैं, तो आप सकारात्मक खोजें नहीं कर सकते, जो आपके जीवन को बेहतर बना सकती हैं।

यह ज़रूरी नहीं है कि जाँच करने का काम जटिल हो। इसके लिए तो बस यह ज़रूरी होता है कि आप अपने जीवन के किसी हिस्से को चुनकर उस पर ध्यान केंद्रित कर लें, फिर अपनी मनचाही चीज़ तक पहुँचने के नए तरीक़े आज़माकर देखें। आप बिना सोचे-समझे नीतियों की जाँच कर सकते हैं या इस बारे में पढ़ सकते हैं कि दूसरों के लिए क्या कारगर साबित हुआ था और फिर ख़ुद उस नीति की जाँच कर सकते हैं। किसी नोटबुक में अपने परिणामों का *बाहरीकरण* करने से आपको यह निगरानी कर सकते हैं कि आपने जो आज़माया है, उसमें से क्या कारगर है और क्या नहीं है।

यहाँ एक सरल तंत्र बताया जा रहा है, जो आपके प्रयोगों की योजना और निगरानी करने में मदद करेगा :

- *अवलोकन* - आप अपने जीवन या व्यवसाय में कौन सी ऐसी चीज़ देख रहे हैं, जिसे आप बेहतर बनाना चाहते हैं?
- *ज्ञात चीज़ें* - आपने अतीत के प्रयोगों से क्या सीखा है, जिसका संबंध आपके अवलोकनों से हो सकता है?
- *परिकल्पना* - आपने जो अवलोकन किया है, उसके आधार पर कौन सी स्थितियाँ या घटक आपके अवलोकनों को उत्पन्न कर सकते हैं या उनमें योगदान दे सकते हैं?
- *जाँच* - आप अपनी स्थिति को बेहतर बनाने के लिए क्या आज़माएँगे या बदलेंगे? यह प्रयोग किस परिकल्पना की जाँच करेगा?
- *परिणाम* - हर जाँच के बाद क्या हुआ? क्या इसने परिकल्पना की पुष्टि की या इसे ग़लत ठहराया?

जाँच करने लायक़ चीज़ों का पता लगाने में ये सवाल आपकी मदद करेंगे :

- आरामदेह और चौकस महसूस करने के लिए आपको कितनी नींद की ज़रूरत है?
- कौन सा आहार लेने के बाद आप ऊर्जावान महसूस करते हैं? कौन से आहार आपको बीमार या आलसी महसूस कराते हैं?
- आप अपना सबसे उत्पादक काम कब करते हैं? क्या आपकी उत्पादकता में कोई पैटर्न है?
- आपके दिमाग़ में सबसे अच्छे विचार कब आते हैं? जब वे आपके पास आते हैं, तब आप क्या कर रहे होते हैं?
- तनाव या चिंता का आपका सबसे बड़ा स्रोत क्या है? आप कब चिंता करना शुरू करते हैं और क्यों?

एक बार जब आप इनमें से किसी एक क्षेत्र में कोई *पैटर्न* खोज लें, तो यह प्रयोग शुरू करने का समय है। अपने जीवन के इन क्षेत्रों में से एक में अपनी नीति को चेतन रूप से बदलें और अपने परिणामों का बाहरीकरण करें। अगर आपको कोई परिवर्तन उपयोगी लगता है, तो उसे जारी रखें - अगर नहीं लगता है, तो उसे छोड़कर कोई दूसरी चीज़ आज़माएँ।

जाँच करना समय के साथ अपने जीवन को बेहतर बनाने का सर्वश्रेष्ठ तरीक़ा है। लगातार नई चीज़ों को आज़माने से आप सीख रहे हैं कि आपके लिए क्या कारगर है और क्या नहीं है। समय के साथ आप पैटर्न खोजेंगे - ऐसी चीज़ें जो आपके जीवन को बेहतर बनाती हैं और ऐसी चीज़ें जो आपके जीवन को बदतर बनाती हैं। आपके प्रयोगों के परिणाम *संचित* होते हैं, जब तक कि वे अवश्यंभावी रूप से आपके मनचाहे परिणाम उत्पन्न न कर दें।

जब तक आप कोशिश नहीं करेंगे, तब तक आपको कभी पता नहीं चल पाएगा।

इस अवधारणा को शेयर करें : **http://book.personalmba.com/testing/**

रहस्यवाद

हम कितने दुःख से बच जाएँगे, अगर हमें यह पता हो कि हम भावनात्मक अनुभव आगे आने वाली पीढ़ियों तक कैसे हस्तांतरित करें, जिस तरह हम पैसे या वैज्ञानिक ज्ञान को करते हैं।

— एलन डी बॉटन, दार्शनिक और निबंधकार

कुछ बनने/करने के विचार को पसंद करने और *सचमुच बनने/करने को पसंद करने* के बीच एक बड़ा फ़र्क़ होता है।

किसी *फ़ॉर्चून* 500 कंपनी के सीईओ बनने के विचार को पसंद करना आसान है। इस काम के साथ आने वाले लंबे घंटों, ज़िम्मेदारियों और दबावों को पसंद करना ज़्यादा मुश्किल होता है।

मैनेजर बनने के विचार को पसंद करना आसान है। उच्च स्तर के अधिकारियों की माँगों, आपके अधीनस्थों से मिलने वाले आश्चर्यों और राजनीतिक दाँव-पेंचों वाले परिवेश में अपनी स्थिति की रक्षा करने की आवश्यकता को पसंद करना ज़्यादा मुश्किल होता है।

अति प्रतिष्ठित कॉलेज से एमबीए या विधि की उपाधि लेने के विचार को पसंद करना आसान है। छह अंकों के क़र्ज़ और एक सप्ताह में 60 घंटों से ज़्यादा की तनावपूर्ण नौकरी को पसंद करना ज़्यादा मुश्किल है, जिससे यह निवेश "सार्थक" होगा।

ख़ुद का व्यवसाय शुरू करने के विचार को पसंद करना आसान है। इस तथ्य को पसंद करना ज़्यादा मुश्किल है कि आपकी 100 प्रतिशत आमदनी आपके ख़ुद के प्रयासों से होती और गड़बड़ होने पर आपको ही परिणामों का सामना करना होगा।

करोड़ों डॉलर की वेंचर कैपिटल हासिल करने के विचार को पसंद करना आसान है। इस तथ्य को पसंद करना ज़्यादा मुश्किल है कि उस प्रोजेक्ट पर आपका नियंत्रण कम हो गया है, जिसमें आप अपने जीवन का निवेश कर रहे हैं।

लेखक बनने के विचार को पसंद करना आसान है। उस एकांत, स्व-शंका और "कुर्सी पर पुट्ठे, कीबोर्ड पर हाथ" वाले लंबे घंटों को पसंद करना ज़्यादा मुश्किल है, जो सतत लेखन के लिए आवश्यक होते हैं।

मशहूर हस्ती बनने के विचार को पसंद करना आसान है। अवश्यंभावी छानबीन, निजता को खोना और इस बात के सतत डर को पसंद करना ज़्यादा मुश्किल होता है कि लोग "अगली बड़ी चीज़" के चक्कर में आपसे ध्यान हटा लेंगे।

रहस्यवाद एक प्रबल शक्ति है - थोड़ा रहस्य ज़्यादातर चीज़ों को वास्तविकता से बहुत ज़्यादा आकर्षक दिखाता है। सौभाग्य से रहस्यवाद के गुलाबी रंग के चश्मे का प्रतिकार करने का एक आसान तरीक़ा है : उस व्यक्ति के साथ एक असली, मानवीय चर्चा करें, जिसने सचमुच वह काम किया हो, जिसे करने में आपकी दिलचस्पी है।

यह पूछें : "आप जो कर रहे हैं, मैं सचमुच उसका सम्मान करता हूँ, लेकिन मुझे लगता है कि इसमें अच्छी और बुरी दोनों बातें होंगी। क्या आप उनके बारे में मुझे बता सकते हैं? आप इस वक़्त जो जानते हैं, वह जानने के बाद क्या यह प्रयास करने लायक़ है?"

इस बातचीत में केवल कुछ मिनट लगेंगे, लेकिन आप सकारात्मक और नकारात्मक दोनों पहलुओं के बारे में जो सीखेंगे, उससे आप आश्चर्यचकित रह जाएँगे।

कोई भी नौकरी, प्रोजेक्ट या पद दोषरहित नहीं होता - हर काम में *ट्रेडऑफ़* होते हैं। वे क्या हैं, यह पहले से पता चलने से आप बहुत लाभप्रद स्थिति में रहते हैं। आप किसी विकल्प को आदर्शीकृत बनाए बिना उसकी जाँच कर सकते हैं, फिर *शुरू करने से* पहले यह चुन सकते हैं कि क्या आप सचमुच यही चाहते हैं। इस तरह का ज्ञान अनमोल होता है।

इस अवधारणा को शेयर करें : http://book.personalmba.com/mystique/

सुख की ट्रेडमिल

अगर आपको किसी इंसान को सुखी बनाना हो, तो उसकी अमीरी न बढ़ाएँ, बल्कि उसकी इच्छाओं को कम कर दें।

— एपिक्यूरस, प्राचीन यूनानी दार्शनिक

आइए मान लेते हैं, आपको यक़ीन है कि एक आकर्षक नई कार ख़रीदने से आप सुखी हो जाएँगे। कुछ समय के लिए यह हो भी सकता है कि पहले सप्ताह या दूसरे सप्ताह आपको कार चलाते समय शायद भारी ख़ुशी महसूस होगी, लेकिन आगे चलकर आपकी ख़ुशी कम हो जाएगी। इस लक्षण को मनोवैज्ञानिक "सुख का अनुकूलन" कहते हैं। कुछ समय बाद आपकी नई कार आपके परिवेश में घुल जाएगी और आपका मस्तिष्क सुख की तलाश में किसी दूसरी चीज़ पर केंद्रित हो जाएगा।

इस चक्र को *सुख की ट्रेडमिल* कहा जाता है : हम आनंददायक चीज़ों का पीछा इसलिए करते हैं, क्योंकि हम सोचते हैं कि वे हमें सुखी बना देंगी। हम जिसे चाह रहे हैं, जब हम आख़िरकार उसे हासिल कर लेते हैं, तो हम बहुत कम समय में ही उसके साथ अनुकूलन कर

लेते हैं और उसके बाद हमारी सफलता हमें सुख नहीं देती है। इसके फलस्वरूप हम कोई नई चीज़ चाहने लगते हैं और चक्र इसी तरह चलता रहता है।

सुख की ट्रेडमिल से यह स्पष्ट होता है कि जो लोग दौलत, ओहदे और शोहरत को हासिल कर लेते हैं, वे इसके बाद भी और क्यों चाहते रहते हैं। हमारे पास जो है, उससे हम बहुत लंबे समय तक संतुष्ट नहीं रहते हैं, इसलिए यह सिर्फ़ समय की बात है कि हम कोई दूसरी चीज़ हासिल करने पर ध्यान केंद्रित कर लें।

अगर आप लंबे समय तक सफलता या उपलब्धि की भावना का अनुभव करना चाहते हैं, तो सुख की ट्रेडमिल एक बड़ी समस्या है। यह संभव है कि आप अपने क्षेत्र में शिखर तक पहुँचने के लिए कड़ी मेहनत करें, निवेश करें, त्याग करें और दबाव डालें, लेकिन इसके बावजूद आपको बेचैनी और निराशा का अनुभव हो। आप यह जानकर हैरान होंगे कि कितने सारे "सफल" लोग अपने जीवन से ख़ुश नहीं हैं, हालाँकि वे हर वह चीज़ हासिल कर चुके हैं, जो वे हासिल करने निकले थे।

सुख की ट्रेडमिल से बचना पेचीदा है : यह *गुफामानव सिंड्रोम* का प्रभाव है, लेकिन हम कुछ चीज़ों पर ध्यान केंद्रित कर सकते हैं, जो जीवन संतुष्टि के स्थिर स्तरों की ओर ले जाती हैं। उपलब्ध शोध के आधार पर पाँच प्राथमिकताएँ हैं, जो आपके दीर्घकालीन सुख में योगदान देती हैं और सुख के अनुकूलन को न्यूनतम करती हैं :

1. *"पर्याप्त" पैसे कमाने के लिए काम करें* - पैसा सुख में योगदान देता है, लेकिन एक निश्चित सीमा तक ही। डेनियल काहूनेमैन और एंगस डीटन द्वारा किए गए 2010 के शोध के अनुसार पैसे का सुख के स्तर से संबंध लगभग 75,000 डॉलर तक की सालाना घरेलू आमदनी तक रहता है, जो 2008-09 में अमेरिका के शीर्ष एक तिहाई घरों की आमदनी थी, जिन वर्षों में शोध किया गया। आमदनी के इस स्तर तक पहुँचने में प्रयास की ज़रूरत होती है, लेकिन इसे हासिल किया जा सकता है। अध्ययन के वर्षों में अमेरिका की औसत घरेलू आमदनी 71,500 डॉलर थी।

   जब आपके पास अपनी आवश्यकताओं और कुछ विलासिताओं के लिए पर्याप्त पैसे आ जाते हैं, तो आप *घटते मुनाफ़े* (बाद में चर्चा की गई है) के बिंदु पर पहुँच जाते हैं - आप जो अतिरिक्त डॉलर कमाते हैं, उनसे आपको उतनी उपयोगिता नहीं मिलती है। घटते मुनाफ़े के बिंदु से ज़्यादा पैसे होने से सुख नहीं बढ़ता है। इसके विपरीत, यह तनाव व चिंता का स्रोत बनकर दरअसल इसे घटा सकता है। (पैसा सुख को कैसे घटा सकता है, इसके उदाहरणों के लिए रिचर्ड वाट्स की पुस्तक *फ़ेबल्स ऑफ़ फ़ॉर्चून : व्हाट रिच पीपल हैव दैट यू डोन्ट वान्ट* पढ़ें।)

   यह जानना उपयोगी होता है कि घटते मुनाफ़े का आर्थिक बिंदु हमारे लिए कितना है। अपने उपभोग को एक निश्चित सीमा तक रखकर और दीर्घकालीन बचत शुरू करके आप वित्तीय सुरक्षा और *लचीलेपन* (बाद में चर्चा की गई है) के लाभों की फ़सल काट सकते हैं। तब आपको उन सुखों की ख़ातिर काम

करने के लिए हर जाग्रत पल नहीं बिताना पड़ेगा, जिनसे आप एक महीने से भी कम समय में अनुकूलन कर लेंगे।

सामान्य नियम यह है : सुख के मामले में अनुभव भौतिक वस्तुओं से ज़्यादा योगदान देते हैं। जहाँ आपकी आवश्यकताएँ पूरी हो जाएँ, उस बिंदु से आगे अगर आप अपने पैसों से भावनात्मक लाभ पाना चाहते हैं, तो यह याद रखें कि यह किसी महँगी विलासिता की चीज़ ख़रीदने के बजाय अपने प्रिय लोगों के साथ यात्रा करके मिलेगा।

2. *अपने स्वास्थ्य और ऊर्जा को बेहतर बनाने पर ध्यान केंद्रित करें* - स्वास्थ्य सुख में योगदान देने वाला मुख्य घटक है : जब आप बेहतरीन महसूस करते हैं, तो आपके सुखी महसूस करने की ज़्यादा संभावना रहती है। इसका विपरीत भी सच है : जब आप बीमार महसूस करते हैं, तो आपमें कम आनंद, ख़ुशी और जीवन संतुष्टि महसूस करने की प्रवृत्ति होती है।

अपने स्वास्थ्य और ऊर्जा के सामान्य स्तर को बेहतर बनाने के तरीक़ों पर प्रयोग करने से आपके जीवन की गुणवत्ता में भारी वृद्धि हो सकती है। याद रखें, मानव शरीर की *कार्य-निष्पादन आवश्यकताएँ* होती हैं : आहार, व्यायाम और विश्राम वैकल्पिक नहीं होते हैं। आपके शरीर को स्वस्थ रहने के लिए जिन चीज़ों की ज़रूरत होती है, जब आप इसे वे देने को प्राथमिकता बनाते हैं, तो आप आने वाले वर्षों में पुरस्कारों की फ़सल काटेंगे।

3. *जिन लोगों के साथ आपको आनंद आता है, उनके साथ समय बिताएँ* - सुख का सबसे बड़ा अकेला सूचक यह है कि आपको जिन लोगों के साथ रहने में मज़ा आता है, आप उनके साथ कितना समय बिताते हैं : परिवार, मित्र और अपने जैसी मानसिकता वाले परिचित। पृष्ठभूमि और परिवेश उन लोगों से कम महत्त्वपूर्ण होते हैं, जिनके साथ आप समयबिताते हैं।

सुखी महसूस करने के लिए अलग-अलग लोगों को सामाजिक संपर्क के अलग-अलग स्तरों की ज़रूरत होती है। बहिर्मुखी लोग सामाजिक संपर्क से ऊर्जावान महसूस करते हैं और उन्हें नियमित रूप से दूसरों के आस-पास रहने की ज़रूरत होती है। अंतर्मुखी लोग (मेरे जैसे) बहुत कम सामाजिक संपर्क के साथ कई दिन या सप्ताह गुज़ार सकते हैं और उन्हें आम तौर पर अकेले समय गुज़ारने से ऊर्जा मिलती है। इसके बावजूद अंतर्मुखी लोगों को उनके प्रिय लोगों के साथ समय बिताने से लाभ होता है। मित्रों के साथ नियमित सामाजिक समय बिताने से जीवन संतुष्टि में भारी निरंतर वृद्धि होती है। इसलिए गित्रों के साथ लंबे आहार और यात्राएँ समय का बेहतरीन उपयोग हैं।

प्रोजेक्ट के निदेशक जॉर्ज वैलेंट के अनुसार हार्वर्ड स्टडी ऑफ़ एडल्ट डेवलपमेंट (मानसिक स्वास्थ्य की सबसे लंबे चलने वाले लंबवत अध्ययन) के परिणामों का सार यह है : "जीवन में जो एकमात्र चीज़ सचमुच मायने रखती है, वह दूसरे लोगों के साथ आपके संबंध हैं।"

4. *दीर्घकालीन चिढ़ों को हटा दें* – जीवन में कई चीज़ें आपको चटका सकती हैं। दीर्घकालीन तनावों या चिढ़ों को घटाने या ख़त्म करने के तरीक़ों की जाँच करने से जीवन संतुष्टि में महत्त्वपूर्ण वृद्धि हो सकती है।

   अगर आपको व्यस्त समय के ट्रैफ़िक में कार चलाना तनावपूर्ण लगता है, तो ऑफ़िस के ज़्यादा क़रीब रहना अच्छा समाधान है। अगर आपको अपनी वर्तमान नौकरी पसंद नहीं है, तो दूसरी नौकरी खोजें। अगर आपको किसी ख़ास ग्राहक के साथ काम करने में चिढ़ होती है, तो उसे छोड़ दें। अगर आप यात्रा करते समय अपने लैपटॉप की पॉवर केबल रखना हमेशा भूल जाते हैं, तो एक दूसरी केबल ख़रीद लें और इसे हमेशा आपके यात्रा बैग में रखी रहने दें। अनावश्यक तनाव और कुंठा को हटाने के आसान तरीक़े खोजें। इससे आप बुरा महसूस करने में कम समय और ऊर्जा लगाएँगे और ज़्यादा समय अच्छा महसूस करेंगे।

5. *किसी नई चुनौती का पीछा करें* – ज़्यादातर लोग यह मान लेते हैं कि रिटायर होने वाले लोग बहुत ख़ुशी महसूस करते हैं, लेकिन अक्सर ऐसा नहीं होता है। लोग अपने काम से उद्देश्य और आनंद का अहसास प्राप्त करते हैं। इसलिए रिटायर होने वाले लोग ख़ाली और खोया हुआ महसूस कर सकते हैं, क्योंकि अब उनका पुराना करियर प्राथमिकता नहीं रह गया है। अगर इसे अनसुलझा छोड़ दिया जाए, तो क्षति का यह अहसास डिप्रेशन तक पहुँचसकता है।

समाधान कोई नई रोमांचक चुनौती लेना है। यह चुनौती कोई भी चीज़ हो सकती है : किसी नई योग्यता में महारत हासिल करना, किसी बड़े प्रोजेक्ट को पूरा करना या किसी बड़ी उपलब्धि की कोशिश करना। चाहे यह कोई नई भाषा सीखना हो, कोई वाद्ययंत्र बजाना हो, शून्य से कोई चीज़ बनाना हो या मैराथन पूरी करना हो, नई उपलब्धि की कोशिश करना लंबे समय तक ख़ुशी और विकास का अनुभव करने का सर्वश्रेष्ठ तरीक़ा है।

अगर आप सुख की ट्रेडमिल से उतरना चाहते हों, तो भौतिक वस्तुओं के बजाय अनुभवों पर ध्यान केंद्रित करने से काफ़ी मदद मिलती है। उन्नीसवीं सदी के इतिहासकार और धर्मगुरु चार्ल्स किंग्सले के अमर शब्दों में : "हम इस तरह काम करते हैं, मानो आराम और विलासिता ही जीवन की मुख्य आवश्यकताएँ हों, जबकि हमें तो ख़ुश होने के लिए बस किसी ऐसी चीज़ की ज़रूरत होती है, जिसके बारे में हम उत्साही रह सकें।"

इस अवधारणा को शेयर करें : **http://book.personalmba.com/hedonic-treadmill/**

तुलना भ्रांति

कभी अपने अंदरूनी स्वरूप की तुलना किसी दूसरे के बाहरी स्वरूप से न करें।

— ह्यू मैक्लियॉड, *इग्नोर एवरीबडी* के लेखक

व्यवसाय और जीवन में दूसरों की स्थितियों से अपनी स्थिति की तुलना करना आसान होता है। *प्रतिष्ठा की चाह* यह सुनिश्चित करती है कि हम अपने समकक्षों की तुलना में अपनी प्रतिष्ठा की निगरानी करें और ज़्यादातर समय हमारे निष्कर्ष हमारे पक्ष में नहीं होते हैं।

हमें अपने *लक्ष्य* हासिल करने के लिए आगे क्या करना चाहिए, इसके बजाय हममें इस बात पर केंद्रित होने की प्रवृत्ति होती है कि दूसरे लोग क्या हासिल कर रहे हैं। हमारी जान-पहचान के लोग जब बड़ी सफलता हासिल करते हैं, तो उनकी सफलता पर ख़ुश होने के बजाय अपने लिए दुःख महसूस करना आसान होता है... मानो उनकी सफलता किसी तरह हमारा नुक़सान करती हो। यह ऐसा नहीं करती है।

तुलना भ्रांति एक आसान विचार है : दूसरे लोग आप जैसे नहीं हैं और आप दूसरे लोगों जैसे नहीं हैं। आपके पास अनूठी योग्यताएँ, लक्ष्य और प्राथमिकताएँ हैं। अंत में दूसरे लोगों के साथ अपनी तुलना करना मूर्खतापूर्ण है और इससे बहुत कम फ़ायदा होता है।

यहाँ एक उदाहरण देखें : मेरा एक मित्र व्यवसाय में बहुत सफल है और वह मुझसे दस गुना ज़्यादा कमाता है। उसके काम के लिए उसे बहुत सी सार्वजनिक मान्यता मिली है। उसके प्रॉडक्ट काफ़ी बिकते हैं और वह अपनी सफलता का आनंद लेता है। ईर्ष्या करने के लिए बहुत कुछ है।

यहाँ सिक्के के दूसरे पहलू पर ग़ौर करें : मेरा मित्र दिन में बारह घंटे काम करता है, कई बार तो इससे भी ज़्यादा। उसका परिवार नहीं है। उसका स्टाफ़ बड़ा है, जिस पर निरंतर ध्यान देना पड़ता है और उसके व्यवसाय का *ओवरहेड* मुझसे दस गुना है। वह ईमेल, फ़ोन कॉल और बैठकों के बोझ तले दबा हुआ है। वह लगभग सारे समय बहुत तनाव में रहता है।

मेरे मित्र के जीवन के लाभ देखना बहुत आसान है और उसने जो *ट्रेड-ऑफ़* किए हैं, उन्हें नज़रअंदाज़ करना भी इतना ही आसान है। रहस्य यह है कि वह निश्चित क्षेत्रों में सफल है, क्योंकि वह बहुत कड़ी मेहनत करता है और अपनी सफलता की क़ीमत चुकाने का इच्छुक है।

अगर मैं अपने दोस्त के साथ ज़िंदगी बदल सकता, तो भी मैं नहीं बदलता : मैं दुःखी हो जाऊँगा। उसकी ज़िंदगी मेरी प्राथमिकताओं के अनुरूप नहीं है, न ही मैं उस तरह जीना और काम करना पसंद करता हूँ। वह जिन लाभों का आनंद लेता है, वे मुझे आकर्षक लगते हैं, लेकिन मैं वह क़ीमत नहीं चुकाना चाहता हूँ, जो उसने उन्हें हासिल करने के लिए चुकाई है। तुलना भ्रांति को याद रखने से मैं उसे शुभकामना दे सकता हूँ और उन लक्ष्यों को हासिल करने पर केंद्रित रह सकता हूँ, जो मेरे लिए सबसे महत्त्वपूर्ण हैं। मैं उसकी सफलता के लिए सचमुच ख़ुश हो सकता हूँ और बेमतलब की ईर्ष्या पर अपनी ऊर्जा नहीं गँवाता हूँ।

यह रहस्य हर उस स्थिति में काम करता है, जिसमें ईर्ष्या या हीनता की भावनाएँ जगाने की आशंका रहती है। जब भी आपके मन में अपनी तुलना किसी परिचित, सहकर्मी, सहपाठी

या मशहूर हस्ती से करने का लालच आए, तो यह दिमाग़ में रखें कि आपके लक्ष्य, वरीयताएँ और प्राथमिकताएँ बिलकुल अलग हैं। आपने अलग-अलग जीवन जिया है और आपमें से प्रत्येक ने जो हासिल किया है, उसके लिए एक अलग क़ीमत चुकाई है। इससे कोई भी तुलना तुरंत ही ख़ारिज हो जाती है, इसलिए आप तनावरहित रह सकते हैं।

सफलता का मायने रखने वाला इकलौता पैमाना यह है : क्या आप वह काम कर रहे हैं, जो आपको पसंद है, उन लोगों के साथ जिनका साथ आपको आनंददायक लगता है, इस तरह से जो आपको *वित्तीय दृष्टि से पर्याप्त* लगता है? अगर ऐसा है, तो इस बारे में चिंता न करें कि दूसरे लोग क्या कर रहे हैं? अगर ऐसा नहीं है, तो ऐसे परिवर्तन करने पर ध्यान केंद्रित करें जो आपके *नियंत्रण के दायरे* के भीतर हों, ताकि आप अपनी मनचाही दिशा में चलना शुरू कर सकें। तुलना भ्रांति को याद रखें और आप जो चाहते हैं, उसके ज़्यादा क़रीब पहुँचते रहें।

इस अवधारणा को शेयर करें : **http://book.personalmba.com/comparison-fallacy/**

नियंत्रण का दायरा

मुझे उन चीज़ों को स्वीकार करने की शांति दें, जिन्हें मैं बदल नहीं सकता, उन चीज़ों को बदलने का साहस दें, जिन्हें मैं बदल सकता हूँ और फ़र्क़ समझने की बुद्धिमत्ता दें।

—शांति प्रार्थना

चाहे आप किसी ख़ास नौकरी को कितना ही ज़्यादा क्यों न चाहते हों, इंटरव्यू ख़त्म होने के बाद आप इस बात को नियंत्रित नहीं कर सकते कि वह नौकरी आपको मिलती है या नहीं - आप वह सब कर चुके हैं, जो आप कर सकते थे।

चाहे आप शेयर बाज़ार को कितनी ही ग़ौर से क्यों न देखते हों, आप किसी ख़ास शेयर का भाव अपनी इच्छा से नहीं बढ़ा सकते।

आप किसी ख़ास कर्मचारी को क़ायम रखने या किसी व्यक्तिगत संबंध को कारगर बनाना चाहे कितना भी क्यों न चाहते हों, आप उसे छोड़ने से नहीं रोक सकते, अगर वह ऐसा चाहता हो।

अपने *नियंत्रण के दायरे* को समझकर आप यह पहचान सकते हैं कि आप किसे नियंत्रित कर सकते हैं (या प्रबलता से प्रभावित कर सकते हैं) और किसे नियंत्रित नहीं कर सकते। जो चीज़ें सचमुच आपके नियंत्रण में नहीं हैं, उन्हें नियंत्रित करने की कोशिश करना हमेशा कुंठित रहने का नुस्ख़ा है।

हम चाहे जितना पसंद करें, हम अपने साथ होने वाली हर चीज़ को नियंत्रित नहीं कर सकते। प्राकृतिक आपदाएँ इसका आदर्श उदाहरण हैं। अगर कोई तूफ़ान या भूकंप आपके मकान को नष्ट कर दे, तो आप इस बारे में ज़्यादा कुछ नहीं कर सकते, हालाँकि इसकी कल्पना से आप परेशान हो सकते हैं, लेकिन हमारे *परिवेश* में कई चीज़ें ऐसी होती हैं, जिन्हें हम नियंत्रित

नहीं कर सकते। यह जीवन का ऐसा बुनियादी पहलू है, जिसे हम नहीं बदल सकते, चाहे हम कितना भी क्यों न चाहें।

अपने प्रयासों पर ध्यान केंद्रित करने से आपको मानसिक रूप से संतुलित बने रहने में मदद मिलती है - जिन परिणामों को आप सीधे नियंत्रित नहीं कर सकते, उनका *लक्ष्य* बनाना कुंठा का नुस्ख़ा है। डाइट प्लान लोगों को पगला देते हैं, इसका एक कारण यह है कि उनमें परिणाम - वज़न - को नियंत्रित करने की कोशिश करना शामिल है, जो सीधे उनके नियंत्रण में नहीं है। अगर आप प्रयासों - जैसे स्वस्थ आहार लेना, व्यायाम करना और संबंधित बीमारियों का प्रबंधन करने के लिए आप जो कर सकते हैं वह करना, उस पर ध्यान केंद्रित करते हैं, तो आपका वज़न अपनी परवाह ख़ुद कर लेगा।

जिन चीज़ों को आप प्रभावित या नियंत्रित नहीं कर सकते, उनके बारे में चिंता करना समय और ऊर्जा की बरबादी है। मैंने जो सबसे अच्छी चीज़ें की हैं, उनमें से एक यह थी कि मैंने न्यूज़ पर *ध्यान* देना छोड़ दिया - अख़बार या टेलीविज़न पर आपको जो जानकारी मिलती है, उसमें से 99.9 प्रतिशत आपके नियंत्रण के दायरे से पूरी तरह बाहर होती है। "संसार की क्या हालत हो रही है" इस बारे में अनावश्यक चिंता करने के बजाय न्यूज़ को नज़रअंदाज़ करने से मैं उन कामों में ज़्यादा समय लगा पाया, जो मैं परिस्थितियों को बेहतर बनाने के लिए सचमुच कर सकता हूँ।

आप किसे नियंत्रित कर सकते हैं और किसे नहीं कर सकते, इसे अलग करने में आप जितने ज़्यादा सक्षम होते हैं, आप उतने ही ज़्यादा सुखी और उत्पादक होंगे। आप जिन चीज़ों को प्रभावित कर सकते हैं, उन पर अपनी ज़्यादातर ऊर्जा केंद्रित करें और बाक़ी हर चीज़ को होने दें। आप जो जीवन जीना चाहते हैं, उसे बनाने के लिए आप जो कर रहे हैं, उस पर पूरा ध्यान केंद्रित करें और यह केवल समय की बात है कि आप अपनी मंज़िल पर पहुँच जाएँगे।

इस अवधारणा को शेयर करें : **http://book.personalmba.com/locus-of-control/**

जुड़ाव

अगर आप किसी मनुष्य को सुखी बनाना चाहते हैं, तो उसकी अमीरी न बढ़ाएँ, बल्कि उसकी इच्छाएँ कम कर दें।

— एपिक्यूरस, प्राचीन यूनानी दार्शनिक

कल्पना करें कि आप माउंट एवरेस्ट पर काफ़ी ऊपर पहुँच गए हैं और अपना *लक्ष्य* हासिल करने के क़रीब हैं। जिस दिन आप शिखर पर पहुँचने की योजना बना रहे हैं, उसके एक रात पहले एक भारी तूफ़ान बिना किसी चेतावनी के आ जाता है। आस-पास कुछ नहीं दिख रहा है, तापमान लगातार कम हो रहा है और हालात इतने ख़राब हैं कि अगर आप चढ़ना जारी रखते हैं, तो आपके गिरने या ठिठुरकर मरने का जोखिम है।

क्या आप असफल हो गए हैं?

जब हमारे *नियंत्रण के दायरे* के बाहर की कोई चीज़ हमारी योजनाओं या लक्ष्यों को प्रभावित करती है, तो इसे आसानी से व्यक्तिगत माना जा सकता है। अगर आपने *आज ही* माउंट एवरेस्ट के शिखर पर पहुँचने की ठान ली है, तो संभवतः आपकी इहलीला समाप्त हो जाएगी। इससे कहीं बेहतर यह है कि आप अपनी योजनाएँ बदल लें और किसी दूसरे दिन पहाड़ पर चढ़ने के लिए ज़िंदा रहें।

आप किसी ख़ास विचार या योजना से जितने ज़्यादा *जुड़े* होते हैं, आपका लचीलापन उतना ही ज़्यादा सीमित हो जाता है और बेहतर समाधान खोजने की संभावनाएँ उतनी ही कम हो जाती हैं। अपने लक्ष्यों के प्रति समर्पित होना अच्छी बात है, लेकिन सिर्फ़ एक सीमा तक। अगर आप अपने दिमाग़ में मौजूद स्वप्नों से बहुत ज़्यादा आसक्ति या जुड़ाव रखते हैं, तो आपको जीवन के अवश्यंभावी मोड़ों और घुमावों से तालमेल बैठाने में मुश्किल आएगी।

इसे मानने के लिए *डूबी लागत* के विचार को ख़ुद पर आज़माना ज़रूरी हो जाता है। शेयर बाज़ार में करोड़ों डॉलर गँवाने की कल्पना करें - एक भयंकर विचार। आप लोभी बैंकरों, भ्रष्ट नेताओं या जीवन के अन्याय को चाहे जितना कोस लें, उससे आपका पैसा वापस नहीं लौटेगा। "आपको बेहतर पता होना चाहिए था" या आपको सर्वज्ञाता होना चाहिए था, इस बात के लिए निराश महसूस करने से आपकी स्थिति बेहतर नहीं बनेगी।

जुड़ाव का समाधान यह स्वीकार करना है कि आपका विचार या योजना अब व्यावहारिक या उपयोगी नहीं है। आप अपनी योजनाओं, लक्ष्यों, प्रतिष्ठा और पद से जितने कम जुड़े होंगे, अवश्यंभावी परिवर्तनों या अप्रत्याशित परिस्थितियों पर उचित प्रतिक्रिया करना उतना ही आसान होगा।

अगर आप अचानक अपनी नौकरी खो दें, तो अपनी पिछली नौकरी से जुड़े रहने से मदद नहीं मिलेगी; यह तो एक बाधा होगी। ज़्यादा आमदनी कमाने के लिए जो करने की ज़रूरत है, उसे करने में अपनी ऊर्जा लगाना बेहतर है। जो चीज़ें हो चुकी हैं, उन्हें स्वीकार करें। परिस्थितियों को बेहतर बनाने के लिए जो कर सकते हैं, उस पर काम करें। यह चयन करने पर आप जितना ज़्यादा ध्यान केंद्रित करते हैं, आप उतने ही ज़्यादा सुखी रहेंगे।

इस अवधारणा को शेयर करें : http://book.personalmba.com/attachment/

व्यक्तिगत शोध और विकास (आरएंडडी)

> **अगर कोई व्यक्ति अपना पर्स अपने दिमाग़ में भर लेता है, तो इसे कोई उससे नहीं छीन सकता। ज्ञान में निवेश हमेशा सबसे ज़्यादा मुनाफ़ा देता है।**
>
> **— बेंजामिन फ्रैंकलिन, शुरुआती अमेरिकी नेता, वैज्ञानिक और विद्वान**

हर सफल व्यवसाय अपने संसाधनों का एक निश्चित हिस्सा नई चीज़ें आज़माने में लगाता है। *शोध और विकास (आरऐंडडी)* वह चीज़ है, जिसके आधार पर पूरे संसार के कारोबारी लीडर यह तय करते हैं कि कंपनी को आगे क्या करना चाहिए। हर साल बड़ी कंपनियाँ शोध

में करोड़ों (कई बार तो अरबों) डॉलर ख़र्च करती हैं और अपनी क्षमताएँ बढ़ाने के लिए नई तकनीकों और प्रक्रियाओं पर प्रयोग करती हैं।

आरऐंडडी इसलिए मौजूद है, क्योंकि यह कारगर है - जो कंपनियाँ शोध और विकास को प्राथमिकता देती हैं, वे अक्सर अपने ग्राहकों के लिए नए प्रॉडक्ट खोजती हैं या मुनाफ़े में महत्त्वपूर्ण योगदान देने वाले सुधार करती हैं। यदि यह उनके लिए कारगर है, तो यह आपके लिए भी कारगर हो सकता है।

अगर आप *व्यक्तिगत आरऐंडडी* बजट के लिए हर महीने सैकड़ों डॉलर अलग रख दें, तो कैसा रहेगा? रमित सेठी की पुस्तक *आई विल टीच यू टू बी रिच* में बताई तकनीकों का इस्तेमाल करके अपनी मासिक आमदनी का एक निश्चित हिस्सा अपने आप एक अकाउंट में पहुँचाना उल्लेखनीय रूप से आसान होता है, जिसे व्यक्तिगत आरऐंडडी के लिए खोला गया है, फिर इस पैसे का इस्तेमाल - अपराधबोध से रहित होकर - पुस्तकें ख़रीदने, कोर्स करने, कोई सॉफ़्टवेयर हासिल करने या सम्मेलनों में जाने के लिए किया जा सकता है : कोई भी चीज़, जो आपकी योग्यताओं और क्षमताओं को बेहतर बनाती हो।

व्यक्तिगत वित्त गुरु यहाँ मुझसे असहमत हो सकते हैं, लेकिन मैं सोचता हूँ कि एक शक्तिशाली व्यक्तिगत आरऐंडडी बजट होना अधिकतम बचत करने से ज़्यादा महत्त्वपूर्ण है। मैं आपातकालीन ख़ाते का समर्थक हूँ, जिसमें अच्छी-ख़ासी राशि होनी चाहिए। मैं भविष्य की ज़रूरतों के लिए पर्याप्त बचत करने का समर्थक हूँ, लेकिन एक बात याद रखें : बचत आपको एक निश्चित दूरी तक ही ले जा सकती है।

अपनी व्यक्तिगत योग्यताओं और क्षमताओं को बेहतर बनाने में निवेश करने से आपका जीवन समृद्ध हो सकता है और अतिरिक्त आमदनी के स्रोतों के द्वार भी खुल सकते हैं। नई योग्यताएँ नए अवसर उत्पन्न करती हैं और नए अवसर अक्सर ज़्यादा आमदनी में बदल जाते हैं। बचत करने की आपकी योग्यता सीमित है, लेकिन कमाने की आपकी योग्यता सीमित नहीं है।

यहाँ एक आसान नियोजन अभ्यास है, जो व्यक्तिगत आरऐंडडी बजट बनाने में आपकी मदद करेगा : आपको क्या बदलने की ज़रूरत है, ताकि आप अपनी कम से कम 5 प्रतिशत मासिक आमदनी व्यक्तिगत विकास और *प्रयोगशीलता* में लगाएँ, यह मानते हुए कि आपकी वर्तमान आमदनी आगे भी इतनी ही बनी रहती है?

व्यक्तिगत वित्त विषय पर लिखी गई अच्छी पुस्तकों या ब्लॉगों में आप पैसे बचाने की जो भी सलाह पाते हैं, उसका इस्तेमाल व्यक्तिगत आरऐंडडी ख़ाते में राशि डालने के लिए किया जा सकता है : विस्तृत विवरण के लिए मैं विकी रॉबिन और जो डोमिनग्वेज़ की पुस्तक *युअर मनी ऑर युअर लाइफ़* पढ़ने की सलाह देता हूँ। इसके अलावा मैं आपको गेट रिच स्लोली (getrichslowly.org) और द सिम्पल डॉलर (thesimpledollar.com) पर ऑनलाइन जाने की सलाह देता हूँ। बस थोड़ी सी सृजनात्मकता और बजट बनाने की ज़रूरत है। आप स्व-निर्देशित शोध और विकास प्रयोगशाला में धनराशि का निवेश करने की राह पर होंगे।

इस अवधारणा को शेयर करें : http://book.personalmba.com/personal-research-and-development/

सीमित करने वाला विश्वास

बुद्धिमत्तापूर्ण असंतोष सभ्यता की मुख्य प्रेरणा है।

— यूजीन वी. डेब्स, लेबर यूनियन कार्यकर्ता

आम तौर पर संसार को देखने के दो बुनियादी तरीक़े होते हैं - दो मानसिकताएँ, जो नए अनुभवों पर आपकी प्रतिक्रिया पर प्रभाव डालती हैं।

पहली बुनियादी मानसिकता यह है कि आपकी योग्यताएँ निश्चित हैं। अगर आप किसी चीज़ की कोशिश करते हैं और कामयाब नहीं होते हैं, तो ऐसा इसलिए है, क्योंकि आप "इसमें अच्छे नहीं" हैं और कभी होंगे भी नहीं। आप आंतरिक योग्यताओं के साथ पैदा हुए थे, जो कभी नहीं बदलती हैं।

अगर आपकी मानसिकता यह है, तो आप किसी चुनौती या मुश्किल के आने पर शायद रुक जाएँगे - यह स्पष्ट है कि आप इसमें अच्छे नहीं हैं, तो फिर जहमत क्यों उठाना?

दूसरी बुनियादी मानसिकता यह है कि आपकी योग्यताएँ परिवर्तनशील या लचीली होती हैं। अगर आप किसी चीज़ की कोशिश करते हैं और कामयाब नहीं होते हैं, तो ऐसा इसलिए है, क्योंकि आपने इस पर बहुत ज़्यादा काम नहीं किया है, लेकिन अगर आप कोशिश करते रहेंगे, तो आप निश्चित रूप से बेहतर हो जाएँगे। आपकी योग्यताएँ मांसपेशियों की तरह होती हैं - वे इस्तेमाल से शक्तिशाली बनती हैं। अगर आपकी मानसिकता यह है, तो आप किसी चुनौती या मुश्किल के आने पर भी शायद आगे बढ़ते रहेंगे - आप इस वक़्त इसमें अच्छे नहीं हैं, लेकिन आप बेहतर बन रहे हैं।

ये दो मानसिकताएँ संसार में हर चीज़ के अनुभव को रंग देती हैं। *माइंडसेट : द न्यू साइकोलॉजी ऑफ़ सक्सेस* में डॉ. कैरोल ड्वेक इन मानसिकताओं को बुद्धि का "निश्चित" और "विकास" सिद्धांत कहते हैं। अगर आपकी "निश्चित" मानसिकता है, तो चुनौतियाँ इंसान के रूप में आपके महत्त्व पर टीका-टिप्पणी हैं - आपको आज़माया गया और कमतर पाया गया, जिस वजह से नई चीज़ों को आज़माना ख़तरनाक महसूस होता है। अगर आपकी "विकास" मानसिकता है, तो चुनौतियाँ बस ऐसी बाधाएँ हैं, जिन्हें ज़्यादा कड़ी मेहनत करके पार किया जा सकता है। निश्चित *मानसिकता सीमित* करने वाले विश्वास का उदाहरण है। संसार के बारे में आप जिस चीज़ को सच मानते हैं, वह आपको ऐसा *लक्ष्य* हासिल करने से रोक देती है, जिसे आप मूल्यवान मानते हैं। निश्चित मानसिकता की अवधारणा सही नहीं है, लेकिन अगर आप इस पर विश्वास करने का चयन करते हैं, तो यह आपको पीछे रोक सकती है।

कुछ सीमित करने वाले विश्वास *पैटर्न की तुलना* में त्रुटियों का परिणाम होते हैं। यहाँ एक आम उदाहरण देखें : अगर आप यह विश्वास करते हैं कि दौलतमंद लोग ओछे, अनैतिक या भ्रष्ट होते हैं, तो आपको पैसे कमाने में मुश्किल आएगी। आप इस वक़्त जितना पैसा कमाते हैं, अगर आप उससे ज़्यादा पैसे कमाएँगे, तो आप "उन लोगों" में से एक बन जाएँगे और यह विचार आपको पैसे के मामले में हर समय बेचैन बना देगा।

अगर आप इस *संघर्ष* को पहचानकर इसे नहीं सुलझाते हैं, तो पैसे के मामले हमेशा आपको असहज बना देंगे। आपका मस्तिष्क ग़लत काम नहीं कर रहा है। आपका मस्तिष्क तो

भविष्य को भाँप रहा है और आपको उस चीज़ से सुरक्षित रखने की कोशिश कर रहा है, जिसे आप नहीं चाहते हैं, लेकिन यह उस काम को प्रतिकूल तरीक़े से कर रहा है। प्रगति करने के लिए आपको उन विश्वासों को पहचानना और ख़त्म करना होगा, जो आपको पीछे रोक रहे हैं।

हर इंसान के निश्चित क्षेत्रों में सीमित करने वाले विश्वास होते हैं। जब भी आप इस तरह के शब्दों का इस्तेमाल करते हैं, "मैं नहीं कर सकता," "मुझे करना पड़ेगा," या "मैं इसमें अच्छा नहीं हूँ," तो आपने संभवतः सीमित करने वाला विश्वास खोज लिया है। उस विश्वास पर चेतन होकर प्रश्न करने से ज़्यादातर समय यह तुरंत टूट जाता है। "क्या यह वाक़ई सच है?" और "मुझे कैसे पता कि यह सच है?" बहुत शक्तिशाली और बहुमुखी *स्व-अभिव्यक्ति* प्रश्न हैं।

सीमित करने वाले विश्वास तब भी नज़र आ सकते हैं, जब आप ऐसी चीज़ें करने की सोच कर रहे हों, जो आपको असहज बनाती हैं, जैसे किसी नई नौकरी के लिए आवेदन देना या किसी नए संभावित ग्राहक को सामान बेचना। अस्वीकृति और नापसंदगी की तसवीरें आपके दिमाग़ में कौंधने लगती हैं और आपका पहला आवेग इस निष्कर्ष पर पहुँचना होता है, "यह काम नहीं करेगा," जबकि आपने एक भी परीक्षण नहीं किया है और सच्चा फ़ीडबैक इकट्ठा नहीं किया है।

इस तरह की स्थितियों के लिए एक आम उपयोगी नियम यह है : सामने वाले को इंकार करने दो। यह *आदत* डालने लायक़ है। जब आप कोई आग्रह करते हैं या प्रस्ताव रखते हैं, तो आपको यह लग सकता है कि सामने वाला उसे ठुकरा देगा, लेकिन अपना काम करें और सामने वाले को यह बात ख़ुद कहने दें। भले ही आपको यक़ीन हो कि संभावनाएँ बहुत क्षीण हैं, लेकिन आप हैरान हो जाएँगे कि कितनी बार आपको आपकी मनचाही चीज़ मिल जाती है।

आप चुनौतियों पर किस तरह प्रतिक्रिया करने का चयन करते हैं, उससे यह तय होता है कि आप अंततः कितने सफल बनेंगे। यह अहसास करना महत्त्वपूर्ण होता है कि आपमें कोई "बुनियादी दोष" नहीं हैं - ऐसी कोई चीज़ नहीं है, जिसे सीखने या करने में आप बुनियादी तौर पर अक्षम हों। इसमें समय और प्रयास लग सकता है, लेकिन अगर आप प्रयास करेंगे, तो आप अंततः बेहतर बन जाएँगे।

अपने मस्तिष्क को मांसपेशी मानना इसके विकास में मदद करने का सर्वश्रेष्ठ तरीक़ा है।

इस अवधारणा को शेयर करें : http://book.personalmba.com/limiting-belief/

9

दूसरों के साथ काम करना

अगर आप मेरे कर्मचारियों को हटा लेते हैं और मेरी फ़ैक्ट्रियों को रहने देते हैं, तो जल्दी ही फ़ैक्ट्री की फ़र्श पर घास उगने लगेगी। अगर आप मेरी फ़ैक्ट्रियों को हटा लेते हैं और मेरे कर्मचारियों को रहने देते हैं, तो जल्दी ही हमारे पास एक नई और बेहतर फ़ैक्ट्री होगी।

—एंड्रयू कारनेगी, उन्नीसवीं सदी के उद्योगपति

दूसरे लोगों के साथ काम करना व्यवसाय और जीवन का हमेशा मौजूद रहने वाला हिस्सा है। आप इससे बच नहीं सकते, भले ही आप इससे कितना ही बचना चाहें। ग्राहक, कर्मचारी, कॉन्ट्रैक्टर और साझेदार भी इंसान हैं, जिनकी अनूठी प्रेरणाएँ और इच्छाएँ हैं। अगर आप इस संसार में अच्छा प्रदर्शन करना चाहते हैं, तो यह समझना लाभकारी होता है कि दूसरे लोगों के साथ और उनके ज़रिये काम कैसे किया जाता है।

इस अध्याय में हम इस बारे में बात करेंगे कि दूसरों के साथ प्रभावी ढंग से काम कैसे किया जाए। आप सीखेंगे कि ज़्यादा प्रभावी ढंग से संवाद कैसे करना है, दूसरों का सम्मान तथा विश्वास कैसे हासिल करना है, सामूहिक पारस्परिक क्रियाओं की सीमाओं व कठिनाइयों को कैसे पहचानना है और लोगों की टीम का प्रभावी ढंग से नेतृत्व या प्रबंधन कैसे करना है।

इस अवधारणा को शेयर करें : **http://book.personalmba.com/working-with-others/**

शक्ति

शक्ति सब कुछ जीत लेती है, लेकिन इसकी विजय अल्पकालीन होती है... लगभग सभी लोग विपत्ति झेल सकते हैं, लेकिन अगर आप किसी मनुष्य के चरित्र की जाँच करना चाहें, तो उसे शक्ति दे दें।

— अब्राहम लिंकन, अमेरिका के सोलहवें राष्ट्रपति

सभी मानवीय संबंध *शक्ति* - दूसरे लोगों के कार्यों को प्रभावित करने की योग्यता - पर आधारित होते हैं। हम लोगों को कभी नियंत्रित नहीं कर सकते, जैसी हमने *आनुभूतिक नियंत्रण* वाले खंड में बातचीत की थी - हम उन आंतरिक प्रक्रियाओं तक सीधे नहीं पहुँच सकते, जिनकी वजह से लोग वे चीज़ें करते हैं, जो वे करते हैं। हम तो दरअसल बस इस तरह काम कर सकते हैं, ताकि लोग हमारे सुझाव के अनुरूप काम करने के लिए प्रोत्साहित हों।

शक्ति का इस्तेमाल आम तौर पर दो बुनियादी रूपों में से एक में किया जाता है : प्रभाव या दबाव। प्रभाव का मतलब यह है कि आपमें किसी दूसरे को वह चाहने के लिए प्रोत्साहित करने की योग्यता है, जिसका आप सुझाव देते हैं। दबाव किसी दूसरे को वह करने के लिए विवश करने की योग्यता है, जिसका आप आदेश देते हैं।

वफ़ादारी या कुशलता के अहसास के वशीभूत करके किसी कर्मचारी को "एक मील आगे तक जाने" के लिए प्रोत्साहित करना प्रभाव है। अगर कोई कर्मचारी वीकएंड पर काम करने से इंकार कर देता है, तो उसे नौकरी से निकालने की धमकी देकर उसे काम करने के लिए मजबूर करना दबाव है, हालाँकि शायद कर्मचारी का काम एक जैसा होगा, उन कामों को करते समय उसे जो *अहसास* होगा, वह बहुत अलग होगा।

कुल मिलाकर, प्रभाव दबाव से ज़्यादा कारगर होता है। बहुसंख्यक लोग स्वाभाविक रूप से अपनी इच्छा या विवेक के ख़िलाफ़ कोई चीज़ करने के लिए विवश किए जाने का प्रतिरोध करते हैं, इसलिए काम कराने के लिए हमेशा दबाव पर भरोसा करना कमज़ोर रणनीति है। लोगों पर हुकूमत जमाते रहने से वे आपको नापसंद करने लगेंगे। वे या तो बदले में चोट करने के तरीक़े खोज लेंगे या फिर पहला मौक़ा मिलते ही आपके साथ काम करना छोड़ देंगे। दूसरी तरफ़, प्रभाव चिरस्थायी होता है - लोगों को आपकी मनचाही चीज़ चाहने के लिए प्रोत्साहित करने से आपको अपने मनचाहे परिणाम मिल जाते हैं और इस प्रक्रिया में अनावश्यक दुर्भावना भी उत्पन्न नहीं होती।

इसे पसंद करें या न करें, काम कराने के लिए हर व्यक्ति शक्ति का सहारा लेता है। *द 48 लॉज़ ऑफ़ पॉवर* में रॉबर्ट ग्रीन कहते हैं कि कोई भी दूसरों के साथ व्यवहार करने से पूरी तरह मुक्त नहीं है, जिसमें हमेशा शक्ति शामिल होती है।

शक्ति एक तटस्थ औज़ार है - इसका इस्तेमाल भले के लिए किया जा सकता है और बुरे के लिए भी। शक्ति दूसरे लोगों से काम कराने की आपकी योग्यता बताती है - आपके पास जितनी ज़्यादा शक्ति होती है, आप उतनी ही ज़्यादा चीज़ें कर सकते हैं। इसी अनुसार, शक्ति बढ़ाने की चेतन इच्छा में नैतिक दृष्टि से कुछ भी ग़लत नहीं है, बशर्ते आप दूसरों के अधिकारों

का सम्मान करें। आपके पास जितनी ज़्यादा शक्ति होती है, आप अंततः उतना ही ज़्यादा हासिल कर सकते हैं, लेकिन भारी शक्ति के साथ भारी ज़िम्मेदारी भी आती है।

लोगों के बड़े समूहों में पारस्परिक व्यवहार अवश्यंभावी रूप से राजनीतिक बन जाता है, इसका कारण शक्ति की प्रकृति ही है। अगर आपके पास कोई योजना नहीं है, तो आपके काम कोई दूसरा तय करता है। आप जिस दिशा को सबसे अच्छा मानते हैं, उस दिशा में जाने से इंकार करके आप शक्ति उन लोगों को सौंप रहे हैं, जिनके पास योजनाएँ हैं। अगर आप शक्ति को महत्त्वपूर्ण नहीं मानते हैं, तो संभवतः आप पाएँगे कि आपका प्रभाव तेज़ी से ग़ायब हो गया है। जीतने का एकमात्र तरीक़ा खेलने का निर्णय लेना है।

अपनी शक्ति बढ़ाने का सर्वश्रेष्ठ तरीक़ा आपके प्रभाव और *प्रतिष्ठा* को बढ़ाने वाली चीज़ें करना है। जितने ज़्यादा लोग आपकी क्षमताओं को जानते हैं और आपकी प्रतिष्ठा का सम्मान करते हैं, आपके पास उतनी ही ज़्यादा शक्ति होगी।

इस अवधारणा को शेयर करें : http://book.personalmba.com/power/

तुलनात्मक लाभ

ख़ुद के पहले दर्जे के संस्करण बनें, किसी अन्य के दूसरे दर्जे के संस्करण न बनें।

— जूडी गारलैंड, अभिनेत्री और गायिका

दूसरे लोगों के साथ काम करने के विचार पर अनिवार्य प्रश्न यह है कि दूसरे लोगों के साथ काम ही क्यों करें? अगर आप उन्हें नियंत्रित नहीं कर सकते और उनसे सारे समय सटीकता से वह नहीं करा सकते, जो आप उनसे कराना चाहते हैं, तो यह जहमत ही क्यों उठाना?

जवाब है *तुलनात्मक लाभ।* इस अवधारणा का उद्गम अर्थशास्त्र के "निराशाजनक विज्ञान" में हुआ। *ऑन द प्रिंसिपल्स ऑफ़ पोलिटिकल एकोनॉमी ऐंड टैक्सेशन* में डेविड रिकॉर्डो ने 1817 में "तुलनात्मक लाभ का रिकॉर्डो का नियम" बताया, जो अंतरराष्ट्रीय राजनीति के एक प्रश्न का जवाब देता है : क्या देश की अर्थव्यवस्था का आत्मनिर्भर होना और हर चीज़ का उत्पादन ख़ुद करना बेहतर है? या फिर यह बेहतर है कि हर देश निश्चित चीज़ों के उत्पादन में विशेषज्ञता रखे और एक दूसरे के साथ व्यापार करे?

पुर्तगाल और इंग्लैंड के उदाहरण का इस्तेमाल करके रिकॉर्डो ने हिसाब लगाया कि भले ही दोनों देश कपड़ा और शराब का उत्पादन करने में सक्षम हैं, लेकिन इंग्लैंड काफ़ी कम प्रयास से कपड़ा बना सकता है और पुर्तगाल शराब का उत्पादन करने में बेहतर था। इसके फलस्वरूप जिस चीज़ में वे अच्छे नहीं हैं, उसे करने में संघर्ष करके समय व धन बरबाद करने के बजाय पुर्तगाल और इंग्लैंड दोनों के लिए ही यह बेहतर होगा कि वे विशेषज्ञता के क्षेत्र में काम करें और फिर एक दूसरे के साथ व्यापार कर लें।

तुलनात्मक लाभ का मतलब है कि अपनी कमज़ोरियों को दूर करने के बजाय अपनी शक्तियों का लाभ उठाना बेहतर है। मार्कस बकिंघम और कर्ट कॉफ़मैन की पुस्तक *फ़र्स्ट, ब्रेक ऑल द रूल्स* और टॉम रैथ की पुस्तक *स्ट्रेंग्थफ़ाइंडर 2.0* में लेखक मानव उत्पादकता पर गैलप संगठन के वृहद शोध के परिणाम बताते हैं। जैसा पता चलता है कि तुलनात्मक लाभ देशों की तरह ही इंसानों पर भी लागू होता है। व्यवसाय बेहतर काम करते हैं, अगर उन्हें चलाने वाले लोग उस पर ध्यान केंद्रित करते हैं, जिसमें वे सर्वश्रेष्ठ हैं और बाक़ी चीज़ों के लिए दूसरे विशेषज्ञों की मदद लेते हैं। "शक्ति-आधारित प्रबंधन" तुलनात्मक लाभ की बस एक और शब्दावली है।

तुलनात्मक लाभ से यह स्पष्ट होता है कि हर चीज़ ख़ुद करने के बजाय कॉन्ट्रैक्टर्स या आउटसोर्सिंग वाले बाहरी लोगों के साथ काम करने में अक्सर समझदारी क्यों होती है। अगर आप मकान बनाना चाहते हैं, तो यह ज़्यादा अच्छा रहता है कि आप एक ठेकेदार और विशेषज्ञों की सेवाएँ लें, जो उस उस प्रोजेक्ट में किया जाने वाला काम हर दिन करते हैं। आप निश्चित रूप से इसे ख़ुद करने की कोशिश कर सकते हैं, लेकिन अगर आपको वह काम पहले से न आता हो, तब तक शायद इसमें ज़्यादा लंबा समय लगेगा और परिणाम भी उतने अच्छे नहीं होंगे।

तुलनात्मक लाभ से यह भी स्पष्ट होता है कि विविधतापूर्ण टीमें समान टीमों से लगातार बेहतर प्रदर्शन क्यों करती हैं। अलग-अलग योग्यताओं और पृष्ठभूमियों वाले टीम सदस्यों की व्यापक विविधता का होना बहुत लाभकारी होता है। इससे यह संभावना बढ़ जाती है कि आपकी टीम के किसी न किसी साथी को यह पता होगा कि निश्चित परिस्थिति में क्या करना है। अगर टीम के हर सदस्य में एक जैसी योग्यताएँ और एक जैसी पृष्ठभूमि हो, तो यह बहुत संभव है कि टीम अटक जाएगी या कोई ऐसी ग़लती कर देगी, जिसे रोका जा सकता था।

आत्मनिर्भरता स्वाभाविक रूप से समय के साथ आपके लचीलेपन और ज्ञान को बेहतर बनाती है, लेकिन बहुत ज़्यादा आत्मनिर्भरता एक ग़लती है। मैं स्व-शिक्षा और ख़ुद चीज़ें करना सीखने का बहुत बड़ा हिमायती हूँ, लेकिन इसे-ख़ुद-करो आदत को अति तक ले जाने से फ़ायदा कम, नुक़सान ज़्यादा हो सकता है। दूसरों के साथ काम करने से आपको ज़्यादा काम करने, ज़्यादा तेज़ी से काम करने और अंतिम परिणाम की गुणवत्ता को बेहतर बनाने में मदद मिल सकती है। थोरो भी कभी-कभार वाल्डेन पौंड छोड़कर शहर में चीज़ें ख़रीदने जाते थे।

दूसरों के साथ काम करते समय स्व-शिक्षा का मुख्य लाभ यह जानना है कि योग्यता कैसी दिखती है। हो सकता है कि आप ईलैंस डॉट कॉम या ओडेस्क डॉट कॉम पर संसार के दूसरे सिरे पर बैठे प्रोग्रामर की सेवाएँ ले सकते हों, लेकिन अगर आपने कभी कोई प्रोग्रामिंग नहीं की है, तो आपको यह पता लगाने में मुश्किल आएगी कि उसका काम सचमुच अच्छा है या नहीं। थोड़ी री प्रोग्रामिंग सीखने से अच्छे प्रोग्रामरों को पहचानने की आपकी योग्यता बढ़ जाएगी, जिससे सुयोग्य सहकर्मियों और साझेदारों को पहचानना आपके लिए ज़्यादा संभव हो जाएगा।

जॉन डन के अमर शब्दों में : "कोई इंसान सर्वज्ञ नहीं होता।" आप जिसे अच्छी तरह कर सकते हैं, उस पर ध्यान केंद्रित करें और बाक़ी काम करने के लिए दूसरों की मदद लें।

इस अवधारणा को शेयर करें : **http://book.personalmba.com/comparative-advantage/**

संप्रेषण व्यय

अगर आपको एक शब्द में यह कारण बताना हो कि मानव जाति अपनी पूरी क्षमता तक क्यों नहीं पहुँच पाई है और कभी पहुँच भी नहीं पाएगी, तो वह शब्द होगा "मीटिंग।"

—डेव बैरी, कॉमेडियन और अख़बार स्तंभकार

उच्च प्रदर्शन करने वाली ऑपरेशन टीमें, सैन्य इकाइयाँ और खेल टीमें सामान्यतः छोटी और केंद्रित होती हैं। इसके पीछे एक कारण होता है : अगर संवाद और समन्वय में बहुत ज़्यादा समय लगता है, तो किसी टीम की प्रभावकारिता का दम घुट सकता है।

संप्रेषण व्यय वह समय है, जिसमें आप उत्पादक काम करने के बजाय टीम के सदस्यों के साथ संवाद करते हैं। हर एक को पूरी जानकारी रहे, इसके लिए संप्रेषण बेहद ज़रूरी है। आपको टीम के जितने ज़्यादा सदस्यों के साथ काम करना होता है, काम का समन्वय करने के लिए उनके साथ उतना ही ज़्यादा संवाद करना होता है।

आप जिन लोगों के साथ काम करते हैं, जब उनकी संख्या बढ़ती है, तो संप्रेषण व्यय ज्यामितीय ढंग से बढ़ जाता है, जब तक कि सामूहिक संप्रेषण में हर व्यक्ति का लगने वाला समय 100 प्रतिशत के क़रीब नहीं पहुँच जाता। एक निश्चित सीमा के बाद टीम में जुड़ने वाला हर अतिरिक्त सदस्य संवाद के अलावा कोई दूसरी चीज़ करने की क्षमता घटा देता है।

बड़ी कंपनियाँ इसीलिए धीमी होती हैं, क्योंकि वे संप्रेषण व्यय का शिकार होती हैं। अगर आप पाँच या आठ लोगों से ज़्यादा के समूह के साथ काम करने के लिए ज़िम्मेदार हैं, तो अवश्यंभावी रूप से आपका कम से कम 80 प्रतिशत काम उन लोगों के साथ प्रभावी संप्रेषण करना होगा। उद्देश्य, योजनाएँ और विचार बेकार हैं, जब तक कि हर शामिल व्यक्ति उन्हें पर्याप्त अच्छी तरह न समझता हो।

पीऐंडजी में काम करते समय मुझे हर दिन इसका अनुभव होता था - एक बुनियादी प्रोजेक्ट में मुझे मार्केटिंग रणनीतियों को मापने के लिए कंपनी की रणनीति बनाना था। चूँकि यह वैश्विक प्रोजेक्ट था, इसलिए मुझे अपनी सलाह पर कंपनी के दर्जनों व्यक्तियों की राय और/या अनुमोदन की ज़रूरत थी, जिसके बाद ही कोई नई नीति लागू हो सकती थी।

स्वाभाविक रूप से हर शामिल व्यक्ति के विचार अलग थे, वे नीतियों पर अंतहीन बहस करते थे और बहुत ज़्यादा मेहनत या पैसे लगाए बिना श्रेय में हिस्सा चाहते थे। कामकाजी प्रस्ताव बनाने में मुझे तीन महीने तक कठोर मेहनत करनी पड़ी। इस दौरान मैं *कोई सच्चा काम नहीं कर पा रहा था* - मेरा 99 प्रतिशत समय समूह के दूसरे सदस्यों के साथ संप्रेषण करने में ही बीत रहा था। यही संप्रेषण व्यय है।

अपनी पुस्तक *बियॉन्ड ब्यूरोक्रेसी* में डेरेक शीन ने "नौकरशाही के विकार के 8 लक्षण" बताए हैं, जो संप्रेषण व्यय की शिकार टीमों में नज़र आते हैं :

1. *अदृश्य निर्णय* - कोई भी नहीं जानता कि निर्णय कैसे या कहाँ लिए जाते हैं। निर्णय लेने की प्रक्रिया में कोई पारदर्शिता नहीं होती।

2. *अपूर्ण काम* - बहुत सारे काम शुरू कर दिए जाते हैं, लेकिन बहुत कम पूरे हो पाते हैं।
3. *समन्वय का लक़वा* - बहुत सारी परस्पर जुड़ी इकाइयों की अनुमति लिए बिना कोई चीज़ नहीं की जा सकती।
4. *कोई नई चीज़ नहीं* - कोई क्रांतिकारी विचार, आविष्कार या लेटरल थिंकिंग यानी पार्श्व सोच नहीं होती - अमूमन पहलशक्ति का अभाव।
5. *छद्म-समस्याएँ* - छोटी समस्याएँ अनुपात के बाहर फैल जाती हैं।
6. *युद्धरत केंद्र* - केंद्र निरंतरता और नियंत्रण के लिए स्थानीय/क्षेत्रीय इकाइयों के ख़िलाफ़ युद्ध करता है।
7. *नकारात्मक डेडलाइनें* - किए जाने वाले काम की गुणवत्ता के बजाय काम की डेडलाइनें ज़्यादा महत्त्वपूर्ण बन जाती हैं।
8. *इनपुट का वर्चस्व* - अपनी पहलशक्ति का इस्तेमाल करने के बजाय लोग इनपुट पर प्रतिक्रिया करते हैं - यानी जो भी उनकी इन-ट्रे में आ जाए।

अगर इनमें से कोई गुण आपके दैनिक कामकाजी अनुभव का वर्णन करता है, तो शायद आपकी टीम संप्रेषण व्यय की समस्या का शिकार हो रही है।

संप्रेषण व्यय का समाधान सरल है, लेकिन आसान नहीं है। अपनी टीम को यथासंभव छोटा बनाएँ। आप कुछ लोगों को बाहर छोड़ रहे होंगे, लेकिन यही तो इसका बिंदु है : उन्हें शामिल करने से लाभ कम और नुक़सान ज़्यादा होगा। टीम से अनावश्यक लोगों को हटाने से हर एक का समय बचेगा और बेहतर परिणाम मिलेंगे।

प्रभावी टीमवर्क के अध्ययन आम तौर पर तीन से आठ लोगों के समूह में काम करने की सलाह देते हैं। *पीपलवेयर* में प्रोजेक्ट मैनेजर टॉम डीमार्को और टिमोथी लिस्टर टीमों को "सर्वोत्कृष्ट और सटीक" रखने की सलाह देते हैं। छोटे समूहों में बड़े समूहों से ज़्यादा प्रभावी होने की प्रवृत्ति होती है, क्योंकि तब संप्रेषण व्यय कम हो जाता है - प्रभावी बनने के लिए संप्रेषण में जितनी ज़रूरत होती है, टीम का हर सदस्य टीम में ज़्यादा नेटवर्किंग क्षमता जोड़ता है। एक बार जब समूह का आकार आठ से ज़्यादा हो जाता है, तो टीम का हर अतिरिक्त सदस्य जितनी उत्पादक क्षमता बढ़ाता है, संप्रेषण में उससे ज़्यादा निवेश की ज़रूरत होती है।

अगर आप चाहते हैं कि आपकी टीम अपने सर्वश्रेष्ठ स्तर पर प्रदर्शन करे, तो अपनी टीम को यथासंभव छोटा और स्वायत्त बनाएँ।

इस अवधारणा को शेयर करें : **http://book.personalmba.com/communication-overhead/**

महत्त्व

मानव स्वभाव का सबसे गहरा सिद्धांत क़द्र पाने की लालसा है।

— विलियम जेम्स, डॉक्टर और पथप्रदर्शक मनोवैज्ञानिक

हर व्यक्ति को महत्त्वपूर्ण महसूस करने की बुनियादी *ज़रूरत* होती है। इससे कोई फ़र्क़ नहीं पड़ता कि आप ग्राहक से, कर्मचारी से, परिचित से या मित्र से व्यवहार कर रहे हैं। आप उन्हें जितना ज़्यादा महत्त्वपूर्ण महसूस कराते हैं, वे आपके साथ अपने संबंध को उतना ही ज़्यादा मूल्यवान मानेंगे।

किसी को छोटा या महत्त्वहीन महसूस कराएँगे, तो आप रिकॉर्डतोड़ समय में उसे अपना शत्रु बना लेंगे। आप कैसा महसूस करते हैं, जब आप किसी से बात कर रहे हैं, लेकिन वह अपना ब्लैकबेरी देखने में जुटा है या आपकी बातचीत अधूरी छोड़कर फ़ोन सुनने लगता है?

आप दूसरे लोगों में जितनी ज़्यादा रुचि लेते हैं, वे उतना ही ज़्यादा महत्त्वपूर्ण महसूस करेंगे। जब कोई चालाक कार सेल्समैन आपसे पूछता है, "आप कैसे हैं," तो आप मूल्यवान महसूस नहीं करते हैं। आप जानते हैं कि इस प्रश्न में उसकी कोई सच्ची दिलचस्पी नहीं है - यह तो स्पष्ट रूप से बेचने का पैंतरा है। लोग भले ही आपसे सामान न ख़रीदें, लेकिन वे महत्त्वपूर्ण महसूस करना चाहते हैं। यहीं पर रटी-रटाई बिक्री पटकथाएँ नाकाम हो जाती हैं।

अगर आप मौजूद रहने और जिज्ञासु रहने का प्रयास करें, तो सौभाग्य से दूसरे लोगों को महत्त्वपूर्ण महसूस कराना ख़ास मुश्किल नहीं है। ज़्यादातर काम तो अविभाजित ध्यान देने से ही हो जाता है : ध्यान दें, ग़ौर से सुनें, रुचि व्यक्त करें और प्रश्न पूछें। किसी के ध्यान का पूरा केंद्र बनना आज के संसार में इतना दुर्लभ है कि इससे लगभग तुरंत ही एक यादगार प्रभाव पड़ता है।

दूसरे लोगों में सच्ची रुचि लेना बहुत दूर तक जाता है। आप लोगों के आस-पास रहते समय उन्हें जितना ज़्यादा महत्त्वपूर्ण महसूस कराएँगे, वे आपको उतना ही ज़्यादा पसंद करेंगे और आपके आस-पास उतना ही ज़्यादा रहना चाहेंगे।

इस अवधारणा को शेयर करें : http://book.personalmba.com/importance/

सुरक्षा

आप डर के आधार पर कंपनी नहीं चला सकते, क्योंकि डर को ख़त्म करने का तरीक़ा आलोचना से बचना है और आलोचना से बचने का सबसे अच्छा तरीक़ा है कुछ नहीं करना।

— स्टीव रॉस, टाइम वार्नर के पूर्व सीईओ

"यह सबसे मूर्खतापूर्ण चीज़ है, जो मैंने कभी सुनी है! सचमुच - अपना मुँह खोलने से पहले क्या आपने अपने दिमाग़ का ज़रा भी इस्तेमाल किया था?"

कभी इस तरह की मीटिंग में गए हैं? मैं गया हूँ।

दुर्भाग्य से, इस तरह का वाकया हर समय होता रहता है। *व्हाट गॉट यू हियर वोन्ट गेट यू देअर* में अनुभवी एक्ज़ीक्यूटिव कोच मार्शल गोल्डस्मिथ बताते हैं कि उच्च-स्तरीय एक्ज़ीक्यूटिव अक्सर सूक्ष्मता से (और कई बार तो खुलेआम) अपने समकक्षों और अधीनस्थों को नीचा दिखाते हैं, ताकि वे ख़ुद को ज़्यादा स्मार्ट या *महत्त्वपूर्ण* महसूस कर सकें। दूसरों को नीचा दिखाने से जो चीज़ सचमुच हासिल होता है, वह यह है कि प्रभावी संप्रेषण बंद हो जाता है।

प्रभावी संप्रेषण सिर्फ़ तभी हो सकता है, जब दोनों पक्ष सुरक्षित महसूस करें। जैसे ही लोग किसी बातचीत में महत्त्वहीन या जोखिम में महसूस करने लगते हैं, वे "पत्थर की दीवार" बना लेते हैं और संप्रेषण को बंद कर देते हैं। जोखिम महसूस करने वाला व्यक्ति आगे बातचीत तो कर सकता है, लेकिन मानसिक और भावनात्मक दृष्टि से उसने ख़ुद को बातचीत से हटा लिया है।

पत्थर की दीवार बनने से रोकने का एकमात्र तरीक़ा यह है कि आप जिस व्यक्ति से संवाद कर रहे हों, उसे अपने साथ ईमानदार और खुला होने में सुरक्षित महसूस कराएँ। जिस तरह लोगों को महत्त्वपूर्ण महसूस करने की बुनियादी ज़रूरत होती है, उसी तरह लोगों को अपने मन की बात उजागर करने और उनके लिए महत्त्वपूर्ण चीज़ों के बारे में बोलने में सुरक्षित महसूस करने की ज़रूरत भी होती है। जिस पल वे यह भाँपते हैं कि उनके किसी विचार या दृष्टिकोण की वजह से उनकी आलोचना हो रही है, मूल्यांकन हो रहा है या तिरस्कार किया जा रहा है, उसी पल वे ''पत्थर की दीवार'' बना लेंगे।

क्रूशियल कनवर्सेशन्स पुस्तक सहकर्मियों और प्रियजनों के साथ महत्त्वपूर्ण समस्याओं पर बातचीत करते समय *सुरक्षा* का अहसास क़ायम रखने के बारे में लिखी गई है। इस पुस्तक में लेखक केरी पैटरसन, जोसेफ़ ग्रेनी, रॉन मैकमिलन और अल स्विट्ज़लर गुस्सा या रक्षात्मकता जगाए बिना संवाद करने के लिए नीचे दिए मॉडल का इस्तेमाल करने की सलाह देते हैं :

1. *अपने तथ्य बताएँ* - तथ्य निष्कर्षों से कम विवादास्पद, ज़्यादा प्रेरक और कम अपमानजनक होते हैं, इसलिए सबसे पहले उन्हें बताएँ।
2. *अपनी कहानी बताएँ* - अपने दृष्टिकोण से स्थिति को स्पष्ट करें। अपमान या आलोचना करने से बचें, क्योंकि इससे सामने वाला असुरक्षित महसूस कर सकता है।
3. *दूसरों के मार्गों के बारे में पूछें* - सामने वाले की स्थिति के पहलू को पूछें, उनका क्या इरादा था और वे क्या चाहते हैं।
4. *संकोची विनम्र अंदाज़ में बात करें* - निष्कर्षों, आलोचनाओं और अल्टीमेटम से बचें।
5. *जाँच करने को प्रोत्साहित करें* - सुझाव दें, राय माँगें और चर्चा करें, जब तक कि आप किसी उत्पादक और आपसी संतुष्टिदायक कार्य की दिशा तक न पहुँच जाएँ।

कुछ लोग दूसरों से ज़्यादा संवेदनशील होते हैं। अपने शब्दों और कार्यों के बारे में ज़्यादा जागरूक बनें। इस बारे में भी ज़्यादा जागरूक बनें कि भिन्न नज़रिये वाले लोग उनकी कैसी

व्याख्या कर सकते हैं। अगर आप इतना कर लेते हैं, तो आप आधी जंग जीत लेते हैं। अगर आप किसी से इस तरह संवाद करना चाहते हैं, ताकि आप दोनों को ही बातचीत से लाभ हो और कोई चीज़ हो सके, तो दोनों ही पक्षों को सुरक्षित महसूस करने की ज़रूरत होती है। यह करने का सर्वश्रेष्ठ तरीक़ा आलोचना करने से बचना और सामने वाले पक्ष को महत्त्वपूर्ण महसूस कराने पर ध्यान केंद्रित करना है। *क्रूशियल कनवर्सेशन्स,* डेल कारनेगी की *हाउ टू विन फ़्रेंड्स ऐंड इनफ़्लुएंस पीपल* और डेनियल गोलमैन की *इमोशनल इंटेलिजेंस* यह सीखने में आपकी मदद कर सकती हैं।

इस अवधारणा को शेयर करें : http://book.personalmba.com/safety/

स्वर्णिम त्रिसूत्र

कोई भी मूर्ख आलोचना कर सकता है, निंदा कर सकता है और शिकायत कर सकता है – और ज़्यादातर मूर्ख यह करते भी हैं।

— डेल कारनेगी, *हाउ टू विन फ़्रेंड्स ऐंड इनफ़्लुएंस पीपल* के लेखक

अगर लोगों के मन में *महत्त्वपूर्ण* और *सुरक्षित* महसूस करने की बुनियादी आवश्यकता होती है, तो आप यह महसूस कैसे कराएँ?

हाउ टू विन फ़्रेंड्स ऐंड इनफ़्लुएंस पीपल का मेरा व्यक्तिगत दो शब्दों का सार है *स्वर्णिम त्रिसूत्र।* अगर आप दूसरों को अपने आस-पास महत्त्वपूर्ण और सुरक्षित महसूस कराना चाहते हैं, तो हमेशा लोगों के साथ प्रशंसा, शिष्टाचार और सम्मान भरा व्यवहार करने की याद रखें।

प्रशंसा का मतलब है कि दूसरे आपके लिए जो कर रहे हैं, भले ही वह पूरी तरह आदर्श न हो, लेकिन उसके लिए अपनी कृतज्ञता व्यक्त करें। कल्पना करें कि आप कोई प्रॉडक्ट डिज़ाइन कर रहे हैं और आपका मुख्य डिज़ाइनर आपको कुछ दिखावटी मॉडल दिखाता है, जिन्हें देखने पर आप सोचते हैं कि वे काम नहीं करेंगे। हथौड़ा छाप प्रतिक्रिया न करें, "यह सरासर ग़लत है – इसे दोबारा बनाओ।" यह आपके सहकर्मी को महत्त्वहीन और असुरक्षित महसूस कराने का एक अच्छा तरीक़ा है। इसके बजाय प्रशंसा का इज़हार करें : "धन्यवाद – यह स्पष्ट है कि आपने इस पर कड़ी मेहनत की है और मैं इसकी प्रशंसा करता हूँ। मुझे पक्का नहीं है कि हम वहाँ तक पहुँच गए हैं, इसलिए यहाँ कुछ विचार हैं जो मदद कर सकते हैं..." बात वही है, लेकिन बहुत अलग लहज़े में कही गई है।

शिष्टता विशुद्ध विनम्रता है। मैंने एक बार शिष्टता की यह परिभाषा सुनी थी, "किसी दूसरे व्यक्ति की ख़ातिर छोटी असुविधाओं को स्वीकार करना।" मैं सोचता हूँ कि यह काफ़ी उपयोगी परिभाषा है। किसी दूसरे व्यक्ति के लिए दरवाज़ा खोलना एक छोटी असुविधा है, लेकिन इससे उसके मन में आपके बारे में अनुभूति पर बड़ा प्रभाव पड़ सकता है। हर छोटे मुद्दे को बड़ा मामला बनाने की कोई ज़रूरत नहीं है।

सम्मान सामने वाले व्यक्ति की प्रतिष्ठा का सम्मान करने का मामला है। आप जिस व्यक्ति के साथ संवाद कर रहे हैं, उससे आपके संबंध चाहे जैसे हों, लेकिन अगर आप उसे

महत्त्वपूर्ण या सुरक्षित महसूस कराना चाहते हैं, तो व्यक्ति के रूप में उसका सम्मान करना बहुत महत्त्वपूर्ण है, चाहे उसका सामाजिक ओहदा कितना भी ऊँचा या नीचा क्यों न हो।

दूसरे लोगों के साथ अपनी सभी बातचीतों में स्वर्णिम त्रिसूत्र पर अमल करना महत्त्वपूर्ण है। ऐसा सिर्फ़ उन लोगों के साथ ही न करें, जिनमें आपकी ख़ास रुचि है। अगर आपने कभी किसी ऐसे व्यक्ति के साथ लंच या डिनर किया है, जिसने आपके साथ तो अच्छा व्यवहार किया था, लेकिन वेटर के साथ बदतमीज़ी की थी, तो आप मेरी बात का मतलब समझ गए होंगे। दूसरे लोगों के साथ ख़राब बर्ताव करना हर एक को यह स्पष्ट संकेत देता है कि आप पर भरोसा नहीं किया जा सकता।

अगर आप सभी परिस्थितियों में लोगों के साथ प्रशंसा, शिष्टता और सम्मान भरा व्यवहार करने की नीति बना लेते हैं, तो दूसरे लोग आपकी उपस्थिति में महत्त्वपूर्ण और सुरक्षित महसूस करेंगे।

इस अवधारणा को शेयर करें : **http://book.personalmba.com/golden-trifecta/**

कारण क्यों

> सभ्यता उन कामों की संख्या से बढ़ती है, जिन्हें हम बिना सोचे कर सकते हैं।
>
> —अल्फ़्रेड नॉर्थ व्हाइटहेड, गणितज्ञ और दार्शनिक

लोगों से कुछ करने को कहने के बारे में एक बहुत मनमोहक विचित्रता यह है कि उनके आपका आग्रह स्वीकार करने की ज़्यादा संभावना तब होती है, जब आप उन्हें वह करने का कोई कारण बताते हैं। *इनफ़्लुएंस : द साइकोलॉजी ऑफ़ परसुएशन* में डॉ. रॉबर्ट सियाल्डिनी एक रोचक प्रयोग का वर्णन करते हैं, जो इस सिद्धांत का प्रमाण देता है।

1970 के दशक में हार्वर्ड यूनिवर्सिटी के मनोवैज्ञानिक एलन लैंगर ने सम्मति संबंधी कई मशहूर प्रयोग किए - लोग किसी आग्रह को मानने के लिए किस बात से सहमत होते हैं। प्रयोग हार्वर्ड कैंपस की एक व्यस्त फ़ोटोकॉपी मशीन के आस-पास केंद्रित थे।

लैंगर के विद्यार्थियों ने लाइन में खड़े लोगों से विभिन्न प्रकार से यह आग्रह किया कि वे उन्हें लाइन में आगे जाकर फ़ोटोकॉपी करने दें। सीधे आग्रह पर 60 प्रतिशत बार स्वीकृति दी गई, लेकिन लैंगर ने पाया कि कारण बताकर आग्रह करने से सम्मति की दर बढ़कर 95 प्रतिशत तक हो गई - बहुत आश्चर्यजनक वृद्धि। यह तकनीक तब भी कारगर रही, जब कारण खोखला था - "क्योंकि मुझे फ़ोटोकॉपी करनी है" इस कारण ने भी उतनी ही अच्छी तरह काम किया, जिस तरह इन कारणों ने किया, "क्योंकि मुझे क्लास के लिए देर हो रही है" या "क्योंकि मैं जल्दी में हूँ।" कारण को तो बस "क्योंकि" शब्द से शुरू होना था और लोग इतने भर से ही मान जाते थे।

इंसान व्यवहार के कारणों की तलाश करने के प्रति प्रवृत्त होते हैं। ज़ब आप क्यों कारण बताएँगे, तो लोग आपके आग्रह को मानने के लिए ज़्यादा इच्छुक होंगे। कोई भी कारण चलेगा।

इस अवधारणा को शेयर करें : http://book.personalmba.com/reason-why/

सेनापति का इरादा

कभी लोगों को यह न बताएँ कि चीज़ों को कैसे करना है। उन्हें बस इतना बता दें कि क्या करना है और वे अपनी उपायकुशलता से आपको हैरान कर देंगे।

—जनरल जॉर्ज एस. पैटन, द्वितीय विश्वयुद्ध में यू.एस. थर्ड आर्मी के कमांडर

लगभग हर जगह कर्मचारी इस बात से नफ़रत करते हैं कि उन्हें सटीकता से यह बताया जाए कि क्या करना है। "सूक्ष्मप्रबंधन" किसी भी कर्मचारी के जीवन की व्यथा है - अगर आप सक्षम पेशेवर हैं, तो प्रतिष्ठा के ख़िलाफ़ इससे ज़्यादा कुछ नहीं है कि कोई दूसरा आपके काम को अंतिम विवरण तक परिभाषित करे और फिर बारीकी से जाँच करे।

सूक्ष्मप्रबंधन सिर्फ़ चिढ़ाता ही नहीं है - यह निहायत अकार्यकुशल होता है। न सिर्फ़ यह हर विवरण बताता है, जिससे कर्मचारी कम *महत्त्वपूर्ण* महसूस करते हैं, बल्कि यह दरअसल उनकी प्रभावकारिता को भी कम कर देता है। निर्देश चाहे कितने ही विस्तृत क्यों न हों, वे हर आपातकालीन स्थिति को नहीं भाँप सकते। जब कोई चीज़ अवश्यंभावी रूप से बदलती है, तो सूक्ष्म प्रबंधन नाकाम हो जाता है।

सोचें कि सूक्ष्म प्रबंधन पर ज़ोर देने वाला सीईओ अंततः कितना पस्त हो जाएगा - याद रखें, इंसान *आरोहणीय* नहीं होते हैं। कंपनी में जितने ज़्यादा लोग काम करते हैं, सीईओ को हर चीज़ चलाते रहने के लिए उतने ही ज़्यादा निर्देश देने होंगे। अगर दस कर्मचारी हैं, तो सूक्ष्म प्रबंधन झंझट है। अगर सैकड़ों या हज़ारों कर्मचारी हैं, तो यह किसी बुरे सपने से कम नहीं है।

सेनापति का इरादा काम सौंपने का बहुत बेहतर तरीक़ा है। जब भी आप किसी को काम सौंपें, तो उसे बता दें कि इसे *क्यों* करना है। आपका प्रतिनिधि आपके काम के पीछे के उद्देश्य को जितना ज़्यादा समझता है, स्थिति बदलने पर वह उतने ही उचित और बेहतर तरीक़े से प्रतिक्रिया कर सकता है।

सेनापति का इरादा अवधारणा रणभूमि से आई है। अगर कोई सेनापति अपने अधीनस्थ नायक को सटीकता से बताता है कि पहाड़ी पर क़ब्ज़ा कैसे करना है और स्थिति बदल जाती है, तो नायक को नए आदेश लेने के लिए सेनापति के पास मजबूरन लौटना होगा। यह धीमा और अकार्यकुशल तरीक़ा है। दूसरी तरफ़, अगर सेनापति नायक को रणनीति बताने के साथ-साथ यह भी बता देता है कि वह ख़ास पहाड़ी *क्यों* महत्त्वपूर्ण है और यह व्यापक रणनीति का समर्थन कैसे करेगी, तो नायक *लक्ष्य* के अपने ज्ञान का इस्तेमाल करने के लिए स्वतंत्र हो जाता है। वे

किसी भी आपातकालीन स्थिति में अपनी बुद्धि का इस्तेमाल करके एक नया काम कर सकता है, जिससे मूल उद्देश्य पूरा हो जाए।

सेनापति का इरादा *संप्रेषण व्यय* को कम कर देता है। किसी निश्चित योजना के पीछे के इरादे को बताने की वजह से लीडर त्वरित संप्रेषण को पूरी टीम की सफलता के लिए कम अत्यावश्यक बना सकता है। अगर हर व्यक्ति योजना के उद्देश्य को समझता है, तो हर व्यक्ति उस उद्देश्य की दिशा में काम कर सकता है और इसमें लगातार ध्यान देने की ज़रूरत नहीं होती।

जब आप अपनी योजनाओं के पीछे का इरादा बता देते हैं, तो आप अपने साथ काम करने वाले लोगों को होने वाले परिवर्तनों पर बुद्धिमत्तापूर्ण प्रतिक्रिया करने की अनुमति देते हैं।

इस अवधारणा को शेयर करें : http://book.personalmba.com/commanders-intent/

दर्शकों की उदासीनता

जवाबदेही एक व्यक्ति के ज़िम्मेदारी लेने के बारे में है। अगर दो लोग उसी निर्णय के लिए जवाबदेह हैं, तो कोई भी सचमुच जवाबदेह नहीं होता।

— ग्लिन होल्टन, निवेश जोखिम प्रबंधन परामर्शदाता

बड़े होते वक़्त मैं बॉय स्काउट्स में बहुत सक्रिय था। सामान्य स्काउट प्रोग्राम में प्राथमिक सहायता, सीपीआर और आपातकालीन प्रबंधन सिखाया जाता है - बुनियादी प्रशिक्षण, जो आपके सामने आने वाली सबसे आम आपातकालीन स्थितियों को सँभालने के लिए तैयार करता है।

विशिष्ट तकनीकों के अलावा मुझे इस प्रशिक्षण के दो उपयोगी सिद्धांत याद हैं : (1) हमेशा व्यक्तिगत रूप से आगे क़दम बढ़ाएँ और ज़िम्मेदारी लें, जब तक कि कोई ज़्यादा अनुभवी पेशेवर आपकी जगह न आ जाए, और (2) हमेशा *एक समय में किसी ख़ास व्यक्ति को* बहुत स्पष्टता से सीधे आदेश दें या आग्रह करें।

अगर किसी भीड़ भरे स्टोर में किसी को दिल का दौरा पड़ता नज़र आता है और आप चिल्लाते हैं, "कोई 911 को फ़ोन कर दो," तो यह संभव है कि कोई भी फ़ोन नहीं करेगा - आस-पास जितने ज़्यादा लोग होंगे, हर व्यक्ति के यह मानने की उतनी ही ज़्यादा संभावना है कि कोई दूसरा वह काम कर रहा है। किसी एक व्यक्ति को परखना, आँखों का संपर्क करना, इशारा करना और बहुत स्पष्टता से बोलना "आप - 911 को फ़ोन कर दें" कहीं ज़्यादा प्रभावी होता है। वह ऐसा कर देगा।

दर्शक तटस्थता इस बात के बीच एक विपरीत संबंध बताती है कि कितने लोग काम को *कर सकते* हैं और कितने लोग उसे *करने का सचमुच चयन* करते हैं। जितने ज़्यादा लोग उपलब्ध होते हैं, भीड़ का हर सदस्य स्थिति के बारे में कुछ करने की उतनी ही कम ज़िम्मेदारी महसूस करता है।

किटी जेनोवीज़ की 1964 में हुई हत्या और 2009 में पेट्रू बारलाडीनू पर गोलीबारी दर्शक तटस्थता के नाटकीय और मशहूर उदाहरण हैं। दोनों ही मामलों में कई दर्शकों की मौजूदगी में पर हमला हुआ था, लेकिन किसी ने भी मदद नहीं की। जेनोवीज़ हत्या को कितने लोगों ने देखा, इस बारे में कुछ विवाद है, लेकिन बारलाडीनू पर गोलीबारी के बारे में कोई शक नहीं है - इसका वीडियो बनाया गया है। जब बारलाडीनू मेट्रो स्टेशन के फ़र्श पर गोली के घाव से ख़ून बहाता हुआ मर रहा था, तो दर्जनों लोग यह देखने के बावजूद बिना कुछ किए वहाँ से गुज़र गए।

दर्शक तटस्थता यह स्पष्ट करती है कि कमेटी को सौंपा गया कोई काम कभी पूरा क्यों नहीं होता। अगर आपने लोगों के समूह के साथ काम किया है, जिनके पास एक दूसरे पर कोई *शक्ति* नहीं थी, तो आप जानते हैं कि मैं किस बारे में बोल रहा हूँ। जब तक कि कोई क़दम आगे नहीं बढ़ाता है और चीज़ों को करने की व्यक्तिगत ज़िम्मेदारी नहीं लेता है और प्रगति के लिए निश्चित लोगों को जवाबदेह नहीं ठहराता है, कमेटी सालों तक बिना कुछ किए हुए विचार-विमर्श कर सकती है। कमेटी का हर सदस्य बस यह मान लेता है कि कोई दूसरा इस पर काम कर रहा है।

प्रोजेक्ट मैनेजमेंट में दर्शक तटस्थता को ख़त्म करने का सबसे अच्छा तरीक़ा यह सुनिश्चित करना है कि सभी कामों का एक स्पष्ट मालिक और डेडलाइन हो। जब तक आपकी टीम का हर व्यक्ति सटीकता से यह न जानता हो कि वह किस काम के लिए ज़िम्मेदार है और इसे कब तक करना होगा, तब तक उसके इसे करने की ज़्यादा संभावना नहीं होगी।

ज़िम्मेदारियाँ सौंपते वक़्त *हमेशा काम एक अकेले मालिक को स्पष्ट डेडलाइन के साथ सौंपें।* सिर्फ़ तभी लोग काम करने के बारे में ज़िम्मेदार महसूस करेंगे।

इस अवधारणा को शेयर करें : **http://book.personalmba.com/bystander-apathy/**

नियोजन भ्रांति

हॉफ़स्टैडटर का नियम : इसमें हमेशा आपकी उम्मीद से ज़्यादा समय लगता है, हॉफ़स्टैडटर के नियम को ध्यान में रखने के बावजूद।

— डगलस हॉफ़स्टैडटर, संज्ञानात्मक वैज्ञानिक और *गॉडेल, एशर, बाख़ : एन एटर्नल गोल्डन ब्रेड* के पुलित्ज़र पुरस्कार विजेता लेखक

लोग योजना बनाने में हमेशा बुरे होते हैं, हालाँकि यह असहज कर देता है, लेकिन सबसे बुद्धिमान और योग्य सीईओ या प्रोजेक्ट मैनेजर की बनाई योजना के भी बहुत ग़लत होने की बहुत आशंका होती है।

जैसा जैसन फ़्राइड और डेविड हाइनेमियर हैन्सन अपनी पुस्तक *रिवर्क* में यादगार ढंग से परिहास करते हैं, "नियोजन अंदाज़ा है।" हम नियोजन में इतने बुरे होते हैं, इसका कारण यह है कि हम सर्वज्ञाता नहीं हैं - अप्रत्याशित घटनाएँ या परिस्थितियाँ सबसे विस्तृत योजनाओं पर भी बहुत ज़्यादा प्रभाव डाल सकती हैं। जब हम योजना बनाते हैं, तो हम बस अंदाज़ा लगा रहे हैं और ख़ाली स्थानों को भरने के लिए व्याख्या का इस्तेमाल कर रहे हैं, भले ही हम इस

तकलीफ़देह सच्चाई को आधिकारिक लगने वाली भाषा और सुंदर चार्टों में छिपाने की कितनी ही कोशिश कर लें।

नियोजन भ्रांति का मतलब है कि लोगों में इस बात का कम आकलन करने की स्थायी प्रवृत्ति होती है कि काम पूरा होने में कितना समय लगेगा। प्रोजेक्ट जितना ज़्यादा जटिल होता है, उसमें उतनी ही ज़्यादा *अंतर्निर्भरताएँ* (बाद में चर्चा की गई है) शामिल होती हैं। जितनी ज़्यादा अंतर्निर्भरताएँ होती हैं, उतनी ही ज़्यादा संभावनाएँ होती हैं कि कोई चीज़ योजना के अनुसार समय पर नहीं होगी।

योजना बनाते समय हम स्वाभाविक रूप से ऐसे परिदृश्य की कल्पना करते हैं, जिसमें हर चीज़ अच्छी तरह होती है। इसके फलस्वरूप हम उन चीज़ों की आशंका को कम आँकते हैं, जो योजना को प्रभावित कर सकती हैं, साथ ही यह भी कि ये आकस्मिक चीज़ें प्रोजेक्ट को कितना प्रभावित करेंगी। वह प्रोजेक्ट योजना दुर्लभ है, जिसमें इस तरह की पंक्ति शामिल हो, "प्रोजेक्ट मैनेजर को मोनोन्यूक्लियॉसिस रोग हो गया : एक महीने के लिए छुट्टी पर।"

ज़्यादातर योजनाएँ *निष्क्रिय समय* (बाद में चर्चा की गई है) की मात्रा को बहुत कम आँकती हैं, जिसके बिना कोई योजना सटीक नहीं होती। अगर आप किसी जटिल प्रोजेक्ट को पूरा करने के लिए ज़िम्मेदार हैं, तो कुछ महीनों का निष्क्रिय समय शामिल करना उचित होता है - इस बात की आशंका है कि अनपेक्षित विलंब, छुट्टियाँ, बीमारियाँ और दूसरी अप्रत्याशित घटनाओं की वजह से काम करने में अपेक्षा से ज़्यादा समय लगेगा।

चुनौती यह है कि ज़्यादा निष्क्रिय समय शामिल करने को न तो स्वीकार किया जाता है, न ही अच्छा माना जाता है। अगर आप किसी सीईओ, ग्राहक या साझेदार के पास एक ऐसी योजना लेकर जाते हैं, जिसमें तीन महीने के निष्क्रिय समय का प्रावधान हो, तो सबसे आम प्रतिक्रिया यह होती है, "यह स्वीकार्य नहीं है - इसे ज़्यादा तेज़ी से करो।" निष्क्रिय समय को हटा दिया जाता है और इस वजह से लगभग हर प्रोजेक्ट की योजना के गड़बड़ होने की बहुत आशंका रहती है।

योजनाएँ सटीक नहीं होती हैं, इसका यह मतलब नहीं है कि योजना बनाने का काम निरर्थक है। योजनाओं का लाभ यह नहीं है कि वे ज़्यादा सटीकता से भविष्यवाणी करने में मदद करती हैं - वे तो इसलिए उपयोगी होती हैं, क्योंकि योजना बनाने का काम आवश्यकताओं, निर्भरताओं और जोखिमों को ज़्यादा अच्छी तरह समझने में मदद करता है। ड्वाइट डी. आइज़नहॉवर के अमर शब्दों में : "कोई भी युद्ध कभी योजना के अनुसार नहीं जीता गया, लेकिन कोई युद्ध इसके बिना भी कभी नहीं जीता गया... योजनाएँ बेकार हैं, लेकिन नियोजन अवश्यंभावी है।" नियोजन का महत्त्व *मानसिक सिमुलेशन* में है : वह विचार प्रक्रिया, जो योजना बनाने के लिए आवश्यक होती है।

योजनाओं का इस्तेमाल करें, लेकिन उन पर निर्भर न रहें - अगर आप यथासंभव तेज़ी और प्रभावी ढंग से काम करते रहते हैं, तो प्रोजेक्ट उतनी जल्दी पूरा हो जाएगा, जितनी जल्दी यह हो सकता है।

इस अवधारणा को शेयर करें : **http://book.personalmba.com/planning-fallacy/**

रैफ़रल्स

संसार में आगे बढ़ने का तरीक़ा लोगों को यह विश्वास दिलाना है कि आपकी मदद करने में उनका फ़ायदा है।

— जीन डे ला ब्रूअर, सत्रहवीं सदी के निबंधकार और नीति-उपदेशक

जब आपकी कार ख़राब हो जाती है, तो आप इसे किसके पास ले जाना पसंद करेंगे - उस मैकेनिक के पास, जो आपके दोस्त का दोस्त है या उस गैराज़ में जिसका नंबर फ़ोन डायरेक्टरी में लिखा है?

अगर विकल्प मौजूद हो, तो लोग हमेशा उन लोगों से व्यवहार करना ज़्यादा पसंद करते हैं, जिन्हें वे जानते और पसंद करते हैं। *रैफ़रल्स* की वजह से लोगों के लिए यह *निर्णय* लेना आसान हो जाता है कि वे किसी अनजान व्यक्ति के साथ काम करें।

रैफ़रल्स इसलिए कारगर होते हैं, क्योंकि वे पहचान और पसंद के गुण हस्तांतरित करते हैं। आपका मित्र जिस मैकेनिक की सलाह देता है, आपके उसके पास जाने की संभावना इसलिए ज़्यादा होती है, क्योंकि आप अपने मित्र को जानते हैं तथा उसे पसंद करते हैं और आपका मित्र उस मैकेनिक को जानता तथा पसंद करता है। भले ही फ़ोन बुक वाला मैकेनिक बहुत योग्य हो, लेकिन इससे उतना फ़र्क़ नहीं पड़ता, जितना जानने और पसंद करने से पड़ता है। रैफ़रल जानने/पसंद करने के प्रभाव को प्राप्तकर्ता तक हस्तांतरित कर देता है - जोखिम भरे अनजान व्यक्ति के बजाय वे अचानक दोस्त नज़र आते हैं।

कोल्ड कॉलिंग यानी अनजान लोगों को फ़ोन करना इसलिए ज़्यादा कारगर नहीं है, क्योंकि फ़ोन करने वाला व्यक्ति अपरिचित होता है। याद रखें, हमारे मस्तिष्क अपरिचित लोगों और स्थितियों को संभावित जोखिम मानने की प्रवृत्ति रखते हैं, जिससे हमारे नैसर्गिक सुरक्षा तंत्र सक्रिय हो जाते हैं। अगर कोई आपको पहले से नहीं जानता है या पसंद नहीं करता है, तो उसे अपनी बात से सहमत कराने में आपको बहुत मुश्किल आएगी। सबसे रहस्यमयी साधारण चीज़ें भी किसी अजनबी से गर्मजोशी भरा संबंध बना सकती हैं। अगर कोई ज़िक्र करता है कि वह आप ही के इलाक़े का है या वह उसी कॉलेज गया था या आप दोनों का कोई साझा मित्र है, तो आप ख़ुदबख़ुद उसे ज़्यादा पसंद करने लगेंगे, हालाँकि संबंध बहुत कमज़ोर हो सकता है।

पिछले साल केल्सी ने मैनहैटन में जो शादी के गाउन बेचे, उनमें से 70 प्रतिशत बिक्री रैफ़रल्स के ज़रिये हुई थी। जब आप किसी डिज़ाइनर ड्रेस पर 10,000 डॉलर या उससे ज़्यादा ख़र्च करने की सोच रहे हैं, तो आप किसी ऐसे व्यक्ति के साथ काम करना चाहते हैं, जिसे आप जानते और पसंद करते हों - और केल्सी के पुराने ग्राहक सचमुच उसे पसंद करते थे। सैलून में दाख़िल होने से पहले ही केल्सी के ज़्यादातर संभावित ग्राहक उसे जानते और पसंद करते थे - और इसके फलस्वरूप उसकी बिक्री भी ज़्यादा हुई। जितने ज़्यादा लोग आपको जानते हैं, पसंद करते हैं और आप पर विश्वास करते हैं, आप उतनी ही लाभकारी स्थिति में होते हैं। रैफ़रल्स आपके व्यक्तिगत संबंधों के नेटवर्क को व्यापक बनाने का सर्वश्रेष्ठ तरीक़ा हैं।

इस अवधारणा को शेयर करें : **http://book.personalmba.com/referrals/**

समूहवाद

"मरो, गंदी नाली के कीड़े!" यह युद्ध का ज़्यादा प्रेरक उद्घोष है। यह उतना प्रेरक नहीं है, "मरो, तुम लोग मेरे जैसे हो सकते थे, लेकिन अलग परिवेश में बड़े हुए थे!"

— एलीजर युड्कोवस्की, आर्टिफ़िशियल इंटेलिजेंस शोधकर्ता और लेसरॉंग डॉट कॉम के संस्थापक

1954 में बारह साल के बाईस लड़कों को ओक्लाहामा के रॉबर्स केव स्टेट पार्क में एक ख़ास समर कैंप में हिस्सा लेने के लिए चुना गया। इस समर कैंप को ख़ास बनाने वाली बात यह थी कि यह कैंप दरअसल मनोविज्ञान का एक प्रयोग था, जिसे डॉ. मुजाफ़र और कैरोलिन शेरिफ़ के संचालन में किया गया था।

हर लड़के को चुनते वक़्त इस बात का ख़ास ध्यान रखा गया था कि वह समूह के बाक़ी लड़कों के यथासंभव समान हो - मनोवैज्ञानिकों ने यह सुनिश्चित किया कि सभी लड़कों के आईक्यू, परिवार और बचपन के अनुभव एक जैसे हों। प्रयोग शुरू करने से पहले बाईस लड़कों को दो समूहों में बाँट दिया गया और पार्क के विपरीत छोरों पर ठहरा दिया गया। जान-बूझकर दोनों समूहों को एक-दूसरे की मौजूदगी के बारे में नहीं बताया गया।

मूल योजना यह थी कि हर समूह को कुछ समय तक आपस में घुलने-मिलने दिया जाए, फिर उन्हें दूसरे समूह की मौजूदगी की जानकारी दी जाए और फिर देखा जाए कि क्या होता है। कैंप के परामर्शदाता मनोवैज्ञानिक और स्नातक विद्यार्थी थे, जो क़रीबी रूप से घटनाओं पर नज़र रख रहे थे।

बाद में यह हुआ : संयोग से समूहों को योजना से पहले ही एक दूसरे के बारे में जानकारी मिल गई। जैसे ही लड़कों को पता चला कि "उनके कैंप" में दूसरा समूह भी था, तो वे तैयारी और सुरक्षा के लिए एकजुट हो गए।

इंसान नैसर्गिक रूप से समूह बनाने की प्रवृत्ति रखते हैं और इस प्रक्रिया को *क्लैनिंग* कहा जाता है। लड़कों का एक समूह ख़ुद को "बाज" कहने लगा, जबकि दूसरे समूह ने ख़ुद को "झक्की" नाम देकर अपनी पहचान बनाई। समूह की स्पष्ट पहचान बनाने से सदस्यों को "अंदरूनी" और "बाहरी" को पहचानने में मदद मिली। बाज ने अपनी छवि साहसी और अच्छे इंसानों के रूप में बनाई, जबकि झक्की समूह ने बेमेल और विद्रोहियों की छवि अपना ली।

नीचा दिखाने और दूसरे समूह का झंडा चुराने जैसी छुटपुट उत्तेजक चीज़ें आश्चर्यजनक गति से अराजकता में बदल गईं : कैंपसाइट पर हमला और डाइनिंग हॉल में मुक्कों से लड़ाई। खेल जैसी प्रतिस्पर्धी गतिविधियाँ बहुत ही बुरी साबित हुईं। कैंप वालों की सुरक्षा सुनिश्चित करने के लिए शोधकर्ताओं ने संघर्ष को जल्दी सुलझाने का रास्ता खोज निकाला।

मनोवैज्ञानिक ने उनके सामने ऐसी चुनौतियाँ और लक्ष्य रख दिए, जिनके लिए दोनों समूहों को मिलकर काम करने की ज़रूरत थी : पानी की कमी को सुलझाना, देखने के लिए फ़िल्म चुनना और एक ख़राब ट्रक को कैंप तक धकाकर लाना। जब कैंप के लड़के ज़्यादा बड़े समूह के हिस्से जैसा महसूस करने लगे, तो संघर्ष दब गया।

क़बीले बनाना नैसर्गिक मानव प्रवृत्ति है - हम अपने आस-पास के लोगों से अपने आप और गहराई तक प्रभावित होते हैं। ख़ुद को समूह के हिस्से के रूप में पहचानना और अपने समूह को दूसरे समूहों से अलग करना एक सहज बोध है, जिससे हर दिन समाचारों में आने वाले कई युद्धों और संघर्षों का कारण स्पष्ट होता है।

खेलप्रेमियों के बारे में सोचें। खिलाड़ी, कोच और स्टेडियम व यूनिफ़ॉर्म भी इतनी बार बदलते हैं कि यह समझना मुश्किल होता है कि प्रशंसक आख़िर किसका हौसला बढ़ा रहे हैं - न्यू यॉर्क यैंकीज़ जीते या हारे, इसके दीवाने प्रशंसक की ज़िंदगी में कोई भी परिवर्तन नहीं होगा। लेकिन प्रशंसक को इस सच्चाई का अहसास नहीं होता है - जब यैंकीज़ की टीम जीतती है, तो प्रशंसक भी विजेता महसूस करते हैं।

खेल प्रतिद्वंद्विताएँ इसी कारण होती हैं। मैं उत्तर ओहियो में बड़ा हुआ था, जहाँ ओहियो स्टेट - मिशिगन स्टेट की प्रतिद्वंद्विता ज़ोरों पर है। जहाँ से मैं आया हूँ, वहाँ साल के निश्चित हिस्सों में मिशिगन, ओहियो स्टेट के प्रशंसकों की नज़रों में *बुरी* टीम थी। अगर आप दूर से स्थिति को देखते हैं, तो यह पूरी तरह से मूर्खतापूर्ण है - कॉलेज के बच्चे एक छोटी भूरी गेंद के लिए गुत्थमगुत्था हो रहे हैं, जबकि लाखों लोग चिल्ला-चिल्लाकर अपना गला ख़राब कर रहे हैं। बहरहाल, उस पल में उन दोनों समूहों के लिए शत्रुता ही सब कुछ होती है।

समूह महत्त्वपूर्ण मुद्‌दों, स्थितियों या घटनाओं के आस-पास स्वाभाविक रूप से बन जाते हैं। समूह के आपसी संबंध को समझ लें, वरना आपके इसमें फँसने की आशंका रहती है।

इस अवधारणा को शेयर करें : http://book.personalmba.com/clanning/

समान-झुकाव और विपरीत-झुकाव

इंसान को हमेशा कुनबे के हावी होने से बचने के लिए संघर्ष करना होता है। अगर आप यह कोशिश करेंगे, तो आप अक्सर अकेले रहेंगे और कई बार तो भयभीत भी, लेकिन ख़ुद के स्वामी बनने के विशेषाधिकार के लिए कोई भी क़ीमत ज़्यादा नहीं है।

— फ़्रेडरिक नीत्शे, दार्शनिक और *द विल टू पॉवर* तथा *दस स्पोक ज़रथुष्ट्र* के लेखक

समय के साथ आप उन लोगों जैसे बन जाएँगे, जिनके साथ आप समय बिताते हैं। इसी तर्ज पर आप दूसरे समूह के लोगों जैसे कम बन जाएँगे।

समान-झुकाव समय के साथ समूह के सदस्यों की ज़्यादा समान बनने की प्रवृत्ति है। व्यवसाय में इसे कई बार कंपनी की "संस्कृति" कहा जाता है। इसका मतलब है कि वहाँ काम करने वाले लोगों के गुण, व्यवहार और दर्शन समान हैं।

समान-झुकाव का मतलब यह भी है कि समूह ख़ुद की निगरानी भी करते हैं। समूह के *मापदंड* (बाद में चर्चा की गई है) गुरुत्वाकर्षण की तरह काम करते हैं - अगर उनका उल्लंघन होता है, तो बाक़ी लोग विद्रोही पर दबाव डालेंगे, ताकि वह दोबारा समूह के मापदंडों का पालन करने लगे। जैसी कहावत है : "सबसे ऊँची घास सबसे पहले काटी जाती है।"

अगर आपने कामकाज की दीवानगी भरी संस्कृति वाली किसी कंपनी में काम किया है, तो आप जानते हैं कि समान-झुकाव कितना शक्तिशाली हो सकता है। अगर कर्मचारियों के लिए सुबह 6 बजे आना और रात को 10.30 तक रुकना सामान्य बात हो, तो इससे कम देर रुकने से आप मुश्किल में पड़ सकते हैं, क्योंकि मापदंडों का उल्लंघन इस बात का *सामाजिक संकेत* है कि आप समूह का हिस्सा नहीं हैं। मेरा एक ग्राहक एक बड़े चिकित्सकीय शोध संस्थान में काम करता है। उसका अपने सहकर्मियों से अक्सर विवाद हो जाता है, जो मानते हैं कि वह "पूरा ज़ोर नहीं लगा रहा है," क्योंकि वह 7.30 बजे रात को घर जाने के बजाय 5 बजे ही ऑफ़िस से चल देता है, हालाँकि वह बेहतरीन काम करता है और हर चीज़ पूरी कर देता है। "स्मार्ट तरीक़े से काम करने" के बजाय तार्किक समय पर घर जाने को गद्दारी के रूप में देखा जाता है। दुःखद, लेकिन आम बात।

विपरीत-झुकाव का मतलब यह होता है कि समय के साथ समूह दूसरे समूहों जैसे कम होने लगते हैं। चूँकि समूह-व्यवहार अक्सर एक समूह के सदस्यों और दूसरे समूह के सदस्यों के बीच स्पष्ट फ़र्क़ करने से विकसित होता है, इसलिए ज़्यादातर समूहों के मापदंड लगातार बदलते हैं, ताकि दूसरे समूह या नक़लची के साथ भ्रम न हो पाए।

विपरीत-झुकाव बताता है कि न्यू यॉर्क सिटी के उच्च वर्ग में फ़ैशन इतनी जल्दी और नाटकीय रूप से क्यों बदलते हैं। निश्चित सामाजिक दायरों में पोशाक आपकी दौलत या ओहदे का संकेत देने का तरीक़ा है। जब नवीनतम फ़ैशन टारगेट में दिखने लगते हैं और लोग उस पहनावे की नक़ल करने लगते हैं, तो इसके जवाब में फ़ैशन बदल जाता है। यह सतत विपरीत-झुकाव समूह-संबद्धता के संकेत को वैध रखता है।

आप जिन समूहों के साथ समय बिताते हैं, वे अपने आप और गहराई से आपके व्यवहार को प्रभावित करते हैं। *द आर्ट ऑफ़ एक्सेप्शनल लिविंग* के लेखक स्वर्गीय जिम रॉन के अनुसार, "आप उन पाँच लोगों का औसत हैं, जिनके साथ आप सबसे ज़्यादा समय बिताते हैं।" जिन लोगों के साथ आप नियमित व्यवहार करते हैं, उनके मूल्य और व्यवहार आप पर सतत दबाव डालते हैं कि आप भी वही मूल्य और व्यवहार अपना लें।

समान-झुकाव तब उपयोगी होता है, जब आप चेतन रूप से उन लोगों के साथ समय बिताने का चयन करें, जिनके जैसा आप बनना चाहेंगे। अगर आप अपना संकोच कम करना चाहते हैं और ज़्यादा बहिर्मुखी बनना चाहते हैं, तो सामाजिक स्थितियों में सामाजिक लोगों के साथ समय बिताने से आपके व्यवहार पर असर होगा। आप रातोंरात तो लोकप्रिय नहीं हो जाएँगे, लेकिन आप स्वाभाविक रूप से उन लोगों के व्यवहारों और मापदंडों को अपनाने लगेंगे, जिनके साथ आप समय बिता रहे हैं।

यह नीति किसी भी चीज़ के लिए काम करती है - अगर आप कुछ समय तक कच्चे आहार वाली ख़ुराक को आज़माना चाहते हैं, तो उन लोगों के साथ ज़्यादा समय बिताएँ, जो वैसा आहार लेते हैं। चेतन होकर आदत को ज़्यादा आसानी से बदलने के लिए आप समान-झुकाव का इस्तेमाल कर सकते हैं।

जो समूह आपका फ़ायदा नहीं कर रहे हैं, उन्हें छोड़ना दर्द भरा होता है, लेकिन विकास करने के लिए यह ज़रूरी होता है। जो लोग सिगरेट या शराब छोड़ना चाहते हैं, उन्हें इसे छोड़ने में अक्सर बहुत मुश्किल आती है, क्योंकि उनके सामाजिक नेटवर्क का एक बड़ा हिस्सा ऐसे

व्यवहारों में संलग्न होता है। दोपहर 3 बजे सिगरेट पीने के अवकाश या शाम को 6 बजे ख़ुशी के घंटे में शामिल होना एक बहुत महत्त्वपूर्ण सामाजिक घटना है - अगर आपके मित्र आपके वहाँ होने की उम्मीद कर रहे हैं, तो इस प्रलोभन का प्रतिरोध करना और भी ज़्यादा मुश्किल होता है। महत्त्वपूर्ण परिवर्तन करने के लिए एक समूह को छोड़ना और किसी दूसरे समूह को खोजना अक्सर आवश्यक हो जाता है, जो आपके नए इरादे का ज़्यादा समर्थन करता हो। इसीलिए अल्कोहलिक्स एनॉनिमस जैसे समर्थन समूहों में शामिल होना कुछ ख़ास व्यवहारों को बदलने का बहुत कारगर तरीक़ा है।

एक बार जब आपको इस बात का अहसास हो जाता है कि समूह-झुकाव और विपरीत-झुकाव कितने शक्तिशाली होते हैं, तो आप उनका इस्तेमाल करके लाभ ले सकते हैं। अगर आपका सामाजिक दायरा आपके लक्ष्यों का समर्थन नहीं कर रहा है, तो अपना सामाजिक दायरा बदल लें।

इस अवधारणा को शेयर करें : **http://book.personalmba.com/convergence-divergence/**

सामाजिक संकेत

> **एकमात्र नियम यह है आप चाहे जहाँ जाएँ, बोरिंग न बनें और सुंदर कपड़े पहनें। ज़िंदगी इतनी छोटी है कि बाक़ी लोगों जैसे दिखने का कोई मतलब नहीं है।**
>
> — पेरिस हिल्टन, अभिनेत्री

रोलेक्स, टाइमेक्स से ज़्यादा अच्छा समय नहीं दिखाती है। यह मुद्दे की बात नहीं है। लोग सामाजिक संकेत भेजने के लिए ढेर सारा पैसा और ऊर्जा ख़र्च करने को तैयार रहते हैं। गुक्की का हैंडबैग ज़ैनस्पोर्ट बैकपैक से ज़्यादा अच्छी तरह सामान नहीं रखता है और पोर्श 911 आपको (क़ानूनी रूप से) एक जगह से दूसरी जगह तक हॉन्डा सिविक से ज़्यादा तेज़ी से नहीं पहुँचाएगी। "विलासितापूर्ण" सामानों की लागत उनके ज़्यादा उपयोगी प्रतिस्पर्धियों की तुलना में कई गुना हो सकती है, लेकिन ध्यान रहे, उपयोगिता उद्देश्य नहीं है। लाभ दूसरे लोगों को संकेत भेजने में निहित है।

सामाजिक संकेत किसी अमूर्त गुण के मूर्त सूचक हैं, जो किसी व्यक्ति के सामाजिक ओहदे या समूह संबद्धता को बढ़ा देते हैं। लोग स्पोर्ट्स जर्सी इसलिए नहीं पहनते हैं, क्योंकि वे स्टाइलिश होती हैं - वे सुंदरता के किसी भी पैमाने पर अनाकर्षक होती हैं। लोग उन्हें इसलिए पहनते हैं, क्योंकि वे ख़ुद को अपनी प्रिय टीम से जोड़ना चाहते हैं - यह संबंध या पहचान का ऐलान है।

संकेतों का कई बार उस वास्तविकता से बहुत कम संबंध होता है या बिलकुल भी नहीं होता, जो संकेत को संप्रेषित करना चाहिए। *द मिलियनेअर नेक्स्ट डोर* में थॉमस स्टैनली और विलियम डेन्को उन लोगों के जीवन और आदतों का वर्णन करते हैं, जिनकी नेट वर्थ 1 मिलियन डॉलर से ज़्यादा है। अक्सर वे साधारण घरों में रहते हैं, पुरानी कार चलाते हैं और सस्ते कपड़े

पहनते हैं। अगर आप इस बारे में सोचें, तो इसमें समझदारी नज़र आती है - दौलत बनाने का सबसे अच्छा तरीक़ा बहुत सारे पैसे कमाना और *उन्हें ख़र्च न करना है।*

इसके विपरीत, जो लोग यह संकेत देना चाहते हैं कि वे दौलतमंद हैं, वे अपना पैसा दौलत और ओहदे को संप्रेषित करने वाले सामान पर ख़र्च करते हैं - बड़े मकान, विलासितापूर्ण कारें, डिज़ाइनर पोशाकें, महँगी छुट्टियाँ। इस तरह की ख़रीदारी अक्सर क़र्ज़ या उधार लेकर की जाती है - अगर आप दौलतमंद दिखने वालों के बैंक स्टेटमेंट देखें, तो आपको उनकी आर्थिक स्थिति प्रायः नाज़ुक ही मिलेगी।

सामाजिक संकेतों का वास्तविक *आर्थिक मूल्य* होता है, इसलिए यदि संभव हो, तो उन्हें अपनी पेशकश में शामिल करना लाभकारी होता है। किसी चीज़ में मूल्य का संकेत देने का हिस्सा यह समझना है कि लोग दूसरों को क्या संकेत देना चाहते हैं। चूँकि संकेत *बुनियादी मानवीय प्रेरणाओं* तक जाते हैं (संग्रह, निकटता, सीखना, रक्षा करना और महसूस करना), इसलिए लोग यह संकेत देना चाहते हैं कि वे दौलतमंद, आकर्षक, बुद्धिमान, ऊँचे ओहदे के, रोचक और आत्मविश्वासी हैं। अपनी पेशकश को इनमें से किसी गुण के साथ *जोड़ना* एक अचूक तरीक़ा है, जिससे लोग आपकी पेशकश को ज़्यादा प्रबलता से *चाहने* लगेंगे।

सामाजिक संकेतों का इस्तेमाल अपने लाभ के लिए करें और आप लोगों के मन में अपने प्रॉडक्ट की इच्छा जगा देंगे।

इस अवधारणा को शेयर करें : http://book.personalmba.com/social-signals/

सामाजिक प्रमाण

अगर पाँच करोड़ लोग भी कोई मूर्खतापूर्ण बात कहते हैं, तब भी यह मूर्खतापूर्ण बात ही रहती है।

—अनातोले फ़्रांस, नोबेल पुरस्कार विजेता उपन्यासकार और कवि

क्या कभी ऐसा हुआ कि आप सड़क पार करने से पहले ट्रैफ़िक लाइट बदलने का इंतज़ार कर रहे थे, तभी आपके बग़ल वाला व्यक्ति अचानक चलने लगा? संभावना इस बात की है कि अचेतन रूप से आप भी चलने लगे होंगे, जब तक कि आपने प्रतिक्रिया को चेतन रूप से *रोकने* के लिए *इच्छाशक्ति* का इस्तेमाल न किया हो।

ज़्यादातर स्थितियों में दूसरे लोगों के कार्य इस बात के बहुत प्रबल सूचक हैं कि निश्चित तरीक़े से व्यवहार करना ठीक है। जब कोई स्थिति अस्पष्ट होती है, तो हम दूसरों के व्यवहार को देखकर सीखते हैं। अगर आप यह नहीं जानते हैं कि रोम में कैसे व्यवहार करना है, जो सुरक्षित नीति यह है कि रोम के लोग जैसा कर रहे हैं, वैसा ही करें।

सामाजिक प्रमाण अपना ख़ुद का जीवन ले सकते हैं। एक व्यक्ति के काम से अक्सर फ़ैशन शुरू होते हैं। बाक़ी लोग इसे *सामाजिक संकेत* मान लेते हैं और अनुकरण करने लगते हैं, जिससे एक सामाजिक *फ़ीडबैक लूप* (बाद में चर्चा की गई है) बन जाता है। पेट रॉक्स, लैंस आर्मस्ट्राँग के पीले "लिव स्ट्राँग" ब्रेसलेट, वाइरल वीडियो और शेयर बाज़ार के बुलबुले

जैसी सभी चीज़ें सामाजिक प्रमाण के ज़रिये शक्ति हासिल करती हैं - अगर इतने सारे दूसरे लोग यह कर रहे हैं, तो इस निष्कर्ष पर पहुँचना आसान होता है कि शायद आपको भी वही करना चाहिए।

गवाहियाँ सामाजिक प्रमाण का प्रभावी रूप हैं, जिनका इस्तेमाल कारोबार में ज़्यादा बिक्री करने के लिए या जाता है। कोई तो कारण है कि एमेज़ॉन डॉट कॉम और दूसरे ऑनलाइन रिटेलर उपयोगकर्ता के रिव्यू इतनी प्रमुखता से प्रदर्शित करते हैं : उन लोगों की कहानियाँ, जो किसी ख़रीदारी से ख़ुश हुए हैं, एक स्पष्ट संकेत भेजती हैं कि किसी सामान को ख़रीदना सुरक्षित है, इसलिए उन्हें पढ़ने के बाद ज़्यादा लोग ख़रीदते हैं।

सर्वश्रेष्ठ गवाहियाँ आवश्यक रूप से वे नहीं होतीं, जिनमें तारीफ़ के पुल बाँधने वाले शब्द हों : *कमाल, सर्वश्रेष्ठ, जीवन बदलने वाला* और *क्रांतिकारी* आदि शब्दों का इतना ज़्यादा इस्तेमाल हो चुका है कि लोग उनसे ज़्यादा प्रभावित नहीं होते हैं और अपनी अपेक्षाएँ उसी अनुसार कम कर लेते हैं। सबसे प्रभावी गवाहियाँ इस तरह की होती हैं : *"मेरी रुचि इस प्रॉडक्ट में थी, लेकिन मैं पशोपेश में था। मैंने फिर भी ख़रीदने का निर्णय लिया और मैं अंतिम परिणाम से बहुत खुश हूँ।"*

लोगों द्वारा आपके प्रॉडक्ट की तारीफ़ों के पुल बाँधने के बजाय यह प्रारूप इसलिए बहुत प्रभावी है, क्योंकि यह लगभग वैसा ही है, जैसा आपके संभावित ग्राहक महसूस कर रहे हैं : उनकी दिलचस्पी तो है, लेकिन वे अनिश्चित हैं। निर्णय अच्छा था, यह संकेत करके गवाही आपके संभावित ग्राहकों को बताती है कि ख़रीदना सुरक्षित है।

अपनी पेशकशों में थोड़ा सामाजिक प्रमाण जोड़ दें और आपकी बिक्री आसमान छूने लगेगी।

इस अवधारणा को शेयर करें : http://book.personalmba.com/social-proof/

अधिकार

सभी लोगों के प्रति सम्मान दिखाएँ, लेकिन विनीत भाव किसी के भी प्रति नहीं।

—तेकुमसे, शॉनी क़बीले के अठारहवीं सदी के नेता

1970 के दशक में सांका (बाज़ार में व्यापक लोकप्रिय कॉफ़ी ब्रांड) ने रॉबर्ट यंग नामक अभिनेता को डिकैफ़िनेटेड कॉफ़ी के स्वास्थ्य लाभों का प्रचार करने के लिए नियुक्त किया। यंग को जनता डॉ. मार्कस वेलबी के नाम से ज़्यादा अच्छी तरह जानती थी, जो लोकप्रिय टेलीविज़न शो *मार्कस वेलबी, एम.डी.* के मुख्य पात्र थे।

हालाँकि यंग कैफ़ीन के स्वास्थ्य प्रभावों के मामले में विशेषज्ञ नहीं थे, लेकिन इसके बावजूद लोग उन्हें विशेषज्ञ मानते थे - इसलिए उन्होंने सांका को ख़रीदा। यह पैंतरा इतना कारगर हुआ कि सांका ने अपने प्रॉडक्ट के प्रचार के लिए "डॉ. वेलबी" का दशकों तक इस्तेमाल किया।

लोगों में *अधिकार* रखने वाले लोगों की बात मानने की आंतरिक प्रवृत्ति होती है। यह प्रवृत्ति बचपन में ही शुरू हो जाती है - अगर हम ज़्यादातर समय अपने माता-पिता का कहना न मानें, तो हम ज़्यादा समय तक ज़िंदा नहीं बचेंगे। जब हम बड़े होते हैं, तो हमें समाज में अधिकार वाले दूसरे लोगों का सम्मान करना और उनकी बात मानना सिखाया जाता है : शिक्षक, पुलिस अफ़सर, सरकारी अधिकारी और पादरी। इसके फलस्वरूप जब कोई अधिकार वाला व्यक्ति हमसे कुछ करने को कहता है, तो यह बहुत संभव है कि हम उसकी बात मान लेंगे - भले ही वह आग्रह उचित न हो या उसमें कोई तुक नज़र न आता हो।

लोगों में अधिकार वाले लोगों की बात मानने की प्रवृत्ति होती है, भले ही वे सामान्य परिस्थितियों में वह काम करने से मना करते हों। एक मशहूर और विचलित करने वाले सामाजिक मनोवैज्ञानिक प्रयोग में स्टैनली मिलग्राम ने यह साबित किया कि ज़्यादातर लोग अधिकार वाले लोगों की बात आश्चर्यजनक हद तक मानते हैं - भले ही आग्रह नैतिक दृष्टि से ग़लत नज़र आता हो।

1961 में शुरू हुए प्रयोगों की शृंखला में मिलग्राम ने परीक्षण वाले लोगों को एक कमरे में एक सफ़ेद लैब कोट वाले "वैज्ञानिक" और एक दूसरे व्यक्ति के साथ रख दिया। ये दोनों ही अभिनेता थे। जिस व्यक्ति पर परीक्षण किया जा रहा था, उसे बताया गया कि अध्ययन सीखने पर दंड के प्रभाव के बारे में था, जिसमें एक प्रतिभागी को "सीखने वाला" बनने के लिए चुना गया था - अभिनेता। "सीखने वाले" को बग़ल वाले एक कमरे में ले जाया गया, एक कुर्सी से बाँध दिया गया और उसके शरीर पर इलेक्ट्रोड लगा दिए गए।

जिन लोगों पर परीक्षण किया जा रहा था, "शिक्षक" के रूप में उनका काम शिष्य के सामने प्रश्न पढ़ना था और ग़लत जवाब मिलने पर शिष्य को "झटका देना" था। झटके वास्तविक नहीं थे, लेकिन अभिनेता चीख़ता था, चिल्लाता था और इस प्रयोग से आज़ाद करने की भीख माँगता था। हर कुछ मिनट बाद "वैज्ञानिक" शिक्षक को झटकों का वोल्टेज बढ़ाने की हिदायत देता था। अध्ययन का इरादा यह देखना था कि परीक्षण करने वाला व्यक्ति इंकार करने से पहले कितनी देर तक वैज्ञानिक की बात मानता है।

परिणाम विचलित करने वाले थे : 80 प्रतिशत प्रतिभागी उस बिंदु से आगे गए, जहाँ सीखने वाले ने रुकने की भीख माँगी और 65 प्रतिशत तो 450 वोल्ट के अधिकतम स्तर तक चले गए, जिस पर स्पष्ट रूप से घातक लिखा गया था। जिन लोगों पर परीक्षण किया जा रहा था, वे पूरे अध्ययन में असहज और अनिश्चित दिख रहे थे, लेकिन वैज्ञानिक ने उन्हें जारी रखने को कहा, इसलिए उन्होंने उसके आदेश का पालन किया।

अधिकार वाले लोग अपने आप और प्रबलता से प्रेरक होते हैं। किसी अधिकार वाले व्यक्ति की उपस्थिति में लोग वे चीज़ें कर देंगे, जिन्हें वे इसके बिना निंदनीय मानेंगे या जिस पर वे विचार भी नहीं करेंगे - यह मशहूर और शक्तिशाली लोगों से संबंधित कई स्कैंडलों का स्रोत है।

यदि आप अधिकार वाली स्थिति में हैं, तो आपके अधिकार की वजह से दूसरे आपके साथ अलग तरीक़े से व्यवहार करेंगे। मान लें, आप बस अपनी राय व्यक्त करते हैं, लेकिन आपके अधीनस्थ संभवतः आपकी बात को सत्य या आदेश मान लेंगे। इसके फलस्वरूप, वे आपको दी जाने वाली जानकारी को इस आधार पर फ़िल्टर करने लगेंगे कि उनके हिसाब से आप क्या

सुनना चाहते हैं – हालाँकि हो सकता है कि यह वही जानकारी न हो, जिसकी आपको सुनने की ज़रूरत है। फ़िल्टर करने के व्यवहार की वजह से ही अधिकार वाले लोग अंततः "बुलबुले में जीने" लगते हैं – अधिकार और *पुष्टि पूर्वाग्रह* का मिश्रण उनकी राय के विरोध में होने वाली जानकारी से उनकी रक्षा करता है। इसके फलस्वरूप अधिकार वाले लोगों के लिए *अत्यधिक आत्मसम्मान की प्रवृत्ति* की भरपाई करना मुश्किल होता है।

एक निश्चित क्षेत्र में प्रबल *प्रतिष्ठा* बनाने से अधिकार के लाभ मिलते हैं। अधिकार के सभी हिस्से छल-कपट वाले नहीं होते – अगर लोग आपके ज्ञान और अनुभव का सम्मान करते हैं, तो उनके आपके सुझाव पर अमल करने की ज़्यादा संभावना होती है। इसके फलस्वरूप स्पष्ट विशेषज्ञता और प्रबल प्रतिष्ठा विकसित करना लाभकारी हो सकता है – इससे आपका प्रभाव बढ़ जाता है। आप जो पेश कर रहे हैं, उस पर ख़ुद को अधिकारी या विशेषज्ञ के रूप में स्थापित करें। इसके बाद लोगों के आपकी पेशकश को स्वीकार करने की संभावना बढ़ जाएगी।

इस अवधारणा को शेयर करें : http://book.personalmba.com/authority/

वचनबद्धता और निरंतरता

मूर्खतापूर्ण निरंतरता छोटे दिमाग़ों का हौआ है।

— रैल्फ़ वाल्डो इमर्सन, निबंधकार और कवि

कुछ महीने पहले हमारी पूर्व शिक्षण संस्था ने केल्सी के पास फ़ोन किया, जिसमें दान का आग्रह किया गया था। पेंच यह था : उन्होंने सीधे या तुरंत दान नहीं माँगा। इसके बजाय उन्होंने कहा कि क्या वह "भविष्य में यूनिवर्सिटी को दान देना चाहेंगी।" इस बारे में कुछ भी सोचे बिना वह तैयार हो गई – और उस फ़ोन के बारे में तुरंत ही भूल गई।

हम न्यू यॉर्क से कोलोराडो रहने आए, उसके कुछ समय पहले यूनिवर्सिटी से 150 डॉलर का आधिकारिक दिखने वाला "इनवॉइस" डाक में आया। इसमें लिखा था, "यहाँ आपकी 150 डॉलर की वचनबद्धता है – आप अपना चेक संलग्न लिफ़ाफ़े में रखकर भेज सकती हैं।"

पैसे की तंगी थी, क्योंकि हम मूवर्स को पैसे दे रहे थे, कार और फ़र्नीचर ख़रीद रहे थे, लेकिन इसके बावजूद केल्सी ने चेक भेज दिया। आख़िर उसने वादा किया था, है ना?

कोई नहीं चाहता कि उसे "वादा तोड़ने वाला" माना जाए। पूरे इतिहास में *वचनबद्धता* का इस्तेमाल समूहों को एक सूत्र में बाँधने के लिए किया गया है। वादा तोड़ने का सामाजिक *प्रतिष्ठा* और छवि पर अक्सर नकारात्मक प्रभाव पड़ता है, इसलिए ज़्यादातर लोग उस तरह से काम करने का यथासंभव प्रयास करेंगे, जो उनके पुराने विचारों और वादों के *अनुरूप* हो।

छोटे वादे भी इसे ज़्यादा संभव बना देते हैं कि लोग भविष्य में उनके अनुरूप कार्य करेंगे। वचनबद्धता के बारे में मुझे माइकल मास्टरसन की कहानी प्रिय है, जो *रेडी, फ़ायर, ऐम* के लेखक हैं। भारत की यात्रा करते समय मास्टरसन एक कालीन व्यापारी की दुकान पर गए। वे

अच्छे-ख़ासे संदेह के साथ दुकान में दाख़िल हुए। उनका कुछ ख़रीदने का बिलकुल भी इरादा नहीं था - उनकी रुचि तो बस अनुभव में थी।

कालीन व्यापारी बेहतरीन सेल्समैन था और दो बुनियादी रणनीतियों पर भरोसा करता था। मास्टरसन के संदेह को तोड़ने के लिए उसने पिछली बिक्रियों की कहानियाँ बताईं, ताकि मास्टरसन को प्रोत्साहित किया जा सके कि बिक्री शुरू होने से पहले ही वे उसे पसंद करें और उस पर *विश्वास* करें, फिर उसने वचनबद्धता का इस्तेमाल किया। जब भी मास्टरसन किसी कालीन की तरफ़ देखता भी था, तो व्यापारी अपने नौकरों से कहता था कि वे इसे ग़ौर से देखने के लिए रैक से नीचे उतार दें। कालीन भारी थे और यह साफ़ नज़र आ रहा था कि बिक्री स्टाफ़ उसकी ख़ातिर कड़ी मेहनत कर रहा था। एक छोटी सी वचनबद्धता से - किसी ख़ास कालीन में रुचि दिखाकर - मास्टरसन ने कामों की शृंखला को प्रेरित कर दिया था।

जब मिनट गुज़रते गए, तो यह मास्टरसन के लिए कल्पना करना मुश्किल हो गया कि वह कालीन ख़रीदे बिना वहाँ से लौट जाए - यह उसकी दिखाई रुचि और उस मेहनत के तालमेल में नहीं होता, जो उस व्यापारी का स्टाफ़ उसकी ख़ातिर कर रहा था। उसे *बदला चुकाना* ही था - वह उनसे नहीं कैसे कह सकता था?

अंत में उसने 8,200 डॉलर का एक कालीन ख़रीद लिया और ख़ुश ग्राहक के रूप में दुकान से बाहर निकला।

छोटी वचनबद्धता हासिल करने से इस बात की ज़्यादा संभावना रहती है कि लोग बाद में उसके अनुरूप काम करेंगे। सेल्स कर्मियों को अक्सर यह सिखाया जाता है कि वे शुरुआत में अपने ग्राहकों को यथासंभव ज़्यादा बार हाँ कहने के लिए प्रोत्साहित करें। "दरवाज़े में एक पैर" अड़ाकर वे इस संभावना को बढ़ा देते हैं कि उनका संभावित ग्राहक आगे भी ऐसा ही करेगा।

इसीलिए याचिका पर हस्ताक्षर इकट्ठे करते समय या टेली-मार्केटिंग करते समय इतने सारे सामाजिक कार्यकर्ता इस तरह के शुरुआती प्रश्न पूछते हैं, जैसे "क्या आप बच्चों की सुरक्षा की परवाह करते हैं?" "क्या आप पर्यावरण की परवाह करते हैं?" ज़्यादातर लोग इन चीज़ों की परवाह करते हैं, इसलिए वे स्वचालित और त्वरित हाँ कर देते हैं। एक बार जब आपने कह दिया है कि आप किसी चीज़ की परवाह करते हैं, तो उनके आग्रह से इंकार करना अपनी बात से मुकरना होगा - यह आपके पुराने कथन के विपरीत होगा।

एक छोटा वादा हासिल करें। इससे बाक़ी लोगों के आपके आग्रह से सहमत होने की संभावना बढ़ जाएगी।

इस अवधारणा को शेयर करें : http://book.personalmba.com/commitment-consistency/

प्रोत्साहन-प्रेरित पूर्वाग्रह

किसी इंसान को कोई चीज़ समझाना मुश्किल होता है, जब उसका वेतन उसे न समझने पर निर्भर करता हो।

— अपटन सिंक्लेयर, *द जंगल* के पुलित्ज़र पुरस्कार-विजेता लेखक

अगर आप किसी रियल एस्टेट एजेंट या मॉर्टगेज ब्रोकर के साथ काम कर रहे हैं, तो उसकी बुनियादी रुचि इस बात में होगी कि वह आपको एक मकान ख़रीदने के लिए राज़ी कर ले। इसीलिए ज़्यादातर एजेंट आपको यह नहीं बताएँगे कि किराये पर मकान लेना आपके सर्वश्रेष्ठ हित में है।

प्रोत्साहन-प्रेरित पूर्वाग्रह यह बताता है कि किसी चीज़ में निहित स्वार्थ होने पर लोगों में यह प्रवृत्ति होती है कि वे आपको अपने स्वार्थ की दिशा में ले जाएँगे। *बफ़र* के बारे में बात करते समय हमने प्रोत्साहन-प्रेरित पूर्वाग्रह के विचार को छुआ था। अगर आप किसी कमीशन वाले एजेंट के साथ काम कर रहे हैं, तो आपको यह बताना उसके सर्वश्रेष्ठ हित में नहीं होता है कि किसी चीज़ को ख़रीदना अच्छा विचार नहीं है। जैसी कहावत है : नाई से यह सवाल न पूछें कि क्या आपको बाल कटाना चाहिए।

प्रोत्साहन अपने आप लोगों के काम करने के तरीक़े को प्रभावित करते हैं, जो इस बात पर निर्भर करता है कि उन्हें पुरस्कार कैसे दिया जाता है। इसके फलस्वरूप लोगों को जिस तरह के प्रोत्साहन दिए जाते हैं, उनका व्यवहार पर महत्त्वपूर्ण प्रभाव पड़ता है। बाक़ी चीज़ें समान रहने पर प्रोत्साहन बदलने से व्यवहार बदलने की संभावना भी होती है।

द नैक में नॉर्म ब्रॉडस्की और बो बर्लिंगहैम बताते हैं कि वे अपने सेल्स कर्मियों को कैसे भुगतान देते हैं। ज़्यादातर कंपनियाँ कमीशन के आधार पर सेल्स कर्मियों को भुगतान देती हैं : ज़्यादा बिक्री करने पर सेल्स कर्मी को ज़्यादा पैसे मिलते हैं। इस प्रोत्साहन तंत्र में सेल्स कर्मी बिक्री करने पर अति केंद्रित होते हैं - भले ही वे बिक्रियाँ कंपनी के लिए लाभदायक न हों या कंपनी के दीर्घकालीन हित में न हों। वेतन के आधार पर अपने सेल्स कर्मियों को भुगतान देकर और दीर्घकालीन प्रदर्शन के आधार पर उदार बोनस देकर ब्रॉडस्की और बर्लिंगहैम ने उन्हें प्रोत्साहित किया कि वे किसी भी क़ीमत पर बिक्री करने के बजाय *लाभकारी बिक्री* करने पर ध्यान केंद्रित करें।

कई बार प्रोत्साहन बिना इरादे वाले *दूसरे क्रम के परिणाम* (बाद में चर्चा की गई है) डालते हैं। स्टॉक ऑप्शन्स इस अनुमान के आधार पर बनाए गए थे कि जिन अधिकारियों का कंपनी के शेयर के भाव बढ़ाने में स्वार्थ होगा, वे इस तरह से काम करेंगे कि शेयर का भाव समय के साथ बढ़ता जाए, जो शेयरधारकों के सर्वश्रेष्ठ हित में था। यह सच है, लेकिन सिर्फ़ एक सीमा तक : उन अधिकारियों की *वास्तविक रुचि शेयर का भाव उनके बेचने तक बढ़ाने में थी।* जब ऑप्शन बेच दिए जाते हैं, तो उन्हें ज़्यादा परवाह नहीं होती। इसकी वजह से वे ऐसी नीतियाँ बना सकते हैं, जो अल्पकालीन लाभों की ख़ातिर दीर्घकालीन स्थायित्व की बलि चढ़ा दें।

प्रोत्साहन पेचीदा होते हैं, क्योंकि वे हमारे *आनुभूतिक नियंत्रण* तंत्रों पर अवश्यंभावी प्रभाव डालते हैं। मिसाल के तौर पर, किसी कर्मचारी को कोई अच्छी चीज़ करने के लिए बोनस या

वेतनवृद्धि देने का एक विचित्र परिणाम भी हो सकता है - जिस चीज़ की वजह से उन्हें पुरस्कार मिला, वे उसे करना छोड़ देते हैं।

इसमें कोई समझदारी नज़र नहीं आती है, जब तक कि आपको यह अहसास नहीं होता कि उनके लिए वह चीज़ करना ही पुरस्कार था - उन्होंने वह काम इसलिए किया क्योंकि वे उसे करना *चाहते* थे, इसलिए पुरस्कार आंतरिक था। उन्हें भुगतान करना उस काम को उनकी नौकरी का हिस्सा बना देती है, जिससे उनकी आंतरिक प्रेरणा कम हो जाती है। *द्वंद्व* के मामले में आनुभूतिक नियंत्रण हर बार प्रोत्साहनों पर भारी पड़ते हैं।

उचित रूप से इस्तेमाल करने पर प्रोत्साहन उपयोगी हो सकते हैं, लेकिन सावधान रहें। आप जिन लोगों के साथ काम करते हैं, अगर उनके प्रोत्साहन आपके हितों के अनुरूप नहीं हैं, तो आपको निश्चित रूप से समस्याएँ आएँगी।

इस अवधारणा को शेयर करें : http://book.personalmba.com/incentive-caused-bias/

आम पूर्वाग्रह

हम अपनी बात से सहमत होने वाले लोगों के बीच आराम पाते हैं और असहमत होने वाले लोगों के बीच विकास।

— फ़्रैंक ए. क्लार्क, अख़बार स्तंभकार

कुछ साल पहले मैं कारोबार के सिलसिले में एक सहकर्मी के साथ यात्रा कर रहा था। वह इस बात पर हैरान था कि मैं रोलिंग सूटकेस के बजाय कंधे पर लटकाने वाला बैग लेकर जा रहा था। यात्रा रात भर की थी, इसलिए मुझे ज़्यादा सामान की ज़रूरत नहीं थी - बदलने वाले कपड़े, मेरा लैपटॉप और पुस्तक। मेरे पास ज़रूरत की हर चीज़ थी और बैग भारी नहीं था, इसलिए मेरा समाधान अच्छी तरह काम कर रहा था।

मेरे सहकर्मी को मेरा समाधान बकवास लगा और उसने अगले दस मिनट मुझे यह बताने में लगाए : "रोलिंग सूटकेस लेकर चलना कहीं बेहतर है! यह ज़्यादा आरामदेह होगा और वज़न भी कम होगा। आपको *हमेशा* रोलिंग सूटकेस लेकर चलना चाहिए... ।"

आम पूर्वाग्रह यह स्वचालित मान्यता है कि हमारा विचार या नीति ही सर्वश्रेष्ठ है। हममें से ज़्यादातर लोग यह मानना पसंद करते हैं कि हमारी हर चीज़ सही है - कि हम जानते हैं कि हम किस बारे में बात कर रहे हैं, हम जानते हैं कि हम क्या कर रहे हैं और हम जो कर रहे हैं, उसे करने का हमारा तरीक़ा सबसे अच्छा है। अक्सर हम बहुत ग़लत होते हैं। किसी चीज़ को करने के हमेशा एक से ज़्यादा तरीक़े होते हैं और अच्छे विचार कहीं से भी आ सकते हैं।

विपरीत प्रमाण के अभाव में हिप्पो (हाईएस्ट पेड पर्सन्स ओपिनियन) का बोलबाला रहता है - निर्णय "सबसे ऊँचे वेतन वाले व्यक्ति की राय" के अनुसार लिए जाते हैं। हिप्पो नामक शब्दावली अविनाश कौशिक ने *वेब एनालिटिक्स : एन अवर अ डे* में यह बताने के लिए ईजाद की थी कि डाटा से कारोबारी प्रस्तावों और निर्णयों का समर्थन करना अत्यंत महत्त्वपूर्ण क्यों था। डाटा के अभाव में आप अंततः बॉस के तरीक़े से काम करने के लिए विवश हो जाएँगे।

आम पूर्वाग्रह यह सुनिश्चित करता है कि बॉस अपने तरीक़े को सर्वश्रेष्ठ मानेगा, जब तक कि आप इसके विपरीत साबित न कर सकें। मशविरों की लड़ाई में जीत हमेशा हिप्पो की होती है।

आम पूर्वाग्रह से बचने का सबसे अच्छा तरीक़ा यह है कि आलोचनात्मक विवेक को कुछ समय तक शिथिल करने के लिए *निषेध* का इस्तेमाल करें। संज्ञानात्मक पूर्वाग्रहों को समझने का अहम हिस्सा यह ज्ञान है कि आप उनसे पूरी तरह बचे हुए नहीं है। वे मौजूद हैं, सिर्फ़ यह जानने से उनका प्रभाव कम नहीं हो जाता। आम पूर्वाग्रह स्वचालित होता है - इससे उबरने के लिए हमें *इच्छाशक्ति* का इस्तेमाल करना होता है।

अगर आप लीडर या मैनेजर हैं, तो अपने विवेक को तब तक चेतन रूप से शिथिल करना लाभकारी होता है, जब तक कि आप अपने साथ काम करने वालों के दृष्टिकोणों और सुझावों पर अच्छी तरह विचार न कर लें, वरना इस बात की काफ़ी संभावना रहती है कि आप महत्त्वपूर्ण जानकारी चूक जाएँगे। दिमाग़ खुला रखें और आप समझदारी भरे निर्णय लेने की अपनी योग्यता को बढ़ा लेंगे।

इस अवधारणा को शेयर करें : http://book.personalmba.com/modal-bias/

पिग्मेलियन प्रभाव

उच्च उपलब्धि हमेशा उच्च अपेक्षा के साँचे में ढलती है।

— चार्ल्स केटरिंग, उर्वर आविष्कारक और जनरल मोटर्स के पूर्व शोध प्रमुख

लोगों में उसी स्तर तक उठने की प्रवृत्ति होती है, जितनी दूसरे लोग उनसे अपेक्षा करते हैं। आम तौर पर लोग उसी स्तर पर प्रदर्शन करते हैं, जिस स्तर पर दूसरे उनसे प्रदर्शन करने की उम्मीद करते हैं। अगर आप अपने साथ काम करने वालों से ज़्यादा अपेक्षाएँ नहीं करते हैं, तो संभवतः आप उन्हें पूरी क्षमता से प्रदर्शन करने के लिए प्रेरित नहीं कर पाएँगे। दूसरी तरफ़, अगर आप उन्हें यह बता देते हैं कि आप उनसे बेहतरीन चीज़ों की अपेक्षा रखते हैं, तो आप अक्सर उन्हें अच्छा प्रदर्शन करते हुए पाएँगे।

पिग्मेलियन प्रभाव एक प्रवृत्ति है, जिसका नाम यूनानी मिथक के नायक के नाम पर रखा गया है। पिग्मेलियन एक कुशल मूर्तिकार था, जिसने इतनी आदर्श महिला की मूर्ति बनाई कि वह उसका दीवाना हो गया। जब पिग्मेलियन ने प्रेम की देवी एफ़्रोडाइट से बहुत प्रार्थना की, तो उन्होंने उस पर तरस खाकर मूर्ति को सजीव कर दिया।

पिग्मेलियन प्रभाव यह स्पष्ट करता है कि हमारे सारे संबंध बहुत असली मायने में ख़ुद पूरी होने वाली भविष्यवाणियाँ क्यों होते हैं। यह प्रभाव सबसे पहले उन अध्ययनों में प्रमाणित हुआ, जिसने शिक्षकों और विद्यार्थियों के आपसी संबंध की जाँच की। अगर किसी शिक्षक को यह विश्वास था कि विद्यार्थी "प्रतिभाशाली" या "स्मार्ट" है, तो शिक्षक इस तरह से काम करेगा, जिससे विद्यार्थी इसी अनुरूप प्रदर्शन करने के लिए प्रोत्साहित होगा। अगर शिक्षक यह मानता था कि विद्यार्थी "मुश्किल" या "बाधित" है, तो वह उतना समर्थन नहीं करेगा और विद्यार्थी उतना अच्छा प्रदर्शन नहीं कर पाएगा - ख़ुद पूरी होने वाली भविष्यवाणी।

हाउ टू विन फ़्रेंड्स ऐंड इनफ़्लुएंस पीपल में डेल कारनेगी सलाह देते हैं, "दूसरों को बेहतरीन छवि दें, जिसके अनुरूप वे जी सकें।" वे समझदार इंसान थे – दूसरों से अपनी अपेक्षाएँ बढ़ा दें और वे उन अपेक्षाओं को पूरा करने का स्वाभाविक रूप से सर्वश्रेष्ठ प्रयास करेंगे।

पिग्मेलियन प्रभाव दूसरे लोगों से अयथार्थवादी अपेक्षाएँ रखने का बहाना नहीं है। संसार का सर्वश्रेष्ठ निर्माता भी एक दोपहर में मिस्र के पिरामिडों की नक़ल नहीं बना सकता, इसलिए किसी से प्रदर्शन के ऐसे स्तर की अपेक्षा रखना निराशा और कुंठा का नुस्ख़ा है। गुणवत्ता और प्रदर्शन की अपेक्षा रखना एक चीज़ है – चमत्कारों की अपेक्षा रखना अयथार्थवादी है।

पिग्मेलियन प्रभाव एक मिथ्याभास भी बताता है : लोगों से ऊँची अपेक्षाएँ रखने से बेहतर परिणाम मिलेंगे, लेकिन इससे आपके निराश होने की आशंका भी बढ़ जाती है। *अपेक्षा प्रभाव* का अर्थ है कि किसी के काम की गुणवत्ता के बारे में हमारी अनुभूति हमारी मूल अपेक्षाओं का फल है। हमारी अपेक्षाएँ शुरू से जितनी ऊँची होती हैं, सामने वाले का प्रदर्शन आम तौर पर उतना ही ऊँचा होगा, लेकिन यह जोखिम भी बढ़ जाता है कि हमारी अपेक्षाएँ पूरी न हो पाएँ। याद रखें कि अगर आप किसी के प्रदर्शन का औपचारिक आकलन कर रहे हैं, तो यथासंभव निष्पक्षता और संख्यात्मक अंदाज़ में प्रदर्शन का मूल्यांकन करें।

दूसरों को यह बता दें कि आप उनसे बेहतरीन काम की उम्मीद करते हैं और वे आपकी अपेक्षाओं के अनुरूप जीने के लिए अपना सर्वश्रेष्ठ प्रयास करेंगे।

इस अवधारणा को शेयर करें : http://book.personalmba.com/pygmalion-effect/

आरोपण त्रुटि

दुर्लभ है वह इंसान, जो अपना अँगूठा तराजू पर लगाए बिना दूसरों के दोष तौल सकता है।

— बायरन जे. लैंजनफ़ेल्ड, प्रथम विश्व युद्ध के विमानचालक

आइए मान लेते हैं कि आपने मकान बनाने के लिए एक कॉन्ट्रैक्टर को रखा और उसे मकान पूरा करने की स्पष्ट डेडलाइन दे दी। डेडलाइन निकल जाती है और प्रोजेक्ट पूरा नहीं हो पाता है। डेडलाइन के तीन महीने बाद जाकर मकान पूरा होता है।

जब तक कि आप ख़ास दयालु महसूस न कर रहे हों, तब तक आपके यह सोचने की संभावना है कि वह ठेकेदार ग़ैर-पेशेवर, आलसी या अनुभवहीन है। आपके जो मित्र मकान बनाने में रुचि रखते हैं, आप उन सभी को बता देते हैं कि उस ठेकेदार से काम न कराएँ – वह वादे तो बड़े-बड़े करता है, लेकिन वादे के मुताबिक़ काम नहीं करता है।

अब ठेकेदार के दृष्टिकोण से स्थिति की कल्पना करें। मूल योजना एक ख़ास सप्लायर से लकड़ी ख़रीदने की थी, जो आम तौर पर विश्वसनीय था, लेकिन उसका एक ट्रक ख़राब हो गया, जिससे लदाई में देर हो गई। स्थिति की माँग यह थी कि जल्दी से एक और सप्लायर खोजा जाए, जो इसलिए मुश्किल था, क्योंकि सामग्री की आपूर्ति कम थी। ठेकेदार ने जल्दी से जल्दी काम पूरा करने के लिए ज़मीन-आसमान एक कर दिया – ठेकेदार की व्यग्रता के बिना प्रोजेक्ट पूरा होने में तीन के बजाय छह महीने विलंब हो जाता।

आरोपण त्रुटि का मतलब यह है कि जब दूसरे गड़बड़ करते हैं, तो हम उनके चरित्र को दोष देते हैं; जब हम गड़बड़ करते हैं, तो हम इसका दोष परिस्थितियों पर मढ़ देते हैं। ठेकेदार के कामों को चरित्र का दोष मानकर आपने आकलन में त्रुटि कर दी - परिस्थितियों को देखते हुए ठेकेदार दरअसल अपने कर्तव्य से आगे तक गया था। चूँकि आप परिस्थितियों को पूरी तरह नहीं जानते थे, इसलिए आप उसके चरित्र को दोष दे बैठे।

आरोपण त्रुटि से बचने से अपने साथ काम करने वाले लोगों के साथ अच्छे संबंध बनाए रखना ज़्यादा आसान होता है। अगर आप किसी ऐसे व्यक्ति के साथ काम कर रहे हैं, जो लगातार अपेक्षाओं के अनुरूप प्रदर्शन नहीं कर पाता है या वह परिणाम नहीं दे पाता, जो उसे देना चाहिए, तो आपके पास एक वैध समस्या है, जिसे सुलझाना ज़रूरी है, अन्यथा लोगों को तब तक शंका का लाभ देना उचित होता है, जब तक कोई ख़ास व्यवहार स्पष्ट *पैटर्न* नहीं बन जाता। जब आप किसी व्यक्ति के कामों का कारण समझ लेते हैं, तो आप आम तौर पर उसके व्यवहार को एक अलग प्रकाश में देखने लगते हैं।

जब कोई चीज़ उम्मीद के मुताबिक़ न हो रही हो, तो सामने वाले के व्यवहार के पीछे की परिस्थितियों के बारे में ज़्यादा से ज़्यादा पता लगाने की कोशिश करें। अक्सर आप पाएँगे कि यह बुनियादी चारित्रिक दोष नहीं था, बल्कि परिस्थिति का तकाज़ा था।

इस अवधारणा को शेयर करें : http://book.personalmba.com/attribution-error/

विकल्प अनुकूलन

संसार को आगे ले जाने का महत्त्वपूर्ण काम यह इंतज़ार नहीं करता कि इसे आदर्श लोग करें।

— जॉर्ज इलियट, उन्नीसवीं सदी की उपन्यासकार

जब कोई चीज़ गड़बड़ हो जाती है, तो आप मुसीबत को *कैसे* सँभालते हैं, यह मायने रखता है। ग़लतियाँ और समस्याएँ हर समय होती रहती हैं, इसलिए पहले से अपनी प्रतिक्रिया की योजना बनाना अप्रत्याशित के प्रभाव को न्यूनतम करने की दिशा में काफ़ी दूर तक जाता है।

जब कोई चीज़ ग़लत हो जाती है, तो समस्या पर अति केंद्रित होना वह सबसे कम लाभकारी चीज़ है, जो आप कर सकते हैं। जब तक आप किसी समस्या के बारे में जागरूक बनते हैं, इसे रोकना आपके *नियंत्रण के दायरे* के बाहर हो जाता है। समस्या उत्पन्न हो चुकी है - एकमात्र प्रश्न यह है कि आप इस पर कैसे प्रतिक्रिया करने की योजना बनाते हैं।

कल्पना करें कि आप माइक्रोवेव बनाने वाली कंपनी के सीईओ के अधीन काम करते हैं और आपको अभी-अभी एक रिपोर्ट मिली है कि कंपनी के कुछ माइक्रोवेव फट गए हैं, जिससे कई घर स्वाहा हो गए हैं। यह एक बड़ी समस्या है। आपको क्या लगता है सीईओ कैसी प्रतिक्रिया करेगा, अगर उनसे जाकर यह कहें, “बॉस, हमारे सामने एक समस्या है। हम क्या करें? हमें बताएँ कि क्या करना है!”

जब तक आपका सीईओ बहुत धैर्यवान व्यक्ति न हो, उसकी प्रतिक्रिया शायद यह होगी, "मैं जानता हूँ कि हमारे सामने एक... समस्या है - हमारे विकल्पों का अनुमान लगाने में मेरी मदद करें!" हाथ मलने पर बहुत ज़्यादा ध्यान केंद्रित करेंगे, तो आप जल्दी ही नौकरी के बाहर होंगे।

समस्या पर ध्यान केंद्रित करने के बजाय अपने *विकल्पों* पर ध्यान केंद्रित करें। समस्या पर जुगाली करने से कोई चीज़ नहीं सुलझती है; मूल प्रश्न तो यह है कि आप इसके बारे में क्या करने जा रहे हैं? संभावित प्रतिक्रियाओं के आकलन पर अपनी ऊर्जा केंद्रित करके आप चीज़ों को बेहतर बनाने का तरीक़ा खोजने की संभावना को बहुत बढ़ा लेते हैं।

यहाँ एक वैकल्पिक नीति है, जिसे आपका काल्पनिक सीईओ शायद ज़्यादा उपयोगी पाएगा :

> *हमें अपने माइक्रोवेव की वजह से लगने वाली आगों की कई रिपोर्टें मिली हैं। हमारे विकल्प ये हैं - हम अपने इंजीनियरों से पूरी जाँच करा सकते हैं, इसके बाद ही हम बयान जारी करते हैं। इस काम में समय लगेगा और आगामी समस्याओं का जोखिम रहेगा। दूसरी नीति यह है कि हम तुरंत वापसी का ऐलान कर सकते हैं। हमारे पास इस वक़्त जो जानकारी उपलब्ध है, उसके आधार पर यह नज़र आता है कि हमारे माइक्रोवेव में गड़बड़ी है और वे हमारे ग्राहकों की सुरक्षा के लिए बहुत बड़ा जोखिम हैं। दोनों विकल्पों के हानि-लाभ अध्ययन के आधार पर मैं तुरंत वापसी की सलाह देता हूँ, जिसकी अनुमानित लागत 40 लाख डॉलर होगी।*

संभावित विकल्पों पर ध्यान केंद्रित करना कहीं ज़्यादा सृजनात्मक है - आप काम करने की कई दिशाएँ पेश कर रहे हैं और प्रत्येक के साथ जुड़ी लागतों और लाभों को भी बता रहे हैं, फिर आप उपलब्ध जानकारी के आधार पर समाधान भी सुझा रहे हैं। इसके बाद सीईओ (या ग्राहक) आपकी सलाह और आपके पेश किए हुए विकल्पों की समीक्षा कर सकता है, उनसे संबंधित सवाल पूछ सकता है और अंततः सर्वश्रेष्ठ संभव *निर्णय* ले सकता है। इसे अक्सर और अच्छी तरह करेंगे, तो आपकी यह *छवि* बन जाएगी कि आप संकट के बीच भी दिमाग़ी संतुलन बनाए रखते हैं।

समस्याओं पर नहीं, विकल्पों पर ध्यान केंद्रित करें और आप किसी भी स्थिति से निबट सकते हैं, जो जीवन आपकी राह में फेंकता है।

इस अवधारणा को शेयर करें : http://book.personalmba.com/option-orientation/

प्रबंधन

प्रबंधन चीज़ों को सही तरीक़े से करना है। नेतृत्व सही चीज़ें करना है।

— पीटर ड्रकर, आधुनिक प्रबंधन सिद्धांत के जनक

बिज़नेस स्कूलों में "वैज्ञानिक प्रबंधन" और उच्च शिक्षित, पेशेवर ढंग से प्रशिक्षित मैनेजरों की आवश्यकता पर बहुत ज़ोर दिया जाता है। सच तो यह है कि आप किसी क्लासरूम

में सुयोग्य मैनेजर बनना नहीं सीख सकते - कुछ आसान सिद्धांतों के अलावा यह एक ऐसी योग्यता है, जो अनुभव से ही सबसे अच्छी तरह सीखी जाती है।

प्रबंधन सरल है, लेकिन आसान नहीं है। सारांश में प्रबंधन लोगों के किसी समूह को कोई विशिष्ट *लक्ष्य* हासिल करने के लिए समन्वित करने का काम है, जबकि हमेशा मौजूद *परिवर्तन* और *अनिश्चितता* (दोनों पर ही बाद में चर्चा की गई है) का ध्यान रखना होता है। यह किसी तूफ़ान में जहाज़ की पतवार को थामने जैसा है : आप बस स्टियरिंग व्हील को आगे-पीछे हिला सकते हैं, जो आसान काम है, लेकिन इसे अच्छी तरह करने के लिए अनुभव और योग्यता की ज़रूरत होती है।

हमने अब तक जो सीखा है, उसके आधार पर असल संसार में प्रभावी प्रबंधन के छह सरल सिद्धांत ये हैं :

1. कर्मचारियों के उस सबसे छोटे समूह को नियुक्त करें, जो तेज़ी और उच्च गुणवत्ता के साथ अपेक्षित काम कर सकते हैं। *तुलनात्मक लाभ* का मतलब है कि निश्चित कामों को पूरा करने के लिए कुछ लोग दूसरों से बेहतर होंगे, इसलिए उस ख़ास काम के लिए सर्वश्रेष्ठ टीम नियुक्त करने में समय और संसाधन का निवेश करने से फ़ायदा होता है। बस उस टीम को ज़्यादा बड़ा न बनाएँ - *संप्रेषण व्यय* की वजह से तीन से आठ लोगों के बुनियादी समूह से आगे का हर अतिरिक्त सदस्य बोझ बन जाता है। छोटी, विशेषज्ञ टीमें सर्वश्रेष्ठ होती हैं।
2. मनचाहा *अंतिम परिणाम* स्पष्टता से बता दें। यह भी बता दें कि किस चीज़ के लिए कौन ज़िम्मेदार है। वर्तमान स्थिति भी संप्रेषित कर दें। टीम के हर व्यक्ति को पता होना चाहिए कि प्रोजेक्ट के बारे में *सेनापति का इरादा* क्या है। उसे *कारण क्यों* पता होना चाहिए कि यह क्यों महत्त्वपूर्ण है। इसके अलावा उसे उस प्रोजेक्ट के विशिष्ट हिस्सों की स्पष्ट जानकारी होनी चाहिए, जिन्हें पूरा करने के लिए वह व्यक्तिगत तौर पर ज़िम्मेदार है - वरना आप दर्शक *तटस्थता का जोखिम* ले रहे हैं।
3. कर्मचारियों के साथ सम्मान से पेश आएँ। *स्वर्णिम त्रिसूत्र* - प्रशंसा, शिष्टता और सम्मान - का लगातार इस्तेमाल करना आपकी टीम के सदस्यों को *महत्त्वपूर्ण* महसूस कराने का सर्वश्रेष्ठ तरीक़ा है। यह इस बात को सुनिश्चित करने का सर्वश्रेष्ठ तरीक़ा भी है कि वे लीडर और मैनेजर के रूप में आपका सम्मान करें। आपकी टीम समर्थक परिस्थितियों में जितना ज़्यादा मिलकर काम करती है, स्वाभाविक रूप से उतनी ही ज़्यादा *एकजुटता* होगी और टीम उतने ही ज़्यादा प्रगाढ़ बंधन में बँधेगी।
4. एक ऐसा *परिवेश* बनाएँ, जहाँ हर व्यक्ति यथासंभव उत्पादक बन सके, फिर लोगों को उनका काम करने दें। सर्वश्रेष्ठ कामकाजी परिवेश *मार्गदर्शन तंत्र* का पूरा लाभ लेता है - सर्वश्रेष्ठ संभव उपकरण और औज़ार प्रदान करें तथा यह सुनिश्चित करें कि टीम जो कर रही है, परिवेश उस काम को समर्थन देता हो। *संज्ञानात्मक परिवर्तन दंड* से ऊर्जा का क्षय न हो, यह सुनिश्चित करने

के लिए यथासंभव विघ्नों से अपनी टीम की रक्षा करें, जिनमें ग़ैर-अनिवार्य अफ़सरशाही और बैठकें शामिल हैं।

5. निश्चितता और भविष्यवाणी संबंधी अयथार्थवादी अपेक्षाएँ न रखें। प्रोजेक्ट पूरा करने की आक्रामक योजना बनाएँ, लेकिन जागरूक रहें कि *अनिश्चितता* और *नियोजन भ्रांति* का मतलब यह है कि आपकी शुरुआती योजना कुछ महत्त्वपूर्ण मामलों में लगभग निश्चित रूप से अपूर्ण या ग़लत होगी। रास्ते में आप जो सीखते हैं, उसकी मदद से चलते-चलते अपनी योजना को सुधारते रहें। इसके अलावा, पूर्णता का सबसे छोटा व्यावहारिक मार्ग खोजने के लिए काम के लिए आवश्यक *ट्रेड-ऑफ़्स* के ज़रिये *पार्किन्सन के नियम* को लगातार लागू करें।
6. *मापें* कि आप जो कर रहे हैं, क्या वह कारगर हो रहा है - अगर नहीं हो रहा है, तो कोई दूसरी नीति आज़माएँ। प्रभावी प्रबंधन की बुनियादी भ्रांतियों में से एक यह है कि यह सीखने को अनावश्यक बना देता है। इस मानसिकता में यह मान लिया जाता है कि आपकी शुरुआती योजना 100 प्रतिशत आदर्श होनी चाहिए और इसका अक्षरशः पालन होना चाहिए। इसका विपरीत ही सच होता है : प्रभावी प्रबंधन का मतलब है सीखने की *योजना* बनाना, जिसके लिए रास्ते में लगातार फेरबदल करना होता है। *मुख्य प्रदर्शन सूचकों* (बाद में चर्चा की गई है) के छोटे समूह पर अपना प्रदर्शन मापें - आप जो कर रहे हैं, अगर वह कारगर नज़र नहीं आता है, तो किसी दूसरी नीति के साथ *प्रयोग* करें।

इन्हें अच्छी तरह करेंगे, तो आपकी टीम बहुत उत्पादक बन जाएगी। इन्हें लचर अंदाज़ में करेंगे, तो किसी भी तरह का उपयोगी काम होना आपके लिए सौभाग्य की बात होगी।

यह प्रबंधन शैली आदेश-और-नियंत्रण वाली शैली *नहीं* है, जिसके बारे में ज़्यादातर लोग सोचते हैं, जब वे पहली बार यह शब्द सुनते हैं। टीवी पर और ज़्यादातर प्रबंधन साहित्य में मैनेजर ऊँचे ओहदे वाले एक्ज़ीक्यूटिव होते हैं, जो महत्त्वपूर्ण निर्णय लेते हैं और ज़्यादातर समय दूसरों को बताते रहते हैं कि क्या करना है। अभ्यास में ये व्यवहार ख़राब प्रबंधन के स्पष्ट संकेत हैं।

सर्वश्रेष्ठ मैनेजर दिग्गज एक्ज़ीक्यूटिव होने का नाटक नहीं करते हैं। वे तो बहुत योग्य सहायकों जैसे होते हैं, जिनका बुनियादी उद्देश्य *आर्थिक दृष्टिकोण से मूल्यवान योग्यताओं* वाले लोगों को *हर व्यवसाय के पाँच हिस्सों को बेहतर बनाने* पर केंद्रित रखना होता है यानी कंपनी के परिणामों में सीधे योगदान देने वाली चीज़ें करने पर। महत्त्वपूर्ण निर्णय उन लोगों द्वारा लिए जाते हैं, जिनके पास संबंधित क्षेत्र में सबसे ज़्यादा ज्ञान और अनुभव होता है।

हाल के एक निबंध में सॉफ़्टवेयर उद्यमी जोएल स्पॉल्स्की बताते हैं कि मैनेजरों को अत्यधिक अधिकार रखना क्यों छोड़ देना चाहिए और लोगों को उनका काम क्यों करने देना चाहिए :

> *प्रबंधन टीम को संगठन के शिखर पर मानना छोड़ दें। सॉफ़्टवेयर डेवलपर्स, डिज़ाइनर्स, प्रॉडक्ट मैनेजर्स और सेल्स कर्मियों को संगठन के शिखर पर मानना शुरू कर दें।*

"प्रबंधन टीम" "निर्णय लेने वाली" टीम नहीं है। यह तो एक समर्थन तंत्र है। आप प्रबंधन के बजाय इसे प्रशासन कह सकते हैं, जो उन्हें फूलकर कुप्पा होने से रोक देगा।

प्रशासकों से कठोर निर्णय लेने की उम्मीद नहीं की जाती है। वे पर्याप्त नहीं जानते हैं। ... प्रशासक फ़र्नीचर इधर-उधर ले जाने के लिए मौजूद होते हैं, ताकि ऊपर के लोग कठोर निर्णय ले सकें...

ज्ञान संगठन में काम इसी तरह होता है। आप कोई नई कंपनी इस तरह शुरू नहीं करते हैं, जिसमें शिखर पर एक बड़ा भारी मस्तिष्क हो और नीचे छोटे-छोटे मस्तिष्कों का समूह आदेशों का पालन करे। आप हर एक के मस्तिष्क को उसके क्षेत्र में बड़ा भारी बनाने की कोशिश करते हैं और आप उन्हें आवश्यक न्यूनतम प्रशासकीय समर्थन देते हैं।

प्रबंधन एक अनूठी योग्यता है, जिसमें अनुशासन, धैर्य, स्पष्ट संप्रेषण और मिलकर काम कर रहे हर व्यक्ति को अनावश्यक विघ्नों से बचाने की वचनबद्धता की ज़रूरत होती है। एक अच्छी टीम नियुक्त करके और *घर्षण* (बाद में चर्चा की गई है) को यथासंभव ख़त्म करके आप अपने मनचाहे परिणाम हासिल कर लेंगे।

इस अवधारणा को शेयर करें : **http://book.personalmba.com/management/**

प्रदर्शन-आधारित नियुक्ति

कहने और करने के मामले में, कहा ज़्यादा जाता है, किया कम जाता है।

— लाउ होल्ट्ज़, पेशेवर अमेरिकी फुटबॉल कोच और खेल-प्रसारक

अगर आपको टीम बनाने की ज़रूरत हो, तो क्या होगा? अगर कंपनी के विकास करने की वजह से आप नए कर्मचारियों को नियुक्त करने के लिए ज़िम्मेदार हों, तो क्या होगा? आप मिलने वाले सर्वश्रेष्ठ कर्मचारियों को आकर्षित और क़ायम कैसे रख सकते हैं?

किसी को नौकरी पर रखना एक पेचीदा काम है और सितारा कर्मचारियों या कॉन्ट्रैक्टरों को खोजने, आकर्षित करने और क़ायम रखने का कोई अचूक तरीक़ा नहीं है। किसी को नियुक्त करने में ग़लतियाँ लगभग हमेशा महँगी होती हैं। ख़राब कर्मचारी को रखने से आपका क़ीमती समय तथा पैसा बरबाद होता है। इसके अलावा, आपकी टीम की सीमित ऊर्जा तथा धैर्य की लागत भी आती है।

अच्छे कर्मचारी और कॉन्ट्रैक्टर हमेशा वे नहीं होते, जिनके व्यक्तिगत परिचय सबसे आकर्षक होते हैं या जो फ़ोन स्क्रीन अथवा इंटरव्यू में सर्वश्रेष्ठ प्रदर्शन करते हैं। सर्वश्रेष्ठ कर्मचारी तो वे होते हैं, जो चीज़ें करते हैं और आपकी टीम के दूसरे सदस्यों के साथ अच्छी तरह काम करते हैं। आदर्श दृष्टि से आपको ऐसे व्यक्ति की तलाश करनी चाहिए, जो मूल्यवान काम का योगदान दे, अवसर के बारे में रोमांचित हो और जिसके साथ हर दिन काम करने में आपको मज़ा आए।

यहाँ नौकरी पर रखने का स्वर्णिम नियम बताया जा रहा है : *अतीत का प्रदर्शन भावी व्यवहार का सबसे अच्छा सूचक है।* अगर आप उन लोगों को नियुक्त करना चाहते हैं, जो आने वाले महीनों और सालों में आपके लिए अच्छी तरह काम करें, तो आपको ऐसे लोगों की तलाश करनी चाहिए, जिन्होंने अतीत में अच्छा प्रदर्शन किया है। इसका मतलब है आवेदक ने जो हासिल किया है, उसमें गहराई तक जाएँ, साथ ही हर गंभीर उम्मीदवार को अपने साथ काम करने का अल्पकालीन अवसर दें और इसके बाद ही दीर्घकालीन नौकरी का वादा करें।

किसी को नियुक्ति देने का पहला क़दम यह प्रचार करना है कि आपको कर्मचारी चाहिए। ज़्यादातर कंपनियाँ नौकरी की घोषणा में नौकरी का वर्णन लिखती हैं, जो या तो सार्वजनिक प्रारूप में प्रकाशित होता है या प्राइवेट नेटवर्क की तलाश करने के लिए किसी नियुक्तिकर्ता द्वारा इस्तेमाल होता है। दोनों में से जो भी हो, नौकरी का वर्णन विज्ञापन की तर्ज पर न लिखें : आपको यह वर्णन करना चाहिए कि अगर आवेदक आपके यहाँ काम करता है, तो हर दिन वह दरअसल क्या करेगा। आप यह वर्णन जितने अलंकाररहित तरीक़े से कर सकते हों, उतना ही बेहतर है। आपको ऐसे कर्मचारियों की तलाश है, जो काम से आकर्षित होते हैं और जब तक कि आप सटीकता से यह वर्णन न कर दें कि उसे कौन से काम करने होंगे, आवेदकों के लिए यह तय करना मुश्किल होता है कि वे आपके यहाँ अच्छी तरह काम कर पाएँगे या नहीं।

इसके बाद आवेदकों की छँटनी की एक बुनियादी "अग्निपरीक्षा" पर ग़ौर करें। जब रोज़गार बाज़ार कमज़ोर होते हैं, तो नई नौकरी के विज्ञापनों के जवाब में आवेदकों की भरमार होती है, जिनमें से कई कमतर होते हैं। आपको जल्दी से जल्दी सबसे संभावनाशील उम्मीदवारों को पहचानने के तरीक़े की ज़रूरत होगी। डिग्री या जीपीए के आधार पर स्क्रीनिंग आम है, लेकिन यह कारगर नहीं है, क्योंकि ये आपको उम्मीदवार की योग्यता के वर्तमान स्तर के बारे में कुछ नहीं बताते हैं। आवेदन में कुछ बुनियादी प्रश्न पूछें, जिनका जवाब देने के लिए उस क्षेत्र के निश्चित विशेषज्ञतापूर्ण ज्ञान की ज़रूरत हो। सबसे संभावनाशील उम्मीदवार आसानी से पहचान में आ जाएँगे।

एक बार जब आप कुछ संभावनाशील उम्मीदवारों को पहचान लें, तो हर एक से उसके अब तक कि दो-तीन सर्वश्रेष्ठ प्रोजेक्टों का वर्णन करने को कहें। ज़रूरी नहीं है कि इन प्रोजेक्टों का आपकी नौकरी से कोई सीधा संबंध हो, लेकिन वे ऐसे काम होना चाहिए, जिन पर आवेदक को गर्व हो और उसके हिसाब से वे उसकी योग्यताओं को रेखांकित करते हों। उद्देश्य यह देखना है कि उम्मीदवार ने अब तक क्या हासिल किया है, जिससे अनुभव और कार्य संस्कार के उसके तुलनात्मक स्तर को भाँपना ज़्यादा आसान हो जाता है। यदि कोई उम्मीदवार दावा करता है कि उसे प्रॉडक्ट डेवलपमेंट का "पाँच साल का अनुभव" है, लेकिन वह आपको अपना कोई प्रॉडक्ट नहीं दिखा सकता, तो यह लाल झंडी है।

इस बिंदु पर संदर्भों की जाँच करना समय का अच्छा उपयोग है। प्रोजेक्टों के उदाहरण के साथ-साथ उन्होंने जिन लोगों के साथ काम किया है, उनके नामों व संपर्क की जानकारी देने का आग्रह करें। जब आप किसी उम्मीदवार के संदर्भों से संपर्क करें, तो आपके प्रश्न सरल होने चाहिए : जैसे, क्या वे उम्मीदवार के साथ दोबारा काम करना चाहेंगे? अगर वे झिझकते हैं या घुमा-फिराकर जवाब देते हैं, तो इसका मतलब है नहीं। जब आप फ़ोन करें और संदर्भ से

आपकी बात न हो पाए, तो एक संदेश छोड़ दें और उससे कहें कि अगर उम्मीदवार असाधारण हो, तो वह आपसे संपर्क करे। अगर उम्मीदवार असाधारण है, तो सामने वाला फ़ोन कर देगा। अगर वह असाधारण नहीं है, तो वह फ़ोन नहीं करेगा।

आख़िर में, संभावनाशील उम्मीदवारों को यह देखने के लिए एक छोटा प्रोजेक्ट या परिदृश्य दें कि वे कैसा सोचते हैं, काम करते हैं और संप्रेषण करते हैं। छोटे प्रोजेक्ट सुयोग्य तकनीकी कर्मचारियों के लिए सबसे अच्छे रहते हैं, जबकि परिदृश्य उन उम्मीदवारों के लिए सबसे अच्छे रहते हैं, जो उत्पादन, मार्केटिंग, बिक्री, व्यावसायिक विकास, वित्त और प्रबंधन भूमिकाओं के लिए ज़िम्मेदार होंगे। असाइनमेंट का परिणाम किसी तरह की प्रदेय वस्तु होनी चाहिए : रिपोर्ट, विज्ञापन, संपत्ति या प्रक्रिया।

उम्मीदवार को किसी कृत्रिम परिवेश में न रखें : जिन औज़ारों या संसाधनों का इस्तेमाल करने में वह आरामदेह है, उसे उनका इस्तेमाल करने की स्वतंत्रता दें। अगर उसके पास सवाल हैं, तो उसे आपसे संपर्क करने के लिए स्वतंत्र होना चाहिए। प्रोजेक्ट पूरा होने पर उम्मीदवार को मिलने और परिणाम पेश करने को कहें। यह प्रस्तुति इंटरव्यू की जगह ले लेती है।

प्रोजेक्ट या परिदृश्य का उद्देश्य एक यथार्थवादी परिवेश में उम्मीदवार के असली काम का मूल्यांकन करना है। उम्मीदवार सबसे पहले किस चीज़ पर ध्यान केंद्रित करता है? वह किस चीज़ पर ग़ौर करता है और किसे चूक जाता है? वह अपने चयन और अनुशंसाओं को कैसे स्पष्ट करता है? जब आप प्रश्न पूछते हैं या किसी निष्कर्ष से असहमत होते हैं, तो वह कैसे प्रतिक्रिया करता है?

इस तरह के असाइनमेंट छोटे होने चाहिए, जिनमें कुछ घंटों के काम से ज़्यादा की ज़रूरत न हो। अपने आवेदकों का सम्मान करें। आपकी नियुक्ति प्रक्रिया मुफ़्त परामर्श लेने का बहाना नहीं होनी चाहिए। अगर आप किसी उम्मीदवार का मूल्यांकन करने के लिए ज़्यादा बड़े प्रोजेक्ट का इस्तेमाल करना चाहते हैं, तो उन्हें अंशकालीन परामर्शदाता के रूप में नौकरी पर रखें। इसके बाद अगर आप उनके काम से ख़ुश होते हैं, तो उन्हें पूर्णकालिक नियुक्ति दे सकते हैं।

यह सामान्य नियुक्ति प्रक्रिया संभावनाशील कर्मचारियों और कॉन्ट्रैक्टरों को खोजने और उनका मूल्यांकन करने का एक सीधा व प्रभावी तरीक़ा है। यह ग़ौर करना महत्त्वपूर्ण है कि यह प्रक्रिया व्यक्तिगत-परिचय या पारंपरिक इंटरव्यू पर निर्भर नहीं है, जिनमें सिर्फ़ इस बात का इम्तिहान लिया जाता है कि उम्मीदवार कितनी अच्छी तरह रिज़्यूम लिखता है और इंटरव्यू में कितना अच्छा प्रदर्शन करता है। अगर आप पुराने प्रदर्शन को देखते हैं और अपनी आँखों से उम्मीदवार का काम देखकर मूल्यांकन करते हैं, तो आप ज़्यादा बेहतर कर्मचारी नियुक्त करेंगे।

इस अवधारणा को शेयर करें : http://book.personalmba.com/performance-based-hiring/

10

तंत्रों को समझना

जिसे आप नहीं समझते हैं, उसकी प्रशंसा करना बुरा है, लेकिन उसकी आलोचना करना बदतर है।

—लियोनार्दो द विंची, आविष्कारक, चित्रकार और विद्वान

व्यवसाय जटिल *तंत्र* होते हैं, जो और भी जटिल तंत्रों - बाज़ार, उद्योग और समाज - के भीतर काम करते हैं। जटिल तंत्र परस्पर जुड़े हिस्सों की एक स्व-स्थायी व्यवस्था है, जो एकीकृत पूर्ण बनाते हैं।

इस अध्याय में आप यह सीखेंगे कि सारे तंत्रों के आम तत्व कौन से होते हैं, *परिवेश* के घटक तंत्रों के काम पर कैसे असर डालते हैं हैं और *अनिश्चितता* व *परिवर्तन* की हमेशा मौजूद प्रकृति क्या होती है।

इस अवधारणा को शेयर करें : **http://book.personalmba.com/understanding-systems/**

गैल का नियम

कारगर जटिल तंत्र हमेशा किसी कारगर सरल तंत्र से विकसित होता है। इसका विपरीत भी सच नज़र आता है : शून्य से बना जटिल तंत्र कभी काम नहीं करता है और इससे काम कराया भी नहीं जा सकता है। आपको दोबारा शुरू करना होता है और सरल तंत्र से शुरू करना होता है।

—जॉन गैल, तंत्र सिद्धांतवादी

यहाँ आपके लिए एक वीकएंड प्रोजेक्ट है : बिलकुल शुरुआत से एक कार बनाएँ। पहले से बने किसी तरह के पुर्ज़ों या योजनाओं की अनुमति नहीं है। बस धातु के टुकड़े, कुछ सामान्य औज़ार, आपका ज्ञान और आपकी कल्पना। आपको क्या लगता है, आपका प्रोजेक्ट कैसा बनेगा?

भले ही इस प्रोजेक्ट में एक साल लग जाए, लेकिन संभावना इस बात की है कि यह नाकाम रहेगा - अगर कार ज़रा भी काम करती है (जिसकी बहुत, बहुत कम संभावना है), तो यह किसी भी वाणिज्यिक निर्माता की सबसे बुरी कार से भी कम कार्यकुशल और विश्वसनीय होगी।

अब पहले से खोजी किसी चीज़ पर निर्भर रहे बिना बिलकुल शुरुआत से कोई आधुनिक कंप्यूटर बनाने, कैंसर का इलाज खोजने या किसी इंसान का क्लोन बनाने की कल्पना करें। यह तय है कि आपको बहुत सारी महँगी और मनोबल गिराने वाली असफलताओं का सामना करना पड़ेगा। अगर आप सफल होते हैं, तो भी आपको इसमें कई दशक का समय लग जाएगा।

शुरुआत से जटिल *तंत्र* बनाना इतना मुश्किल क्यों होता है? बड़े जटिल तंत्र के शुरुआती सिद्धांतवादियों में से एक जॉन गैल इसका जवाब देते हैं।

यहाँ *गैल का नियम* बताया जा रहा है : सभी कारगर जटिल तंत्र आसान तंत्रों से विकसित हुए हैं, जो कारगर थे। जटिल तंत्र परिवर्तनशीलताओं और *अंतर्निर्भरताओं* (बाद में चर्चा की गई है) से भरे होते हैं, जिन्हें काम करने के लिए बिलकुल सही ढंग से व्यवस्थित करना पड़ता है। शून्य से डिज़ाइन किए हुए जटिल तंत्र असल संसार में कभी काम नहीं करेंगे, क्योंकि डिज़ाइन होते वक़्त वे परिवेश की चयन शक्तियों के अधीन नहीं रहे हैं।

अनिश्चितता (बाद में चर्चा की गई है) यह सुनिश्चित करती है कि आप इन सारी अंतर्निर्भरताओं और परिवर्तनशीलताओं को कभी पहले से भाँपने में कामयाब नहीं हो सकते, इसलिए शून्य से बनाया गया जटिल तंत्र लगातार सभी तरह के अप्रत्याशित तरीक़ों से नाकाम रहेगा।

गैल का नियम वह जगह है, जहाँ परिवेशीय *चयन परीक्षण* (बाद में चर्चा की गई है) तंत्र के डिज़ाइन से मिलते हैं। अगर आप कोई कारगर तंत्र बनाना चाहते हैं, तो सर्वश्रेष्ठ नीति यह है कि पहले एक सरल तंत्र बनाएँ, जो *परिवेश* के वर्तमान चयन परीक्षणों को पूरा करता हो और फिर इसे बेहतर बनाते जाएँ। समय के साथ आप एक जटिल तंत्र बना लेंगे, जो कारगर होगा।

गैल का नियम बताता है कि *नमूना* और *पुनरावृत्ति मूल्य सृजन* की कार्यप्रणालियाँ इतनी अच्छी तरह काम क्यों करती हैं। शून्य से जटिल तंत्र बनाने के बजाय प्रोटोटाइप या नमूना बनाना ज़्यादा आसान होता है - यह सबसे सरल संभव सृजन है, जो यह सत्यापित करने में आपकी मदद करेगा कि आपका तंत्र अति महत्त्वपूर्ण चयन परीक्षणों को पूरा करता है।

नमूने का विस्तार *न्यूनतम उपयोगी पेशकश* में करने से आपको अपनी *अत्यंत महत्त्वपूर्ण मान्यताओं* की पुष्टि करने की अनुमति मिलती है, जिसके फलस्वरूप सबसे सरल संभव तंत्र बनता है, जो वास्तविक ख़रीदारों के साथ सफल हो सकता है। पुनरावृत्ति और *क्रमिक वृद्धि* समय के साथ बहुत जटिल तंत्र बना देंगी, जो सचमुच काम करते हैं, भले ही परिवेश बदल जाए।

अगर आप शून्य से एक कारगर तंत्र बनाना चाहते हैं, तो गैल के नियम का उल्लंघन न करें, अन्यथा आपका तंत्र ख़तरे में पड़ जाएगा।

इस अवधारणा को शेयर करें : **http://book.personalmba.com/galls-law/**

प्रवाह

किसी प्रक्रिया को रोक कर उसे नहीं समझा जा सकता। समझ प्रक्रिया के प्रवाह के साथ चलनी चाहिए, इससे जुड़नी चाहिए और इसके साथ प्रवाहित होनी चाहिए।

— फ़्रैंक हरबर्ट, साइंस फ़िक्शन उपन्यासकार और ड्यून के लेखक

दरअसल कोई *तंत्र* चाहे जो करता हो, उसमें *प्रवाह* होंगे - तंत्र में संसाधनों के अंदर-बाहर आने-जाने की गतिविधियाँ होंगी। किसी कार असेंबली लाइन की कल्पना करें - स्टील, प्लास्टिक, सिलिकॉन, रबड़ और काँच जैसे कच्चे माल अंदर की ओर प्रवाहित होते हैं और एक पूरी तरह से निर्मित कार बाहर प्रवाहित होती है।

अंदर की ओर आने वाले प्रवाह तंत्र में आने वाले संसाधन हैं। सिंक में पानी। बैंक ख़ाते में पैसा। असेंबली लाइन में कच्चा माल। कंपनी में नए कर्मचारी।

बाहर जाने वाले प्रवाह तंत्र से बाहर निकलने वाले संसाधन हैं। सिंक में से पानी बहना। बैंक ख़ाते में से पैसे का बाहर जाना। असेंबली लाइन से बना हुआ माल बाहर जाना। रिटायरमेंट, बर्ख़ास्तगी या नौकरी बदलने के कारण कंपनी छोड़ने वाले कर्मचारी।

प्रवाह को समझ लें और आप यह समझने की राह पर होंगे कि तंत्र कैसे काम करता है।

इस अवधारणा को शेयर करें : http://book.personalmba.com/flow/

स्टॉक

किसी गोदाम में रखी वस्तुएँ बेकार हैं, जब तक कि कोई उन्हें बाहर नहीं निकालता है और उनका वह इस्तेमाल नहीं करता है, जिसके लिए उन्हें बनाया गया है। यह उस पर भी लागू होता है, जो इंसान अपने दिमाग़ में भरकर रखता है।

— टॉमस जे. वाटसन, आईबीएम के पूर्व प्रेसिडेंट

किसी तंत्र के *प्रवाहों* को समझ लें और आप अवश्यंभावी रूप से वे स्थान खोज लेंगे, जहाँ संसाधनों में मिलकर काम करने की प्रवृत्ति होती है।

इस मामले में *स्टॉक* व्यावसायिक स्वामित्व का प्रमाणपत्र नहीं है - यह तो संसाधनों का समूह या भंडार है। बैंक अकाउंट स्टॉक का अच्छा उदाहरण है। यह पैसे का भंडार है, जो उपयोग किए जाने का इंतज़ार कर रहा है। इनवेंट्री, ग्राहकों की क़तारें और प्रतीक्षा सूचियाँ भी स्टॉक्स के उदाहरण हैं।

स्टॉक को बढ़ाने के लिए *अंदर आने वाले प्रवाह* बढ़ाएँ और/या *बाहर जाने वाले प्रवाह* घटा लें। अगर आप अपने बैंक ख़ाते का आकार बढ़ाना चाहते हैं, तो ज़्यादा पैसा अंदर लाएँ और कम पैसा बाहर निकलने दें। अगर आप कार बना रहे हैं और आपके इंजन लगातार ख़त्म हो रहे हैं, तो या तो कार बनाने की गति धीमी कर लें या फिर इनवेंट्री में इंजन बढ़ा लें।

किसी स्टॉक को कम करने के लिए अंदर आने वाले प्रवाहों को घटा लें और/या बाहर जाने वाले प्रवाहों को बढ़ा लें। अगर आपके पास बहुत ज़्यादा इनवेंट्री है, तो सामान बनाना बंद कर दें या फिर बिक्री बढ़ा लें। अगर प्रतीक्षा सूचियाँ बहुत लंबी हैं, तो *प्रवाह क्षमता* बढ़ा लें या क़तार में लगे लोगों की संख्या घटा लें।

तंत्र के स्टॉक्स का पता लगाएँ और आप संसाधनों के उन समूहों को खोज लेंगे, जो उपयोग किए जाने का इंतज़ार कर रहे हैं।

इस अवधारणा को शेयर करें : http://book.personalmba.com/stock/

आधिक्य

आधिक्य वाला इंसान परिस्थितियों को नियंत्रित कर सकता है, लेकिन आधिक्य रहित इंसान उनसे नियंत्रित होता है और अक्सर विवेक के इस्तेमाल का कोई अवसर नहीं होता है।

— हार्वे एस. फ़ायरस्टोन, द फ़ायरस्टोन टायर ऐंड रबर कंपनी के संस्थापक

चूँकि *स्टॉक* संसाधनों के समूह होते हैं, इसलिए यह समझने में फ़ायदा रहता है कि आपके पास काम करने के लिए *कितने* संसाधन हैं। *आधिक्य* स्टॉक में मौजूद संसाधनों की मात्रा है। आपके पास स्टॉक में जितने ज़्यादा संसाधन होते हैं, उतना ही ज़्यादा आधिक्य होता है।

किसी *तंत्र* के कुशलता से काम करने के लिए स्टॉक को बिलकुल सही आकार का होना चाहिए - न बहुत बड़ा और न बहुत कम। हमारे काल्पनिक कार उत्पादन तंत्र के बारे में सोचें : यह कई छोटे तंत्रों का मिश्रण है, जिनमें से प्रत्येक पुर्ज़ों का स्टॉक बनाने के लिए बना है।

जब कार असेंबली लाइन के इंजन वाले हिस्से तक पहुँचती है, तब अगर इंजनों का कोई स्टॉक उपलब्ध न हो, तो यह एक समस्या है - कार को बनने के लिए तब तक इंतज़ार करना होगा, जब तक कि इंजन तैयार न हो, जिससे इसके बाद वाली हर प्रक्रिया और हर चीज़ रुक जाती है। इस समस्या से बचने के लिए इतना ज़्यादा स्टॉक होना सर्वश्रेष्ठ रहता है कि यह कि उन *बाहर निकलने वाले प्रवाहों* को सँभाल सके, जो तंत्र को चलाते रहने के लिए आवश्यक हैं। *अंदर आने वाले प्रवाह* ख़ाली हो रहे स्टॉक को दोबारा भर देते हैं।

बड़े स्टॉक में सबसे ज़्यादा आधिक्य होता है, लेकिन इस लचीलेपन की एक क़ीमत होती है। अगर आपके पास पाँच सौ इंजन हैं, जो लगने का इंतज़ार कर रहे हैं, तो इनवेंट्री में आपका बहुत सारा पैसा फँसा रहेगा, जिससे आपका कैशफ़्लो कम हो जाएगा। आपको इंजनों के भंडारण की जगह के लिए भी भुगतान करना होगा, ताकि वे चोरी न हो जाएँ या नष्ट न हो जाएँ, जिससे आपकी लागत बढ़ती है और *प्रॉफ़िट मार्जिन* घटता है।

छोटे स्टॉक ज़्यादा कार्यकुशल होते हैं, लेकिन उनमें आधिक्य की कमी होती है। अगर आपके पास सिर्फ़ दो-तीन इंजनों का स्टॉक है, तो इनवेंट्री में आपके बहुत ज़्यादा पैसे तो नहीं फँसे रहेंगे, लेकिन अगर असेंबली लाइन की गति बढ़ जाए या इंजन उत्पादन तंत्र में कोई समस्या

आ जाए, तो इंजनों के ख़त्म होने की आशंका बहुत ज़्यादा रहती है।

आधिक्य का प्रबंधन पेचीदा होता है : बहुत ज़्यादा हो, तो आप अपना समय और पैसा बरबाद कर रहे हैं। बहुत कम हो, तो आपका तंत्र उन संसाधनों के ख़त्म होने का जोखिम लेता है, जो काम करते रहने के लिए ज़रूरी हैं।

इस अवधारणा को शेयर करें : http://book.personalmba.com/slack/

अवरोध

एक बार जब आप पहले नंबर की समस्या को ख़त्म कर देते हैं, तो दूसरे नंबर की समस्या को प्रमोशन मिल जाता है।

— जेराल्ड वाइनबर्ग, परामर्शदाता और *द सीक्रेट्स ऑफ़ कनसल्टिंग* के लेखक

किसी *तंत्र* का प्रदर्शन हमेशा किसी अति महत्त्वपूर्ण इनपुट की उपलब्धता से सीमित होता है। *अवरोध* को ख़त्म कर दें और तंत्र का प्रदर्शन बेहतर हो जाएगा।

द गोल : अ प्रोसेस ऑफ़ ऑनगोइंग इम्प्रूवमेंट में एलियाहू गोल्डरैट उसे स्पष्ट करते हैं, जिसे वे "अवरोध का सिद्धांत" कहते हैं : कोई भी प्रबंधन करने योग्य तंत्र अपना *लक्ष्य* ज़्यादा हासिल करने की राह में हमेशा कम से कम एक अवरोध से सीमित होता है। अगर आप उस अवरोध को पहचानकर हटा सकें, तो तंत्र की *प्रवाह क्षमता* बढ़ जाएगी।

अवरोध वाले *स्टॉक* के आकार को बनाने या बढ़ाने से समस्या कम करने में मदद मिल सकती है। अगर आपके इंजन लगातार कम पड़ते रहते हैं, तो इंजन स्टॉक को बढ़ाना इस अवरोध को हटाने का सर्वश्रेष्ठ तरीक़ा है। अवरोध "भूखा" न रह जाए, यह सुनिश्चित करके आप पूरे तंत्र के प्रदर्शन को बढ़ा सकते हैं।

किसी अवरोध को खोजने और ख़त्म करने के लिए गोल्डरैट "पाँच एकाग्र करने वाले क़दमों" का प्रस्ताव रखते हैं, जिनका इस्तेमाल करके आप किसी तंत्र की प्रवाह क्षमता बेहतर कर सकते हैं :

1. *पहचानना :* तंत्र की जाँच करके सीमित करने वाले घटक को पहचानें। अगर आपकी कार असेंबली आगे बढ़ने के लिए लगातार इंजनों का इंतज़ार करती रहती है, तो इंजन आपके अवरोध हैं।
2. *दोहन :* यह सुनिश्चित करें कि अवरोध की वजह से संबंधित संसाधन बरबाद न हों। अगर इंजन बनाने के लिए ज़िम्मेदार कर्मचारी विंडशील्ड बना रहे हैं या लंच के दौरान इंजन बनाना बंद कर देते हैं, तो अवरोध का दोहन करने का मतलब यह है कि इंजन बनाने वाले कर्मचारियों के उपलब्ध 100 प्रतिशत समय और ऊर्जा का इस्तेमाल इंजन बनवाने में ही हो और वे शिफ़्ट में काम करें, ताकि छुट्टी के दौरान भी उत्पादन न रुके।
3. *अधीनीकरण :* अवरोध दूर करने के लिए पूरे तंत्र को दोबारा बनाएँ। आइए मान लेते हैं कि आपने वह हर चीज़ कर दी है, जो आप इंजन उत्पादन तंत्र का अधिकतम उपयोग करने के लिए कर सकते हैं, लेकिन आप अब भी

पिछड़ रहे हैं। अधीनीकरण का मतलब है फ़ैक्ट्री को दोबारा व्यवस्थित करना, ताकि इंजन बनाने के लिए आवश्यक हर चीज़ क़रीब रहे, बजाय इसके कि कुछ माल को फ़ैक्ट्री के दूसरे छोर से लाना पड़े। बाक़ी उप-तंत्रों के संसाधनों को दूसरी जगह ले जाना पड़ सकता है या उनमें कमी भी की जा सकती है, लेकिन यह कोई बड़ा मामला नहीं है, क्योंकि वे अवरोध नहीं हैं।

4. *उत्थान :* अवरोध की क्षमता को स्थायी रूप से बढ़ाना। फ़ैक्ट्री के मामले में उत्थान का मतलब है इंजन बनाने वाली एक और मशीन ख़रीदना और इसे चलाने के लिए ज़्यादा कर्मचारियों को नियुक्त करना। उत्थान बहुत कारगर होता है, लेकिन यह महँगा पड़ता है। आप अतिरिक्त मशीनों पर करोड़ों डॉलर ख़र्च नहीं करना चाहते, अगर आप इससे बच सकें। इसीलिए दोहन और अधीनीकरण को पहले आना चाहिए। आप किसी अवरोध को अक्सर जल्दी से हटा सकते हैं, जिसमें आपको ज़्यादा पैसे ख़र्च करने की ज़रूरत नहीं होगी।
5. *पुनर्मूल्यांकन :* कोई परिवर्तन करने के बाद तंत्र का पुनर्मूल्यांकन करके यह देखें कि अवरोध कहाँ मौजूद है। निष्क्रियता आपकी शत्रु है। यह मानकर न चलें कि इंजन हमेशा ही अवरोध रहेंगे। एक बार जब आप कुछ परिवर्तन कर लेते हैं, तो विंडशील्ड सीमित करने वाला घटक बन सकती है। तब इंजन का उत्पादन बढ़ाने पर ध्यान केंद्रित करने में कोई समझदारी नहीं है - तंत्र तब तक बेहतर नहीं बनेगा, जब तक कि विंडशील्ड बेहतरी का केंद्र नहीं बन जाती।

"ध्यान केंद्रित करने के पाँच क़दम" *पुनरावृत्ति गति* के बहुत समान हैं : आप जितनी जल्दी इस प्रक्रिया से गुज़रते हैं और जितने ज़्यादा चक्र पूरे करते हैं, आपके तंत्र की प्रवाह क्षमता उतनी ही ज़्यादा बेहतर होगी।

इस अवधारणा को शेयर करें : http://book.personalmba.com/constraint/

फ़ीडबैक लूप

जानकारी-फ़ीडबैक नियंत्रण के तंत्र सभी जीवन और मानवीय प्रयासों के लिए बुनियादी हैं... हम इंसान के रूप में, उद्योग के रूप में या समाज के रूप में जो भी करते हैं, वह हर चीज़ जानकारी-फ़ीडबैक तंत्र की पृष्ठभूमि में की जाती है।

— जे डब्ल्यू. फ़ॉरेस्टर, तंत्र सिद्धांतकार और एमआईटी के प्रोफ़ेसर

कारण और परिणाम पर विचार करना आसान होता है, लेकिन जब परिणाम ख़ुद कारण बन जाएँ, तो क्या करें?

फ़ीडबैक लूप मौजूद होते हैं, जब किसी *तंत्र* का आउटपुट अगले चक्र में एक इनपुट बन जाता है। फ़ीडबैक से ही तंत्र सीखते हैं - अगर तंत्र इसके *परिवेश* को अनुभूत करने में सक्षम

है, तो फ़ीडबैक यह समझने में तंत्र की मदद करता है कि यह नियंत्रण में है या नहीं और यह आवश्यक *चयन परीक्षणों* को संतुष्ट कर रहा है या नहीं।

संतुलनकारी लूप तंत्र के हर चक्र के आउटपुट को कम कर देते हैं, जो तंत्र-संतुलन और परिवर्तन के प्रतिरोध की ओर ले जाता है। कंधे की ऊँचाई से किसी टेनिस की गेंद को गिराने की सोचें : यह ऊपर-नीचे उछलती रहेगी, हर उछाल पिछले उछाल से कम होगा। घर्षण और वायु प्रतिरोध हर चक्र को कम कर देते हैं, जब तक कि तंत्र की ऊर्जा संतुलन में नहीं पहुँच जाती और गेंद ज़मीन पर ठहर नहीं जाती।

संतुलनकारी लूप तंत्र को स्थिर करते हैं, भटकाव को कम करते हैं और एक निश्चित अवस्था में रखते हैं। *आनुभूतिक नियंत्रण* तंत्र आम तौर पर संतुलनकारी लूप से बनते हैं। थर्मोस्टेट के उदाहरण की तरफ़ वापस लौटते हैं : अगर किसी कमरे का तापमान *संदर्भ स्तर* से ज़्यादा होता है, तो ठंडा करने वाला तंत्र तापमान को कम करने के लिए सक्रिय हो जाएगा। अगर तापमान संदर्भ स्तर से कम हो जाता है, तो तापमान बढ़ाने के लिए हीटर चालू हो जाएगा। इसके फलस्वरूप तंत्र में एक स्थिर तापमान क़ायम रखने की प्रवृत्ति होती है और यही तंत्र का उद्देश्य है।

सुदृढ़ करने वाले लूप तंत्र के हर चक्र के साथ तंत्र के आउटपुट का विस्तार करते हैं। सुदृढ़ करने वाले लूप समय के साथ तेज़ विकास या क्षय की ओर ले जाते हैं। दो कंपनियों के बीच भाव के युद्ध के बारे में सोचें, जिनमें से प्रत्येक सबसे कम भाव रखने के लिए प्रतिस्पर्धा कर रही है। पहली कंपनी अपना भाव घटाती है। इसकी प्रतिक्रिया में दूसरी कंपनी अपना भाव उससे भी ज़्यादा घटा देती है। जब तक हर कंपनी का संदर्भ स्तर यह रहता है “हमारा भाव हमारे प्रतिस्पर्धी के भाव से कम होना चाहिए,” तब तक भाव घटते रहेंगे, जब तक कि प्रॉडक्ट या सेवा पर कंपनियों का *प्रॉफ़िट मार्जिन* ख़त्म नहीं हो जाता।

चक्रवृद्धि सकारात्मक सुदृढ़ीकरण लूप का उदाहरण है। ब्याज के भुगतान का हर चक्र अगले चक्र के मूल धन को ज़्यादा बढ़ा देता है, जिसके फलस्वरूप और ज़्यादा ब्याज मिलता है और यह चक्र चलता रहता है। समय के साथ संचित ब्याज भारी राशियाँ बना सकता है और यही इस तंत्र का उद्देश्य है।

अक्सर हर *स्टॉक* का आकार कई लूपों से प्रभावित होता है, जो इसे अलग-अलग दिशाओं में खींचते हैं। अपने बैंक ख़ाते की राशि पर विचार करें : आपकी आमदनी, किराये/हाउस लोन की क़िस्त, भोजन या किराने पर व्यय और अन्य ख़र्च को नियंत्रित करने वाले फ़ीडबैक लूप हैं। आप लगातार यह मूल्यांकन कर रहे हैं कि हर चक्र ज़्यादा है या पर्याप्त नहीं है, जो एक संतुलनकारी फ़ीडबैक लूप का प्रतिनिधित्व करता है। *अंदर या बाहर* बहुत ज़्यादा या अपर्याप्त प्रवाह होने पर आप तेज़ी से कार्य कर सकते हैं, जिससे अगले चक्र पर प्रभाव पड़ता है।

अपने चारों ओर देखें - फ़ीडबैक लूप *हर जगह* होते हैं। एक बार जब आप उन पर ग़ौर करना शुरू करते हैं, तो आप अपने आस-पास के तंत्रों की हमेशा परिवर्तनशील जटिलता की क़द्र करने लगेंगे।

इस अवधारणा को शेयर करें : **http://book.personalmba.com/feedback-loops/**

स्व-उत्प्रेरण

जो तंत्र सबसे ज़्यादा तेज़ी से विकसित होगा, उसे अराजकता के बीच में और ज़्यादा सटीकता से उसके सिरे पर रहना होगा - यह व्यवस्थित तो रहे, लेकिन इसके हिस्से इतने ढीले जुड़े हों कि उन्हें आसानी से बदला जा सके।

—ई.ओ. विल्सन, तंत्र सिद्धांतकार

स्व-*उत्प्रेरण* रसायन शास्त्र से आने वाली अवधारणा है। यह एक प्रतिक्रिया है, जिसका आउटपुट वैसी ही प्रतिक्रिया के लिए आवश्यक कच्चे माल उत्पन्न करता है।

स्व-उत्प्रेरक तंत्र पिछले *चक्र* के सह-परिणाम के रूप में अगले चक्र के लिए आवश्यक इनपुट उत्पन्न करता है। इस तरह यह चक्र का *विस्तार* कर देता है। स्व-उत्प्रेरण *चक्रवृद्धि,* सकारात्मक, ख़ुद सुदृढ़ होने वाला *फ़ीडबैक लूप* है - तंत्र विकास करता रहेगा, जब तक कि तंत्र इस तरह न बदल जाए कि यह कम आउटपुट उत्पन्न करे।

1950 से 1990 तक के टीवी विज्ञापन स्व-उत्प्रेरण के बेहतरीन उदाहरण हैं। कंपनियाँ विज्ञापन में 1 डॉलर ख़र्च करती थी, जिससे उनके प्रॉडक्ट्स की माँग व वितरण में वृद्धि होती थी और बदले में उन्हें 2 डॉलर या उससे ज़्यादा का मुनाफ़ा होता था। इस 2 डॉलर के मुनाफ़े का जब विज्ञापन में दोबारा निवेश किया जाता था, तो यह राशि 4 डॉलर हो जाती थी, फिर 8 डॉलर, फिर 16 डॉलर इत्यादि। प्रॉक्टर ऐंड गैम्बल, जीई, क्राफ़्ट और नेस्ले जैसी कंपनियों ने दिग्गज बनने के लिए इसी चक्र का इस्तेमाल किया था।

आज की तारीख़ में अगर टेलीविज़न विज्ञापन में 1 डॉलर का निवेश किया जाए, तो 1.20 डॉलर का मुनाफ़ा होना भी ख़ुशक़िस्मती होगी - चैनल ज़्यादा हो गए हैं, विज्ञापन महँगे हो गए हैं और लोगों के पास वह प्रौद्योगिकी आ चुकी है कि वे अवांछित भटकावों को दूर रख सकते हैं। लूप अब भी कुछ परिस्थितियों में काम करता है, लेकिन यह उतनी अच्छी तरह काम नहीं करता, जितनी अच्छी तरह से पहले करता था।

यह ज़रूरी नहीं है कि स्व-उत्प्रेरण हमेशा पैसे के बारे में ही हो : "नेटवर्क प्रभाव" और "वाइरल लूप" भी स्व-उत्प्रेरण के उदाहरण हैं। हर बार जब भी कोई व्यक्ति फ़ेसबुक पर साइन अप करता है, तो वह स्वाभाविक रूप से और भी ज़्यादा उपयोगकर्ताओं को नेटवर्क में आमंत्रित करेगा। हर बार जब भी कोई व्यक्ति यूट्यूब पर कोई मज़ेदार वीडियो देखता है, तो वह इसे कई मित्रों को भेजेगा। यह स्व-उत्प्रेरण है।

अगर आपके व्यवसाय में कोई स्व-उत्प्रेरक तत्व है, तो यह आपकी उम्मीद से ज़्यादा जल्दी विकास करेगा।

इस अवधारणा को शेयर करें : http://book.personalmba.com/autocatalysis/

परिवेश

वास्तविकता वह है, जिसमें विश्वास करना छोड़ने पर भी वह ख़त्म नहीं होती।

— फ़िलिप के. डिक, साइंस फ़िक्शन उपन्यासकार और लघु कथाकार

कोई भी *तंत्र* अकेला खड़ा नहीं होता। हर तंत्र अवश्यंभावी रूप से अपने आस-पास के सभी तंत्रों से प्रभावित होता है।

परिवेश वह ढाँचा है, जिसमें कोई तंत्र काम करता है। परिवेश बुनियादी तौर पर तंत्र के *प्रवाहों* या प्रक्रियाओं को प्रभावित करता है, जिससे तंत्र का आउटपुट बदल जाता है।

सोचें कि बहुत ज़्यादा गर्मी या बहुत ज़्यादा सर्दी में आपका शरीर कैसे प्रतिक्रिया करता है। बहुत ज़्यादा या बहुत कम गर्मी घातक हो सकती है। आपके शरीर को क़ायम रहने के लिए अपने परिवेश में हुए परिवर्तन पर प्रतिक्रिया करनी होगी। यह या तो अतिरिक्त गर्मी बाहर निकालने के लिए पसीना निकालता है या फिर इसे अंदर रखने के लिए पनाह लेता है।

जब परिवेश बदलता है, तो बने रहने के लिए तंत्र को भी उसके साथ बदलना होता है। ज़्यादातर अग्रणी सिद्धांतों के अनुसार डायनासौर परिवेश में हुए परिवर्तनों की वजह से ही लुप्त हुए थे - या तो बर्फ़ युग के कारण या फिर उल्कापिंड प्रभाव के कारण, जिससे इतनी धूल उड़ी कि सूरज छिप गया। बहुत कम तापमान और कम धूप की वजह से भोजन की भारी कमी हो गई, जिससे डायनोसौरों की सामूहिक मृत्यु हो गई।

परिवेश में मौजूद परिस्थितियाँ उस परिवेश में तंत्र के संचालन पर असर डालती हैं। 2005 में तेल की क़ीमतें आसमान छूने लगीं। इस वजह से प्लास्टिक या यातायात की वस्तुएँ बनाने के लिए तेल पर निर्भर कई कंपनियाँ अचानक मुश्किल में पड़ गईं। परिवर्तनशील लागतों में वृद्धि की वजह से कई व्यवसाय पहले से कम लाभदायक हो गए और जो व्यवसाय लागत बढ़ना सहन नहीं कर सकते थे, वे बंद हो गए।

अगर आप डायनासौर के मार्ग पर नहीं चलना चाहते हैं, तो आपको हमेशा यह विचार करना चाहिए कि परिवेश की परिस्थितियाँ आपके तंत्र पर कैसे असर डालती हैं।

इस अवधारणा को शेयर करें : http://book.personalmba.com/environment/

चयन परीक्षण

सृष्टि पर कोई एक प्रतिक्रिया, चाहे यह कितनी ही शक्तिशाली क्यों न हो, समय और परिस्थिति के साथ अनुचित बन जाती है। जो लोग महारत के एक ही साधन पर पूरी तरह निर्भर बन जाते हैं, वे भविष्य के साथ जूझने में अक्षम रहेंगे।

— फ्रैंक हरबर्ट, साइंस फ़िक्शन उपन्यासकार और *ड्यून* के लेखक

आत्म-स्थिर *तंत्र* (जैसे कंपनियाँ या जीव) आत्म-स्थिर तभी तक रह सकते हैं, जब तक कि वे अस्तित्व में रहने के लिए आवश्यक *परिवेशीय* शर्तों को पूरा करते हैं।

चयन परीक्षण एक परिवेशीय अवरोध है, जो यह तय करता है कि कौन से तंत्र आत्म-स्थिर होते हैं और कौन से "मर जाते" हैं। इंसानों जैसे स्तनपायी प्राणियों के कई चयन परीक्षण होते हैं : साँस में पर्याप्त हवा लेना, पर्याप्त भोजन करना, पर्याप्त पानी पीना और पर्याप्त गर्मी क़ायम रखना। व्यवसायों के भी चयन परीक्षण होते हैं : ग्राहकों को पर्याप्त मूल्य प्रदान करना, ख़र्च की भरपाई के लिए पर्याप्त *आमदनी* करना, वित्तीय दृष्टि से *लाभकारी* बने रहने के लिए पर्याप्त मुनाफ़ा कमाना।

कई लोग चयन परीक्षणों को "सबसे उपयुक्त का बचना" कहते हैं, लेकिन "अनुपयुक्त की मृत्यु" ज़्यादा सटीक वर्णन होगा। अगर कोई आत्म-स्थिर तंत्र किसी चयन परीक्षण को संतुष्ट करने में असफल हो जाता है, तो इसका अस्तित्व ख़त्म हो जाएगा। अगर आप पर्याप्त हवा नहीं लेंगे, तो आप मर जाएँगे। अगर आपका व्यवसाय मुनाफ़ा क़ायम रखने के लिए पर्याप्त आमदनी नहीं करेगा, तो यह मर जाएगा।

जब परिवेश बदलता है, तो चयन परीक्षण भी बदल जाते हैं। चयन परीक्षणों को प्रौद्योगिकी बाज़ार में देखना ख़ास तौर पर रोचक है, जहाँ "क्या संभव है" का परिवेश लगातार बदलता रहता है। जो व्यवसाय प्रौद्योगिकी में बड़े परिवर्तनों का लाभ लेने में असफल रहते हैं, वे जल्दी ही पाते हैं कि ग्राहक उनके प्रॉडक्ट्स से जो नई माँगें करते हैं, वे उन्हें पूरा नहीं कर सकते।

परिवेश और चयन परीक्षणों को बदलना किसी उद्यमी का सबसे अच्छा मित्र है - यही छोटी कंपनियों को बड़े, जमे-जमाए प्रतिस्पर्धियों से बेहतर प्रदर्शन करने की अनुमति देते हैं। अगर आप यह पहचान सकें कि किसी बाज़ार में चयन परीक्षण सचमुच क्या हैं, तो आप ज़्यादा प्रभावी ढंग से उस बाज़ार में प्रतिस्पर्धा कर सकेंगे।

चयन परीक्षण निर्मम होते हैं : उन्हें अच्छी तरह करेंगे, तो आप फलेंगे-फूलेंगे। दूसरी तरफ़, अगर आप बदलती परिस्थितियों से अनुकूलन करने में नाकाम रहेंगे, तो आप मर जाएँगे।

इस अवधारणा को शेयर करें : **http://book.personalmba.com/selection-test/**

अनिश्चितता

जो इंसान क्रिस्टल बॉल के भरोसे ज़िंदा रहता है, वह जल्दी ही काँच का चूरा खाना सीख लेता है।

— एडगर आर. फ़ाइडलर, अर्थशास्त्री

आज से दस साल बाद ब्याज दर क्या होगी? आप क्या सोचते हैं, अगले साल तेल की क़ीमत कितनी होगी? उस कंपनी का शेयर कैसा है - यह सस्ता है या महँगा? क्या कच्चे माल को इसी समय भर लेना बेहतर है या फिर कुछ महीनों तक इंतज़ार करना बेहतर रहेगा? व्यवसायी इस तरह के प्रश्नों का हर दिन सामना करते हैं।

यहाँ इन सभी प्रश्नों का जवाब है : *कोई नहीं जानता।* हमारा संसार एक बहुत ही अनिश्चित जगह है, जो वरदान भी है और अभिशाप भी। अच्छी या बुरी कोई भी चीज़ हो सकती है - हमें बस यह पता नहीं होता कि मोड़ के पार क्या है।

जोखिम और अनिश्चितता में बहुत फ़र्क़ होता है। अमेरिका के पूर्व रक्षा मंत्री डोनाल्ड रम्सफ़ेल्ड के अमर शब्दों में :

> *कुछ चीज़ें ज्ञात होती हैं। वे ऐसी चीज़ें हैं, जिनके बारे में हम जानते हैं कि हम उन्हें जानते हैं। कुछ चीज़ें अज्ञात होती हैं, यानी वे ऐसी चीज़ें हैं, जिनके बारे में हम जानते हैं कि हम उन्हें नहीं जानते, लेकिन कुछ अज्ञात चीज़ें अज्ञात भी होती हैं। ये वे चीज़ें हैं, जिनके बारे में हम नहीं जानते कि हम उन्हें नहीं जानते।*

जोखिम ज्ञात अज्ञात हैं। अगर आप हवाई अड्डे से किसी मित्र को लाने की योजना बना रहे हैं, तो उसका विमान कई घंटे देर से आएगा, यह आशंका एक जोखिम है - आप पहले से जानते हैं कि आने का समय बदल सकता है, इसलिए आप उसके अनुसार योजना बना सकते हैं।

अनिश्चितताएँ अज्ञात अज्ञात हैं। हो सकता है कि विमान से अपने दोस्त को लेने पहुँचने में आपको देर हो जाए, क्योंकि जब आप विमानतल के लिए जाने की योजना बना रहे थे, उसके एक घंटे पहले ही एक धूमकेतु ने आपकी कार का सत्यानाश कर दिया। इसकी भविष्यवाणी कौन कर सकता था?

अनिश्चितता के मामले में आप अतीत की घटनाओं के आधार पर भविष्य की विश्वसनीय भविष्यवाणी नहीं कर सकते। अप्रत्याशित या आकस्मिक घटनाएँ अचानक हो सकती हैं, जिनका आपके लक्ष्यों और योजनाओं पर भारी असर पड़ सकता है।

द ब्लैक स्वान में एक पूर्व हेज फ़ंड मैनेजर नासिम निकोलस तालेब अनिश्चितता के जोखिमों का वर्णन करते हैं। चाहे परिस्थितियाँ कितनी ही स्थिर या अनुमान योग्य दिख रही हों, अप्रत्याशित "काले हंस जैसी घटनाएँ" पल भर में ही हर चीज़ बदल सकती हैं।

"काला हंस" सोलहवीं सदी के लंदन में एक आम जुमला था। इसका मतलब कोई ऐसी चीज़ थी, जो असंभव थी या जिसका अस्तित्व ही नहीं था - हर व्यक्ति जानता था कि सभी हंस सफ़ेद होते हैं। इस शब्दावली के साथ समस्या वह है, जिसे अठारहवीं सदी के दार्शनिक

डेविड ह्यूम ने "अनुमान की समस्या" कहा था : जब तक आप हर जीवित हंस को न देख लें, तब तक आप "सभी हंस सफ़ेद होते हैं" कथन को कभी सच नहीं मान सकते। इस परिकल्पना को पूरी तरह झूठा साबित करने के लिए बस इतनी ज़रूरत थी कि *एक* काला हंस दिख जाए। यह तब हुआ, जब डच समुद्री कप्तान विलेम डी व्लैमिंग ने 1697 में ऑस्ट्रेलिया में एक काले हंस को सप्रमाण पेश किया।

होने के एक पल पहले तक "काले हंस" जैसी घटनाओं के होने की आशंका शून्य होती है। काले हंस जैसी घटना के मामले में इसके होने की संभावना एक विचारणीय बिंदु है : वह घटना उस *परिवेश* को बदल देती है, जिसमें तंत्र काम करता है और कई बार तो बिना किसी चेतावनी के *चयन परीक्षणों* को बहुत ज़्यादा बदल देती है। आपको पहले से पता नहीं चल सकता कि क्या (या कौन सी) काले हंस जैसी घटनाएँ होंगी : आप तो बस इतने लचीले, तैयार और *लोचदार* (बाद में चर्चा की गई है) बन सकते हैं कि उनके होने पर उचित प्रतिक्रिया कर सकें।

टनों ऐतिहासिक डाटा वाला सबसे विस्तृत विश्लेषण भी आपको अनिश्चितता से नहीं बचा सकता। अनिश्चितता ही ज़्यादातर एमबीए प्रोग्रामों में सिखाए जाने वाले वित्तीय मॉडलों की बुनियादी कमी है। आपका प्रो फ़ॉर्मा, नेट प्रज़ेंट वैल्यू (एनपीवी) या कैपिटल एसेट प्राइसिंग मॉडल (सीएपीएम) मॉडल उतना ही अच्छा होता है, जितना कि आपकी भविष्यवाणियों की गुणवत्ता। कई व्यवसाय ग़लत हुई वित्तीय भविष्यवाणियों की वजह से बरबाद हो चुके हैं। यह कितना संभव है कि आपके दस साल का वित्तीय प्रोजेक्शन शत-प्रतिशत सटीकता से होने वाली हर चीज़ की पूरी तरह से भविष्यवाणी कर दे? किसे पता है कि आने वाला कल वैसा होगा या नहीं, जैसा आज है?

कई लोग निश्चितता बेचने को कारोबार बना लेते हैं, जिसका अस्तित्व ही नहीं होता। भविष्यवाणी और कारोबारी ज्योतिष के दूसरे रूप इसलिए लोकप्रिय हैं, क्योंकि वे यह ग़लतफ़हमी प्रदान करते हैं कि भविष्य का पता लगाया जा सकता है और नियंत्रित किया जा सकता है। भविष्यवाणी के काम फिजूल हैं - अगर गैस के भाव, ब्याज दर या शेयरों के भाव की भविष्यवाणी करने का कोई अचूक तरीक़ा होता, तो उस जादुई ज्ञान वाले लोग बेहद दौलतमंद बन जाते और उन्हें आपको कोई चीज़ बेचने की ज़रूरत नहीं पड़ती।

अनिश्चितता की हमेशा मौजूद प्रकृति को समाहित करना संसार को उसी तरह देखने का अभ्यास है, जैसा कि यह सचमुच है; वैसा नहीं, जैसा हम इसे देखना चाहते हैं। सहज बोध से हम सभी इस तरह महसूस करना चाहते हैं, जैसे हम जानते हैं कि भविष्य में क्या होगा, ख़ास तौर पर यह देखते हुए कि हममें *नुक़सान से नफ़रत* और *जोखिम तालाबंदी* की कितनी प्रवृत्ति होती है। अनिश्चितता पर सोच-विचार करना बुरा महसूस होता है, क्योंकि क्या होने वाला है, यह पता न होना जोखिम जैसा महसूस होता है। अदृश्य और अज्ञात जोखिमों की भविष्यवाणी पर ध्यान केंद्रित करने के बजाय यह कहीं बेहतर है कि आप अपनी ऊर्जा अप्रत्याशित घटनाओं से निबटने की योग्यता बढ़ाने की दिशा में लगाएँ।

सटीक भविष्यवाणियाँ करने पर भरोसा न करें - स्थितियाँ किसी भी समय बदल सकती हैं। भविष्यवक्ता बनने का नाटक करने से कहीं ज़्यादा उपयोगी यह होता है कि आप *परिदृश्य नियोजन* के ज़रिये अनिश्चितता की प्रतिक्रिया में लचीलेपन की योजना बना लें।

इस अवधारणा को शेयर करें : **http://book.personalmba.com/uncertainty/**

परिवर्तन

प्रजाति का सबसे शक्तिशाली जीवित नहीं रहता, न ही सबसे बुद्धिमान जीवित रहता है। जीवित तो वह रहता है, जो परिवर्तन पर सबसे ज़्यादा प्रतिक्रियाशील होता है।

— चार्ल्स डार्विन, प्रकृतिवादी और विकासवाद के सिद्धांत के जनक

सभी *तंत्र* बदलते हैं - स्थिर *तंत्र* जैसी कोई चीज़ नहीं होती। जटिल तंत्र परिवर्तन की सतत अवस्था में रहते हैं। कोई तंत्र समय के साथ *कैसे* बदलेगा, यह काफ़ी *अनिश्चित* होता है। बहरहाल, यह निश्चित होता है कि तंत्र *बदलेगा।* जो योजनाएँ परिवर्तन को ध्यान में नहीं रखती हैं, उनका मूल्य सीमित होता है।

परिवर्तन जीवन की सच्चाई है। मनोवैज्ञानिक रूप से इस बात को पचाना बहुत मुश्किल होता है कि कुछ चीज़ें आकस्मिक होती हैं। संसार में होने वाली कुछ चीज़ों के पीछे कोई तर्क या कारण नहीं होता। *पैटर्न तुलना* की अपनी नैसर्गिक योग्यताओं की वजह से हममें वहाँ भी पैटर्न देखने की प्रवृत्ति होती है, जहाँ कोई साम्य होता ही नहीं है। अगर परिवर्तन अच्छे होते हैं, तो हम उन आकस्मिक परिवर्तनों का श्रेय अपनी योग्यता को देते हैं और अगर वे बुरे होते हैं, तो हम उनका श्रेय दुर्भाग्य को दे देते हैं। इसके फलस्वरूप हम *आकस्मिकता से मूर्ख* बनते हैं, जो नासिम निकोलस तालेब की पहली पुस्तक का शीर्षक *फ़ूल्ड बाइ रैंडमनेस* है।

आप अपने व्यवसाय को कभी उस बिंदु तक विकसित नहीं कर पाएँगे, जहाँ हर चीज़ आदर्श और अपरिवर्तनीय हो। कई व्यवसाय मालिक और मैनेजर यह अपरीक्षित विश्वास रखते हैं कि किसी व्यवसाय को "अच्छे से बेहतरीन" बनाने से यह "स्थायी बन जाएगा," और आने वाले दशकों में प्रतिस्पर्धियों से बेहतर प्रदर्शन करता रहेगा। यह एक सुखद स्वप्न है, लेकिन उस पैमाने पर ख़ुद को मापना अयथार्थवादी है - इसके लिए एक ऐसे संसार की ज़रूरत होती है, जो कभी न बदले।

परिवर्तन के बारे में आप जो एकमात्र चीज़ कर सकते हैं, वह यह है कि आप विभिन्न परिस्थितियों की व्यापक विविधता को सँभालने के लिए अपना लचीलापन बढ़ा लें। आप जितने ज़्यादा लचीले होते हैं, परिस्थितियों में अवश्यंभावी परिवर्तन होने पर आप उतने ही ज़्यादा *लोचदार* (बाद में चर्चा की गई है) बनेंगे।

इस अवधारणा को शेयर करें : http://book.personalmba.com/change/

अंतर्निर्भरता

जब हम किसी चीज़ को अकेले उठाने की कोशिश करते हैं, तो हम इसे सृष्टि की हर दूसरी चीज़ से बँधी पाते हैं।

— जॉन मूर, प्रकृतिविज्ञानी

संसार में कोई भी चीज़ अकेली मौजूद नहीं है।

जटिल *तंत्र* काम करने के लिए हमेशा दूसरे तंत्रों पर निर्भर होते हैं। आपके फ्रिज को चलने के लिए बिजली की ज़रूरत होती है। जब आपका स्थानीय बिजलीघर ठप हो जाता है, तो आपका फ्रिज भी ठप हो जाता है। यह *अंतर्निर्भरता* है।

उच्च अंतर्निर्भरता वाले तंत्रों को कई बार "दृढ़ता से संयुक्त" तंत्र भी कहा जाता है। किसी तंत्र में जितनी ज़्यादा दृढ़ता से संयुक्त प्रक्रियाएँ होती हैं, इस बात की उतनी ही ज़्यादा आशंका रहती है कि असफलताएँ या विलंब तंत्र के दूसरे हिस्सों को प्रभावित करेंगे।

दृढ़ता से संयुक्त तंत्र आम तौर पर समय-निर्भर होते हैं, कठोरता से व्यवस्थित होते हैं और उनमें बहुत कम *आधिक्य* होता है। अक्सर सफल परिणाम का केवल एक ही मार्ग होता है और तंत्र के किसी हिस्से की असफलता बाक़ी के तंत्र तक "बह" सकती है।

अगर आपने कभी रूब गोल्डबर्ग मशीन देखी है या माउसट्रैप नामक बच्चों का बोर्डगेम खेला है, तो आपने दृढ़ता से संयुक्त तंत्र देख लिया है। डोमिनोज़ के ढहते समय जब एक डोमिनो अगले वाले को नहीं गिरा पाता है, तो पूरा तंत्र रुक जाता है।

अगर आपने कभी प्रोजेक्ट मैनेजमेंट की शब्दावली "अति महत्त्वपूर्ण मार्ग" सुनी है, तो आप अंतर्निर्भरताओं का महत्त्व जानते हैं। अति महत्त्वपूर्ण मार्ग में सिर्फ़ वही काम शामिल होते हैं, जिन्हें समयसीमा के *अनुरूप* प्रोजेक्ट करने के लिए पूरा करना अनिवार्य होता है। अगर अति महत्त्वपूर्ण मार्ग में कोई चीज़ बदलती है, तो वह *परिवर्तन* मार्ग की हर चीज़ तक प्रवाहित होता है। अति महत्त्वपूर्ण मार्ग के किसी भी काम में ज़रा सा भी विलंब पूरे प्रोजेक्ट में विलंब कर देगा।

"ढीलेपन से संयुक्त" तंत्रों में अंतर्निर्भरता की मात्रा कम होती है। ढीलेपन से संयुक्त तंत्र ज़्यादा आरामदेह होते हैं : आम तौर पर वे समय निर्भर नहीं होते। आप "समानांतर प्रोसेसिंग" का इस्तेमाल कर सकते हैं यानी एक ही समय में कई क़दम पूरे कर सकते हैं। बहुत सारा आधिक्य होता है और आप कई अलग-अलग रणनीतियों का इस्तेमाल करके अपना लक्ष्य हासिल कर सकते हैं।

किसी ऑर्केस्ट्रा के बारे में सोचें, जिसमें एक नायक और कई वादक होते हैं। अगर पहला वायलिन ग़लत सुर निकाल दे, तो प्रदर्शन की गुणवत्ता तो प्रभावित होगी, लेकिन वह ग़लती बाक़ी ऑर्केस्ट्रा तक आवश्यक रूप से प्रवाहित नहीं होगी।

आप निर्भरताओं को हटाकर किसी तंत्र को कम *अंतर्निर्भर* बना सकते हैं। निर्भरता वह अनिवार्य इनपुट है, जिसके बिना प्रक्रिया का अगला चरण नहीं हो सकता। किसी तंत्र में जितनी ज़्यादा निर्भरताएँ होती हैं, विलंब या तंत्र की असफलता की आशंका उतनी ही ज़्यादा रहती है।

निर्भरताओं को हटाने से तंत्र कम दृढ़ता से संयुक्त बनता है। कार असेंबली लाइन के उदाहरण के बारे में दोबारा सोचें : अगर आपको इंजन लगाना है, जिसके बाद ही विंडशील्ड लग सकती है, तो इंजन संबंधी समस्या पूरे तंत्र में विलंब कर देगी। अगर इससे कोई फ़र्क़ नहीं पड़ता कि पुर्ज़े किस क्रम में लगाए जाते हैं, तो वाहन को एक से ज़्यादा तरीक़े से असेंबल किया जा सकता है।

द 4-अवर वर्कवीक में टिमोथी फ़ेरिस एक नीति के बारे में बताते हैं, जिसने उनके कारोबारी कामकाज को बहुत कार्यकुशल बना दिया। शुरुआत में जब किसी ग्राहक सेवा प्रतिनिधि को किसी ग्राहक के साथ कोई समस्या आती थी, तो उसे सुलझाने से पहले उसे टिम से अनुमोदन लेना पड़ता था। टिम ने एक नीति शुरू की, जिसमें प्रतिनिधियों को अनुमति दे दी गई कि समस्याओं को सुलझाने के लिए वे उनके अनुमोदन के बिना ऐसी कोई भी ज़रूरी चीज़ कर सकते थे, जिसमें 400 डॉलर से कम ख़र्च होता हो। इस तरह से टिम ने अपने व्यावसायिक तंत्र को ख़ुद पर कम निर्भर बना लिया।

अनावश्यक निर्भरताओं को हटा दें। फिर आप अचानक मिलने वाली असफलता के जोखिम को कम कर लेंगे।

इस अवधारणा को शेयर करें : http://book.personalmba.com/interdependence/

सामने वाले पक्ष का जोखिम

जो व्यक्ति ख़ुशी तक ले जाने वाली हर चीज़ को दूसरे इंसानों पर नहीं, बल्कि ख़ुद पर निर्भर बना लेता है, उसने सुखी जीवन की सबसे अच्छी योजना अपना ली है।

— प्लेटो, प्राचीन यूनानी दार्शनिक

अगर आपका *तंत्र* काम करने के लिए दूसरे लोगों पर निर्भर है, तो यह आपके तंत्र के संचालन के लिए एक बड़ा जोखिम है।

सामने वाले पक्ष का जोखिम यह आशंका है कि दूसरे लोग अपने वादे के मुताबिक़ काम नहीं करेंगे। अगर आपका मकान जल जाता है, तो आप होमओनर्स बीमे का दावा तभी कर सकते हैं, जब वह कंपनी अब भी व्यवसायरत हो, जिससे आपने बीमा पॉलिसी ख़रीदी थी। अगर ऐसा नहीं है, तो आप मुश्किल में हैं।

अगर आपका उत्पादन तंत्र निश्चित पुर्ज़ों की आपूर्ति के लिए किसी तीसरे पक्ष के वेंडर पर निर्भर है और वह वादे के मुताबिक़ आपूर्ति नहीं करता है, तो आपकी उत्पादन प्रक्रिया ठप हो जाती है।

अगर आप किसी ठेकेदार को काम आउटसोर्स करते हैं और वह वादे के मुताबिक़ काम नहीं करता है, तो आपके प्रोजेक्ट में विलंब हो जाएगा।

सामने वाले पक्ष का बहुत ज़्यादा जोखिम तंत्र की विनाशकारी असफलता के जोखिम को बढ़ा देता है। 2008 के वॉल स्ट्रीट क्रैश में संसार के सबसे बड़े निवेश बैंक दिवालियेपन की

कगार पर इसलिए खड़े थे, क्योंकि किसी गड़बड़ी से निबटने के लिए वे एक दूसरे पर भरोसा कर रहे थे।

गोल्डमैन सैक्स, जेपीमॉरगन चेज़ और लेहमैन ब्रदर्स जैसे निवेश बैंकों और वित्तीय संस्थाओं ने दूसरी बड़ी कंपनियों से "क़र्ज़ बकाया विनिमय" नामक *वित्तीय बीमा* ख़रीदने की परंपरा डाल ली थी। ये निवेश बैंक सोचते थे कि अगर कोई बहुत *लीवरेज* वाला सौदा गड़बड़ाएगा, तो उनका ख़रीदा बीमा करोड़ों डॉलर के नुक़सान से उनकी रक्षा करेगा, इसलिए उन्होंने ज़्यादा से ज़्यादा लीवरेज लिया, जिससे उनका जोखिम बढ़ गया।

जब आवास बाज़ार गिरा और बैंक अपने पास रखी मॉर्टगेज सिक्युरिटीज़ पर पैसा गँवाने लगे, तो उन्होंने अपने क़र्ज़ बकाया विनिमय को भुनाने की कोशिश की, लेकिन यह क्या, जिन दूसरे बैंकों से उन्होंने विनिमय ख़रीदे थे, उन्होंने भी मॉर्टगेज-समर्थित सिक्युरिटीज़ पर भारी धनराशि गँवा दी थी और वे अपनी देनदारी नहीं चुका सकते थे। हर बड़ा निवेश बैंक तंत्र के दूसरे बैंकों के लिए सामने वाले पक्ष का जोखिम था। चूँकि वे सभी एक दूसरे पर निर्भर थे, इसलिए जब एक बैंक गिरा, तो वे सभी गिर गए।

सामने वाले पक्ष का जोखिम *नियोजन भ्रांति* से *बढ़* जाता है। आपके साझेदार भी भविष्य की आपसे ज़्यादा भविष्यवाणी नहीं कर सकते। हर एक में योजनाओं और डेडलाइनों के संदर्भ में आशावादी होने की प्रवृत्ति होती है। योजनाएँ और प्रतिबद्धता बनाएँ, लेकिन हमेशा एक योजना उस समय के लिए भी बनाएँ, जब प्रोजेक्ट अपेक्षा के अनुरूप न हो।

जब आपका तंत्र आपके नियंत्रण के बाहर वाले किसी व्यक्ति के प्रदर्शन पर निर्भर हो, तो इस आशंका के लिए पूरी तरह तैयार रहें कि वह अपेक्षा के अनुरूप प्रदर्शन नहीं करेगा।

इस अवधारणा को शेयर करें : **http://book.personalmba.com/counterparty-risk/**

दूसरे क्रम के परिणाम

हालाँकि हम अपने कार्य चुनने के लिए स्वतंत्र होते हैं, लेकिन हम अपने कार्यों के परिणाम चुनने के लिए स्वतंत्र नहीं होते हैं।

— स्टीफ़न कवी, *द सेवन हैबिट्स ऑफ़ हाइली इफ़ेक्टिव पीपल* के लेखक

कुछ साल पहले केल्सी और मुझे सऊदी अरब के पूर्वी तट से कुछ मील दूर एक छोटे टापू देश बहरीन के साम्राज्य में जाने का अवसर मिला। आजकल यह अपनी अंतरराष्ट्रीय बैंकिंग शक्ति, मोती गोताखोरी और अंतरराष्ट्रीय एफ़ 1 रेसिंग ट्रैक के लिए मशहूर है, लेकिन बहुत समय पहले यह बात नहीं थी, जब बहरीन अपने अनूठे पारिस्थितिकी तंत्र के लिए मशहूर था।

कुछ दशक पहले बहरीन का अंदरूनी इलाक़ा प्राकृतिक हरियाली से भरा हुआ था - टापू वाला नखलिस्तान, जिसे अदन के बाग का मूल स्थल कहा जाता था। अब टापू का अंदरूनी हिस्सा रेगिस्तान बन चुका है और स्थानीय पौधों को सिंचाई के ज़रिये ज़िंदा रखा जाता है। आखिर क्या बदलाव हुआ था?

बहरीन भूमिगत ताज़ा पानी के सोतों के नेटवर्क से घिरा हुआ है, जो टापू के वनस्पति जीवन के लिए ज़िम्मेदार थे और उल्लेखनीय गुणवत्ता के मोती विकसित करने के लिए स्थानीय सीपियों को भी प्रेरित करते थे। जब देश का इकलौता बड़ा शहर मनामा विकसित हुआ, तो शहर के केंद्र में ज़मीन कम हो गई, इसलिए डेवलपरों ने "भूमि अधिग्रहण" प्रक्रिया अपनाई। इस प्रक्रिया में टापू के अंदर से धूल-मिट्टी हटाकर तट पर डाल दी गई और समुद्र से भूमि "दोबारा हासिल" कर ली गई। इस नीति से नई ज़मीन तो मिल गई, लेकिन क़ीमत उम्मीद से कहीं ज़्यादा थी - टापू का सोतों का नेटवर्क सूख गया, जिससे देश रेगिस्तान में बदल गया।

हर कार्य के परिणाम होते हैं और उन परिणामों के भी परिणाम होते हैं, जिन्हें *दूसरे दर्जे के प्रभाव* कहा जाता है। डोमिनोज़ खेल की क़तार के बारे में सोचें - एक धक्का घटनाओं की शृंखला शुरू कर सकता है। एक बार जब शृंखला शुरू हो जाती है, तो कारण और परिणाम के प्रवाह को रोकना या उलटना असंभव नहीं, तो मुश्किल ज़रूर होता है।

द्वितीय विश्वयुद्ध के बाद न्यू यॉर्क सिटी में किराया नियंत्रण अनचाहे परिणामों का एक और गंभीर उदाहरण है। मूल इरादा यह था कि युद्ध से लौटने वाले सैनिकों को रहने के लिए सस्ते मकान मिलें, इसलिए शहर के कुछ हिस्सों में एक नीति शुरू की गई, जिसमें मकान किराये की अधिकतम सीमा तय कर दी गई (जिसे मकान मालिक नहीं बढ़ा सकते थे)। अनुभवी सैनिकों के लिए सस्ते मकान अच्छा विचार है, है ना?

शहर के योजनाकारों ने इस बात की उम्मीद नहीं की थी : हर साल न्यू यॉर्क सिटी में जायदाद के रख-रखाव की लागत बढ़ती रही, लेकिन बढ़ती लागतों की भरपाई करने के लिए मकान मालिक किराया नहीं बढ़ा सकते थे। क़ानून यह था कि किराया नियंत्रण तब तक नहीं हट सकता था, जब तक कि मूल लीज़धारक दूसरी जगह जाकर न रहने लगे या इमारत जर्जर न हो जाए, इसलिए मकान मालिकों ने अपनी जायदाद का रख-रखाव नहीं किया - यह पैसे की बरबादी थी। वित्तीय दृष्टि से यह कहीं बेहतर था कि बचे हुए किरायेदारों के आस-पास इमारत को खंडहर बनने दिया जाए।

इस नीति का प्रभाव यह हुआ कि समय के साथ जायदाद की गुणवत्ता में भारी गिरावट आई। अंततः जब इमारतें जर्जर हुईं, तो आपूर्ति में भी भारी कमी आई, जिससे मकान बहुत महँगे हो गए। योजना किराये के मकानों को ज़्यादा सस्ता बनाने के इरादे से बनाई गई थी, लेकिन इसने दरअसल मकानों की आपूर्ति को नष्ट कर दिया और इसे *ज़्यादा* महँगा बना दिया - जो मूल इरादे का विपरीत था।

जटिल तंत्र के किसी पहलू को बदलने के *हमेशा* दूसरे क्रम के परिणाम होते हैं, जिनमें से कुछ मूल इरादे के विपरीत भी हो सकते हैं। किसी जटिल तंत्र में तत्व लाखों अलग-अलग तरीक़ों से आपस में संबंधित या निर्भर हो सकते हैं और *अनिश्चितता* की वजह से आपको इसका सटीक अंदाज़ा नहीं हो सकता। हर कार्य का एक परिणाम होता है और उन परिणामों के भी *हमेशा* परिणाम होते हैं - भले ही आप यह न जानते हों कि वे क्या हैं या आप उन्हें नहीं होने देना चाहते हों।

किसी जटिल तंत्र में परिवर्तन करने के काम में बहुत सावधानी रखें : आपको जो मिलता है, वह आपकी उम्मीद के विपरीत हो सकता है।

इस अवधारणा को शेयर करें : **http://book.personalmba.com/second-order-effects/**

सामान्य दुर्घटनाएँ

समस्या यह नहीं है कि समस्याएँ हैं। समस्या तो इसके विपरीत अपेक्षा करना और यह सोचना है कि समस्याओं का होना एक समस्या है।
— थियोडोर रूबिन, मनोचिकित्सक और स्तंभकार

स्पेस शटल - वह वाहन जो इंसानों को बैठाकर पृथ्वी की गुरुत्वाकर्षण शक्ति की सीमाओं के पार ले जाने में सक्षम है - स्पष्ट रूप से एक बेहद जटिल *तंत्र* है। लाखों-करोड़ों क्यूबिक फ़ुट विस्फोटक हाइड्रोजन गैस वाले तीन रॉकेटों से लैस विमान बेहद *अंतर्निर्भर* तंत्र का प्रतीक है। *कोई* भी त्रुटि विनाशकारी ढंग से फैल सकती है और जब भी शटल छोड़ा जाता है, तो हर बार करोड़ों चीज़ों के ग़लत होने की आशंका रहती है।

1986 में स्पेस शटल *चैलेंजर* ने एक तबाही झेली - एक रॉकेट की एक सील जम गई, जिससे यह बेहद नरम हो गई। जब उड़ान भरते समय सील बहुत गरम हुई, तो इसने काम करना बंद कर दिया। *चैलेंजर* के उड़ने के 73 सेकेंड बाद ही इसमें विस्फोट हो गया और इसमें बैठे हर व्यक्ति की जान चली गई।

यह विश्वास करना ललचाने वाला है कि एक ऐसा तंत्र बनाना संभव है, जिसमें कोई चीज़ कभी ग़लत न हो। असल जीवन के तंत्र हमेशा इसका उल्टा साबित करते हैं - ऐसा हमेशा होता है।

सामान्य दुर्घटनाओं का सिद्धांत एक सर्वव्यापी सूक्ति को व्यक्त करने का ज़्यादा औपचारिक तरीक़ा है : बुरी चीज़ें होती हैं। दृढ़ता से संयुक्त तंत्र में छोटे जोखिम इस बिंदु तक संचित होते रहते हैं कि त्रुटियाँ और दुर्घटनाएँ अवश्यंभावी हो जाती हैं। तंत्र जितना ज़्यादा बड़ा और जटिल होता है, यह आशंका भी उतनी ही ज़्यादा रहती है कि अंततः *कोई* चीज़ बहुत, बहुत ग़लत हो जाएगी।

सामान्य दुर्घटनाओं पर अति प्रतिक्रिया करना दरअसल हानिकारक होता है। जब कोई चीज़ गड़बड़ हो जाती है, तो हमारी सहज बोध की प्रतिक्रिया यह होती है कि हम अति संवेदनशील बन जाएँ, चीज़ों को तालाबंद कर लें और उस दुर्भाग्यशाली घटना के दोबारा होने की आशंका से बचने के लिए ज़्यादा नियंत्रण लगाएँ। यह प्रतिक्रिया दरअसल चीज़ों को बदतर बना देती है : चीज़ों को तालाबंद करने और तंत्र को ज़्यादा फैलाने से तंत्र *ज़्यादा दृढ़ता से संयुक्त* बनता है, जिससे भावी दुर्घटनाओं का जोखिम बढ़ जाता है।

चैलेंजर त्रासदी पर नासा की प्रतिक्रिया बेहद शिक्षाप्रद है। उन्होंने तालाबंदी नहीं की या तंत्र को नहीं फैलाया, क्योंकि इससे समस्या बढ़ सकती थी। इसके बजाय नासा के इंजीनियरों ने निहित जोखिम को पहचाना और समस्या के दूसरे समाधान खोजने पर ध्यान केंद्रित किया, जो इस समस्या के दोबारा होने के जोखिम को न्यूनतम कर सके। उन्होंने अतिरिक्त तंत्र नहीं जोड़े, जो संभवतः असफल हो सकते थे।

सामान्य दुर्घटनाओं से बचने का सर्वश्रेष्ठ तरीक़ा उनके होने पर गड़बड़ी या “बाल-बाल बचने” का विश्लेषण करना है। *जोखिम तालाबंदी* के समतुल्य तंत्रों में जाने की ज़रूरत नहीं है, क्योंकि इससे लंबे समय में ज़्यादा बड़ी समस्याएँ उत्पन्न हो सकती हैं। इसके बजाय बाल-बाल

बचने वाली घटनाओं का अवलोकन करने पर छिपी हुई अंतर्निर्भरताओं के बारे में महत्त्वपूर्ण ज्ञान मिल सकता है। समस्या का विश्लेषण करके आपातकालीन योजनाएँ बनाई जा सकती हैं, ताकि भविष्य में वैसी स्थिति आने पर उन पर अमल किया जा सके।

2003 में स्पेस शटल कोलंबिया ने एक अलग तरह की तबाही को झेला। शटल की रक्षा करने के लिए बनाई गई कार्बन फ़ाइबर हीट शील्ड पृथ्वी के वायुमंडल में प्रवेश करते समय बंद हो गई और शटल विखंडित हो गया। एक बार फिर नासा ने इस बात पर ध्यान केंद्रित किया कि तंत्र को और ज़्यादा दृढ़ता से संयुक्त करने के बजाय इस समस्या को दोबारा होने से कैसे रोका जाए। जब कुछ साल बाद उड़ान भरने पर स्पेस शटल *डिस्कवरी* की हीट शील्ड में नुक़सान हुआ, तो नासा के इंजीनियर तैयार थे और दल सुरक्षित उतरने में कामयाब हुआ।

सामान्य दुर्घटनाएँ एक दमदार कारण हैं कि आप जिन तंत्रों पर निर्भर हैं, उन्हें ज़्यादा से ज़्यादा ढीला रखें। तंत्रों के बारे में कई अच्छी बातें कही जा सकती हैं, लेकिन शून्य असफलताओं की उम्मीद करना बहुत अयथार्थवादी होता है। हो सकता है कि शिथिल तंत्र कार्यकुशल न हों, लेकिन वे ज़्यादा लंबे समय तक क़ायम रहते हैं और कम बुरी तरह असफल होते हैं।

कोई तंत्र जितना ज़्यादा जटिल होता है और यह जितने ज़्यादा समय तक काम करता है, इसके बड़ी असफलता का शिकार होने की उतनी ही ज़्यादा आशंका रहती है। सवाल यह नहीं है कि *ऐसा होगा* या नहीं - सवाल तो यह है कि यह *कब* होगा। तंत्र की असफलता के बारे में सतर्क रहें और इस पर तुरंत प्रतिक्रिया करने के लिए तैयार रहें।

इस अवधारणा को शेयर करें : **http://book.personalmba.com/normal-accidents/**

11

तंत्रों का विश्लेषण करना

> अगर आप इसे समझ नहीं सकते, तो आप इसे बदल भी नहीं सकते।
>
> — एरिक इवान्स, प्रौद्योगिकीविद्

आप किसी *तंत्र* को बेहतर बना सकें, इससे पहले आपको समझना होगा कि यह वर्तमान में कितनी अच्छी तरह काम कर रहा है। दुर्भाग्य से यह पेचीदा काम होता है - जब तक आप सावधानीपूर्वक मापें, तब तक आप संसार को अपनी मनमर्ज़ी से रोककर नहीं रख सकते।

तंत्र के काम करते समय ही उसका विश्लेषण करना होता है। काम करते समय किसी तंत्र का विश्लेषण करना मुश्किल होता है, लेकिन यह निश्चित रूप से संभव है - बशर्ते आपको पता हो कि आप किसकी तलाश कर रहे हैं।

इस अध्याय में आप सीखेंगे कि तंत्रों को किस तरह ज़्यादा छोटे हिस्सों में *तोड़ना* है, जिन्हें आसानी से समझ सकते हैं। इसके अलावा आप यह भी सीखेंगे कि महत्त्वपूर्ण चीज़ों को कैसे तौलना है और यह पता कैसे लगाना है कि तंत्र के हिस्से एक दूसरे के साथ किस तरह काम करते हैं और एक दूसरे पर कैसे निर्भर हैं।

इस अवधारणा को शेयर करें : http://book.personalmba.com/analyzing-systems/

विखंडन

> किसी आदर्श चीज़ से कुछ नहीं बनाया जा सकता। हर प्रक्रिया में किसी चीज़ को तोड़ना शामिल होता है।
>
> — जोसेफ़ कैंपबेल, पौराणिक कथा विशेषज्ञ और *द हीरो विद अ थाउज़ैंड फ़ेसेस* के लेखक

जैसी हमने पहले बात की है, जटिल *तंत्र* बहुत से *अंतर्निर्भर प्रवाहों, स्टॉक,* प्रक्रियाओं और हिस्सों से बनते हैं। कुल मिलाकर, तंत्र इतना जटिल हो सकता है कि एक साथ

उसे समझना संभव न हो - अगर सात-आठ से ज़्यादा परिवर्तनशीलताएँ या निर्भरताएँ हों, तो *संज्ञानात्मक दायरा सीमा* हावी हो जाती है और दुविधा होने लगती है।

अगर यह सच है, तो बेहद जटिल तंत्रों का विश्लेषण कैसे किया जाए?

विखंडन जटिल तंत्रों को सबसे छोटे उप-तंत्रों में अलग-अलग करने की प्रतिक्रिया है, ताकि यह समझा जा सके कि चीज़ें कैसे काम करती हैं। पूरे तंत्र को तुरंत एक साथ समझने के बजाय आप तंत्र को हिस्सों में तोड़ देते हैं और फिर उप-तंत्रों तथा एक दूसरे के साथ उनकी अंतर्क्रिया को समझने पर काम करते हैं।

विखंडन *गैल के नियम* का रिवर्स-इंजीनियरिंग पहलू है। याद रखें कि जो जटिल तंत्र कारगर होते हैं, वे हमेशा ज़्यादा सरल कारगर तंत्रों से विकसित हुए हैं। अगर आप ज़्यादा सरल उप-तंत्रों को पहचान सकें और यह समझने पर ध्यान केंद्रित कर सकें कि वे कैसे काम करते हैं और कैसे मिलकर फ़िट होते हैं, तो आप अंततः यह समझ सकते हैं कि पूरा तंत्र कैसे काम करता है।

अगर आप इस बारे में कुछ नहीं जानते कि कारें कैसे काम करती हैं, तो अपनी कार का हुड उठाकर अंदर के पुर्ज़ों की जाँच करना दुविधा वाला काम है - इतने सारे पुर्ज़े होते हैं कि यह जानना मुश्किल होता है कि कहाँ से शुरू करना है, लेकिन तंत्र को समझना असंभव नहीं है - इंजन, ट्रांसमिशन और रेडिएटर जैसे महत्त्वपूर्ण उप-तंत्रों को समझने के बाद आपको इस बारे में मूल्यवान ज्ञान मिल सकता है कि पूरा तंत्र किस तरह काम करता है।

एक बार जब आप महत्त्वपूर्ण उप-तंत्रों को पहचान लें, तो उन्हें अपने दिमाग़ में अस्थायी रूप से अलग कर लें, ताकि आपको यह समझने में मदद मिले कि वे कैसे काम करते हैं। पूरी कार किस तरह काम करती है, इस बात पर ध्यान केंद्रित करने के बजाय आप कुछ समय तक सिर्फ़ इंजन पर केंद्रित रहते हैं। उपतंत्र कहाँ शुरू होता है? कौन से *प्रवाह* शामिल हैं? तंत्र के भीतर कौन सी प्रक्रियाएँ होती हैं? क्या कोई *फ़ीडबैक लूप* शामिल हैं? अगर *अंतर्प्रवाह* अंदर नहीं आते हैं, तो क्या होता है? तंत्र कहाँ ख़त्म होता है? *बाह्य* प्रवाह कौन से हैं?

यह महत्त्वपूर्ण है कि किसी तंत्र को *विखंडित* करने के लिए अलगाव का इस्तेमाल करते समय परस्पर-निर्भरता को नज़रअंदाज़ न करें, क्योंकि हर उप-तंत्र एक ज़्यादा बड़े तंत्र का हिस्सा होता है। *ट्रिगर* और *अंतिम बिंदुओं* - तंत्र के वे हिस्से जो दूसरे उपतंत्रों के साथ अंतर्क्रिया करते हैं - को पहचानना भी उतना ही महत्त्वपूर्ण है। ट्रिगर आपको बताते हैं कि कौन सी चीज़ किसी उपतंत्र को शुरू करती है और अंतिम बिंदु आपको दिखाते हैं कि कौन सी चीज़ उसे रोकती है।

इसके अलावा किसी तंत्र में मौजूद शर्तों - अगर-तब और जब-तब संबंध - को समझना भी महत्त्वपूर्ण होता है, जो तंत्र के संचालन को प्रभावित करते हैं। मिसाल के तौर पर, किसी इंजन को चलने के लिए गैसोलिन वाष्प के अंतर्प्रवाह की ज़रूरत होती है। अगर वह अंतर्प्रवाह मौजूद है, तो स्पार्क प्लग की चिंगारी इसे जलाती है। इससे ऊर्जा मिलती है, जो पिस्टन को धकाती है, जिससे बाक़ी तंत्र को शक्ति मिलती है। अगर वह अंतर्प्रवाह अनुपस्थित है या स्पार्क प्लग से चिंगारी नहीं निकलती है, तो ऊर्जा नहीं मिलती है और तंत्र रुक जाता है। इस तरह गैसोलिन वाष्प का अंतर्प्रवाह और स्पार्क प्लग की चिंगारी दोनों ही तंत्र के संचालन की शर्तें बन जाती हैं।

डायग्राम और फ़्लोचार्ट बनाने से आपको यह समझने में मदद मिल सकती है कि हर अंतर्प्रवाह, प्रक्रिया, ट्रिगर, शर्त, अंतिम बिंदु और बाह्य प्रवाह एक साथ कैसे आते हैं। जटिल तंत्रों को सिर्फ़ शब्दों में समझना मुश्किल होता है - सर्वश्रेष्ठ परिणामों के लिए शामिल प्रवाहों, स्टॉक, शर्तों और प्रक्रियाओं के रेखाचित्र खींचें। अच्छी तरह बनाए गए फ़्लोचार्ट किसी तंत्र के काम करते वक़्त उसके प्रवाह को समझने में मदद कर सकते हैं, जो तंत्र के बैठने पर उसे दुरुस्त करने में आपकी काफ़ी मदद कर सकता है।

किसी तंत्र के विश्लेषण के लिए जटिल तंत्रों को उप-तंत्रों में विखंडित करें, जिन्हें समझना ज़्यादा आसान होता है, फिर नीचे से तंत्र की अपनी समझ को ऊपर तक बनाएँ।

इस अवधारणा को शेयर करें : http://book.personalmba.com/deconstruction/

मापन

ईश्वर पर हमें विश्वास है... बाक़ी सभी अपना डाटा लेकर आएँ।

— डब्ल्यू. एडवर्ड्स डेमिंग, उत्पादन प्रबंधन विशेषज्ञ और सांख्यिकीय प्रक्रिया नियंत्रण के पथप्रदर्शक

एक बार जब आप *तंत्र* के हिस्सों को समझ लेते हैं और यह भी समझ लेते हैं कि वे एक दूसरे के साथ कैसे अंतर्क्रिया करते हैं, तो एक और प्रश्न पूछने से लाभ होता है : तंत्र *कितनी अच्छी तरह* काम कर रहा है? ऐसा करने के लिए हम सक्रिय तंत्र के मापन पर भरोसा करते हैं।

मापन तंत्र के परिचालन के समय उससे संबंधित जानकारी इकट्ठी करने की प्रक्रिया है। तंत्र के बुनियादी कार्यों से संबंधित जानकारी इकट्ठी करने पर सटीकता से समझना ज़्यादा आसान होता है कि तंत्र कितनी अच्छी तरह काम कर रहा है।

मापन तंत्रों की एक दूसरे से तुलना करने की भी अनुमति देता है। मिसाल के तौर पर, किसी कंप्यूटर को बनाने के लिए कई अलग-अलग प्रकार के माइक्रोप्रोसेसर्स का इस्तेमाल करना संभव होता है - आपको किसका इस्तेमाल करना चाहिए? हर प्रोसेसर के अलग-अलग गुणों - चक्र समय, ईंधन की खपत, गर्म होने की दर आदि - का मापन करने पर आप अपने कंप्यूटर के लिए सबसे अच्छे प्रोसेसर का चयन कर सकते हैं, जिससे बेहतर परिणाम मिलते हैं।

मापन से हमें किसी तंत्र का विश्लेषण करते वक़्त *अनुपस्थिति अंधत्व* से बचने में भी मदद मिलती है। याद रहे कि हमें उन चीज़ों को देखने में मुश्किल आती है, जो मौजूद नहीं होतीं। किसी सक्रिय तंत्र के अलग-अलग हिस्सों के मापन से हमें संभावित समस्याओं के उत्पन्न होने से पहले ही उन्हें पहचानने में मदद मिलती है।

मिसाल के तौर पर, डाइबिटीज़ एक ऐसा रोग है, जो शरीर के ब्लड ग्लूकोज़ स्तरों को नियंत्रित करने वाले *फ़ीडबैक लूप* में दोष को दर्शाता है। बहुत ज़्यादा या बहुत कम ब्लड ग्लूकोज़ जानलेवा हो सकता है, इसलिए अगर शरीर ब्लड ग्लूकोज़ स्तरों को स्थिर रखने के लिए बहुत ज़्यादा या बहुत कम इनसुलिन का उत्पादन करता है, तो यह एक बड़ी समस्या है।

हालाँकि डाइबिटीज़ वाले व्यक्ति के लिए इनसुलिन स्तर बेहद महत्त्वपूर्ण होते हैं, लेकिन आप किसी व्यक्ति को देखकर उसके इनसुलिन या ब्लड ग्लूकोज़ स्तर का पता नहीं लगा सकते। मापन के बिना अनुपस्थिति अंधत्व का नियम काम करता है, जब तक कि परिस्थिति इतनी बुरी नहीं हो जाती कि दिखने लगे। दुर्भाग्य से यह आम तौर पर तब होता है, जब वह व्यक्ति बेहोश हो जाता है या सदमे में पहुँच जाता है।

इस स्थिति से बचने के लिए डाइबिटीज़ वाले लोग दिन भर अपने ब्लड ग्लूकोज़ और इनसुलिन स्तरों को मापते रहते हैं।

किसी चीज़ को मापना उसे बेहतर बनाने का पहला क़दम है। पीटर ड्रकर की कही यह बात मशहूर है, "जिसे मापा जाता है, उसका प्रबंधन किया जाता है।" यह सच है। अगर आप यह नहीं जानते कि आपका व्यवसाय कितनी आमदनी कर रहा है या कितना ख़र्च कर रहा है, तो यह जानना मुश्किल होता है कि आपके व्यावसायिक तंत्र में किया गया कोई परिवर्तन सचमुच सुधार है या नहीं। अगर आप वज़न कम करना चाहते हैं, तो सबसे पहले तो आपको यह पता लगाना चाहिए कि आपका वज़न इस वक़्त कितना है, फिर निगरानी रखें कि आपके द्वारा किए गए परिवर्तन आपके वज़न पर कैसा प्रभाव डालते हैं।

डाटा के बिना आप अंधे होते हैं। अगर आप किसी चीज़ को बेहतर बनाना चाहते हैं, तो आपको सबसे पहले इसे मापना होगा।

इस अवधारणा को शेयर करें : http://book.personalmba.com/measurement/

मुख्य प्रदर्शन सूचक

ग़लत प्रश्न के सटीक जवाब के बजाय सही प्रश्न का लगभग-सही जवाब बेहतर है।

— जॉन ट्यूकी, सांख्यिकीविद्

यहाँ *मापन* के साथ बुनियादी समस्या पर ग़ौर करें। आप दस लाख अलग-अलग चीज़ों को माप सकते हैं। बहुत ज़्यादा मापन करेंगे, तो आप हमेशा *संज्ञानात्मक दायरा सीमा* का शिकार हो जाएँगे और निरर्थक जानकारी के महासागर में डूब जाएँगे।

कुछ मापन बाक़ी से ज़्यादा महत्त्वपूर्ण होते हैं : *मुख्य प्रदर्शन सूचक (की परफ़ॉरमेन्स इंडिकेटर्स - केपीआई)* किसी *तंत्र* के बेहद महत्त्वपूर्ण हिस्सों के मापन हैं। जो मापन आपके तंत्र को सुधारने में मदद न करें, वे निरर्थक से भी बदतर होते हैं। वे आपके सीमित *ध्यान* और ऊर्जा की बरबादी हैं। आप जिस तंत्र की जाँच कर रहे हैं, अगर आपका इरादा उसे बेहतर बनाना है, तो आपको हर चीज़ पर ध्यान नहीं देना है - बस कुछ मुख्य मापनों पर ही ध्यान देना है, जो सचमुच मायने रखते हैं।

दुर्भाग्य से, सचमुच महत्त्वपूर्ण चीज़ों के बजाय उन चीज़ों पर अति केंद्रित होना आसान होता है, जिन्हें मापना आसान हो। मिसाल के तौर पर, किसी व्यवसाय की आमदनी काफ़ी महत्त्वपूर्ण दिखती है, ठीक है? यह होती भी है, लेकिन एक सीमा तक।

आमदनी सिर्फ़ इसलिए महत्त्वपूर्ण है, क्योंकि यह मुनाफ़े का एक मुख्य घटक है। अगर आपको 10 लाख डॉलर की आमदनी हुई है, तो इससे कोई फ़र्क़ नहीं पड़ता, अगर आपने इसे कमाने के लिए 20 लाख डॉलर ख़र्च कर दिए हैं। सीरियल उद्यमी और मशहूर बीबीसी सीरीज़ *ड्रैगन्स डेन* के मेज़बान थियो पैफ़िटीज ने इसे यादगार शब्दों में कहा है : "मुनाफ़ा समझदारी है। आमदनी दिखावा है।" अपने आप में आमदनी केपीआई नहीं है।

यही बात प्रक्रिया के भीतर के दूसरे मापनों के बारे में सही है। मिसाल के तौर पर, अगर आप प्रोग्रामरों की टीम का प्रबंधन कर रहे हैं, तो उनके आउटपुट को "कोड की लाइनों" से मापना लुभावना होता है - एक दिखने वाला, इकट्ठा करने में आसान मापन। समस्या यह है : यह ज़रूरी नहीं है कि ज़्यादा लंबा कोड बेहतर हो। योग्य प्रोग्रामर कोड की लाइनें *कम* करके किसी प्रोग्राम को बेहतर बना सकता है। यदि आप मात्रा पर ध्यान केंद्रित करते हैं, तो दस हज़ार लाइनों को हटाना असफलता जैसा लगेगा, जबकि यह दरअसल बड़ा भारी सुधार है।

अगर आप कोड की लाइनों के आधार पर प्रोग्रामरों को *पुरस्कार* देते हैं, तो स्थिति और बदतर हो जाती है : *प्रोत्साहन आधारित पूर्वाग्रह* यह सुनिश्चित करेगा कि आपके कोड की प्रोग्रामिंग *वॉर ऐंड पीस* जितनी लंबी हो।

आम तौर पर, व्यवसाय संबंधी केपीआई व्यवसाय के *पाँच हिस्सों* या *प्रवाह क्षमता* से सीधे संबद्ध होते हैं। यहाँ कुछ सवाल हैं, जिनका इस्तेमाल मैं किसी व्यवसाय के केपीआई को पहचानने के लिए करता हूँ;

मूल्य सृजन : तंत्र कितनी जल्दी मूल्य का सृजन कर रहा है? *अंतर्प्रवाहों* का वर्तमान स्तर क्या है?

मार्केटिंग : आपकी पेशकश पर कितने लोग ध्यान दे रहे हैं? कितने ग्राहक आपको ज़्यादा जानकारी देने की *अनुमति* दे रहे हैं?

बिक्री : कितने संभावित ग्राहक असली ग्राहक बन रहे हैं? औसत ग्राहक का *आजीवन मूल्य* क्या है?

मूल्य पहुँच : आप हर ग्राहक की कितनी जल्दी सेवा कर सकते हैं? आपके सामान की वापसी या शिकायतों की वर्तमान दर क्या है?

वित्त : आपका *प्रॉफ़िट मार्जिन* कितना है? आपके पास कितनी *ख़रीदारी शक्ति* है? क्या आप वित्तीय दृष्टि से *लाभकारी* हैं?

इन प्रश्नों से सीधे जुड़ा हर मापन संभवतः केपीआई की श्रेणी में आएगा। जो भी चीज़ किसी बुनियादी व्यावसायिक प्रक्रिया या किसी तंत्र के थ्रूपुट से सीधे जुड़ी नहीं है, वह शायद केपीआई नहीं है।

ख़ुद को हर तंत्र के सिर्फ़ तीन से पाँच केपीआई तक ही सीमित रखने की कोशिश करें। मापन इकट्ठे करते वक़्त ख़ुद के लिए एक "डैशबोर्ड" बनाना लुभावना होता है, जिसमें वह हर जानकारी शामिल हो, जो आप कभी देखना चाहेंगे। इस प्रलोभन से बचें। अगर आप बहुत ज़्यादा डाटा के बोझ से ख़ुद को दबा लेंगे, तो आप उन *परिवर्तनों* को शायद ही देख पाएँगे, जो अत्यंत महत्त्वपूर्ण हैं। इस प्रलोभन से बचने के लिए ख़ुद को यह तसल्ली दें कि ज़रूरत पड़ने पर आप अपने पास मौजूद डाटा में किसी भी समय ज़्यादा गहराई तक पैठ लगा सकते हैं।

अपने तंत्र के केपीआई खोजें और आप डाटा में डूबे बिना अपने तंत्र का प्रबंधन करने में कामयाब होंगे।

इस अवधारणा को शेयर करें : **http://book.personalmba.com/key-performance-indicator/**

कचरा अंदर, कचरा बाहर

आइए हम अपनी शुरुआतों को अच्छी तरह देखें। परिणाम अपना प्रबंधन ख़ुद कर लेंगे।

— अलैक्ज़ेंडर क्लार्क, उन्नीसवीं सदी के अमेरिकी राजदूत और नागरिक अधिकार कार्यकर्ता

अगर आप ख़राब गुणवत्ता वाले डाटा का विश्लेषण करते हैं, तो सबसे अच्छी स्थिति में विश्लेषण निरर्थक होगा और सबसे बुरी स्थिति में यह भ्रामक या विनाशकारी होगा।

आप इनपुट की जिस गुणवत्ता का इस्तेमाल करते हैं, उसका आउटपुट की गुणवत्ता पर हमेशा प्रभाव होता है। अगर आप ख़राब गुणवत्ता के कच्चे माल से कोई चीज़ बनाते हैं, तो वह वस्तु अनाकर्षक और अविश्वसनीय होगी। अगर आप बहुत सारा जंक फूड खाते हैं, ज़्यादा हिलते-डुलते नहीं हैं और बहुत ज़्यादा न्यूज़ या रिएलिटी टीवी पर ध्यान देते हैं, तो आप ऊर्जावान के बजाय उदासीन महसूस करेंगे। अगर किसी प्रोजेक्ट पर काम करने वाले लोग योग्य या रोमांचित नहीं हैं, तो अंतिम परिणाम पर हमेशा नकारात्मक प्रभाव पड़ेगा।

कचरा अंदर, कचरा बाहर सरल सिद्धांत है : किसी *तंत्र* में बेकार इनपुट डालेंगे, तो आपको बेकार आउटपुट मिलेगा। किसी तंत्र को समझने की आपकी योग्यता का संबंध यह देखने की आपकी योग्यता से है कि उस तंत्र में क्या चल रहा है। आप तंत्र के बारे में जो डाटा इकट्ठा करते हैं, उसकी गुणवत्ता और मात्रा इस बात की ऊपरी सीमा तय करती है कि आप कितनी अच्छी तरह यह समझ पाएँगे कि चलते समय उस तंत्र में क्या हो रहा है।

काम पूरा होने पर अगर आप कचरा नहीं चाहते हैं, तो शुरू करते वक़्त कचरे का इस्तेमाल न करें। आप किससे शुरुआत कर रहे हैं, इस बारे में ध्यान रखने से आप यह सुनिश्चित कर सकते हैं कि प्रक्रिया का अंतिम परिणाम आपकी अपेक्षाओं के अनुरूप हो।

अपने परिणामों को बेहतर बनाने के लिए उसकी गुणवत्ता को बेहतर बनाएँ, जिससे आप शुरू करते हैं।

इस अवधारणा को शेयर करें : **http://book.personalmba.com/garbage-in-garbage-out/**

सहनशीलता

बुद्धिमत्ता की राह? देखिए, यह आसान है / और बताने में सरल है : / ग़लती करें / और ग़लती करें / और फिर से ग़लती करें, / लेकिन कम / और कम / और कम।

— पाइट हाइन, गणितज्ञ और कवि

कई अनुभवहीन व्यवसायी पूर्णता की उम्मीद करते हैं। किसी भी तरह की ग़लती या भिन्नता, चाहे यह छोटी सी ही क्यों न हो, चिंता का सबब होती है।

मिसाल के तौर पर, किसी कंपनी की वेबसाइट को लें। कंपनी की वेबसाइट बैठने पर ज़्यादातर व्यवसायी व्याकुल हो जाते हैं और चिंतित होकर सिस्टम एडमिनिस्ट्रेटर या ज़िम्मेदार पक्ष को फ़ोन घुमाने लगते हैं। अक्सर इस तरह के शब्द कहे जाते हैं, "यह सुनिश्चित करें कि हमारी वेबसाइट दोबारा कभी न बैठे।"

यह यथार्थवादी नहीं है : पूर्णता असंभव होती है। शत-प्रतिशत विश्वसनीयता बस एक कोरा सपना है। *सामान्य दुर्घटनाएँ* जीवन की सच्चाई हैं, इसलिए योजना बनाते समय उनका ध्यान रखना फ़ायदेमंद होता है। आप जितनी ज़्यादा विश्वसनीयता चाहेंगे, आपके तंत्र की लागत उतनी ही ज़्यादा होगी।

सहनशीलता किसी तंत्र में "सामान्य" त्रुटि का स्वीकार्य स्तर है। इसका मतलब है कि निश्चित सीमाओं के भीतर तंत्र इरादे के अनुरूप प्रदर्शन कर रहा है। जब तक त्रुटियाँ निश्चित सीमा को नहीं लाँघ जाएँ, अत्यावश्यक हस्तक्षेप की ज़रूरत नहीं पड़ती है।

सहनशीलताओं को अक्सर "कसी हुई" या "ढीली" कहा जाता है। कसी हुई सहनशीलता वह है, जिसमें त्रुटि या भिन्नता की बहुत कम गुंजाइश होती है। यह उस घटक या उप-तंत्र के संदर्भ में होनी चाहिए, जो तंत्र के प्रदर्शन के लिए अति महत्त्वपूर्ण है। ढीली सहनशीलता में त्रुटि या भिन्नता की काफ़ी गुंजाइश रहती है। यह आम तौर पर तब रहनी चाहिए, जब छोटी ग़लतियों के बड़े परिणाम न पड़ते हों।

किसी तंत्र की विश्वसनीयता को अक्सर प्रतिशत में मापा जाता है। जब कोई तंत्र किसी क्षेत्र में 95 प्रतिशत विश्वसनीय होता है, तो इसका मतलब है कि यह बीस में से उन्नीस बार अपेक्षित सहनशीलता के भीतर परिणाम देगा। विश्वसनीयता जितनी ज़्यादा होती है, प्रतिशत उतना ही ज़्यादा होता है।

अगर आप किसी को "फ़ाइव नाइन" विश्वसनीयता के बारे में बोलते सुनते हैं, तो इसका मतलब है कि तंत्र 99.99999 प्रतिशत समय अपेक्षित परिणाम देता है। विश्वसनीयता का यह स्तर बेहद प्रभावी होता है और इसे हासिल करने के लिए उतना ही ज़्यादा ख़र्च करना पड़ता है। अक्सर सिस्टम्स वाली कंपनियाँ सहनशीलता के रूप में इस विश्वसनीयता मापन का इस्तेमाल करती हैं। वे "सेवा स्तर अनुबंध" (सर्विस लेवल एग्रीमेंट - एसएलए) भी करती हैं, जिसमें त्रुटियों के एक निश्चित सीमा के पार जाने पर ग्राहकों को हर्जाना देने का वादा किया जाता है।

कसी हुई सहनशीलताएँ बहुत उपयोगी होती हैं और गुणवत्ता का सकारात्मक सूचक हैं। देखिए, आप ग़लतियाँ या भिन्नताएँ नहीं चाहते हैं, तो समय के साथ अपने तंत्र के अति महत्त्वपूर्ण हिस्सों के लिए ज़्यादा कसी हुई सहनशीलता की दिशा में काम करें।

इस अवधारणा को शेयर करें : http://book.personalmba.com/tolerance/

विश्लेषणात्मक ईमानदारी

जिसे सत्य द्वारा नष्ट किया जा सकता है, उसे कर देना चाहिए।

— पी.सी. हॉजेल, प्रोफ़ेसर और *द गॉड स्टॉकर क्रॉनिकल्स* के लेखक

प्रॉक्टर ऐंड गैम्बल में मेरे आख़िरी पद पर काम करते वक़्त मुझे एक ऑनलाइन मार्केटिंग *मापन* रणनीति तैयार करनी थी। मुझे वेब पर पीऐंडजी के विज्ञापनों की प्रभावकारिता मापने का तरीक़ा खोजना था। पीऐंडजी हर साल बैनर विज्ञापनों, सर्च इंजन विज्ञापनों और ऑनलाइन वीडियो प्लेसमेंट्स पर करोड़ों डॉलर ख़र्च करती थी। मेरा काम यह पता लगाना था कि क्या यह निवेश करने लायक़ था।

मेरी टीम ने अनुशंसाएँ करते समय जो कई चीज़ें खोजीं, जिनमें से एक विचलित करने वाली थी : ज़्यादातर वेबसाइटों पर अलग-अलग आगंतुकों का मापन करने के लिए जिस तंत्र का इस्तेमाल किया जा रहा था, वह ग़लत था। इंसानी आगंतुकों की संख्या गिनने के बजाय तंत्र सर्च इंजन प्रोग्रामों को भी "आगंतुक" मान रहा था, हालाँकि वे इंसान नहीं थे। कंप्यूटर प्रोग्राम लॉन्ड्री डिटर्जेन्ट और शैम्पू की परवाह नहीं करते हैं, लेकिन तंत्र उन्हें संभावित ग्राहक के रूप में गिन रहा था।

नई जानकारी की तलाश में सर्च इंजन स्पाइडर प्रोग्रामों का दिन में कई बार वेबसाइट पर आना असाधारण नहीं है, इसलिए तंत्र हर वेबसाइट पर आने वाले लोगों की संख्या को बहुत ज़्यादा बता रहा था। अगर सरल भाषा में कहें, तो यह कचरा अंदर, कचरा बाहर वाली स्थिति थी और इसने हमारे मापनों को काफ़ी कम उपयोगी बना दिया था।

स्वाभाविक रूप से हमने ज़्यादा सटीक आगंतुक डाटा इकट्ठा करने के लिए ट्रैकिंग तंत्र को सुधारने की सलाह दी। लगभग हर टीम ने इंकार कर दिया। वे जानते थे कि उन्हें बकवास डाटा मिल रहा था, लेकिन उन्हें इसकी ज़रा भी परवाह नहीं लग रही थी। अजीब है, है ना?

पेंच यह था : नया ट्रैकिंग तंत्र लगाने से हर वेबसाइट के आगंतुकों का मापन - जिसे ज़्यादातर टीमें *मुख्य प्रदर्शन सूचक* मानती हैं - नाटकीय रूप से नीचे चला जाता, हालाँकि नया तंत्र स्पष्ट रूप से ज़्यादा सटीक होता, लेकिन इसे लागू करने से टीम बुरी दिखती। अपनी ग़लती को सही करने के बजाय उन्होंने झूठ के आधार पर जीते रहने का विकल्प चुना। इसके फलस्वरूप उन्होंने अपनी वेबसाइट के वास्तविक प्रदर्शन को बेहतर बनाने के लिए अपनी योग्यता के साथ गंभीर समझौता कर लिया।

विश्लेषणात्मक ईमानदारी का मतलब है अपने पास के डाटा का भावहीन तरीक़े से मापन और विश्लेषण करना। चूँकि इंसान सामाजिक जीव हैं, इसलिए हममें इस बारे में गहराई से

परवाह करने की प्रवृत्ति होती है कि दूसरे हमें कैसे अनुभूत करते हैं, जिससे हमें स्थितियों को वास्तविकता से बेहतर दिखाने का स्वाभाविक प्रोत्साहन मिलता है। अगर आपका उद्देश्य चीज़ों को सचमुच बेहतर बनाना है, तो यह प्रवृत्ति सटीक डाटा इकट्ठा करने और उपयोगी विश्लेषण आयोजित करने की राह में आड़े आ सकती है।

विश्लेषणात्मक ईमानदारी क़ायम रखने का सबसे अच्छा तरीक़ा किसी ऐसे व्यक्ति से अपने मापनों का मूल्यांकन कराना है, जो व्यक्तिगत रूप से आपके तंत्र में शामिल नहीं हैं। अगर आपकी सामाजिक प्रतिष्ठा दाँव पर लगी हो, तो *प्रोत्साहन-आधारित पूर्वाग्रह* और *पुष्टि पूर्वाग्रह* के प्रलोभनों के सामने झुकना बहुत आसान होता है। किसी अनुभवी लेकिन तटस्थ तीसरे पक्ष से अपनी मापन और विश्लेषण प्रणालियों का ऑडिट कराना इन प्रवृत्तियों को दूर करने का साफ़-सुथरा उपाय है। आपको जो पता चलेगा, हो सकता है वह आपको पसंद न आए, लेकिन कम से कम आप संभावित समस्याओं के बारे में पूरी तरह जागरूक तो बन जाएँगे।

गुलाबी रंग के चश्मे से अपने डाटा को न देखें। इस बारे में ईमानदार बनने की हमेशा कोशिश करें कि डाटा ऐसा क्या बताता है, जिसे आप बेहतर बना सकते हैं।

इस अवधारणा को शेयर करें : http://book.personalmba.com/analytical-honesty/

पृष्ठभूमि

अगर आप किसी चीज़ को नहीं समझते हैं,तो ऐसा इसलिए है क्योंकि आप इसकी पृष्ठभूमि के बारे में जागरूक नहीं हैं।

— रिचर्ड रैबकिन, मनोरोग चिकित्सक

आपको इस महीने 2,00,000 डॉलर की आमदनी हुई। यह अच्छा है या बुरा? यह निर्भर करता है। अगर आपको पिछले महीने 1,00,000 डॉलर की आमदनी हुई थी, तो यह अच्छा है। अगर इस महीने आपका ख़र्च 4,00,000 डॉलर है, तो यह बुरा है।

पृष्ठभूमि उस डाटा संबंधी अतिरिक्त जानकारी देने के लिए संबद्ध *मापनों* का इस्तेमाल है, जिसकी आप जाँच कर रहे हैं। ऊपर दिए उदाहरण में अतिरिक्त जानकारी के बिना अपनी आमदनी को जानना बहुत उपयोगी नहीं है। पिछले महीने की आमदनी और इस महीने के ख़र्च को जानने से आपको आवश्यक पृष्ठभूमि मिलती है, जिससे आपको स्थिति की ज़्यादा साफ़ तसवीर दिखाई देती है।

योगफल पैमाने आपको कभी कोई उपयोगी चीज़ नहीं बताते हैं। मूर्त सुधार करने के मामले में योगफल पैमाने निरर्थक हैं, क्योंकि उनमें पृष्ठभूमि का अभाव होता है। इस महीने आपकी वेबसाइट पर 20 लाख लोग आए, इस जानकारी से आपको कोई उपयोगी चीज़ पता नहीं चलती है। पृष्ठभूमि के बिना आप *परिवर्तन* या प्रभावकारिता को तय नहीं कर सकते, जो *तंत्र* को बेहतर बनाने की आपकी योग्यता को सीमित कर देता है।

अपने परिणामों की निगरानी करते वक़्त किसी एक "जादुई संख्या" पर ध्यान केंद्रित करने के प्रलोभन से बचने की कोशिश करें। एक अकेली संख्या पर निर्भर करना उपयोगी सरलीकरण

लगता है, लेकिन है नहीं – पृष्ठभूमि को हटाने से आप डाटा में महत्त्वपूर्ण परिवर्तनों के प्रति अंधे हो जाते हैं। आपका "कुल गुणवत्ता स्कोर" क्या है या आमदनी कुछ पॉइंट ऊपर हुई या नीचे, यह जानने से आपको यह पता नहीं चलेगा कि ऐसा क्यों हुआ, यह महत्त्वपूर्ण है या नहीं या यह आकस्मिक उतार-चढ़ाव के कारण हुआ या तंत्र या इसके *परिवेश* में महत्त्वपूर्ण परिवर्तन के कारण हुआ।

सामान्य नियम यह है : मापनों की जाँच कभी अकेले में न करें – उन्हें हमेशा दूसरे मापनों के साथ सही पृष्ठभूमि में देखें।

इस अवधारणा को शेयर करें : http://book.personalmba.com/context/

सैंपलिंग

अगर आप सैंपलिंग के सिद्धांत में यक़ीन नहीं करते हैं, तो अगली बार जब आप डॉक्टर के पास जाएँ और वह आपका थोड़ा सा ख़ून निकालना चाहे, तो उससे कहें कि वह आपका सारा ख़ून निकाल ले।

— जियान फुल्गोनी, कॉम्सकोर, इंक. के संस्थापक और चेयरमैन

अगर आपका *तंत्र* इतना बड़ा या जटिल है कि आप हर प्रक्रिया के बारे में डाटा इकट्ठा नहीं कर सकते, तो क्या करें?

कई बार पूरे तंत्र के *प्रवाहों* को मापना व्यावहारिक नहीं होता। अगर आप किसी आरोहणीय (स्केलेबल) तंत्र का प्रबंधन कर रहे हैं, तो हर इकाई की जाँच करना या हर त्रुटि का पता लगाना अक्सर संभव नहीं होता है। जब आपका तंत्र करोड़ों इकाइयाँ बना रहा हो या करोड़ों सौदे कर रहा हो, तो संभावित समस्याओं को तुरंत कैसे पहचानें?

सैंपलिंग पूरे आउटपुट के छोटे से प्रतिशत को क्रमरहित अंदाज़ में लेने और फिर इसका इस्तेमाल पूरे तंत्र के प्रतिनिधि की तरह करने की प्रक्रिया है। अगर आपने किसी पैथोलॉजी लैब में कभी ख़ून निकलवाया है, तो आपको अच्छा अंदाज़ा होगा कि सैंपलिंग कैसे होती है। डॉक्टर या नर्स थोड़ा सा ख़ून निकालते हैं, जिसे विश्लेषण के लिए प्रयोगशाला में भेजा जाता है। अगर परीक्षण के दौरान सैंपल में गड़बड़ी का पता चलता है, तो यह मान लिया जाता है कि वही समस्या पूरे ख़ून में मौजूद है।

सैंपलिंग तंत्र के पूरे आउटपुट की जाँच किए बिना ही तंत्रात्मक त्रुटियों को जल्दी से पहचानने में आपकी मदद कर सकता है; पूरे आउटपुट की जाँच करना समय खाने वाला और महँगा हो सकता है। अगर आप मोबाइल फ़ोन बना रहे हैं, तो आपको हर बने हुए फ़ोन की जाँच करने की ज़रूरत नहीं है। अगर आप बीस में से एक फ़ोन की जाँच करते हैं, तब भी आप कोई ग़लती होने पर उसे जल्दी से पहचानकर तंत्र को दुरुस्त कर सकते हैं। आपको ग़लतियों को कितनी जल्दी और सटीकता से पकड़ने की ज़रूरत है, इसे ध्यान में रखकर आप सैंपलिंग की दर को बढ़ा या घटा सकते हैं।

क्रमरहित "स्थल जाँच" भी सैंपलिंग का एक रूप है। कई रिटेल स्टोर ग्राहक सेवा या अपने सेल्स स्टाफ़ की योग्यताओं की जाँच करने के लिए समय-समय पर "ख़ुफ़िया ख़रीदारों" को नियुक्त करते हैं। इन ख़रीदारों को इसलिए नियुक्त किया जाता है, ताकि वे ख़ास चीज़ों में रुचि व्यक्त करें, कुछ प्रश्न पूछें, सामान लौटाएँ या बस अप्रिय व्यवहार करें। चूँकि स्टाफ़ यह नहीं जानता है कि कौन से ग्राहक असली हैं और कौन से ख़ुफ़िया ख़रीदार हैं, इसलिए किसी स्टोर का प्रबंधक इस तरह अपने स्टाफ़ की प्रभावी जाँच कर सकता है और उसे हर दिन, हर पल उनकी निगरानी करने की ज़रूरत नहीं होती।

अगर सैंपल सचमुच क्रमरहित या एकरूप न हो, तो सैंपलिंग में पूर्वाग्रह की काफ़ी गुंजाइश रहती है। मिसाल के तौर पर, अमेरिका में औसत घरेलू आमदनी को मापने के लिए अगर आप मैनहैटन के मकान मालिकों का सर्वे करते हैं, तो इससे डाटा काफ़ी ज़्यादा ऊँचा होगा, जबकि अगर आप वेस्ट वर्जीनिया के मकान मालिकों का सर्वे करते हैं, तो डाटा काफ़ी नीचा होगा। सर्वश्रेष्ठ परिणामों के लिए ज़्यादा से ज़्यादा बड़े क्रमरहित सैंपल का इस्तेमाल करें।

अगर आपको गुणवत्ता की जाँच करने की ज़रूरत है, तो सैंपलिंग भारी लागत के बिना अच्छा डाटा इकट्ठा करने में आपकी मदद कर सकती है, बशर्ते आप डाटा को गड़बड़ा सकने वाले संभावित पूर्वाग्रह की तलाश करते रहें।

इस अवधारणा को शेयर करें : http://book.personalmba.com/sampling/

ग़लती की गुंजाइश

हर व्यक्ति किसी उदाहरण से सामान्यीकरण तक पहुँचता है। कम से कम मैं तो करता हूँ।

— स्टीवन ब्रस्ट, साइंस फ़िक्शन के लेखक

मान लें, आप किसी जादूगर की दुकान से एक करामाती सिक्का ख़रीदते हैं। जादूगर ने आपको बताया कि वह सिक्का उछालने पर ज़्यादा बार हेड लाएगा। आप यह देखना चाहते हैं कि ऐसा सचमुच होता है या नहीं।

आप यह कैसे सुनिश्चित कर सकते हैं कि आपने कोई साधारण सिक्का नहीं ख़रीदा है? ज़ाहिर है, आप सिक्का उछालते हैं।

मान लें कि पहली पाँच बार उछालने पर आपको दो हेड और तीन टेल मिलते हैं। क्या इतने से ही आपको सिक्का वापस करके अपने पैसे ले लेने चाहिए?

शायद जादूगर के नाम पर बट्टा लगाने से पहले यह पक्का करना लाभकारी है कि आपके परिणाम सटीक हैं। *ग़लती की गुंजाइश* यह अनुमान है कि आप देखे गए नमूनों के समूह से अपने निष्कर्षों पर कितना ज़्यादा विश्वास कर सकते हैं।

चूँकि आपने सिक्के को सिर्फ़ पाँच ही बार उछाला था, इसलिए आप पूरा यक़ीन नहीं कर सकते कि यह बेकार है। आपके सैंपल का आकार बहुत छोटा है। हर बार सिक्का उछालने पर आपके सैंपल का आकार बड़ा बनता जाता है।

अगर आप सिक्के को हज़ार बार उछालते हैं और इसमें दो तिहाई बार टेल आता है, तो आप तुलनात्मक रूप से ज़्यादा विश्वास कर सकते हैं कि सिक्के में वाक़ई पूर्वाग्रह है, लेकिन उस तरह नहीं जिस तरह आपको उम्मीद थी। चूँकि सामान्य सिक्के को भी आधी बार हेड आना चाहिए, इसलिए आपका बड़ा सैंपल आकार इसे ज़्यादा संभव बना देता है कि जादूगर ने आपको ग़लती से ज़्यादा टेल लाने वाला सिक्का दे दिया है।

आप जो भी अतिरिक्त सैंपल करते हैं, वह आपके उपलब्ध डाटा को बढ़ा देता है और यह सुनिश्चित करने में मदद करता है कि आपके देखे गए सैंपलों का समूह उस सामान्य जनसंख्या का प्रतिनिधि है, जिसका आप अध्ययन कर रहे हैं। आप जितने ज़्यादा सैंपल लेते हैं, ग़लती की गुंजाइश उतनी ही ज़्यादा कम हो जाती है और आपको पूरे सैंपलों की जाँच करने से मिलने वाले निष्कर्ष पर उतना ही ज़्यादा भरोसा होता है। (ग़लती की गुंजाइश को ध्यान में रख कर आप सैंपलिंग के उन पूर्वाग्रहों का पता लगा सकते हैं, जिनसे बचा नहीं जा सकता।)

ग़लती की गुंजाइश या मार्जिन ऑफ़ एरर का अनुमान कैसे लगाएँ, इसके पीछे का गणित इस पुस्तक के दायरे के बाहर है। एक बार जब आप इसे समझ लेते हैं, तो यह तुलनात्मक रूप से आसान होता है, ख़ास तौर पर अगर आप अपने विश्लेषण के लिए स्प्रेडशीट या डाटाबेस का इस्तेमाल कर रहे हों। अगर आपको ग़लती की गुंजाइश या दूसरे संबद्ध आकलनों की गणना की ज़रूरत हो, जैसे "विश्वास अंतराल" (कॉन्फ़िडेंस इंटरवल) या "विश्वसनीयता अंतराल" (क्रेडिबिलिटी इंटरवल), तो मैं ज़्यादा गहरी प्रारंभिक पुस्तक के रूप में एम.जी. बुल्मर की *प्रिंसिपल्स ऑफ़ स्टैटिस्टिक्स* पढ़ने की सलाह देता हूँ।

आम तौर पर छोटे और/या ग़ैर-प्रतिनिधि सैंपल आकारों पर आधारित भ्रामक निष्कर्षों से सावधान रहें। जब भी आपके सामने अपरिचित डाटा के आधार पर औसत या संभावना पेश की जाती है, तो हमेशा सैंपल के आकार की पड़ताल करने से फ़ायदा होता है और इस बात से भी कि इसे कैसे इकट्ठा किया गया था। बहुत छोटे या पूर्वाग्रह से ग्रस्त सैंपल समूह अंतिम विश्लेषण को महत्त्वपूर्ण रूप से प्रभावित कर सकते हैं।

जब बात विश्लेषणात्मक विश्वास की आती है, तो ज़्यादा डाटा हमेशा बेहतर होता है - आप सैंपलों का जितना बड़ा समूह इकट्ठा कर सकते हैं, उतना इकट्ठा करें।

इस अवधारणा को शेयर करें : http://book.personalmba.com/margin-of-error/

अनुपात

जो अंकगणित करने से इंकार करता है, वह बकवास बोलने के लिए अभिशप्त है।

— जॉन मैकार्थी, कंप्यूटर और संज्ञानात्मक वैज्ञानिक, जिन्होंने "कृत्रिम बुद्धि" (आर्टिफ़िशियल इंटेलिजेंस) शब्दावली ईजाद की

अ*नुपात* या रेशो दो *मापनों* की आपस में तुलना करने का तरीक़ा है। अपने परिणामों को अपने इनपुट से विभाजित करके आप अपने *तंत्र* के अलग-अलग हिस्सों के सभी तरह के आपसी उपयोगी संबंधों को माप सकते हैं।

मिसाल के तौर पर, मान लें कि आपके स्टोर में दाख़िल होने वाले हर 30 ग्राहकों में से 10 सामान ख़रीदते हैं। अपना "क्लोज़िंग रेशो" जानने के लिए 10 की संख्या में 30 का भाग दें यानी एक तिहाई (33.33 प्रतिशत)।

आइए मान लेते हैं कि आप अपने सेल्स स्टाफ़ को ऐसी तकनीकों का प्रशिक्षण देते हैं, जिनके फलस्वरूप हर 30 अंदर आने वाले ग्राहकों में से 15 सामान ख़रीदने लगते हैं। अपना नया क्लोजिंग रेशो जानने के लिए 15 में 30 का भाग दें यानी आधे (50 प्रतिशत)।

प्रतिशत बस वे अनुपात हैं, जिनमें 100 का आधार रखा जाता है। आपके पहले क्लोज़िंग रेशो को जब प्रतिशत में बदला जाता है, तो यह 33 प्रतिशत है। आपका दूसरा क्लोज़िंग रेशो 50 प्रतिशत होगा।

यहाँ निगरानी करने के लिए कुछ उपयोगी अनुपात बताए जा रहे हैं :

- विज्ञापन पर मुनाफ़ा : *आप विज्ञापन पर जो 1 डॉलर ख़र्च करते हैं, उस पर कितनी आमदनी होती है?*
- प्रति कर्मचारी मुनाफ़ा : *आपने जितने कर्मचारियों को नौकरी पर रखा है, उनमें से प्रत्येक के मान से आपकी कंपनी को कितना मुनाफ़ा होता है?*
- क्लोज़िंग रेशो : *आप जितने ग्राहकों की सेवा करते हैं, उनमें से कितने ख़रीदते हैं?*
- सामान वापसी/शिकायत अनुपात : *आप जो बिक्री करते हैं, हर बिक्री पर कितने ग्राहक सामान वापस करने या शिकायत करने का चयन करते हैं?*

फ़ाइनैंशियल स्टेटमेंट्स की जाँच करते समय *वित्तीय अनुपात* बहुत मददगार होते हैं। *रिटर्न ऑन इनवेस्टमेंट, रिटर्न ऑन एसेट्स, रिटर्न ऑन कैपिटल, इनवेंट्री टर्न्स* और *डे सेल्स आउटस्टैंडिंग* किसी व्यवसाय के स्वास्थ्य को तय करने में बहुत उपयोगी होते हैं। आम वित्तीय अनुपातों के पूर्ण परिचय के लिए मैं करेन बर्मन और जो नाइट के साथ जॉन केस की पुस्तक *फ़ाइनैंशियल इंटेलिजेंस फ़ॉर एंटरप्रेन्योर्स* पढ़ने की सलाह देता हूँ।

लंबे समय तक अनुपातों की निगरानी करने से यह दिशात्मक संकेत मिलता है कि तंत्र कैसे बदल रहा है। अगर आपका क्लोज़िंग रेशो या रिटर्न ऑन इनवेस्टमेंट ऊपर जा रहा है, तो यह बहुत अच्छी चीज़ है। अगर यह समय के साथ नीचे जा रहा है, तो इसका कारण मालूम करने के लिए जाँच करना लाभकारी रहेगा।

सृजनात्मक बनें : अपने व्यवसाय का अध्ययन करें, फिर उन अनुपातों को बनाएँ, जो आपके तंत्र के सबसे महत्त्वपूर्ण हिस्सों को रेखांकित करते हों।

इस अवधारणा को शेयर करें : **http://book.personalmba.com/ratio/**

औसतन

आप जो नहीं जानते हैं, उससे आपको नुक़सान नहीं होता है। नुक़सान तो उससे होता है, जो आप जानते हैं, लेकिन वह वैसा नहीं होता।

— विल रॉजर्स, अमेरिकी काउबॉय और कॉमेडियन

जो व्यक्ति *वॉल स्ट्रीट जरनल* (*डब्ल्यूएसजे*) पढ़ता है, उसकी औसतन घरेलू नेट वर्थ 1.7 मिलियन डॉलर है। ऐसा लगता है कि *डब्ल्यूएसजे* के पाठक बहुत संपन्न होते हैं, ठीक है?

हाँ, लेकिन उतने नहीं, जितना आप सोचते हैं। बिल गेट्स और वॉरेन बफ़े भी *द वॉल स्ट्रीट जरनल* पढ़ते हैं और उनकी दौलत अरबों में है - शीर्ष 0.01 प्रतिशत कारोबारी पेशेवरों से भी बहुत ज़्यादा। सिर्फ़ अपनी मौजूदगी से गेट्स और बफ़े जैसे बहुत दौलतमंद एक्ज़ीक्यूटिव्ज औसत को उससे बहुत ज़्यादा बढ़ा देते हैं, जितना यह उनके बिना होता। सामान्य *वॉल स्ट्रीट जरनल* का पाठक की नेट वर्थ कितनी है, अगर आप यह जानने के लिए औसत पर भरोसा कर रहे हैं, तो आप ग़लती कर रहे हैं।

कई प्रकार के विश्लेषण *औसत* यानी *टिपिकेलिटी* को परिभाषित करने पर निर्भर होते हैं : किसी महत्त्वपूर्ण मापन के लिए सामान्य या आम संख्या। किसी औसत संख्या की गणना के चार आम तरीक़े ये हैं : *मीन, मीडियन, मोड* और *मिडरेंज।*

मीन (या औसत) निकालने के लिए डाटा के सभी बिंदुओं की संख्या को जोड़ दिया जाता है, फिर डाटा बिंदुओं की कुल संख्या से उसे विभाजित कर दिया जाता है। औसत की गणना आसान है, लेकिन इसमें गेट्स और बफ़े सिंड्रोम का विकार आ जाता है : बहुत दूर वाले लोगों की उपस्थिति, जिनकी वजह से औसत इतना ज़्यादा या कम हो जाता है कि यह वस्तुस्थिति से काफ़ी दूर होता है। (लेकिन अगर बहुत दूर वाले लोगों को हटा दिया जाए, तो औसत ज़्यादा सटीक बन जाता है।)

मीडियन निकालने के लिए संख्याओं को सबसे बड़ी से सबसे कम के क्रम में जमाया जाता है, फिर उन संख्याओं के बीच में डाटा पॉइंट की संख्या का पता लगाया जाता है। मीडियन दरअसल विश्लेषण का एक विशिष्ट रूप है, जिसे परसेंटाइल कहा जाता है : मीडियन वह संख्या है, जो पचासवें परसेंटाइल को व्यक्त करती है। परिभाषा के अनुसार, समूह की 50 प्रतिशत संख्याएँ मीडियन के नीचे रहेंगी। मीडियन की गणना करना और इसकी तुलना मीन से करने से आपको पता चल सकता है कि क्या औसत कुछ भारी दिग्गजों से प्रभावित हो रहा है।

मोड वह संख्या है, जो किसी डाटा समूह में सबसे ज़्यादा बार आती है। मोड डाटा के समूह खोजने के लिए उपयोगी होते हैं - किसी समूह में बहुल मोड हो सकते हैं, जो उस *तंत्र* की रोचक *परस्पर निर्भरताओं* की चेतावनी दे सकते हैं, जिसने वह डाटा उत्पन्न किया।

मिडरेंज संख्याओं के समूह में सबसे बड़ी और सबसे छोटी संख्याओं का औसत है। मिडरेंज की गणना करने के लिए सबसे बड़ी और सबसे छोटी संख्याओं को जोड़ दें, फिर योगफल को दो से विभाजित कर दें। मिडरेंज का सबसे अच्छा इस्तेमाल फटाफट अनुमानों के

लिए किया जाता है – वे तेज़ी से किए जा सकते हैं और आपको सिर्फ़ दो संख्याएँ जानने की ज़रूरत होती है, लेकिन दिग्गज लोगों की वजह से वे एक तरफ़ झुक सकते हैं, जिनकी संख्याएँ असामान्य रूप से ज़्यादा या कम होती हैं, जैसे बिल गेट्स का बैंक बैलेंस।

मीन, मीडियन, मोड और मिडरेंज उपयोगी विश्लेषणात्मक माध्यम हैं, जो औसत परिणामों को इंगित कर सकते हैं – बशर्ते आप इतने सावधान रहें कि अपने काम के लिए सही माध्यम का इस्तेमाल करें।

इस अवधारणा को शेयर करें : **http://book.personalmba.com/typicality/**

सह-संबंध और कार्योत्पादन

सह-संबंध कार्योत्पादन नहीं है, लेकिन यह निश्चित रूप से संकेत है।

— एडवर्ड टफ़्ट, सांख्यिकीविद्, इनफ़र्मेशन डिज़ाइन विशेषज्ञ और येल यूनिवर्सिटी के प्रोफ़ेसर

किसी बिलियर्ड्स टेबल की कल्पना करें। अगर आप टेबल पर हर गेंद की सटीक स्थिति जानते हैं और क्यू बॉल पर लगने वाली शक्तियों के सारे विवरण जानते हैं (इम्पैक्ट वेक्टर, इम्पैक्ट फ़ोर्स, टकराव का स्थान, टेबल का घर्षण और वायु का प्रतिरोध), तो आप सटीकता से यह गणना कर सकते हैं कि क्यू बॉल कैसे यात्रा करेगी और रास्ते में यह जिन गेंदों से टकराएगी, उन्हें कैसे प्रभावित करेगी। पेशेवर बिलियर्ड्स खिलाड़ी *मानसिक* रूप से इन संबंधों को *सिमुलेट* करने में इतने ज़्यादा निपुण होते हैं कि वे पूरी टेबलों को तेज़ी से साफ़ कर सकते हैं।

यह *कार्योत्पादन* (कॉज़ेशन) है : कारण और परिणाम की एक पूरी शृंखला। चूँकि कार्योत्पादन की पूरी शृंखला की गणना करना संभव है, इसलिए आप कह सकते हैं कि क्यू बॉल को मारने के *कारण* कोई गेंद कोने वाली पॉकेट में गिरी। अगर आप ठीक उसी स्थिति में सटीकता से उसी तरह क्यू को दोबारा मारेंगे, तो हर बार आपको वही परिणाम मिलेगा।

यहाँ काल्पनिक डाटा का इस्तेमाल करके एक और विचार प्रयोग पर ध्यान दें : जिन लोगों को दिल का दौरा पड़ता है, वे हर साल औसतन 57 बेकन डबल चीज़बर्गर खाते हैं। क्या डबल चीज़बर्गर खाने से हार्ट अटैक होता है? ज़रूरी नहीं है। जिन लोगों को दिल का दौरा पड़ता है, वे साल में औसतन 365 बार नहाते हैं और हर साल 56 लाख बार पलकें झपकाते हैं। क्या नहाने और अपनी पलकें झपकाने के कारण आपको दिल का दौरा पड़ता है?

सह-संबंध (को-रिलेशन) कार्योत्पादन नहीं है। भले ही आप यह ग़ौर करते हैं कि एक मापन दूसरे से बहुत ज़्यादा संबंधित है, लेकिन इससे यह साबित नहीं होता कि एक चीज़ के *कारण* दूसरी चीज़ हुई।

कल्पना करें कि आप एक पिज़्ज़ा पार्लर के मालिक हैं और आप स्थानीय टेलीविज़न पर तीस सेकंड का एक विज्ञापन दिखाते हैं। विज्ञापन दिखाने के बाद आप बिक्री में 30 प्रतिशत की वृद्धि पर ग़ौर करते हैं। क्या विज्ञापन की वजह से ऐसा हुआ?

ज़रूरी नहीं है - यह वृद्धि किन्हीं दूसरे कारणों से भी हो सकती है। शायद उस दिन शहर में एक सम्मेलन आयोजित हो रहा था, इसलिए शहर में सामान्य से ज़्यादा आगंतुक थे और उन्हें फटाफट खाने की एक जगह चाहिए थी। शायद स्कूल की छुट्टियाँ लग गई थीं और परिवार जश्न मनाने के लिए खाने के लिए बाहर गए। शायद आपने उसी वक़्त एक के भाव पर दो पिज़्ज़ा का विशेष प्रचार किया था और शायद इसी वजह से ज़्यादा लोग दरवाज़े के अंदर आए थे। इतनी सारी चीज़ें एक साथ हो रही थीं कि तय करना मुश्किल होता है।

वास्तव में यह भी हो सकता है कि विज्ञापन की वजह से बिक्री में *गिरावट* आई हो - शायद लोगों को विज्ञापन अनाकर्षक या बुरा लगा हो, लेकिन किसी दूसरे घटक ने बिक्री इतनी ज़्यादा बढ़ा दी हो कि इस गिरावट का पता नहीं चला।

सह-संबंध के बजाय कार्योत्पादन को साबित करना हमेशा ज़्यादा मुश्किल होता है। जब कई परिवर्तनशीलताओं और *अंतर्निर्भरताओं वाले जटिल तंत्रों* का विश्लेषण किया जा रहा हो, तो सच्चे कारण का पता लगाना अक्सर बहुत मुश्किल होता है। उस समय में किसी तंत्र में जितने ज़्यादा परिवर्तन होते हैं, उतनी ही ज़्यादा संभावना रहती है कि एक से ज़्यादा परिवर्तनों का उस परिणाम पर प्रभाव रहा होगा, जिसका विश्लेषण करने की आप कोशिश कर रहे हैं।

ज्ञात परिवर्तनशीलताओं को ध्यान में रखने से आपको अपने तंत्र में किसी परिवर्तन के संभावित कारणों को अलग-अलग करने में मदद मिल सकती है। मिसाल के तौर पर, अगर आप जानते हैं कि परिवार स्कूल के अंत का जश्न मनाने के लिए बाहर जाकर खाते हैं या सालाना सम्मेलन होने वाला है, तो आप ऐतिहासिक डाटा का इस्तेमाल करके उस ख़ास अवधि के आँकड़ों को संतुलित कर सकते हैं।

आपने तंत्र में जो परिवर्तन किया, उसे दूसरे घटकों से आप जितना ज़्यादा पृथक कर सकते हैं, आपको उतना ही ज़्यादा विश्वास हो सकता है कि आपने जो परिवर्तन जान-बूझकर किया, उसी से दरअसल वे परिणाम उत्पन्न हुए हैं।

इस अवधारणा को शेयर करें : **http://book.personalmba.com/correlation-causation/**

मानक

> जो लोग अतीत को याद नहीं रख सकते, वे इसे दोहराने के लिए अभिशप्त होते हैं।
>
> — जॉर्ज संतायन, दार्शनिक, निबंधकार और सूक्तिकार

अगर आप वर्तमान में किसी चीज़ की प्रभावकारिता की तुलना करना चाहते हैं, तो अतीत से सीखना अक्सर उपयोगी होता है।

मानक वे पैमाने होते हैं, जो वर्तमान *मापनों* के लिए *पृष्ठभूमि* प्रदान करने के वास्ते साधन के रूप में ऐतिहासिक डाटा का इस्तेमाल करते हैं। मिसाल के तौर पर, पुराना डाटा देखने पर आपको अपने बिक्री आँकड़ों में ऐसी प्रवृत्तियों का पता चल सकता है, जो बिक्री की तारीख़ से सीधे संबंधित हों, जिसे *मौसम-घटक* कहा जाता है। मौसम-घटक एक अच्छा उदाहरण है कि

मानक क्यों अक्सर उपयोगी होते हैं। अगर आप क्रिसमस के आभूषण बेचने के व्यवसाय में हैं, तो चौथी तिमाही (साल की चौथी तिमाही - अक्टूबर से दिसंबर) में हुई बिक्री की तुलना तीसरी तिमाही (जुलाई से सितंबर) की बिक्री से करना शायद उपयोगी नहीं है - कोई भी क्रिसमस के आभूषण अगस्त में नहीं ख़रीदता है। इससे कहीं बेहतर यह है कि इस साल की चौथी तिमाही की तुलना पिछले साल की चौथी तिमाही से करके देखें कि क्या आपने पिछले साल से बेहतर प्रदर्शन किया है।

जब मापन के तरीक़े *बदलते* हैं, तो पुराने मापनों पर आधारित मानक वैध नहीं रह जाते हैं। पीऐंडजी में हमारे पास विभिन्न प्रकार के विज्ञापनों की प्रभावकारिता का मूल्यांकन करने का तरीक़ा था। पिछले कई साल के डाटा के आधार पर नए विज्ञापनों की तुलना पुराने सफल विज्ञापनों से की जाती थी। अगर परीक्षण में नया विज्ञापन मानक को नहीं हराता था, तो इसका इस्तेमाल नहीं किया जाता था।

अगर कंपनी अचानक एक अलग परीक्षण प्रणाली का इस्तेमाल करने लगे, तो मानक वैध नहीं रहेगा - यह तो सेव और नारंगी की तुलना करने जैसा होगा। यदि आप मापन प्रणालियों को बदल देते हैं, तो आप तुरंत ही उन पर आधारित किसी भी तरह के मानकों को ख़ारिज कर देते हैं। अगर आप इसके बाद भी मानकों का इस्तेमाल करना चाहते हैं, तो आपको एक बार फिर ऐतिहासिक जानकारी का डाटाबेस तैयार करना होगा।

पिछला प्रदर्शन आगामी प्रदर्शन की गारंटी नहीं है। याद रखें, हम जटिल *तंत्रों* से पेश आ रहे हैं - चीज़ें समय के साथ हमेशा बदलती हैं। कोई चीज़ अतीत में उपयोगी थी, इसका यह मतलब नहीं है कि यह अनंत काल तक इतनी ही उपयोगी बनी रहेगी। सर्वश्रेष्ठ परिणामों के लिए समय-समय पर अपने मानकों की दोबारा जाँच करके उनकी वैधता को सुनिश्चित करें।

इस अवधारणा को शेयर करें : http://book.personalmba.com/norms/

प्रतिनिधि

अगर आप पूँछ को एक पैर कहते हैं, तो किसी कुत्ते के कितने पैर होते हैं? चार। पूँछ को पैर कहने से यह पैर नहीं बन जाती है।

— अब्राहम लिंकन

अगर किसी चीज़ को सीधा मापना संभव नहीं है, तो क्या करें?

प्रॉक्सी या *प्रतिनिधि* किसी दूसरी चीज़ को मापकर संख्या का मापन करता है। मिसाल के तौर पर, प्रजातांत्रिक *तंत्रों* में वोटों को "लोगों की इच्छा" मापने के प्रतिनिधि के रूप में इस्तेमाल किया जाता है। देश के हर नागरिक के मस्तिष्क की जाँच-पड़ताल इसकी विस्तृत वरीयताओं का पता लगाना संभव नहीं है, इसलिए *अगले सर्वश्रेष्ठ विकल्प* के रूप में वोट का इस्तेमाल किया जाता है।

प्रॉक्सी या प्रतिनिधि का इस्तेमाल वैज्ञानिक मापन में सारे समय किया जाता है। क्या आपको कभी इस बात पर हैरानी हुई है कि वैज्ञानिकों को कैसे पता कि सूरज कितना गरम है या

निश्चित चट्टानें कितनी पुरानी हैं? वे इलेक्ट्रोमैग्नेटिक किरणों की वेवलेंग्थ या ज्ञात रेडियोएक्टिव आइसोटोप्स के क्षय जैसे प्रॉक्सी प्रतिनिधियों को मापते हैं, फिर जवाब का पता लगाने के लिए अच्छी तरह आज़माए हुए संबंध और फ़ॉर्मूले लागू करते हैं।

उपयोगी प्रतिनिधि मूल विषय से क़रीबी तौर पर संबद्ध होते हैं - जितने ज़्यादा क़रीब हों, उतना ही बेहतर है। वेबसाइट विश्लेषण को लें - आप पक्का पता करना चाहते हैं कि लोग वेब पेज के विभिन्न हिस्सों पर कहाँ और कितना लंबा *ध्यान* देते हैं। समस्या यह है कि आप अपनी वेबसाइट पर आने वाले हर आगंतुक के दिमाग़ को स्कैन नहीं कर सकते, लेकिन माउस कर्सर की स्थिति पर नज़र रखना ध्यान का एक उपयोगी प्रतिनिधि है। कारनेगी मेलन यूनिवर्सिटी के शोधकर्ताओं द्वारा किए एक अध्ययन के अनुसार :

> *... जब माउस कर्सर किसी क्षेत्र पर गया, तो उपयोगकर्ता की आँखों का ध्यान भी 84 प्रतिशत समय वहाँ गया। इसके अलावा, जिस 88 प्रतिशत क्षेत्र को आँखों ने नहीं देखा, वहाँ माउस कर्सर भी नहीं गया।*

चूँकि माउस की गतिविधियों और आँख के जमने (यानी ध्यान) का आपस में क़रीबी संबंध है, इसलिए माउस की गतिविधियाँ आगंतुक के ध्यान की अच्छी प्रतिनिधि हैं। *सह-संबंध* जितना बेहतर होगा, प्रतिनिधि भी उतना ही बेहतर होगा।

सर्वश्रेष्ठ परिणामों के लिए यह सुनिश्चित करें कि प्रतिनिधि विषय से सचमुच संबद्ध हो। प्रतिनिधि पेचीदा या भ्रामक हो सकते हैं, अगर वे एक चीज़ को मापते नज़र आते हों, लेकिन दरअसल दूसरी चीज़ को मापते हों। उस उदाहरण के बारे में सोचें, जिसमें *मुख्य प्रदर्शन सूचक* के रूप में कोड की पंक्तियों की संख्या से प्रोग्रामर की उत्पादकता को मापने की कोशिश की जा रही थी। जैसा पहले कहा जा चुका है, "कोड की पंक्तियाँ" निश्चित रूप से प्रोग्रामिंग प्रभावकारिता की प्रतिनिधि हैं, लेकिन कोड की ज़्यादा लंबाई कई बार उत्पादकता का विपरीत संकेत होती है, जिससे यह कथित उद्देश्य के लिए बेकार पैमाना बन जाता है।

सावधानी से इस्तेमाल करने पर प्रतिनिधि उस चीज़ को मापने में आपकी मदद कर सकते हैं, जिसे सीधे नहीं मापा जा सकता - बस यह सुनिश्चित करें कि प्रतिनिधि रुचि के विषय से सीधे और बहुत ज़्यादा सह-संबंधित हों।

इस अवधारणा को शेयर करें : http://book.personalmba.com/proxy/

सेगमेंटेशन

विश्लेषण निर्वाण नियम : कभी भी किसी मापन की रिपोर्टिंग (चाहे यह ईश्वर का प्रिय केपीआई ही क्यों न हो) इसके सेगमेंट या खंड किए बिना न करें... किसी प्रवृत्ति में या किसी भविष्यवाणी के ख़िलाफ़, कोई केपीआई अपने आप में इतनी ज़्यादा जानकारी नहीं देता, जिसे सेगमेंटेशन या खंडीकरण को लागू करके ज़्यादा प्रभावशाली नहीं बनाया जा सकता।

— अविनाश कौशिक, *वेब एनालिटिक्स : एन अवर अ डे के लेखक*

अक्सर कुल योग वाले डाटा में सोने के ढेले छिपे होते हैं - बशर्ते आप उन्हें खोज सकें। *सेगमेंटेशन* एक तकनीक है, जिसमें अतिरिक्त *पृष्ठभूमि* जोड़ने के लिए किसी डाटा समूह को अच्छी तरह परिभाषित उप-समूहों में तोड़ना शामिल होता है। पहले से परिभाषित समूहों में डाटा को विभाजित करने से अज्ञात संबंध उजागर हो सकते हैं। मिसाल के तौर पर, यह जानकारी अच्छी है कि इस महीने ऑर्डरों में 87 प्रतिशत वृद्धि हुई, लेकिन यह जानना और भी बेहतर है कि इनमें से 90 प्रतिशत नए ऑर्डर सिएटल की महिलाओं ने दिए थे। उन महिलाओं ने ये ऑर्डर क्यों दिए, यह पता लगाएँ। इस जानकारी का इस्तेमाल करके आप अपनी सफलता को और आगे बढ़ा सकते हैं।

उपभोक्ता डाटा के खंडीकरण के तीन आम तरीक़े हैं : अतीत प्रदर्शन, जनसांख्यिकीय और मनोवृत्तिपरक।

अतीत प्रदर्शन पिछले ज्ञात कार्यों के आधार पर ग्राहकों को विभाजित करता है। मिसाल के तौर पर, आप ग्राहक बिक्री डाटा का विभाजन करने के लिए पिछले सेल्स डाटा का इस्तेमाल कर सकते हैं। आप नए ग्राहकों को की गई बिक्री की तुलना उन ग्राहकों से कर सकते हैं, जिन्होंने आपसे पहले ख़रीदा था। *आजीवन मूल्य* गणनाएँ अतीत प्रदर्शन के आधार पर किए जाने वाले सेगमेंटेशन का एक रूप हैं।

डेमोग्राफ़िक्स ग्राहकों को बाहरी व्यक्तिगत विशेषताओं के आधार पर विभाजित करता है। उम्र, लिंग, आमदनी, राष्ट्रीयता और स्थान जैसी व्यक्तिगत जानकारी यह तय करने में आपकी मदद कर सकती है कि कौन से ग्राहक आपके *संभावित ख़रीदार* हैं। आपके सर्वश्रेष्ठ ग्राहक 23 से 32 साल के बीच के पुरुष हैं, जो बड़े महानगरीय इलाक़ों में रहते हैं और उनके पास 2,000 डॉलर प्रति माह से ज़्यादा की अतिरिक्त आमदनी होती है, यह जानकारी काफ़ी उपयोगी हो सकती है - आप इन विशेषताओं वाले ज़्यादा संभावित ग्राहकों तक पहुँचने के लिए अपने *मार्केटिंग* के प्रयास केंद्रित कर सकते हैं।

साइकोग्राफ़िक्स या *मनोवृत्तिपरक* आंतरिक मनोवैज्ञानिक विशेषताओं के आधार पर ग्राहकों को विभाजित करता है। साइकोग्राफ़िक्स आम तौर पर सर्वे, आकलन या फ़ोकस ग्रुप्स के ज़रिये पता चलते हैं। ये वे नज़रिये या विश्वदर्शन हैं, जो इस बात को प्रभावित करते हैं कि लोग ख़ुद को और संसार को कैसे देखते हैं।

साइकोग्राफ़िक्स अपने *मूल्य सृजन, मार्केटिंग* और *बिक्री* रणनीतियों को बनाने या उनमें हेर-फेर करने में बहुत उपयोगी हो सकते हैं। मिसाल के तौर पर, अगर आप घरेलू सुरक्षा के

उपकरण बेच रहे हों, तो यह संभव है कि आपके संभावित ख़रीदार इस तरह के कथनों में विश्वास करें, जैसे "संसार एक ख़तरनाक जगह है" और वे अपने घर में भी थोड़े ख़तरे में महसूस करते हों। उत्तरजीवी और स्व-रक्षा पत्रिकाओं व वेबसाइटों पर अपने प्रॉडक्ट का प्रचार करना - ऐसे बाज़ार जिनके ग्राहकों के ऐसे ही विश्वास हो सकते हैं - बुरा विचार नहीं होगा।

अपने डाटा का खंडीकरण करेंगे, तो आप कई उपयोगी छिपे हुए संबंध पाएँगे, जिनकी पड़ताल करने लायक़ साबित होगी।

इस अवधारणा को शेयर करें : http://book.personalmba.com/segmentation/

मानवीकरण

लोग सृष्टि के केंद्र में हैं। सामान नहीं।

—स्टो बॉयड, सामाजिक प्रौद्योगिकीविद्

डाटा का विश्लेषण करना संख्यात्मक मानसिकता वालों के लिए आरामदेह होता है, लेकिन डाटा का सचमुच उचित इस्तेमाल करने के लिए आपको संख्याओं की बाज़ीगरी से परे जाकर यह समझना होगा कि वे आपको क्या बता रहे हैं।

जब किसी *तंत्र* के डाटा का विश्लेषण किया जा रहा हो, तो यह भूलना आसान होता है कि अक्सर उनका संबंध असली इंसानों के कामों से होता है। मिसाल के तौर पर, एक ग्राहक सेवा विभाग की कल्पना करें, जो फ़ोन पर ग्राहक शिकायतों का जवाब देता है। संख्यात्मक दृष्टि से देखा जाए, तो होल्ड के समय को दस मिनट से घटाकर आठ मिनट करना बेहतरीन लगता है - यह 20 प्रतिशत सुधार है!

शैम्पेन को दूर रख दें : डाटा-केंद्रित दृष्टिकोण इस तथ्य को भुला देता है कि अब भी आपके पास एक असंतुष्ट ग्राहक है, जो आठ मिनट तक फ़ोन पर इंतज़ार करता है, जो अब भी अनंत काल जैसा *महसूस* होता है। होल्ड पर रखे जाने वाले हर मिनट में उस ग्राहक का गुस्सा बढ़ता जाता है, जो कंपनी की उसकी अनुभूति को प्रभावित करता है। वह 20 प्रतिशत बेहतरी आपकी कंपनी की *छवि* पर होने वाले प्रहार की तुलना में फीकी पड़ जाती है, जब भी वह ग्राहक अपने मित्रों और साथियों को बताता है कि आपकी कंपनी से बात करना कितना बुरा अनुभव है।

मानवीकरण किसी असली व्यक्ति के अनुभव या व्यवहार के बारे में एक कहानी बताने के लिए डाटा का इस्तेमाल करने की प्रक्रिया है। संख्यात्मक पैमाने कुल योग में सहायक होते हैं, लेकिन सचमुच क्या हो रहा है, यह समझने के लिए पैमाने को वास्तविक व्यवहार में दोबारा विकसित करना अक्सर ज़रूरी होता है।

कई व्यवसाय पात्र ईजाद करके मानवीकरण करते हैं : डाटा से विकसित लोगों के काल्पनिक वर्णन। जब मैंने पीऐंडजी के लिए होम क्लीनिंग प्रॉडक्ट्स विकसित किए, तो मार्केट रिसर्च डाटा ने हमें बताया कि दो व्यापक *खंड* मौजूद थे : ऐसे लोग जो नियमित गहरी सफ़ाई को मूल्यवान मानते थे ("जब तक मैं अपने हाथों और घुटनों के बल बैठकर ब्लीच और एल्बो

ग्रीस से सफ़ाई न करूँ, मैं संतुष्ट नहीं होती हूँ") और ऐसे लोग फटाफट और आरामदेह सफ़ाई चाहते थे ("मैं इतना ज़्यादा व्यस्त हूँ कि सफ़ाई नहीं कर सकता - अगर यह पर्याप्त अच्छा दिखता है, मैं ख़ुश हो जाता हूँ")।

इस जानकारी का इस्तेमाल करके हमने इन लक्षणों को घरेलू आमदनी, पारिवारिक आँकड़े और शौक़ों जैसी दूसरी जानकारियों के साथ मिलाकर एक काल्पनिक व्यक्ति का वर्णन तैयार किया। एक बार जब वर्णन तैयार हो गया, तो हमारे पास उपलब्ध जानकारी का इस्तेमाल करके निर्णय लेना ज़्यादा आसान हो गया - किसी विचार का मूल्यांकन करने के लिए आँकड़ों पर भरोसा करने के बजाय हम ख़ुद से यह पूछकर अपने सहज बोध पर भरोसा कर सकते थे कि क्या "वेन्डी" इसे पसंद करेगी।

केवल डाटा पेश न करें - एक कहानी बताएँ, जो यह समझने में लोगों की मदद करे कि क्या हो रहा है। तब आप अपने विश्लेषण के प्रयासों को ज़्यादा उपयोगी पाएँगे।

इस अवधारणा को शेयर करें : **http://book.personalmba.com/humanization/**

12

तंत्रों को बेहतर बनाना

सिद्धांततः सिद्धांत और व्यवहार के बीच कोई फ़र्क़ नहीं होता है, लेकिन व्यवहार में होता है।

—जैन एल.ए. वैन डी स्नेपशूट, कंप्यूटर वैज्ञानिक

तंत्र बनाना और उन्हें बेहतर बनाना सफल कारोबारी व्यवहार के केंद्र में है। तंत्रों को समझने और उनका विश्लेषण करने का उद्देश्य उन्हें बेहतर बनाना है, जो अक्सर पेचीदा होता है - तंत्र बदलने के कारण अक्सर ऐसे परिणाम मिलते हैं, जिनका कोई इरादा नहीं होता है।

इस अध्याय में आप ऑप्टिमाइज़ेशन यानी सर्वोत्कृष्टीकरण (परिस्थिति के इष्टतम उपयोग) के रहस्य सीखेंगे। आप सीखेंगे कि अति महत्त्वपूर्ण प्रक्रियाओं से अनावश्यक *घर्षण* को कैसे हटाएँ और ऐसे तंत्र कैसे बनाएँ, जो *अनिश्चितता* तथा *परिवर्तन* को सँभाल सकें।

इस अवधारणा को शेयर करें : http://book.personalmba.com/improving-systems/

हस्तक्षेप पूर्वाग्रह

हर जटिल समस्या का एक जवाब है, जो स्पष्ट, सरल और ग़लत है।

— एच.एल. मेंकेन, निबंधकार

किसी तंत्र में परिवर्तन करने से पहले यह समझना महत्त्वपूर्ण है कि इंसान में कुछ न करने के बजाय कुछ करने की प्रवृत्ति होती है। जैसा हमने बताया है, *अनुपस्थिति अंधत्व* की वजह से हम उन चीज़ों को महत्त्व देते हैं, जिन्हें हम देख सकते हैं और उन चीज़ों को उतना महत्त्व नहीं देते हैं, जिन्हें हम नहीं देख सकते। यह प्रवृत्ति इस बात को प्रभावित करती है कि हम तंत्रों पर किस तरह काम करते हैं : *हस्तक्षेप पूर्वाग्रह* की वजह से हम किसी स्थिति के नियंत्रण में महसूस करने के लिए ऐसे परिवर्तन लागू कर सकते हैं, जिनकी कोई ज़रूरत ही नहीं है।

कई कंपनियों की नीतियों की जड़ें हस्तक्षेप पूर्वाग्रह में होती हैं। जब कोई बुरी चीज़ होती है, तो सीमाओं, रिपोर्टिंग और ऑडिटिंग की अतिरिक्त परतें लगाकर स्थिति को "सही करना" लुभावना होता है। परिणाम *प्रवाह क्षमता* या कार्यकुशलता में सुधार नहीं होता है : यह तो *संप्रेषण व्यय,* बरबादी और अनुत्पादक अफ़सरशाही में वृद्धि साबित होता है।

हस्तक्षेप पूर्वाग्रह को सही करने का सर्वश्रेष्ठ तरीक़ा उसकी जाँच करना है, जिसे वैज्ञानिक "शून्य परिकल्पना" कहते हैं : यह जाँच करना कि क्या होगा अगर आप कुछ नहीं करते हैं या यह मान लेते हैं कि वह स्थिति एक संयोग या त्रुटि थी।

कल्पना करें कि एक कंपनी ने अपने कर्मचारियों को उनकी मनचाही या ज़रूरत की कोई भी पुस्तक ख़रीदने की अनुमति दी है, जिसके बारे में कोई सवाल नहीं किया जाता। पुस्तकें उच्च गुणवत्ता की जानकारी का सस्ता स्रोत हैं, इसलिए कर्मचारियों के लिए उन्हें ख़रीदना आसान बनाने में समझदारी नज़र आती है।

तब तक सब कुछ सही चलता है, जब तक कि एक कर्मचारी इस विशेषाधिकार का दुरुपयोग करके व्यक्तिगत आनंद के लिए सैकड़ों उपन्यासों का ऑर्डर नहीं दे देता। ऐसे में क्या करना चाहिए?

कई कंपनियाँ प्रतिक्रिया करके नीति को ख़त्म कर देंगी और सभी पुस्तकों की ख़रीदारी के लिए किसी मैनेजर के अनुमोदन को आवश्यक बना देंगी, लेकिन इस परिवर्तन से स्थिति सही नहीं होगी, क्योंकि यह एक व्यापक समस्या नहीं है। इसके बजाय, यह उन कर्मचारियों के लिए चिढ़ या क्रोध का सबब बन जाएगा, जो इस विशेषाधिकार का ज़िम्मेदारी से प्रयोग करते हैं। इससे काग़ज़ी काम और अफ़सरशाही बढ़ जाएगी, जिससे हर एक का समय बरबाद होगा। कर्मचारी व्यवसाय को सुधारने के लिए जिस जानकारी का इस्तेमाल कर सकते हैं, उसे पाने में ज़्यादा समय लगेगा, जिससे कर्मचारियों की उत्पादकता कम हो जाएगी।

इस मामले में कुछ *नहीं* करना ही सही प्रतिक्रिया है। एक कर्मचारी ने विशेषाधिकार का दुरुपयोग किया है, इसलिए उससे अकेले में बातचीत करके स्थिति से निबटा जा सकता है और नीति में किसी बड़े बदलाव की ज़रूरत नहीं है। नुक़सान सीमित है और एक व्यक्ति के ख़राब विवेक की वजह से हर एक को दंड देने में कोई समझदारी नहीं है। यह एक *सामान्य दुर्घटना* है, इसलिए अति प्रतिक्रिया हानिकारक है।

हस्तक्षेप करने से पहले शून्य परिकल्पना की जाँच करने से आपको हस्तक्षेप पूर्वाग्रह से बचने में मदद मिलेगी और इससे सर्वश्रेष्ठ संभव निर्णय सुनिश्चित होंगे।

इस अवधारणा को शेयर करें : http://book.personalmba.com/intervention-bias/

सर्वोत्कृष्टीकरण

असामयिक सर्वोत्कृष्टीकरण सारी बुराई की जड़ है।

— डोनाल्ड नुथ, कंप्यूटर वैज्ञानिक और स्टैनफ़र्ड यूनिवर्सिटी के पूर्व प्रोफ़ेसर

सर्वोत्कृष्टीकरण किसी *तंत्र* के आउटपुट को अधिकतम करने या किसी विशिष्ट इनपुट को न्यूनतम करने की प्रक्रिया है, जिसकी ज़रूरत किसी तंत्र को चलने के लिए होती है। सर्वोत्कृष्टीकरण आम तौर पर आपके *मुख्य प्रदर्शन सूचकों* (केपीआई) के पीछे के तंत्रों और प्रक्रियाओं के चारों ओर घूमता है, जो पूरे तंत्र के अति महत्त्वपूर्ण तत्वों का मापन करते हैं। अपने हर केपीआई को बेहतर बना लें और आपका तंत्र बेहतर प्रदर्शन करेगा।

अधिकतमीकरण आम तौर पर तंत्र की प्रवाह क्षमता पर ध्यान केंद्रित करता है। अगर आप ज़्यादा पैसे कमाना चाहते हैं, बेचने के लिए ज़्यादा इकाइयाँ बनाना चाहते हैं या ज़्यादा ग्राहकों की सेवा करना चाहते हैं, तो आप अपने तंत्र को प्रवाह क्षमता के लिए सर्वोत्कृष्ट बना रहे हैं। तंत्र में प्रवाह क्षमता को बढ़ाने वाले *परिवर्तन* करने का मतलब यह है कि आपका तंत्र एक विशिष्ट, मापने योग्य तरीक़े से बेहतर प्रदर्शन कर रहा है।

न्यूनीकरण आम तौर पर प्रक्रिया के इनपुटों पर ध्यान केंद्रित करता है, जिनकी आवश्यकता तंत्र को चलने के लिए होती है। अगर आप अपने *प्रॉफ़िट मार्जिन* बढ़ाने की कोशिश कर रहे हैं, तो लागत एक मुख्य इनपुट है। अपनी लागत कम कर लें और आपके लाभ बढ़ जाएँगे।

परिभाषा के अनुसार, अगर आप एक से ज़्यादा चीज़ों को अधिकतम या न्यूनीकृत करने की कोशिश कर रहे हैं, तो आप सर्वोत्कृष्ट नहीं बना रहे हैं - आप तो *ट्रेड-ऑफ़* कर रहे हैं। कई लोग ऑप्टिमाइज़ेशन या सर्वोत्कृष्टीकरण शब्दावली का इस्तेमाल "हर चीज़ बेहतर बनाने" के अर्थ में करते हैं, लेकिन यह परिभाषा दरअसल किसी चीज़ को *करने* में आपकी मदद नहीं करती है।

व्यावहारिक संदर्भ में देखें, तो एक साथ कई वेरिएबल्स या परिवर्तनशीलताओं को सर्वोत्कृष्ट बनाने की कोशिश कामयाब नहीं होती है - आपको कुछ समय तक एक अकेली परिवर्तनशीलता पर ध्यान केंद्रित करने की ज़रूरत होती है, ताकि आप यह समझ सकें कि आपके द्वारा किए गए परिवर्तन पूरे तंत्र को कैसे प्रभावित करते हैं। आप अपने परिवर्तनों में *कार्योत्पादन* (न कि *सह-संबंध*) खोजने की कोशिश कर रहे हैं। छिपी हुई *अंतर्निर्भरताओं* की वजह से यह समझना मुश्किल हो सकता है कि किन परिवर्तनों से कौन से परिणाम उत्पन्न हुए।

याद रखें : आप एक साथ बहुल परिवर्तनशीलताओं में किसी तंत्र के प्रदर्शन को विश्वसनीय रूप से सर्वोत्कृष्ट नहीं बना सकते। सबसे महत्त्वपूर्ण परिवर्तनशीलता को चुन लें और अपने प्रयास उसी पर केंद्रित करें।

इस अवधारणा को शेयर करें : **http://book.personalmba.com/optimization/**

रिफ़ैक्टरिंग

लालित्य आवश्यक रूप से अस्वाभाविक होता है, जो सिर्फ़ भारी ख़र्च पर हासिल किया जा सकता है। अगर आप बस कोई चीज़ कर देते हैं, तो यह लालित्यपूर्ण नहीं होगी, लेकिन अगर आप इसे करते हैं और फिर देखते हैं कि ज़्यादा लालित्यपूर्ण क्या हो सकता है और इसे दोबारा करते हैं, तो पुनरावृत्तियों की अज्ञात संख्या के बाद आपको कोई ऐसी चीज़ मिल सकती है, जो बहुत लालित्यपूर्ण हो।

— एरिक नैगम, कंप्यूटर प्रोग्रामर

किसी *तंत्र* में किए जाने वाले सभी परिवर्तन तंत्र के आउटपुट को प्रभावित करने के लिए नहीं किए जाते हैं। कई बार अंतिम परिणाम को बदले बिना प्रक्रिया की दोबारा योजना बनाना ज़्यादा कारगर होता है।

रिफ़ैक्टरिंग यानी पुनःविश्लेषण किसी तंत्र के आउटपुट को बदले बिना उस तंत्र को बदलने की प्रक्रिया है, ताकि कार्यकुशलता बेहतर हो सके। यह शब्द कंप्यूटर प्रोग्रामिंग से आया है - प्रोग्रामर किसी प्रोग्राम को दोबारा लिखने में घंटों लगा देते हैं, जो काम पूरा होने पर *सटीकता से वही चीज़* करता है। इसमें क्या तुक है?

रिफ़ैक्टरिंग का मुख्य लाभ आउटपुट को बेहतर बनाना नहीं है - यह तो तंत्र को ज़्यादा तेज़ या ज़्यादा कार्यकुशल बनाना है। तंत्र परिणाम उत्पन्न करने के लिए जिन प्रक्रियाओं का इस्तेमाल करता है, उन्हें दोबारा व्यवस्थित करके प्रोग्राम को ज़्यादा तेज़ बनाया जा सकता है या इसके लिए कम संसाधनों की ज़रूरत होती है।

रिफ़ैक्टरिंग किसी प्रक्रिया या तंत्र को *विखंडित* करने से शुरू होती है, फिर *पैटर्नों* की तलाश की जाती हैं। वे कौन सी अति महत्त्वपूर्ण प्रक्रियाएँ हैं, जिन्हें बिलकुल सही करने पर ही मनचाहा उद्देश्य हासिल होगा? क्या इन प्रक्रियाओं को एक निश्चित क्रम में पूरा करना ज़रूरी है? वर्तमान *अवरोध* क्या हैं? कौन का अवरोध ख़ास तौर पर महत्त्वपूर्ण नज़र आता है? इस बारे में ज़्यादा से ज़्यादा जानकारी हासिल करें कि तंत्र कैसे काम करता है, फिर कुछ समय इसके साथ बैठें।

अक्सर आप तंत्र के बारे में ऐसी चीज़ों पर ग़ौर करेंगे, जो समझ में नहीं आती हैं - ऐसी चीज़ें जिन्हें आपने एक निश्चित तरीक़े से किया है, क्योंकि उस वक़्त यह अच्छा विचार लग रहा था, लेकिन अब यह उस काम को करने का सबसे अच्छा तरीक़ा नहीं है।

एक बार जब पैटर्न उभरने लगते हैं, तो आप समान प्रक्रियाओं या इनपुट्स को एक साथ समूह में रखने के लिए तंत्र को दोबारा व्यवस्थित कर सकते हैं। किसी असेंबली लाइन को दोबारा व्यवस्थित करने के बारे में सोचें। आप जो कर रहे हैं, अगर आपको उसे रोककर फ़ैक्ट्री के दूसरे छोर पर जाकर कोई आवश्यक पुर्ज़ा लगातार लाना पड़ रहा है, तो उस पुर्ज़े को क़रीब रखना बेहतर होगा। इस तरह चीज़ों को व्यवस्थित करना शायद एक अच्छा विचार है। जब आपका काम पूरा हो जाता है, तब भी तंत्र वही चीज़ उत्पन्न करेगा, लेकिन आपने तंत्र से थोड़ी अकार्यकुशलता हटा दी है, जिससे उत्पादकता में महत्त्वपूर्ण नुक़सान हो रहा था।

अगर आपका *लक्ष्य* तंत्र को ज़्यादा तेज़ या ज़्यादा कार्यकुशल बनाना है, तो रिफ़ैक्टरिंग अत्यंत महत्त्वपूर्ण है।

इस अवधारणा को शेयर करें : **http://book.personalmba.com/refactoring/**

अति महत्त्वपूर्ण कुछ

आम तौर पर कारण, इनपुट या प्रयास दो श्रेणियों में विभाजित होते हैं : (1) बहुमत, जिनका बहुत कम प्रभाव होता है, और (2) अल्पमत वाले कुछ, जिनका मुख्य, प्रबल प्रभाव होता है।

— रिचर्ड कोच, *द 80/20 प्रिंसिपल* के लेखक

विल्फ्रेडो पेरेटो उन्नीसवीं सदी के अर्थशास्त्री और समाजविज्ञानी थे, जो भू स्वामित्व और दौलत के सामाजिक वितरण में गहरी रुचि रखते थे। बहुत सारा डाटा इकट्ठा करने और उसका विश्लेषण करने के बाद पेरेटो ने एक अजीब *पैटर्न* देखा : इटली में 80 प्रतिशत से ज़्यादा ज़मीन पर 20 प्रतिशत से कम जनसंख्या का स्वामित्व था। इतालवी अर्थव्यवस्था समान रूप से वितरित नहीं थी या उसमें बेल-कर्व के आकार का वितरण नहीं था, जैसा कई लोग मानते थे : दौलत व्यक्तियों के तुलनात्मक रूप से छोटे समूह में बहुत ज़्यादा केंद्रित थी।

जब पेरेटो ने जीवन के दूसरे क्षेत्रों का अध्ययन किया, तो उन्हें लगातार यही पैटर्न देखने को मिला। मिसाल के तौर पर, पेरेटो के बगीचे में 20 प्रतिशत मटर की फलियाँ 80 प्रतिशत मटर का उत्पादन करती थीं। हो क्या रहा था?

किसी जटिल *तंत्र* में कुछ इनपुट ज़्यादातर आउटपुट उत्पन्न करते हैं। सतत अरेखीयता के इस पैटर्न को अब पेरेटो सिद्धांत या 80-20 का नियम कहा जाता है। व्यक्तिगत रूप से मैं इसे *अति महत्त्वपूर्ण कुछ* कहना पसंद करता हूँ।

एक बार जब आप इस आम पैटर्न को समझ लेते हैं, तो यह आपको जीवन के कई क्षेत्रों में दिख जाएगा :

- बहुत सी कंपनियों में 20 प्रतिशत से कम ग्राहक 80 प्रतिशत से ज़्यादा सालाना आमदनी कराते हैं।
- किसी कंपनी के 20 प्रतिशत से कम कर्मचारी आम तौर पर 80 प्रतिशत या इससे ज़्यादा बेहद मूल्यवान काम करते हैं।
- आप अपने कपड़ों की अलमारी के 20 प्रतिशत से कम कपड़े 80 प्रतिशत से ज़्यादा समय पहनते हैं।
- आप अपने 20 प्रतिशत से कम व्यक्तिगत संपर्कों से संवाद करने में अपना 80 प्रतिशत से ज़्यादा समय बिताते हैं।

अति महत्त्वपूर्ण कुछ की अरेखीयता अक्सर अतिवादी हो सकती है। मिसाल के तौर पर, संसार की 3 प्रतिशत से कम जनसंख्या संसार की 97 प्रतिशत से ज़्यादा सकल दौलत की स्वामी है।

समय के साथ राजनीतिक शक्ति (देशों में भी और कंपनियों में भी) में चंद लोगों के हाथों में केंद्रित होने की प्रवृत्ति होती है, जिसका परिणाम यह होता है कि लोगों का एक बहुत छोटा समूह ऐसे निर्णय लेता है, जो करोड़ों लोगों के जीवन को सीधे प्रभावित करते हैं। 1 प्रतिशत से भी बहुत कम फ़िल्में ब्लॉकबस्टर बनती हैं और 0.1 प्रतिशत से भी कम लिखी गई पुस्तकें बेस्टसेलर बनती हैं।

सर्वश्रेष्ठ परिणामों के लिए उन अति महत्त्वपूर्ण इनपुट्स पर ध्यान केंद्रित करें, जो आपके मनचाहे सबसे ज़्यादा परिणाम उत्पन्न करते हैं। *द 4-अवर वर्कवीक* में टिमोथी फ़ेरिस ने अपने सर्वश्रेष्ठ प्रदर्शन करने वाले ग्राहकों को पहचानने के लिए अति महत्त्वपूर्ण कुछ सिद्धांत का इस्तेमाल किया। फ़ेरिस जिन 120 ग्राहकों की सेवा कर रहे थे, उनमें से 5 उनकी 95 प्रतिशत आमदनी करा रहे थे। इन शीर्ष प्रदर्शन करने वाले होलसेलरों पर ध्यान केंद्रित करके और बाक़ी को "ऑटोपायलट" पर रखकर फ़ेरिस ने अपनी मासिक आमदनी दोगुनी कर ली और अपने काम का समय प्रति सप्ताह अस्सी घंटे से घटाकर पंद्रह घंटे कर लिया।

यह नीति अक्सर *अनचाहे* परिणामों को बाहर निकालने के लिए उपयोगी साबित होती है। अपने व्यवसाय का विश्लेषण करते समय फ़ेरिस को अहसास हुआ कि दो ख़ास ग्राहक उनकी ज़्यादातर कुंठा और आग बुझाने वाली शैली के लिए ज़िम्मेदार थे। इन ऊर्जा चूसने वाले ग्राहकों को "हटाकर", हालाँकि उनका वॉल्यूम महत्त्वपूर्ण था, उन्होंने अपने समय और ऊर्जा को मुक्त कर लिया। इसके फलस्वरूप वे तीन नए ऊँचे वॉल्यूम वाले ग्राहकों के साथ वितरण सुनिश्चित करने में कामयाब हुए, जिससे सतत सिरदर्द के बिना उनका मुनाफ़ा बढ़ गया।

ग़ैर-महत्त्वपूर्ण इनपुट महत्त्वपूर्ण *अवसर लागते* हैं। मिसाल के तौर पर, अगर आप अपना ज़्यादातर समय अनुत्पादक मीटिंगों में बिता रहे हैं, तो आप अपना वह समय बरबाद कर रहे हैं, जिसका इस्तेमाल सचमुच महत्त्वपूर्ण चीज़ों को करने के लिए किया जा सकता है। यही बात ग़ैर-महत्त्वपूर्ण ख़र्चों के बारे में भी सही है। उस पैसे को आप ज़्यादा बड़े प्रभाव के लिए इस्तेमाल कर सकते हैं।

ऐसे इनपुट खोजें, जो आपके मनचाहे आउटपुट उत्पन्न करते हैं, फिर उन पर अपना ज़्यादातर समय और ऊर्जा केंद्रित करें। बाक़ी को निर्ममता से हटा दें।

इस अवधारणा को शेयर करें : http://book.personalmba.com/critical-few/

घटता प्रतिफल

आख़िरी 10 प्रतिशत काम एक तिहाई लागत और दो तिहाई समस्याएँ उत्पन्न करता है।

— नॉर्मन आर. ऑगस्टिन, एरोस्पेस एक्ज़ीक्यूटिव और
सेना के पूर्व अमेरिकी अंडरसेक्रेटरी

अगर आपके बैंक ख़ाते में 10 डॉलर हैं, तो नए लॉन्ड्री हुए पैंट की जेब में 5 डॉलर मिलना जश्न मनाने का कारण होता है। अगर आपके बैंक ख़ाते में 10,000,000 डॉलर

हैं, तो यही स्थिति बस अच्छी लगने वाली बात होती है।

इसी तरह से एक कुकी खाना अच्छा लगता है। दो कुकीज़ खाना और भी बेहतर होता है। सौ कुकीज़ खाना दरअसल बुरा होता है। अधिक हमेशा बेहतर नहीं होता है। (यही बात बियर पीने और विटामिन खाने पर लागू होती है।)

सभी अच्छी चीज़ें *घटते प्रतिफल (डिमिनिशिंग रिटर्न्स)* के सिद्धांत के अधीन होती हैं - एक निश्चित बिंदु के बाद किसी चीज़ का ज़्यादा होना दरअसल हानिकारक हो सकता है। जब मैं पीऐंडजी में मार्केटिंग कर रहा था, तो हमने अपने विज्ञापन के परिणामों का विश्लेषण करने में बहुत सारा समय और प्रयास लगाया। नया टेलीविज़न विज्ञापन देने के शुरुआती सप्ताहों में यह आसानी से पता चल जाता था कि क्या यह अपेक्षा के अनुरूप प्रदर्शन कर रहा था। अगर विज्ञापन अच्छा प्रदर्शन कर रहा था, तो हम उसमें और ज़्यादा पैसा लगा देते थे, लेकिन इससे भी कुछ ही समय तक फ़र्क़ पड़ता था।

चाहे कितने ही ज़्यादा लोगों ने उस विज्ञापन को पसंद किया है, एक निश्चित बिंदु पर यह "ढल" जाएगा और कंपनी उस विज्ञापन को दिखाने में जो एक डॉलर ख़र्च करती है, वह अब एक डॉलर की आमदनी नहीं करा पाएगा। यह "घटते प्रतिफल का बिंदु" है - अगर हम उसी विज्ञापन को दिखाने में ज़्यादा डॉलर ख़र्च करेंगे, तो कंपनी पैसे गँवाने लगेगी। इससे ज़्यादा बेहतर यह है कि उस धनराशि को किसी अलग तरीक़े से प्रॉडक्ट के प्रचार में ख़र्च किया जाए।

कुछ ना करने के बजाय बड़ी जीतें हासिल करने में थोड़ा समय और ऊर्जा लगाना हमेशा बेहतर होता है। *आई विल टीच यू टू बी रिच* में रमित सेठी उस पर अमल करने की सलाह देते हैं, जिसे वे "85 प्रतिशत समाधान" कहते हैं। इतने सारे लोग आदर्श निर्णय लेने में फँस जाते हैं कि अंततः वे ख़ुद को दलदल में धँसा लेते हैं और कुछ नहीं करते हैं। कुछ आसान चीज़ों को करने पर ध्यान केंद्रित करें, जिनसे आपके मनचाहे सबसे ज़्यादा परिणाम उत्पन्न होंगे, फिर दिन ख़त्म कर लें।

यह महसूस ना करें कि आपको हर चीज़ को आदर्श बिंदु तक सर्वोत्कृष्ट बनाना ही होगा। *सर्वोत्कृष्टीकरण* और *रिफ़ैक्टरिंग* भी *अति महत्त्वपूर्ण कुछ* से प्रभावित होते हैं - कुछ छोटे परिवर्तन भारी परिणाम उत्पन्न करते हैं। जब आप "नीचे लटक रहे फल" तोड़ लेते हैं, तो आगे किया गया ऑप्टिमाइज़ेशन प्रयास में ज़्यादा लागत खाएगा और आपको प्रतिफल कम मिलेगा। यह रुकने का अच्छा बिंदु है। पूर्णतावाद असावधानों के लिए जाल है।

तब तक सर्वोत्कृष्ट बनाएँ और रिफ़ैक्टरिंग करें, जब तक कि आप घटते प्रतिफल का अनुभव न करने लगें, फिर कोई दूसरी चीज़ करने पर ध्यान केंद्रित करें।

इस अवधारणा को शेयर करें : **http://book.personalmba.com/diminishing-returns/**

घर्षण

संसार फैला हुआ है और मैं अपना जीवन घर्षण में बरबाद नहीं करूँगा, जब इसे गति में बदला जा सकता है।

— फ्रांसिस ई. विलार्ड, शिक्षाविद और मताधिकार-समर्थक, जिन्होंने अमेरिकी संविधान में अठारहवें और उन्नीसवें संशोधनों को लागू करने के अभियान का नेतृत्व किया था

अपने सामने ज़मीन पर हॉकी की गेंद की कल्पना करें। आपके पास हॉकी स्टिक का उपयुक्त उपकरण है और उद्‌देश्य यह है कि गेंद को इसकी वर्तमान जगह से गोल तक ले जाया जाए, जो एक मील दूर है।

सबसे पहले तो यह मान लें कि गेंद ऊँची घास के खेत में है, जो हवा में लहरा रही है। हॉकी का हर प्रहार गेंद को सिर्फ़ कुछ फ़ुट दूर तक ही ले जा पाएगा, क्योंकि ऊँची घास गेंद की ऊर्जा को कम कर देती है। इस तरह आपको गेंद को हज़ार बार मारना होगा, तभी आप इसे गोल तक ले जा सकते हैं और आपकी ऊर्जा जल्दी ही ख़त्म हो जाएगी। गोल तक पहुँचने में आपको कई कुंठाजनक घंटे लग जाएँगे।

अब यह मान लें कि आप खेत की घास काट देते हैं और आपके सामने की घास बहुत छोटी हो जाती है। हर बार जब आप गेंद को मारते हैं, तो यह बीस फ़ुट या इससे ज़्यादा दूर तक जाती है - भारी सुधार। गेंद कम घास के संपर्क में आती है, जिसका मतलब है कि यह हर प्रहार के साथ ज़्यादा दूर तक जाती है। आपको गेंद को गोल तक ले जाने के लिए अब भी मेहनत करनी होगी, लेकिन आप अपना उद्‌देश्य ज़्यादा जल्दी और कम प्रयास में हासिल कर लेंगे।

अंत में, यह मान लें कि आप खेत में पानी भर देते हैं और इसे जमा देते हैं, जिससे पूरा परिदृश्य बर्फ़ की चिकनी सतह बन जाता है। अब गेंद पर आप प्रहार करेंगे, तो यह हर बार सैकड़ों फ़ुट दूर तक जाएगी, क्योंकि बर्फ़ गेंद की ऊर्जा नहीं छीनती है - गेंद प्रयासरहित तरीक़े से सतह पर फिसलती चली जाती है। इस तरह से आपको गेंद को केवल कुछ ही बार मारना होगा, जिससे आप अपना उद्‌देश्य हासिल कर लेंगे और यह काम पूरा करने पर भी आप नहीं थकेंगे।

घर्षण कोई भी ऐसी शक्ति या प्रक्रिया है, जो समय के साथ किसी *तंत्र* से ऊर्जा हटा देती है। घर्षण मौजूद हो, तो तंत्र को आगे भी उसी दर से चलाते रहने के लिए ऊर्जा बढ़ाते रहने की ज़रूरत होती है। जब तक अतिरिक्त ऊर्जा ना लगाई जाए, घर्षण तंत्र को धीमा कर देगा और एक समय रुक जाएगा। घर्षण हटाकर आप तंत्र की कार्यकुशलता को बढ़ा देते हैं।

हर व्यावसायिक प्रक्रिया में घर्षण की थोड़ी मात्रा होती है। कुंजी उन क्षेत्रों को पहचानना है, जहाँ वर्तमान में घर्षण मौजूद हैं, फिर थोड़े सुधारों के प्रयोग करें, जो तंत्र में घर्षण की मात्रा को कम कर दें। समय के साथ घर्षण की छोटी मात्राओं को लगातार हटाना *संचित* होता है, जिससे गुणवत्ता और कार्यकुशलता दोनों में भारी सुधार होता है।

अपनी *मार्केटिंग, बिक्री* और *मूल्य-पहुँच* प्रक्रियाओं से घर्षण की छोटी मात्रा को भी हटाने से *मुनाफ़े* में भारी बेहतरी हो सकती है। मिसाल के तौर पर, एमेज़ॉन डॉट कॉम जैसे रिटेलर ग्राहक को ऑर्डर देने में लगने वाले प्रयास की मात्रा को न्यूनतम करने के लिए बहुत प्रयास

करते हैं। ग्राहकों को एक क्लिक में सामान ख़रीदने की सुविधा देकर (जो पहले से दर्ज ग्राहक के क्रेडिट कार्ड से अपने आप भुगतान काट लेता है और ऑर्डर किए गए सामान को पहले से दर्ज पते पर भेज देता है) और ख़रीदारी के लिए मिलते-जुलते सामानों की अपने आप सलाह देकर एमेज़ॉन ग्राहकों के लिए ऑनलाइन ख़रीदारी को ज़्यादा से ज़्यादा आसान बनाने का लक्ष्य रखती है।

एमेज़ॉन प्राइम वह सेवा है, जो ग्राहक के दिए हर ऑर्डर को दो दिन में शिपिंग तक अपग्रेड करती है। यह घर्षण कम करने के लाभों का पाठ्यपुस्तकीय उदाहरण है। छोटी वार्षिक फ़ीस के बदले में प्राइम ग्राहक डाक से अपना ख़रीदा सामान दो दिन या इससे कम में प्राप्त कर लेते हैं, जिससे रिटेल स्टोर में लगने वाला समय बच जाता है।

जब कोई ग्राहक एमेज़ॉन प्राइम का सदस्य बन जाता है, तो उस ग्राहक का सालाना ऑर्डर वॉल्यूम औसतन 150 प्रतिशत तक बढ़ जाता है। 82 प्रतिशत प्राइम सदस्य तो एमेज़ॉन से ही सामान ख़रीदने का विकल्प चुनते हैं, हालाँकि किसी प्रतिस्पर्धी रिटेलर के यहाँ वही सामान कम दाम पर मिल रहा हो। इसके फलस्वरूप एमेज़ॉन प्राइम के ग्राहकों के ऑर्डरों ने कंपनी की सकल अमेरिकी बिक्री में 20 प्रतिशत योगदान दिया... यह सब ख़रीदारी की प्रक्रिया में घर्षण कम करने के नए तरीक़े खोजने की बदौलत हुआ।

घर्षण को इरादतन शामिल करने से कई लोग किसी ख़ास तरीक़े से व्यवहार करने या कोई ख़ास निर्णय लेने के लिए प्रोत्साहित हो सकते हैं। मिसाल के तौर पर, सामान वापसी की प्रक्रिया में थोड़ा सा घर्षण जोड़ने से, जैसे ग्राहक से बिल बताने की आवश्यकता या वापसी का कारण बताने की आवश्यकता को शामिल करने से आपके प्रॉडक्ट को लौटाने वाले लोगों की संख्या घट सकती है। वैसे इस मामले में ज़्यादा घर्षण नहीं जोड़ना चाहिए, क्योंकि इसका आपकी *छवि* पर नकारात्मक प्रभाव पड़ सकता है (अगर आप रिफ़ंड के लिए ज़्यादा मेहनत कराएँगे, तो ग्राहक नाराज़ हो जाएँगे), लेकिन सही जगह पर थोड़े से घर्षण से सतही वापसियाँ रोकने में मदद मिल सकती है।

जहाँ उचित हो, अपने व्यावसायिक तंत्र से घर्षण हटाने पर काम करें और आप कम प्रयास में बेहतर परिणाम उत्पन्न करेंगे।

इस अवधारणा को शेयर करें : **http://book.personalmba.com/friction/**

ऑटोमेशन

किसी व्यवसाय में प्रयुक्त किसी प्रौद्योगिकी का पहला नियम यह है कि किसी कार्यकुशल संचालन में लगाया गया ऑटोमेशन कार्यकुशलता को बढ़ा देगा। दूसरा यह है कि किसी अकार्यकुशल संचालन में लगाया गया ऑटोमेशन अकार्यकुशलता को बढ़ा देगा।

— बिल गेट्स, माइक्रोसॉफ़्ट के संस्थापक और चेयरमैन

पर्याप्त *घर्षण* हटा दें और हो सकता है कि लोगों को प्रक्रिया में शामिल करने की ज़रूरत ही नहीं पड़े।

ऑटोमेशन किसी *तंत्र* या प्रक्रिया को बताता है, जो मानवीय हस्तक्षेप के बिना काम कर सकती है। फ़ैक्ट्री उत्पादन लाइनें, यूटिलिटी नेटवर्क्स और कंप्यूटर प्रोग्राम्स ऑटोमेशन का इस्तेमाल करते हैं, ताकि कोई काम पूरा करने के लिए आवश्यक मानवीय संलग्नता की मात्रा को न्यूनतम किया जा सके। तंत्र को चलाने के लिए जितने कम मानवीय प्रयास की आवश्यकता होती है, ऑटोमेशन उतना ही ज़्यादा कार्यकुशल होता है।

ऑटोमेशन अच्छी तरह परिभाषित, दोहराए जाने वाले कामों के लिए सर्वश्रेष्ठ होता है। मिसाल के तौर पर, लोग अनुशंसित व्यावसायिक पुस्तकों की मेरी सूची पढ़ना चाहते हैं। अगर मुझे हर बार पत्र या ईमेल पर मेरी सूची ख़ुद बनाकर भेजनी पड़े, तो मैं जल्दी ही पागल हो जाऊँगा। सौभाग्य से मैं सूची अपनी वेबसाइट पर रख सकता हूँ - हर बार जब भी कोई सूची का आग्रह करता है, तो यह अपने आप उस तक पहुँच जाती है और मुझे कोई प्रयास नहीं करना पड़ता। मेरी रीडिंग लिस्ट पूरे संसार के लाखों पाठकों ने देखी है और यह ऑटोमेशन की वजह से ही संभव हुआ है।

अपने तंत्र को ऑटोमैटिक या स्वचालित बनाने का तरीक़ा खोजें। इस तरह आप *डुप्लीकेशन* और *मल्टिप्लिकेशन* के ज़रिये *आरोहणीयता* के द्वार खोल देते हैं। इससे भुगतान करने वाले ज़्यादा ग्राहकों के लिए मूल्य का सृजन करने और उसे पहुँचाने की आपकी योग्यता बेहतर बन जाती है।

इस अवधारणा को शेयर करें : http://book.personalmba.com/automation/

ऑटोमेशन का विरोधाभास

एक मशीन पचास साधारण आदमियों का काम कर सकती है। कोई भी मशीन एक असाधारण आदमी का काम नहीं कर सकती।

— अल्बर्ट हबार्ड, *अ मैसेज टू गार्शिया* के लेखक

ऑटोमेशन बेहतरीन हो सकता है, लेकिन इसके बहुत महत्त्वपूर्ण दोष भी होते हैं, जिन्हें समझना ज़रूरी है।

कंप्यूटर प्रोसेसर बनाने वाली पूरी तरह ऑटोमेटेड प्रॉडक्शन लाइन की कल्पना करें, जिसका बनाया हर प्रोसेसर 200 डॉलर में बिकता है। इंसानी ऑपरेटर को बस एक बटन दबाना है और उत्पादन *तंत्र* हर मिनट में 2,400 बने हुए प्रॉडक्ट बाहर निकालने लगता है। जीवन अच्छा है, ठीक है?

हाँ, लेकिन एक *बहुत* महत्त्वपूर्ण चेतावनी पर भी ग़ौर करें। कल्पना करें कि सिलिकॉन वेफ़र में छेद करने वाली ड्रिल तिरछी हो जाती है और प्रोसेसर के कोर के बीच में माइक्रोस्कोपिक छेद करने लगती है। तंत्र जितने सेकंड काम करता है, हर सेकेंड में चालीस चिप बरबाद हो जाती हैं।

मान लें कि हर प्रोसेसर में लगने वाले कच्चे माल की लागत 20 डॉलर आती है - जिसका मतलब है कि जब तक ग़लती का पता नहीं चलता, फ़ैक्ट्री हर सेकंड 800 डॉलर गँवाने लगती है। तंत्र जब तक काम करता रहता है, कंपनी हर मिनट 48,000 डॉलर गँवाती है। और यह

तो सिर्फ़ प्रत्यक्ष लागत है - अगर आप इस पर भी ग़ौर करें कि हर प्रोसेसर 200 डॉलर में बिकेगा, तो कंपनी हर मिनट में दरअसल 5,28,000 डॉलर गँवा रही है : 48,000 डॉलर सीधी लागत में और 4,80,000 डॉलर अवसर लागत में।

दूर-दराज़ की कल्पना लगती है? इस पर विचार करें : 2009 के अंत में टोयोटा ने कई सालों से टॉप सेलर रहने वाले कई लोकप्रिय वाहन मॉडलों में एक्सीलरेटर पेडल संबंधी एक बड़ी समस्या का पता लगाया। टोयोटा के बनाए वाहनों के साथ यह दोष *बहुगुणित* होता चला गया और रिकॉल की लागत *पाँच अरब डॉलर* से भी ज़्यादा आई।

रिकॉल से पहले टोयोटा को संसार में सर्वश्रेष्ठ कार निर्माता माना जाता था। यह कई मायनों में अब भी है, लेकिन इसकी *छवि* और वित्तीय स्थिति को तगड़ा झटका लगा। अगर महँगी ग़लतियों को बहुगुणित होने की अनुमति दी जाए, तो सर्वश्रेष्ठ का भी पतन हो सकता है।

यहाँ *ऑटोमेशन का विरोधाभास* है : ऑटोमेटेड तंत्र जितना ज़्यादा कार्यकुशल होता है, उस तंत्र के मानव संचालकों का योगदान उतना ही ज़्यादा महत्त्वपूर्ण होता है। जब कोई ग़लती होती है, तो संचालकों को स्थिति को तुरंत पहचानने और दुरुस्त करने या तंत्र को बंद करने की ज़रूरत है - वरना ऑटोमेटेड तंत्र ग़लती को बहुगुणित करता रहेगा।

यूनिवर्सिटी कॉलेज लंदन की मनोवैज्ञानिक डॉ. लिसान बेनब्रिज कार्यकुशल और विश्वसनीय तंत्रों के विस्तृत परिणामों पर गहन अध्ययन करने वाले पहले शोधकर्ताओं में से एक थीं। वे ऑटोमेटेड तंत्रों के "विरोधाभास" को पहचानने और व्यक्त करने वाली पहली शोधकर्ता थीं ।

कार्यकुशल ऑटोमेटेड तंत्र मानव प्रयास की आवश्यकता को कम कर देते हैं, लेकिन वे मानवीय संलग्नता को और ज़्यादा महत्त्वपूर्ण बना देते हैं।

कार्यकुशल ऑटोमेशन इंसान को कम नहीं, बल्कि *ज़्यादा* महत्त्वपूर्ण बनाता है।

इस अवधारणा को शेयर करें : http://book.personalmba.com/paradox-of-automation/

ऑटोमेशन की विसंगति

हमेशा अप्रत्याशित परिस्थितियाँ रहेंगी, जिन्हें सँभालने में या तो ऑटोमेशन सक्षम नहीं है या जिनकी भविष्यवाणी करना संभव नहीं होता। जब तंत्र की विश्वसनीयता बढ़ती है, तो ग़लती को पकड़ना और इससे उबरना उतना ही ज़्यादा मुश्किल हो जाता है।

— डॉ. राजा परशुरामन, जॉर्ज मैसन यूनिवर्सिटी में मनोविज्ञान के प्रोफ़ेसर

कार्यकुशल *ऑटोमेटेड तंत्र* में यह अत्यंत महत्त्वपूर्ण होता है कि ग़लतियाँ *बढ़ने* से रोकने के लिए सुयोग्य मानवीय हस्तक्षेप रहे। इसका मतलब है कि सुयोग्य संचालकों को सारे समय पास रखना सबसे अच्छा तरीक़ा है, है ना?

यह कहना आसान है, करना कठिन है। जब तक तंत्र विश्वसनीय नज़र आता है, तब तक कर्मचारी कमरे में ख़ाली बैठा रहेगा और दिन भर कुछ नहीं करेगा। कंपनियाँ आम तौर पर बहुत योग्य कर्मचारियों को इसके लिए पैसे नहीं देती हैं। और मान लें कि कंपनियाँ इन

लोगों को इस काम के लिए नियुक्त भी कर दें, तो भी ऑपरेटर ज़्यादातर समय बहुत बुरी तरह बोर हो जाएँगे।

यहाँ *ऑटोमेशन की विसंगति* बताई जा रही है : तंत्र जितना ज़्यादा विश्वसनीय होता है, इंसानी संचालकों को उतना ही कम काम करना होता है, इसलिए वे तंत्र के चलते समय उस पर उतना ही कम *ध्यान* देते हैं। मैकवर्थ क्लॉक और द्वितीय विश्वयुद्ध में ब्रिटिश राडार संचालकों पर किए गए सतर्कता अध्ययन याद हैं, जिनके बारे में हमने *नएपन* वाले खंड में चर्चा की थी? एक जैसी चीज़ों से इंसान बहुत जल्दी बोर हो जाते हैं और तंत्र जितना ज़्यादा विश्वसनीय होता है, *चीज़ें उतनी ही ज़्यादा एक जैसी रहती हैं*।

विसंगति यह है कि विश्वसनीय तंत्र अपने संचालक की इंद्रियों को कुंद कर देते हैं, जिससे चीज़ें गड़बड़ाने पर उनके लिए ग़ौर करना बहुत मुश्किल हो जाता है - जिस पल उनके ध्यान की सबसे ज़्यादा ज़रूरत होती है। इसके फलस्वरूप तंत्र जितना ज़्यादा विश्वसनीय होता है, उतनी ही कम संभावना रहती है कि किसी चीज़ के गड़बड़ होने पर मानवीय संचालक उस पर ग़ौर करेंगे - ख़ास तौर पर अगर ग़लती छोटी हो।

अगर पर्याप्त लंबे समय तक ध्यान ना दिया जाए, तो छोटे दोष "नया सामान्य" बन सकते हैं, जिस वजह से टोयोटा जैसी कंपनी को अंततः पाँच अरब डॉलर का रिकॉल करना पड़ा। (वैसे *आरोपण त्रुटि* ना करें और यह ना सोचें कि टोयोटा के इंजीनियर मूर्ख या लापरवाह थे - अगर आप ऑटोमेटेड तंत्रों पर निर्भर रहते हैं, तो ऐसा आसानी से आपके साथ भी हो सकता है।)

ऑटोमेशन की बड़ी ग़लतियों से बचने की सर्वश्रेष्ठ नीति कठोर व निरंतर *सैंपलिंग* और *परीक्षण* है। याद रखें, *सामान्य दुर्घटनाएँ* हो सकती हैं और होंगी। अगर आप यह मान लेते हैं कि ग़लतियाँ होंगी और सबसे महत्त्वपूर्ण ग़लतियों का पता लगाने के लिए कई परीक्षणों की योजना बना लेते हैं, तो आप अपने तंत्र संचालकों को संलग्न रख सकते हैं और महत्त्वपूर्ण ग़लतियों के तुरंत पता लगने की संभावना बढ़ा सकते हैं।

अपने ऑटोमेटेड तंत्र के संचालकों को मानसिक रूप से संलग्न रखें और जब ग़लतियाँ होंगी, तो उनके ग़ौर करने की कहीं ज़्यादा संभावना रहेगी।

इस अवधारणा को शेयर करें : http://book.personalmba.com/irony-of-automation/

मानक संचालन प्रक्रिया

सफलता का पैमाना यह नहीं है कि क्या आपके पास जूझने के लिए कोई मुश्किल समस्या है, पैमाना तो यह है कि क्या यह वही समस्या है, जो आपके पास पिछले साल थी।

– जॉन फ़ॉस्टर डलेस, पूर्व अमेरिकी सेक्रेटरी ऑफ़ स्टेट

आप क्या करते हैं, जब कोई ग्राहक शिकायत करता है या रिफ़ंड माँगता है? जब आपके लेज़र प्रिंटर का टोनर ख़त्म हो जाता है, तो क्या होता है? अगर मैनेजर शहर से बाहर है और कोई आपातकालीन स्थिति आ जाती है, तो कौन कमान सँभालता है?

मानक संचालन प्रक्रिया (स्टैंडर्ड ऑपरेटिंग प्रोसीजर या *एसओपी)* एक पूर्व-निर्धारित प्रक्रिया है, जिसका इस्तेमाल किसी काम को पूरा करने या किसी आम समस्या को सुलझाने के लिए किया जाता है। *व्यावसायिक तंत्रों* में अक्सर प्रतिस्पर्धी काम शामिल होते हैं। मानक प्रक्रिया रहने से आप पहिये का दोबारा आविष्कार करने में कम समय बिताते हैं और उत्पादक काम करने में ज़्यादा समय लगाते हैं।

अच्छी तरह परिभाषित मानक संचालन प्रक्रियाएँ उपयोगी होती हैं, क्योंकि वे *घर्षण* को घटा देती हैं और *इच्छाशक्ति के क्षय* को न्यूनतम करती हैं। जो समस्या कई बार पहले भी सुलझाई जा चुकी है, उस समस्या को सुलझाने में मूल्यवान समय और ऊर्जा बरबाद करने के बजाय पूर्व-परिभाषित एसओपी यह सुनिश्चित करती है कि आप छटपटाने में कम समय बिताएँ और मूल्य बढ़ाने में ज़्यादा समय लगाएँ।

मानक संचालन प्रक्रिया नए कर्मचारियों या साझेदारों को तेज़ी से गति में लाने का भी प्रभावी तरीक़ा है। एसओपी का केंद्रीय स्रोत होने से नए कर्मचारी या साझेदार अनौपचारिक प्रशिक्षण से कहीं ज़्यादा प्रभावी ढंग से यह सीख सकते हैं कि आप कैसे काम करते हैं। अपने एसओपी को किसी केंद्रीय इलेक्ट्रॉनिक डाटाबेस में रखना सर्वश्रेष्ठ होता है - इससे यह सुनिश्चित हो जाता है कि हर कोई ज़्यादातर नवीनतम उपलब्ध प्रक्रियाओं को तुरंत देख सकता है।

अपनी मानक संचालन प्रक्रियाओं को अफ़सरशाही की चपेट में न आने दें। याद रहे, एसओपी का उद्देश्य किसी काम को पूरा करने या किसी समस्या को प्रभावी ढंग से सुलझाने में लगने वाले समय और प्रयास की मात्रा को न्यूनतम करना है। अगर एसओपी में मूल्य प्रदान किए बिना प्रयास की ज़रूरत पड़ती है, तो यह घर्षण है।

सर्वश्रेष्ठ परिणामों के लिए अपनी एसओपी की समय-समय पर समीक्षा करें - हर दो-तीन महीने में एक बार समीक्षा करना आदर्श होता है। अगर आप अपनी एसओपी में दक़ियानूसी, अपव्ययी या अनावश्यक काम पाएँ, तो उसे बदल दें। अनावश्यक लालफीताशाही से ना तो आपका, ना ही आपके ग्राहकों का भला होता है।

बार-बार होने वाले महत्त्वपूर्ण कामों के लिए मानक संचालन प्रक्रिया बनाएँ और आप अपनी उत्पादकता को आसमान छूते देखेंगे।

इस अवधारणा को शेयर करें : **http://book.personalmba.com/standard-operating-procedures/**

जाँच सूची

चाहे आप कितने ही विशेषज्ञ क्यों न हों, अच्छी तरह बनाई गई जाँच सूचियों से परिणाम बेहतर हो सकते हैं।

— स्टीवन लेविट, *फ़्रीकोनॉमिक्स* के सह-लेखक

यह सुनिश्चित करना चाहते हैं कि कोई महत्त्वपूर्ण काम हर बार सही तरीक़े से किया जाए? एक जाँच सूची बना लें।

जाँच सूची किसी विशेष काम को पूरा करने के लिए एक *बाहरीकृत*, पूर्व-परिभाषित *मानक संचालन प्रक्रिया* है। जाँच सूची बनाना दो कारणों से बहुत मूल्यवान होता है। पहली बात, जाँच सूची से आपको किसी ऐसी प्रक्रिया के लिए *तंत्र* को परिभाषित करने में मदद मिलेगी, जिसे अब तक औपचारिक नहीं बनाया गया है - जाँच सूची बनने के बाद यह देखना आसान होता है कि तंत्र को कैसे बेहतर या *ऑटोमेट* बनाया जाए। दूसरी बात, जाँच सूचियों का सामान्य कामकाज में इस्तेमाल करने से यह सुनिश्चित होता है कि आप वे महत्त्वपूर्ण क़दम उठाना न भूल जाएँ, जिन्हें व्यस्तता की वजह से आसानी से नज़रअंदाज़ किया जा सकता है।

उड़ान भरते समय और उतरते समय पाइलटों के पास बहुत ही विस्तृत जाँच सूचियाँ होती हैं। इसका एक कारण होता है कि किसी क़दम को चूकना आसान होता है, लेकिन उसके विमान में बैठे हर व्यक्ति के लिए बड़े परिणाम हो सकते हैं। दशकों तक विमान उड़ाने के अनुभवी पायलट भी हमेशा जाँच सूचियों का इस्तेमाल करते हैं, ताकि यह सुनिश्चित हो सके कि हर चीज़ सही तरीक़े से और सही क्रम में हो। इसके फलस्वरूप विमान दुर्घटनाएँ बहुत ही दुर्लभ होती हैं - आँकड़ों की दृष्टि से कार चलाने के बजाय वाणिज्यिक विमान में उड़ना ज़्यादा सुरक्षित होता है।

यहाँ तक कि *तंत्रीकरण* और जाँच सूचियों के उपयोग से सरल प्रक्रियाओं में भी लाभ हो सकता है। 2001 में डॉ. पीटर प्रोनोवॉस्ट ने जाँच सूची के प्रभावों पर एक अध्ययन आयोजित किया, जिसका वर्णन अतुल गवांदे की पुस्तक *द चेकलिस्ट मैनिफ़ेस्टो* में विस्तार से किया गया। इसका वर्णन एक लेख में भी किया गया, जिसे गवांदे ने *न्यू यॉर्कर* में प्रकाशित कराया। यह अध्ययन डेट्रॉइट के एक अस्पताल में आयोजित किया गया, जहाँ दस दिन के आईवी लाइन के संक्रमणों की देश में सर्वोच्च दर थी (एक महँगी और जान जोखिम में डालने वाली स्थिति)। प्रोनोवॉस्ट का उद्देश्य यह तय करना था कि जाँच सूची का इस्तेमाल करने से संक्रमण की दर कम होगी या नहीं।

यहाँ हस्तक्षेप का पूरा विवरण है : जब भी डॉक्टर आईवी लाइन डालता था, तो उसे नीचे दी गई जाँचसूची का इस्तेमाल करने का निर्देश दिया जाता था।

क़दम 1 : साबुन से हाथ धोएँ।

क़दम 2 : रोगी की त्वचा को क्लोरहेक्सिडाइन एंटीसेप्टिक से साफ़ करें।

क़दम 3 : रोगी को जीवाणुरहित कपड़े पहनाएँ।

क़दम 4 : जीवाणुरहित हैट, मास्क, दस्ताने और गाउन पहनें।

क़दम 5 : जब आईवी लाइन अंदर रहे, तो नली की जगह पर जीवाणुरहित ड्रेसिंग लगा दें।

इनमें से कोई क़दम ख़ास जटिल नहीं है। वास्तव में कई डॉक्टरों ने अध्ययन का प्रतिरोध किया, क्योंकि उन्हें महसूस हुआ कि इतने आसान काम के लिए जाँच सूची का इस्तेमाल करना अपमानजनक था, क्योंकि वे उच्च प्रशिक्षित विशेषज्ञ थे। इससे भी ज़्यादा अपमानजनक बात, अगर डॉक्टर जाँच सूची का इस्तेमाल नहीं कर रहा हो, तो हेड नर्स के पास डॉक्टर को रोकने की शक्ति थी - भूमिका में एक असामान्य परिवर्तन, जिससे कई डॉक्टर नाराज़ हो गए।

बहरहाल, दो वर्षों बाद इस अध्ययन के आश्चर्यजनक परिणाम मिले। दस दिनों के आईवी लाइन संक्रमण की दर 11 प्रतिशत से घटकर 0 प्रतिशत हो गई, जिससे अस्पताल को संबद्ध लागतों में 2 मिलियन डॉलर से ज़्यादा की बचत हुई। जैसा बाद में पता चला, एक व्यस्त, तनावपूर्ण परिवेश में बुनियादी, सहज बोध वाली प्रक्रियाओं को भूलना आसान होता है।

जाँच सूची गुणवत्तापूर्ण काम करने की आपकी योग्यता में भारी सुधार कर सकती है, तथा प्रभावी ढंग से काम सौंपने की आपकी योग्यता में भी। अपनी प्रगति का स्पष्टता से वर्णन करने और निगरानी करने में समय लगाकर आप बड़ी ग़लतियों और चूकों की आशंका को कम कर देते हैं। उसी काम को बार-बार कैसे पूरा करना है, आप यह पता लगाने से संबंधित *इच्छाशक्ति के क्षय* को भी रोक देते हैं। इसके अलावा, एक बार जब आपकी जाँच सूची पूरी हो जाती है, तो आप इसका इस्तेमाल तंत्र के पूर्ण या आंशिक ऑटोमेशन की बुनियाद के रूप में कर सकते हैं, जिससे आपको ज़्यादा महत्त्वपूर्ण चीज़ें करने में समय लगाने की अनुमति मिल जाएगी।

सर्वश्रेष्ठ परिणामों के लिए *अपने व्यवसाय के पाँच हिस्सों* के लिए स्पष्ट जाँच सूचियाँ बना लें, फिर हर बार उनका पालन सुनिश्चित करें।

इस अवधारणा को शेयर करें : http://book.personalmba.com/checklisting/

रुकना

उस काम को कार्यकुशलता से करने जितना बेकार कुछ नहीं है, जिसे बिलकुल भी नहीं करना चाहिए।

— पीटर ड्रकर, आधुनिक प्रबंधन सिद्धांत के जनक

कई बार किसी *तंत्र* को बेहतर बनाने का सर्वश्रेष्ठ तरीक़ा ज़्यादा काम करने को रोकना है। *रुकने* का मतलब है कोई हानिकारक चीज़ करना इरादतन छोड़ना। *अनुपस्थिति अंधत्व* की वजह से हम कुछ न कुछ करके किसी तंत्र को बेहतर बनाना चाहते हैं - कुछ नहीं करना "ग़लत महसूस" होता है। इसका यह मतलब नहीं है कि कुछ ना करना बुरी रणनीति है : यह अक्सर ज़्यादा प्रभावी रणनीति होती है।

द वन-स्ट्रॉ रिवॉल्यूशन में मसानोबू फुकुओका ने प्राकृतिक खेती संबंधी अपने प्रयोगों के बारे में लिखा, जिनमें ज़्यादातर यह शामिल था कि प्रकृति को अपना काम करने दिया जाए और उसमें कम से कम संभव हस्तक्षेप किया जाए। जब ज़्यादातर खेतों में रसायनों और मशीनों का इस्तेमाल हो रहा था, तब फुकुओका चेतन रूप से कुछ *नहीं* कर रहे थे, लेकिन ऊँची पैदावार तथा मिट्टी की बढ़ती समृद्धि के पुरस्कार काट रहे थे। रोकने के लाभों के बारे में उनका यह कहना था :

> *अपनी छेड़छाड़ से इंसान कुछ ग़लतियाँ कर देते हैं, फिर नुक़सान को बिना सुधारे छोड़ देते हैं और जब विपरीत परिणाम संचित होते हैं, तो अपनी पूरी ताक़त से उन्हें सुधारने के लिए काम करते हैं। जब सुधारात्मक कार्य सफल नज़र आते हैं, तो वे इन क़दमों को शानदार उपलब्धियाँ मानने लगते हैं। लोग यह बार-बार करते हैं। यह तो ऐसा ही है कि कोई मूर्ख अपनी छत के खपरैलों पर कूदे और उन्हें*

> *तोड़ दे, फिर जब बारिश होने लगती है और छत से पानी गिरने लगता है, तो वह तेज़ी से नुक़सान को ठीक करने के लिए ऊपर चढ़ता है और अंत में ख़ुश होता है कि उसने एक चमत्कारिक समाधान खोज लिया।*

बहुत ज़्यादा करने की कोशिश के बजाय फुकुओका ने बस वह किया, जो बेहद अनिवार्य था। इसके फलस्वरूप उनके खेत लगातार उस इलाक़े में सबसे ज़्यादा पैदावार देते रहे।

रुकने में हिम्मत की ज़रूरत होती है। कुछ ना करना अक्सर अलोकप्रिय या अरुचिकर होता है, भले ही कुछ ना करना दरअसल सही समाधान हो। मिसाल के तौर पर, निश्चित बाज़ारों में सरकार के हस्तक्षेप के कारण अक्सर "भाव के बुलबुले" बन जाते हैं, जिसका *दूसरे क्रम का परिणाम* यह होता है कि निश्चित कार्यों की लागत कृत्रिम तरीक़े से कम हो जाती है, जो प्रचुर अटकलबाज़ी को प्रोत्साहित करता है। जब वास्तविकता सामने आती है और बुलबुला "फूटता" है, जैसा कि 2000 में डॉट-कॉम कंपनियों के मामले में हुआ और 2008 में हाउसिंग मार्केट में हुआ, तो यह राजनीतिक दृष्टि से अलोकप्रिय होता है कि सरकार कुछ ना करे, हालाँकि *कुछ करने की वजह से ही वह स्थिति उत्पन्न हुई थी।* अक्सर सरकार कुछ ना कुछ ऐसा कर देती है, जिस वजह से कुछ साल बाद एक और, ज़्यादा बड़ा बुलबुला बन जाता है।

ग्राहकों को छोड़ना, अपनी नौकरी छोड़ना, किसी प्रॉडक्ट को बंद करना या किसी ऐसे बाज़ार से बाहर निकलना, जिसमें आप सफल नहीं हो सकते, सभी मुश्किल निर्णय हैं, लेकिन ये निर्णय लंबे समय में आपकी स्थिति को बेहतर बना सकते हैं।

कुछ करना हमेशा काम की सर्वश्रेष्ठ दिशा नहीं होती है। इसके बजाय कुछ न करने पर विचार करें।

इस अवधारणा को शेयर करें : **http://book.personalmba.com/cessation/**

लोच

किसी तंत्र को स्थिरता के कवच में रखने से विकास करने की भंगुरता उत्पन्न हो सकती है।

— सी.एस. होलिंग, परिस्थितिकी विज्ञानी

कछुए सबसे सेक्सी प्राणी नहीं होते हैं। वे तेज़ नहीं दौड़ सकते। वे उड़ नहीं सकते। उनके दाँत या पंजे ज़्यादा पैने नहीं होते। वे ख़तरनाक दिखने के लिए ख़ुद को फुला नहीं सकते या घातक ज़हर से अपने शत्रुओं को मार नहीं सकते। किसी शेर या बाज की दबंग शक्ति की तुलना में कछुए काफ़ी फीके दिखते हैं।

इसके बजाय कछुओं के पास बहुत सी रक्षात्मक रणनीतियाँ *रहती* हैं – वे तेज़ी से तैर सकते हैं, छिप सकते हैं, अपने जबड़ों से काट सकते हैं और अगर बाक़ी हर चीज़ नाकाम हो जाए, तो वे अपने खोल में दुबक जाते हैं और जोखिम गुज़रने का इंतज़ार करते हैं।

अगर कोई हिंसक जानवर घेराबंदी कर ले, तो पशु जगत में हर प्राणी बड़ी मुश्किल में होता है, लेकिन कछुओं के पास बचने का मौक़ा होता है – वे इसलिए जीत जाते हैं,

क्योंकि वे प्रकृति के हथियारबंद टैंक होते हैं। वे कई अलग-अलग चीज़ें भी खा सकते हैं और परिस्थितियाँ मुश्किल होने पर शीतनिद्रा में भी जा सकते हैं। इसीलिए वे इतना लंबा जीते हैं।

दूसरी ओर, शेर अपने शिकार का पीछा करने के लिए अपनी शक्ति और गति पर भरोसा करता है। जब समय अच्छा होता है, तो शेर जंगल का राजा होता है। अगर शिकार करने के लिए जानवर कम हो जाएँ या उम्र या चोट की वजह से उसकी शिकार करने की शक्ति ख़त्म हो जाए, तो मृत्यु उसे जल्दी और बेरहमी से दबोच लेती है - कोई दूसरा मौक़ा नहीं।

आज व्यावसायिक संसार को ज़्यादा कछुओं और कम शेरों की ज़रूरत है।

संसार बुनियादी तौर पर अनिश्चित जगह है। यहाँ अप्रत्याशित चीज़ें होती हैं - कुछ अच्छी, कुछ बुरी। आप कभी नहीं जानते हैं कि प्रकृति माता, क़िस्मत की देवी या भूखा हिंसक जानवर कब यह निर्णय लेगा कि आज आपका दिन नहीं है।

लोच कारोबार में एक ऐसा गुण है, जिसे बहुत ज़्यादा कम आँका जाता है। जीवन आपकी ओर जो भी चीज़ फेंकता है, उससे निबटने के लिए दृढ़ता और लचीलापन ऐसे गुण हैं, जो आपकी जान बचा सकते हैं - शाब्दिक दृष्टि से भी और आलंकारिक दृष्टि से भी। जब परिस्थितियाँ बदलती हैं, तो अपनी रणनीति और दाँवों में *फेरबदल* करने की योग्यता बचाव और तबाही के बीच का फ़र्क़ बन सकती है।

लोच गुण कभी "सर्वोत्कृष्ट" नहीं होता है, अगर आप किसी *तंत्र* का मूल्यांकन सिर्फ़ *प्रवाह क्षमता* पर कर रहे हों। लचीलेपन की हमेशा एक क़ीमत होती है। कछुए का खोल भारी होता है - यह इसके बिना निश्चित रूप से ज़्यादा तेज़ी से चल सकता है, लेकिन इसे छोड़ने से कछुआ उन पलों में असुरक्षित हो जाएगा, जब ज़्यादा तेज़ चलने से काम नहीं चलेगा। अतिरिक्त अल्पकालीन डॉलर पाने की कोशिश में कई व्यवसाय अल्पकालीन परिणामों के लिए लचीलेपन को त्याग देते हैं - और भारी क़ीमत चुकाते हैं।

बड़े निवेश बैंक एक आदर्श उदाहरण हैं। अप्रत्याशित से निबटने के लिए नक़दी के भंडार रखना "अति दक़ियानूसी" और "अकार्यकुशल" बन गया है - हर तिमाही में ईपीएस में चंद सेंट ज़्यादा जोड़ने की कोशिश में पूरी कंपनी को कई गुना *लीवरेज* करना "सबसे अच्छी परंपरा" बन चुका है, जिससे कंपनियाँ आमदनी में रत्ती भर गिरावट के प्रति भी विस्फोटक रूप से संवेदनशील बन जाती हैं।

नक़दी के भंडार और बीमे के बिना क़र्ज़ के ऊँचे स्तरों के साथ किसी कंपनी को चलाने से कुछ महीनों या तिमाहियों तक आपका मुनाफ़ा बेहतर हो सकता है, लेकिन जिस पल आपकी आमदनी ज़रा सी भी कम होती है या कोई आपकी कंपनी पर दावा ठोंकने का निर्णय लेता है, आप डूब जाते हैं।

लीवरेज रॉकेट ईंधन की तरह काम करता है - इसका इस्तेमाल कैसे किया जाता है, इस बात पर निर्भर करते हुए यह आपके व्यवसाय को चकराने वाली ऊँचाइयों तक ले जा सकता है या फिर इसमें विस्फोट कर सकता है। दुर्भाग्य से, बिज़नेस स्कूलों में सिखाई जाने वाली कई उन्नत वित्तीय धोखेबाज़ी की रणनीतियाँ काग़ज़ी मुनाफ़े के बदले में लचीलेपन की कुरबानी दे देती हैं। जब परिस्थितियाँ मुश्किल हो जाती हैं, तो सफल कंपनियाँ भी दिवालिया होकर इसकी क़ीमत चुकाती हैं।

अप्रत्याशित की तैयारी करने से आप ज़्यादा लचीले बनते हैं। व्यक्तिगत स्तर पर, घरेलू आपातकालीन/प्राथमिक सहायता किट, कार किट और भोजन तथा पानी जैसे अतिरिक्त संसाधनों में निवेश करना ज़रूरत से ज़्यादा डरपोक बनना नहीं है - इस तरह की आपूर्तियाँ समझदार आदमी के लिए सस्ता बीमा है। यही अप्रत्याशित घटनाओं के लिए बीमा ख़रीदने और नक़दी के भंडार बनाने के बारे में सही है। हो सकता है आपको उनकी कभी ज़रूरत न पड़े, लेकिन अगर आपको पड़ ही जाए, तो आप ख़ुश होंगे कि वे वहाँ हैं।

किसी व्यवसाय को लचीला बनाने वाली चीज़ें ये हैं :

- *कम (आदर्श दृष्टि से शून्य) क़र्ज़*
- *कम ओवरहेड, कम निश्चित लागतें और कम संचालन व्यय*
- *अप्रत्याशित आपातकालीन स्थितियों के लिए नक़दी का महत्त्वपूर्ण भंडार*
- *बहुत अलग प्रॉडक्ट्स/उद्योग/व्यवसाय के क्षेत्र*
- *लचीले कर्मचारी/मज़दूर, जो कई ज़िम्मेदारियों को अच्छी तरह सँभाल सकते हैं*
- *असफलता के कोई अकेले बिंदु नहीं*
- *सभी बुनियादी प्रक्रियाओं के लिए पूर्ण सुरक्षित/बैकअप तंत्र*

प्रदर्शन के साथ-साथ लचीलेपन की योजना बनाना अच्छे प्रबंधन की निशानी है। लचीलापन आकर्षक नहीं है, ज़्यादातर इसलिए क्योंकि इसके लाभ *अनुपस्थिति अंधत्व* की वजह से नहीं दिखते हैं। बहरहाल, जब मुश्किल समय आता है, तो यह आपकी खाल बचा सकता है।

शेर की तरह कम सोचें, कछुए की तरह ज़्यादा सोचें और आपका व्यवसाय काफ़ी हद तक हर चीज़ झेलने में सक्षम होगा।

इस अवधारणा को शेयर करें : http://book.personalmba.com/resilience/

पूर्ण सुरक्षित तंत्र

"हमेशा" और "कभी नहीं" दो ऐसी शब्दावलियाँ हैं, जिनका इस्तेमाल आपको कभी नहीं करना चाहिए।

— वेंडेल जॉनसन, मनोवैज्ञानिक और स्पीच पैथोलॉजी के पथप्रदर्शक

मैं जिस मकान में बड़ा हुआ था, वहाँ हर बुधवार की दोपहर जेनरेटर चालू हो जाता है। अगर सब कुछ सही रहता है, तो यह दस मिनट तक चलेगा, फिर अगले परीक्षण चक्र तक अपने आप बंद हो जाएगा और बिजली चली जाने पर दोबारा सक्रिय होने का ख़ामोशी से इंतज़ार।

मेरे पिताजी ने एक बार अग्निशामक दल में काम किया था, फिर आपातकालीन चिकित्सकीय टेक्निशियन के रूप में काम किया था और उन्होंने "तैयार रहने" को एक उच्च कला के रूप में परिष्कृत कर लिया है। जिस पल मकान की बुनियादी बिजली चली जाती है,

उसी पल जेनरेटर अपने आप चालू हो जाता है, ताकि यह मकान की बिजली की माँगों की अनवरत आपूर्ति करता रहे। जेनरेटर को गैरेज के पीछे बने प्रोपेन टैंक से ईंधन मिलता है, जहाँ इतना ईंधन रहता है कि जेनरेटर एक सप्ताह तक चल सकता है। अगर कोई तूफ़ान उस इलाक़े की बिजली व्यवस्था को तहस-नहस कर दे, तो डैडी उससे निबटने के लिए तैयार हैं।

डैडी की तैयारी की आदत मुझमें भी आ गई है। अब जब हम कोलोराडो के पहाड़ों में रहने लगे हैं, तो हमें इस आशंका के लिए तैयार रहना होता है कि हमारी कार किसी दूर-दराज़ या ठंडे इलाक़े में खराब हो जाएगी और हम ख़ुद को बचाने के लिए एएए (या सेल फ़ोन कवरेज) पर भरोसा नहीं कर सकते।

मैं कार में अतिरिक्त कपड़े, स्लीपिंग बैग, बर्फ़ के जूते और उपग्रह से संचालित व्यक्तिगत संकेत-दीप रखता हूँ। इस बात पर केल्सी अक्सर मेरा मज़ाक़ उड़ाती है, लेकिन उससे मुझे कोई फ़र्क़ नहीं पड़ता। अगर कोई गड़बड़ होती है, तो हमें ख़ुशी होगी कि हम तैयार थे - मैं उपकरणों में निवेश को एक सस्ती, स्थायी बीमा पॉलिसी मानता हूँ।

पूर्ण सुरक्षित तंत्र वह *बैकअप तंत्र* है, जिसे किसी बुनियादी तंत्र की असफलता को रोकने या उससे उबरने के लिए बनाया जाता है। अगर बुनियादी तंत्र किसी तरह से असफल हो जाता है, तो पूर्ण सुरक्षित तंत्र उसे अप्रत्याशित रूप से ढहने से बचाता है। जहाँ भी निरंतर प्रदर्शन अत्यंत महत्त्वपूर्ण होता है, ऐसी हर जगह आपको बैकअप तंत्र नज़र आएगा।

ब्रॉडवे के महत्त्वपूर्ण नाटकों में अभिनेताओं के स्थानापन्न होते हैं। अगर "शो चलते रहना चाहिए," तो यह जानना लाभकारी होता है कि आपके पास किसी अभिनेता का विकल्प हमेशा मौजूद रहेगा, जो प्रदर्शन नहीं कर सकता। ज़्यादातर शो में तो कुछ "बहुमुखी" अभिनेता भी होते हैं - ऐसे कलाकार, जो पल भर की सूचना पर *कोई भी* भूमिका निभाने को तैयार रहते हैं।

एक्सटर्नल हार्ड ड्राइव अति महत्त्वपूर्ण कंप्यूटर डाटा का बैक अप करती है। अगर आपके कंप्यूटर की हार्ड ड्राइव उड़ जाती है, तब भी आपको बैकअप ड्राइव से डाटा मिल जाता है, जिससे आपको कोई नुक़सान नहीं होगा। कुछ कंपनियाँ तो आग या प्राकृतिक आपदा से बचाने के लिए अपनी बैकअप ड्राइव किसी दूसरी जगह पर रखने की सावधानी बरतती हैं।

विमानों में ऐसे तंत्र होते हैं, जो केबिन के दबाव में असफलता को भाँप लेते हैं और ऑक्सीजन टैंक से जुड़े फ़ेस मास्क को अपने आप खोल देते हैं। अगर विमान का दबाव वाला केबिन किसी कारण नाकाम हो जाता है, तो यात्री बेहोश नहीं होंगे - दरअसल एक बहुत अच्छी चीज़।

पूर्ण सुरक्षित तंत्र इस मायने में कार्यकुशल नहीं हैं कि आप एक ऐसे तंत्र में समय और संसाधनों का निवेश कर रहे हैं, जिसके इस्तेमाल करने की संभावना क्षीण है। एक दृष्टिकोण से देखा जाए, तो बैकअप तंत्र और बीमा पैसे की बरबादी लग सकते हैं - आप किसी ऐसी चीज़ पर मूल्यवान संसाधन ख़र्च क्यों करें, जिसके बारे में आप यह उम्मीद करते हैं कि आपको उसकी ज़रूरत कभी नहीं पड़ेगी?

कारण यह है : जब तक आपको पूर्ण सुरक्षित तंत्र की ज़रूरत पड़ेगी, तब तक बहुत देर हो चुकी होगी और उस वक़्त इसे विकसित करना संभव नहीं होगा। प्रभावी होने के लिए पूर्ण सुरक्षित तंत्र की ज़रूरत पड़ने से *पहले* ही उन्हें विकसित करना होता है। जब आपको ज़रूरत हो, तब तक अगर आप बैकअप तंत्रों को विकसित करने का इंतज़ार करते हैं, तो इतनी देर हो

चुकी होती है कि उससे फ़र्क़ नहीं पड़ता है। मकान के बीमे की क़िस्त चुकाना पैसे की बरबादी लग सकती है, जब तक कि आपका मकान जल ना जाए। अगर आप बीमा ख़रीदने के लिए मकान जलने का इंतज़ार करते हैं, तो बहुत देर हो चुकी है।

अपने पूर्ण सुरक्षित तंत्रों और बुनियादी तंत्रों को यथासंभव अलग-अलग रखने की कोशिश करें। लोग बैंकों में लॉकर इसलिए किराए पर लेते हैं, क्योंकि वे कुछ चीज़ों को आग या चोरी की स्थिति में नुक़सान से बचाना चाहते हैं - अगर मकान को कुछ हो जाए, तो लॉकर में रखे सामान सही-सलामत रहेंगे। किसी दूसरी जगह के डाटा सेंटर में डाटा का बैक अप रखने की परंपरा का भी यही उद्देश्य है। अगर कंपनी के बुनियादी कंप्यूटरों को कुछ हो जाए, तो भी डाटा किसी दूसरी जगह सुरक्षित रहेगा।

जो पूर्ण सुरक्षित तंत्र बुनियादी तंत्र के साथ बहुत *अंतर्निर्भर* होते हैं, वे दरअसल अतिरिक्त जोखिम पेश कर सकते हैं। आप जो सबसे बुरी चीज़ें कर सकते हैं, उनमें से एक यह है कि आप अपने बैकअप तंत्र को उस तंत्र का हिस्सा बना लें, जिसकी आप सुरक्षा करने की कोशिश कर रहे हैं। मिसाल के तौर पर, मेरे पिताजी को इससे ज़्यादा फ़ायदा नहीं होगा, अगर जेनरेटर में किसी तरह की असफलता मकान के बुनियादी विद्युत तंत्र तक पहुँच जाए और अप्रत्याशित रूप से बिजली गुल कर दे। *ऑटोमेटेड* कंप्यूटर बैकअप तंत्र से आपका कोई भला नहीं होगा, अगर यह आपकी सभी मूल फ़ाइलों को डिलीट कर सकता हो।

जहाँ तक संभव हो, *असफलता का एक अकेला अति महत्त्वपूर्ण बिंदु कभी ना रखें।* अगर आपका तंत्र काम करने के लिए अति महत्त्वपूर्ण इनपुटों या प्रक्रियाओं पर निर्भर है, तो उन स्थितियों की योजना बनाना एक अच्छा विचार है, जहाँ वे इनपुट उपलब्ध ना हों या वे प्रक्रियाएँ गड़बड़ हो जाएँ। अगर बुनियादी तंत्र असफल हो जाए, तो आप क्या करेंगे?

सभी अति महत्त्वपूर्ण तंत्रों के लिए पूर्ण सुरक्षित तंत्र विकसित करने की पहले से योजना बनाएँ और आप अपने तंत्र को ज़्यादा से ज़्यादा *लचीला* बना लेंगे।

इस अवधारणा को शेयर करें : http://book.personalmba.com/fail-safe/

दबाव परीक्षण

कोई ग़लती न करना इंसान के वश में नहीं है, लेकिन अपनी त्रुटियों और ग़लतियों से बुद्धिमान और भले लोग भविष्य के लिए बुद्धिमत्ता सीखते हैं।

— प्लूटार्क, प्राचीन यूनानी इतिहासकार और निबंधकार

आइए मान लेते हैं आपने एक ऐसा *तंत्र* विकसित कर लिया है, जिसे आप दमदार और *लचीला* मानते हैं, लेकिन आप यह सुनिश्चित करना चाहते हैं कि आपकी तैयारियाँ सचमुच पुख़्ता है। आप इसका *परीक्षण* कैसे करेंगे?

स्ट्रेस टेस्टिंग या दबाव परीक्षण विशिष्ट *परिवेशीय* परिस्थितियों का परीक्षण करके किसी तंत्र की सीमाओं को पहचानने की प्रक्रिया है। इस समय आप तंत्रों के इंजीनियर वाली अवस्था

में नहीं रहते हैं। स्ट्रेस टेस्टिंग तो आपकी मानसिकता को "राक्षसी" बना देती है। आपने जिसे बनाया है, उसे तोड़ने के लिए किन चीज़ों की ज़रूरत होगी?

द पर्सनल एमबीए के शुरुआती दिनों में जब भी मैं अपनी रीडिंग लिस्ट का नया संस्करण डालता था, मेरा वेब सर्वर बैठ जाता था - इतने सारे लोग मेरी वेबसाइट पर पहुँचने की कोशिश कर रहे थे और तंत्र उनका दबाव नहीं झेल पाता था। मैंने अपने तंत्र को बार-बार अपग्रेड किया, लेकिन यह हर बार बैठ जाता था।

मेरी सर्वर संबंधी समस्याएँ तब तक चलती रहीं, जब तक कि मैं स्ट्रेस टेस्टिंग के बारे में गंभीर नहीं हुआ। मेरी वेबसाइट को ठप करने वाले ट्रैफ़िक का इंतज़ार करने के बजाय मैंने अपने तंत्र को जान-बूझकर "ठप करने" का बीड़ा उठाया, फिर अलग-अलग नीतियों को आज़माया, ताकि तंत्र दबाव में ज़्यादा लचीला बन सके।

ऑटोमेटेड टूल का इस्तेमाल करके मैंने यह सिमुलेट किया कि बहुत बड़ी तादाद में लोग मेरी वेबसाइट पर एक साथ आ रहे हैं। यह टूल मेरी वेबसाइट पर आने वाले आगंतुकों की संख्या को लगातार बढ़ाता रहा, फिर इसने इस बात की निगरानी की कि मेरी वेबसाइट प्रतिक्रिया करने में कितना ज़्यादा समय लेती थी। जब आग्रहों की संख्या बढ़ गई, तो मेरी वेबसाइट का प्रदर्शन घटने लगा और सर्वर ठप हो गया।

स्ट्रेस टेस्ट से मैंने जो डाटा इकट्ठा किया था, उसका इस्तेमाल करके मैंने अपनी वेबसाइट की अधोसंरचना और तंत्रों में कई बड़े सुधार किए। अब हज़ारों लोग एक साथ मेरी वेबसाइट पर आ सकते हैं, लेकिन उससे प्रदर्शन पर कोई असर नज़र नहीं आएगा - एक भारी सुधार।

स्ट्रेस टेस्ट यह पता लगाने में आपकी मदद कर सकते हैं कि आपका तंत्र किस तरह काम करता है। अगर आप उत्पादन व्यवसाय में हैं, तो आप हज़ारों इकाइयों के आकस्मिक ऑर्डर को सिमुलेट कर सकते हैं - क्या आप इसे पूरा कर सकते हैं? अगर आप ग्राहक सेवा या शिकायत निबटाने का काम कर रहे हैं, तो आप प्रश्नों या शिकायतों के अचानक आने वाले अंबार को सिमुलेट कर सकते हैं - क्या आप इसे सँभाल सकते हैं? परीक्षण करने की आपकी योग्यता सिर्फ़ आपके उपलब्ध समय और कल्पना द्वारा ही सीमित है - अपने अंदरूनी राक्षस को खुला छोड़ दें, फिर अगर आपको कोई बड़ी समस्याएँ मिलती हैं, तो उन्हें सही कर दें। इससे वे असली ग्राहकों को प्रभावित नहीं कर पाएँगी।

इस अवधारणा को शेयर करें : http://book.personalmba.com/stress-testing/

परिदृश्य नियोजन

समझदार इंसान ख़तरे को पहले से भाँप लेता है और सावधानियाँ बरतता है। मूर्ख इंसान अंधों की तरह बढ़ता रहता है और परिणाम झेलता है।

— सूक्ति 27:12

जैसा हमने इस पुस्तक में कई बार चर्चा की है, आज से दस साल बाद की बात तो रहने ही दें, कोई भी यह भविष्यवाणी नहीं कर सकता कि कल क्या होगा। समस्या तब होती

है, जब आपकी योजनाएँ और *लक्ष्य* आपके *नियंत्रण के दायरे* के बाहर की चीज़ों पर निर्भर होते हैं। *अनिश्चित* भविष्य की तैयारी करने के लिए आप क्या कर सकते हैं?

परिदृश्य नियोजन काल्पनिक स्थितियों की शृंखला को सुनियोजित रूप से बनाने की प्रक्रिया है, फिर *मानसिक रूप से सिमुलेट* करें कि उनके होने पर आप क्या करेंगे। हो सकता है आप भविष्यदृष्टा न हों, लेकिन *तथ्यातीत सिमुलेशन* आपको एक प्रबल क्षमता प्रदान करता है। उन चीज़ों की कल्पना करना जो *हो सकती हैं*, फिर पता लगाना कि अगर वे हुईं, तो आप क्या करेंगे। परिदृश्य नियोजन बुनियादी तौर पर विस्तृत, संपूर्ण और तंत्रात्मक तथ्यातीत सिमुलेशन है, जो बड़े निर्णयों पर लागू होता है।

परिदृश्य नियोजन हमेशा एक सरल प्रश्न से शुरू होता है, जैसे "मैं क्या करूँगा अगर...?" "क्या होगा, अगर" हिस्सा तथ्यातीत है और यह आपके नियोजन मस्तिष्क को सक्रिय कर देता है और संभव प्रतिक्रियाओं की कल्पना करने में आपकी मदद करता है। उस परिस्थिति में कार्य की आपकी सभी संभावित दिशाओं को लिखने से आप किसी काल्पनिक स्थिति पर कई प्रतिक्रियाएँ खोज सकते हैं।

परिदृश्य नियोजन प्रभावी रणनीति का सार है। ब्याज दरों, तेल के दामों या शेयरों के भाव की भविष्यवाणियों के आधार पर काम करना मूर्खों का खेल है। 100 प्रतिशत सटीकता से भविष्यवाणी करने की कोशिश के बजाय परिदृश्य नियोजन कई अलग-अलग संभव भविष्यों के लिए तैयारी करने में आपकी मदद कर सकता है। इससे आपका व्यवसाय सिर्फ़ एक ही विकल्प पर कठोरता से ध्यान केंद्रित नहीं करेगा। इसकी मदद से आपका व्यवसाय ज़्यादा *लचीला* बन जाएगा, जिससे परिवर्तनशील संसार के हिसाब से *बदलने* और ढलने की आपकी योग्यता बेहतर बनती है।

ज़्यादातर बड़ी कंपनियाँ परिदृश्य नियोजन का इस्तेमाल "हेजिंग" नामक परंपरा के रूप में करती हैं : प्रतिकूल भावी घटनाओं के *जोखिम* को कम करने के लिए *बीमा* ख़रीदना। मिसाल के तौर पर, उत्पादक तेल के दामों की परवाह करते हैं, क्योंकि तेल के दाम बढ़ने से कच्चे माल का आयात करने और बना हुआ सामान ग्राहक तक पहुँचाने की लागत बढ़ जाती है। इन दोनों चीज़ों से उनका *प्रॉफ़िट मार्जिन* अचानक और बहुत ज़्यादा घट सकता है। ये कंपनियाँ "फ़्यूचर्स" नामक वित्तीय साधनों को ख़रीद सकती हैं, जिससे तेल के दाम बढ़ने पर उन्हें मुनाफ़ा होगा। इस मुनाफ़े से वे तेल के दाम बढ़ने से अपने व्यवसाय में हुए नुक़सानों की भरपाई कर सकती हैं।

परिदृश्य नियोजन को छोड़ना आसान होता है, ख़ास तौर पर अगर आपके पास करने के लिए पहले ही बहुत सा काम हो। परिदृश्य नियोजन में लगाया गया समय सबसे मूल्यवान समय हो सकता है, जो आप अपने व्यवसाय को बनाने में ख़र्च करते हैं, लेकिन अगर आप लगातार अपना सिर पानी के ऊपर रखने के लिए जूझ रहे हों, तो इसे नज़रअंदाज़ करना आसान होता है। पीछे हटना और भविष्य की योजना बनाने के लिए नियमित रूप से अटल समय तय करना समय का सदुपयोग है - इसे न छोड़ें।

ज्ञानातीत भविष्य की भविष्यवाणी में समय बरबाद न करें - सबसे संभव परिदृश्यों की कल्पना करें और योजना बनाएँ कि उनमें आप क्या करेंगे। तब चाहे जो हो जाए, आप उसके लिए तैयार होंगे।

इस अवधारणा को शेयर करें : http://book.personalmba.com/scenario-planning/

टिकाऊ विकास चक्र

विजय के बाद अपने हेलमेट के फीते कस लें।

— तोकुगावा आयासु, शुरुआती सत्रहवीं सदी के शोगन

यह मानना एक ग़लती है कि कोई भी तंत्र अनिश्चित काल तक असीमित विकास कर सकता है। तंत्रों में एक स्वाभाविक आकार होने की प्रवृत्ति होती है और इस आकार से बढ़ने पर कई समस्याएँ उत्पन्न हो सकती हैं। किसी तंत्र के जो तत्व नियंत्रण के बाहर हों, उन्हें हटाने की ज़रूरत होती है।

मिसाल के तौर पर, कोशिकाओं के विकास को ही ले लें। आपके शरीर की कोशिकाओं में एक निश्चित आकार तक विकास करने की प्रवृत्ति होती है। वे इस दर से बहुगुणित होती हैं, ताकि नई कोशिकाएँ मरने वाली कोशिकाओं की जगह ले सकें। जब तक ये अनुपात संतुलन में रहते हैं, आपका शरीर काफ़ी अच्छी तरह काम करता है। जब कोशिकाएँ बिना नियंत्रण के विकास करती या बहुगुणित होती हैं, तो यह स्थिति पूरे तंत्र के अस्तित्व के लिए जोखिम हो सकती है। पूरे शरीर के स्वास्थ्य को सुनिश्चित करने के लिए कैंसरयुक्त कोशिकाओं को हटाने की ज़रूरत होती है।

व्यवसायों और जीवधारियों के शरीर में कई चीज़ें एक जैसी होती हैं : वे कई परस्पर संबंधित हिस्सों और तंत्रों से बनते हैं, जो समय के साथ बदलते और विकास करते हैं। अगर हर *व्यवसाय के पाँच हिस्से विकास* करते-करते नियंत्रण से बाहर चले जाएँ या एक दूसरे के अनुपात से बाहर हो जाएँ, तो यह स्थिति संगठन के स्वास्थ्य के लिए जोखिम बन सकती है।

टिकाऊ विकास चक्र एक ऐसा पैटर्न है, जिसे मैंने उन व्यवसायों में देखा है, जो बड़ी मुश्किलों के बिना साल दर साल विकास करने में सक्षम होते हैं। इस चक्र की तीन स्पष्ट अवस्थाएँ होती हैं : विस्तार, रख-रखाव और सुदृढ़ीकरण।

विस्तार की अवस्था में कंपनी विकास पर केंद्रित होती है। नए प्रॉडक्ट बनाए जाते हैं और उनका परीक्षण किया जाता है। नए बाज़ारों को टटोला जाता है। नई व्यावसायिक इकाइयाँ बनाई जाती हैं और उनमें स्टाफ़ नियुक्त किया जाता है तथा भावी योजनाएँ बनाई जाती हैं। क्या कारगर है, इस बारे में शुरुआती डाटा इकट्ठा किया जाता है, ताकि बाद में उसका इस्तेमाल किया जा सके।

रख-रखाव की अवस्था में कंपनी वर्तमान योजना पर अमल करने पर केंद्रित होती है। व्यवसाय के *मार्केटिंग, बिक्री* और *मूल्य-पहुँच* वाले हिस्से पूरे शबाब पर होते हैं। वर्तमान कारोबारी ढाँचे की संभावना की पूरी पड़ताल पर ज़ोर दिया जाता है। अमल को सुनिश्चित करने के लिए तंत्र बनाए जाते हैं।

सुदृढ़ीकरण की अवस्था में कंपनी विश्लेषण पर केंद्रित होती है। व्यवसाय के प्रदर्शन संबंधी जानकारी की विस्तार से जाँच की जाती है, ताकि यह पता लगाया जा सके कि क्या काम कर रहा है और क्या नहीं कर रहा है। जो चीज़ें काम नहीं कर रही हैं, उनमें कटौती की जाती है या उन्हें हटा दिया जाता है और जो चीज़ें काम कर रही हैं, उनमें ज़्यादा संसाधनों का निवेश किया जाता है।

पौधों की खेती के बारे में सोचें : सर्वश्रेष्ठ माली पौधों को विकास करने की अनुमति देते हैं, यह सुनिश्चित करते हैं कि उनके पास फलने-फूलने के लिए पर्याप्त संसाधन हों, फिर वे ऐसा ना करने वाले पौधों को काट देते हैं। यह चक्र हर मौसम के बाद दोहराया जाता है। हर चक्र अनिवार्य है।

कई उद्यमी कुंठित हो जाते हैं, जब उनका व्यवसाय किसी "स्थिर पड़ाव" पर ठहर जाता है और विकास ठहरा हुआ नज़र आता है। रख-रखाव या सुदृढ़ीकरण पर समय बिताना बरबादी या व्यावसायिक विचार में दोष जैसा नज़र आता है। ऐसा बिलकुल नहीं है : ये अवस्थाएँ यह व्यवसाय की सफलता सुनिश्चित करने के लिए आवश्यक हैं और उनका सम्मान करना चाहिए।

जो व्यवसाय विस्तार पर केंद्रित होता है, लेकिन रख-रखाव और सुदृढ़ीकरण को नज़रअंदाज़ कर देता है, उसे कैंसरयुक्त विकास के वाणिज्यिक समतुल्य का अनुभव होगा। व्यवसाय के हिस्से अनियंत्रित विकास करेंगे और व्यवसाय की सेहत में योगदान देने के बजाय वे बहुत ज़्यादा समय, ऊर्जा और संसाधन खाएँगे। नए अवसरों की पड़ताल की जाएगी, जबकि आज़माए हुए अवसरों को या तो नज़रअंदाज़ किया जाएगा या भुला दिया जाएगा।

रख-रखाव और सुदृढ़ीकरण तंत्र को संतुलन में लाने के लिए आवश्यक हैं। जब तंत्र सही तरह से चलता रहता है, तो विकास चक्र अपने आप शुरू हो जाता है।

स्वस्थ कंपनी विस्तार, रख-रखाव और सुदृढ़ीकरण के बीच अक्सर चक्रों में चलती रहती है। चाहे आप चक्र के किसी भी हिस्से में क्यों न हों, यह पहचानना महत्त्वपूर्ण है कि व्यवसाय के स्वास्थ्य के लिए क्या आवश्यक और अनिवार्य है। हर चक्र को उचित समय और ध्यान देकर आप अपने व्यवसाय की दीर्घकालीन सफलता को सुनिश्चित करेंगे।

इस अवधारणा को शेयर करें : http://book.personalmba.com/sustainable-growth-cycle/

मध्यम मार्ग

किसी भी कला का महारथी बहुत ज़्यादा और बहुत कम से बचता है;
वे मध्यम मार्ग की तलाश करते हैं और उसे ही चुनते हैं।

— अरस्तू

व्यवसाय कभी आसान नहीं होता - यह जितना विज्ञान है, उतना ही कला है। *मध्यम मार्ग* बहुत कम और बहुत ज़्यादा के बीच का हमेशा बदलता संतुलन बिंदु है - बस पर्याप्त। कोई भी आपको नहीं बता सकता कि मध्यम मार्ग क्या है - आपको यह जानने के लिए रास्ते पर चलना पड़ता है और यह लगातार बदलता रहता है। *अनिश्चितता* के बीच सही संतुलन पाना सुयोग्य कारोबारी पेशेवर और महान पेशेवर के बीच का फ़र्क़ होता है।

किसी भी चीज़ के प्रति सर्वश्रेष्ठ नीति लगभग हमेशा "बहुत कम" और "बहुत ज़्यादा" के बीच कहीं पर निहित होती है। पाक कला की तरह ही "कारोबारी नुस्ख़े" भी आपको एक सीमा तक ही सिखा सकते हैं। आपको डलने वाली चीज़ों, तकनीक और औज़ारों की जानकारी तो दी जा सकती है, लेकिन सचमुच सब्ज़ी बनाने में ध्यान, प्रयास और स्वाद की ज़रूरत होती है।

किसी ने भी इसे "पूरा नहीं समझ लिया है।" कोई भी पूरी तरह यह विश्वास नहीं रख सकता है कि कोई चीज़ कारगर होगी। कोई भी पूरा निडर नहीं हो सकता कि चीज़ें गड़बड़ नहीं होंगी और योजना के अनुसार ही काम करेंगी। जो लोग इस संसार में सबसे ज़्यादा सफलता का अनुभव करते हैं, वे वही लोग हैं, जो अनिश्चितता और डर को यथासंभव सबसे अच्छी तरह स्वीकार करते हैं, अपने अनुभवों से सीखते हैं और नई चीज़ों को आज़माते रहते हैं।

मध्यम मार्ग खोजने की कोशिश करें, फिर इस पर बने रहने का सर्वश्रेष्ठ प्रयास करें। सही संतुलन खोज लें और फिर आप कोई भी चीज़ हासिल कर सकते हैं।

इस अवधारणा को शेयर करें : http://book.personalmba.com/middle-path/

प्रयोगशील मानसिकता

चीज़ों को उछालना सीखने का एकमात्र तरीक़ा बस उन्हें उछालना है!

— जूलिया चाइल्ड, विश्वविख्यात शेफ़, अपने टीवी शो के दौरान आलू की टिकिया को उछालकर फ़र्श पर गिराने के बाद

जब ख़ुद को या अपने व्यवसाय को सुधारने की बात आती है, तो यह अक्सर स्पष्ट नहीं होता कि किस नीति से चाहे गए परिणाम मिलेंगे। यहीं पर *प्रयोगशील मानसिकता* काम आती है।

सतत *प्रयोगशीलता* एकमात्र तरीक़ा है, जिससे आप यह पहचान सकते हैं कि कौन सी चीज़ सचमुच आपके मनचाहे परिणाम उत्पन्न करेगी। अक्सर चीज़ों को सीखने का सबसे अच्छा (या एकमात्र) तरीक़ा यही होता है कि आप छलाँग लगा दें और आज़माकर देखें। हो सकता है कि शुरुआत में पानी आपके सिर के ऊपर रहे, लेकिन क्या कारगर है, यह सीखने का इससे ज़्यादा तेज़ तरीक़ा दूसरा नहीं है। एक बार जब आप किसी चीज़ की पड़ताल के प्रति समर्पित हो जाते हैं, तो आप कहीं ज़्यादा तेज़ी से सीखेंगे। अगर आप हाशिये में दुबके खड़े रहेंगे, तो कुछ नहीं सीख पाएँगे।

आप सबसे ज़्यादा उससे सीखते हैं, जो अच्छी तरह काम नहीं करता है। जब तक कि आपकी ग़लतियाँ आपकी जान ही ना ले लें, कारगर ना होने वाली चीज़ों पर *ध्यान* देने से आपको उपयोगी जानकारी मिल सकती है। इस जानकारी का इस्तेमाल करके आप यह पता लगा सकते हैं कि क्या काम करता है या कारगर है। सारी असफलताएँ अल्पकालीन होती हैं - आप प्रक्रिया में जो सीखते हैं, वह आगे बढ़ने में आपकी हमेशा मदद करता है।

प्रयोगशीलता खेल के ज़रिये सीखना है। ख़ुद को एक "गंभीर व्यवसायी" बनाने की कोई ज़रूरत नहीं है, जो किसी छोटी ग़लती के विचार से भी घबरा जाता हो। आप अपने पूरे करियर में हज़ारों ग़लतियाँ करेंगे और इसमें कोई बुराई नहीं है। हर प्रयोग आपको कोई नई चीज़ सिखाता है। आपके द्वारा सीखा गया हर नया सबक़ महान चीज़ें हासिल करने की आपकी क्षमता को बढ़ा देता है।

प्रयोगशीलता एक संतुष्टिदायक, उत्पादक जीवन जीने का सार है। आप जितने ज़्यादा प्रयोग करते हैं, आप उतना ही ज़्यादा सीखते हैं और आप उतना ही ज़्यादा हासिल करते हैं।

इस अवधारणा को शेयर करें : http://book.personalmba.com/experimental-mindset/

"अंत नहीं"

एक सचमुच अच्छी पुस्तक मुझे इसे पढ़ने से भी बेहतर सिखाती है। मुझे इसे जल्दी ही रखना होगा और इसके संकेतों पर जीना शुरू करना होगा। पढ़कर मैंने जो शुरू किया था, काम करके मुझे उसे पूरा करना होगा।

— हेनरी डेविड थोरो, अमेरिकी दार्शनिक, कवि, निबंधकार

मेरे कई पाठक और ग्राहक मुझसे पूछते हैं :

"यह व्यावसायिक शिक्षा वाला मामला बेहतरीन है, लेकिन मेरे मामले में यह कब ख़त्म होगा?"

ग़लत सवाल है, बच्चे। चाहे यह व्यवसाय के बारे में हो या किसी दूसरी चीज़ के बारे में, स्व-शिक्षा कभी ख़त्म न होने वाली प्रक्रिया है। कोई ऐसा बिंदु कभी नहीं होता, जहाँ आप यह कह सकें, "ठीक है, मेरा काम पूरा हो गया - अब मेरे सीखने के लिए कुछ नहीं बचा।" आप जिस नई अवधारणा को देखते हैं, वह हर नई अवधारणा पड़ताल के लिए हज़ारों अन्य अवसरों का द्वार होती है।

यही चीज़ स्व-शिक्षा को इतनी आनंददायक और पुरस्कारदायक बनाती है : हमेशा सीखने के लिए कोई न कोई नई चीज़ रहती है।

पूर्वी दर्शन में *ताओ* का मतलब है "रास्ता" या "मार्ग" - एक यात्रा जिसे आप करने की प्रक्रिया में हैं। ताओ का कोई आरंभ और कोई अंत नहीं है - यह तो बस है। किसी चीज़ के बारे में ख़ुद को शिक्षित करना ताओ है - इस प्रक्रिया का कोई अंत नहीं है। यात्रा स्वयं ही इसका पुरस्कार है।

वॉरेन बफ़े जैसे पैसे बनाने की कला में उस्ताद लोग भी सीखने के लिए हमेशा नई चीज़ों की तलाश करते रहते हैं। यूनिवर्सिटी ऑफ़ नेब्रास्का-लिंकन के विद्यार्थियों से बातचीत के दौरान जब बफ़े से पूछा गया कि वे कौन सी अति-मानवीय शक्तियाँ हासिल करना चाहेंगे, तो उन्होंने जवाब दिया, "मैं ज़्यादा तेज़ी से पढ़ने में सक्षम होना चाहूँगा।" बफ़े हर दिन जो काम सबसे ज़्यादा करते हैं, वह है वित्तीय रिपोर्टें पढ़ना और नई अवधारणाएँ सीखना, अपनी कंपनी का मूल्य बढ़ाने के नए तरीक़ों की तलाश करना।

संसार के सबसे दौलतमंद आदमियों में से एक के पास भी सुधार करने के लिए चीज़ें हैं और टटोलने के लिए बहुत कुछ है। सतत उत्सुकता ही वह चीज़ है, जिसने उन्हें सफल बनाया है।

निश्चित रूप से आपके मार्ग में कई मील के पत्थर होंगे : कोई पुस्तक पूरी करना, किसी नई योग्यता में माहिर बनना, किसी व्यवसाय को शुरू करना, किसी बिक्री को पूरा करना, लेकिन अंततः आप पाएँगे कि आपके पास चुनने के लिए एक नया मार्ग है और यात्रा जारी रहती है।

आप कितना ज़्यादा विकास कर सकते हैं, इसकी कभी कोई सीमा नहीं रहती।

अब जब आपने यह पुस्तक पढ़ ली है, तो कृपया http://book.personalmba.com वेबसाइट पर जाएँ और द पर्सनल एमबीए ई-मेल अपडेट के सदस्य बन जाएँ। मैं हर साल अपनी अनुशंसित रीडिंग लिस्ट को संशोधित करता हूँ और हर महीने नई सामग्री प्रकाशित करता हूँ। आप मुफ़्त में सदस्य बन सकते हैं और मैं जो सबसे उपयोगी कारोबारी जानकारी खोजता हूँ, उसे आपको देने में मुझे ख़ुशी होगी।

मैं अपनी बात बी.सी. फ़ोर्ब्स के बुद्धिमत्तापूर्ण शब्दों से ख़त्म करना चाहूँगा, जो *फ़ोर्ब्स* पत्रिका के संस्थापक थे और जिन्होंने 1917 में "कीज़ टू सक्सेस" नामक निबंध लिखा था। मैं इसे अक्सर पढ़ता हूँ और मैं पाता हूँ कि यह इस बात को बेहतरीन ढंग से याद दिलाता है कि व्यवसाय और जीवन किस बारे में हैं :

आपकी सफलता आप पर निर्भर करती है।
आपकी ख़ुशी आप पर निर्भर करती है।
आपको अपनी यात्रा ख़ुद करनी होगी।
आपको अपने भविष्य को आकार ख़ुद देना होता है।
आपको ख़ुद को शिक्षित करना होता है।
आपको अपनी तरफ़ से ख़ुद सोचना होता है।
आपको अपनी अंतरात्मा के साथ ख़ुद रहना होता है।
आपका मस्तिष्क आपका है और इसका इस्तेमाल सिर्फ़ आप ही कर सकते हैं।
आप इस संसार में अकेले आते हैं।
आप इस संसार से अकेले जाते हैं।
आप बीच की यात्रा में अपने अंदरूनी विचारों के साथ अकेले रहते हैं।
आप अपने निर्णय ख़ुद लेते हैं।
आपको अपने कामों के परिणामों के साथ खड़ा रहना होगा...
सिर्फ़ आप ही अपनी आदतों को नियंत्रित कर सकते हैं और अपने स्वास्थ्य को बना या बिगाड़ सकते हैं।
सिर्फ़ आप ही मानसिक और भौतिक चीज़ों को आत्मसात कर सकते हैं...
आपको पूरे जीवन अपना अनुकूलन ख़ुद करना होता है।
आपको कोई शिक्षक पढ़ा तो सकता है, लेकिन ज्ञान आपको ख़ुद ग्रहण करना होता है। वह इसे आपके दिमाग़ में नहीं घुसा सकता।
सिर्फ़ आप ही अपने मस्तिष्क की कोशिकाओं को नियंत्रित कर सकते हैं।
भले ही आपके सामने युगों-युगों की बुद्धिमत्ता फैली पड़ी हो, लेकिन जब तक आप

इसे आत्मसात नहीं करते हैं, आपको इससे कोई फ़ायदा नहीं होगा; कोई भी इसे आपके दिमाग़ में ज़बर्दस्ती नहीं घुसा सकता।

सिर्फ़ आप ही अपने ख़ुद के पैरों को हिला सकते हैं।

सिर्फ़ आप ही अपने ख़ुद के हाथों को हिला सकते हैं।

सिर्फ़ आप ही अपने हाथों का इस्तेमाल कर सकते हैं।

सिर्फ़ आप ही अपनी मांसपेशियों को नियंत्रित कर सकते हैं।

आपको शारीरिक और आलंकारिक दृष्टि से अपने पैरों पर खड़े होना चाहिए।

आपको अपने क़दम ख़ुद उठाने होंगे।

आपके माता-पिता आपकी त्वचा के अंदर नहीं पहुँच सकते, आपकी मानसिक व शारीरिक मशीन का नियंत्रण नहीं ले सकते और आपको कुछ नहीं बना सकते।

आप अपने बेटे के युद्ध नहीं लड़ सकते; यह उसे ख़ुद करना होगा।

आपको अपनी ख़ुद की तक़दीर का कप्तान बनना होता है।

आपको अपनी ख़ुद की आँखों से देखना होता है।

आपको अपने ख़ुद के कानों का इस्तेमाल करना होता है।

आपको अपनी इंद्रियों का स्वामी ख़ुद बनना होता है।

आपको अपनी समस्याएँ ख़ुद सुलझानी होती हैं।

आपको अपने आदर्श ख़ुद बनाने होते हैं।

आपको अपने विचार ख़ुद उत्पन्न करने होते हैं।

आपको अपनी भाषा ख़ुद चुननी होती है।

आपको अपनी जीभ पर ख़ुद क़ाबू रखना होता है।

आपका असल जीवन आपके विचार हैं।

आपके विचार आपके ख़ुद के बनाए हुए हैं।

आपका चरित्र आपका ख़ुद का बनाया हुआ है।

सिर्फ़ आप ही वह सामग्री चुन सकते हैं, जो इसे बनाने में लगती है।

सिर्फ़ आप ही उसे अस्वीकार कर सकते हैं, जो इसमें जाने के लिए उपयुक्त नहीं है।

आप अपने व्यक्तित्व के रचयिता ख़ुद हैं।

आप किसी दूसरे के नहीं, बल्कि अपने ही हाथों से अपमानित हो सकते हैं।

आपको कोई दूसरा नहीं, बल्कि आप ख़ुद ऊपर उठा सकते हैं और ऊपर बनाए रख सकते हैं।

आपको अपना कीर्तिमान ख़ुद लिखना होता है।

आपको अपना स्मारक ख़ुद बनाना होता है - या अपना गड्ढा ख़ुद खोदना होता है।

आप क्या कर रहे हैं?

मुझे उम्मीद है कि आपको इस पुस्तक में आनंद आया होगा और यह आपको उपयोगी लगी होगी - अगर ऐसा है, तो कृपया इसका प्रचार करें। अगर आपके मन में कोई सवाल या टिप्पणियाँ हों, तो संपर्क करने में ना झिझकें - आप हमेशा मुझसे josh@personalmba.com पर सीधे संपर्क कर सकते हैं।

पढ़ने के लिए धन्यवाद! व्यवसाय के मनमोहक और हमेशा बदलते संसार में आपकी यात्रा के लिए ढेरों शुभकामनाएँ।

आनंद लें!

आभार

केल्सी के प्रति : हमने यह कर दिया। अटल प्रेम, विश्वास और समर्थन के लिए आपको धन्यवाद।

मम्मी-डैडी के प्रति : आपको धन्यवाद, जो आपने इतनी कम उम्र से मुझे पढ़ना सिखाया। संसार के बारे में अपनी उत्सुकता और खुले हृदय का श्रेय मैं आपकी मिसाल को देता हूँ।

सेठ गोडिन के प्रति : प्रेरणा देने और मेरे जीवन को इतने सारे उल्लेखनीय तरीक़ों से बदलने के लिए आपको धन्यवाद।

चार्ली मंगर के प्रति : आप जो जानते हैं, वह संसार को बताने के लिए धन्यवाद; इस वजह से मैं एक बेहतर इंसान हूँ।

टॉड सैटरस्टेन और जैक कोवर्ट के प्रति : पोर्टफ़ोलियो की टीम से मेरा परिचय कराने के लिए धन्यवाद – आपकी उदारता के बिना यह पुस्तक अस्तित्व में नहीं आती।

बेन कैस्नोका और रमित सेठी के प्रति : इस प्रोजेक्ट को लेने के लिए मुझे प्रोत्साहित करने, शुरुआती ड्राफ़्टों की समीक्षा करने, लीज़ा से मेरा परिचय कराने और अपनी मिसाल से मुझे प्रेरित करने के लिए आपको धन्यवाद।

कार्लोस मिसेली के प्रति, जिन्होंने वेबसाइट बनाने में उपकारी अंदाज़ में सहयोग दिया, जो इस पुस्तक की साथी है।

लीज़ा डीमोना के प्रति : आपकी छवि आपसे पहले ही पहुँच गई थी और यह देखना मुश्किल नहीं था कि क्यों। आपका उत्साह, समर्पण और धैर्य विश्व-स्तरीय है। आपने जो किया, हर चीज़ के लिए धन्यवाद।

एड्रियन जैकहाइम के प्रति : एक सिरफिरे विचार वाले युवक को मौक़ा देने और बेहतरीन पुस्तकें लगातार प्रकाशित करने के लिए आपको धन्यवाद। आपने जो पुस्तकें प्रकाशित की हैं, उनसे मेरा जीवन बेहतर हुआ है और मैं इस उद्देश्य में योगदान देकर ख़ुश होना चाहूँगा। मुझे उम्मीद है कि इस पुस्तक की दस लाख प्रतियाँ बिक जाएँ।

डेविड मोल्डॉअर : मैंने एक बुद्धिमान, अनुभवी और कठोर संपादक की उम्मीद की थी। आप यह सब हैं और इससे भी ज़्यादा हैं : एक विश्वस्त मित्र। आपकी पैनी निगाह और तीखी वाकपटुता के लिए आपको धन्यवाद : आपको यह पुस्तक जैसी मिली थी, आपने इसे उससे बहुत बेहतर बना दिया।

विल वीज़र, मॉरीन कोल, रिचर्ड लेनन, जोसेफ़ पेरेज़, ऑलिवर मंडे, जेम प्यूटोर्टी, नॉइरिन ल्यूकाज़, माइकल बर्क और पोर्टफ़ोलियो में पर्दे के पीछे के हर व्यक्ति को धन्यवाद : कई साल पहले मैंने ख़ुद से वादा किया था कि अगर मैं कभी एक पुस्तक लिखने का निर्णय लेता हूँ, तो मैं सर्वश्रेष्ठ प्रकाशक के साथ ही काम करूँगा। आपका अनुभव और इस पुस्तक को

बाज़ार में उतारने का पेशेवर अंदाज़ आश्चर्यजनक रहा है - मैं इससे बेहतर टीम नहीं माँग सकता था।

एरिक गॉन्ज़ालेज़, इनॉक को, स्टीवन मैकगिनिटी, पीटर मिलॉनिग, डेनवर रिक्स, मैरिना मरे, जोसेफ़ मैग्लियोको और टिम शैडल के प्रति : पहले संस्करण में त्रुटियों को खोजने और सुधारने में आपकी मदद के लिए धन्यवाद। मैं आपकी पैनी निगाहों और बेहतरी के सुझावों की क़द्र करता हूँ।

मेरे ग्राहकों और पाठकों के प्रति : आपके बिना यह पुस्तक मौजूद नहीं होती। आपके समर्थन, फ़ीडबैक और प्रोत्साहन के लिए आपको धन्यवाद - मुझे उम्मीद है कि आपको यह उपयोगी लगेगी और आप वह हर चीज़ हासिल कर लेंगे, जो हासिल करने आप निकले हैं।

परिशिष्ट

आपके परिणामों को बेहतर बनाने के लिए 49 प्रश्न

अच्छे प्रश्न संसार को एक अलग तरीक़े से देखने में आपके मस्तिष्क की मदद करते हैं। सिर्फ़ एक प्रश्न को अपने दिमाग़ में रखकर और संभावित जवाब सोचकर ही आपको अपनी वर्तमान जगह से अपनी मनचाही जगह तक पहुँचने के अप्रत्याशित मार्ग मिल सकते हैं।

नीचे उन प्रश्नों की सूची है, जिन्हें मैंने कुछ साल पहले ख़ुद के लिए तैयार किया था। इस सूची का इरादा यह पता लगाना था कि मैं अपने जीवन में क्या बेहतर करना चाहता हूँ, इंसान के रूप में भी और पेशेवर के रूप में भी। इन प्रश्नों ने यह समझने में मेरी मदद की कि मैं कौन हूँ और मैं अपने करियर में एक ख़ास तौर पर मुश्किल समय के दौरान क्या चाहता था। मुझे उम्मीद है कि ये प्रश्न आपकी भी उतनी ही मदद करेंगे, जितनी इन्होंने मेरी की थी।

क्या मैं अपने शरीर का सर्वोत्कृष्ट इस्तेमाल करता हूँ?

- मेरे वर्तमान आहार की गुणवत्ता कैसी है?
- क्या मैं पर्याप्त नींद लेता हूँ?
- क्या मैं हर दिन अपनी ऊर्जा का अच्छा प्रबंधन कर रहा हूँ?
- मैं दैनिक तनाव का प्रबंधन कितनी अच्छी तरह कर रहा हूँ?
- क्या मेरी मुद्रा और संतुलन अच्छा है?
- मैं अपने आस-पास के संसार का अवलोकन करने की योग्यता को बेहतर बनाने के लिए क्या कर सकता हूँ?

क्या मैं जानता हूँ कि मैं क्या चाहता हूँ?

- कौन सी उपलब्धियाँ मुझे सचमुच रोमांचित बना देंगी?
- मैं हर दिन किन "अस्तित्व की अवस्थाओं" का अनुभव करना चाहता हूँ?
- क्या मेरी प्राथमिकताएँ और मूल्य स्पष्टता से परिभाषित हैं?
- क्या मैं जल्दी से और विश्वासपूर्वक निर्णय लेने में सक्षम हूँ?

- क्या मैं लगातार अपना ध्यान उस पर केंद्रित रखता हूँ, जो मैं चाहता हूँ और उस पर केंद्रित नहीं रखता, जो मैं नहीं चाहता?

मैं किन चीज़ों से डरता हूँ?

- क्या मैंने अपने अंदर के डरों की ईमानदार और पूरी सूची बनाई है?
- क्या मैंने हर डर का सामना करके यह कल्पना की है कि अगर यह हो गया, तो मैं इससे कैसे निबटूँगा?
- क्या मैं स्व-सीमा को पहचानने और सही करने में सक्षम हूँ?
- क्या मैं अपनी ख़ुद की सीमाओं को उचित रूप से धका रहा हूँ?

क्या मेरा मस्तिष्क स्पष्ट और एकाग्र है?

- मैं जिस बारे में सोच रहा हूँ क्या मैं सुनियोजित तरीक़े से उसे बाहरीकृत (लिखता या रिकॉर्ड) करता हूँ?
- जब मेरे मन में विचार उठते हैं, तो क्या मैं अपने विचारों को जल्दी से पकड़ने का काम आसान बना रहा हूँ?
- मेरा ध्यान इस वक़्त किस चीज़ पर है?
- क्या मैं ख़ुद से नियमित रूप से उचित मार्गदर्शक प्रश्न पूछ रहा हूँ?
- क्या मैं अपना ज़्यादातर समस्या एक अकेले काम पर केंद्रित करता हूँ या मैं बहुत सारे कामों के बीच लगातार इधर-उधर छलाँग लगाता रहता हूँ?
- क्या मैं अपने लक्ष्यों, प्रोजेक्टों और प्रगति पर सक्रियता से सोच-विचार करने में पर्याप्त समय लगाता हूँ?

क्या मैं आत्मविश्वासी, तनावरहित और उत्पादक हूँ?

- क्या मेरे पास एक नियोजन प्रणाली है, जो मेरे लिए काम करती है?
- क्या मैं "बस पर्याप्त व्यवस्थित" हूँ?
- क्या मेरे पास अपने प्रोजेक्टों और सक्रिय कामों की अपडेट सूची है?
- क्या मैं नियमित रूप से अपने सारे दायित्वों की समीक्षा करता हूँ?
- क्या मैं अपने काम से नियमित, सचमुच अवकाश लेता हूँ?
- क्या मैं चेतन रूप से सकारात्मक आदतें डाल रहा हूँ?
- क्या मैं अनुत्पादक आदतें छोड़ने पर काम कर रहा हूँ?
- क्या मैं दूसरे लोगों को "नहीं" कहने में आरामदेह हूँ?

मैं सबसे अच्छी तरह कैसे काम करता हूँ?

- मुझे ख़ास आनंद किस चीज़ में आता है?
- किस चीज़ को करने में मैं ख़ास अच्छा हूँ?

- अच्छा काम करने के लिए मुझे किस तरह के परिवेश सबसे ज़्यादा अनुकूल लगते हैं?
- मैं सबसे ज़्यादा प्रभावी ढंग से कैसे सीखता हूँ?
- मैं दूसरों के साथ कैसे काम करना और संवाद करना पसंद करता हूँ?
- वर्तमान में मुझे कौन सी चीज़ पीछे रोके हुए है?

सुखी और संतुष्ट होने के लिए मुझे वाक़ई किन चीज़ों की ज़रूरत है?

- मैं वर्तमान में "सफलता" को कैसे परिभाषित कर रहा हूँ?
- क्या "सफलता" को परिभाषित करने का कोई और तरीक़ा है, जो मुझे ज़्यादा संतुष्टिदायक लग सकता है?
- दूसरे लोगों की अपनी अनुभूतियों के साथ मैं अपनी तुलना कितनी बार करता हूँ?
- क्या मैं वर्तमान में अपने साधनों से नीचे जी रहा हूँ?
- अगर मैं सिर्फ़ सौ चीज़ों का मालिक बन सकता, तो वे कौन सी होतीं?
- क्या मैं आवश्यकता और विलासिता को अलग करने में सक्षम हूँ?
- अपने जीवन और कामकाज में मैं किन चीज़ों के लिए कृतज्ञ महसूस करता हूँ?

एक नोटबुक उठा लें, एक समय तय कर लें और इन सवालों के जवाब अकेले में दें। इसे आनंददायक बनाएँ : ख़ुद को अपने पसंदीदा रेस्तराँ में एक अच्छे लंच या डिनर की दावत दें और खाते समय लिखें। जब तक बिल आएगा, तब तक आपके मन में कई नए विचार भी आ जाएँगे कि आप अपने जीवन या व्यवसाय को कैसे बेहतर बना सकते हैं।